西夏建国史研究

岩﨑　力　著

汲古叢書153

汲古書院

序　文

多少なりとも中国の歴史に興味を持つ人ならば、かつて中国の奥の方に西夏という国があったことを知っていると思う。漢字を真似し、やたらに斜めの画の多い文字を考案して使っていた国とか、あるいは井上靖の原作で西田敏行主演の映画「敦煌」を思い浮かべる人が多いかも知れない。高等学校の世界史Bの教科書を丸暗記し、なおかつ記憶力の良い人は宋代にタングート民族の英雄李継遷がその国作りに取りかかり、孫の李元昊の代に至って建国を成し遂げた、ということを覚えているかも知れない。しかしながらタングート民族がチベット系で、多くの部族から成り立っていたとか、本来の居住地が長江の大支流岷江の最深奥部に位置する四川の松潘の辺りだったとか、宋の国家制度を取り入れた擬似国家だったとか、二〇世紀初頭にハラホトで大量の西夏遺文が発見された、などということを知っている人は相当の通で、ほとんどいないだろう。

中国の歴代王朝は我々日本人にも随分なじみ深い。世界史の教科書に割かれている頁数の影響かも知れないが、『史記』を著した司馬遷、その司馬遷を宮刑に処した武帝で知られる漢。諸葛孔明等の活躍で知られる三国時代。煬帝で有名な隋。玄宗皇帝と楊貴妃のロマンスで有名な唐。地味だが世界中を見渡しても当時、比肩する国のないほどに高度な官僚国家を作り上げた宋。蒙古襲来でおなじみの元。そして明、清と、いわゆる「世界の歴史」などで常に正面に位置し、「正史」を持つこれら王朝については、それこそ折に触れテレビなどでも取り上げられることもあり、随分と人口に膾炙していると思われる。それに対して、同じように「正史」を持ってはいるものの遼や金となると一般の人には余りなじみはないと思う。ましてや西夏となると「正史」もなく、正統王朝とは認められていないこともあり、中国の歴史に興味のない人にはまったく存在すら知られていないのが実情であろう。遼を建国した契丹族は東部蒙古のシラ・ムレンを揺籃の地とし、唐の衰退に乗じて華北に侵入し、五代、後晋を建国した石敬瑭から建国の恩に燕雲一六州を頂戴し、征服王朝の第一号になった。その遼を倒し金を建国した女真族は満州東部の出身で、約束に違反した宋を破って江南に追いやり、満州、内蒙古、華北の広大な土地を支配した。この金や宋、そして西夏を滅ぼし全中国はもとより、遠くチベットまでを支配した元は、蒙古民族の国でいわずと知れた蒙古高原の出身である。弁髪でおなじみの清を作った満州族はその名の通り満州が原住地で、南下してこれも全中国を支配したのである。これらの国々はいずれも本来の居住地を大きく踏み出して短期間に中国内地を征服したわけで、征服王朝と言われる所以であろう。

これに対して西夏はどうか。これから論じていくが、タングート民族は早い時期に原住地を引き離され、唐の政策もあって唐の西北部に移住を余儀なくされ、豪族層は建国に至るまでに相当程度に中国化していたのである。西夏建国の中心である拓抜李氏の遠祖拓抜思恭は唐末、黄巣の乱に活躍し定難軍節度使を拝命し、藩鎮の列に加わっているのである。拓抜思恭のライバルでもあった突厥系の沙陀部李克用は五代後唐の建国者である。西夏に先立つことおよそ一五〇年前に正統王朝を樹立している。続いて出来た後晋、後漢という王朝も建国者は沙陀系で、漢人ではない。それでもこれらの王朝に対しては誰も征服王朝とは言わない。要するに異民族が怒濤の勢いで中国に侵入し漢人の王朝を征服したわけではなく、それなりに漢化した民族の酋帥が中国の官職を得て、その後にそれぞれ短期間ではあるが既成の前王朝の屋台を借りて皇帝の椅子に座っただけのことである。唐末から五代にかけては右に紹介した沙陀の他にもウイグル、吐蕃、吐谷渾、嗢末、契苾、奴剌などの遺民も多数西北辺に散在していた。ところが、タングートとウイグル、吐蕃を除くと沙陀部を含めていつの間にか消息も不明になっていく。さらに吐蕃は涼州から湟水流域に逼塞させられ、ウイグルは多くが河西回廊に閉じ込められる。そうした中、タングート民族だけが移住地である中国の西北部、黄河の大彎曲部オルドスの内外に居座りを続け民族性を失わずに蓄息し続けたのである。そして拓抜思恭が定難軍節度使になってから一五〇年を経て、まったくの自助努力で自前の国家を作り上げたのである。宋と遼、金と鼎立し一九〇年にわたって中国の西北地域から河西回廊にかけて堂々の国家を経営したのである。漢の時代も隋唐の時代もオルドスから河西回廊にかけての地域はおおむね中国の領土であった。そうしたことを考えると西夏は不当な扱いを受けているといえるかも知れない。これも皆元代に『遼史』、『金史』を「正史」として決断し編纂する時に、西夏は埒外に置かれていたからであろう。金、南宋を滅ぼして中国全土を支配した元は、同時に滅ぼした西北部の西夏を正統王朝とするかどうかの検討はしなかったのであろうか。西夏の建国は万事につけ遼を見習ったところが多いが、遼が正統な王朝として評価されるならば西夏も同じ扱いを受けてよさそうなものである。澶淵の盟約で遼が宋と兄弟の関係になり、金は南宋に臣礼を取らせたのに対し、西夏は宋に臣を称したことも関係しているのかも知れない。第三部で論じるが李元昊は宋と新条約を結ぶにあたって、執拗に父子の関係を宋に要求した。もしこれが叶っていたならばひょっとして正統王朝に加えられていたかも知れない。元王朝には色目人の一派として西夏遺民も多数仕えていた。『宋史』、『遼史』、『金史』を編纂する時に彼らの声は反映されなかったのであろうか。中国を真似た国作りをした西夏のことであるから、歴代の「起居注」や「実録」は当然作成されていたことは疑いない。おそらくそれらの史料は漢文でも書かれていたであろう。西夏が滅ぼされた時、それらの史料はどうなったのか。仮に元王朝の手に入りしかるべき機関に保管されていたとすると、「正史」にはならなくとも、記録を大切にする中国のことであるから、その痕跡残滓はどこかに残りそうなものである。現在残されている史料がすべて中国側の視点で記されている事実に鑑みると西夏王朝の記録類は元に継承されず、滅亡時のどさくさにすべてが失われてしまったと考えざるを得ない。後の中国人の中には、筆者と同様に西夏が歴史的に不当に扱われていると感じたかどうかはわからないが、西夏の通史を編纂した奇特な人が何人もいる。主だった作者と書を列挙すると、清代に張鑑は『西夏紀事本末』（三六巻）を著し、呉広成は『西夏書事』（四二巻）を撰し、二〇世紀になると戴錫章が『西夏紀』（二八巻）を著している。もちろんどれも漢文史料を博捜した立派な書物である。『西夏書事』には『宋史』、『続資治通鑑長編』、『宋会要輯稿』等の基本史料に収録されていない事項が間々見受けられ、何らかの逸書を利用していると考えられる。編年体で構成され便利な書物なので、筆者も利用しているがその内容には不審な点も多く、全幅の信頼は置けない。近代歴史学を学んだ戴錫章の『西夏紀』は三〇〇種類以上の史料を調べ出典を明記した点が前二書に比べて評価されている。いずれにせよ、後世の編纂物で二次史料の域を超えるものではない。

それはさておき、筆者は大学院に入ってから宋代の河西チベット族を研究テーマに据えた。学生時代にチベットに興味を持ち、通り一遍に河口慧海や青木文教等の著作を読み、チベット史を志した。そこでチベット語の習得を考えたがこれは早々に諦めた。池田澄達の「チベット文法入門」とイェシュケの TIBETAN GRAMMAR が書架に取り残されているだけである。大学院に入り、気を取り直し視線を左右に振ったところ、宋代、黄河の最上流部のチベット族の存在を知った。彼らは西夏の建国運動に対する牽制勢力として宋に利用されるが、それだけには止まらず、その後は宋を悩ます勢力になっていった。先行研究は中嶋敏氏の「西羌族をめぐる宋夏の抗争」（『歴史学研究』第一巻第六号、一九三四年）と榎一雄氏の「王韶の熙河経略に就いて」（『蒙古学報』第一号、一九四一年）の二つだけである。いずれも戦前の論文である。このチベット族は、西羌族の他に地名にもとづき宗哥族とか青唐族と呼ばれるが、筆者は彼らの総称を「河西チベット族」と名付けた。「河西」の用法は慎重を要し、一般に知られる河西回廊を指す他に、二つ目が宋代の史料に出てくる「河東」に対する「河西」である。この場合にはオルドス一円から渭水北域を指すと考えてよかろう。さらに三つ目が「河西九曲」といった場合の蘭州以西の黄河上流部で、まさしく河西チベット族の主たる居住地を指す。河西チベット族が三つ目の地域から一つ目の河西回廊の東端涼州を拠点にしていたことから、便宜的に名付けたものである。

宋代の各分野の研究はまさに汗牛充棟の観を呈しているのに比べ、その宋に有形、無形の影響を与えたであろうタングート民族や西夏、そして河西チベット族の研究に至っては余りにも遅れていることに気づいた。中嶋、榎両氏の研究に導かれ、筆者はまずは河西チベット族の系統的な解明から研究を始めることにした。河西チベット族の政治的統合の機会は二度あった。一度は一一世紀初頭、Tsoṅ kha 宗哥 bde yaṅs の rLaṅs 氏出身の領袖潘羅支が西涼府に招聘され、河西チベット族のみならず李継遷に対立するタングート諸部族や甘州ウイグルなどを傘下に糾合し一大連合政権を樹立した時である。この政権は宋がタングート拓抜李氏政権を掣肘するために養成していったという側面もある。潘羅支政権は李継遷と激しく対立し、李継遷がその戦闘に際し流矢にあたったことが原因となり死亡したことは第二部で詳述する。西夏の建国が李継遷、さらには李徳明の代で実現できずに李元昊の代にずれこんだ最大の要因は西涼府のチベット族政権の存在にあったといえよう。二度目は中央チベットより招聘された吐蕃王朝の末裔唃廝囉による宗哥族政権であった。ちょうどその頃、タングート民族においては一代の英傑李継遷の孫李元昊による建国運動が酣を迎えていた。湟水流域に展開した唃廝囉政権は一一世紀の半ば近く、李元昊政権と死闘を繰り返し、結果的には敗北したもののタングート李元昊政権側にも大打撃を与えている。李元昊の西夏建国は宗哥族政権の打倒を俟って初めて可能になったのである。これについては第三部で詳述する。筆者は後日、河西チベット族についてもその研究成果をまとめてみたいと思っている。

筆者が河西チベット族の研究を進めていく過程で、必然的にその敵対勢力であるタングート民族のその時々の動向の確認が必要になったことは当然である。もちろん漢文の基本史料にあたって確認するのだが、同時にタングート側の動向を的確に知ることのできる研究書があれば参考になることはいうまでもない。その役割を果たす研究書こそ、岡崎精郎氏の『タングート古代史研究』（東洋史研究叢刊之二七、京都大学文学部内東洋史研究会、一九七二年）であった。内容は第一編が「唐代および五代期におけるタングート史の研究」、第二篇が「西夏建国前史の研究」で「第一章李継遷の興起前後」、「第二章宋初における二三の禁令とタングート問題」、「第三章李徳明時代の研究」、第三篇が「タングート・ウィグル関係の研究」、附録三篇から構成されている。日本人の手による系統だったタングート民族の歴史を論じた唯一の研究書である。筆者が大学院生時代に、『史学雑誌』に書評を書かせて戴いた書物である。筆者が研究を進める上で常に道標としての役割を果たしたことは事実であり、最初に敬意を表しておく。

さて、このような河西チベット族の政権を研究する過程で、当然のこととして勝利者であるタングート政権の強さの秘密にも関心が向くようになってきた。河西チベット族を圧倒しただけではなく、北宋を強引に交渉の場に引きずり出して巨額の歳賜を約束させることを可能にした強力な軍事力がどのようにして形成されたのか。李継遷、李徳明、そして李元昊が掌握した軍事力とは、取りも直さず主にタングート諸部族の兵力を指していることはいうまでもなかろう。つまり拓抜李氏政権は、河西一円に蟠踞していた多数のタングート諸部族と歴史的にどのような関係を経てきたのか。換言すれば多くのタングート諸部族はどのような歴史的変遷を辿って西夏建国に収斂されていったのであろうか、また、その軍事力を提供した有力部族と西夏王権とはどのような関係にあったのか、などの解明に興味が向けられるようになった。まさにそうした疑問に応えてくれる研究が目次を通覧してもわかるように岡崎精郎氏の『タングート古代史研究』だったはずなのだが、研究を進める過程で徐々に物足りなさも感じるようになってきた。岡崎精郎氏の研究の視点は拓抜李氏にあり、他の多くのタングート部族に関してはあまり関心が払われていないことである。さらには筆者が最も希求する李元昊による西夏建国がどのようにして成されたのかについては研究がおよんでいないのである。内外、特に中国人の研究を見渡しても、タングート全部族を俯瞰して、それが拓抜李氏とどのような関係を持っていたか、西夏建国とどのように関わっていったかの視点に立った研究はひとつもないのではなかろうか。筆者をして言わしめれば西夏建国の歴史は未解明の一語に尽きる。

そこで筆者は河西チベット族の研究を一時棚上げにして、タングート民族がどのような変遷を経て自前の国家、西夏を建国したのかを先に解明することにした。期せずしてそれは岡崎精郎氏の研究の後を追うことになった。第一部、第二部、第三部の第一章までは同氏の研究と時代はまったく重複する。岡崎精郎氏の研究は基礎的研究として参考にすべき点は多々ある。氏の研究の恩恵は筆者が最も享受しているといって過言ではない。すでに氏によって解明されている部分は利用させていただき繰り返しは避け、見解の異なるところは遠慮なく批判させてもらった。それを踏まえて自分なりの視点に立ってタングート民族の動きを追い、多くの部族を糾合して名族拓抜李氏が西夏を建国するまでの歴史をまとめたつもりである。

洋の東西を問わず、一つの民族が国家、王朝を創るということはそれぞれに壮大なドラマが演じられたことは想像に難くない。国家の建設は人間のドラマである。史料の表面だけをなぞり結果を補綴するだけでは歴史を創った人々の心情はわからない。「眼光紙背に徹す」という言葉がある。もとより西夏側の史料が皆無で、中国側の色眼鏡で見られた史料しか存在しないのである。いかに豊富な史料が残されているとはいえ、そのすべてが片側からの証言にすぎないのである。筆者は史料の裏側に隠されている事実の追究を肝に銘じて執筆することを心がけた。その結果、回りくどく冗長になり、論点がぼやけ散漫な内容になってしまったことは否めない。中国人等の研究にはほとんど触れず、筆者の単なる自己満足の産物であることは充分に承知しているが、この膨大な量の西夏建国の「覚書」を頭の片隅に置き、翻ってやり残しの河西チベット族の研究に軌道を修正しようと思っている。

目　次

第一部　建国前史の研究

第一章　隋唐時代のタングートについて

はじめに

西夏建国という歴史的事実がタングート民族の名族「拓抜李氏」を中心に成し遂げられたことは紛れもない事実である。ところが、そのことの象徴性によってややともするとタングート民族は単一の政治集団で推移したかの誤解を与えかねない。しかしながら実際は数多くの部族が存在し、中国の西北部の広い範囲に多くの部族集団を構成していたのである。周辺の他民族と複雑に絡み合いながら、中原王朝の支配を受け、またその反発を繰り返しながら、いくつかの政治集団に成長し、その中から最終的に民族国家の建設を見るに至ったものである。第一章ではタングート民族の淵源に遡り、時代を追いながら主導的な大部族の変遷を辿り、その過程で拓抜李氏と他のタングート諸部族の動向を解明し、中原王朝や周辺の他の民族とどのような関係を持っていたのか、など、隋唐時代のタングート諸部族の実態を明らかにしていきたいと思う。

一　宕昌と初期タングート諸大姓

タングート民族の揺籃の地は、長江や黄河の最上流部、山懐の松州（松潘）、岷州、洮州方面にあった。タングートを示す「党項」の民族名が史書に登場するのは『隋書』（巻八三列伝第四八西域伝党項条、以下『隋書』党項伝と略記）

がその濫觴のようである。たとえば五五四年に完成を見た『魏書』や、時代は降って唐初に編纂された北周の歴史書である『周書』には党項伝はなく、「宕昌伝」が掲載されている。『隋書』とほぼ同時期に編纂された『北史』には、「宕昌伝」、「鄧至伝」と「党項伝」をともに掲載している。『北史』は魏、斉、周、隋を扱った正史であるため、このように前後の民族を並列して記したものであろう。そこで、最初にタングートの前身と考えられる宕昌について確認しておこう。宕昌が党項と密接な関わりがある証拠は、『隋書』党項伝の冒頭に「党項羌者三苗之後也。其種有宕昌、白狼、皆自称獼猴種」とあり、さらに、『魏書』（巻一〇一列伝第八九宕昌伝、以下『魏書』宕昌伝と略記）にある、

> 国に法令無く、又徭賦も無し。ただ戦伐の時、すなわち相屯聚し、然らざればすなわち各々生業を事とし、相往来せず。皆裘褐を衣、犛牛、羊、豕を牧養し以てその食に供す。父子、伯叔、兄弟死すればすなわち継母、世叔母及び嫂、弟婦等を以て妻に為す。俗に文字無く、ただ草木の栄落を候ちその歳時を記《おぼ》ゆ。三年に一たび相聚まり、牛羊を殺し以て天を祭る。

の記事が、ほぼ同内容で『隋書』党項伝にも継承されている事実である。この宕昌については、右記『魏書』宕昌伝にかなり具体的な記述が収録されている。右条に続けて、

> 梁懃なる者有り、世々酋帥と為り羌豪の心を得、すなわち自ら王を称すと。懃の孫弥忽、世祖の初め、子の弥黄を遣わして表を奉じ内附を求む。世祖これを嘉す。使を遣わし弥忽を拝して宕昌王に為し、弥黄に爵甘松侯を賜う。弥忽死し、孫の虎子立つ。……世々職貢を修めるも、頗《ほぼ》吐谷渾の断絶する所と為る。虎子死し、弥治立つ。虎子の弟羊子、先に吐谷渾に奔る。吐谷渾兵を遣わし羊子を送り、弥治の位を奪わんと欲す。弥治使を遣わし救いを請う。……羊子退走す。弥治死し、子の弥機立つ。その司馬利住を遣わし表を奉じ方物を貢ぐ。

とあるように、五世紀の初期に梁懃という人物が羌豪の同意を得て「酋帥」の地位につき、「王」を自称していたことがわかる。さらに梁懃の孫の弥忽は北魏世祖の初年、つまり四二〇年代に子の弥黄を北魏に遣わし、弥忽は宕昌王

の地位を、弥黄は甘松侯の地位を与えられている。宕昌王の一族は、この後内紛が発生するが、弥治、弥機の親子が主権を継承し、弥機は五世紀末に同伝に、

後に高祖、鴻臚劉帰、謁者張察を遣わし弥機を征南大将軍、西戎校尉、梁益二州牧、河南公宕昌王に拝す。

とあるように、征南大将軍、西戎校尉、梁益二州牧、河南公宕昌王を拝している。同伝にしたがうと、彼は、後に領護西戎校尉、霊州刺史、宕昌王に格下げされている。このようにタングートの前身である宕昌の主権者は、五世紀にはすでに「宕昌王」を名乗り、中原の王朝からもその地位を認められていたことがわかる。宕昌とタングートの関連を示すもう一つの材料が、王名に代々「弥」の字が使用されている点である。「弥」の古音は *mjie*[1]で、タングート拓抜氏を指すと思われる西夏語の「ミ *mih*[2]」と通ずるところがある。宕昌の支配部族は当時すでに「ミ」と呼ばれていた証拠ではなかろうか。弥忽、弥治、弥機はそれぞれ「ミ」の忽、治、機の謂ではなかろうか。弥忽の孫の虎子、その弟の羊子も「ミ」の虎子、羊子の略と考えてもよいのではなかろうか。『隋書』党項伝に「皆自称獼猴種」とあり、猿を始祖としていることがわかるが、これに対し西田龍雄氏は「ミ」族は「聖犬」によって代表されるとしてる。

いずれにしても、党項（タングート）という名称が中国側に知られるようになったのはさらに一世紀後の六世紀後半と考えられる。党項（タングート）として史書に登場する記念すべき最初の人物は『隋書』党項伝の後半部に、

（開皇）五年、拓抜寧叢等各々衆を率い旭州（洮州のこと）に詣り内附す。大将軍を授け、その部下は各々差有り。十六年、また会州を寇す。詔して隴西の兵を発し以てこれを討ち、大いにその衆を破る。また相率いて降を請い、臣妾と為ることを願い、子弟を遣わし入朝し罪を謝す。高祖これに謂いて曰く、「還りて爾が父兄に語れ、人生須らく定居有り、老を養い幼を長ずるに、而してすなわちにわかに還り、にわかに走りては郷里に羞じざらんや」と。これより朝貢絶えず。

とある隋の開皇五（五八五）年に登場する拓抜寧叢が嚆矢である。岡崎精郎氏が拓抜寧叢と唐末に定難軍節度使を拝

命した拓抜氏との関係を不明としたのは当然のことであるが、(3)タングートの具体的人物の第一号が鮮卑の名族「拓抜」を名乗って登場してくることは大いに注目すべきことである。タングート拓抜氏と鮮卑拓抜氏との関係については、統一した見解はないものの、(4)吐谷渾の拓抜氏の存在や、特に北魏拓抜氏の存在から、タングートの有力者が拓抜を僭称することは自然の成り行きだったのであろう。(5)右史料の内容から判断すると、拓抜寧叢はかなりの部酋をしたがえていたことがわかり、その権威を高めるために、隋から「大将軍」の称号を得ている。このように、六世紀末になるとタングート族のいわゆる「大姓」によるかなり広大な地域を支配する、領域的主権の確立の動きが進行していったことは間違いなかろう。

そして唐代に入ると、タングート諸部族はさらに発展し、「大姓」として中原王朝にその存在を知られるものの数も急増した。『旧唐書』（巻一九八列伝第一四八西戎伝党項羌条、以下『旧唐書』党項伝と略記）には、そのあたりの状況を、

その種、姓ごとに別に自ら部落を為る。一姓の中、また分かちて小部落を為る。大なる者は万余騎、小なる者は数千騎。相《たがい》に統一せず。細封氏、費聴氏、往利氏、頗超氏、野辞氏、房当氏、米擒氏、拓抜氏有り。而して拓抜最も強族と為す。

と記している。唐代になると、唐が認めているだけでも細封、費聴、往利、頗超、野辞、房当、米擒、拓抜の八つの大姓がタングート社会で勢力を競っていたことがわかる。これら大姓は多数の小部落から構成されており、その騎馬兵力もすでに万余騎を誇るものもあったことがわかる。拓抜氏が最強族とあることや、その後の発展を考えれば、唐代も早い時期から拓抜氏は最大の武力、つまり支配下に他の大姓に勝る多数の部落をしたがえていたものと考えてよかろう。これらの大姓が唐側に具体的に認知されるようになったのは、太宗即位後の貞観初（六二七〜）年のことであったらしい。『旧唐書』党項伝にはその間の事情を、

貞観三年、南会州都督鄭元璹使を遣わし招諭す。その酋長細封歩頼部を挙げて内附す。太宗、璽書を降しこれを

慰撫す。歩頼因りて来朝し、宴賜甚だ厚く、その地を列して軌州と為し、歩頼を拝して刺史に為し、請によりて所部を率いて吐谷渾を討たしむ。その後、諸姓酋長相次いで部落を率いて皆来たりて内属し、編戸に同ずることを請う。太宗厚く撫慰を加え、その地を列して岷、奉、巌、遠四州と為し、各々その首領を拝して刺史に為す。

と伝えている。細封氏の酋長歩頼は軌州刺史に、他の大姓の酋長はそれぞれに岷、奉、巌、遠四州の刺史を拝している。このことから貞観三（六二九）年から五年にかけての時点で五つの大姓の酋長が唐に内属し、刺史の称号を得ていることが確認できる。なお、この史料をもって、初めてタングートに関して「首領」の名称が登場することを指摘しておきたい。岷、奉、巌、遠四州の刺史に補せられた「諸姓」とは前記八大姓中のいずれであろうか。確定すべき決定的な材料はないが、筆者はまず細封、拓抜を除く六大姓中のさらに頗超、野辞を除く費聴、往利、房当、米擒の四大姓と考える。その理由は、まず頗超氏が同伝の後条に登場する雪山党項の破丑氏を指すと思われるからである。頗超の古音は *p'uâ t'i̯äu* で、破丑は *p'uâ t'i̯ə̆u* と非常に近い。次の野辞氏は、これも後条に登場する野利氏のことと思われる。『通典』辺防六には野辞を野律と表記している。律の古音は *li̯uĕt* で、利は *li̯i* と近い。また辞の古音は *zi̯* でこれも利 *li̯i* に非常に近いことがわかる。破丑氏と野利氏はともに後条に具体的な記述があるだけでなく、第二部で改めて論ずるが、後世、西夏の建国にも重要な役割を果たした大部族である。おそらく『旧唐書』党項伝の原史料は複数の系統の史料を利用して作成されたのであろう。その際、例えば史料Aにもとづいて記録した八大姓中の野辞、頗超を、史料Bに載せられていた野利、破丑と同一のものであることに『旧唐書』の編者は気づかなかったのではなかろうか。この二大姓に対し、この後、細封、費聴は辛うじて『新五代史』（巻七四、四夷附録第三）党項条にその名を留めるが、往利、房当、米擒の三大姓は史料上からは姿を消しているのである。このことは貞観三年以降の唐の羈縻政策にしたがって、まさしく右史料に「……諸姓酋長相次率部落、皆来内属、請同編戸」とあるように、これらの大姓は破丑、野利氏などに先駆けて唐に帰順して岷、奉、巌、遠四州の刺史を与えられたのではなかろうか。次節で説明するように、安禄山の乱の後、タングート諸部族は西北辺に移住させられるが、『旧唐書』（巻三八）地理一の慶州中都督府の条に、「安化州都督府、寄在慶州界、管小州七、永利州、威州……」の記述がある。永 *ji̯ʷɒng* と往 *ji̯ʷang* は音が非常に近い。永利州とは往利氏の内属後の居所を指すものと思われる。さらに同条に、「安定州都督府、寄在慶州界、管小州七、党、橋、烏、西戎州、野利州、米州、還州」とある。米州がその後の米擒氏の居住地を指すのではあるまいか。

さて、『旧唐書』党項伝には続けて、

羌酋に拓抜赤辞なる者有り。初め吐谷渾に臣属し、甚だ渾主伏允の暱《したし》むところと為り、これと婚を結ぶ。貞観初に及んで諸羌帰附するも、而して赤辞は至らず。李靖の吐谷渾を撃つや、赤辞、狼道坡に屯し以て官軍に抗す。廓州刺史久且洛生使を遣わし諭すに禍福を以てす。赤辞曰く、「我、渾主に親戚の恩を被り、腹心相寄り、生死不貳、いずくんぞその他を知らんや。汝速やかに去る可し、我が刀を汚しむこと無かれや」と。洛生、その悟らざるを知り、ここにおいて軽騎を率いこれを襲い、赤辞を粛遠山に撃破し、数百級を斬首し、雑畜六千を虜して還る。太宗、また岷州都督李道彦をしてこれを説諭せしむ。赤辞の従子思頭密かに誠款を送り、その党拓抜細豆もまた所部を以て来降す。赤辞、その宗党の離れるを見て始めて帰化の意を有す。後、岷州都督劉師立もまた人を遣わし招誘す。ここにおいて思頭と並び衆を率いて内属す。赤辞を拜して西戎州都督に為し、姓李氏を賜う。これより職貢絶えず。その後、吐蕃強盛となり拓抜氏漸く逼るところと為り、遂に内徙を請う。始めその部落を慶州に移し、静辺等州を置き以てこれに処らしむ。

とある。「諸羌帰附」とは、すなわち上記五大姓等の帰順を指すと思われるが、拓抜氏は吐谷渾に附し、当初まったく他の大姓とは相反する行動を取っていたことがわかる。唐は廓州刺史久且洛生の攻略や岷州都督劉師立の招誘を積極的に進め、拓抜赤辞の内附を見たのであるが、赤辞は西戎州都督の地位を与えられただけでなく[10]、李姓を賜与されている点、他の大姓とは格段の存在として唐が拓抜氏を扱っていた証左と考えてよかろう。唐による、このような拓抜氏の優遇策や、タングート諸大姓の内民化作業も、畢竟、太宗によっておこなわれた吐谷渾経略を円滑に進める過程で発生した副産物であったといってよかろう。ところで、右史料の後段に記されている拓抜氏内部の力関係については注目すべきものがある。赤辞の従子拓抜思頭は赤辞に内密に岷州都督李道彦に誠款を送っているし、その党（一族）の拓抜細豆も独断で来降している。つまり、赤辞はその宗党を制禦できていないのである。拓抜思頭や拓抜細豆は、前述の『旧唐書』党項伝にある「其種毎姓別自為部落、一姓之中、復分為小部落」とある小部落を支配する酋長のことと考えられるが、大酋長である赤辞と各部落を支配する思頭、細豆ら酋長との関係は七世紀前半においては絶対的なものではなく、相対的なものであったことがわかる。実は、このような関係は後々の拓抜氏政権にもついてまわった問題であり、それは追々明らかにしていくが、夏州定難軍節度使一〇〇年の歴史を見てもその状態は基本的に変化はなかったと思われる。

次に、この時代すでに「王」を自称していたタングートの酋長がいたことも注目すべきことである。『旧唐書』党項伝に続けて、

その故地は吐蕃に陥り、それに処する者はその役属と為る。吐蕃これを弭薬と謂う。また黒党項有り、赤水の西に在り。李靖の吐谷渾を撃つや、渾主伏允は黒党項に奔り、居するに空閑の地を以てす。吐谷渾国を挙げて内属するに及び、黒党項酋長は敦善王を号し、よりて方物を貢ぐ。

とある。黒党項の敦善王については、山口瑞鳳氏も、その大著『吐蕃王国成立史研究』[11]に一節を割いて詳述されている。山口瑞鳳氏はその住地附近の赤水の特定を試み、また敦善王をもって『新唐書』（巻二二一上列伝第一四六上西域上党項条、以下『新唐書』党項伝と略記）に記載のある多弥に比定し、チベット四大部族の一つ sTong との関連も示唆されている。ただ、山口瑞鳳氏は黒党項の命名の由来を彼らの住地コクユルのコクの音訳として論を進められるが[12]、これている。

の点に関しては西田龍雄氏によってすでに合理的な説明がなされている。すなわち、チベット人がタングートを称した「ミ・ニャク mi-ñag」[13]の意訳に他ならない。「ミ・ニャク」とは「黒いミ」、つまり黒タングートの意味[14]で、これは当然『旧唐書』、『新唐書』両党項伝に載せる弭薬のことなのである。弭薬の古音は、*'mj*^{w}*ie̯ ia̯k* である。両『唐書』党項伝は弭薬と黒党項を続けて扱っておきながら、「又有」の語を挿入し、別の部族のように処理している。これはチベット側が拓抜氏などとは別のところに居住していたタングートを指した名称が、音訳と意訳と二つながら採録されてしまった混乱を示しているのであろう。いずれにせよ、敦善王は拓抜氏よりも後れて唐に入貢し、その存在が知られるようになったものである。西田龍雄氏は黒党項（ミ・ニャク）を西夏を構成した二大部族のひとつに考えている[15]。そうすると野利氏を指すことになるが、西田氏はその関連については触れていない。西夏が拓抜李氏と野利氏の連合によって建国されたことは追々明らかにしていくが、西田氏がいうように、西夏の二大部族がミ族とミ・ニャク族であるとするならば、野利氏と吐蕃の歴史的関係（後述）から考慮すると、ミ族が拓抜李氏、ミ・ニャク族が野利氏ということになる。これについては参考に止めておく。なお、吐谷渾王伏允が黒党項に奔ったのは隋の大業五（六〇九）年に訂正しなければならないことは、山口瑞鳳氏の指摘にしたがうべきであろう。

二　唐のタングート羈縻政策

八世紀の半ばをすぎると、タングート社会は激動の渦に翻弄される。いうまでもなく、安史の乱を皮切りとして、それに続く僕固懐恩の乱、そして特に一連の吐蕃の大攻勢に巻き込まれたことによる。加えて唐の名将郭子儀の経略を受け、タングート各部族は大規模な居住地の移動を強いられる破目に陥ったのである。そしてこのことがタングート社会に大変動をもたらし、おそらくこの間に旧来の大姓の中のいくつかは没落し、その一方で西夏建国へと続く有力部族の生長を促していったことも事実であろう。唐代を通観したタングートの発展については、岡崎精郎氏の前掲書の第一編第一章「唐代におけるタングートの発展」にその詳細はゆずるが、筆者なりにこの時期の有力部族の生長の過程を確認しておきたい。

　八世紀後半のタングート諸部族の動向に関しては『新唐書』党項伝に豊富な情報が収録されている。同伝の総字数の三分の一強が八世紀後半のタングートの情報に費やされていることからも、そのことがよくわかる。まず西北辺にあって天授年間（六九〇年代）に内附し、霊州と夏州の間に朝、呉、浮、帰等一〇州の設置を認められた諸部族の動向が記されている。これについては、『旧唐書』の同伝の同じ内附を扱った記事と併せて後述する。次に上元元（七六〇）年、鳳翔節度使崔光遠に降った涇州と隴州の間の部落一〇万の動向が記されている。この集団は翌二年から渾、奴剌と連合し、宝鶏、鳳州、梁州、奉天、華原等を劫掠し尽くすが、七六二年に新任の梁州刺史臧希譲の攻略を受け、これに降っている。『新唐書』党項伝にはその間の状況を、

　詔し、臧希譲を勉に代え刺史に為す。ここにおいて帰順、乾封、帰義、順化、和寧、和義、保善、寧定、羅雲、朝鳳のおよそ十州部落、希譲に詣り款を献じ、節印を丐《こ》う。詔して可《ゆる》す。

と記している。『旧唐書』の党項伝では最後のところを「……請州印、希譲以聞、許之」としている。いずれにしろ、この段階で、帰順、乾封、帰義等一〇州部落が設置されたことは疑いない。両『唐書』ともに各部落の統率者を表現する「酋長」などの名詞を欠いているが、部落長が「刺史」の称号を与えられたことは当然のことであろう。また上述の朝、呉、浮、帰等一〇州の各統率者も「刺史」を与えられていたと考えるのが妥当であり、貞観三（六二九）年に細封歩頼らに「刺史」の称号を与えたことに始まる唐のタングート羈縻政策が一貫して継承されていたと考えてよかろう。これについては、『新唐書』（巻四三下志第三三下地理七下、以下『新唐書』地理志と略記）の羈縻州の冒頭に、

　唐興り、初め未だ四夷に暇あらず。太宗、突厥を平らげてより、西北諸蕃及び蛮夷稍々内属す。すなわちその部

落を州県に列置す。その大なる者は都督府に為し、その首領を以て都督、刺史に為す。皆世襲を得《う》。

とあり、羈縻政策がタングートに限った例ではなく、突厥、ウイグル、吐谷渾に対してもおこなわれたことは周知の事実である。ともあれ、タングートの各部族の統率者にあっては「刺史」の称号を受けることが、部落内の経営には大きな効力を発揮することは想像に難くない。同地理志羈縻州関内道には「党項州五十一、府十五」とあり、その原注で、

貞観三（六二九）年、酋長細封歩頼内附す。その後、諸姓酋長相率いてまた内附す。皆その地を列して州県を置き、松州都督府に隷せしむ。五年、またその地を開き州十六、県四十七を置く。また拓抜赤詞《ママ》の部を以て州三十二を置く。乾封二（六六七）年、吐蕃入寇するを以て都、流、厥、調、湊、般、匐、器、邇、鍠、率、差等十二州を廃す。咸亨二（六七一）年、また蚕、黎二州を廃す。禄山の乱に、河、隴は吐蕃に陥す。すなわち党項州に所存の者を霊、慶、銀、夏の境に徙す。

と記し、細封歩頼の内附以来の州県の設置と消息を述べた上で、本文で五一州を列挙している。内訳は「僑治銀州境」とある清塞州と帰徳州、楽容州都督府下の東夏州、静辺州都督府下の府州、北夏州等二五州、芳池州都督府下の寧静州、種州等九州、宜定州都督府下の党州、橋州等七州、そして安化州都督府下の永和州、威州等七州の都合五一州を指すのである。ところが、この中には上述した天授年間の一〇州は朝、呉、浮、帰の四州のみが記載され、他の六州を欠き、また臧希譲に帰順した一〇州は帰順州のみが記され、他の九州はここでは記載されず隴右道に回されている。そこで、天授年間の他の六州も存続したはずであるので、関内道には党項州が五七あったことになる。また『旧唐書』（巻三八志第一八地理一、以下『旧唐書』地理志と略記）の関連する部分を調べると、芳池州都督府管下の九州は寧静州が寧州と静州の別であり、一〇州であったことがわかる。さらに『新唐書』地理志関内道では「突厥州十九」に入れている雲中都督府と呼延州都督府に関しては『旧唐書』地理志では、

雲中都督府　党項部落。朔方県界に寄在し、小州五、舎利、思壁州、阿史那州、綽部州、白登州を管す。戸一千四百三十、口五千六百八十一。

呼延州都督府　党項部落。朔方県界に寄在し、小州三、賀魯州、那吉州、䟾跌州を管す。戸一百五十五、口六百五。

と記している。それぞれの州名がいかにも突厥系の名称であるところから、『旧唐書』の編者か書写生が「突厥」とすべきところを「党項」と誤って記載した可能性も高い。あるいは、本来は突厥降戸の州として設置されたものが、党項州に取って代わられたのかも知れない。いずれにせよこの八州に関しては速断は避けるが、結論としては「党項州五十一」は少なくとも「党項州五十八」以上と改めて解釈すべきであろう。ただこれらの五八州がまったく同時期に存在していたものではなく、「府」に関しても一五府が同時に存在していたものではなかったらしい。このことに関しては後述する。次に『新唐書』地理志羈縻州の隴右道に目を移すと、ここには「党項州七十三、府一、県一」が載せられている。秦州都督府隷下の馬邑州、臨州都督府隷下の保塞州、洮州隷下の密恭県に続けて細封歩頼が貞観初年に刺史を拝命した軌州は都督府に格上げされ、岷、奉、巖、遠州など一三州を併せて都合一五州、一府、一県が「以上有版」として列挙され、続けて研州、探那州など五八州が「以上無版」と記した直後に、

右、初めは松州都督府に隷す。粛宗の時、懿、蓋、嵯、諾、嶂、祐、台、橋、浮、宝、玉、位、儒、帰、恤及び西戎、西滄、楽容、帰徳等州は皆内徙し、余は皆吐蕃に没す。乾封州、帰義州、順化州、和寧州、和義州、保善州、寧定州、羅雲州、朝鳳州（原注・以上宝応元年内附）、永定州（原注・永泰元年以永定等十二州部落内附、析置州十五）、宜芳州（原注・余闕）。右闕。

とある。上記関内道の原注に記された諸州は「隷松州都督府」とあることからもわかるように、隴右道の「有版、無版」の諸州のことを指していることは疑いなく、貞観五年に設置された一六州や拓抜赤詞（辞の誤り）のもとに置か

れた三二州の具体的州名を示していると考えられる。なお、関内道原注で廃止された州名が隴右道の州名の中にはひとつも含まれていないところから判断すると、隴右道には七三以上の州が設置されていたのかも知れない。右史料中の吐蕃陥没を免れた諸州は懿州と台州を除き、関内道の宜定、安化、芳池、静辺州都督府に編入され、乾封州から朝鳳州の九州は臧希譲に降った九部落である。永定州と宜芳州に関しては『旧唐書』（巻一一本紀第一一）代宗の永泰元（七六五）年二月の条にわかりやすく、

戊子、河西党項永定等十二州部落内属す。宜芳等十五州を置くことを請う。これを許す。

とある。永定州、もしくは永州、定州等一二州に居住した河西タングートが僕固懐恩の乱、あるいは吐蕃の攻勢に遭い、内附を求め、その結果改めて宜芳州、もしくは宜州、芳州等一五州を新設されたということであろう。要は隴右道党項州の多くはタングート諸部族の大移動以前の実態を述べ、そして関内道の諸州、諸都督府はおおむね吐蕃の圧力や郭子儀の経略を受けた大移動以後の実態を示していると考えてよかろう。つまり、どちらの時期にしても、八世紀のタングート諸部族に与えられた都督府、州、県の数は西北辺において大変な数に上っていたことがわかる。この数は両『唐書』の地理志を検索して見ても、突厥、ウイグル、吐谷渾等に比べて圧倒的な数を示している。

それでは、これらの部落州がどれほどの人口を擁していたのであろうか。『旧唐書』（巻三本紀第三）太宗下の貞観六（六三二）年の条末尾に「是歳党項羌前後内属者三十万口」とある[16]ので、七世紀前半、すでに内属タングートの人口総数は三〇万に達していたことは確認できる。八世紀の半ば頃については両『唐書』地理志を調べても、直接人口数を示すような材料は見あたらない。そこで、先にも触れた『旧唐書』党項伝の冒頭部分の「其種毎姓別自為部落、一姓之中復分為小部落、大者万余騎、小者数千騎、不相統一」をひとつの参考にしたい。それぞれ「騎」とあるところから、人口全体ではそれぞれ四、五倍はあったと考えてよかろう。もうひとつは天授三年の「西北辺部落」の内附に関し、『旧唐書』党項伝は「凡二十万口」とし、『新唐書』同伝が「戸凡二十万」としている数字である。少ない方

の『旧唐書』の「凡二十万口」を採り、これを朝、呉、浮、帰等一〇州で単純に割り算すれば各州二万口となる。二つの材料からは、いずれも数万口というかなり大きな数字が浮かび上がってくる。少し多すぎるきらいもあり、さらに別の材料を探すと、これも上述した『新唐書』地理志関内道では、突厥州に記載している雲中都督府や呼延州都督府管下の小州の口数である。これらはせいぜい数百から二千口に過ぎない。むしろ『新唐書』地理志関内道に述べる羈縻州の多くはこの程度が実態だったのかも知れない。あくまでも推測の域を出ないが、唐代中期頃の羈縻州に所属するタングート民族は二、三〇万から五〇万以内の数字ではなかろうか。

三　八世紀タングート大姓の実態と羈縻都督府、州

ところで、そのタングート民族の主力勢力が関内道に遷移した経緯について、『新唐書』党項伝には、

子儀、党項、吐谷渾部落の塩、慶等州に散処し、その地が吐蕃と濱近し、相に脅し易きを以て、すなわち表して静辺州都督、夏州、楽容等六府党項を銀州の北、夏州の東に徙す。寧朔州吐谷渾は夏の西に住し、以てこれを離沮す。静辺州大首領左羽林大将軍拓抜朝光等五刺史を召し入朝せしめ、厚く賜賚し、還りてその部を綏しむ。これより先、慶州には破丑氏族三、野利氏族五、把利氏族一有り、吐蕃と姻援す。賛普、悉くこれを王とし、これにより辺を擾すことおよそ十年。子儀、工部尚書路嗣恭を表して朔方留後に為し、将作少監梁進用を押党項部落使に為し、行慶州を置き、且つ言えらく「党項陰かに吐蕃と結び変を為す、使者を遣わし招慰し、その反謀を芟くべし。よりて進用をして慶州刺史に為し、邏を厳にして以て吐蕃往来の道を絶たん。」と。代宗これを然りとす。また表して静辺、芳池、相興王（三の誤り）州都督、長史、永平、旭定、清寧、寧保、忠順、静塞、万吉等七州都督府を置く。ここにおいて破丑、野利、把利三部および思楽州刺史拓抜乞梅等皆入朝す。宜定州刺史折磨

布落、芳池州野利部並びに綏、延州に徙る。

とまとめている。この情報は、後に西夏を建国する拓抜氏や、それに関連した他の有力部族、あるいは対立した勢力の八世紀半ば過ぎの状況を伝える唯一の史料である。『旧唐書』党項伝には同様史料がまったく収録されていない点も考慮に入れると、極めて貴重な史料といってよい。史料後段の「先是」以降が歴史事実として前段の前に置かれるべきものであるから、この後段から検討を加えてみたい。まず、破丑氏については前述したように両『唐書』党項伝の冒頭部分に記された頗超氏のことである。『旧唐書』（巻五七列伝第七）劉師立伝に、拓抜赤辞の経略を記した後に、

時に、河西党項破丑氏常に辺患を為し、また新附を阻む。師立兵を総べこれを撃つ。軍未だ至らずに、破丑氏大いに懼れ、山谷に遁ぐ。師立これを追い、蛃于真山に至りて還る。

とあり、破丑氏は河西党項という名称で唐側に知られていたことがわかる。その一方で、『旧唐書』党項伝には、

また雪山党項有り、姓は破丑氏。雪山の下に居す。及び白狗、舂桑、白蘭等諸羌は、竜朔より已後、並びに吐蕃の破る所と為りてこれに臣属す。

とある。雪山は臨洮府河州にあった山であり、おそらく蛃于真山も河州あたりの山を指したものと思われるが、破丑氏は別に雪山党項とも称され、七世紀においては拓抜氏とは一線を画し、白狗、舂桑、白蘭等とともに、常に吐蕃側に身を置いていたタングート部族であったことがわかる。

また、野利氏については、これも前述したように両『唐書』党項伝冒頭部分に記す野辞氏のことであり、古くからの大部族であったことがわかるが、貞観三年の段階で細封歩頼らと唐の羈縻を受けた費聴、往利、房当、米擒各氏には同調せずに、頗超（破丑）氏とともに、おそらく当初は吐谷渾にしたがい、その後拓抜氏が唐にしたがうようになってもこれに応ぜず、吐蕃に与していたものであろう。

把利氏については、『資治通鑑』（巻一九五唐紀一一）の貞観一二（六三八）年八月の条にわずかにその名を現わして

いる。同条によると吐蕃の賛普弄宗弄讃が突厥、吐谷渾の例にならい公主の降嫁を唐に求めた。史上名高い文成公主の降嫁の発端である。ところが、吐谷渾の妨害工作に遭い太宗はこれを認めなかった。怒った弄宗弄讃は吐谷渾を襲い、これを青海の北に斥け、党項、白蘭等諸羌を破り松州西境に駐屯し、改めて唐に公主の降嫁を求めた。そして同条に、

　尋いで進んで松州を攻め、都督韓威を敗る。羌酋の閻州刺史別叢臥施(18)、諸州刺史把利歩利並びに州を以て叛きこれに帰す。兵を連《しきり》にし息まず。

とあるのである。八世紀半ばより逆算しておよそ一二〇年ほど前の事件である。諾州については『新唐書』地理志関内道静辺州都督府管下の一州にその名を留めている。諾州の原注に「貞観五年置。県三、諾川、徳帰、籬渭」とあり、把利氏の祖把利歩利はこの事件に先だつ貞観五年に唐の羈縻にしたがい、諾州刺史を拝していたことがわかる。それがこの事件に関わって吐蕃にしたがうところとなったのであろう。移動前の諾州の位置は、同志隴右道の末尾に「右初隷松州都督府」と記した後の、粛宗時代の内徙の一州に加えているところから、松州附近にあり、把利部族はこの地域に原住していたものと考えてよかろう。この三大族が長く唐の羈縻にしたがわなかったわけは、地理的に他のタングート諸都族よりも、原住地域が吐蕃に接近していたため、常に吐蕃の控制を受けやすかったからではなかろうか。彼らは、八世紀になると慶州方面に移動を余儀なくされたようだが、相かわらず吐蕃の影響下にあり、その部族長がそれぞれ吐蕃の賛普より破丑王、野利王、把利王に封じられていたことは注目に値する。このように郭子儀の経略を受けるまで、唐に反抗姿勢をとるタングートの大部族が複数存在したことは、八世紀の半ば頃までで一旦確認しておくと、タングート各大部族間には何らのヒエラルヒーも生じていなかったということであろう。つまり拓抜氏は後述するように、この時期も最大の部族ではあったが、他のタングート大部族に対して何らの支配力、ないしは影響力を持っていなかったことがわかる。上記『新唐書』党項伝の史料には、続いて郭子儀の経略の実態が記されている。経

略の結果、慶州域内に静辺州、芳池州、相興州の三都督府が設置され、それぞれに「長史」が任じられたようである。また同時に永平、旭定、清寧等七都督府も置かれているが、文面から判断すると、この七州には「長史」が任じられなかったようである。破丑、野利、把利三部族の部族長と思楽州刺史拓抜乞梅等の入朝とは、すなわち彼らが上記諸都督府の「長史」に任じられたことを指すと考えるのが当然である。静辺州都督府長史には、史料前段からも拓抜氏の部族長が任じられたことは疑いない。芳池州都督府長史については『新唐書』地理志関内道の、党項州五一、府一五の中の芳池州都督府の原注に「橋治懐安（慶陽府安化）、皆野利氏種落」とあることからも、野利氏の部族長が任じられたことはいうまでもあるまい。そうすると残る相興州都督府長史には破丑氏の部族長が任じられたと考えるのが妥当ではなかろうか。そして、破丑氏の支配した相興州都督府管下の州の実態こそ、上述の『旧唐書』の代宗本紀にある「宜芳等十五州」である可能性が高い。ところが、『新唐書』党項伝の右史料には続けて宜定州刺史の折磨布落と芳池州野利部がともに綏州、延州方面に移徙されている記事を載せている。折磨布落は、その後、西夏建国にあたり、李継遷、李元昊と激しく対立した府州折氏の祖と考えられ[19]、この登場は重要な意味を持っている。宜定州とは『新唐書』地理志関内道に記す慶州都督府隷下の宜定州都督府を指すことはいうまでもない。その原注に「本安定、後更名」とした上で、

領州七。党州、橋州（原注・貞観六年置く）、烏州、西戎州（原注・貞観五年、拓抜赤詞の部落を以て置く。初め都督府と為り、後、州に為り、来属す）、野利州、米州、還州。

と記している。宜定州都督府隷下には、貞観五（六三一）年、拓抜赤辞が都督に任じられた西戎州や、あたかも野利氏のこの時期の根拠地を示すかのような野利州が含まれていることは注目に値する。また米州は上述したように、細封歩頼の後に唐に内属した米擒氏の八世紀の居住地を指すかとも考えられる。このような諸州を管轄する宜定州都督府の刺史を帯びる折磨布落は、おそらく破丑氏、野利氏の部族長に比肩し得る存在だったのではなかろうか。それ故

にこそ、早々に吐蕃の影響を受けにくい綏州、延州方面に移動を強制されたのではなかろうか。また、芳池州野利部の移動に関しては、『新唐書』地理志関内道では芳池州都督府と宜定州都督府、そして安化州都督府の三府が「右隷慶州都督府」となっているのに対し、静辺州都督府と芳池都督府、相興都督府が他の九都督府とともに「右隷霊州都督府」となっている点に注意したい。つまり「芳池」と名づく都督府が二箇所に記載されているのである。これは、同時期に二箇所に設置されていたものではなく、本来、慶州都督府隷下に設置されていた芳池州都督府が、綏州、延州方面に移り、その後、残地部族が霊州都督府隷下に編成がえされたことを示しているのであろう。ただ野利氏はこの後も慶州一円で東山部を形成し、その後、南山部（後述）の実体に成長していったことは間違いないので、慶州都督府隷下の芳池州都督府の名称は消滅したかも知れないが、野利氏自体はむしろ居住地域を拡大していったとみるべきであろう。『旧唐書』地理志に「芳池州都督府　寄在慶州懐安県界管小州十。静、獯、王、濮、林、尹、位、長、宝、寧、並党項野利氏種落」とあることも参考になる。最後に、静辺州都督府についてだが、これはさらに複雑で、同志関内道の原注に「貞観中置、初在隴右、後僑治慶州之境」とあるように本来は隴右にあったものが、慶州に移り、さらに『旧唐書』地理志に、

　静辺州都督府、旧は銀川郡界内を治め、小州十八を管す。

とあるように、その後また銀川方面に移動させられ、そして『新唐書』党項伝の上記史料の前段部分に繋がっていくのである。

郭子儀は静辺州都督府、夏州楽容州都督府等六都督府のタングートを銀州の北、夏州の東に徙し、タングート諸部族がこれ以上吐蕃の脅誘に曝されるのを防ごうとした。そこで問題になるのが「六府党項」の実態が何を指しているのかである。岡崎精郎氏は前掲論文の補注（九〇）で、芳池、宜定、安化の三都督府を六府に加える山本澄子氏の説を斥け、楽容州以外は不明とされている[20]。しかし、上述してきたように破丑、野利、把利、拓抜乞梅らの入朝を受け

ての六府党項の移動であることは動かしがたく、これらの諸都督府をもって「六府党項」と称したと考えるべきである。清代の編纂物ではあるが、西夏史の便利なテキストである呉広成の『西夏書事』（巻一）には、

ここにおいて、大首領左羽林大将軍拓抜朝光、拓抜乞梅等五刺史を召し入朝せしむ。

とまとめているのも参考になる。あまり「六府」という数字に捉われる必要性もないと思うが静辺州、楽容州、芳池州、相興州、宜定州の各都督府に思楽州を加えたあたりがその実態だったのではあるまいか。

ところで、楽容州都督府については、『新唐書』地理志関内道に霊州都督府隷下の一州として登場することは先に説明したが、その原注で「領州一、東夏州」とあるのみで、その設置の経緯などを示す史料を欠いている。ところが、『新唐書』党項伝の末に「始、天宝末、平夏部有戦功、擢容州刺史、天柱軍使」とある記事が大いに関心を惹く。この記事は岡崎精郎氏も指摘される（一二〇頁、補注（九二））ように、『西夏書事』（巻二）にはより詳しく、

赤辞の孫守寂を以て右監門都督に為し、西平公に封ず。天宝の乱に、守寂に戦功有り、容州刺史に擢げ、天柱軍使を領せしむ。

と記載している。『西夏書事』は出典を示さないという欠点があるが、このように具体的な内容を編者の呉広成が捏造したとは考えられず、必ずや何らかの史料に依拠したことは間違いあるまい。西戎州都督を拝し李姓を賜与された拓抜赤辞の直系は、その後も順調に発展し、ちょうど八世紀の半ば守寂の代になると右監門都督となり、特に「西平公」に封じられるまでになっていたのである。このことは拓抜氏の唐に対する忠誠度が、他の諸部族とは比較にならぬほど強かった証左である。そして『新唐書』に「天宝末（七五五年）、平夏部有戦功」とあるところから、安史の乱に際しても一貫して唐王朝にしたがい、その褒賞として容州刺史、天柱軍使に抜擢されているのである。そうすると、容州の名は拓抜氏にとっては極めて名誉ある地名であったはずであり、移動にあたって簡単に廃止されるような州名ではなく、必ず新居留地で継承される性格のものである。そのように考えると、容州が実は楽容州の誤りであること

に気づくであろう。『西夏書事』は『新唐書』と他の史料によってこの一節を作成したのであろうが、ともに「楽」を脱落して容州と誤って記載されていたので、それを踏襲してしまったのであろう。つまり新たに銀州の北、夏州の東に設置された静辺州都督府と夏州楽容州都督府こそ、八世紀後半の拓抜氏主流の本拠地であったと断じてよいのではなかろうか。筆者が六都督府の問題に拘るには理由がある。それは岡崎精郎氏が守寂の息子で拓抜本宗の後継者と見做している拓抜朝光が、上記『新唐書』党項伝に「静辺州大首領左羽林大将軍」として、他の五刺史と入朝し、厚く賜賚を得ているからである(21)。タングート民族の長い歴史で「大首領」号の嚆矢である。唐は特別の意図のもとに拓抜朝光をもって「大首領」に任じたと考えたい。「大首領」が静辺州だけに懸かるのか、「六府党項」全体に懸かるのかについては判断の分かれるところであるが、この特別の称号がここで登場する重要性を考慮すると、野利氏、破丑氏らも統率する存在として、唐は「大首領」号を朝光に与えていたと解釈したい。そして、タングート史上名高い平夏部と東山部の成立は、このような事情を踏まえて唐の主導のもとに、まさにこの時期におこなわれたものなのである。『西夏書事』には、拓抜朝光、乞梅らの入朝記事に続けて、そのあたりを、

代宗厚くこれに賚わり、還してその部を綏ぜしむ。自後、乞梅は慶州に居し、東山部を号す。朝光は銀、夏に居し、平夏部を号す。

と述べている。慶州残置のタングート諸部族は、拓抜乞梅の統率のもと東山部としてまとめられ、一方、銀州、夏州方面に移動した主力は拓抜朝光のもと平夏部として、それぞれ唐に掌握されるようになったとしている。この説にしたがうと、この頃から拓抜氏の他部族に対する優位というものが、唐側から積極的に演出されていったことになる。それは取りも直さず、吐蕃の圧力に対する前衛としてのタングート民族の一元化を考えた政策であったのであろう。ところが、平夏部、東山部の主力は間もなく黄河の東側に移動を余儀なくされたようである。『旧唐書』党項伝に、（貞元）十五年二月、六州党項、石州より奔りて河西に過《わた》る。党項に六府部落有り、野利越詩、野利竜児、野利

厥律、児黄、野海、野窣等と曰う。慶州に居する者は号して東山部落と為し、夏州に居する者は号して平夏部落と為す。永泰、大暦已後、石州に居し、水草に依る。ここに至り、永安城鎮将阿史那思昧その部落を擾し、求めて駝馬を取るに厭くことなし。中使もまたその事に賛成す。党項その弊に堪ず、遂に部落を率い奔りて河を過る。

とあるのがそれである。この史料については、以前、別に論じたが、(22)野利三族が慶州に居住する東山部の実体をなし、児黄、野海、野窣は拓抜氏の部族名（部落名）を指し、夏州に居住する平夏部のことである。「六州党項」と「六府部落」は、文脈から同一のタングート諸部族を異なった言葉で表現したことに気づくと思われる。『新唐書』党項伝には、この記事を多少簡素化して掲載し、「六府部落」とあるところを「六州部落」としている。前述の『新唐書』同伝の「六府党項」と混同しやすいが、筆者は「六府部落」ないしは「六州部落」こそ、「六府党項」の中核を構成する拓抜氏、野利氏の主力であったと確信している。彼らが「永泰、大暦已後」とあり七六五、六年に石州に移動し「依水草」とあるから、おそらく府、州の建置を認められず、不自由な遊牧生活を強いられていたのであろう。この移動は『資治通鑑』（巻二二〇）から（巻二二三）に頻出する乾元から永泰年間（七五八～七六五）にかけての党項による一連の長安近辺への侵擾と、吐蕃との連結に危惧を感じた唐が、その主力の隔離を図るべく強制的におこなったものと考えるのが妥当である。つまり平夏部、東山部ともに唐の羈縻政策に従順にしたがっていなかったのである。ところが石州では永安城鎮将阿史那思昧の暴政に曝され、貞元一五（七九九）年に黄河を越えて再度河西に移動してしまったのである。「奔過河西」とか「奔過河」とは黄河を渡って西走したことを意味し、ことさら地域名としての「河西」に結びつける必要はなかろう。つまり吐蕃の勢力下に舞い戻ったわけで、唐の一連の羈縻政策はまたしても失敗に帰したのである。しかしながら、実際にはタングート諸部族の前居住地への復帰の動きはかなり早くから起こっていたようである。野利氏については『新唐書』党項伝の芳池州野利部の綏、延州移徙の記事と「六州部落」の記事の間に、大暦末、野利禿羅都、吐蕃に与して叛き、余族を招きて応ぜず。子儀これを撃ち、禿羅都を斬る。而して野利景庭、野利剛、その部数千人を以て、入りて雞子川に附す。

とある。石州移動からわずか一〇数年後の大暦末（七七九）年に野利禿羅都が唐に叛旗を翻し吐蕃に与したのである。このことは、『資治通鑑』（巻二二五唐紀四一）の大暦一三年八月の条に「吐蕃二万衆寇銀、麟州、略党項雑畜、郭子儀遣李懐光等撃破之」とあるように、前年に発生した吐蕃による銀、麟州タングートに対する攻略に連動した動きと捉えるべきであろう。野利氏はタングートの中でも大族で知られ、石州に移動せずに慶州一帯にそのまま残置していた部族も多かったと考えられるが、筆者は野利禿羅都は石州に移った東山部野利氏の中心であったと考える。その理由は、残置部族であるならば、ことさらに「吐蕃に与して叛す」という表現は不要であり、また郭子儀の経略を受けるほどのことはなかったと思われるからである。また、最終的には野利禿羅都に同調せず、郭子儀に帰順した野利景庭、野利剛と併せてこの三人が前述の野利越詩族、竜児族、厥律族のいずれかの大酋と考えるのが合理的な解釈であるからである。景庭、剛も禿羅都と同時期に黄河を越え、前居住地の慶州附近に戻ったことは間違いなかろう。それは彼らの内附した「雞子川」から推測がつく。雞子川の位置について、岡崎精郎氏は前掲論文で『資治通鑑』（巻二二九唐紀四五）建中四年一一月の条に見える咸陽北西の乾州の地にあった雞子堆の附近の可能性を示唆された（四七頁）。確かに地名の類似だけでは何ともいえないが、大暦末と建中四年ではわずかに四、五年の間であり、ともに陝西省内の出来事である。氏の推定を一歩進めて雞子川を乾州附近と断定しても大過なかろう。そうだとすると、乾州は慶州から涇水沿いに南下すると二〇〇キロ足らずの地点である。野利景庭、野利剛も原住地に移動した後、禿羅都と袂を分かち、郭子儀に帰順する道を選んだものと思われる。野利禿羅都や景庭、剛は当初、東山部を率いる拓抜乞梅、ないしはその後継者の統率下にいたのであろう。タングート東山部の実体がかなりの部分、野利氏によって占められていたことは、註（22）拙稿でも触れたところである。そしてその中心勢力であった野利禿羅都の離叛は、拓抜氏の統率下に組み込まれることに対する野利氏の不満の発露でもあり、拓抜氏の権威創出という唐の政策は充分な成果が上がらなかったことがわかる。それどころか、この事件を契機にタングート東山部は事実上崩壊し、その実体は急速に失われていったものと思われる。それ故にこそ、岡崎精郎氏も指摘されるように、「乞梅の子孫はその系譜すら全然判明しない（四九頁）」ようになるのである。

一方、平夏部を構成する拓抜氏の主力も、七九九年から一〇数年も前に、一旦は原住地に復帰していたらしい。『資治通鑑』（巻二三二唐紀四八）貞元二（七八六）年一二月の条に、

吐蕃また夏州を寇す。また刺史托跋乾暉をして衆を帥いて去らしめ、遂にその城に拠る。[23]

とあるからである。この記事から七八六年以前に夏州の刺史は拓抜乾暉が拝命していたことがわかる。拓抜乾暉は当然、平夏部の主流であったはずで、唐政府も拓抜氏の夏州復帰を事後承諾し拓抜乾暉に刺史の地位を与えて平夏部の統率を委ねていたのであろう。その拓抜乾暉が夏州を逐われてから一三年後の七九九年に、石州残存部族も鎮将阿史那思昧の暴政に反発し、黄河を渡って河西地域に移動してしまったのである。このように、平夏、東山両部の隔離政策はうまくいかず、八世紀後半におこなわれた拓抜氏を中心に据えてタングートの一元化を企てる唐の対策は、タングートの乖離と吐蕃の圧力の前に思うにまかせぬ情況が続いたのである。

唐のタングート対策の失敗には、もうひとつ別の要因も絡んでいた。それは、すでにこの頃漢人化したタングート部族がかなりの数存在しており、唐の羈縻政策にはしたがわずに独自の行動を取り、ことさらに拓抜氏の権威を尊重する気風がなかったことも影響していたようである。広徳元（七六三）年、吐蕃、ウイグル、吐谷渾、渾、奴剌等を誘って唐に叛旗を翻した僕固懐恩の軍勢にタングート諸部族も加わっていたのである。『旧唐書』（巻一二〇列伝第七〇）郭子儀伝に、

八月、僕固懐恩、吐蕃、迴紇、党項羌、渾、奴剌、山賊任敷、鄭庭、郝徳、劉開元等三十余万を誘い南下す。

とあるが、前半部に記されている「党項」の他に、後半に記されている山賊の任敷、鄭庭、郝徳、劉開元が実はタングートの諸部族を率いる大酋であったらしいのである。『旧唐書』では、郭子儀伝の他に（巻一二一列伝第七一）僕固懐恩伝や（巻一九六上列伝第一四六上）吐蕃上にも任敷らの名前を載せているが、いずれも彼らを党項とは特定していない。ところが、『新唐書』では党項伝にこの記事を載せ、その際、彼らについては「大酋鄭廷、郝徳入同州、刺史韋勝走、節度使周智光破之澄城」と記している。ここでは鄭廷、郝徳の二名しか記載されていないが、この両名を「党項の大酋」として扱っているのである。そして『資治通鑑』（巻二二三唐紀三九）永泰元年九月の条には、

僕固懐恩、回紇、吐蕃、吐谷渾、党項、奴剌数十万衆を誘い倶に入寇し、吐蕃大将尚結悉賛磨、馬重英等をして北道より奉天に趣かしめ、党項帥任敷、鄭庭、郝徳等は東道より同州に趣かしむ。……

とあるように、彼らを「党項帥」と明確に記しているのである。任敷、鄭庭らの行動には、当然、岡崎精郎氏も触れている。ただ、氏は彼らを自明のことのように漢人とした上で、漢人によって指揮されるタングート勢力が僕固懐恩の乱に参加したとされ、後年のタングートの発展から西夏建国に至る過程で関与した漢人指導者の萌芽とされている。(24)岡崎氏は彼らの名前から何の疑いもなく漢人として論を進められたわけだが、『新唐書』や『資治通鑑』がことさら党項の「大酋」とか「党項帥」と断っていることは黙視しがたい点である。『旧唐書』に「山賊」とあるところから、おそらく彼らは山間に勢力を張る土豪であったことには間違いなかろうが、もし彼らが漢人土豪であったならば、数万にも達するタングート諸部族を動員することが果たして可能であったであろうか。筆者は任敷、鄭庭ら四名は最も早く唐に内附して熟戸化したタングート諸部族を統率する族長で、その名前も漢人風に改めたものと考えている。両『唐書』党項伝に記載されている天授年間に内附し、霊、夏州の間に散居させられた約二〇万口におよぶタングートは、史料上には具体的人名はまったく欠くものの、居住地域と居住の古さからいっても、充分に熟戸化する条件は整っていたものと思われる。また『旧唐書』（巻九七列伝第四七）張説伝の開元九（七二一）年の条に記載のあるソグド人

と思われる胡賊康待賓の反乱に関与したタングートは罪を宥され麟州に安置されている[25]。彼らは、おそらく天授年間（六九〇～九二）に内附したタングートの一部と思われるが、漢人部落との接触の歴史の長いタングートの熟戸化は急速に進んでいたと考えてよいのではなかろうか。康待賓や、それこそ安禄山の名前を出すまでもなく、当時、内属した異民族が漢名を名乗ることはごく一般的なことであった。任敷や鄭庭といった連中も名前は漢人風に改めてはいるが、熟戸化したタングート部落を率いる大酋であったことには相違あるまい。彼らは拓抜氏の権威の埒外に存在していたのである。いずれにせよ、タングート諸部族の内附が激増するようになれば、熟戸化の動きが加速するのは歴史の必然であり、そのひとつの到達点こそ、拓抜思恭による定難軍節度使の拝命に他ならないのである。しかし、そこに至るまでには、なお百有余年の歳月を待たなくてはならない。

そこで、次にそこに至るまでのタングート諸部族のその後の動向を、岡崎精郎氏の研究とは多少異なった観点に立って、筆者なりに整理しておきたい。

四　九世紀拓抜平夏部と河西党項の実態

さて、夏州刺史の拓抜乾暉が吐蕃の圧力に屈して衆を帥いて夏州を去った翌年の一二月に、唐はタングートに対する最初の武器輸出禁止令を発した。『旧唐書』党項伝に、

貞元三（七八七）年十二月、初めて商賈の牛馬、器械を以て党項部落に貿易するを禁ず。

とある。この記事は『唐会要』、『冊府元亀』にも記載されているが、その際、「牛馬」のところを「口馬」としている。「牛馬」を諒とする岡崎精郎氏の所説（五一頁～）に筆者も異存はないが、氏がこの記事をもってタングートのかなりの発展の証左としている点については、いささか考えを異にしている。この頃タングートに対する吐蕃の圧力は

上述の通りであったが、さらにこの後にも述べるようにタングートは吐蕃にしたがってしばしば入寇を繰り返しているのである。唐が武器を意味する「器械」のタングートへの輸出を禁じた理由は、武器が吐蕃に横流しされることや、タングートの入寇に利用されることを恐れたからに他ならない。禁令が出されたということは、この頃までに大量の武器がタングートに流れ、唐はその対策に手を焼いていた証左である。石州に留まっていた平夏部、東山部の残党が河西に出奔したのは上述のごとく七九九年のことであるが、それを俟つまでもなく唐のタングート対策は振り出しに戻っていたのである。

そこで、唐はタングート諸部族を再び綏撫するために、『旧唐書』党項伝に、

元和九年五月、また宥州を置き、以て党項を護る。

とあるように、元和九（八一四）年に宥州を復置したのである。これについては、『資治通鑑』（巻二三九唐紀五五）元和九年の条に詳しく、

李吉甫奏し「国家旧《もと》六胡州を霊、塩の境に置く。開元中これを廃す。更に宥州を置き以て降戸を領す。天宝中宥州は経略軍に寄理す。宝応（七六二年）以来因循して、遂に廃す。今請いてこれを復し、以て回鶻に備え、党項を撫ぜん。」と。上これに従う。夏五月甲申、また宥州を置き経略軍を理め、鄜城神策屯兵九千を取り、以てこれにあつ。

と記している。この時期、唐は吐蕃のみならずウイグルの攻勢にも悩まされていた。タングートを吐蕃やウイグルと切り離し、逆にその前衛にするためにも、タングート綏撫が焦眉の問題であったことがわかる。

ところで、石州を出奔した平夏部の多くはどこに居住していたのであろうか。これについては『宋本冊府元亀（以下、宋本は略す）』（巻九七七外臣部二二）降附の元和五（八一〇）年の条に、

五年五月、塩州奏し、「渭北党項拓跋公政等一十三府状を連ね称《い》う『渭北を管し帳幕の収放を押下せん。今を経《すぎ》

ること十五余年、塩州の界に在り。今、勅に準じ、割きて夏州に属せん。』と。情願す、依前《もとのまま》塩州の界に在る百姓を充てん。」と。

という記述があり多いに関心を惹く。この記事には岡崎精郎氏も注目され、この時期の内属タングートの主力は「塩州界」に集中していたとされる（五四頁）。「一十三府」については、氏も指摘されるように唐が設置したタングート都督府を指すことは間違いない。氏はタングート都督府の総計は一五府とされ、その大半がこの地域に集中していたとされる。しかしながら、都督府数については上述したように、一概に数を特定することはできない。そして、この時期、実態としての都督府が果たしてどれほど機能していたかについては極めて疑問である。むしろ、拓抜公政が「一十三府連状」といっている真意は、あくまでも自分をしてタングート諸部族を統率する「大首領」として唐に認知してもらうところに目的があったのではないかと思われる。拓抜公政は拓抜乾暉の後を襲った平夏部の本宗と断じてよく、この史料は拓抜公政のタングート諸部族に対する求心力の創設を狙った動きと見るべきであろう。ともかく、この記事から平夏部を中心とするタングートのかなりの勢力が塩州から夏州にかけての地域に居住していたことがわかる。宥州はちょうど塩州と夏州の中間に位置しており、その復置はまさしくタングート平夏部のこの動きに対応しておこなわれたことがわかる。ところが、この目論見もまたしても失敗に終ってしまう。前掲『資治通鑑』の同巻同年一〇月の条に「党項寇振武」とあり、タングートによる振武軍への入寇がおこなわれているのである。振武軍は綏、銀、麟、勝、東受降城、中受降城を領域とし、単于都督府、現在の綏遠和林格爾が治所である。塩州と夏州の間に居住する拓抜平夏部の入寇とは考えられず、さらに北東地域に居住していたタングートの行動と考えるのが妥当であろう。そうすると、五代、北宋時代に府州で勢力を振った前述の折氏が思い浮かぶ。『資治通鑑』（巻二三六唐紀五二）貞元一七（八〇一）年秋七月の条に、

己丑（二九日）、吐蕃、麟州を陥し、刺史郭鋒を殺し、その城郭を夷《たいら》げ、居人及び党項部落を掠して去る。鋒は曜

の子なり。

とあり、九世紀初頭、麟州に党項部落が存在していたことが確かめられる。折氏については、畑地正憲氏が前掲論文で府州との関連を詳述されているが、唐末、太原方面でのタングートの蟠踞を指摘されている。[26] 筆者はこの年の振武軍入寇が折氏とは断定できないまでも、拓抜平夏部の統制外に置かれていた、まったく別系統のタングート勢力の行動と捉えておきたい。

論をもとに戻すと、『資治通鑑』（巻二三九唐紀五五）元和一一（八一六）年四月の条に、

宥州軍乱し、刺史駱怡を逐う。夏州節度使田進討ちてこれを平ぐ。

とあるように、タングートを綏撫するはずの宥州に軍乱が発生する。軍乱の経緯はまったく不明ながらも、唐のタングートに対する支配力は急速に失われたらしく、『資治通鑑』（巻二四一唐紀五七）元和一四（八一九）年一〇月の条に、

この月、吐蕃節度論三摩等十五万衆を将い、塩州を囲む。党項また兵を発しこれを助く。刺史李文悦力を竭《つ》くし拒守す。およそ二十七日、吐蕃克つ能わず……

とあるように、八一九年になると吐蕃にしたがって塩州を攻撃し、さらに同書同巻元和一五（八二〇）年一〇月の条に、

党項また吐蕃を引き、涇州を寇し営を連ねること五十里。

とあるように、吐蕃の嚮導となる勢力も現われるようになるのである。『旧唐書』党項伝同年の条に、

十五年十一月、太子中允李寮を命じて宣撫党項使に為す。

とあるのは、こうしたタングートの行動に対する唐の消極的な綏撫策の表われであった。しかるに、この間に西北辺情勢は大きく変動し、『資治通鑑』の右同巻長慶元（八二一）年五月の条に、

癸亥（二八日）、太和長公主を以て回鶻に嫁す。公主は上の妹なり。吐蕃、唐が回鶻と婚するを聞き、六月辛未

（七日）、青塞堡を寇す。塩州刺史李文悦、撃ちてこれを却く。戊寅（一四日）、回鶻奏して「万騎を以て北庭に出で、万騎は安西に出で、吐蕃を拒み以て公主を迎う。」と。

とあるように、唐は穆宗の妹を太和公主としてウイグルに降嫁せしめ、吐蕃を牽制させようとしたのである。ところが同書（巻二四二唐紀五八）同年九月の条に、

吐蕃、その礼部尚書論訥羅を遣わし来りて盟を求む。庚戌（一七日）、大理卿劉元鼎を以て吐蕃会盟使に為す。

とあるように、太和公主の降嫁は唐と吐蕃との関係にも新展開をもたらし、吐蕃王ティ・ツク・デツェンは外交政策を大転換し、唐との会盟という和親策に路線を変更したのである(27)。交渉を有利に進めようとしてか、吐蕃は翌二年六月になっても霊武、塩州を攻撃しているが（『資治通鑑』同巻六月の条）、一方タングートも同じく同巻同月の条に、

党項、霊州、渭北を寇し、官馬を掠む。

とあるように、霊州、渭北への攻撃をおこなっているのである。渭北とは前述の塩州界に居住していた渭北党項を指し、官馬とは彼らが唐に供給する軍馬のことを指すに相違あるまい。つまり八二一年、吐蕃にしたがい、塩、霊州の間に散在する拓抜平夏部を主体とする渭北タングートを攻撃する別のタングートが存在したのである。おそらくこの勢力は後述する「河西党項」であり、その実態は野利氏や拓抜氏でも傍流の部族であったかとも思われるが、このように拓抜本流を中心とするタングートの結集は一向に成果を上げられず、さらに同書同巻同月の条に、

庚辰（二一日）、塩州奏し「党項都督拓跋万誠降を請う。壬午、吐蕃、塩州を寇す。」と。

とあるように、タングート諸部族の糾合に自信を失った拓抜万誠は内附を請う道を選んでしまったのである。拓抜万誠はおそらく年代的に考えて拓抜公政の後継者か、その一族と断じてよかろう。なお『冊府元亀』（巻九七七外臣部二二）降附に、

穆宗の長慶二年六月、塩州上言し「北界党項、夏州の遣わす兵の劫掠殺戮をこうむる。その都督拓抜万誠降を請

う。」と。夏州節度使李祐に詔し「それ党項を侵擾せしむることなかれ。」と。

とあり、拓抜万誠の内附の直接的原因が唐の夏州駐屯軍の非道にあったことは注意を要するが、その根底には夏州駐屯軍の横暴に対し拓抜万誠が抑止力としての機能を果たせず、タングート諸部族の統率すら思うにまかせぬ状況にあったことには変わりはあるまい。また、『冊府元亀』同巻同降附に、拓抜万誠の内附から五年後のこととして、

文宗の大和元（八二七）年八月、霊州奏し「部落遊弈使拓抜忠義、招収して部落五千余帳を得、界首に安置し訖《おわ》りぬ。」と。

という記事がある。拓抜忠義が平夏部の部酋の一人であったことは容易に推測がつくが、忠義が帯びた「部落遊弈使」はどう考えてもそれほど高い地位とは思えない[28]。岡崎精郎氏はこの記事をもって、忠義が万誠に代わって平夏部の統率者に抬頭したとされるが、にわかにはしたがいがたい。むしろこの記事は万誠の一族である忠義が、拓抜氏の羈絆から脱却しようとするタングート諸部族のうち、辛うじて霊州の界にいた部落およそ五千帳を確保したことを伝える史料として利用すべきであろう。むしろ、この背景に多くのタングート諸部族が平夏部の権威を公然と否定している情況を読み取るべきであろう。なお、『冊府元亀』の万誠の記事中に「北界党項」とあるが、これは上述の「渭北党項」と同義語であることがわかる。当時、霊、塩、夏州の間に散在するタングートを総称してこのように呼んでいたということは、すなわち、「北界」や「渭北」タングートに属さない別のタングート勢力の存在が唐側に認識されていたことを示す。それはさきに予告したところの「河西党項」という表現で諸書に散見する勢力こそが、これにあたることはいうまでもなかろう。『旧唐書』（巻一六一列伝第一一一）劉沔伝に、

大和末（〜八三五）、河西党項羌叛す。沔、天徳の師を以て屢々その酋渠を誅す。移して振武節度使、検校右散騎常侍、単于大都護を授く。開成中（八三六〜四〇）、党項、雑虜大いに河西を擾す。沔、吐渾、契苾、沙陀三部落等諸族万人、馬三千騎を率い、径《すみやか》に銀、夏に至り討襲し、大いにこれを破る。俘獲万を（以て）計え、捷を告げ

て還る。功を以て検校戸部尚書を加う。

とある。同列伝の石雄伝にも「大和中、河西党項擾乱」とあり、八三〇年代になると「北界党項」、あるいは「渭北党項」とは認識の異なるタングート勢力が銀州から夏州の間にかけて台頭し、擾乱を引き起こしていたのである。

それでは、本拠地を「河西党項」に明け渡した拓抜本宗は唐に内附した後、どのような処遇を受けていたのであろうか。この後、史料上に明確なかたちで拓抜本宗が登場するのは、咸通末（～八七三）に拓抜思恭が宥州を拠点にし、刺史を僭称しているとする『新唐書』党項伝の記述を俟つのである。拓抜万誠を拓抜本宗と断じた上での話だが、この間約五〇年間の拓抜本宗の具体的な動きを伝える史料はまったくなく、辛うじて後述するが『資治通鑑』に、八五一年に南山、平夏両部が白敏中に鎮撫されたとあるだけである。その記事から計算しても、ほぼ三〇年間の拓抜本宗の動きが不明である。そこで、あくまでも推測の域を出ないが筆者なりの解答を出しておきたい。『冊府元亀』（巻九九五外臣部四〇）交侵の条に、

文宗の大和五（八三一）年九月、豊州刺史李公政奏し、「党項、黒山において刼掠し、帰国せる廻鶻の差わせし兵馬使僕固全等七人は賊の為め射殺せらる。」と。

という記事がある。岡崎精郎氏はこの記事をタングートの強盛化を示すひとつの材料として使用される（六三頁）が、筆者はこれについてもまったく別の観点からこの史料に注目している。豊州刺史の李公政については、管見のおよぶ限り両『唐書』にもまったく記載がない。唐がこの前後、内属した周辺民族の酋帥に李姓を賜ったことは枚挙に遑がない。因みに平夏部に限っても、遠祖の拓抜赤辞がその第一号であり、後の定難軍節度使を拝命する拓抜思恭とその後継者たちも賜っている。また、九世紀半ばでいえば、沙陀部の巨師で後唐の献祖朱邪赤心（後述）にしろ、ウイグルの内紛から唐に降った嗢没斯兄弟がすべて李姓を賜与されている。(29) これをもってすると、史書に明記はなかったとしても、唐に内附した拓抜本宗の当事者が李姓を与えられたと考えるのはそれほど無理のある推論でもあるまい。拓

抜公政と拓抜万誠が史料上に姿を現わすのは、わずかに一二年の間隔があるだけである。拓抜万誠の内附の際、拓抜公政は生存していたと考えても、別段不自然ではあるまい。拓抜万誠の内附には拓抜公政もしたがっていたのではなかろうか。そして、拓抜公政と拓抜万誠はともに李姓を賜り、拓抜公政は豊州刺史に任じられたのではなかろうか。ウイグルの一行を襲撃したのはもちろん河西党項の仕業であり、拓抜公政はその襲撃も阻止することができず、上奏することによりひたすら唐による河西党項の制圧を期待したのではなかろうか。他に傍証を欠き、推論に止めざるを得ないが、いずれにせよこの時期の拓抜本宗と河西党項は峻別して考えるべきであろう。

五　九世紀周辺諸民族の動向とタングートの擾乱

会昌元（八四一）年になるとタングートは吐谷渾、沙陀部とともにウイグルの混乱に乗じ勢力の伸張を試みるようになる。『資治通鑑』（巻二四六唐紀六二）同年秋八月の条に、

天徳軍使田牟、監軍韋仲平、回鶻を撃ち以て功を求めんと欲す。奏して称う「回鶻の叛将嗢没斯等塞下に侵逼す。吐谷渾、沙陀、党項は皆世々ともに仇を為す。請う自ら出兵し駆逐せんことを。」と。上、朝臣に命じてこれを議せしむ。

とある。さらに同巻翌二年二月の条にも、ウイグルの上奏中に吐谷渾、党項の刼掠を懼れる一節がある。この頃ウイグルはキルギスに追われ、太和公主を奉じて大挙南下し、塞上に駐留し唐に救援を求めていたが、内紛が生じ、前記宰相嗢没斯一族の来降を引き起こすなど、末期的症状を呈していた[30]。ところで、行動をともにした吐谷渾の居住地については、『新唐書』地理志の羈縻州関内道に、

吐谷渾州二。寧朔州（原注・初め楽容都督府に隷す。代宗の時、来属す。）右、夏州都督府に隷す。渾州（原注・儀鳳中

涼州より内附する者、金明の西境に処して置かしむ）右、延州都督府に隷す。

とあるように古く儀鳳中（六七六～七九）に内附した部衆は延安附近の金明西境に置かれ、代宗時代に来属した集団は夏州東方に一旦は居所を与えられた。しかし、後者に関しては前に史料を掲載した『新唐書』党項伝に「……寧朔州吐谷渾住夏西」とあるように、当時は夏州の西方に居住させられていたようである。また『資治通鑑』（巻二四五唐紀六一）開成元（八三六）年二月の条には、

天徳軍奏し「吐谷渾三千帳、豊州に詣り降る。」と。

とあり、この記事はおそらく夏州西方あたりにいた吐谷渾が豊州に来降した事実を伝えているのであろう。河西党項に同調しない吐谷渾が豊州の拓抜公政に救いを求めたことを示している、と解釈したいが、いかがなものであろうか。それはさておき、九世紀半ば頃の吐谷渾は衰残の遺衆であったことにはかわりがない。吐谷渾に関しては、『資治通鑑』を瞥見しても、僕固懐恩の叛乱に巻き込まれ、党項、奴剌等と動員に応じた永泰元（七六五）年の記事（巻二二三）以降、まったくその名を史料上に現わさず、消息は不明であった。それが、およそ七〇年ぶりに登場したのである。このたびのタングートや吐谷渾の活発な動きは、吐蕃の衰頽にその原因があったことはいうまでもなかろう。長慶の唐蕃会盟（八二一～二二）については、佐藤長氏の研究に詳細はゆずるが[31]、これ以降、西北辺に居住する諸民族におよぼす吐蕃の圧力は格段に低下したらしい。さらに、その後の吐蕃王朝の内紛と衰亡[32]は、タングート民族に重年におよぶ吐蕃の桎梏からの解放を実現させ、加えてウイグルの末期的情勢に目をつけ、その混乱に乗ずることにより西北辺の主導権の獲得を図らずも目途させることになったのである。『新唐書』党項伝にタングートの発展とその対策を記して、

大和中（八二七～三五）に至り寖《ようや》く強まり、数《しばしば》寇掠す。然るに器械は鈍苦にして、唐兵の精なるを畏れ、すなわち善馬を以て鎧を購い、善羊にて弓矢を貿《か》う。鄜坊道軍糧使李石、表して禁ずるに「商人の旗幟、甲冑、五兵を

以て部落に入るを得ず、告者には罪人の財を挙げてこれに畀《たまわ》らん。」と。開成末（〜八四〇）に至り、種落愈々繁く、富める賈人は繒宝を齎し、羊馬を鬻《ひさ》ぐ。藩鎮、その利に乗じ、強いてこれを市《あきな》う。或ものは直を得ず、部人怨みて相率いて乱を為し、霊、塩に至る道通ぜず。

とあるのが、この間の事情をよく物語っている。前半部分はまさしく第二次の武器輸出禁止令にあたるが、吐蕃の圧力から脱したタングート諸部族の軍事力の強化が一気に進んだ状況がよく窺える。禁令が再び出されたということは、当時、商人の手を通じて、善馬、善羊に換えて大量の甲冑、五兵（五種類の兵器）がタングートに流入していた証拠であるが、特に旗幟の輸入は注目に値する。旗幟とは、いうまでもなく軍旗の謂であり、これをもってすると、今回はタングート諸部族が単に武装力を強化したというには止まらない。おそらく、唐や吐蕃、ウイグルの軍制を参考にして軍事組織の整備に乗り出したことを意味していると考えるべきではなかろうか。後半部分は上述のタングートの擾乱時期に対応する記述である。岡崎精郎氏は唐辺将の暴政がタングートの叛乱の一因をなしている証拠として、この史料を利用されたが（六三〜六六頁）、要は辺将の暴政に対抗できる軍事力をタングート側でも身につけていたからこその反抗であったのであろう。そして禁令が鄜坊道軍糧使の要請であり、史料最後に「霊、塩に至る道通ぜず」とあるのは唐の都から霊州、塩州に至る道が通じないということで、その通路にあたる涇水流域のタングート諸部族が対象になっていることを示している。そうするとこれらのタングート諸部族は慶州一円に勢力を張る野利氏が思い浮かび、前節最後に記した河西党項の正体こそ、この方面のタングート諸部族を指していたのであろう。ところが、会昌二（八四二）年八月、唐の再三におよぶ帰国要請にしたがわなかったウイグルの烏介可汗は大挙して杷頭烽（大同府朔州）を通過して雲州城に迫る。その際、タングートは『資治通鑑』（巻二四六唐紀六二）に「吐谷渾、党項皆挈家入山、避之」の行動をとり、ウイグルの大軍を前にしては、とても対抗できる勢力ではなかったことがわかる。ここに登場するタングートが涇水流域のタングート諸部族を指すかどうか判断できないが、前掲『資治通鑑』の同巻九月の

条に、

　李思忠を以て河西党項都将、回鶻西南面招討使に為す。

とあることから、唐政府は河西党項の統制をウイグルの降将で李思忠の名を賜った嗢没斯に委ねたらしい。

　さて、それではこの間に拓抜本宗の動向を示す材料はないものであろうか。それを示す唯一の史料が『資治通鑑』（巻二四七唐紀六三）の冒頭部分である。この史料は劉沔や石雄が振武軍に迫っていたウイグルの烏介可汗を攻撃し、併せて同可汗に降嫁していた太和公主の救出を敢行した記事である。前半部分を掲載すると、

　会昌三（八四三）年春正月、回鶻烏介可汗、衆を帥いて振武を侵逼す。劉沔、麟州刺史石雄、都知兵馬使王逢を遣わし、沙陀朱邪赤心の三部及び契苾、拓跋の三千騎を帥いて、その牙帳を襲う。沔、自ら大軍を以てこれに継ぐ。雄、振武に至り、城に登り回鶻の衆の寡を望む。氈車数十乗、従者は皆朱碧を衣、華人に類するを見て、諜をしてこれを問わしむるに、曰く「公主の帳なり」と。雄、諜をしてこれに告げて曰く「公主ここに至り家《すまい》するや、当に帰路を求むべし。今、将に兵を出だし可汗を撃たんと。請う、公主潜に侍従と相保ち、車に駐まり動くなかれ。」と。

とある。『旧唐書』（巻一六一列伝一一一）石雄伝には、この救出劇がより生き生きと描かれているが、麟州刺史の石雄は突厥系の沙陀部朱邪赤心や契苾の部落と拓抜を合わせて三千騎を率いて烏介可汗の牙帳を奇襲したのである。朱邪赤心は先に触れたが、後に龐勛の乱の鎮圧に大功を上げ「李国昌」の名を賜わっている。彼はこの頃一貫して唐に忠節を尽しており、その朱邪赤心の三部落とともに、拓抜の部衆が決死の奇襲を敢行しているのである。帰趨の定まらない河西党項が石雄の麾下に加われるはずもない。岡崎精郎氏もここに記される「拓跋」については注意を示され、いわゆるタングートの謂ではなく「拓抜氏の一分派を指称したものと解すべきではあるまいか（一二七頁）」と説明されている。筆者は『旧唐書』、『資治通鑑』などが「党項」とせずに、ことさら「拓抜」と明記している点を重視した

い。拓抜本宗が前後、ほぼ一貫して唐に忠義を尽くしていたことを勘案すれば、岡崎精郎氏の考えを一歩進めて、ここに登場する「拓抜」こそ、八四〇年代の拓抜本宗の動向を示していると断定してよかろう。

論述をその後のタングートの擾乱に戻そう。『資治通鑑』（巻二四七唐紀六三）にしたがうと、会昌三（八四三）年の一〇月には塩州を寇し、続いて一一月には邠、寧州への入寇が報じられている。そこで同書に続けて、

李徳裕奏し「党項愈々熾にして、区処せざる可からず。聞くに、党項は諸鎮(33)に分隷し、これを剽掠す。すなわち亡逃して彼に帰す。節度使各々その駝馬を利《と》り擒送せず。これを以て禁戢に由なし。臣屢々奏す『一鎮をしてこれを統べしむるにしかず。』と。陛下、以為く一鎮が党項を専領するは、権はなはだ重しと。臣、今請うに皇子を以て諸道を兼統し、中朝の廉幹の臣を択び、これが副に為し、夏州に居してその辞訟を理めれば、宜しきを得るを為すこと庶《ちか》からん。」と。すなわち兗王岐を以て霊夏等六道元帥兼安撫党項大使に為す。また御史中丞李回を以て安撫党項副使に為し、史館修撰鄭亜を元帥判官に為し、詔を齎し、往きて党項及び六鎮(34)の百姓を安撫せしむ。

とあるように、宰相李徳裕はタングートの擾乱の原因を、タングートが諸藩鎮に分隷し、その剽掠を受けていたことに帰し、しかるべき皇子をもって諸道を兼統させることを主張したのである。その結果、兗王岐を霊夏等六道元帥兼安撫党項大使となし、タングートを一括支配してその安撫を目指すように改めたのである。そして、この上奏の形を変えた具体化を示す史料が『旧唐書』党項伝の末尾に載せられている。すなわち、

会昌の初め、上、頻に命じてこれを安撫せしめ、兼て憲臣を命じて使に為し、三印を分かち以てこれを統べしむ。邠、寧、延に在る者は、侍御史内供奉崔君会(35)を以てこれを主らしむ。塩、夏、長沢に在る者は、侍御使内供奉李鄠を以てこれを主らしむ。霊武、鱗、勝に在る者は、侍御使内供奉鄭賀を以てこれを主らしむ。よりて各々に緋魚を賜い以てその事を重ず（『新唐書』党項伝略同）。

とある。唐はタングート居住地域を三分し、それぞれに侍御史内供奉を派遣し、タングートの安撫にあたらせたので

ある。ところで、この記事は思いがけずも九世紀半ばのタングート諸部族の居住地域を推定することのできる史料として極めて重要な意味を持つものになっているのである。「在邠、寧、延者」とは、涇水流域から洛水の上流域にかけて居住する集団があったことを示している。筆者は、これこそ後述する野利氏などを中核とする南山部タングートの名称で呼ばれていた諸部族を指していると考える。また、河西党項の本来的な居住地であったはずである。「在塩、夏、長沢者」は平夏部を構成していた拓抜氏系統の諸部落を指すことは間違いあるまい。最後の「在霊武、麟、勝者」は上記二者とは系統を異にするタングートである。「霊武」とは賀蘭山附近に居住していた後の大涼、小涼族、蔵才族などの前身とも考えられ、「麟、勝」は折氏や後に李継遷に支配される黄河が東に向きを変えた西側に居住した多くのタングート諸部族を指しているのであろう。(36)

ところで、こうした努力にも拘わらず唐のタングート安撫策はまたしても成果を上げることができなかった。『旧唐書』には続けて「久而無状、尋皆罷之」と締め括っているが、それを証明しているのが『資治通鑑』（巻二四八唐紀六四）会昌五（八四五）年の末尾の記事で、

朝廷、党項の為に使を置くと雖も、党項の侵盗已まず。邠、寧、塩州の界の城堡を攻陥し、叱利寨に屯す。宰相、請いて使を遣わし、宣慰せんと。上、これを討つことを決意す。

とある。さらに続けて、

六年春二月庚辰（九日）、夏州節度使米曁を以て東北道招討党項使に為す。

とあるように、唐は一転してタングートの征圧に乗り出すようになるのである。(37)これによってわかることは、タングートの猖獗が表面上は李徳裕の懸念した藩鎮の暴政に対する抵抗かも知れないが、その底流をなしているところの真の原因は、吐蕃、続いてウイグルの衰退という、タングートにとってはいわば二大天敵ともいうべき勢力の退潮が、タングートの発展を促したことはもはや疑いの余地もなかろう。タングートは、唐末に向けて強く自己主張を始めた

のである。

六　吐蕃王国の崩壊とタングート諸部族

晩唐のタングートの動向は、吐蕃王国の崩壊にともなう混乱や、しばしば論じられる藩鎮の暴政とも相俟って複雑な様相を展開し、非常にわかりにくい。岡崎精郎氏はこの時期の唐のタングート対策を精緻に論証されており（六六頁～）、改めてつけ加えるような材料も持ち合わせていないが、タングートの動向に関してはいささか補うべきところもあるやも知れず、筆を進めてみたい。九世紀のタングートの動向に関し、注意すべきことは諸史料に「党項」の二文字をもって記されている情報が、決して一つの集団としての動きを示しているのではないということである。上述したように、この時期においても、いまだ広い地域に散在するタングート諸部族、諸部落を政治的に統合するタングートの「権威」は創出されていないのである。

九世紀半ばのタングートの動きに大きな影響を与えた出来事は吐蕃王国の崩壊である。八四一年にランダルマ王が暗殺されてより[38]、吐蕃は内乱状態に陥り、特に隴右、河西一帯においては論恐熱と尚婢婢の対立が激しくなり、この方面に近かったタングートがこの対立に巻き込まれていったようである。それを示す最初の史料が、『資治通鑑』（巻二四八唐紀六四）大中元（八四七）年五月の条に載せる、

> 吐蕃の論恐熱は武宗の喪に乗じ、党項及び回鶻の余衆を誘い、河西を寇す。河東節度使王宰に詔し代北諸軍を将い、これを撃たしむ。宰、沙陀の朱邪赤心を以て前鋒に為し、麟州より河を済り、恐熱と塩州に戦い、破りてこれを走らす。

である。ここに載せる河西とは論恐熱のこの前後の活動範囲から推測すると、上述した河西党項の「河西」から、河

西回廊を含めた広い範囲を指すものと考えるのが妥当であろう。そして論恐熱は河東節度使王宰の大軍と塩州で戦い敗北している。ここにいう「党項」がどこに居住するタングートであったのかは確認できない。ところが、もう一方の衰残後のウイグルについては、その居住地を示す史料として『新唐書』（巻二一七下列伝第一四二下）回鶻伝下に、

この時、特勒巳に自ら可汗を称し、甘州に居し、磧石諸城を有《たも》つ。

とあり、すでに多くは甘州とその附近に集まっていたのである。そのウイグルとともに論恐熱に誘われているところから、かなり西方に位置していたタングート部族ではなかったかと思う。論恐熱と尚婢婢の戦闘については、『新唐書』（二一六下列伝第一四一下）吐蕃伝下に詳しく記載されている。本論の主旨からはずれるので、詳述は避けるが、尚婢婢の側にもタングートが相当数したがっていたようである。『資治通鑑』同右巻大中二（八四八）年一二月の条に、

吐蕃の論恐熱、その将恭（莽の誤り）羅急蔵を遣わし、兵二万を将い西鄙を略地す。尚婢婢はその将拓抜懐光を遣わし、これを南谷に撃ち、大いにこれを破る。急蔵降る。

とある。尚婢婢の部将として拓抜懐光という人物が登場してくる。両『唐書』の吐蕃伝や『資治通鑑』を検索して見ても、拓抜懐光を除いて吐蕃側の姓として「拓抜」は皆無である。周知のごとく、西北辺における「拓抜」姓には吐谷渾にその先蹤がある。一例をあげると『隋書』（巻八三列伝第四八）西域伝の吐谷渾の条に「名王拓抜木弥」の名が記されている。しかし、唐代になると両『唐書』の吐谷渾の条には「拓抜」姓はまったく姿を見せない。また、唐末、五代になると、『資治通鑑』や『冊府元亀』等に吐谷渾部酋の名がしばしば登場するが、「拓抜」姓は皆無である。拓抜懐光の他にも、五代にかけて西北辺で明らかに拓抜本宗とは異なる「拓抜」姓の酋帥が複数名活躍している。(39) 各民族の時代的状況からいって、彼らをタングート拓抜氏と断定するのにいささかの躊躇もいらないであろう。岡崎精郎氏は拓抜懐光については黙して語っていない。おそらく尚婢婢の部将であるところから処理に迷い、長いタングートの歴史を彩る酋帥の一人としての認知を避けてしまわれたようである。拓抜懐光がタングートであるならば、当然、

平夏部か東山部の一員であることになる。しかし、東山部の拓抜氏は初期の拓抜乞梅以降、まったく消息が不明であるので、その子孫とは考えにくい。平夏部については縷々述べてきたが、これも時代が降るにつれ不明の点が多くなってくる。そればかりか本宗の系譜すら充分に確認することができなくなっているのである。このことは、再三述べたように、平夏部の拓抜本宗としてタングート諸部族におよぼす影響力がいかに低下していたかの証明でもあり、この間、唐側にも拓抜平夏部の本宗を政治的に利用するという政策が放棄されていたことを示しているのであろう。まさに、先に李徳裕が指摘し、さらに後に宣宗が看破したように（後述）、タングートは西北辺各藩鎮の収奪の対象としての存在にすぎなかったのかも知れない。尚婢婢については『資治通鑑』（巻二四七唐紀六三）会昌三（八四三）年六月の条に、

吐蕃の鄯州節度使尚婢婢は世々吐蕃の相と為る。婢婢読書を好み、仕進を楽まず。国人これを敬う。年四十余。彝泰賛普強てこれを起《たて》て、鄯州に鎮せしむ。婢婢寛厚沈勇にして謀略有り、士卒を訓練し精勇多し。

とあるように、論恐熱とは対照的な有徳の人物として描かれている。鄯州節度使とあるところから判断すると、対唐交渉の窓口として重要な役割を担っていたものと思われるが、拓抜懐光はその部将になっているのである。拓抜平夏部のなかで本宗と行動をともにしなくなった傍流はその時々に発生していたはずである。拓抜懐光か、あるいはその祖もある時点で本宗と袖を分かち、独自の行動をとるようになったものと考えてよかろう。鄯州を支配する尚婢婢の部将になったのであるから、拓抜懐光は両『唐書』党項伝に記載するタングートの三つの居住地域よりは、さらに西方に居住していた酋帥であろう。『資治通鑑』（巻二四九唐紀六五）大中九（八五五）年の条に、

三月、詔し、邠寧節度使畢諴を邠州に還らしむ。これより先、河湟初めは党項に附し、未だ平がざるを以て、邠寧軍を寧州に移す。ここに至りて、南山、平夏党項皆安ず。威、塩、武三州の軍食足る。故に理所に還らしむ。

とある。まさしくここにいう「河湟初附党項」こそ、拓抜懐光らを指していると見るべきであろう。武州とは鞏昌府

階州のことであり、拓抜懐光の本拠はこのあたりにあったのかも知れない。拓抜懐光の部族は拓抜氏の中でも渭水北方に移動せず、原住地付近に遺存した集団だったのであろう。また、拓抜懐光の時代からはおよそ八〇年の逕庭があるが、五代後唐の九三三年に涼州に「涼州大将拓抜承謙」という人物がいる(40)。拓抜懐光との関連はまったく不明であるが、これらの事実を考え合わせると、河西回廊、あるいは河湟方面に九世紀の半ばになっても拓抜傍流に支配されるタングート部落が存在していたと考えてよいのではなかろうか。『資治通鑑』（巻二四九唐紀六五）にしたがうと拓抜懐光はこの後、八五〇年に尚婢婢に鄯州を托されるも、論恐熱に大敗を喫するが、その後も鄯州を守っていたらしく、同書（巻二五〇唐紀六六）咸通七（八六六）年春二月の条に、

　論恐熱は廓州に寓居し、旁側の諸部を糾合し、辺患を為さんと欲するも、皆従わず。向うところ尽く仇敵と為り、自を容れるところ無し。仇人、もって拓跋懐光に告ぐ。鄯州より懐光兵を引き撃ちてこれを破る。

とあり、さらに冬一〇月の条に、

　拓跋懐光は五百騎を以て廓州に入り、論恐熱を生擒し、先にその足を刖り、数《こまかく》してこれを斬り、首を京師に伝う。その部衆東して秦州に奔る。尚延心邀撃しこれを破る。悉く奏して嶺南に遷す。吐蕃これより衰絶す。乞離胡の君臣終るところを知らず。

とあるように、進退窮まって廓州に籠居していた論恐熱を襲殺し、一六年ぶりに復讐を遂げているのである。拓抜懐光の配下には吐蕃、その他の民族も多く加わっていたと思われるが、もとよりタングートの大酋として、多数の部落をしたがえていたと考えるのが自然である。拓抜懐光は、一方の論恐熱にしたがっていたタングート諸部族とともに、次に述べる唐の平定策の対象となったタングート諸部族とは一応別の勢力を形成していたのであろう。

七　宣宗朝のタングート対策

唐も余すところ六〇年、干支一巡を残す時代に入った。「小太宗」といわれ治世の始めには政治に意を注いだ宣宗のタングート対策に論を進めよう。『資治通鑑』（巻二四九唐紀六五）大中四（八五〇）年秋八月の条に、

　党項、辺患を為す。諸道の兵を発しこれを討つ。連年功なく、戍饋已まず。右補闕孔温裕上疏し切諫す。上怒りて柳州司馬に貶す。温裕、戣の兄の子なり。

とある。文意にしたがえばタングートの辺患は連年におよび、諸道の兵を発するも効果がなかったことがわかる。八四六年に即位した宣宗はことのほかタングートの平定に意を注いだ。孔温裕の配流もその決意の表われととれるが、『新唐書』党項伝に宣宗の決意のほどを示すエピソードが載せられている。すなわち、

　宣宗の大中四（八五〇）年、内は邠、寧を掠す。鳳翔の李業、河東の李拭に詔して節度の兵を合わせてこれを討たしむ。宰相の白敏中を都統に為す。帝、近苑に出で、或ものをして竹一箇を以て舎外に植えしめ、見るに纔か尺許《ばか》り、遠きこと且に百歩。帝、二矢に属《ゆだ》ねて曰く「党（項が脱）羌窮寇し、仍歳、吾が鄙を暴《おか》す。今、我れ約して竹を射て中ればすなわち彼まさに自ら亡びん。中らざれば、我且に天下の兵を索《つく》してこれを翦《のぞ》き、終にこの賊を以て子孫を遺さず」と。左右注目す。帝、一たび発すれば竹分れ、矢は諸外に徹《いた》る。左右万歳を呼《さけ》ぶ。月を閲《あらため》ずして羌果して破殄し、余種は南山に竄《のが》る。

とあり、みごと竹を中分しタングートの自滅を願望したのである。宣宗がタングートの平定に拘った背景には、前年の八四九年にそれまで吐蕃に陥没していた秦、原、安楽三州と石門等七関が唐側に復し（『資治通鑑』巻二四八唐紀六四同年二月の条）、河湟一帯が回復されたことと、翌々年の大中五年のことになるが、沙州人の張義潮の帰順や、同人に

よる瓜、伊、西、甘、粛、蘭、鄯、河、岷、廓十州の回復（『資治通鑑』巻二四九唐紀六五）がなされようとしている時期である。[41]この際、タングートの猖獗を鎮め、昔日の版図の再現を目指したのであろう。右史料の最後に「余種は南山に竄れる」とあるが、この一句によって宣宗を悩ましていた当該タングートがいかなる集団に属する勢力であったかが判明する。南山を巣窟とするタングートは第五節の末で示した「在邠、寧、延者」であり、すぐこの後でも触れる野利氏などを中心とする南山部タングートだったのである。宣宗は決して凡庸な皇帝ではなかった。『資治通鑑』（巻二四九唐紀六五）大中五（八五一）年二月の条に、

上頗る知る、党項の反は、辺帥がその羊馬を利し、しばしば欺いてこれを奪い、あるいは妄に誅殺するにより、党項憤怨に勝《た》えず、故に反するを。すなわち右諫議大夫李福を以て夏綏節度使に為す。これより、継いで儒臣を選び、以て辺帥の貪暴なる者に代ゆ。行日復面（再び会う）し、戒励を加う。党項これにより遂に安ず。福は石の弟なり。

とあるように、タングートの反抗の直接的原因が辺境藩鎮の暴政にあることを見抜き、李福を夏綏節度使に任じ、以後、積極的に儒臣をもってこれに替え、タングートの綏撫に努めたのである。岡崎精郎氏は李福の夏綏節度使任命をもって、まず平夏部に招撫の足がかりを求めたと説かれるが（七二頁）、筆者も左袒するにやぶさかでない。ここに記す「党項由是遂安」のタングートは平夏部の主流を指すもので、これによって平夏部全体の騒擾が沈静化したものでは全然なかったのである。その証拠に引き続いて宣宗は一大決意をもってタングートの完璧な綏撫を目途しているのである。『資治通鑑』同上史料に続けて、

上、南山、平夏の党項久しく未だ平がざるを以て、頗る用兵を厭う。崔鉉建議し、宜しく大臣を遣わし鎮撫せんと。三月、白敏中を以て司空同平章、充招討党項行営都統制置等使、南北両路供軍使兼邠寧節度使に為す。敏中、請いて裴度の故事を用い、廷臣を択び将佐に為さんと。これを許す。夏四月、左諫議大夫孫景商を以て左庶子に

為し、邠寧行軍司馬知制誥に充つ。蔣伸を右庶子に為し、節度副使に充つ。伸は係の弟なり。

とある。ここに初めて南山部の存在が史料上に出現するのである。九世紀の中頃になると、唐側にも明確に平夏部タングートに対して南山部タングートの概念が定着していたことがわかる。宣宗は崔鉉の建議を入れ、白敏中を司空同平章事充招討党項行営都統制置等使南北両路供軍使兼邠寧節度使に任じ、白敏中にタングートの平定を一任したのである。白敏中は孫景商、蔣伸を登用して脇を固め、万全の態勢で事に臨んだのである。そして『新唐書』（巻八本紀第八宣宗、以下、『新唐書』宣宗本紀と略記）の大中五年の条には、

　五年三月、白敏中を司空、招討南山、平夏党項行営兵馬都統に為す。

とあるように、白敏中は明確に南山、平夏両タングートを対象に行営兵馬都統に任じられたことがわかる。『資治通鑑』には続けて夏四月、タングートの戡定を記して、

　敏中、寧州に軍（陣どる）す。壬子（一〇日）、定遠城使史元、党項の九千余帳を三交谷に破る。敏中奏し「党項平ぐ。」と。辛未（二九日）、詔して、平夏党項、已に安帖に就くと。

とあり、定遠城使史元の手によってタングート平夏部の平定がなされている。定遠城とは寧夏鎮にあたると思われるが、戦闘のおこなわれた三交谷については、『資治通鑑』の注で胡三省は「夏州界」としている。これらのことから、平夏部が従前通り塩州から夏州にかけての地域に居住していたことが確認できる。『新唐書』宣宗本紀には続けて、

　四月、平夏党項羌を赦す。辛未、霊、塩、夏三州、邠寧、鄜坊等道に給復すること三歳（『資治通鑑』巻二四九参照）。

とあり、平夏部の居住する霊、塩、夏三州と邠寧、鄜坊等道の租税額を三箇年免除している。『資治通鑑』の同右条には租税免除の記事に続けて、

　さきに辺将の貪鄙により、その怨叛を致す。自今、当に更めて廉良を択び、これを撫ずべし。若しまた侵叛を致

さば、当に先に辺将を罪《とが》め、後、寇虜を討つべし。

とあるように、以後、侵擾が発生した場合には、先に辺将を罰し、しかる後にタングートを討つといっている。この一文は唐の朝廷が辺将の暴政をいかに強く自覚していたかを示しているが、同時に宣宗本紀の記事と関連付けて考えると、タングート平夏部に対し非常に配慮していることがわかる。平夏部についての『資治通鑑』の一連の記述は、次に述べる南山部タングートに関する情報とはかなり性格を異にしており、拓抜平夏部の本宗が長く唐に忠節を尽していた事実と考え合わせると、このたびの平夏部の騒擾も辺将の貪鄙を取り除けば、自ずと解消する性格のものであったと考えられる。そう考えて三交谷の戦いの記事を改めて検討してみると、史元は「党項九千余帳」を三交谷に破りとあるが、相手方の兵力を、住居を示す「帳」で表わすことは異例の表現である。さらにその結果として平夏部が「已就安帖」になったとあることから勘案すると、史元とタングート平夏部との間には特段激しい戦闘がおこなわれたわけではなく、タングート平夏部の不満勢力も史元の説得に応じその綏撫策にしたがったと結論づけたい。三年の給復も、その条件と考えることもでき、タングート平夏部は、唐のこのたびの綏撫策を巧みに利用し、勢力の温存と強化の道を追求していったのではなかろうか。

さて、一方の南山部タングートはどうしていたのか。前述したように、南山部タングートの名称が史料上に登場するのは、『資治通鑑』の大中五年の記事が濫觴である。南山を冠した由来について、司馬光は『資治通鑑考異』(巻二二)の同年の条で、『唐年補録』の説として松州南の雪山の故名説を紹介している。しかし、胡三省は『資治通鑑』同条の注で、

党項の慶州に居する者は東山部と号し、夏州に居する者は平夏部と号し、その南山に竄居する者は、南山党項と為す。趙珣の聚米図経に、党項部落の銀夏以北に在り、川沢に居する者は、これを平夏党項と謂い、安、塩以南に在り、山谷に居する者は、これを南山党項と謂う。

という、貴重な説を記している。南山に竄居するものを「南山党項」というとして、続けてすでに逸書になっている趙珣の『聚米図経』を引用し、安、塩以南の山谷に居住するものを「南山党項」という説を紹介し、その後で『唐年補録』の説を「末学膚受者の説」として激しく斥けている。『聚米図経』の「安、塩」については、第三部第二章六七三頁に掲載の西夏の国家体制の史料中にある「……河南洪州、白豹、安、塩州、羅洛、天都、威経山等五万人は、以て環慶、鎮戎、原州に備う。……」の安、塩州のことであろう。河南とは無定河の南の意味で使われており、環慶、鎮戎、原州に備えているところから安、塩州は横山南麓であろう。「塩」は塩州を指すことは問題ないと思うが、「安」については、にわかに特定が困難である。慶州の安化の可能性を示唆しておく。ともかく同説にしたがうと「安塩以南の山谷」を称して南山といったようにも読み取れる。なお、岡崎精郎氏は『資治通鑑今釈』一一にある「陝西延安府定辺県南」とする説を上げ、これにしたがっている（七〇頁）。南山の詮索はひとまずおき、これらを総合すると、九世紀の半ば頃になると、涇水と洛水の上、中流域の山地一帯に南山部と称されるタングートの大集団が蟠踞していたのである。そうすると、この南山部の実態は、先に引用した『旧唐書』党項伝の末尾に載せるタングートの三つの居住地域のうちの「在邠寧延者」にあたることはいうまでもなかろう。両者の年代の開きは、わずかに一〇年である。会昌初年の武宗朝の経略が失敗に終ったことはすでに述べたが、それどころか、この地域のタングートは吐蕃勢力の混乱衰退に乗じ、著しく強盛に向い、辺鎮の暴政とも相俟って唐に対する敵対行動を一層さかんにしていったもののようである。このように考えて、上述の『新唐書』宣宗本紀や『資治通鑑』の記事を虚心に読み返すと、宣宗朝のタングート対策がおもに南山部タングートの平定を主目的におこなわれていたことに気づかされる。まず、宣宗本紀に載せる白敏中の称号は「南山」に続いて「平夏」が記されている。さらに『資治通鑑』の記事にあるように、白敏中は南山部が多数居住する地域を支配する邠寧節度使になっていること、孫景商を邠寧行軍司馬、蔣伸を同節度副使に任じていることなど、すべてこの方面のタングートの経略を第一義に考えていたことが読み取れるのである。宣宗をして「上以南山、平夏党項久未平、頗厭用兵」といわしめた、その本心は南山部の戡定にあったのである。

ところで、南山部の戡定は平夏部のように順調には運ばなかったようである。『資治通鑑』の前掲平夏部の平定記事に続けて、

南山党項、聞くに、山を出ずる者は飢寒に迫《くるし》み、なおも鈔掠を行い、平夏は容れず、窮りて帰する所無しと。宜しく李福に委ね、存諭して銀夏境内において授けるに閑田を以てすべし。もし能く心を革め化に向えば、すなわち撫ずるに赤子のごとくし、従前為すところの悪は一切問わずと。あるいは抑屈あれば、本鎮に牒を投じ自訴を聴《ゆる》し、もし再び疆場を犯し、あるいはまた山林に入り、教令を受けざれば、すなわち誅討して赦すことなしと。

将吏、功有る者は甄奨し、死傷者は優恤せんと。

とある。巣窟を追われた南山部タングートの一部は鈔掠を重ねながら、平夏部との合流を試みたようであるが、これは平夏部の容れるところとはならなかった。平夏部にしてみれば、立場や性格の異なる南山部の受け入れは迷惑以外の何ものでもなかったであろう。そこで、唐は夏綏節度使の李福に命じ、銀、夏境内に閑田を与え、従前の罪を一切不問に附し、ひたすら綏撫を推し進めようとしたのである。平夏部に比較して、首都の長安により近いところに位置している南山部は、唐にとって極めて危険な存在であったはずである。唐の思惑はこれを銀、夏境内に移徙し、一挙にその危険性を除去しようとしたのであろうが、涇水から洛水にかけての広大な地域に展開するタングート南山部のどれほどが、この計画にしたがったかは、はなはだ疑問である。前述の宣宗のエピソードの末尾に「不閲月、羌果破殄、余種竄南山」とあるように、大多数の南山部は山谷に竄入したのが実情だったのではなかろうか。前記『新唐書』宣宗本紀の記事に対応する『資治通鑑』の「霊夏邠寧四道百姓給復三年」の記事はこの南山部の記事に続けて記載されているのである。邠州と鄜州が加えられているということは、大部分の南山部タングートが従来通り、故地に止まっていた証拠であり、給復三年は平夏部以上に南山部を対象としておこなわれたと解釈すべきであろう。『資治

通鑑』同巻同五年八月の条に、

　八月、白敏中奏し「南山党項また降を請う。時に兵を用いること歳久しく、国用頗る乏しき。」と。詔し、并びに南山党項を赦し、これをして業に安ぜしむ。

とあり、さらに冬一〇月の条には、

　制して、党項既に平ぐをもって白敏中の都統を罷む。ただ司空平章事を以て邠寧節度使に充つ。

とあるように、一応この政策が成功を見たかのごとく判断し、唐は南山部タングートの請降を認め、綏撫を完了したものとみなし、白敏中の都統職の解任をおこなったのであるが、文中「時用兵歳久、国用頗乏」の一節がはしなくも、このたびの綏撫の実態を示しているのではなかろうか。白敏中は南山部タングートを武力で鎮圧したわけではなく、一時的に騒擾が鎮静化したのをもって「平定」と称した、中国一流のレトリックを感じさせられる。その証拠に、翌六（八五二）年四月、白敏中が邠寧節度使から西川節度使に移ると、『資治通鑑』（巻二四九唐紀六五）の同四月の条に、「党項復擾辺……」とあるように、南山部タングートと思われる勢力が再び騒擾を引き起こしたのである。そこで唐は改めて同冬一〇月の条に、

　冬十月、邠寧節度使畢諴奏し「党項を招諭するに皆降る。」と。

とあるように、白敏中の後任として宣宗より直接に邠寧節度使に任じられた（『資治通鑑』同巻）畢諴を派遣して、ようやく南山部タングートの平定を見たのである。この後、大中八（八五四）年に安撫平夏党項使を設置し（『旧唐書』巻一八下本紀第一八下宣宗）、同一〇年には夏州節度使が「撫平党項等使」(42)を増領され、宣宗のタングート宣撫工作が続けられたことは岡崎精郎氏の所説（七五頁）にある通りだが、これはもっぱらタングート平夏部対策であったことがわかる。ともかく、畢諴の努力によって、平夏部、南山部両タングートが一応鎮静化したことは、先に拓抜懐光に関連して全文を引用した『資治通鑑』（巻二四九唐紀六五）大中九年三月の条（四一頁）からもわかる。同条によると、

唐は邠寧節度使の理所を寧州から長安に近い邠州に戻したとある。その理由として「三州の軍食足る」とあるが、つまり駐屯軍の態勢が整ったことを理由にしたのであろう。ところが、これを見透かしたかのように、同年、再びタングートの擾乱が勃発するのである。『新唐書』（巻一七七列伝第一〇二）簡求伝に「大中九年、党項擾乱。拝涇原渭武節度使」とあり、[43] 涇原節度使になった簡求が対応したことから、この擾乱について岡崎精郎氏は「西南方の地域の出来事として注目される」と述べられる（七六頁）がしたがうべきである。そして『冊府元亀』（巻三五九将帥部立功第一二）に、

高駢を神策軍都虞候に為す。咸通の初め、党項羌叛く。詔し、駢に禁兵万人を率い、長武城を戍らしむ。時に諸将、羌を禦ぐに功なし、ただ駢のみ隙を同（伺の誤りか）い兵を用い、出でて捷たざるはなし。懿宗深くこれを嘉す。

とあるように、咸通初（八六〇～）年、再びタングートの擾辺が報じられているのである。高駢は禁兵一万をもって長武城に戍ったとある。長武城とは邠州と寧州の中間あたりに位置する長武県を指すものと考えられるが、そうすると、相変わらず涇水中流域あたりのタングートが擾乱を繰り返していたことがわかる。彼らが南山部の一派であることは疑いなく、唐のタングート経営、とりわけ南山部に対する経営は決して順調に進んでいなかったことが確認できる。

おわりに

さて、時代は激動の唐末に近づいてきた。西北辺においてはウイグルの崩壊に続いて吐蕃も末期症状を呈し、相次いで河西の諸州が唐側に復帰した。『資治通鑑』（巻二四九唐紀六五）にしたがうと大中一一（八五七）年の冬一〇月に

は吐蕃酋長尚延心が河、渭二州部落をもって来降し、河渭都遊弈使に任じられている。また、『新唐書』（巻二二四下列伝第一四九下叛臣下）の高駢伝に、前掲の『冊府元亀』の咸通初年の長武城の対応記事を載せ、それに続けて、

徙りて秦州に屯し、すなわち刺史兼防禦使を拝す。河、渭二州を取り、定鳳、林関を略し、虜万余人を降す。

とあるように、咸通初年頃に、改めて河州と渭州は高駢の手によって唐の支配下に入り、この時、虜万余人が降ったのである。当時、まだ鄯州には拓抜懐光がおり、廓州に逼塞する論恐熱と対峙していた。おそらく「虜」の中にはタングート系の諸部族も含まれていたと思われ、拓抜懐光の行動にしたがう部族もあったことであろう。この前後、南山部タングートの活動は、それとわかる形では史料上に捕捉し得ないが、動乱の時期を迎えて、もとより平夏部に比べてはるかに羈縻しにくかった南山部タングートがこの間に慴伏しているはずはない。すでに宣宗の大中年間に、早くも蠢動を再開していたようである。『新唐書』（巻一四八列伝第七三）康承訓伝に、

宣宗、擢て天徳軍防禦使に為す。軍中馬乏しく、虜来りて戦うと、数《しばしば》負る。承訓、冗費を罷め、馬を市《か》い軍を益す。軍すなわち奮張す。始め、党項は射鵰軍を洛源鎮に破り、悉くその人を俘《いけど》る。承訓の威政を聞き、皆俘を還し敢て謷《おご》らず。

とあり、タングートはおそらく大中年間の後半あたりに、射鵰軍を洛源鎮に破り、唐兵をことごとく俘虜にするほど強盛を誇っているのである。洛源鎮とは洛源城を指すと考えられ、慶陽府安化県にあたる。洛源鎮で射鵰軍に打撃を与えたタングートは南山部と断じてよかろう。

註

（1） Bernhard Karlgren Analytic Dictionary of Chinese and Sino-Japanese Librairie Orientaliste Paul Geuthner, Paris.1923.
以下本書中の古音の復元は、すべて同書に拠りその都度の出典は省略する。

（2）西田龍雄『西夏文字　解読のプロセス』（玉川大学出版部、一九八〇年）、二三頁。

（3）岡崎精郎『タングート古代史研究』（東洋史研究叢刊之二七、京都大学文学部内東洋史研究会、一九七二年）第一編「唐代および五代期におけるタングート史の研究」一六頁参照。以下、本書の引用はできるだけ本文中に（　）で頁数を示した。

（4）唐嘉弘「関于西夏拓跋氏的族属問題」、李范文「試論西夏党項族的来源与変迁」（『西夏史論文集』宁夏人民出版社、一九八四年）。なお、岡崎精郎氏は前掲書一三頁で、手際よく諸説を紹介されている。

（5）梅村坦『宋と中央ユーラシア』（世界の歴史7　中央公論社、一九九七年）、三七八〜八〇頁。

（6）『旧唐書』（巻四一志第二一）地理四には、「軌州都督府、貞観二年、処党項置、領県四、与州同置。通川、玉城、金原、俄徹。無戸口、至京師西南二千三百九十里。」とあり、軌州の設置を貞観二（六二八）年としている。

（7）同右地理四では、岷州は貞観元年、遠州は同四年、奉州は同三年、巖州は同五年の設置としている。

（8）岡崎精郎氏は前掲書二〇頁で、岷州、奉州の刺史は細封歩頼に先立って授官されたとするが（『新唐書』巻四三下地理志依拠）、註（7）にあるように奉州は三年で、細封歩頼の授官と同年である。

（9）「首領」という名詞が異民族の首長などを指す用語として利用されるようになったのは、唐代の初期のことで、比較的新しい呼び名であったらしい。繁雑を避け巻数は一切省略するが、正史類の外国伝関係を検索して見ると、五五四年になった『魏書』には「首領」号は皆無である。因みに高句麗、百済、勿吉、氐、吐谷渾、宕昌、高昌、鄧至などの各伝には、大帥、羌酋、酋帥、羌豪、渠帥などが、さらに西域伝に載せる国々や蠕蠕、高車伝などには、部帥、渠帥、大帥、大人長帥などが使われているが、「首領」号はまったく使われていない。さらに、およそ百年後の六五六年に完成をみた『隋書』を繙いてみても、東夷伝、南蛮伝や西域伝に載せる吐谷渾、党項その他の伝、突厥、鉄勒その他にもまったく「首領」号の記載はない。相かわらず、酋長、渠帥、酋帥、酋豪、大人などの称号が使われている。隋代までは異民族の首長に「首領」という用語を使う発想自体がなかったようである。それが、九四五年になった『旧唐書』になると、突厥、廻紇、吐蕃の各伝や、北狄、東謝蛮、西趙蛮などの各伝で、上記各呼び方に加えて、「首領」号も多用されるようになるのである。宋代の一〇一三年に奉勅撰された『冊府元亀』もまったく同様である。一〇六〇年になった『新唐書』にも、上記各呼び方とともに頻出する。ところが、これらよりも後れて、一〇八四年に神宗に献上された『資治通鑑』には、当該各民族に関してまったく「首領」号が出てこない。両『唐書』などで「首領」となっている箇所も、わざわざ違う呼び方に置きかえている。司馬光の『涑水記聞』などには、宋代の異民族の長に普通に「首領」号を使っている。また、『続資治通鑑長編』には「首領」号は頻出するので、司馬光の時代、異民族の首長を指す用語として「首領」という言葉が、極めて一般的に使われていたことははっきりとしている。何ゆえ、司馬光が『資治通鑑』の中から「首領」号を排除したのか、理解に苦しむところである。司馬光の意識の中に、異民族の首長を指す用語として「首領」号を使用することは宋代に始まったものであり、あまり古い表現ではないという認識があったのかも知れない。しかし、七七一年に初稿をみたと考えられる杜佑の『通典』を調べると、突厥伝などの中に「首領」号は何箇所も出てくるので、唐代からこの称号が使われるようになったことは間違いない。唐代の詔勅に「卿並酋官、首領、百姓」の常套句が使われていることは、後述の石井正敏氏の論文に示す通りである。それでは、唐代のいつ頃から異民族の首長を指す用語として「首領」号が使われはじめたのかというと、なんとそれは本文に記載した六三〇年前後のタングートの細封歩頼らの内属記事が嚆矢のようである。なお、本文引用の『旧唐書』党項伝の記事も、『通典』よりの引用である。この後、多くの異民族の長に「首領」の号が使用されるようになるのだが、他の呼び方と明確な違いがあるのかというと、これもはっきりしたことはわからない。ただ、『旧唐書』の東謝蛮伝の中に「其首領謝元深、既世為酋長、其部落皆尊畏之」とか、西蛮伝の中に「首領趙氏、世為酋長」の表現がある。また同書突厥伝下に沙鉢羅咥利失可汗の軍事体制を記した中で、「其後或称一箭為一部落、大箭頭為大首領」という表現もある。宋代になると、一方では一般的な呼び方として異民族の部族長、部落長などに「首領」という言葉が使われているが、第三部の第一章で論じるが、宋は潘羅支に先立って折逋遊竜鉢に「西涼府六谷大首領」の称号を与えていることからもわかるように、政治的な実効のともなう称号として授与しているケースもあるのである。おそらく、唐代においても同じようなことがおこなわれていたのではなかろうか。つまり、当初は唐に内属した異民族の部族長などに、唐が授与する称号として新たに「首領」号が採用されていたのであろう。ところが、そうした風潮が広まって来るにつれ、異民族側でも、一種のブランドとしてこの称号を勝手に使うようになったのではなかろうか。なお、「大首領」という称号は、時には異民族の大酋が、自己の支配力を誇るために自称した場合もあったであろうし、また、中国側から当該民族や部族を統治させるために、政治的にその大酋に授与したというケースもあったのではなかろうか。なお、西夏時代、「首領」号が多用されたことは、『西夏官印彙考』（宁夏人民出版社）に載せる多数の「首領」印がその事実を証明している。ところで、その一方で「首領」号の用法については石井氏の「『類聚国史』の渤海沿革記事について」（中央大学『文学部紀要』史学科第四三号、一九九八年）によると、九世紀の渤海では「首領」号がはるかに下の層の職能などを指す用語として使用されていたらしいことを説かれている。また、古畑徹氏の「渤海の首領研究の方法をめぐって――解明のための予備的考察」（『日本と渤海の古代史』山川出版社、二〇〇三年）では、日本側は渤海使節中の首領を録事より下位の訳語、史正等の品官と同一範疇に位置づけていたと結論される（石見清裕氏のご教示による）。また、川越泰博氏のご教示によると、「首領」は元、明時代では一般的に胥吏の長を指す用語として使用されているとのことである。

(10)『旧唐書』（巻五七列伝第七）劉師立伝、『新唐書』（巻八八列伝第一三）劉師立伝に同様の記載がある。

(11)山口瑞鳳『吐蕃王国成立史研究』（岩波書店、一九八三年）、六六〇頁参照。

(12)同右、六六六～七一頁参照。

(13)稲葉正就、佐藤長訳『フゥラン・テプテル――チベット年代記――』（法蔵館、一九六四年）、「第三章、ミニャク、モンゴルの王統」参照。

(14)西田、前掲書二二頁参照。

(15)同右、二四頁参照。

(16)『冊府元亀』（巻九七七外臣部二二）降附にも同様記事を載せる。

(17)地名の比定に関しては、特別に断わらない限りすべて『読史方輿紀要』に拠った。

(18)闊州は、『新唐書』地理志に「闊州（原注・貞観五年置、県二、闊源、落呉）」とある闊州の誤りであろう。また、別叢氏はこの後まったく史料上に姿を現さない。別叢 *b'i̯ăt dz'ung* と第三部で触れる密蔵 *mi̯ĕt dz'âng* 氏との関連を示唆しておきたい。

(19) 畑地正憲「五代・北宋における府州折氏について」(『九州大学文学部史淵』第一一〇輯、一九七三年) に折氏の出自が触れられている (一三八頁)。
(20) 『西夏書事』(巻一) に「……表徒静辺州及夏州楽容等六府党項于銀州之北、夏州之東」とある。
(21) 同右、『西夏書事』(巻一) では「……于是、召大首領左羽林大将拓跋朝光……」とあり、静辺州が欠落している。
(22) 拙稿「西夏建国とタングート諸部族」(中央大学『アジア史研究』第一四号、白東史学会、一九九〇年)、二七、八頁参照。
(23) 拓抜の表記は諸書によって多少の違いがある。本書では史料以外はすべて「拓抜」に統一した。
(24) 岡崎、前掲書四〇~四一頁。なお、同書注 (八八) に詳しく記している。
(25) 『新唐書』(巻一二五列伝第五〇) 張説伝、『資治通鑑』(巻二一二唐紀二八) 開元九年の条にも、同様記事を載せる。
(26) 畑地、前掲論文一四〇~一四二頁参照。
(27) 佐藤長『古代チベット史研究』(同朋舎、一九七七年)。下巻六八六頁以降参照。
(28) 岡崎、前掲書、六三~六四頁参照。
(29) 『資治通鑑』(巻二四六唐紀六二) 会昌二年八月の条に、「丁丑、賜嗢没斯与其弟阿歴支、習勿啜、烏羅支、皆姓李氏、名思忠、思貞、思義、思礼。」とある。
(30) 『旧唐書』(巻一七四列伝一二四) 李徳裕伝の会昌二年の条に、「俄而廻紇宰相嗢没斯殺赤心宰相、以其衆来降。赤心部族又投幽川、烏介勢孤、而不与之米、其衆飢乏。」とある。
(31) 佐藤、前掲書、下巻六九〇頁以降参照。
(32) 同右、六九六頁以降参照。
(33) 胡三省は「綏、銀、霊、塩、夏、邠、寧、延、麟、勝、慶等州皆有党項、諸鎮分領之。」を補っている。
(34) 胡三省は「六鎮塩州、夏州、霊武、涇原、及振武、邠寧」を補っている。
(35) 『新唐書』党項伝では崔彦曽に作り、(巻一一四) に列伝がある。
(36) 拙稿「西涼府潘羅支政権始末考」(『東方学』第四七輯、一九七四年) 参照。

(37) 岡崎、前掲書六六頁以降で李徳裕のタングート対策が詳述されている。
(38) 佐藤、前掲書、上巻三四頁参照。
(39) 『冊府元亀』（巻九七二外臣部一七）朝貢第五応順二（九三五）年の条に、「四月、新州言、党項托跋黒連欲入朝貢奉、従之。」とあり、また『資治通鑑』（巻二八二）後晋紀三天福四（九三九）年の条に、「党項酋長拓跋彦超、最為強大、暉至、彦超入賀。暉厚遇之……」とあるのがその例である。
(40) 第四章第三節参照。
(41) 藤枝晃「沙州帰義軍節度使始末（一）」（『東方学報京都』第一二冊第三分、一九四一年）参照。
(42) 『新唐書』（巻六四表第四）方鎮一に、「夏州節度使増領撫平党項等使」とあるが、「撫平」は「撫平夏」の誤りではなかろうか。
(43) 同右、方鎮一によると、乾寧元（八九四）年の条に、「涇原節度賜号彰義節度、増領渭、武二州。」とあり、渭、武二州が加わったのは八九四年のことである。

第二章　夏州定難軍節度使の建置と前後の政情

はじめに

時代は少し遡るが、憲宗による狂瀾を既倒に廻らす藩鎮弾圧策の成功によって、再び威勢を取り戻した唐王朝の繁栄は、以後その余沢によってなお半世紀の余喘を保つことができた。しかし、それも宣宗の二代後、一八代僖宗の時代に入る頃から、いよいよもって諸矛盾が噴出し、いわゆる唐末の大動乱に突入していくのである。詳細は日野開三郎氏の歴史的名著「支那中世の軍閥」(1)や、特に、氏の晩年にまとめられた超労大作「唐末混乱史考」(2)に余すところなく論証されているので、贅言を要することはないが、敢て片言で表現するならば、「王仙芝、黄巣、阡能等の巨寇の跳梁跋扈、各地軍乱の続発、流賊、群盗の猖獗、加えて天災による農作物の壊滅的被害」という状況であった。それを『資治通鑑』(巻二五三唐紀六九)乾符五年夏四月の条の文章をもっていわしめると、

時に、連歳旱蝗し、寇盗充斥し、耕桑半廃し、租賦不足し、内蔵虚竭し、佽助する所無し。

ということになる。ところが、これらの諸問題を鋭意解決に努力しなければならない廟堂が、派閥抗争に明け暮れ、鄭畋と盧携、王鐸がことあるごとに対立し、完全に政府としての政治機能を喪失し、諸事万端につけ制禦不能の末期的症状を呈するようになっていたのである。

中国が、歴史的に常に北方ないしは西方の異民族の侵略の脅威に曝されていたことは周知の事実である。唐代も安史の乱をきっかけにウイグル、吐蕃の侵略を蒙ったことは、改めて喋喋するまでもない。しかし、唐末における周辺

異民族の動向は、多少その様相を異にしていた。それは、長い唐王朝の治世の間に、相当程度中国化し、なかには歴とした武官職を帯びるものが、藩鎮割拠の情勢と王朝の衰退を彼此見極め、自らも藩鎮としての発展や、あわよくばそれ以上の大志を目指したところに特色がある。第二章ではこのような情況の中で定難軍節度使を拝命した拓抜思恭の行蔵を辿り、また、当時拓抜平夏部と他のタングート諸部族がどのような関係にあったのか、などの検討をおこなってみたいと思う。

一　沙陀部李克用の抬頭

中国の動乱は、唐の羈縻政策に抑圧されていた多くの周辺民族にさまざまな行動をとらせた。南山部タングートなどの行動もそのひとつであるが、多くはこの機会を利用してその存在をアピールし、中国社会に一定の地歩を築こうとしたのである。その最たるものが沙陀部の朱邪赤心とその子で事実上の後唐の建国者になった李克用である。朱邪赤心については、すでに早い時期からの活躍のほどを第一章第五節で触れておいたが、大きな飛躍のきっかけとなったのが、龐勛の乱に際してであった。『資治通鑑』（巻二五一唐紀六七）咸通九（八六八）年一一月の条に、龐勛の懐柔に失敗した後に続けて、

詔し、右金吾大将軍康承訓を以て義成節度使、徐州行営都招討使に為す。神武大将軍王晏権を徐州北面行営招討使に為す。羽林将軍戴可師を徐州南面行営招討使に為す。大いに諸道の兵を発し、以て三帥を隷《したがわ》す。承訓奏し「沙陀三部落使朱邪赤心、及び吐谷渾、達靼、契苾の酋長各々その衆を帥い以て自ら随わんことを乞う。」と。詔しこれを許す。

とあり、康承訓の龐勛討伐軍に朱邪赤心らは積極的に従軍を願い出て許されているのである。吐谷渾、達靼、契苾の

酋長がそれぞれ部衆を率いて参加している点にも注目したい。朱邪赤心は康承訓の前鋒となり、翌一〇（八六九）年二月、「陷陳却敵、十鎮之兵伏其驍勇（同巻）」の働きを示し、同巻冬一〇月の条に、

上、朱邪赤心の功を嘉し、大同軍を雲州に置き、赤心を以て節度使に為す。召見し留めて左金吾上将軍に為す。姓名李国昌を賜い、賞賚甚だ厚し。

とあるように、大同軍節度使を拝命し早くも藩鎮の列に加わり、「李国昌」の賜姓名を得たのである。李克用は、その沙陀三部落使朱邪赤心の子である。李克用の寇乱の経緯については日野開三郎氏の前掲書に詳細はゆずるが、本章の主役である拓抜思恭の唐末史舞台への登場も、李克用らの動きを抜きにしては語れないものがある。そこで、多少迂遠になるが、拓抜思恭が史料上に姿を現わす数年前の西北辺一帯の情勢の俯瞰から論を進めてみたいと思う。

大同軍節度使に任じられ、李国昌の名を賜った朱邪赤心のその後の経歴については、諸書で出入りがあり明確にしがたいが、『旧唐書』（巻一九上本紀第一九上）懿宗の咸通一一年春正月の条に、

河東行営沙陀三部落羌渾諸部招討使、検校太子賓客、監察御史朱邪赤心を以て検校工部尚書、単于大都護、御史大夫、振武節度、麟勝等州観察等使に為す。よりて姓名を賜り李国昌と曰う。

とあるので、李国昌は翌一一年には振武軍節度使に遷されたようである。そしてこの記事から李国昌はすでに「河東行営沙陀三部落羌渾諸部招討使」でもあったことがわかる。史料中の渾とは明らかに吐谷渾を指しており、そうすると羌とはその他の嗢末、契苾などを意味していたと考えるのが妥当であろう。つまり李国昌は沙陀部のみならず西北辺一帯に蟠踞する多くの異民族蕃部に対しても支配的地位が認められていたのである。これらの地位を得た李国昌の勢力は当然西北辺一帯で振興したのであろう。一年置いて咸通一三（八七二）年のこととして、『旧唐書』同本紀に、

十二月、振武節度李国昌を以て検校右僕射、雲州刺史、大同軍防禦等使に為す。国昌、功を恃み頗る横にして、長吏を専殺す。朝廷平ぐ能わず。すなわち移して雲中に鎮せしむ。国昌、病と称して軍務を辞す。

とある。李国昌はこの間に吐谷渾、その他の蕃部に支配力をおよぼし、辺境諸州の長吏を殺害するなど、驕横不軌の行動がようやく目に余るようになってきたのである。そこで懿宗は李国昌を大同軍防禦等使に貶したのであるが、李国昌は雲州移動を拒み、振武軍に居座りを続けたようである。朝廷も李国昌の強勢化にただ手を拱いていたわけではなかった。『旧唐書』同本紀に続けて、

すなわち太僕卿盧簡方を以て検校刑部尚書、雲州刺史に為し、大同軍防禦等使に充つ。上、簡方を思政殿に召し、これに謂いて曰く「卿、滄州の節鎮を以て、屈して大同に転ず。然るに朕、沙陀、羌、渾の辺鄙を撓乱するを以て、卿の曾て雲中に在り、恵、部落に及ぶを以て、且に忍屈して朕が為にこれに行き、具に朕の旨を達し、国昌を安慰し、猜嫌する所を有らしむなかれ。」と。

とあるように、朝廷は雲州の事情に詳しい盧簡方を派遣して李国昌の慰撫に一応は努めていたのである。ところが、こうした沙陀部の恣横な行動は、当然周辺諸部族の怖れるところとなり、僖宗の代に移った乾符元（八七四）年になると、それまで沙陀部にしたがっていた周辺諸蕃部からも攻撃を受けるようになった。『旧唐書』（巻一九下本紀第一九下僖宗、以下、『旧唐書』僖宗本紀と略記）の同年一一月の条に、

時に、李国昌父子、大同、振武に拠る。吐渾、契苾、幽州諸道の軍これを攻めるも利あらず。故に（李）鈞に霊武節鉞を仮し、師を率いこれを招諭せしむ。

とあるように、吐（谷）渾、契苾等と敵対するようになっている。幽州諸道の軍については後述する。このような情況のもと、久しぶりにタングートの動きが史料上に記されるようになるのである。同本紀に続けて、

十二月、党項、廻鶻、辺を寇す。

とある。『新唐書』（巻九本紀第九僖宗、以下、『新唐書』僖宗本紀と略記）、『資治通鑑』（巻二五二唐紀六八）では寇辺を明確に「寇天徳軍」と記している。(5) 天徳軍は黄河の西北角大屈曲部の内側豊州に位置し、後に触れるように（第五章第

二節）北宋時代初期蔵才族の拠点であったところである。第一章の第六節で述べたように当時、ウイグルの主力は甘州に移住していたが、右『資治通鑑』の同月後条に、

初め、回鶻屢々冊命を求む。詔し冊立使郗宗莒を遣わしその国に詣らしむ。会《たまたま》、回鶻は吐谷渾、嗢末の破るところと為り、逃遁して之くところを知らず。

とある。ウイグルの主流はこの後も甘州を拠点としていたことには変わりはなく、ここに登場するウイグルは西北辺に残存していた余衆と思われるが、それを誘って天徳軍を攻撃したタングートがいたのである。天徳軍と拓抜平夏部の本拠地夏州間が直線距離で三〇〇キロ以上も離れていることを考慮すると拓抜平夏部に率いられるタングートとは別の集団とも考えられる。それこそ宋代に至るまで消息の不明だった蔵才族の可能性も捨てきれない。ところで、拓抜平夏部については後述するように、この間約五〇年間その本宗の名が史料上に途絶えていた。それがこの事件が勃発するまさしくその前年にあたる咸通一四（八七三）年に拓抜思恭が宥州刺史を僭称するかたちで再登場してくるのである。拓抜思恭は長い閉塞状況の中から徐々にではあるが、大首領として同部のみならず周辺の蕃漢諸部落の組織化を鋭意おこなっていたはずである。そして、混沌の坩堝と化した政情を見るにつけ、密かに驥足を展ばす機会を窺覦していたのである。天徳軍の攻撃は拓抜思恭配下のタングートの動きとは言い切れないものの、長い雌伏を脱して各地のタングート諸部族が期せずして唐末史舞台への参加表明をおこなった時期なのである。因みに天徳軍を攻撃したウイグルは吐谷渾、嗢末に破れ、翌年、羅川つまり寧州付近に落ち延びたようである（『資治通鑑』同一年一〇月の条）。

当時、西北辺一帯では旭日の勢いにある沙陀部に対して、多くの異民族蕃部の生き残りを懸けた熾烈な戦いが展開されようとしていた。そして沙陀部の発展に強い危機感を持ち[6]、極めて強力な対抗勢力として生長してきたのが、一一月の記事で触れた幽州諸道を抑えるウイグル系の盧竜節度使李茂勲と李可挙父子であった。李茂勲の盧竜節度使横

奪の様子については、『資治通鑑』（巻二五二唐紀六八）乾符二年六月の条に、

> 盧竜節度使張公素、性暴戻にして、軍士の附す所と為らず。大将の李茂勲はもと回鶻にして、阿布思の族なり。回鶻敗れて張仲武に降る。仲武辺を戍らしむ。屢々功有り、姓名を賜う。納降軍使陳貢言なる者、幽の宿将にして、軍士の信服する所と為る。茂勲潜に貢言を殺し、声して貢言が挙兵し、薊に向うと云う。公素、出でて戦いて敗れ、京師に奔る。茂勲入城す。衆すなわち貢言に非ざるを知るなり。やむを得ず推してこれを立つ。朝廷、因りて茂勲を以て留後に為す。

とある。胡三省は同条の割注で盧竜節度使張仲武に李茂勲が降ったのは会昌の間（八四一～四六）としている。乾符二（八七五）年、李茂勲は節度使張公素が暴戻で軍士に支持されていないことを利用し、これを逐って留後の地位を獲得しているのであるが、その際、幽州の宿将で軍士の信服する陳貢言を先に殺害しているところなど、いかにも下剋上の風潮を地で行く人物であったことがわかる。李茂勲は八月、正式に節度使に任じられているが、彼のこうした動きは、当時の青雲の志のある者の常と言ってしまえばそれだけのことであるが、以後の沙陀部との激闘を考えると、李国昌、克用父子の動きに刺激された所為と推測してよかろう。李茂勲は辺境守備で功があったとあるが、前年の沙陀部を攻撃した「幽州諸道之軍」とは具体的には彼の直属部隊を指していたのであろう。今後の吐谷渾、その他沙陀系の諸部族との連携を考えれば容易に説明がつくであろう。

さて、このような動きが西北辺で展開しはじめたちょうどその時、衰退著しい大唐帝国の社稷を揺るがす巨寇王仙芝、黄巣の大乱が勃発したのである。王仙芝、黄巣の大乱については、すべて専攻諸研究にゆずるが、後年、黄巣を死地に追いやり引導を渡す役割を果たしたのは、紛れもなく沙陀部の大首領李克用であった。その李克用の唐末史への華々しいデビューも符節を合わせたかのように、乾符三年のことであった。しかし、これは何ら偶然のことではなく、上記諸勢力の動きと密接な関わりがあったと理解すべきであろう。『新唐書』沙陀伝に、

乾符三年、段文楚は代北水陸発運、雲州防禦使に為る。この年無年。文楚用度を朘損し、下皆怨む。辺校程懐信、王行審、蓋寓、李存璋、薛鉄山、康君立等曹議して曰く「世多難、丈夫当に鎛に投じて功を立つべし。段公すなわち儒者、共に計り難し。沙陀雄勁、李振武父子勇にして軍に冠たり。我若しこれを推さば、応ぜざるなし。すなわち代北は手に唾して定むべく、富貴を拾取するもいかんや。」と。咸曰く「善し」と。すなわち夜、国昌の子雲中守捉使克用に謁して曰く「歳に稟食の削に艱しむ、吾等餓死するに忍びず。公家の威徳著聞す、請う虐帥を誅し、部内を安ぜん。」と。克用これを許す。募りて士万人を得、雲州に趨き、闘鶏台に次《とどま》る。城中文楚を執えて至り、これを殺し、州に拠り以聞す。共に丐いて克用を大同防禦留後に為さんと。許さず、諸道の兵を発し捕を進めるも、諸道甚力せず。しかして黄巣まさに引きて江を度《わた》り、朝廷未だ能く制せざるを度《はか》り、すなわちこれを赦し、国昌を以て大同軍防禦使に為す。国昌命を受けず。詔し、河東節度使崔彦昭、幽州張公素共にこれを撃つも功無し。

という記事がある。あらましを説明すると、雲州防禦使、水陸発運使の任にあった文官段文楚が凶年を理由に兵士の衣米を削減したことから、辺校の程懐信らが雲中守捉使の李克用を説得し、雲州城内の兵と呼応し、段文楚を捕らえて殺害し、克用に対し大同軍防禦留後の地位を要求したのである。朝廷はこれを拒否し、諸道の兵を発しこれを捕らえようとしたが、黄巣の乱の拡大で方針を変え、国昌を大同軍防禦使に任じ騒擾の沈静化を策した。しかし、国昌はこれにしたがわず、そのため改めて河東節度使崔彦昭、幽州節度使張公素を派遣したが、(7)何ら成果がなかったというものである。ところが、この事件は諸書によって発生年次に関して非常に隔たりがあり、(8)『資治通鑑』（巻二五三唐紀六九）では多少内容も異にして、乾符五（八七八）年正月の条に次のように掲載している。

振武節度使李国昌の子克用沙陀副兵馬使に為り、蔚州を戍る。時に、河南に盗賊蜂起す。雲州沙陀兵馬使李尽忠、牙将康君立、薛志勤、程懐信、李存璋等と謀りて曰く「今、天下は大いに乱れ、朝廷の号令は、また四方に行われず。これすなわち英雄の功名富貴を立てるの秋《とき》なり。吾属各々兵衆を擁すと雖も、然るに李振武の功大にして官高く、名天下に聞こゆ。その子勇にして諸軍に冠たり、若し輔けて以て事を挙げれば、代北平ぐに足らざらんや」と。衆以て然りと為す。君立は興唐の人、存璋は雲州の人、志勤は奉誠の人なり。会《たまたま》大同防禦使段文楚水陸発運使を兼ぬ。代北荐饑し、漕運継がず。文楚頗る軍士の衣米を減じ、また法を用いるに稍《やや》峻。軍士怨怒す。尽忠、君立を遣わし、潜に蔚州に詣らしめ、克用に兵を起こし、文楚を除きてこれに代らんことを説く。克用曰く「吾父は振武に在り、俟ちて我これを稟けん。」と。君立曰く、「今機事已に泄る。緩《おくれ》ればすなわち変を生ず、何ぞ千里に命を稟ける暇あらんや。」と。ここにおいて、尽忠、夜牙兵を帥いて牙城を攻め、文楚および判官柳漢璋を執え、獄に繋ぎ、自ら軍州の事を知す。遣わして克用を召す。克用その衆を帥い、雲州に趣き、収兵を行う。二月庚午（四日）、城下に至る。衆且に万人、闘鶏台下に屯す。壬申（六日）、尽忠使を遣わし符印を送り、克用に請いて防禦留後に為さんとす。癸酉（七日）、尽忠は文楚等五人を械し、闘鶏台下に送る。克用、軍士をして、丹《わけ》てこれを食せしめ、騎を以てその骸を践《ふ》ましむ。甲戌（八日）、克用府舎に入り視事す。

この史料では、上記『新唐書』に登場しない雲州沙陀兵馬使の李尽忠が重要な役回りを演じている。康君立、程懐信らは李尽忠の牙将であり、彼らを李克用のもとに派遣し蹶起を促したのも李尽忠であったことが知られる。さらに雲州城内で段文楚を捕らえ李克用に引き渡したのも彼であった。この史料には段文楚を殺害しその屍肉を軍士に啖らわさせ、骸は馬蹄で蹂躙させるなど、酸鼻のさまが記されている。また、謀議の内容も多少の相違があり、おそらく『資治通鑑』は『新唐書』とは違った系統の史料にもとづいて記事をまとめたものと思われる。司馬光がこの事件に関し、『資治通鑑考異』の中で年代決定の拠り所にした『唐末三朝見聞録』あたりが粉本であったのかも知れない。いずれにせよ、『新唐書』、『資治通鑑』ともに同一の事件を別の報告材料にしたがって記事にしているのだが、年代に関しては前後の情勢から筆者は乾符三年説にしたがいたい。そこで、今いちど『資治通鑑』の記事も参照してこの事件を解説しておこう。乾符三年正月、軍士の不満をうまく利用して、沙陀部の若き棟梁李克用を積極的に推戴しようとする動きが、雲州の沙陀兵馬使李尽忠によって計画実行されたのである。李尽忠は雲州沙陀兵馬使の地位にあったが、『旧唐書』僖宗本紀の乾符五年の条に「沙陀首領李尽忠陥遮虜軍」の表現があり、沙陀の首領であったことがわかる。その彼が自ら藩鎮の地位を希覬したのではない点が肝要で、李尽忠は徹底して黒子を演じ、居住地から当然沙陀系と考えられる牙将の康君立、薛志勤、程懐信、李存璋等と謀議して、振武軍節度使李国昌の子で蔚州沙陀副兵馬使の李克用を擁立しているのである。康君立らが李尽忠の命を受け、雲州から蔚州に赴き李克用を説得し嚮導しているところから、この事件が偶発的に起こったものではなく、李尽忠らによって周到な準備のもとに決行されたことがわかる。そして李尽忠をして「今、天下大乱、朝廷号令、不復行於四方。此乃英雄立功名富貴之秋也。」といわしめているが、この言辞こそが、当時の漢族、異民族を問わず、少しでも野心を持つものの偽らざる気概であったのであろう。しかし、この言葉が李尽忠自身のためではなく、李克用のために用意されているのである。当時、沙陀三部落使の李国昌父子の家系が沙陀諸部族の大首領として沙陀社会では高い権威が認められていたのであろうが、その反面、支配下に組み込まれることを潔しとしない勢力も多数存在していたはずである。李尽忠らが起こした李克用推戴劇は、それらの諸部に対する態度決定の強要でもあり、天下擾乱のこの機会を捉えて北方系諸族を結集し、一気に沙陀系の独立的巨大藩鎮を建設しようとする動きであったのである。

沙陀部のこうした動きに接し、盧竜節度使李茂勲が危機感を抱かぬはずはなかった。しかし、会昌年間に張仲武に仕えた李茂勲はすでに老年に達していたようである。『新唐書』（巻二一二列伝一三七）藩鎮盧竜の李茂勲伝に年代は欠くが、「俄以病、自上……」とある。沙陀部の李克用推戴の顰に倣ったのか、幽州藩鎮も世代の交替を急いだようである。『旧唐書』僖宗本紀の乾符四年の条に、

五月、幽州節度使李茂勲上表し致仕を乞い、その男可挙を以て兵馬事を権知せしめんと。制して寿王傑を以て開

府儀同三司、幽州経略盧竜等軍節度観察押奚、契丹等使に為し、幽州節度副使、権知兵馬事李可挙を以て検校左散騎常侍、幽州大都督府左司馬とし、幽州兵馬留後に充つ。制して幽州盧竜節度使、検校工部尚書李茂勲を以て尚書左僕射を守り致仕せしむ。

とあり、李茂勲の子李可挙が通例にしたがってまず幽州兵馬留後に任じられ地位の交替が認められたのである。[9] 同本紀六月の条に「幽州留後李可挙請以本軍討沙陀三部落、従之」とあるように、以後、李可挙は沙陀三部落すなわち沙陀三部落使李国昌父子討撃の任をその双肩に担うようになるのである。その際、李可挙が最も頼りとした勢力が吐谷渾と沙陀の反李国昌勢力であった。以下、その後の数年間の李可挙側の攻撃を簡単に追蹤しておきたい。沙陀三部落討伐を宣言した乾符四年、同じく『旧唐書』僖宗本紀に、

十月、昭義節度李鈞、幽州李可挙、吐渾赫連鐸、白義誠、沙陀安慶、薛葛部落に詔し、兵を合わせて李国昌父子を蔚州に討たんとす。

とある。沙陀の安慶、薛葛の両部落は後の史料で引くようにそれぞれが、安慶都督史敬存と薩（薛）葛都督米海万に支配される部落であった。両部落は首長の姓からソグド系突厥の子孫であり、[10] 沙陀三部落を構成する勢力であり、沙陀部の中でも相当の勢力を持った蕃部であった。それが李尽忠らの主導による李克用推戴劇を快く思わない立場をとるようになっていたのである。一方の吐谷渾は本節の最初の部分で触れたように、李国昌の招討を受ける身に置かれ、往年の名勢から沙陀に対しては強い反発を抱いていたものと思われる。翌乾符五（八七八）年冬、『旧五代史』（巻二五唐書二）武皇紀に、

冬、献祖師を出して党項を討つ。吐渾赫連鐸虚に乗じて振武を陥し、族を挙げて吐渾の擄える所と為る。武皇、定辺軍に至り、献祖を迎えて雲州に帰る。……

とあり、李国昌がタングートを攻撃した隙に吐谷渾赫連鐸に振武を陥れられ、沙陀部は一時、族を挙げて擄掠されて

いるのである。吐谷渾赫連鐸はこれにより大同軍節度使を拝受している。ここで李国昌が攻撃したタングートとは、拓抜平夏部に違いない。この前後の拓抜平夏部の蠢動から危険なものを察知し、早期にその芽を摘んでおこうとする攻撃だったのであろう。李国昌の虞が杞憂でなかった証左は次節で触れるであろう。広明元（八八〇）年になると、李国昌父子にとって最大の危機となった達靼出奔事件が引き起こされているのである。これについては『資治通鑑』（巻二五三唐紀六九）の記事を引用しておく。同年六月の条に、

　庚子（一八日）、李琢奏す「沙陀二千来降す。」と。琢、時に兵万人を将い、代州に屯し、盧竜節度使李可挙、吐谷渾都督赫連鐸と共に沙陀を討つ。李克用、大将の高文集を遣わし、朔州を守らしめ、自はその衆を将いて、可挙を雄武軍に拒む。鐸は人を遣わし文集に帰国を説く。文集は克用の将傅文達を執え、沙陀酋長李友金、薩葛都督米海万、安慶都督史敬存とともに皆琢に降り、門を開き官軍を迎う。友金は克用の族父なり。

とあり、さらに七月の条には、

　李克用、雄武軍より兵を引き還り、高文集を朔州に撃つ。李可挙、行軍司馬韓玄紹を遣わし、これを薬児嶺に邀え、大いにこれを破り、七千余人を殺す。李尽忠、程懐信皆死す。また、これを雄武軍の境に敗り、万人を殺す。李琢、赫連鐸進んで蔚州を攻む。李国昌戦いて敗れ、部衆皆潰え、独り克用及び宗族と北して達靼に入る。詔し、鐸を以て雲州刺史、大同軍防禦使に為す。吐谷渾白義成《ママ》は蔚州刺史に為り、薩葛米海万は朔州刺史に為り、李可挙に加えて侍中を兼ねしむ。

とある。乾符四年の段階で李可挙にしたがっていた薩葛、安慶部落は六月の記事からもわかるように、その後一旦は李克用にしたがっていたもののようである。それが、李克用の族父李友金とともに官軍に降り、李克用攻撃の側に再び身を置いているのである。ともかく、李克用の軍を破り李国昌父子を達靼に走らせ、文字通り敗北させることに加担した吐谷渾の赫連鐸は雲州刺史大同軍防禦使に、白義誠は蔚州刺史に、そして薩葛部落の首領米海万はその功によ

って朔州刺史に補せられているのである。

このように、李克用を中心とした沙陀勢力の統合は思うように進まなかった。ところが、翌中和元年の三月、『資治通鑑』（巻二五四唐紀七〇）に、

瞿稹、李友金代州に至り、兵を募り、旬を踰え三万人を得る。皆北方の雑胡。崞西に屯し、獷悍暴横にして、稹と友金制する能わず。友金すなわち陳景思に説いて曰く「今、衆数万を有すと雖も、苟も威望の将にして以てこれを統ぶること無ければ、終に成功は無からん。吾兄の司徒父子は、勇略人に過ぎ、衆の服する所と為る。驃騎（陳景思のこと）誠《つつし》みて天子に奏し、その罪を赦し、召して以て帥と為さば、すなわち代北の人一麾響応し、狂賊平らぐに足らざらんや。」と。

という記事がある。官軍に降っていた李克用の族父李友金が、同じく沙陀出身の瞿稹[11]と北方の雑胡三万人を募兵したものの統禦することができず、兄李国昌父子の罪を赦し北方諸族の統帥にすべきであると訴えているのである。目まぐるしく変化する情況に翻弄され依違逡巡を繰り返す沙陀系蕃部の微妙な立場を読み取ることができよう。いずれにせよ紆余曲折を経て中和元（八八一）年、ここにようやく沙陀部李克用を中心とする大勢力の結集が実現を見るようになったのである。

二　拓抜思恭の軌跡

沙陀部を中心とする説明に深入りしすぎてしまった。それというのも、拓抜平夏部の動向も沙陀部李克用の活躍が大きな誘発材料になっていたことを強調したいがためであった。このような唐末の政治的、社会的混乱に拓抜平夏部がただひとり時代から取り残されていてよいものであろうか。大中五（八五一）年の白敏中の経略にしたがい、雌伏

を余儀なくされることおよそ二〇余年が経過した。沙陀部のみならず、吐谷渾、ウイグル、達靼、契苾、さらには嗢末に至るまでの諸民族の活動が拓抜平夏部に刺激を与えないはずはない。『新唐書』党項伝最終節に、

始め、天宝末、平夏部に戦功有り、容州刺史、天柱軍使に擢げる。その裔孫の拓抜思恭は咸通末窃かに宥州に拠り、刺史を称す。

とある。拓抜平夏部の本宗、拓抜思恭の登場である。咸通末とあるから八七三年に、拓抜本宗としては長慶二（八二二）年に内附した拓抜万誠から数えて五〇年ぶりにその本宗の名が史料に明記されることになったのである。これをもってしても、この間の拓抜平夏部の閉塞状況が推測できよう。拓抜思恭の宥州占領と刺史の僭称は、第一章第四節で述べた唐が元和九（八一四）年に宥州を復置し、タングート平夏部を支配しようとした故事を逆手にとったものであることは疑いない。つまり、これは拓抜平夏部全体の統治者としての立場を示し、併せてタングート平夏部をして唐の羈縻体制からの独立を宣言したのである。この後、数年間の拓抜思恭の動向は不明であるが、この間に拓抜平夏部の「大首領」として同部に支配力を強化しただけではなく、周辺の蕃漢の諸部落も支配下に組み込む作業をおこなっていたものと考えてよかろう。

乾符二（八七五）年に発生した王仙芝、黄巣の反乱は拓抜思恭に発展の大きな機会を与えてくれた。王仙芝、黄巣の軍勢はこの間に強勢を増し各地を剽掠していたが、さいわい王仙芝は乾符五（八七八）年に誅に伏した。ところが、黄巣の鋭鋒はますます激しさを増し、広明元（八八〇）年の一一月には東都洛陽が、そして一二月にはついに首都長安がその手に陥ち、盧携は毒を仰いで自裁し、僖宗も興元（漢中）から成都に蒙塵する破目になったのである。『資治通鑑』（巻二五四唐紀七〇）の同年一二月の条に、鳳翔を通過する僖宗と鄭畋のやり取りを記して、

上、駱谷に趣く。鳳翔節度使鄭畋、上に道次に謁し、車駕の鳳翔に留まらんことを請う。上曰く「朕、巨寇に密邇するを欲せず、且に興元に幸し、兵を徴し以て収復を図らんとす。卿、東は賊鋒を扞ぎ、西は諸蕃を撫《やすん》じ、隣

　道を糾合し、勉めて大勲を建てよ。」と。畋曰く「道路梗渋し、奏報通じ難し。請う、便宜を得て事に従わん。」
　と。これを許す。

とある。ここで僖宗は西方の異民族勢力にも援軍の要請を鄭畋に命じ、彼に独断専行の権を与えたのである。その一方で、翌中和元（八八一）年一月、『旧唐書』僖宗本紀に、

　太原節度使鄭従讜に詔し「本道の師を発し、北面行営招討副使諸葛爽、代州刺史北面行営馬歩都虞候朱玫、夏州将李思恭(12)等行営諸軍とともに、並に京師に赴き賊を討て。」と。

とあるように、僖宗は太原節度使鄭従讜に詔し、後にも触れる諸葛爽や朱玫に加え夏州将拓抜思恭らとともに京師奪還を命じているのである。宥州刺史を自称する拓抜思恭を夏州将と紹介している。この間に拓抜平夏部の拠点が夏州に定められていたことは自明の事実だったのであろう。さらに、成都に至った僖宗は『資治通鑑』同巻同年三月の条に、

　辛酉（一三日）、鄭畋を以て京城四面諸軍行営都統に為し、畋に詔を賜い「凡そ蕃漢将士の難に赴き功有る者は、並びに墨敕を以て官に除するを聴す。」と。

とあるように、詔を発し、なり振りかまわずに勤王の勢力の糾合を鄭畋に命じたのである。文中の「凡蕃漢将士、赴難有功者」とは、すでに行動を起こしていた拓抜思恭ら蕃部の動きが念頭にあった上での文言であろう。

そこで拓抜思恭のこの間の動向を整理しておくと、本節冒頭に引用した『新唐書』党項伝に、拓抜思恭の宥州刺史僭称の記事に続けて、

　黄巣長安に入る。鄜州李孝昌と壇にて牲を坎《あなうめ》し、討賊を誓う。僖宗これを賢《よし》とし、以て左武衛将軍、権知夏綏銀節度事に為す。

とあるように、拓抜思恭はここに唐王朝の正式な軍職に就任するまでになったのである。『資治通鑑』（巻二五四唐紀

七〇）中和元年三月の条末には、

宥州刺史拓跋思恭、もと党項羌なり。夷夏の兵を糾合し、鄜延節度使李孝昌と鄜州に会し、同《とも》に討賊を盟う。奉天鎮使斉克倹使を遣わし、鄭畋に詣り自效を求む。甲子（一六日）、畋、檄を天下の藩鎮に伝えて、兵を合わせて賊を討たんとす。時に、天子蜀に在り、詔令通ぜず。天下、朝廷のまた振う能わざるを謂う。畋の檄を得るに及び、争いて兵を発してこれに応ず。賊懼れて敢てまた京西を窺わず。

とあり、おそらくこの間に宥州刺史も追認されていたと思われるが、拓抜思恭は夷夏の兵を糾合し、鄜延節度使の李孝昌と討賊を誓ったのである。いずれにせよ、拓抜思恭は前年（八八〇）の末には蕃漢の兵を率い宥州あたりから白于山を越え、洛水に沿って南下し鄜州に赴き、李孝昌とともに神々に討賊を誓うなど、明らかに僖宗の関心を惹こうとするデモンストレーションをおこなっているのである。『旧唐書』（巻一七八列伝第一二八）鄭畋伝に、この時の檄文を載せ、その中に、

而して吐蕃、党項は久しく皇化を被るを以て、深く国讎を憤り、願いて沙漠の軍を以て、共に盪平の捷を献ぜんとす。この際、華戎合勢、藩鎮連衡し、旌旗を雲霞に煥爛し、剣戟を霜雪に晶熒せん、と。

の一節がある。前後の関連から「党項」とは拓抜思恭を指すことは間違いあるまい。そして思恭の糾合した勢力の中には吐蕃の遺衆やタングート南山部の一部、衰亡いちじるしい東山部も含まれていたのかも知れない。拓抜思恭のこうした迅速な行動は、この時点こそがタングート平夏部の発展にとって千載一遇の機会という認識が働いたからに他ならない。そこで看過できないのが、上記『資治通鑑』の記事の直前にある「前夏綏節度使諸葛爽復自河陽奉表自帰、即以為河陽節度使」の記事で、多いに関心を惹く。諸葛爽も唐末史を彩る群雄の一人であることはいうまでもない。龐勛の乱に兵卒から身を起こした人物であるが、前年の広明元（八八〇）年の一〇月に夏綏節度使になっていたが、その直後、黄巣の命を受けた朱温に降り、黄巣より河陽節度使に任じられていたものである（『資治通鑑』巻二五三、

二五四）。実任はどうであれ、夏綏節度使であった諸葛爽が賊に降って河陽節度使になり、さらにまた朝廷に復帰し同じ節度使に任じられた直後なのである。空席になっている夏綏節度使の地位を拓抜思恭がここで獲得できれば、長い間、被支配民族として時々の藩鎮の苛政に逼塞を余儀なくされていたタングート平夏部にとって、その恩恵は測り知れないものがある。この地位を得ることによって拓抜平夏部の自立と発展はもちろん、さらには周辺のタングート諸部族やその他の蕃漢諸族の大首領として君臨することも可能になり、彼にとって夏綏（銀）節度使のタイトルは垂涎のものだったに違いない。右に一節を記した全文およそ八二〇字におよぶ鄭畋の檄文はこうした状況のもとで発せられたものであり、「而吐蕃、党項以久被皇化、深憤国讎、願以沙漠之軍、共献盪平之捷。」の言辞は、このような拓抜思恭の行動に正当性を与えたものであり、もって両端を持する藩鎮群雄の蹶起を促す効果を狙っていたのである。ともかく、僖宗の求めに響応し、鄭畋の指揮のもと渦中に身を投じた拓抜思恭は、前記『新唐書』党項伝にあるように、待望の夏綏（銀）節度使に権知され左武衛将軍を拝し、首都奪還をめぐり勤王軍の一翼を担うようになったのである。首都奪還の布陣については、『旧唐書』（巻二〇〇下列伝第一五〇下）黄巣（以下、『旧唐書』黄巣伝と略記）の中和元年の条に、

四月、涇原行軍唐弘夫の師は渭北に屯し、河中王重栄の師は沙苑に屯し、易定王処存の師は渭橋に屯し、鄜延拓抜思恭の師は武功に屯し、鳳翔鄭畋の師は盩厔に屯す（『資治通鑑』巻二五四略同）。

と記している。「鄜延拓抜思恭」とは『新唐書』（巻二二五下列伝第一五〇下逆臣下）黄巣（以下、『新唐書』黄巣伝と略記）に「鄜延李孝昌、夏州拓抜思恭壁武功」とあるのが正しく、前後の状況からも李孝昌と拓抜思恭の軍勢が盩厔に陣する鄭畋とは渭水を挟んで対岸の武功に屯戍したのである。そして、この直後に唐弘夫らによる一時的な首都奪還がおこなわれたようである。これについて『資治通鑑』（巻二五四唐紀巻七〇）同年四月の条に、布陣を記した後に、(13)

弘夫、竜尾（岐山東）の捷に乗じて、進んで長安に薄る。壬午（五日）、黄巣は衆を帥いて東走す。程宗楚先に延

秋門より入る。弘夫継いで至り、処存は鋭卒五千を帥いて夜入城す。坊市の民喜び、争い讙呼して出でて官軍を迎え、或ものは瓦礫を以て賊を撃ち、或ものは箭を拾い以て官軍に供す。宗楚等、諸将がその功を分かつを恐れ、鳳翔、鄜夏に報ぜず。

とある。功の独占を謀る唐弘夫らが鄭畋、李孝昌、拓抜思恭らに連絡しなかったがため、それらの軍勢が長安に達せず、その後黄巣側の逆襲に遭い、さらに同条に「大戦長安中、宗楚、弘夫死。軍士重負不能走、是以甚敗、死者什八九。……」とあるように大敗を喫し、あっさりと黄巣軍に再び首都を明け渡してしまったのである。

そこで、勤王軍も首都包囲網の建て直しを急ぎ、その状況を『旧唐書』黄巣伝は「六月、邠寧朱玫之師屯興平、忠武之師三千屯武功。是歳諸侯勤王之師、四面倶会。」と伝え、さらに同書僖宗本紀には九月に「楊復光、王重栄以河西、昭義、忠武、義成之師屯武功。」とあり、一二月には「行営都統王鐸率禁軍、山南、東川之師三万至京畿、屯於盩厔。」とあるように、包囲網を整えていったのである。そして、この間に首都奪還の先鋒を命じられていたのが、拓抜思恭や李孝昌であった。『旧唐書』僖宗本紀同年七月の条に、

すなわち鐸を以て都統に為す。河中節度使王重栄を以て京城北面都統に為し、義武軍節度使王処存を京城東面都統に為し、鄜延節度使李孝昌を京城西面都統に為し、朔方軍節度使拓抜思恭を京城南面都統に為す。

とある。ここでは『資治通鑑』にしたがってこの前後の拓抜思恭らの戦闘をまとめておこう。四月庚寅（一三日）、拓抜思恭は李孝昌とともに王橋（涇陽付近）で賊軍と戦っているが利あらず、さらに七月末、再び鄜延節度使李孝昌とともに東渭橋に布陣したが、黄巣が派遣した朱温に阻まれなんら成果を上げることができなかった。そして八月、再度李孝昌と拓抜思恭は尚譲、朱温と東渭橋に戦ったが敗退している。戦場となった王橋も東渭橋も、首都長安とは咫尺の間にあるところから判断すると、当時、この両名が首都奪還の先鋒を命じられていたと考えて間違いなかろう。ともかく、表舞台に登場してわずかに半年足らずの拓抜思恭が首都奪還のために京城南面都統に任じられたというこ

とは、当時、いかに唐王朝拯難の勢力が払底していたかを示しており、逆にいえば後進勢力にとっては飛躍の絶好の機会であったことがよくわかる。史料中に「朔方軍節度使」とあるのはこの後すぐに触れる「定難軍節度使」の誤りであろう。拓抜思恭が正式に夏綏節度使に昇任したのは、二度におよぶ東渭橋の戦闘のちょうどその間であった。このことは、鄭畋が拓抜思恭に首都奪還に関わってより一層の奮励努力を期待した顕われであったと考えてよかろう。ところが、一一月になると『資治通鑑』同巻に、「乙巳（朔）、孟楷、朱温襲鄜夏二軍於富平、二軍敗、奔帰本道。」とあるように、東渭橋より北方の富平に退いて布陣していた李孝昌と拓抜思恭の軍勢がみたび朱温らの賊軍に襲われ敗北を喫し、このたびは軍を引き上げ本道に逃げ帰ってしまったのである。ところが拓抜思恭が「定難軍」の軍額を朝廷から賜与されたのは、この後の一二月のことであった。『資治通鑑』（巻二五四唐紀七〇）中和元年一二月の条の末に、

夏州に号定難軍を賜う。

とある。さて、この間の李孝昌と拓抜思恭に率いられる鄜夏の軍勢は首都奪還の先鋒としての役割を果たしていたのであろうか。史料の行間からは、どう見ても賊軍に対する対決姿勢にさほどの真剣味といったものが伝わってこないのである。いわゆる決戦を終始避けていることが読み取れるのである。拓抜思恭にしてみれば、勤王軍への参加は純粋な意味で唐王朝の拯難が目的であったわけではなく、あくまでもそれを手段として藩鎮としての自立が目的であった。要は朝廷側でも黄巣側でも、将来的に勝算の立つ方にしたがっておけばよかったわけで、その点では諸葛爽の動きとそう変わるものではなかった。ただ、拓抜思恭にとって平夏部のみならずタングート諸部族に大号令をかけるためにも、唐王朝の権威を籍りることの方がメリットが大きいという判断に立っていたにすぎない。敢死の戦いを挑んで元も子もなくすことなど、いささかも考えられなかったはずである。このように考えると、一二月の「定難軍」の軍額の賜与も、拓抜思恭を朝廷側に繋ぎ止め、改めて首都奪還に向かわせるための香餌であったといえるのではなか

ろうか。

ところで、この前後の勤王軍と黄巣軍の攻防に関しては諸史料間で異同が激しく、同じ『新唐書』でも僖宗本紀では中和元年に死亡を明記している程宗楚が、黄巣伝では同二年に健在といった有様で、いずれの史料が正鵠を射ているのかは判断に迷うところである。本章の主題は平夏部拓抜思恭の動向の解明にあるので、多少の疑問はそのままにして拓抜思恭の動きに的を絞って論を進めていきたい。『新唐書』僖宗本紀中和二年正月の条に、

辛未（二八日）、王処存を京城東面都統に為し、李孝章（昌の誤り）を北面都統に為し、拓抜思恭を南面都統[14]に為す。

とあるように、拓抜思恭は再度京城包囲網の一翼を担わされ、『資治通鑑』（巻二五四唐紀七〇）同年四月の条に、

王鐸、両川、興元の軍を将い、霊感寺に屯し、涇原は京西に屯し、易定、河中は渭北に屯し、邠寧鳳翔は興平に屯し、保大、定難は渭橋に屯し、忠武は武功に屯し、官軍四集し、黄巣の勢已に蹙る。

とあるように首都包囲網は完成され、さしもの黄巣の勢いもここに窮まったのである。追い詰められた黄巣軍が武功を攻め、鳳翔軍が危機に陥ると拓抜思恭は七月、鋭士二万八千を率い救援に赴いている。しかし、「逗留不進（『新唐書』黄巣伝）」とあるように黄巣軍を撃破するような成果は挙げられなかったようである。ところが、『新唐書』僖宗本紀同年八月の条に、「拓抜思恭為京城四面都統[15]」という抜擢記事が記載されているのである。これを、同書党項伝にはより詳しく、「俄進四面都統、権知京兆尹。」としている。史料上からは目立った軍功を上げていない拓抜思恭がにわかに京城四面都統に抜擢され、あまつさえ京兆尹まで権知されているのである。極めて異例の処遇を受けているといってよかろう。僖宗は他の群雄に比して拓抜思恭を特別に扱っていた節があり、おそらく沙陀部李克用の強勢化に対しタングート系の牽制勢力の育成を考えていたのであろう。

さて、朱温が王重栄に降ったことから情勢は急転し、いよいよ黄巣の勢力も窘窮していった。それでも黄巣軍から

首都長安を奪還するためには李克用の参戦を俟たねばならなかったのである。翌中和三年四月、李克用軍の奮戦で長安は三年ぶりに唐朝に回復されたが、その間の詳細はすべて省略する。この間の黄巣討伐戦に関してはいずれの史料にも夏州定難軍の足跡は記されていないのである。『新唐書』黄巣伝に李克用軍の渭橋での三戦三勝の記事の後に「於是諸節度兵皆奮、無敢後、入自光泰門」とある中に加わっていたのであろうか。しかし、直後の論功行賞に関しては『旧唐書』僖宗本紀に載せる王重栄、李克用、朱全忠に対する叙位授官の行賞や、拓抜思恭と同じように京城都統の地位を与えられていた、王処存、朱玫、東方逵らの行賞記事には拓抜思恭の名前は見あたらない。ところが、『新唐書』党項伝には「賊平、兼太子太傅、封夏国公、賜姓李」とあるように拓抜思恭は黄巣の乱戡定後、夏国公に封じられ、国姓を賜っているのである。『旧唐書』僖宗本紀の行賞記事に記載されず、『新唐書』党項伝にのみ記載されているということは、やはり僖宗にとって拓抜思恭が上記驕藩とは性格の異なる忠良な藩鎮として信頼を置いていた存在であったことを示しているのであろう。さて、この後、李克用は黄巣を急追し、遂に死地に追いやるのであるが、その間に朱全忠による李克用謀殺未遂事件も起こり、両雄はこれ以後尋戈の怨みを持つに至るわけだが、その詳細もすべて専著にゆずることにしたい。

三　定難軍拓抜平夏部と河西タングート

光啓元（八八五）年三月、僖宗の車駕は長安に戻り、宣政殿に御し大赦と改元がおこなわれた。『旧唐書』僖宗本紀に、この時期の藩鎮の割拠と国命のおよぶ範囲を記して、

時に、李昌符は鳳翔に拠り、王重栄は蒲、陝に拠り、諸葛爽は河陽、洛陽に拠り、孟方立は邢、洺に拠り、李克用は太原、上党に拠り、朱全忠は汴、滑に拠り、秦宗権は許、蔡に拠り、時溥は徐、泗に拠り、朱瑄は鄆、斉、

曹、濮に拠り、王敬武は淄、青に拠り、高駢は淮南八州に拠り、秦彦は宣、歙に拠り、劉漢宏は浙東に拠り、皆自ら兵賦を擅にし、迭に相呑噬し、朝廷制する能わず。江淮の転運路は絶え、両河、江淮の賦は上供せず、ただ歳時献奉するのみ。国命の能く制するところは、河西、山南、剣南、嶺南西道の数十州なり。大約郡将も自擅し、常賦は殆ど絶え、藩侯の廃置も朝廷によらず、王業はこれより蕩然たり。

と述べているが、藩鎮の列挙に拓抜思恭の名は見えないのである。このことは前節で述べたように定難軍節度使が唐王朝にとって警戒を要する藩鎮ではなかったことの証明であり、逆にいえばこの時点では夏州定難軍節度使が独立不軌を貫くほどの驕藩に生長していなかったことを示している。辺陲に位置する蕃部系の勢力が政治的にも軍事的にも大発展するためには、同族はもとより周辺の雑多な異民族や漢民族を大糾合することが必須の条件であることは自明のことであり、李克用の例をとって見てもそれがよくわかる。内地の藩鎮の場合、節度使の牙将など親近のものが主を剋し地位を乗っ取るのが通例で、その兵力はそっくり継承されるため、節度使は交替しても驕藩としての実質に変化はないのである。ところが、夏州定難軍のように蕃部系の節度使の場合、その兵力の主体は流民匪賊などの不良兵力ではなく、周辺のタングート、その他の諸蕃部の兵力こそがその主体であったはずである。つまり定難軍節度使が内地の驕藩に伍していくためには、それらの蕃漢諸部族を支配下に組み込む必要があったのである。上記中和二年、鳳翔軍救援に一万八千を動員できたのであるから、拓抜思恭の軍事力も決して弱小であったのでもなかろう。しかしながら、周辺のタングート、その他の勢力との関係からいえば、李克用のようにその統率に成功していたとはいえない状況であったようである。その証拠がはしなくも上記史料中にある「国命所能制者、河西、山南、剣南、嶺南西道数十州。」の中に記す「河西」の地名なのである。河西とは『元和郡県図志』(巻第四〇)にいうところの武威、張掖など河西五郡の謂ではなく、第一章ですでに論証した河西党項の居住地を指す意味で使われているのである。その実態は南山部タングートに代表される諸勢力で、当時、涇水流域から洛水の上流域にかけて広く根を張っていた集団である。実は彼らの唐末史舞台への登場も、拓抜思恭のそれと符節を合わしたかのように中和元年のことであった。前節で引用した同年九月の首都包囲網の再建記事（七三頁）の中で「昭義、忠武、義成」の師とともに王重栄の指揮下にその名を連ねているのである。しかし王重栄は河中節度使であり、河西タングートに支配力をおよぼせるような立場にはなかった。それ故、この関係は純粋に軍配備の観点から、便宜的に王重栄の指揮下に編入されていたものである。岡崎精郎氏がいうように、夏州定難軍節度使の支配力が周辺のタングート諸部族におよんでいたのならば[16]、河西タングートは必ずや拓抜思恭の麾下にその名を現わしていたであろう。河西タングート諸部族は中和元年の段階で、明確に拓抜平夏部とは別系統のタングート勢力として唐王朝に認識されていたのである。そして四年後の上記史料においても、「国命所能制者」の筆頭に位置づけられているのである。もとより中和元年に河西タングートが勤王軍に参加したのも偶然のことではない。拓抜思恭の動きに触発されたものであることはいうまでもない。後れをとって、唐王朝の了解のもとに拓抜平夏部の支配下に組み込まれる動きが進行することを惧れたが故の勤王軍参加であったのである。つまり拓抜思恭は勤王の姿勢を強調することで唐王朝の歓心を買い、それを利用してタングート諸部族への支配力を強化していくことを狙っていたのであり、一方の河西タングート諸部族も忠精を示すことにより拓抜平夏部の圧力を回避し、独立勢力としての担保を唐に求めていたのである。それ故、河西タングート諸部族の動きは、定難軍節度使の立場からすると、同藩鎮の発展を強力に掣肘する勢力の存在になるのである。拓抜思恭の軍勢が史料上にさしたる戦果を伝えない原因も、また驕藩へと容易に発展しえない理由もこのような背景を考慮する必要があろう。唐末期の定難軍節度使の行動を検討すると、常に正統権力に依拠し保身を計っている姿が浮かび上がってくるが、これもタングート諸部族の統合に成功していないことが終始足枷になってしまったためではなかろうか。

そこで、これ以後の定難軍節度使拓抜思恭の行動や河西タングートの動きを辿り、上述の論証をさらに敷衍しておきたい。唐王朝の病はすでに膏肓に入っており、大きく傾いた社稷はいかんともしがたかった。黄巣の乱の鎮定は王朝の終焉の始まりにすぎなかったのである。共通の敵の消滅は当然のことながら藩鎮間の抗衡呑噬を一層激しいものにした。そして、その混乱に油を注ぎ結果的に唐王朝の寿命をひたすら縮める役割を演じたのが朝廷内部に巣くう短慮貪婪を恣にする宦官勢力であった。この間の群雄争乱の概況については日野開三郎氏の前掲書にゆずるが、(17) 光啓元（八八五）年の頃、その狂言回しを演じたのが神策禁軍を掌握し、斉国公に封じられていた宦官の田令孜であった。彼は禁軍の闕供を補う目的から河中節度使王重栄の持つ安邑、解県両池の権塩税課を奪い、その憎しみを買うようになっていた。王重栄はさかんに田令孜の藩鎮離間策を訴え対立を深めていき、李克用と結びつくようになった。一方、この頃李克用の抬頭に不安を感じていた幽州の李可挙は鎮州の王鎔を誘って李克用に繋がる定州の王処存を攻撃したが、図らずも李可挙は逆に自らの牙将李全忠に滅ぼされ、幽州節度使の地位も李全忠に奪われてしまう。これらの動きが絡まりあって、自然と李克用、王重栄に対する朝廷軍という図式が出来上がっていき、田令孜は邠寧節度使の朱玫に王重栄追討を命じたのである。その時の軍編成について、『旧唐書』僖宗本紀には「令孜遣邠寧節度使朱玫、会合鄜、延、霊、夏之師討河中。」と伝えている。拓抜思恭の軍も田令孜の動員要請にしたがっているのである。同本紀には両軍の対峙を「十一月、河中、太原之師与禁軍対塁於沙苑（『資治通鑑』は一〇月にかける）。」と記し、続けて、

十二月辛亥朔、癸酉（二三日）、官軍合戦し、沙陀の敗る所と為り、朱玫は走りて邠州に還る。神策軍潰散し、遂に京師に入り掠を肆にす。乙亥（二五日）、沙陀京師に逼り、田令孜は僖宗を奉じて出でて鳳翔に幸す。

と述べているように、沙苑に対陣した両軍の輸贏は官軍の敗北に終わり、朱玫は邠州に逃げ帰っている。ことはそれだけでは済まず、僖宗は玉座を暖める暇もなく再び鳳翔に蒙塵することになってしまったのである。その上、首都長安は同本紀に「至是、乱兵復焚宮闕、蕭条鞠為茂草矣。」とあるように補葺の緒についていた宮城は塵芥に帰したのである。この戦闘に関しては、朱玫はまったくやる気がなかったらしく、同本紀の翌二年正月の条にこともあろうに李克用、王重栄とともに田令孜の罪を鳴らしているのである。このような性格の戦闘に定難軍節度使拓抜思恭が積極

的に参戦する名分などあるはずがなく、取り敢えず旗幟を明示することによりその後の立場を維持するための保障的出兵にすぎなかったのであろう。ところが、この直後に嗣襄王熅を確保した朱玫は大望を懐くようになり、嗣襄王熅を擁立し、自らは大丞相に納まり、神策禁軍を掌握し国柄を壟断しようとしたのである。淮南節度使の高駢ら多くの藩鎮はいわゆる模様眺めの対応をとり、一応は「諸藩節将多授其偽署（『旧唐書』僖宗本紀光啓二年の条）」の態度を示したようであるが、同本紀に続けて「惟定州、太原、宣武、河中拒而不受。」とあるように李克用、王重栄らはまったく相手にせず、宦官楊復恭の求めに応じて朱玫追討の兵を挙げたのである。六月、掎角進軍する李克用、王重栄軍に対し、これを要撃する朱玫は同本紀六月の条に、

時に、朱玫、将王行瑜を遣わし邠寧、河西の師五万を率いて鳳州に屯せしむ。

とあるように、その牙将王行瑜に自己の親衛軍に河西軍を添えて鳳州を守らせているのである。この一連のクーデター関係の記事には定難軍や拓抜思恭の名は現われてこない。拓抜思恭は朱玫らの嗣襄王熅の推戴になんら正当性を認めていなかったのであろう。一年前、朱玫の指揮下に加わって河中の王重栄攻撃に参加した拓抜思恭が、翌年には朱玫の動きに距離を置いているのである。拓抜思恭にとっては、僖宗の鑾輿に遵う勢力こそが常に正統という認識があったのであろう。それに対し、河西タングートが朱玫の要請に応じて軍隊を派遣した理由は、後進勢力であるが故にこの政変を勢力伸長のひとつのきっかけと捉え、朱玫のたくらみが成功した時の優先的処遇を期待したためなのである。定難軍節度使に比べても政治的未熟を露呈した動員といってよいであろう。この時の邠寧、河西の動員兵力五万はあまりにも多すぎるが、河西軍も数千から一万弱程度は動員していたのかも知れない。つまり、当時の河西タングート諸部族間には短期間に大軍を動員できるそれなりの軍事体制が発達していたということになる。そうすると、当然各部族をまとめる、まさに拓抜思恭に類似した立場の酋豪が存在していたと考えるのが自然である。史料には河西タングートの具体的部族名や、それを率いる酋帥の名が一切記されていないが、五代になると野利氏の名や河西党項

の名がいくつも史料に現われてくる。これについては第四章で詳しく論ずるのでここでは省略する。おそらく唐末の横山山脈南側の河西タングート諸部族の中枢には南山部の野利氏が位置し、破丑氏、把利氏、その他の諸部族の首領と同盟してひとつの連合体を形成していたものと考えてよいのではなかろうか。すなわち、夏州定難軍を拝した拓抜思恭に対し、より首都長安に近い地域に野利氏を中心とする河西タングート連合がほぼ拮抗する関係で存在していたと考えて大過なかろう。繰り返していうが、夏州定難軍節度使拓抜思恭がすべてのタングート諸部族をその支配下に治めているような状況では決してなかったのである。

朱玫は同年一二月、密勅を受けた子飼いの王行瑜の裏切りで鏖殺され、嗣襄王熅も王重栄に殺され、このクーデター騒ぎもあっけなく幕を閉じた。しかし、死に瀕した唐王朝の危急存亡の秋はますます深まりを増していった。翌光啓三（八八七）年になると各藩鎮の下剋上が頻発し、六月には王重栄が牙将に殺され、兄王重盈がその後に納まり、九月には高駢もその牙将に殺され、舞台から消えていった。その反面、扈蹕都統として僖宗にしたがっていた李茂貞が一月に武定軍節度使を拝命し、七月には検校司空、同平章事兼鳳翔尹、鳳翔隴右節度等使に出世するなど、新勢力の抬頭も顕著になってきたのである。そして、文徳元（八八八）年三月、僖宗は文字通り千辛万苦の一生を二七歳で閉じ、寿王傑が宦官楊復恭の強引な推戴で衆目の希む吉王保を押し退けて即位した。昭宗である。翌竜紀元（八八九）年二月、唐末きっての凶賊秦宗権が刑に処せられたが、この間に朱全忠はひたすら勢力の拡大に努め、四月、検校太尉、中書令になり東平王に封じられている。なお、この間ほぼ七年間拓抜思恭の動向は諸史料に捕捉することはできない。大順元（八九〇）年になると朱全忠と李克用の対立が再び高まり、四月、朱全忠は李克用攻撃を強く主張した。昭宗をはじめ群臣の反対にも拘わらず、朱全忠と結託する張濬の説得でついに李克用攻撃が決定された。詳述は避けるが、張濬も唐末の混乱時なればこそ、廟堂に登場できた奇怪な人物であった。その張濬のことを李克用が「濬為都統判官、克用薄其為人聞其作相、私謂詔使曰、張公好虚談而無実用、傾覆之士也。主上采其名、而用之、它日交乱天下、必是人也。(『資治通鑑』巻二五八唐紀七四)」といっているように、夙に張濬の人となりを看破していたのである。李克用が決して武骨一点張りの武将ではなかったことをよく証明している。五月、張濬を太原四面行営兵馬都統に、宣武節度使朱全忠を太原東南面招討使に、幽州節度使李匡威を太原北面招討使に任じるなどその陣容を定めたのである。そして、『旧唐書』(巻一七九列伝第一二九)張濬伝(以下、『旧唐書』張濬伝と略記)にはこの時の張濬の率いる大軍を、[18]

大順元年六月、濬、軍五十二都、兼《あわせ》て邠寧、鄜、夏、雑虜共五万人騎を率い、京師より発す。

と記し、久しぶりに夏州定難軍の軍隊も名を連ねているのである。朝廷軍と李克用軍の戦闘は、克用の驍将李存孝の投降などもあったが、李克用軍が三戦三捷し張濬軍は総崩れとなり、張濬はひとり怱遽狼狽して逃げ帰ったのである。そして、『旧唐書』昭宗本紀同年一一月の条に、

これより、河西、鄜、夏、邠、岐の軍は河を渡り西帰す。

とあるように夏州定難軍の軍隊も本拠に引き上げたが、ここに河西軍も明記されているところから、[19]上記張濬伝の「雑虜」こそが、河西タングートを指していることは間違いあるまい。そして、この戦闘の実態を同本紀同二年二月の条に、

朝廷、朱全忠及び三鎮の兵に倚《たよ》る。……全忠終に行営に至らず。……王鎔、羅弘信もまた師を出ださず。ただ邠、岐、華、鄜、夏烏合の衆晋州に会す。兵未だ交らずして孫揆擒われ、燕卒は敗れ、所以《ゆえ》に河西、岐下の師は風を望みて潰散し、而して濬、建敗に至る。

と記している。朱全忠、王鎔らは出兵せず、張濬は梯子をはずされた格好になり、惨敗を喫したわけだが、史料中に「邠、岐、華、鄜、夏」の兵を「烏合の衆」といい、河西の兵を「望風潰散」と表現するなど、とても敢死の太原軍に敵うはずもなく、尽きるところ定難軍も河西タングート軍も様子見の出兵だったことを窺い知ることができる。た

だこれらの史料から夏州定難軍と河西タングート諸勢力があくまでも沙陀部を共通の敵としていたことがわかるとともに、依然として両者ともに唐王朝に尽くすことにより、地位の安泰を計っている姿が見て取れるのである。

ただ、この間に拓抜思恭は漫然と日を送っていたわけではなかった。『旧唐書』張濬伝に、李克用が上章論訴した中に、

臣、逆節無し。濬、何を名として討つや、……若し臣の雲中の伐を以て、時に罪を獲らば、すなわち拓抜思恭の鄜、延を取り、朱全忠の徐、鄆を侵すを、陛下何ぞこれを討たざらんや。

とあるように、拓抜思恭はかつての盟友李孝昌が持っていた鄜州や延州をいつの間にか手に入れ著しく勢力圏の拡大を実現していたのである。史料上にはその経緯についてはまったく触れるところがない。このことの解明は第三章にゆずることにしよう。ここでは李克用が、朱全忠とともに拓抜思恭を引き合いに出して非難している点に、重大な関心を払う必要を指摘しておきたい。李克用にとってタングートの巨帥である拓抜思恭は数多くの泡沫藩鎮とは明らかに性格の異なる警戒を要する藩鎮であったことを示唆しているのである。李克用はお互いにいわば蕃部の大首領という系譜的な類似性から本能的に拓抜思恭に危険なものを感じ取っていたのであろう。

拓抜思恭は唐王朝の権威を巧みに利用し、事あるごとに忠勤を示し、かといって決して損耗を蒙るような軍事行動はとらず、常に安全圏に身を置きながら、混乱を利用して支配領域を拡大し、後世の拓抜平夏部による西夏建設の淵源を作った極めて老練な武将であったといってよかろう。最後に、拓抜思恭は僖宗にとって明らかに他の多くの節度使とは別格の信頼を寄せることのできる特別の存在であったことも事実のようである。『新唐書』（巻一八五列伝第一一〇）鄭畋伝の末尾に、

天復の初、李思恭とともに僖宗の廟廷に配饗す。また、宗楚、弘夫に官を贈る。

とある。天復初（九〇一）年に拓抜思恭は鄭畋とともに僖宗の宗廟に配饗されているのである。配饗とは配享従祀の

ことであり、拓抜思恭が僖宗の功臣として広く認められていたことを物語っており、いかに拓抜思恭が僖宗と深い関係にあったかを示す説得力のある史料である。しかし、その拓抜思恭をもってしても、南山部などからなる河西タングート諸部族を統禦することは叶わなかったのである。

おわりに

定難軍節度使拓抜思恭の足跡を辿ってみた。拓抜思恭の唐末史への登場はタングート平夏部の膨張発展といった内的要因もさることながら、西北辺で展開していた諸民族入り乱れての撓乱、そして特に沙陀部李克用などの蕃部系雄藩の強勢化といった外的要因に衝き動かされた所為であったことが大きい。拓抜思恭の登場は極めて政治的配慮にもとづいた結果であつた。常識的に考えれば、河西タングート諸部族などを一統し、その総力をもって中原に進出することが本道である。その点からいえば拓抜思恭の行動は一手早まった感がないでもない。しかしそれは結果論である。拓抜思恭にとって、タングート諸部族の糾合を優先するか、表舞台へ参加することを優先するか、それはジレンマであったに違いない。拓抜思恭は後者を選択した。その結果が、河西タングート諸部族の激しい反発に遭い、一貫して社稷の傾いた唐王朝に依存するという姑息な処世法に繋がってしまったのである。岡崎精郎氏は「その政治的権力が飛躍的に増強したのは勿論であるが、平夏部酋長拓抜氏のタングートに対する支配力はここに確固たるものとなったのである（八二頁）。」と論ずるが、タングート全部族に拓抜思恭の支配力がおよぶようになったと断定するのは早計にすぎるであろう。それは、五代にかけてのタングート南山部の動向と考え合わせても否定されねばならない。唐末の動乱を利用して、タングート平夏部拓抜氏が大発展を遂げたことは事実であるが、大部分のタングートに一応の支配がおよぶようになったのは西夏の建国を俟つのである。しかし、この時点で拓抜思恭の採った選択肢は決して間違ってはいなかったであろう。拓抜思恭がこの時点で行動に移らなかったならば、必ずや、唐末大混乱の波に飲み込まれ、タングート平夏部の発展はさらに後れを取り、後世の西夏の建設も危ういものになったに違いない。

註

（1）日野開三郎「支那中世の軍閥」（『日野開三郎東洋史学論集第一巻』三一書房、一九八〇年）。

（2）日野開三郎「唐末混乱史考」（『日野開三郎東洋史学論集第一九巻』三一書房、一九九六年）。

（3）同右、四五九頁以降参照。

（4）『資治通鑑』（巻二五一唐紀六七）同年冬一〇月の条。『新唐書』（巻二一八列伝第一四三）沙陀（以下、『新唐書』沙陀伝と略記）略同。

（5）『新唐書』沙陀伝の李国昌賜名の記事の後に、「回鶻叩楡林、擾霊、塩。詔国昌為鄜延節度使。又寇天徳、乃徙節振武。」とある。

（6）『資治通鑑』（巻二五二唐紀六八）乾符二年六月の条に、「……大将李茂勲、本回鶻阿布思之族。回鶻敗、降於張仲武。仲武使戍辺屢有功、賜姓名」とある。

（7）『資治通鑑』（巻二五二唐紀六八）にしたがえば、張公素は乾符二年に殺害されており、ここは李茂勲とすべきである。

（8）『旧唐書』（巻一九上本紀第一九上）懿宗では咸通一三年に簡単に載せ、『資治通鑑』では乾符五年正月に載せ、『新唐書』とは多少内容も異なり、別の史料系統に拠ったものと思われる。司馬光は『資治通鑑考異』（巻二四）で諸説を紹介し、結論的に乾符四年以前に沙陀に対する朝廷側の征討の記事がないという理由で、五年説を採用している。もっとも、司馬光も『稽古録』（巻一五）では咸通一三年説を載せており、乾符五年説にも確たる自信はなかったようである。日野開三郎氏は前掲「支那中世の軍閥」で乾符三年のこととして論を進めている。この事件に限らず、唐末の出来事に関しては諸書で年代の出入りは非常に多く、『旧唐書』といえども唐末に関しては全幅の信頼はおけないことも事実である。

（9）『資治通鑑』（巻二五二唐紀六八）乾符三年五月の条に李可挙の節度使就任が記されている。
（10）森部豊「唐末五代の代北におけるソグド系突厥と沙陀」（『東洋史研究』第六二巻第四号、二〇〇四年）、参照。なお、沙陀に関する日本、中国の研究状況については石見清裕氏の「沙陀研究史」（『早稲田大学モンゴル研究所紀要』第二号、二〇〇五年）が簡にして要を得た解説をおこなっている。
（11）『資治通鑑』（巻二五四唐紀七〇）中和元年二月の条に「……沙陀酋長李友金及薩葛、安慶、吐谷渾諸部……絳州刺史瞿稹亦沙陀也……」とある。
（12）国姓の賜与については、後に触れるように黄巣の乱鎮定後であり、ここでは拓抜思恭が正しい。
（13）『旧唐書』黄巣伝はこの事件を翌二年のことにしているが、司馬光は『資治通鑑考異』（巻二四）に諸書を引用して、中和元年四月のこととしている。中和元年四月の段階で首都直近の渭橋、渭北に駐屯していた軍隊については『旧唐書』黄巣伝でも王処存、唐弘夫で一致しているので、『新唐書』黄巣伝にもこの事件を続けて記載しているように、一連の出来事であったと考えるのが合理的であろう。
（14）『新唐書』僖宗本紀や『資治通鑑』（巻二五四唐紀七〇）では拓抜思恭を西面都統に作るが、『資治通鑑』では直後に李昌言を京城西面都統にする記事がある。また、『新唐書』黄巣伝では「処存直左、孝章在北、思恭直右」とあるので、南面都統が正しい。
（15）『新唐書』黄巣伝では、この記事を朱温の降伏後に記載している。
（16）岡崎、前掲書、八二頁参照。
（17）註（2）に同じ。
（18）『旧唐書』（巻二〇上本紀第二〇）昭宗（以下、『旧唐書』昭宗本紀と略記）。
（19）『資治通鑑』（巻二五八唐紀七四）同年一〇月の条には「静難、鳳翔、保大、定難之軍先度河西帰。」とあるが、『資治通鑑考異』（巻二六）には『旧唐書』昭宗本紀の記事も載せている。

第三章　唐最晩期のタングートの動向

はじめに

子孫が繁栄し、祭祀が連綿として途絶えないことを血食という。逆に国が滅び祭祀をおこなうべき子孫が途絶えることを不血食という。唐王朝の社稷が不血食に至るには、別段劇的な事態の発生があったわけではない。もちろん諸制度の行き詰まり、財政の破綻はいうまでもないが、現象的に捉えると、内にあっては党争の激化、宦官の跳梁、外にあっては流賊、劇賊の横行、そして大小さまざまな藩鎮の跋扈がこもごも蠹害をなして、倒れるべくして倒れたものといえよう。唐王朝の最晩期、すなわち昭宗の時代になると五代十国の乱世を演じた鉄中の錚々がほぼ全員舞台に出揃うようになった。彼らはそれぞれに藩鎮の地位を手に入れ、互いに抗衡呑噬を繰り返しながら主導権の獲得を目指して鎬を削りあっていたが、おのずからその対立構造もいくつかの中核的藩鎮に統制されるようになっていった。改めて指摘するまでもないが、黄河下流域を抑えた朱全忠に対して、北に河東を支配する李克用が激しく対立し、南に呉を建国する楊行密や呉越の銭鏐が控え、南西には前蜀の王建が着々と領域の拡大に邁進していた。しかし、この時期、最も注視すべき存在が領域的には小なりとはいえ鳳翔府に拠り岐を建国した李茂貞であったかもしれない[1]。このような混沌状態にあって、夏州定難軍節度使を拝したタングート拓抜李氏や河西タングートなどタングート各部族は生き残りを懸けてこの逆浪の世にいかに対処していったのであろうか。第三章では唐の最晩期のタングート各勢力の動向について論を進めてみたい。

一　拓抜李氏の鄜延路進出

光啓二（八八六）年の朱玫による嗣襄王熅の推戴劇が失敗に終った頃より、下克上の風潮に一層の拍車がかかり、特に扈蹕都統として僖宗にしたがっていた李茂貞の累進が目を惹いたことは前章でも触れたところである。李茂貞は本名が宋文通、深州博野の出であるが、黄巣が京師を犯した際に軍功を上げ鄭畋に見出だされた。光啓元（八八五）年朱玫の遣わした王行瑜を大唐峰に破り、朱玫没落の因を作り、彼が王行瑜に殺されると武定軍節度使を拝し、合わせて李茂貞の姓名を賜り、早くも節鎮の列に加わったのである。この間六年足らずのことである。さらに同年、鳳翔節度使李昌符の乱を鎮定し、八月、その鳳翔節度使も兼ねるようになり、俄然、中央部に位置し政局をも左右する有力藩鎮としての重要性を増すようになった。前章第三節で論じた大順元（八九〇）年から同二年の間におこなわれた朱全忠、張濬による李克用討伐戦には李茂貞の軍も夏州定難軍、河西タングートの軍とともに動員されているが、ほとんど戦わずして退却していることは既述の通りである。つまり大順二年の頃までは李茂貞の勢力も李克用と朱全忠の対立に朝廷軍の一翼として参戦する程度のものであったことがわかる。それが、昭宗即位に中心的役割を果たした楊復恭が昭宗と対立し、仮子の楊守亮、楊守忠らと興元に拠った頃から李茂貞はさかんに楊復恭一派の攻撃を呼号し、ようやく昭宗にとっても李茂貞は羈縻不能の驕藩としての性格を露わに示すようになってきた。景福元（八九二）年、李茂貞は独断で興元を攻略し楊復恭らを閬州に逐い、ついには昭宗とも対立するようになる。そして、翌二（八九三）年九月、李茂貞は官軍を要撃し、ますます憑陵を事とするようになり、一〇月には山南西道節度使を兼ね、鳳翔、興元、洋、隴、秦等一五州都合四鎮の地を占有するまでになった。(2) こうして驕横を恣にするようになった李茂貞は、いよいよもって翌乾寧元（八九四）年正月には問鼎の志を有するまでに増長したのであった。(3) このような李茂貞の異数ともいえる急成長の背景には朱全忠と李克用の宿年の相克が鷸蚌の争いとなり李茂貞にいたずらに漁夫の利を得さしめたことはいうまでもなく、同二（八九五）年五月には静難軍節度使の王行瑜、華州の韓建とともに各々精兵数千を率い京師に乗り込み、あまつさえ昭宗の廃立を企てるまでの驕蹇ぶりを示すようになるのであった。(4)

さて、それでは本章の主役である平夏部タングートの総帥拓抜李氏はこの間に何をしていたのか、その動静を確認しておきたい。前章でも簡単に触れたが、拓抜思恭はこの間に鄜州と延州を手に入れている。この両州は数年来拓抜思恭と常に作戦行動をともにしていた盟友の李孝昌が鄜延節度使として支配していたところである。史料上には拓抜思恭がどのような経略をもって両州を手中に収めたのか、その経緯を具体的に示す史料は見つけることができない。唐末期、そして特に五代の歴史を彩った有力な諸勢力に比較すると拓抜氏の動向や、ましてや李孝昌の消息などは二次的、三次的な問題で史料編纂者の興味をあまり惹かなかったのであろう。さて、この時代、節鎮の地位は実力でまず奪い取り、しかる後、名ばかりの中央政権が追認するのが常態であり、必ずや拓抜思恭の二州併合も武力によって掠取したことは容易に推察される。拓抜思恭と李孝昌の協調を示す記事を史料上に覓めると、中和二（八八二）年正月に黄巣を首都に包囲した記事が最後なのである。この時、李孝昌は京城北面都統に、拓抜思恭は京城南面都統に任じられている。(5)二人の立場は対等であったことがわかる。そして『資治通鑑』（巻二五四唐紀七〇）中和二年三月の条の末尾に「賜鄜坊軍号保大」とあり、ここでは延州に換わって南方の坊州が鄜州と合体して、始めて保大軍の軍額を賜与されているのである。夏州に定難軍の軍額が賜与された中和元年一二月から後れることわずかに三箇月である。両藩鎮への軍額の賜与が黄巣を包囲するための藩鎮強化策の、軌を一にした一連の動きであったことは疑いない。そして『資治通鑑』同巻同中和二年四月の条の末に黄巣包囲網を記した中に、

邠寧、鳳翔は興平に屯し、保大、定難は渭橋に屯し、忠武は武功に屯し……。

とあり、この時点での保大節度使は李孝昌と考えるのが自然である。ところが、同じく『資治通鑑』（巻二五五唐紀七

二）同年七月の条末尾には、

保大留後東方逵を以て節度使に為し、京城東面行営招討使に充つ。(6)

とあり、胡三省は同条の割注に「按、李孝昌以鄜師勤王、去年為黄巣所攻、奔帰本道。東方逵　蓋代李孝昌者也。」と保大軍節度使の交替を解説している。留後から節度使に昇格することは、先にも述べたように当時の通例であり、父子等同族近親でない場合はその地位の簒奪であったことは間違いなく、東方逵も李孝昌の勢力の衰えに乗じて保大軍節度使の地位を奪い取ったものと考えてよかろう。その際、東方逵は延州にまでは完全な支配力がおよばず、鄜州と坊州をもって保大軍節度使を拝命したものと解せられる。拓抜思恭が同年八月に京城四面都統に進み、京兆尹を権知された時、東方逵は京城東（北）面行営都統になり、翌三年五月には前章でも触れたように黄巣から京城を奪還した後の論功行賞で王重栄、李克用、王処存、朱温、朱玫といった錚々たる藩鎮とともに同平章事を加えられている。『旧唐書』僖宗本紀の同条には、そこのところを、

鄜坊節度使金紫光禄大夫、検校尚書右僕射東方逵に就《すなわ》ち同平章事を加う。

とある。ところが、『資治通鑑』（巻二五五唐紀七一）同三年五月の条に、簡単に同一内容を記した後に、

また、延州を建てて保塞軍に為す。保大軍司馬延州刺史李孝恭を以て節度使に為す。

という注目すべき史料が掲載されている。この史料は保大軍が鄜、坊二州であったわけの解答を示しており、延州は保大軍司馬延州刺史李孝恭なる者が支配していたことがわかる。李孝恭の名は一見して李孝昌との関連が疑われる。李孝昌と同輩行の縁者を想像させなくもないが、おそらく李孝恭の「恭」は李孝昌の盟友であった拓抜思恭の「恭」が「昌」に置き換わって竄入したものと断じて大過なかろう。胡三省も同条の割注で「賞破黄巣復京城之功也」といっている所以であるが、胡三省は李孝恭を李孝昌と信じきって注をつけている。現行の『資治通鑑』はすべて「李孝恭」であるが、胡三省が使用した『資治通鑑』には「李孝昌」と明記されていたのかも知れない。以上、述べたこと

をまとめると、李孝昌は中和二年の三月以前に鄜州をおそらく部下の東方逵に奪われ、保大軍節度使の軍額授与の名誉も横取りされてしまったのである。李孝昌は延州のみを支配する弱小勢力に顚落し保大軍司馬延州刺史に降格していたが、ほぼ一年後、旧功を顕彰され保塞軍節度使としてしばらく余命を繋ぐようになっていたもののようである。

そこで、次に拓抜思恭が二州を併合した時期について論を移すことにしたい。前章の末尾で史料を掲載した李克用の拓抜思恭詣譲の記事を『資治通鑑』（巻二五八唐紀七四）には大順元（八九〇）年一一月にかけ、『旧唐書』昭宗本紀では関連記事を同年の一二月に置いており、二州併合が中和三（八八三）年から大順元（八九〇）年の間であることはいうまでもない。また、中和四（八八四）年に黄巣の乱戡定後に拓抜思恭が太子太傅を兼ね、夏国公に封じられ国姓を賜っていることも既に述べたところである。これに対して、中和四年以降、東方逵や李孝昌の名は史料上に罕見することもなくなる。光啓元（八八五）年に田令孜が朱玫に命じた王重栄追討軍の中に「会合鄜、延、霊、夏之師討河中」とあることや、[7]大順元（八九〇）年の張濬による李克用追討軍にも鄜州は夏州とともに列記されているが、[8]東方逵と李孝昌両名の存在を示す記述はまったくない。これを要するに、光啓元年、大順元年の史料に現われる鄜州、延州とはすでに拓抜思恭の支配下に組み込まれた軍勢を意味していたものと考えてよかろう。『資治通鑑』（巻二五八唐紀七四）大順元年六月の条に「張濬会宣武、鎮国、静難、鳳翔、保大、定難諸軍於晋州」とあり、鄜州を保大軍節度使と明記しているが、これはすでにこれから五年後の乾寧二（八九五）年に保大軍節度使として登場する拓抜思恭の弟李思孝の存在[9]（後述）を示しているものと見てよいのではなかろうか。なお、呉広成は『西夏書事』（巻一）に拓抜思恭が鄜州、延州を獲得した年次について、

　文徳元年、李思恭、鄜、延を取り、弟思孝を以て留後に知す。

として、文徳元（八八八）年説を記載し、同条に続けて、

　中和中、鄜延節度を改めて保大軍に為し東方逵を以て節度使を領せしむ。逵病んで去る。思恭、弟の行軍司馬思

孝を遣わし襲いてこれを取り、自ら留後を称せしむ。思恭、為に朝（廷）に鄜、坊、丹、瞿等州観察使並びに検校司徒同中書門下平章事を授からんことを請う。

と述べているが、前掲『資治通鑑』中和二年四月の条に、東方逵が保大留後から節度使に昇格しており、その前任に李孝昌がいたことは間違いなく、この点は呉広成も誤解があるものと思われる。「逵病去……」以下は出典が不明のこともあり参考に止めておく。

以上、縷々述べてきたことから判断すると、拓抜思恭が鄜、延二州を獲得した時期は中和四（八八四）年の中頃、黄巣の乱戡定の前後と考えてそれほどの誤りはないものと信ずる。すなわち拓抜思恭は京城四面都統権知京兆尹から夏国公に封じられ李姓を賜る大躍進を遂げただけでなく夏州に加えて延州、鄜州を手に入れたことにより、夏州より横山山脈を越えて洛水流域を抑える大藩鎮に成長したのである。翻って李克用の側から見ると黄河を隔ててその西側に侮りがたい危険な勢力が存在するようになったことを意味し、それ故、大順元年の拓抜思恭に対する誚譲も深刻な状況の反映であったことがわかる。

二　李茂貞追討問題と河西タングートの帰趨

そこで論を前述した乾寧二（八九五）年の李茂貞、王行瑜らの京師進軍の頃に戻してみたい。李茂貞らの暴挙に対していち早く反応を示し行動を起こしたのは他でもない河東の巨帥李克用であった。『資治通鑑』（巻二六〇唐紀七六）同年六月辛卯の条に、

李克用、大いに蕃漢の兵を挙げて南下し、上表して称う「王行瑜、李茂貞、韓建兵を称して闕を犯す。賊害大なり。臣、これを討んことを請う。」と。また檄を三鎮に移す。行瑜等大いに懼る。克用軍絳州に至り、刺史王瑤

城を閉してこれを拒む。克用進攻し旬日にしてこれを抜き、瑤を軍門に斬る。……秋七月丙辰朔、克用河中に至り……。

とあるように、李克用はたちまちに絳州を降し七月丙辰朔には河中に進撃した。王行瑜の弟で匡国節度使であった王行約は同州を棄て京師に奔ったために京師は大混乱に陥り、加えて王行瑜、李茂貞はそれぞれに車駕を奪おうとしたために、昭宗は一時長安南郊の莎城鎮に蒙塵し難を避けることになる。昭宗は李茂貞が盩厔を、王行瑜が興平を抑えて各々が改めて車駕を迎えようとしたことから李克用に渭橋への進軍を要請した。『資治通鑑』同八月の条に、

己丑（五日）、克用、軍を渭橋に進め、その将李存貞を遣わし前鋒に為す。……癸巳（九日）、李存信、李存審を遣わし、保大節度使李思孝と会し、王行瑜を梨園寨に攻めその将王令陶等を擒え、行在に献ず。思孝本姓は拓跋、思恭の弟なり。李茂貞懼れて、李継鵬を斬り首を行在に伝《おく》る。

とあるように、李克用は王行瑜の拠る梨園寨の攻略をおこなった。寨将の王令陶らが擒えられたことにより、李茂貞は責めを一手に李継鵬に押しつけて、その首を行在に送り罪を請い和を求めるに至った。そしてここに保大軍節度使の李思孝が李克用の部将で彼の仮子でもある李存信、李存審とともに梨園寨攻略に轡を並べるかたちで初登場するのである。そしてさらに『資治通鑑』には王行瑜の官爵褫奪の記事に続けて、

癸卯（一九日）、李克用を以て邠寧四面行営都招討使に為し、保大節度使李思孝を北面招討使に為し、定難節度使李思諫を東面招討使に為し、彰義節度使張鐇を西面招討に為す。

とあるように、王行瑜包囲体制の北面招討使と東面招討使に李思孝と李思諫が任じられ[10]、李克用の軍令下に配置されたのである。拓抜思恭と李思孝、李思諫の関係について呉広成は前掲の『西夏書事』（巻一）の文徳元年の条に、李思孝を拓抜思恭の弟と明記している。そして李思諫については同巻に、

乾寧二年、定難軍節度使李思恭卒す、弟思諫嗣ぐ。

として、続けて、

思恭の子仁祐早卒し、孫の彝昌は幼。軍中その弟思諫を立て嗣いで節度使に為す。

と記している。李思諫と李彝昌の関係については異説もあり(11)、ここでは触れないが、李思孝と李思諫がともに拓抜思恭の弟であることは異論の余地がない。李思孝と李思諫の長幼については呉広成も触れるところがないが、李思孝が乾寧三年三月に致仕し弟の思敬に保大軍を継がしめている（後述）ところから判断すると、思孝が兄で思諫は弟、さらに思敬が末弟であったと考えてよかろう。ところで、李思諫の名は上記梨園寨攻略には記されていないが、それは夏州が地理的に鄜州、延州に比べて遠方のために到着の遅れとも考えられるが、上記『西夏書事』の内容にしたがえば拓抜思恭の死亡により、後継をめぐって多少の混乱があったためとみてよかろう。それでは李克用からは危険視されるようになっていた拓抜氏勢力が、何ゆえにこの時点で李克用の麾下に組み込まれることを甘受し動員に応じたのであろうか。その理由として筆者は次の二点を指摘したい。そのひとつは拓抜李氏の処世法として常に唐王朝すなわち皇帝の側に位置することにより、どのような事態の進展に対しても担保を取っておくためであったことは、前章第三節で述べたところである。このことは別段拓抜李氏だけが取った方針ではなく、多少とも慎重な配慮を持った藩鎮ならば互いに鎬を削る状況下、瀕死の唐王朝とはいえその権威はいまだ充分に利用価値のあるものと考えていたからである。しかし、拓抜李氏が李克用にしたがった真の理由は、やはり当時、依然として涇水流域から洛水の上流域にかけて蟠踞していた河西タングートの存在にあったものと考えて相違なかろう。梨園寨は河東軍の急攻によって同年一〇月陥落し、王行瑜も翌一一月慶州の境で部下の手にかかって殺害されてしまう。李克用は一連の功によって一二月乙未（一三日）晋王の爵位を授与されるが、この機を捉えて一気に李茂貞の討伐を主張する。『資治通鑑』（巻二六〇唐紀七六）同年一二月丙申（一四日）の条に、

李克用、掌書記李襲吉を遣わし入りて恩を謝す。密に上に言いて曰く「比年（連年の意）以来関輔寧んぜず、こ

の勝勢に乗じて遂に鳳翔を取らば、一労永逸、時失うべからず。臣、軍を渭北に屯し、専ら進止を俟つ。」と。上、貴近に謀る。或もの曰く「茂貞また滅びれば、すなわち沙陀大いに盛え、朝廷危からん。」と。上、すなわち克用に詔を賜いその忠款を褒めて言う「不臣の状、行瑜甚しきと為し、朕の出幸より以来、茂貞、韓建は自らその罪を知り、国恩を忘れず、職貢相継ぎ、且《しばら》く当《まさ》に休兵息民すべし。」と。克用詔を奉じて止む。

とある。李茂貞討伐が成功すると、かえって李克用勢力の強大化に繋がることを虞れた昭宗側近の建言で、李茂貞討伐は見送られてしまう。その結果、『資治通鑑』に続けて、

辛亥（二九日）、兵を引き東帰す。表、京師に至り、上下始めて安ず。詔して河東の士卒に銭三十万緡を賜う。克用既に去り、李茂貞の驕横は故の如し。河西州県、多く茂貞の拠る所と為り、その将胡敬璋を以て河西節度使に為す。

とあるように、李茂貞は虎口を脱しただけでなく、河西州県の多くを支配することになったのである。胡三省は同条の割注に「河西謂涼、瓜、沙、粛諸州」と述べ、「河西」をいわゆる河西回廊を構成する諸州としているが、これは胡三省の完全な誤解である[12]。『資治通鑑』のみならず、両『唐書』その他の関連史料を閲して見ても李茂貞と河西回廊を結びつける記述は管見のおよぶ限りでは存在しない。そして特に、乾寧二、三年の頃の李茂貞を取り巻く周囲の藩鎮諸勢力との力関係からいって、遠く河西回廊に手を展ばすほどの余裕が李茂貞にあっただろうか。六年後の天復二（九〇二）年四月のことであるが、『資治通鑑』（巻二六三唐紀七九）同月の条に、

辛丑（二五日）、回鶻、使を遣わし入貢し、請いて兵を発して難に赴かんと。上、翰林学士承旨韓偓に命じ、答書してこれを許す。乙巳（二九日）、偓上言し「戎狄獣心、信を倚する可からず。彼、国家の人物華靡にして城邑荒残、甲兵彫弊なるを見て必ず中国を軽ろんずるの心有り[13]。……

とある。当時、ウイグルの主力は甘州を拠点にしており、もし甘州が李茂貞の支配下に入っていたとすると、ウイグ

ル独自の救援、出兵の願い出などおこなえるわけもなかろう。前章第三節でも指摘したように「河西」の用法には複数あった。ひとつはもちろん河西回廊を指すが、もうひとつは「河東」に対する「河西」の表現である。これを端的に示す証拠が『旧唐書』僖宗本紀乾符元（八七四）年一二月の条に、

　この冬、南詔蛮蜀を寇す。河西、河東、山南西道、東川に詔し兵を徴め援に赴かしむ。西川節度使高駢奏し「敕を奉じて長武、鄜州、河東等道兵士を抽発し、剣南行営に赴かしめる者……」。

とある記述である。乾符元年からおよそ二〇年が経過した乾寧年間では常識的に考えて、「河東」は李克用の支配領域と一致する概念であるが、「河西」は史料後半に「鄜州、河東等」とみごとに対応させていることからもわかるように、横山山脈の南側、洛水から涇水にかけての広大な流域を指していることは間違いない。そして筆者が繰り返して論証したように、この地域に勢力を張っていたのが河西党項（タングート）であった(14)。つまり『資治通鑑』の記事にあるこの時期の「河西州県」とは具体的には李茂貞の拠点である鳳翔府からは直北に位置する涇水流域の環、慶、原、涇等の諸州を指す意味と解してよいのである。そして李茂貞が独自に任命した河西節度使の胡敬璋(15)とはこの地域に根を張る河西タングートや周辺の雑多な勢力を支配するために置かれたものとみてよかろう。『資治通鑑』の記事からは、あたかも李克用が去ったために李茂貞が河西諸州を支配するようになったかのごとくに感じられるが、実際にはこれ以前から李茂貞の力がこの地域におよんでいたと解釈してよかろう、李克用が李茂貞の討伐を主張したのもこうした背景を考えておくべきであろう。つまり、拓抜李氏の勢力が李克用にしたがった真の理由も、河西タングートの帰趨にあったのである。河西タングートはこの間、拓抜李氏にとって同じタングートではありながら、まったくその影響力の埒外にあった別個の軍事勢力として、活動していたことは既に述べたところである。鄜州、延州という点を抑えた拓抜氏にしてみれば、次に鄜、延州を囲繞する同じ地域一帯に蟠踞する河西タングートを攻略の目標に定めることは当然の戦略である。蕃部系の藩鎮として、周囲の大勢力に伍していくためにも、タングート勢力の統一は

焦眉の問題であったはずである。その河西タングートが李茂貞の勢力下に位置するようになったことは、拓抜李氏の目指すタングート統一の運動に大きな障害となるばかりではなく、逆に河西タングートからの圧力をこうむる結果にもなったはずである。拓抜李氏が李克用にしたがって李茂貞、王行瑜の討伐の一翼を担ったのも、畢竟、こうすることが河西タングートの抑圧に繋がると判断したためと解釈してよかろう。この時期の河西タングートの実態を示す史料は見あたらないが、結論として河西タングートは依然として拓抜李氏にはしたがわず対立状態にあったといってよかろう。

三　拓抜李氏勢力の消長

乾寧三（八九六）年以降、ますます混迷の度を増すようになった中央政局の中で、タングート拓抜李氏はどのように対応していったのか。周囲の藩鎮の動きとも絡めながら考察を加えていこう。『資治通鑑』（巻二六〇唐紀七六）乾寧三年三月の条に、

保大節度使李思孝表して致仕を請い、弟思敬を薦め自ら代らんと。詔し思孝を以て太師に為して致仕せしめ、思敬を保大留後に為す。

とあるように、保大軍節度使の兄弟継承は順調におこなわれたようである。ところで李茂貞、韓建は李克用の脅威が収まると再び、同六月の条に「二鎮貢献漸疎、表章驕慢」という状態に逆戻りした。そこで昭宗は親衛軍の増設に活路を求め、鋭意安聖、捧宸、保寧、宣化等数万を選補したが、そのため李茂貞との対立が京師の人士に一層の恐怖を与えるようになった。そこで昭宗は急を河東の李克用に告げるが、早くも李茂貞の軍は京畿に逼り、覃王の軍勢を蹴散らしてしまった。この時のこととして『資治通鑑』同巻には、

秋七月、茂貞進んで京師に逼る。延王戒丕曰く「今関中の藩鎮で依るべき者無し。鄜州より河を済り太原に幸するにしかず。臣、請いて先に往きこれを告げん。」と。辛卯、詔して鄜州に幸す。

とあり延王戒丕の主導により、鄜州経由で李克用のもとに難を避けることに決したのである。そして、辛卯（一二日）、鄜州への行幸の詔が出されたのであるが、これをもってしても李思敬に受け継がれた鄜坊保大軍節度使が昭宗や諸王と強い信頼関係で結ばれ、また河東の李克用とも依然として協調関係を保持していたことがわかる。ところが『資治通鑑』に続けて、

壬辰（一三日）、上、出て渭北に至る。韓建その子従允を遣わし、表を奉じて華州に幸を請う。上、許さず、建を以て京畿都指揮安撫制置及び開通四面道路催促諸道綱運等使に為す。而して建の奉表相継ぎ……甲午（一五日）、建富平に詣り、上に見《まみ》えて、頓首し涕泣して言う「方今、藩臣の跋扈する者、茂貞に止まるに非ず。……今華州の兵力微と雖も関輔に控帯し、また自ら固めるに足る。臣、積聚訓厲すること十五年。西は長安を距ること遠からず、願わくば陛下これに臨み、以て興復を図ん。」と。上すなわちこれに従う。乙未（一六日）、下邽に宿し、丙申（一七日）、華州に至り、府署を以て行宮に為す。……

とあるように、昭宗を李克用に奪われることを虞れた韓建の強請により、昭宗は体よく華州に抑留の身となってしまい、以後、韓建の恣横の因を作ってしまった。こうした情勢を見た楊行密は江淮への遷都を、王建は成都への行幸を表し、それぞれに勤王の旗幟を明らかにするのであった。李克用は『資治通鑑』同八月の条に「又曰、韓建天下癡物、為賊臣弱帝室。是不為李茂貞所擒、則為朱全忠所虜耳。」とさすがに事態の推移を冷静に喝破している。この間にも李茂貞は長安に入り、修復途中の宮室市肆を灰燼に帰せしめたため、昭宗は八月癸丑（五日）、王建をもって鳳翔西面行営招討使に任じ（『資治通鑑』同八月の条）、李茂貞の討伐を期待した。さらに『資治通鑑』同九月の条末に、

孫偓を以て鳳翔四面行営都統に為す。また前定難節度使李思諫を以て静難節度使、兼副都統に為す。保大留後李

思敬を以て節度使に為す。

とあるように、拓抜李氏はここに至って俄然重要性を増してくるのである。文官の孫偓[16]が鳳翔四面行営都統を拝し、定難軍節度使であった李思諫が新たに静難軍節度使に任じられ副都統の地位を許されたのである。孫偓が文官であったことを考慮すれば、李思諫が事実上の長官であったことはいうまでもない。静難軍節度使とは邠寧節度使のことであり、中和四（八八四）年、朱玫が軍額を賜与されたことに始まる。[17]その後、下克上で朱玫を倒した王行瑜に受け継がれ、その王行瑜が乾寧二（八九五）年一一月に部下に殺害されると、李克用の奏請によって蘇文建が継承し、同月、同平章事を加えられていた。[18]その蘇文建に替えてわずか一〇箇月後の翌乾寧三年九月に李思諫にその地位が移っているのである。蘇文建は翌乾寧四（八九七）年三月に『資治通鑑』（巻二六一）に「更名感義軍曰昭武、治利州、以前静難節度使蘇文建為節度使。」とあるように、遠く興元の遥か南西の利州に徙されてはいるものの、節度使として健在である。蘇文建が静難軍節度使に任じられた事情を考慮すると静難軍節度使の交替は李克用と強い繋がりがあったと思われる延王戒丕らの策動によるものと考えてよいのではなかろうか。ともかく李思諫の側からみると、定難軍から一挙に李茂貞の前面にあたる邠、寧に移されたということは、李茂貞掣肘の主体的軍事力として使われてしまうことになることは確実で、李思敬に対しても保大軍留後から正式に節度使の地位が認められたことは、兄弟合わせての対李茂貞勢力の役割を担当させられるという思惑があったものと思われる。そして同時に李克用の立場からこの布陣を観ると二つの利点があった。ひとつは朱全忠との激しい抗争から、鳳翔に対しては拓抜李氏による代理出兵で消耗が防げること、二つには夏州定難軍から拓抜李氏の勢力を移徙させることにより、側面の脅威を除去する効用も期待出来たはずである。ともかく、一〇月、孫偓に行営節度招討処置等使が加えられ、鳳翔討伐軍がいよいよ出師を見る段になって、『資治通鑑』（巻二六〇唐紀七六）乾寧三年冬一〇月の条に、

戊午（一一日）、李茂貞上表して罪を請い、自新（過ちを改める）を得らんことを願う。よりて宮室を助修する銭

を献ず。韓建またこれを佐佑す。竟に出師せず。

とあるように、急転直下、李茂貞の請罪と宮室を助修する銭の貢献により出師は取り止めとなってしまう。「韓建復佐佑之」とあるごとく、李茂貞の滅亡は韓建にとっても死命を制せられる喫緊事であり、到底、拱手傍観できる事態ではなかった。主導権の確保の観点からも出師は避けたかったはずである。すなわち、出師取り止めを導きだしたことは昭宗派に対する韓建、李茂貞側の政治工作の成功を意味している。皇権を少しでも回復し既倒を廻らしたい昭宗のささやかな抵抗もこれまでであった。翌乾寧四年の二月になると、韓建は露骨に牙を剝くようになった。『旧唐書』昭宗本紀同年二月の条に、

甲寅（九日）、華州防城将花重武告ぐ「睦王已下八王謀りて韓建を殺し、車駕を移して河中に幸せんと欲す。」と。帝、これを聞き駭然、韓建を召しこれを諭すも、建疾を辞《つ》げ敢て行かず。帝、すなわち通王已下をして建の治所に詣らしめ自ら陳べしむ。建奏して曰く「今日未時、睦王、済王、韶王、通王、彭王、韓王、儀王、陳王等八人、臣の治所に到る。事由を測れず。臣、事体を酌量し、合《まさ》に諸王と相見えず、兼《あわせ》て久しく臣の所に在るを恐る。事において宜しからず。況や睦王等臣と中外の事、殊にし、尊卑の礼隔り、事柄に至りては未だ相侵するに有らざるも、忽然として門に及び、意測る可からず」と。また晋室八王の天下を撓乱する事を引き、「請いて旧制に依り、諸王を十六宅に在らしめ、合わせて兵を典《つかさど》らざらしめん。その殿後の捧日、扈蹕等軍人は、皆坊市無頼の徒にして、侍衛に堪えず、伏して乞う、放散し、以て衆心を寧ぜんことを。」と。昭宗やむを得ず、皆これに従う。この日、八王を別第に囚え、殿後の侍衛四軍二万余人は皆放散し、捧日都頭李筠を大雲橋下に殺す。これにより天子の衛士尽くと。

とある。韓建はいずれも嗣王であった睦王以下八王謀反を捏造し、十六宅に幽閉を強要し、あまつさえこの間に昭宗が聚めた親衛軍をすべて「皆坊市無頼之徒」と決めつけ扈蹕等四軍二万をことごとく追放し、昭宗をして完全に武装

解除の状態に追い込んだのであった。韓建、李茂貞はこの機会を捉えて逆襲に転じたことはいうまでもない。『資治通鑑』（巻二六一唐紀七七）乾寧四年一月の条に、

己亥（二三日）、孫偓の鳳翔四面行営節度等使を罷む。副都統李思諫を以て寧塞節度使に為す。

とあるように、李茂貞の請罪赦免により設置理由のなくなった鳳翔四面行営節度招討処置等使は廃せられた。当然、副都統であった李思諫がその地位を喪ったのはいうまでもないが、ここで注意を要するのは李思諫が寧塞節度使に転じていることである。『新唐書』（巻六四方鎮二）渭北、鄜坊の項にしたがえば保塞節度から寧塞節度への更名は翌光化元（八九八）年とあり、李思諫が就任した時は保塞節度使であったかも知れない。それはともかくとして、李思諫が拝任していた静難節度使の地位が『資治通鑑』（巻二六一唐紀七七）同年七月の条に、

天雄節度使李継黴を以て静難節度使に為す。

とあるように、七月には李茂貞の仮子であった李継黴に移っているのである。およそ半年の時間的な間隔があり、中間に第三者の節度使就任があったことも考えられるが、いずれにせよ李茂貞勢力に要衝の邠、寧を奪われたことには違いない。李思諫にしてみれば極めて手痛い左遷であったことはいうまでもなく、それもよりによって兄李思恭のかつての盟友であった李孝昌が晩年逼塞していた延州保塞軍に追いやられてしまったことは皮肉といわざるを得ないが、真相は昭宗に繫がる拓抜李氏勢力の排擠を狙った韓建、李茂貞の策略であったことはいうまでもなかろう。

そこで気に懸かることは、これらの節度使の交替が実任をともなったかの問題である。唐末の混乱時、名ばかりの遥任や、前任者の居座りによって実任がともなわず、そのうち就任自体が立ち消えになってしまうことも多かったことは枚挙に遑がない。李思諫がこの間に拝任した定難軍節度使、静難軍節度使、そして寧塞軍節度使の実態はどうなっていたのであろうか。まず定難軍節度使であるが、上記『資治通鑑』（巻二六〇唐紀七六）乾寧二年九月の条に、「又以前定難節度使李思諫為静難節度使」とあり、『資治通鑑』が依拠した原史料の表現か、司馬光の判断かはわからな

いが、明確に定難軍を前任として扱っているのである。つまり、李思諫は兄拓抜思恭が艱難辛苦の末に獲得した虎の子の定難軍節度使の地位を一旦離れたらしいのである。そしてこのことを裏づける材料として四年後のことではあるが、同じく『資治通鑑』（巻二六二唐紀七八）光化三（九〇〇）年の条に、

夏四月、定難節度使李承慶に同平章事を加う。

とある李承慶の存在である。李承慶については岡崎精郎氏も着目され、(19)呉廷燮の編になる『唐方鎮年表』中にある李成慶と同一人物としているが、筆者もまったく同断である。『唐方鎮年表』では李成慶が天祐三（九〇六）年まで定難軍節度使の任にあり、その後再び李思諫に替わったとなっているが、岡崎精郎氏は典拠不明をもってこの説を退けており、これも妥当な見解と思われる。さらに『西夏書事』の記述を援用して岡崎精郎氏は、李思諫は定難軍節度使現任のまま、静難軍節度使を兼任したものと結論づけている。また静難軍より寧塞軍への移動も呉広成の考えにしたがって「李茂貞の勢威極めて盛んであり、これに対してその勢力削減の目的で翌四年正月思諫は延州の節度使を兼ねしめられたのである。」といっているが、これについてはすでに上述したように事実はまったく反対で、李思諫は完全に李茂貞、韓建の圧力に屈していたのである。さて、李承慶なる人物は『資治通鑑』のこの条にのみ見られる人名で、旧、新両『唐書』、その他にもまったく姿を見せない。『唐方鎮年表』には「成慶当為思恭之子」とあるが、岡崎精郎氏は拓抜思恭の一子仁祐とは輩行も異なる李成（承）慶（以後承に統一）を思恭の子とは認められないといっているが、これも妥当な見解である。そうすると李承慶とは何者であろうか。拓抜李氏の一員である可能性も皆無とはいえないが、当時の、一族の状況から考えても一応排除して考えることにしたい。また『資治通鑑』が「同平章事」を加えるという具体的な内容で記載している以上、まったくの稗史、野史の類いからの摘載とも考えられず、それなりの典拠があったものに違いない。他に存在を示す片鱗すらない以上、周囲の状況を勘案しながら李承慶の人物像と性格を絞り込んでいかざるを得ないが、まず李承慶が定難軍節度使に就任したとしても、それが実任をともなっていたかが最

大の問題点である。換言するならば、李思諫が本貫地夏州を人手に渡したのかということである。岡崎精郎氏は李思諫の移動を示す史料のないところから、李思諫は夏州を継続して支配し、李承慶の定難軍節度使就任は現任をともなわないものであったと解釈しているが、筆者はいささか見解を異にする。この間、折に触れて記してきたように「同平章事」の称号はそれなりの武功を挙げた節鎮に授与されるのが通例で、李承慶もそれなりの前歴を持った武将の一人と推測してよいのではなかろうか。おそらく「李承慶」も本名ではなく、この時代しばしばおこなわれた国姓の賜与を受けた一人であったが、惜しむらくその前名と国姓の賜与の経緯が史伝に残らなかった例と解釈してよいのではなかろうか。そして最終的には夏州は拓抜李氏に奪還はされるが、乾寧四年以降の一〇数年間、一時的に夏州における拓抜氏の支配力は大きく減退したことは事実（後述）で、一時期、定難軍節度使としての李承慶の立場も、一応は確立されていたのではなかろうか。それでは李承慶とは何者であろうか。他に存在を示す史料が皆無のため、何を論じても推測の域を出ないことを憾みとするが、筆者は李承慶が、「同平章事」を加えられた光化三（九〇〇）年の一二月の晦日から翌元旦にかけて崔胤の命により宦官に幽閉されていた昭宗を救出した孫徳昭に注目している。『資治通鑑』（巻二六二唐紀七八）光化三年一二月の条末から翌春正月の条にかけて、孫徳昭の経歴に関わる部分のみを摘記すると、

塩州雄毅軍使孫徳昭なるもの有り、左神策指揮使に為す。劉季述等の廃立より、常に憤惋して平がず。崔胤これを聞き、……天復元年春正月……丙戌（三日）、孫徳昭を以て同平章事とし、静海節度使に充つ。姓名李継昭を賜う。……庚寅（七日）、周承誨を以て嶺南西道節度使に為し、姓名李継誨を賜い、董彦弼を寧遠節度使に為し、姓李を賜い、並に同平章事とす。李継昭と倶に留めて宿衛すること十日、すなわち出でて家に還る。賞賜府庫を傾く。時人これを三使相と謂う。

とある。ところが、前述した乾寧二年七月に王行約が京師に逃げ帰って、大混乱に陥いり昭宗の面前で神策禁軍が三

巴の争いを演じた際のことで、同じく『資治通鑑』（巻二六〇）の同年七月の条に、

時に、塩州に六都兵有り、京師に屯し、素り両軍の憚る所と為る。上、急ぎ召して入衛せしむ。既に至り、両軍退走し、各々邠州及び鳳翔に帰る。城中大いに乱れ……

とあり、塩州の六都（六隊の意）兵が乾寧二年の頃から京師に駐屯し、昭宗の護衛にあたっており神策禁軍もこれを憚る勢いであったという。胡三省は同条の割注に「塩州六都兵孫徳昭等所領兵也」としている。そして、乾寧四年に昭宗の親衛軍が壊滅されたことは先に触れたが、この二つの史料から判断すると、塩州の軍隊は乾寧二年以降引き続いて京師の警戒にあたっており、特に神策禁軍の壊滅後は事実上の昭宗の禁軍の役割を果たしていたことがわかる。昭宗救出後の孫徳昭に対する信頼はことのほか厚く、静海節度使に任じられ、李継昭の姓名を賜っている。ただ、これについても胡三省は割注で「静海軍、安南。孫徳昭遥領也。」といっているように、実任のともなわない空名であったことは否めない。一方、『新唐書』（巻六四）の方鎮表、両『唐書』地理志を見ても塩州に節度使の置かれた記録はなく、塩州雄毅軍についても記載はない。塩州には節度使が置かれていなかったと断定してよかろう。そこで、孫徳昭が塩州の主帥であったならば、静海節度使に遥任されるのではなく、塩、霊あたりの節度使に実任されてよかったはずである。しかし、それ以上に孫徳昭が塩州の主帥であったならば、五年間も本拠地を離れて京師に駐屯できるわけがない。必ずや、塩州には孫徳昭を京師に派遣した人物がいたはずである。筆者は李承慶こそがその人物であり、静難軍節度使に従った李思諫の後を襲って塩州から夏州にかけての支配を昭宗から認められたのではなかろうかと思う。孫徳昭は崔胤に通じており、崔胤は一貫して朱全忠に与していた。そして、孫徳昭は天復元（九〇一）年、朱全忠が伝禅を求めて昭宗を洛陽に拉致しようとした際、崔胤を守って朱全忠の行動を支援し、朱全忠よりその功を賞されている。このように見てくると、李承慶の定難軍節度使の任命も拓抜李氏の勢力を背後から脅かそうとする朱全忠の謀猶の気がしないでもない。なお、これについてはあくまでも推測の域を出ないことを遺憾とする。

所論を本筋に戻そう。李承慶の定難軍節度使の就任に、なぜこのように拘るのか、その理由は明らかにこの後、拓抜李氏の勢力が減退していることを示すいくつかの事例が顕著に認められるからである。保大軍節度使であった李思敬がいつの間にか遠く離れた漢中に近い洋州を支配する武定節度使になり、あまつさえ天復二（九〇二）年の九月に窘窮して王建に降っている事実がそのひとつである。『資治通鑑』（巻二六三唐紀七九）天復二年九月の条に、

戊申（五日）、武定節度使李思敬、洋州を以て王建に降る。

とある。この出来事は李思諫が静難軍節度使より寧塞軍節度使に移鎮した乾寧四年より数えて五年後のことであるが、同じく『資治通鑑』には直前の同年八月の条に、

保大節度使李茂勳、兵を将い三原に屯し、李茂貞を救う。朱全忠、その将康懐貞、孔勍を遣わし……茂勳、茂貞の従弟なり。

とあり、李思敬が鄜、坊支配を李茂勳に奪われ本貫地を遥かに遠ざけられたのは、天復二年中のことであったのかも知れない。そして、史料紹介の順序が逆になるが、李思敬が王建に降った記事の後に『資治通鑑』は、

癸亥（二〇日）、茂貞を以て鳳翔、静難、武定、昭武四鎮の節度使に為す。

の記事を掲載している。李思諫が拝任していた静難軍節度使と李思敬が王建に降ったため、空名にはすぎないが武定節度使をともに李茂貞が拝領しているのである。そして保大軍も李茂貞の従弟李茂勳に奪われているのである。この時期、李茂貞と朱全忠は昭宗の獲得をめぐって知謀の限りを尽くして抗衡している最中である。すでに昭宗との関係を絶たれた拓抜李氏は李茂貞の敵ではなかったようである。仮に拓抜李氏の夏州支配が変わらずに盤石のものであったとするならば、李思敬は兄李思諫とともども夏州に退き隠忍自重して捲土重来を期したはずである。武定節度使転任は明らかに李茂貞がおこなった拓抜李氏勢力を分断する戦略であった。拓抜李氏はこれに何らの抵抗もできずに、唯々としてしたがっているのである。つまり、この間に夏州の実態は拓抜李氏の理想とする状態とは大きく異なって

おり、李思諫、思敬兄弟が易々と戻れる情況ではなかったと思われる。洋州を挙げて王建に降った李思敬は踏踉として衰残の姿を晒すのみであった。もちろん、以後、李思敬の消息は知れない。そして、天祐元（九〇四）年、昭宗は朱全忠の配下の手にかかり非業の最期を遂げる。その結果、好むと好まざるとに拘わらず、李思諫としても生き残りをかけて頼るべき新たな旗幟を選択しなければならない情況に追い込まれた。独立自尊を標榜する体力はすでに残されていなかったようである。『資治通鑑』（巻二六五唐紀八一）天祐三年九月の条に、

静難節度使楊崇本、鳳翔、保塞、彰義、保義（胡注・保大の誤り）の兵を以て、夏州を攻め……。

とあり、夏州は李茂貞の仮子であった楊崇本（李継徽）に攻撃される。ここで攻撃の対象になったのは李承慶ではなく李思諫である。李思諫は昭宗が殺害された後、自らの意志によって寧塞軍節度使の地位を擲ち本拠地夏州復帰を果たし再び藩鎮の再建を企てていたのであろう。そうでなければ李茂貞軍が夏州を攻撃する必然性はないのである。李承慶の消息は不明である。そして、翌一〇月の条に、

夏州、急を朱全忠に告ぐ。戊戌（一八日）、全忠、劉知俊及びその将康懐英を遣わし、これを救う。楊崇本、六鎮の兵五万を将い、美原に軍す。知俊等これを撃つ。崇本大敗し、邠州に帰る。

とあるように、これより完全に拓抜李氏は朱全忠の傘下に入るようになる。夏州から洛水流域を支配して、朱全忠ともども俎上に載せられて李克用に誚譲されたかつての勇姿は既に見ることができない。そして、もうひとつは五代に入ってからのことであるが、開平四（九一〇）年、夏州都指揮使の高宗益が乱をなし、定難軍節度使の李彝昌が殺された事件などは、明らかに夏州一円において拓抜李氏の勢力が不安定であった証左である。これらの情況証拠を考えると、拓抜李氏の夏州支配は乾寧四年以降、相当程度減退していたと認めざるを得ない。また、この間は李克用の勢力も朱全忠の攻撃に曝され、守勢に終始していた時期である。中央の政局も朱全忠と李茂貞の駆け引きで推移していたことは前述の通りであり、拓抜李氏はこのような中央政局の渦に翻弄され、せっかく摑みかけた飛躍の機会も無残

に押し流され、再び原点に返って夏州の経営から再出発をせざるを得ないところで唐王朝の滅亡を迎えたのである。

四　再び河西タングートについて

さて、この間、気に懸かる河西タングートの動向はどうなっていたのであろうか。第二節で述べたように鳳翔府から直北に位置する涇水流域の環、慶、原、涇等の諸州に布満していた河西タングートの多くは李茂貞の支配に屈し、雌伏を余儀なくされていたのであろうことはすでに述べた。河西タングートの中心勢力といえば野利氏がすぐに思い浮かぶのだが、唐最晩期の彼らの消息はまったく不明である。わずか一〇数年前の大順元（八九〇）年、あたかも拓抜李氏に対抗するかのように李克用追討の張濬軍の一翼を担い、その存在を誇示していた[20]かつての河西タングートの姿は唐最晩期になるとまったく史料上に痕跡を残さなくなる。大順元年、数万の軍隊を動員できたということは、その当時、実態はどうであれ河西タングートが共通の目的のためにひとつの連合体にまとまっていたことを窺わせる。ところが、未曾有の混沌状態を呈した唐最晩期にその存在を示す史料が見あたらないということは、畢竟、この時期は政治的にもまた軍事的にもひとつの勢力としてまとまった行動は何らとっていなかった証明でもある。おそらくは政情の激動と拓抜氏の進出、李茂貞勢力の浸淫によって河西タングート諸部族は横山一帯の山谷に蟄居し、しばらくは指揮命令系統を失った集団に退嬰していたのであろうか。それ故にこそ、史書に掲載されるような情報が史官のもとには蒐まらなかったのではなかろうか。

ところが、筆者は河西タングートの出身と思われる一人物の史料に逢着することができた。その人物の足跡を辿ることによって本章の掉尾としたい。『資治通鑑』（巻二六一唐紀七七）光化二年三月の条に、朱全忠が魏博の羅紹威を救うために盧竜節度使の劉仁恭を攻撃した際のこととして、戊申（一五日）、仁恭は上水関、館陶門を攻む。従周は宣義の牙将賀徳倫と出でて戦う。門者を顧みて曰く「前に大敵有り、返顧する可からず。」と。命じてその扉を闔《とざ》し、従周等殊死して戦い、仁恭もまた大敗す。

とあるなかの宣義牙将賀徳倫がその人である。『資治通鑑』には同条で、

徳倫、河西の胡人なり。

とし、司馬光は賀徳倫を例によって涼、甘、粛、瓜等州を指す河西回廊出身の人物と想定している。胡人という表現が何よりもそのことを雄弁に物語っている。ところが、胡三省も同条の割注で紹介しているように、薛居正監修の現行本『旧五代史』（巻二一梁書二一列伝第一一）に賀徳倫の伝を載せ、

賀徳倫、その先河西部落の人なり。父懐慶、滑州軍に隷し小校に為る。徳倫少にして滑の牙将に為る。

としている。因みに『新五代史』（巻四四）の同人の伝では「賀徳倫、河西人也。」としている。司馬光は『資治通鑑』編纂の過程で当然、薛居正の『旧五代史』を参照したことはいうまでもなく、その際に「河西」という語から余念なく河西回廊を連想し、賀徳倫を「胡人」に仕立て上げてしまったのである。(21) そこで「河西部落」の解釈であるが、「河西」については改めて繰り返すまでもなく、黄河南流部の西側全般、特に洛水流域から涇水流域にかけての広範囲を指したことは前述の通りである。一方の「部落」であるが、『旧唐書』（巻四〇地理三）の河西道涼州の項にも二、三使用されてはいるが、唐代でも古い時代の記録であり、「吐渾部落」、「興昔部落」など、具体的な部落名として使用されているのである。「河西道」全体を冠する「河西部落」などあまりにも漠然とした表現にすぎる。つまりここで使用されている「河西部落」の表現は、はるかに地域が限定されたもので、河西タングートの一部落の謂に他ならないのである。時代は飛躍して西夏時代のことではあるが、賀氏という一族が西夏国内でも名族としての地位を保っている。たとえば、民国の張澍の撰になる『西夏姓氏録』には、「賀氏」の項目が載せられている。また筆者が『続資治通鑑長編』や『西夏書事』を瞥見した限りでも、賀永正、賀永珍、賀守文、賀九言、賀承珍、賀真、賀惟貴など

の名を拾いだすことができる。賀姓は漢人の可能性もなきにしもあらずだが、これらの賀姓の人々が西夏が建国される以前の李徳明時代からその牙将として活躍しているのである。漢人勢力であったならば、これほどのまとまった数で一時期に集中するわけがなく、これらの賀姓の人々は賀徳倫を輩出した熟戸化した河西タングートの一部族で、その後の李継遷、李徳明、李元昊三代におよぶ建国運動に荷担した一族であったと考えてそれほど正鵠を逸してはいないであろう。賀徳倫は両『五代史』に列伝が掲載されており、『新五代史』（巻四四雑伝第三二）賀徳倫伝の要点のみを摘記しておくと、

梁の太祖宣義を兼領す。徳倫、太祖に従い征伐し、功を以て平盧軍節度使に累遷す。貞明元年、魏州楊師厚卒す。末帝、魏兵素り驕にして制し難きを以て、すなわち相、澶、衛三州に分ち、……魏、博、貝三州はよりて天雄軍に為し、徳倫を以て節度使に為す。

とあり、後梁の太祖、末帝時代を無難に乗り切っていたが、同伝の末尾に、

荘宗、魏に入る。徳倫、彦の己に逼るを以て、人を遣わし陰に荘宗に訴う。荘宗、彦を臨清に斬りて後入る。徳倫を徙して大同軍節度使に為す。行きて太原に至る。監軍張承業これを留む。王檀、太原を攻め、徳倫の麾下多く檀に奔る。承業、徳倫の変を為すを懼れ、これを殺す。

とあるように、後梁の滅亡後、後唐の荘宗に降り大同軍節度使を拝していたが、宦官の手にかかって殺されている。これらはいずれも五代における出来事で、本章の扱う時代を逸脱してしまったが、河西タングート出身でありながら、タングート社会の枠組みを大きく蹴破って蕃部系の性格を超越して堂々たる藩鎮として独自の飛揚を遂げた人物が河西タングートの中から出現したことを牢記して本章を締め括りたい。

おわりに

黄巣の乱鎮圧に際し夏国公に封じられ、李姓まで賜わる大躍進を遂げた拓抜思恭は、その後、かつての盟友李孝昌の持つ鄜延節度使を手に入れ、夏州より横山山脈を越えて洛水流域を抑える大藩鎮に成長したのである。李克用が誚譲した所以である。李思恭の死後、定難軍節度使の地位は弟の李思諫に継承される。保大節度使（元の鄜延節度使）には兄弟の李思孝が就き、野利氏などに代表される河西タングートの領域に大きく地歩を記すようになる。ところが、河西タングート諸部族の経略の入り口が見えたのも束の間、拓抜李氏は唐末の大動乱の渦に翻弄され激しい浮き沈みを経験する。有力藩鎮間の抗争に巻き込まれ、李思諫は虎の子の定難軍節度使から静難軍節度使に替えられ本拠地夏州から切り離されてしまう。加えて保大軍節度使を継承した弟の李思敬は遠く離れた洋州を支配する武定節度使に替えられ、その後、蜀の王建に降ってしまう。拓抜李氏の凋落は目を覆うばかりである。河西タングートの居住地横山山脈南麓は李茂貞の勢力に侵されてしまう。拓抜李氏は原点に立ち返り再出発を余儀なくされたのである。

註

（1）日野開三郎「唐末混乱史考」（『日野開三郎東洋史学論集』第一九巻）三一書房、一九九六年。「第二章　大混乱の展開　二　群雄化藩鎮一斉争覇時代の大混乱」等参照。

（2）『資治通鑑』（巻二五九唐紀七五）景福二年冬一〇月の条に「……其辞語已不遜、制復以茂貞為鳳翔節度使、兼山南西道節度使、守中書令、於是茂貞尽有鳳翔、興元、洋、隴、秦等十五州之地。」とある。

（3）『旧唐書』（巻二〇上昭宗本紀）乾寧元年正月の条に「時、茂貞有山南梁、洋、興、鳳、岐、隴、秦、涇、原等十五余郡、

甲兵雄盛、凌弱王室、頗有問鼎之志。」とある。
(4)『資治通鑑』（巻二六〇唐紀七六）乾寧二年五月の条に「……上皆許之。始三帥謀廃上立吉王保、至是聞李克用已起兵於河東……」とある。
(5)『新唐書』僖宗本紀中和二年正月の条に「辛未（二八日）、王処存為京城東面都統、李孝章為北面都統、拓抜思恭為南面都統。」とある。なお、『資治通鑑』（巻二五四唐紀七〇）同年春正月の条には拓抜思恭を西面都統に作る。
(6)『新唐書』僖宗本紀中和二年八月の条では東方逵を京城東北面行営都統に作る。
(7)第二章第三節参照。並びに『旧唐書』僖宗本紀光啓元年六月の条。
(8)同右、第三節参照。
(9)李思孝、思敬以下は李姓に統一して記す。
(10)『旧唐書』（巻二〇上昭宗本紀）乾寧二年八月丁酉の条には「夏州節度使李思諫充邠寧東北面招討使」としている。
(11)『旧五代史』（巻一三二世襲列伝第一）の李仁福伝には「（梁開平）二年、思諫卒、三軍立其子彝昌為留後。」とあり、両者を親子としている。
(12)後述するが、『資治通鑑』の編纂者である司馬光も、採録した史料にある「河西」をすべて河西回廊の諸州を指すと思い込んでいる節がある。
(13)第一章第五節参照。
(14)第一章第三節、第二章第三節参照。
(15)『新唐書』（巻六七表第七方鎮四）では河西節度使については大暦元（七六六）年の項に「河西節徙治沙州」とあるのが最後の記述である。
(16)『新唐書』（巻一八三列伝第一〇八）に孫偓の附伝があり、「与朴皆相者孫偓、字竜光、父景商、為天平軍節度使。偓第進士歴顕官、以戸部侍郎同中書門下平章事、遷門下、為鳳翔四面行営都統。」とある。
(17)『資治通鑑』（巻二五六唐紀七二）中和四年一二月壬寅の条に「賜邠寧軍号曰静難」とある。

(18)『資治通鑑』(巻二六〇唐紀七六)乾寧二年一一月の条に、「丁卯(一五日)、行瑜挈族棄城走。克用入邠州、封府庫、撫居人、命指揮使高爽、権巡撫軍城、奏趣蘇文建赴鎮。」とあり、さらに丁丑(二五日)の条に「加静難節度使蘇文建同平章事。」とある。

(19)岡崎、前掲書八八〜八九頁参照。

(20)第二章第三節参照。

(21)司馬光は『資治通鑑』(巻二六八後梁紀三)乾化二年二月乙亥(二六日)の条でも「……平盧節度使賀徳倫……。徳倫、河西胡人。」と明記し、賀徳倫を河西回廊出身の胡人と信じきっている。

第四章　五代のタングートについて

はじめに

時代はいよいよ激動の五代を迎えるに至った。わずか五〇余年の間に中原に五つの王朝が迭立し、各地には十指を屈する国が乱立した。一見すると、無秩序、破壊、争乱、そして下克上の限りを尽した戦国混乱時代の観を呈していた。しかし、五代の変遷を仔細に検討すると、後唐明宗の時代より徐々にではあるが新時代建設の過程に入り、制度面からすると新経済・社会関係の展開に対応する政治組織の樹立に苦心した時代に他ならなかった、とは日野開三郎氏の指摘するところである(1)。

さて、この抗衡呑噬に暇なき時代、夏州定難軍節度使拓抜李氏はどのように身を処していったのであろうか。そして、広大無辺な河西各地に族帳を展開する膨大な数に達するタングート諸部族はいかなる行動をとっていたのであろうか。五代の夏州定難軍節度使の動向に関しては、岡崎精郎氏が「五代期におけるタングートの研究(2)」で詳細な検討をおこなっている。節度使の地位の交替、五代諸王朝との関係、内紛やタングート諸部族との関わりなどの事実経過については改めてつけ加えるものもないようである。しかしながら、それぞれの事象の持つ意味合いや背景、そして結論に至っては筆者の考えとはかなり径庭があることも事実である。そこで、事実経過等繰り返しになることは避けながら、夏州定難軍節度使や河西タングート諸部族の五代における実相を筆者なりに整理しておきたい。

一　夏州定難軍節度使の復興

筆者は前章において、夏州定難軍節度使は再び原点に返って夏州の経営から再出発せざるを得ないところで唐王朝の崩亡を迎えたことを論じた。李思恭の後継者李思諫は開平元（九〇七）年、後梁より「検校太尉兼侍中」に除せられ、後梁の藩鎮として李克用の晋、李茂貞の岐を側背から牽制する役割を担わされたのである。ところがそれも束の間、李思諫は翌年一一月、夏州定難軍の復興を軌道に乗せることもなく死亡してしまったのである。後継には『旧五代史』（巻一三二世襲列伝第一李仁福伝、以下、『旧五代史』李仁福伝と略記）に、

二年、思諫卒す。三軍その子彝昌を立て留後に為す。尋いで起復し、旄鉞を正授す。

とあるように、李彝昌が継承した。李彝昌が蚤死した李仁祐の子で、その後李思諫の養子になったとする岡崎精郎氏の考えはおおむね妥当なものであろう。ただ、同氏が「三軍立其子」の表現や、かつて李思諫が節度使の地位を継承した際も軍隊側の推戴によるものであったとして、「夏州におけるタングート部族的色彩の衰頽と軍政的なものの加増を認めるべく、夏州李氏は一応、西北の一軍閥へと転化しつつあったのである。（一三六頁）」としている点に関してはにわかに首肯しがたい。たしかに後述の史料でも触れるように、夏州定難軍には「都指揮使」、「蕃漢都指揮使」、「牙内指揮使」など他の藩鎮同様の武官職が置かれていたことは事実である。しかしこうした武官職が置かれたことが直ちに「部族的色彩の衰頽」に繋がるものとは思えない。第一章第五節でも触れたようにタングートは夏州定難軍節度使が建置された唐末の中和元（八八一）年より半世紀も前の大和中（八二七〜三五）に軍事組織の整備をおこなっている。五代になる頃の夏州定難軍は他の藩鎮と同様にそれなりの軍事組織を整備していたものと考えてよかろう。(3) だからといって、このことが部族制の存続と矛盾するものではないと思われる。上記の「都指揮使」、「蕃漢都指揮

使」、「牙内指揮使」などの地位に就いていた者はいずれもタングートの一部族長であることは後述するところである。「軍中」、「三軍」といった表現から漢人系藩鎮のように軍隊の擁立と考えるのは早計である。つまり、李思諫や李彝昌の節度使継承は夏州定難軍配下で「指揮使」等の軍職についている李氏一族や李姓を賜与されていない拓抜氏、そして他のタングートや漢人系のそれぞれの族長の合意によって認められていたものと考えるべきであろう。李彝昌の後を襲った李仁福が「将吏」に推されたというのも同じことである。このことは、裏を返せばこの頃拓抜李氏には絶対的な権威を持ったいわゆる「本宗家」が存在していなかったことを意味するのである。この後、繰り返される内紛がそのことを雄弁に物語っている。このような情況が奈辺からきているのか。それは筆者が前章で詳述したように、唐末、李思諫が静難軍節度使に徙され、夏州定難軍節度使には李承慶が着任していたという事実と関連があるに違いない。李思諫と保大軍節度使に任じられた弟の李思敬兄弟は一時本拠地夏州から離されているのである。あまつさえ李思敬はその後本拠地に戻ることもなく前蜀の王建に降っているのである。李思諫が夏州を奪還し、再び定難軍節度使に任じられたことを示す史料は存在しない。しかし前章で史料を掲載した天祐三（九〇六）年の楊崇本の夏州攻撃は、明らかに夏州を奪還した李思諫を標的にした李茂貞の作戦であった。そうすると李思諫の夏州帰還は、李思敬が王建に降った天復二（九〇二）年から天祐二（九〇五）年頃の間におこなわれたと考えるのが妥当であろう。また、上述したように開平元（九〇七）年、後梁から「検校太尉兼侍中」に除せられたことは、李思諫が夏州定難軍節度使を安堵されたなによりの証左である。夏州が拓抜李氏の本来の地盤であることを考えれば、夏州一円には拓抜李氏の残存勢力がこの当時も多数存在していたはずである。李思諫の夏州奪還はそうした勢力の支持なくしては不可能であったろう。また、夏州定難軍には前任者李承慶のもとにいた勢力も一掃されずに残っていたのではなかろうか。そしてその一部は依然として定難軍の軍事力の一翼を担っていたと考えられる。李思諫が定難軍節度使の地位を維持するためには、こうした勢力と妥協しながら、かつまた、配下の拓抜李氏の部族長たちの支持を仰がねばならなかったはずである。夏州に舞い戻った李思諫やその後継者李彝昌の権威は李思恭時代に比べると相当脆弱化し不安定なものであったと断じてよかろう。

さて、五代を通じて岐は荊南を除いて領域的には最小であった。大国の後梁と前蜀に囲まれ、発展の活路を求めるとすれば必然的に河西（黄河南流部の西側、渭水北方）に触手を伸ばさざるを得なかった。ところが唐末に領有したと考えられる塩州が、開平三（九〇九）年六月に後梁にしたがう朔方節度使の韓遜に奪われてしまったのである（後述）。李思諫が死亡して未熟な李彝昌が後を継ぎ、夏州定難軍が弱体化している情報は李茂貞の耳に充分達していたはずである。李茂貞はこの機会を捉えて霊、夏を一挙に獲得しようとしたのである。そして、その役割を任されたのが劉知俊であった。劉知俊はわずか三年前、李茂貞の仮子楊崇本（李継徽）が夏州を攻撃した際、即位直前の朱全忠に派遣され、夏州を救った人物である。その後、劉知俊は太祖朱全忠と確執を生み開平三年に岐に亡命したのである。ついでに述べておくと劉知俊はさらにその後、蜀に亡命し武将として活躍するが、並外れた能力から周囲の嫉妬と猜疑を買い謀殺されている。胡三省は『資治通鑑』（巻二六七）の註で彼を評して「蹄涔尺鯉を容れず」と言っている。『資治通鑑』（巻二六七後梁紀二）開平三年八月辛酉（二八日）の条に、

岐王、劉知俊を遣わし、兵を将いて霊夏を攻めんと欲す。かつ晋王と約して晋、絳を攻めしむ。晋王、兵を引き南下す。先に周徳威等を遣わし、兵を将いて陰地関に出、晋州を攻め……。

とあり、同じく一一月己亥（七日）の条に、

岐王、霊州を取り以て劉知俊を処《お》き、かつ以て牧馬の地に為さんと欲す。知俊をして自ら兵を将いてこれを攻めしむ。朔方節度使韓遜、急を告ぐ。鎮国節度使康懐貞、感化節度使寇彦卿に詔して、兵を将いて邠寧を攻め、以てこれを救わしむ。……遊兵侵掠して涇州の境に至る。劉知俊これを聞き、十二月己丑（二八日）、霊州の囲を解き、兵を引き還る。

とある。このたびの攻撃は塩州を奪った朔方節度使を優先したものであるが、李茂貞にとってはいくつかのメリットがあった。劉知俊の帰順を得たものの処遇すべき藩鎮を用意できなかった李茂貞は、その離反を防ぐために劉知俊に居場所を与えるとともに、万夫不当の驍将を派遣することで労せずに河西を手に入れ、併せて軍馬の供給先を確保しようとする狙いがあったのである。しかし、この作戦は後梁の背面攻撃に遭い完全に失敗している。今回と、さらに翌四年におこなわれた晋との共同出兵が常に岐の側から求められていることからもわかるように、無定河流域に蟠踞する定難軍節度使と朔方節度使の存在にもっとも脅威を感じていたのは岐だったことがわかる。劉知俊の霊州攻撃の報は夏州定難軍に恐慌をもたらしたことはいうまでもない。そのことを実証するできごとこそ夏州都指揮使高宗益の叛乱であった。『資治通鑑』（巻二六七後梁紀二）開平四年三月丙午（一六日）の条に、

　夏州都指揮使高宗益、乱をなし節度使李彝昌を殺す。将吏共に宗益を誅し、彝昌の族父蕃漢都指揮使李仁福を推して帥に為す。

とある。岡崎精郎氏は高宗益を漢人と見做し、「定難軍節度使管下の地のヘゲモニーをタングートより漢人の手に奪回せんとしたものではなかったか。」と論じている。しかし、筆者は高宗益こそ李承慶時代から引き続き定難軍の軍事力の一翼を担っていた人物に相違ないと信じている。筆者はこれまでの論考において拓抜李氏、夏州定難軍の動向を辿ってきたが、その間、史料上に漢人の存在は皆無であった。高宗益を漢人とするならばまさにその嚆矢ということになる。この当時も、夏州に漢人が雑居していたであろうことは岡崎精郎氏の所説（一三七頁）のとおりである。しかし、内地の藩鎮と異なり李思恭によって編成された定難軍節度使の軍事力の源泉は拓抜氏を中核とするタングート諸部族であったに違いない。兵卒や裨将程度に登用された漢人はあったとして、土着の漢人で都指揮使になるものが存在したとは常識的に考えても無理がある。筆者は高宗益もまた熟戸化したタングートの一員と考えている。その論拠は高宗益の姓に注目しているからである。後に詳しく触れるが、当時延州には高万興、高万金という土着豪族が

いた。筆者は彼らも熟戸化したタングートと断じている。諸史料を瞥見しても五代の河西地方に登場する高姓はほぼ彼ら一族に限られている。おそらく高宗益もその一員で、李承慶に仕えてそのもとで頭角を顕わし、ともに夏州に入ったのであろう。そして夏州定難軍の支配者が李思諫に代わってもそのまま夏州に留まり、都指揮使の地位を授けられていたのであろう。李思諫にとっては侮りがたい勢力であったのである。李思諫が死亡して二年足らず、岐の霊州攻撃で恐慌を来たした夏州定難軍にあって、高宗益は経験未熟な李彝昌の政権に見切りをつけ、李彝昌を倒して自ら藩鎮の地位を奪い取ろうとしたのである。ここで特に注目すべきは延州の高万興、高万金兄弟が前年の開平三年に後梁にしたがってともに節度使の地位を獲得しているということである（後述）。高宗益はおそらく高万興兄弟と連絡を取り合っていたのであろう。叛乱も高万興兄弟の指嗾によるものと考えてよいのではなかろうか。論拠については後述する。いずれにしろ高宗益は拓抜李氏一族にとっては異分子として極めて危険な存在として認識されていたはずである。岡崎精郎氏は前掲引用に続けて「しかもついに成功しえず、忽ち破れ去ったことは、夏州李氏の地盤きわめて強固なるを示すものであろう。」とまとめているが、筆者もこの点については異論はない。拓抜李氏一族の結束は他氏族排斥に関しては極めて強固なものがあったことの証明であろう。『資治通鑑』には続けて、

癸丑（二三日）、李仁福以聞す。四月甲子（五日）、仁福を以て定難節度使に為す。

とある。李彝昌の後継者には一輩行上の李仁福が選ばれ、後梁も四月、李仁福の定難軍節度使の就任を認めたのである。李彝昌と李仁福の関係についてはすべて岡崎精郎氏の研究にゆずるが、上述したように蕃漢都指揮使の李仁福が将吏に推されて節度使の地位についたことは注意すべき点である。李彝昌はその血統の故をもって地位を得たのに対し、李仁福は蕃漢都指揮使(4)の職能をもって節度使の地位を委ねられたのである。このことは拓抜李氏一族にとって晋、岐の攻勢が目睫の間に迫っている、との認識が強く働いていたことの表われであろう。臨戦態勢を第一義に考えた人選だったのである。同時に、李彝昌の横死を奇貨として、李仁福が実力で節度使の地位を獲得したのではないことも

注意すべきである。この後、定難軍節度使の地位は李仁福の子孫によって継承され、宋代の李継捧に至るが、後述する内紛の発生やその延長線上に位置する李継遷の崛起を見ると、定難軍節度使の地位を継承する拓抜李氏の宗家としての権威はついに確固たるものにはならなかったようである。

それはさておき、夏州の軍民が恐れていた晋、岐の攻勢はまもなく現実のものとなる。李仁福が定難軍節度使に就任したわずか三箇月後の同年七月、晋、岐の五万を越す大軍が夏州を包囲したのである。『資治通鑑』(巻二六七後梁紀二) 開平四年秋七月の条に、

岐王、邠涇二師と各々使を遣わし晋に告げ、兵を合わせて定難節度使李仁福を攻めんことを請う。晋王、振武節度使周徳威を遣わして兵を将いてこれに会し、五万衆を合わせ夏州を囲む。仁福、嬰城して拒守す。

とある。李仁福はひたすら「嬰城拒守」してその間に後梁軍の来援を待ったのである。そして同じく八月辛未 (一四日) の条に、

……帝、晋兵、沢州を出で懐州に逼るを憂う。すでにしてその綏銀磧中に在るを聞き、曰わく「慮れるに足るなきなり」と。甲申 (二七日)、夾馬指揮使李遇、劉綰を遣わして鄜延より銀夏に趨き、その帰路を邀《さえぎ》る。

とあり、九月の条には、「李遇等夏に至る。岐晋の兵、皆解きて去る」とある。夏州は岐、晉の兵に包囲され風前の灯と化していたのである。しかし、このたびも後梁軍の必死の救援によって夏州は辛くも虎口を脱したのである。しかしながら、晋、岐連合軍の攻撃はその後の夏州定難軍に深刻な後遺症を残したようである。

これ以降の李仁福時代の夏州定難軍の動向を確認しておこう。といっても、実は後唐の長興四 (九三三) 年に李仁福が死没するまで、李仁福や夏州定難軍に関する情報は極めて少ないのである。後梁時代に関しては後の編纂物『西夏書事』を除いては管見のおよぶかぎり皆無である。辛うじて『旧五代史』李仁福伝に、

仁福、梁の貞明、竜徳より後唐の同光中に、官を累ねて検校太師兼中書令に至り、朔方王に封ず。

とあり、後梁時代に一定の授官がなされていたことがわかるだけである。岐、晋の攻撃を後梁の救援軍によって救われた夏州定難軍としては、後梁に対する依存度はいやが上にも増したはずである。後梁はもとより岐、晋の介入を招くような目立った行動は一切避け、ひたすらこれらの勢力に付け入られることのないように極めて慎重な行動がとられていたものと考えられる。すなわち、外部への発展は自重して、夏州定難軍の支配領域である夏、綏、銀、宥州等における李仁福体制の強化確立に一意専心していたものと思われる。一方、この間に晋は背後に迫る契丹の攻撃を凌ぎながら、後梁に対する攻勢を強めていった。そして荘宗李存勗は同光元（九二三）年四月、およそ一三節度使、五〇州をもって後唐を建国したのである。史料上に痕跡はなくとも、夏州定難軍に対して後梁からの出兵要請は当然なされたはずである。『西夏書事』（巻二）に、「竜徳二（九二二）年春二月、李仁福が入献」とあり、晋兵が徳勝を包囲したため、末帝が諸道軍に援軍を要請したのに対して、李仁福は軍馬五百匹を貢献し戦いを助けた、としている。『西夏書事』には全幅の信頼は置けないながらも、こうした事実もあったのかもしれない。仮に事実として、岡崎精郎氏が「軍馬五百匹」に着眼して、周辺タングートに比較して夏州定難軍の遊牧経済の圧倒的優位を物語っているとされる（一三九頁）が、筆者はむしろ後梁の危機に際会して援軍も派遣せず、軍馬五百匹で事足りるとする李仁福のしたたかな処世を見て取るべきであると思う。大規模な援軍を派遣していれば、夏州定難軍も晋の攻撃の対象になったはずである。定難軍節度使の李仁福は後梁の衰退を見極め、中原の争いに距離を措き防備を固めて引き続き自重策を採用したのであろう。生き残りを計る夏州定難軍に対しては、荘宗も迂闊に手出しが出来なかったようである。戦術を誤れば、夏州定難軍が西北辺に迫る契丹と結合することも懸念されたからであろう。

拓抜李氏は李思恭の時代から常に中原王朝にしたがうことを是としていた。李仁福は後唐の国祚が定まったと見ると躊躇せずに後唐にしたがっている。『旧五代史』（巻三一唐書七荘宗紀第五）同光二年四月の条に、

己丑（二一日）、夏州節度使李仁福、依前（もとのままの意）検校太師兼中書令夏州節度使を以て朔方王に封ず。

とある。岡崎精郎氏が『西夏書事』を引用し、問責を恐れた李仁福が宥州刺史の李仁裕を遣わして「奉表入賀」させたことや朔方王が朔方郡王の誤りであるとしている点（一四〇頁）に関しては氏の所説を参考にしたい。ところで、荘宗は即位三年目の同光三（九二五）年九月、六万の大軍をもって前蜀を攻撃する。前蜀は同年一一月に滅亡するが、派遣軍には荊南節度使高季興、鳳翔節度使李継曮も動員されているが、そこに定難軍節度使李仁福の名を見つけ出すことはできない[5]。夏州定難軍が動員されなかった事情は地理的な関係も考えられるが、ひとえに契丹に対する牽制勢力の一翼を担わされていたためと考えてよかろう。ところが、おそらくは保全策に汲々としていたであろう夏州定難軍に思わぬ事件が出来したのである。『資治通鑑』（巻二七四後唐紀三）天成元年二月甲寅（二七日）の条に、

延州言う「綏銀の軍乱れ、州城を剽す。」と。

とある。わずか一〇文字の情報から軍乱の全体像を推し量ることは不可能であるが、この事件に関しても『西夏書事』は「両州の兵が細故（些細なこと）を以て相仇殺し、主者がこれを究詰するとついに閧《さわぎ》て起ちほしいままに二州の城市を掠した。銀州防禦使李仁顔と綏州刺史李彝敏が討ちてこれを定める」と補っている。何度も触れるが『西夏書事』は出典の明記がないことが最大の欠陥であるが、こうした具体的な事実経過は何らかの史料に依拠したと考えられ、一概に無視することもできない。岡崎精郎氏はこの事件に関しても鎮圧に関心を向けられ、「李氏一族の整備せる支配機構によるもの」（同上頁）としているが、支配機構が整備していればこのような軍乱は起こるはずもなく、実態は指揮官の威令がかなり弛緩していたことを示している。この事件が定難軍節度使支配下でも東によった黄河に近い二州で勃発したことは見過ごせない事実である。後述するように、後唐の時代になると堰を切ったかのように後唐へのタングートの入貢が諸史料に頻出するようになる。このことは、後唐の建国と契丹の攻勢に起因することはいうまでもない。後梁と晋（後唐）の拮抗状態が続いている時代は黄河縁辺のタングート諸部族も模様眺めを決め込むことが可能だったのであろう。ところが中原が後唐によって支配され一元化されたことと、加えて契丹の圧力が日増

しに強まるようになると、タングート諸部族の間に、端的にいえば、沙陀政権にしたがうか、契丹政権にしたがうかの二者択一の問題が発生したのである。未だ同族の定難軍節度使は頼むに足る旗幟としての力量は認められていなかったのである。その選択は後述するが、定難軍節度使支配下の綏州と銀州に勃発した軍乱もこのことと無関係たりえず、李仁福体制が二州の軍隊、つまりは支配下の各部族に充分な支持を得ていなかったことを示しているのである。同じ年（九二六年）の四月、これもまた軍乱によって荘宗が殺害され明宗李嗣源が即位すると、六月、李仁福は食邑千戸を加えられているところを見ると、(6) 綏銀軍乱は『西夏書事』の記載のごとく一応無難に処理されたものと判断してよかろう。さらに翌天成二年になると、『旧五代史』（巻三八唐書一四明宗紀第四）天成二年九月の条に、

乙丑（一七日）、夏州節度使李仁福、鳳翔節度使李従曮、朔方節度使韓洙並びに食邑を加え、改めて功臣を賜わる。

とあるように、李仁福は朔方節度使韓洙らとともに改めて功臣の号を賜っている。李克用以来、沙陀政権後唐にとって本来その存在をもっとも疎ましく感じていたのがタングートの夏州定難軍である。その上李仁福は後唐に何らの貢献も果たしていない。この処遇は明宗がひたすら河西地方の静謐を希求するためにおこなったものなのである。天成四（九二九）年一〇月、李仁福は明宗に白鷹を献じている。(7) これは明宗の詔に反した行為であり、安重誨の強硬な反対にも拘わらず明宗がこれを容認し、李仁福の面子を立てたことなどは、岡崎精郎氏のいう（一四一頁）ように契丹の雲州攻撃など一連の攻勢に苦慮している明宗が李仁福に配慮したものである。ただ明宗が李仁福に配慮したもうひとつの原因が直前に発生した朔方節度使管下の定遠軍の軍乱にあった点も見逃せない。『資治通鑑』（巻二七六後唐紀五）天成四年九月癸巳（二七日）の条に、

初め朔方節度使の韓洙卒し、弟の澄留後に為る。未だ幾ばくならずして定遠軍使李匡賓、党を聚めて保静鎮に拠り乱をなす。朔方安んぜず。冬十月丁酉（二日）、韓澄使を遣わして、絹表を齎し朝廷の帥を命ずることを乞う。

とある。韓洙の没後を狙って定遠軍使の李匡賓が叛乱を起こしたのである。霊武に陣取る朔方軍は夏州定難軍を牽制

する役割も負わされていたであろう。明宗は李匡賓の叛乱が拡大して夏州定難軍と結合することを虞れたはずである。李仁福に対する対応もこのような事情が背景にあったのであろう。事態を重くみた明宗は韓澄の求めに応じて、直ちに康福を将として兵一万の鎮圧軍を派遣したのである。康福の派遣に関しては河西タングートの動向を語る際に詳述するが、『資治通鑑』同一一月の条に、

……これより威声大いに振い、遂に進んで霊州に至る。これより朔方始めて代を受ける。

とあるように、明宗はこの機会を捉えて世襲藩鎮である朔方軍の異動も企図していたのである。康福は翌長興元（九三〇）年三月、保静鎮を奪還して李匡賓を斬り、みごとに目的を達成している[8]。康福は代々晋に仕えたソグド系の突厥で[9]、明宗に近侍していた人物でもあり、これにより朔方軍が直接的に後唐の威令がおよぶ地域になったことは重要である。康福の朔方軍進出は、その過程で発生した河西タングートに対する攻略と相俟って、夏州定難軍節度使李仁福にとっては非常な脅威になったと考えられる。さらに明宗は時を同じくして大規模な藩鎮の異動も断行している。『旧五代史』（巻四一唐書一七明宗紀第七）長興元年三月の条に、

壬申（八日）、鳳翔節度使李従曮、進めて岐国公に封じ、汴州に移鎮す。甲戌（一〇日）、延州節度使高允韜を邢州に移鎮す。丙子（一二日）、宣徽使朱弘昭を以て鳳翔節度使に為す。潞州節度使朱漢賓に検校太傅を加え晋州に移鎮す。徐州節度使房知温を鄆州に移鎮す。鄆州節度使王晏球を青州に移鎮す。……壬午（一八日）、許州節度使孔循を滄州に移鎮す。陝州節度使張延朗を許州に移鎮し、検校太傅を加う。滄州節度使張虔釗を徐州に移鎮し、検校太保を加う。

とある。さらに、異動はこれだけに止まらず、四月にかけてもおこなわれているのである。李仁福にとって延州節度使高允韜の異動は同じタングート族（後述）としてなおさら警戒感を強めることになったと思われる。後唐の包囲網がひたひたと狭まっていくことを感じたに違いない。李仁福としては新たな身の処しかたを考え直さなければならな

くなったことは間違いあるまい。こうした状況下に発生した事件が夏州タングートの朔方軍攻撃であった。『冊府元亀』（巻九八七外臣部征討第六）長興三年の条に、

七月、霊武奏し、「夏州党項七百騎侵擾す。当道師を出し逆戦してこれを敗り、首領巳下五十騎を生擒す。追いて賀蘭山下に至り掩撃し次《とどま》る。」と。

とある。夏州党項七百騎が侵擾し、首領巳下五十騎を生擒したと明記されている以上、この攻撃は夏州定難軍に所属するタングート部族のひとつが首領を部隊長としておこなったものであろう。この記事からも夏州定難軍の軍事組織が部族単位で編成されていたことを窺い知ることができる。それはともかく、後唐の圧力が日増しに高まっている状況下で不用意な作戦行動は夏州定難軍の立場を著しく悪化させる虞れがあったはずである。それ故、この攻撃には相当な意味付けが込められていたと考えられる。僅かに七百騎で朔方軍を攻略できるわけはなく、あくまでもこの出撃は別の目的があったと考えてよかろう。『資治通鑑』（巻二七八後唐紀七）長興四年二月癸亥（一七日）の条に、

これより先、河西諸鎮皆言う「李仁福潜に契丹に通ず」と。朝廷、その契丹と兵を連ね、河右を併呑し南して関中を侵すを恐る。

とある。さらに李仁福没後の情報であるが、同年七月庚辰（六日）の条に、

その後、李仁福の陰事を知る者有り、云く「仁福は朝廷の除移を畏れ、契丹と結び援を為すと揚言す。契丹、実はこれと通ぜざるなり。」と。

とある。李仁福は、後唐が最も懼れた遼との結合を揚言してまで、藩鎮の異動を拒絶し夏州の地を守り抜くためには一戦をも辞さないという態度を示したのである。岡崎精郎氏は夏州タングートの朔方軍攻撃が契機となって李氏の転出が企図されるようになったとされるが（一五〇頁）、長興元（九三〇）年の諸鎮の異動からもわかるように、夏州定難軍から拓抜李氏を転出させることは明宗としてはすでに決定済みの事項だったのである。李仁福は周囲の情況から

それを機敏に判断して、夏州固守の方針をまさに内外に強く示したのである。李仁福が夏州に拘った理由は、かつて李思諫が静難軍節度使に徙されたことを前轍としているからである。その後、李思諫は夏州定難軍に復帰したとはいえ、拓抜李氏の勢力が衰えたことは前述したとおりである。父祖の地である夏州を離れては拓抜李氏の発展は望めないことを肝に銘じていたのであろう。李仁福は長興四年の二月に死亡したようであるが、彼の決意は後継者のみならず夏州定難軍に所属するすべてのタングートに受け継がれていったのである。五代でも屈指の明主であった明宗はこうした夏州定難軍側の決意を充分に理解していなかったのであろうか。あるいは、危険性を充分に理解したからこそ、拓抜李氏の移鎮を強行しようとしたのか。『資治通鑑』前掲長興四年二月癸亥の条に続けて、

会《たまたま》仁福卒す。三月癸未（七日）、その子彝超を以て彰武留後に為し、彰武節度使安従進を徙して定難留後に為す。仍りて静塞節度使薬彦稠に命じて兵五万を将い、宮苑使安重益を以て監軍に為し、従進を送り鎮に赴かしむ。従進は索葛人なり。

とある。明宗は李仁福の死没を利用して、大軍五万の威力をもって李彝超を強制的に延州に移そうとしたのである。『旧五代史』李仁福伝には明宗が降した詔諭が五百字以上の長文で収録されている。それを『資治通鑑』三月の条には要約して、

丁亥（一一日）、夏銀綏宥の将士吏民に敕諭するに、「夏州窮辺、李彝超年少、未だよく扞禦せず、故にこれを延安に徙す。命に従えばすなわち李従曮、高允韜の富貴の福有り。命に違えばすなわち王都、李匡賓の覆族の禍有り。」を以てす、と。

とまとめているが、これは拓抜李氏に対する恫喝以外の何ものでもない。『資治通鑑』には続けて、

夏四月、彝超上言し「軍士百姓の擁留するところと為り、未だ鎮に赴を得ず。」と。詔し、使を遣わしこれに趣かしむ。

とある。こうして恫喝にも、再度の詔にも屈しない夏州定難軍に対して後唐は大規模な攻撃を敢行する。赫連勃勃が築いたといわれる夏州城を攻撃するが遂に陥落することができず、結果は惨憺たるものであった。この間の情況については岡崎精郎氏の研究（一五〇頁～）にゆずるが、『資治通鑑』の七月庚辰（六日）の条に、

李彝超兄弟、城に登り、従進に謂いて曰わく「夏州貧瘠、珍宝の蓄積を有し、以て朝廷の貢賦を充すべきに非ざるなり。ただ祖父が世々この土を守るを以てこれを失うを欲せず。蕞爾（小さい）の孤城、これに勝つに武するなかれ。何ぞ国家の労費をかくの如きに煩わすに足らんや。幸にして表聞を為し、若しその自新（過ちを改める）を許せば、あるいはこれを征伐に使えば、願いて衆の先と為らん。」と。上、これを聞き、壬午（八日）、従進に命じて兵を引き還す。

とある。文中「ただ祖父の世々、この土を守るを以てこれを失うを欲せず」と言っているのは偽らざる心境であって、前述したように夏州を離れることは、拓抜李氏の滅亡に繋がることを確信していたからであろう。筆者がこのたびの攻防戦で特に注目している点は、この戦争が拓抜李氏だけではなく、夏州定難軍の支配領域に居住するタングート諸部族、さらにはその周辺に居住する多くの河西タングートをも巻き込んだ一種の民族戦争の性格を内包していたことである。明宗が新たに定難留後に任命した安従進は「従進索葛人也」とあるように、康福同様ソグド系突厥であった(10)。また五万の大軍を率い安従進に同道した薬彦稠も『旧五代史』（巻六六唐書四二列伝第一八）の同人伝に「薬彦稠、沙陀三部落人」とあるように沙陀の出身であった。歴史的に見て李克用と李思恭の時代から沙陀とタングートは対立関係にあったことは第二章第三節で論じたとおりである。それ故、安従進の夏州進駐は単に夏州定難軍の節度使の更迭といった問題に止まらず、タングートの側から見ると、沙陀によってタングートが征服されることを意味していたのであろう。『資治通鑑』の同年の条には薬彦稠の進撃に対して、「境内の党項諸胡を集めもって自ら救う」とか、五月「壬辰（一七日）、夜、夏州城上に火挙がる、比明、雑虜数千騎これを救う」とあるが、これは河西タングートの一部

が民族的危機を救おうとしてとった行動と考えてよかろう。さらに州城攻防戦のただ中、「また党項万余騎、四野を徜徉し、糧餉を抄掠し、官軍は芻牧するところ無し……」とあり、タングート諸部族による後方攪乱が積極的におこなわれているのである。すでに死病に犯されていた明宗は、やはり夏州定難軍の不退転の決意とタングートの底力を正しく認識していなかったようである。『資治通鑑』の同じ七月の条に、

上、疾久しくして未だ平らがず。夏州を征するも功無く、軍士頗る流言を有す。乙酉（一一日）、在京諸軍に優給を賜うも差有り。既にして賞賚名無く、士卒これにより驕を益す。

とある。岡崎精郎氏も指摘しているが、夏州攻撃の失敗は後唐政権に何らの成果ももたらさなかった。否、それどころか滅亡への一里塚になってしまったのである。

二　タングート系節度使の輩出

筆者は第三章の第四節において、唐末から五代初期にかけて河西タングートから身を起こして節度使になった賀徳倫を取り上げた。賀徳倫は『旧五代史』（巻二一梁書二一列伝一一）の同人伝に「其先河西部落人也」とあることから敷衍して彼を河西タングートの一員と断定したが、決定的な証拠に欠けていたことも否めない。ところが、『冊府元亀』（巻九七二外臣部朝貢第五）同光三年の条に、

三年正月、河西郡落折驕児駞馬を貢ぐ。二月、河西部族折文通駞馬を貢ぐ。熟吐渾李紹魯駞馬を貢ぐ。党項折願慶方物を貢ぐ。

という注目すべき記述がある。史料中の河西郡落の「郡」は「部」の魯魚の誤りである。郡落では意味をなさず、正しくは河西部落であることは論を俟たない。また河西部落とは直後の河西部族とほぼ同義語と理解してよかろう。そ

して最後に党項折願慶とあることから、折騎児や折文通は同じ折姓を名乗っていることから考えても同族と判断してまったく問題はない。折氏については第一章第一節に掲載した『旧唐書』党項伝の党項の大姓には見えないが、同第三節冒頭に掲載した『新唐書』党項伝には「宜定州刺史折磨布落」の名が掲載されている。折氏が八世紀以降順調に発展し唐末になるとタングートの大姓に成長していたことは間違いあるまい。そして『新五代史』（巻七四、四夷附録第三党項条、以下、『新五代史』党項条と略記）には、

その大姓に細封氏、費聴氏、折氏、野利氏有り。拓抜氏最強を為す。

と記されるまでになるのである。折氏に関しては後述するが、「河西部落」の表現がタングートを示していることは明白である。『資治通鑑』、『旧五代史』、『新五代史』、『冊府元亀』などの基本文献を閲して見ても河西部落の表記はこの二箇所のみである。黄河南流部の西側は、第一章でも触れたように九世紀の半ば頃にはタングートの人口が稠密な地域であった[11]。この方面においては、「河西」の表現で示される部族や人名はまさしくタングートを意味することに他ならないと断定できよう。そのように考えて諸史料を検討すると賀徳倫以外にも河西タングートから節度使に出世したと思われる人物が複数存在することがわかってきた。

その代表的な人物が高万興と弟の高万金である。『旧五代史』（巻一三二世襲列伝第二）同人の伝に、「高万興、河西人」とあり、『新五代史』（巻四〇雑伝第二八）同人の伝にも「高万興、河西人也」とある。高万興兄弟の出自と経歴について、『旧五代史』同伝には、

祖は君佐、鄜延節度判官。父は懐遷、都押衙。万興、弟万金と倶に武幹有り、本軍に効用す。河西、王行瑜の敗れてより後、郡邑皆李茂貞の強拠する所と為り、その将胡敬璋を以て節度使に為し、万興は敬璋の騎将に為り、昆弟倶に戦功有り。

とある。静難軍節度使を逐われ李思諫が旧領の夏州に戻ると、河西一帯は李茂貞の勢力圏に取り込まれ、多くの河西

タングートはその支配下に置かれたようである。[12] 高万興の祖父君佐はおそらく九世紀の半ば頃に鄜延節度判官になったものと考えられる。そうすると、高氏はそれ以前に延州に土着して熟戸化していったのであろう。高万興兄弟が武幹だけを売り物にしたのではなく、教養面においてもそれなりの知性を持っていたことは『旧五代史』（巻九三晋書一九列伝第八）曹国珍伝に、

　国珍、少にして燕薊の乱離に値《あ》い、よりて落髪被緇（僧になる意）し、河西延州に客（身を寄せる）す。高万興兄弟皆文を好み、辟《まねき》て従事に為す。

とあることからわかる。高氏一族は多くの部衆をしたがえ延州土着の豪族として唐末の頃にはかなりの勢力を誇り、おそらく代々の節度使もその軍事力に依存するところが大きかったのではなかろうか。

高万興兄弟の転機は後梁が成立して三年目の開平三（九〇九）年に訪れた。『旧五代史』高万興伝に、

　天祐五年冬、敬璋卒す。崇本、その愛将劉万子を以て鄜延の帥に為す。万子、凶暴を以てして士心を失う。また崇本は汴人の攻める所と為る。六年二月、万子、敬璋を葬り、将佐皆葬所に集る。万興、万金よりて会し兵を縦《はな》ち万子を攻めこれを殺し、款を汴に帰す。

とある。前年に死亡した胡敬璋の後継として、李継徽（楊崇本）が愛将の劉万子を延州に送り込んだものの、劉万子は凶暴で軍中の支持を失った。そこで高万興兄弟は胡敬璋の葬儀に事寄せて劉万子を殺害し後梁に帰したとある。ところが『資治通鑑』（巻二六七後梁紀二）開平三年二月の条には、

　保塞節度使劉万子、暴虐にして衆心を失う。かつ謀りて梁に貳《ふたごころ》す。李継徽、延州牙将李延実をしてこれを図らしむ。延実、万子が胡敬璋を葬うにより攻めてこれを殺し、遂に延州に拠る。馬軍都指揮使河西高万興、その弟万金と変を聞き、その衆数千人を以て劉知俊に詣り降る。

とあるように、劉万子は両端を持するようになったため、李継徽の命により延州牙将李延実に殺されたとある。また、

『新五代史』同人伝には、

梁の開平二年、州南に葬る。万子会に在り、その将許従実、万子を殺し自ら延州刺史に為る。この時、万興兄弟皆兵を将いて境上を戍り、万子の死を聞き、その部下数千人を以て梁に降る。

とあり、劉万子は部将の許従実に殺されたことになっている。高万興兄弟は胡敬璋の葬儀には関せず、境上の守備にあたっており、事変を聞いて梁に降ったとしている。『資治通鑑』と『新五代史』では劉万子を殺害した部将の名前が異なるが、この時代しばしば更名が繰り返されることや、両名ともに「実」の字を使っている点を考慮すると李延実と許従実は同一人と考えて大過なかろう。この点を除けば両書では高万興兄弟の行動にさしたる矛盾はない。ところが、高万興兄弟に関するこれ以降の一連の記事を比較すると、『旧五代史』の内容がもっとも疎略である。『資治通鑑』と『新五代史』が丹州ならびに延州の攻略を具体的に記述しているのに比べ、『旧五代史』は「攻収鄜坊丹延等州」とあるだけである。こうした点を考慮すると劉万子殺害に関しては『資治通鑑』等にしたがって高万興兄弟は当事者ではなかったと断じてよかろう。そこで、この間の高万興兄弟の行動を整理しておこう。延州土着の豪族であった高万興兄弟は、後梁の成立を見るにつけ、岐に支配され李継徽から派遣される代々の保塞節度使の頤使に甘んじることに不満と不安を募らせていたのであろう。劉万子が岐から後梁に旗幟の変更を考えていることから、それが因となって延州で軍乱が発生することも充分に予想がついていたのであろう。『新五代史』にあるように兄弟が自軍数千を率いて境上に屯戍していたことは、畢竟、延州に留まり軍乱に巻き込まれることを避け形勢を観望していたのである。乱世五代に生きるタングート系の豪族として、高万興兄弟も日頃から驥足を展ばす機会を窺覦していたはずである。劉万子同様に高万興兄弟も劣勢覆いがたい岐に見切りをつけていたのである。それが劉万子の殺害によって千載一遇の機会が与えられたのである。あるいは、以後の兄弟に対する後梁の処遇を考慮すると、軍乱の勃発以前から高万興兄弟は後梁の劉知俊に内通していたことも充分に考えられる。

劉知俊に降った高万興兄弟のその後の動きをまとめておく。『資治通鑑』同年の条の三月以降の関連箇所を記載すると、

庚辰（九日）、帝、河中に至り、歩騎を発して高万興の兵と会して丹延を取る。……辛卯（二〇日）、丹州刺史崔公実降を請う。

夏四月、丙申朔、劉知俊軍を移して延州を攻む。李延実嬰城自守す。知俊、白水鎮使劉儒を遣わし、兵を分かち坊州を囲む。……劉知俊、延州に克つ。李延実降る。……岐王署する所の保大節度使李彦博、坊州刺史李彦昱皆城を棄て鳳翔に奔る。鄜州都将厳弘倚、城を挙げ降る。己未、高万興を以て保塞節度使に為し、絳州刺史牛存節を以て保大節度使に為す。

とある。同条胡三省割注で「梁遂取鄜坊丹延両鎮」とあるように高万興兄弟の内附をきっかけにして、後梁は岐と晋の連携を分断する要衝である鄜坊、丹延の両鎮を獲得することに成功したのである。高万興はその功績を認められて宿願の保塞節度使を拝命したのである。ところが、この直後に邠州攻略の是非をめぐって太祖朱全忠と劉知俊の間で確執が生じ、劉知俊を岐に走らせることになってしまったのである。このように、延州土着のタングート系豪族の高万興が節度使に任じられたことは、河西一円のタングート諸部族にそれぞれの身の処しかたをめぐって多大な影響を与えたことはいうまでもなかろう。それはさておき前節でも述べたように夏州都指揮使高宗益の叛乱は高万興が保塞節度使になった翌年に発生しているのである。高万興の節度使就任と高宗益の叛乱は密接な繋がりがあることは間違いなく、高一族によって保塞、保大（後述）、そして定難の三節度使の独占を狙った政略であった可能性が著大なのである。その論拠はこの事件から三八年後の後漢の乾祐元（九四八）年のことであるが、『資治通鑑』（巻二八八後漢紀三）同年一〇月の条に、

彰武節度使高允権、定難節度使李彝殷と隙有り。李守貞密に援を彝殷に求む。兵を発して延丹境上に屯し、官軍

が河中を囲むを聞き、すなわち退く。甲辰（二九日）、允権、状を以て聞す。彝殷、また自ら訴う。朝廷これを和解せしむ。

とあるからである。高允権とは高万金の子である。河中で叛乱を起こした李守貞の求めに応じて李彝殷が延丹境上に兵を進め高允権を攻撃しようとしたのである。何ゆえ李彝殷と高允権は隙を生じたのであろうか。地理的に見て、夏州定難軍拓抜李氏が中原と連絡を取る上で延州はその咽喉を扼する位置を占めている。かつて拓抜思恭が延州を獲得し拓抜李氏の政治的立場を大きく前進させたことは第三章の第一節で述べたところである。拓抜李氏にとって時代は経過しても延州に対する認識は少しも変化していなかったはずである。基本的に延州を占拠する勢力とは利害が対立していたのである。しかし、高万興が後唐によって延州から遠ざけられ、その後、高允権が復権する（後述）まで保塞節度使は五代諸王朝から任命された人物が就任していた。その間、夏州定難軍節度使と保塞節度使の対立を物語る史料は見あたらない。隙を生じた理由は高允権そのものに存在したと考えてよかろう。それは、かつて李彝昌を殺害し夏州定難軍節度使の地位を掠め取ろうとした高宗益の一族であったからである。つまり旧怨に由来していたのであり、同時にタングート系の藩鎮が再び延州に復活したことに対する拓抜李氏の拒否反応の顕われであったのである。

高万興の弟で高允権の父である高万金が節度使に就任したことについては『資治通鑑』には記載がないが、『新五代史』同伝に、

すでにして劉知俊叛く。すなわち存節を徙して同州を守らしめ、万金を以て保大軍節度使に為す。

とあるように、高万金も同じ開平三（九〇九）年中に保大軍節度使を拝命したともとれる。ところが『資治通鑑』（巻二六八後梁紀三）乾化元年一一月の条に、

庚寅（一〇日）、保塞節度使高万興奏し「都指揮使高万金を遣わし兵を将いて塩州を攻め、刺史高行存降る。」と。

とあるので、高万金は乾化元（九一一）年以降に保大軍節度使に就任したのかもしれない。そして右史料にある塩州

攻撃は保塞節度使に就任した高万興の初仕事であった。ところで、塩州の帰属に関しては、『資治通鑑』（巻二六七後梁紀二）開平三年六月の条に、

丁未（一三日）、朔方節度使韓遜奏し「塩州を克し岐が署する所の刺史李継直を斬る。」と。

とあるように、塩州は高万興が四月に保塞節度使に就任した同じ開平三（九〇九）年の六月に朔方節度使の韓遜が岐から奪っているのである。前節で述べたように、八月、岐に寝返った劉知俊が韓遜を攻撃した理由はこれに関連している。しかし、史料上には塩州が岐に奪還されたことを示す痕跡はない。高行存は李継直が殺された後に韓遜によって刺史に任じられた人物と思われる。その高行存を高万興が弟の万金を派遣して降服させ、そのことを後梁に奏上しているのである。高万興が恣意でおこなった攻撃ではないことがわかる。高行存はおそらく塩州土着の豪族で、かつての高万興が延州で馬軍都指揮使になっていたのと同様に李継直のもとでしかるべき軍職を得ていたのであろう。刺史になったものの岐の攻勢が激化したことにより、再び岐にしたがうことによって延命を図るようになっていたのではなかろうか。その高行存を韓遜ではなく高万興が攻撃したのである。韓遜は劉知俊の攻勢で体力を消耗し、塩州に手を出せる情況にはなかったのであろう。また夏州定難軍節度使李仁福も開平四（九一〇）年に晋、岐の大軍に夏州を攻撃され、後梁の救援軍によって辛くも死地を脱したばかりである。とても塩州に出兵する余裕はなかったであろう。塩州は『資治通鑑考異』（巻二八）乾化元年一一月の条の高行存降服の記事で「下云、塩州与吐蕃党項犬牙相接。為二境（羌の誤りか）咽喉之地。又烏池塩醝之利。戎羌意未嘗息。」といっているように、塩州の獲得如何は周辺の藩鎮にとってはその勢力伸張に測りしれない利益をもたらすはずである。高万興の塩州攻撃はこのような情況でおこなわれたのである。高行存は前任の李継直と異なり殺されもせずに降服している。つまり実際には戦闘はおこなわれていなかったのである。両者が同じ「高」姓を名乗っているところから高万興と高行存は同族と考えて大過なかろう。労せずして高万興一族は延、丹州、鄜、坊州、そして塩州に勢力を張る大藩鎮に成長したのである。乾化二（九一二）

年、太祖朱全忠が仮子朱友珪に殺された後も高兄弟は後梁の節度使としての地位を遵守していた。そして『資治通鑑』（巻二七〇後梁紀五）貞明四年四月己酉（七日）の条に、

保大軍節度使高万金卒す。癸亥（二一日）、忠義節度使高万興を以て保大節度使を兼ねしめ、并びに鄜、延に鎮せしむ。

とあるように、貞明四（九一八）年に高万金が死亡すると兄高万興は保大節度使も兼ねるようになり、単独で延、丹州、鄜、坊州を支配するようになったのである。『旧五代史』の同人伝には「累加至太師、中書令、封北平王」とある。高万興は文字通り河西の重鎮として後梁の戦力の一半を担っていたのである。しかし、後梁、後唐の交替に際しては何ら史料上に触れるところがないことから、高万興は勢力の温存を計っていたのであろう。その証拠に『旧五代史』に続けて、

荘宗、河洛を定む。万興来朝し、郊礼陪位に預る。既にして鎮に還り、また旧爵を以てこれを授く。

とあるように、高万興は変わり身の早さを表わし、後唐が建国されるや自ら荘宗のもとに趣き郊礼陪位に与り旧爵を安堵されている。しかし、河西にタングート系の巨大藩鎮が鎮座することは沙陀政権にとってはもとより認められるものではなかった。高万興が同光三（九二五）年一二月に卒し、子の高允韜が後継者になると（『資治通鑑』巻二七四）、それを契機に荘宗が高氏の勢力削減を図ったことは当然で、保大節度使の地位は睦王李存乂に奪われている（『資治通鑑』同巻）。天成元（九二六）年四月、荘宗が殺され、明宗李嗣源が即位すると、その六月に延州留後に留め置かれていた高允韜は、ようやく延州節度使を許された（『旧五代史』巻三六唐書一二明宗紀第二）。しかしそれも束の間、『旧五代史』同人伝に、

長興元年、邢州に移鎮す。この頃、右竜武統軍に為る。未だ幾ばくならずして滑州節度使を授く。清泰二年八月、任に卒す。年四十二。詔して太師を贈る。

とあるように、明宗の大規模な藩鎮更迭策にしたがって高允韜は父祖伝来の地である延州から引き離され、遠く離れた邢州や滑州を転々とさせられすっかり牙を抜かれてしまったのである。しかし、高允韜が本拠地を去ったからといって、高一族が根こそぎに河西から移動させられたのではなかったようである。『旧五代史』（明宗紀第四）には天成二年一二月に前鳳翔留後高允貞を右監門上将軍にした記事があり、岐の方面に勢力を持つ高一族が存在していたことがわかる。

そして、時は移り後漢建国の天福一二（九四七）年になると、かつて保大節度使を勤めた高万金の子の高允権が再び延州の帥として登場するのである。『旧五代史』（巻一二五周書一六列伝第五）の高允権伝には彼の経歴と挙兵の情況を詳しく記して、

高允権、延州の人。……允権すなわち万金の子なり。将門に出ると雖も、武芸を閑《ならわ》ず、起家（出世）して義川主簿に為り、膚施県令を歴て、秩を罷め延州の第に帰る。晋の開運末、周密を以て延帥に為す。延に東西二城有り、その中は限るに深澗を以てす。契丹闕を犯すに及び、一日、州兵乱れ密を攻む。密東城を固守す。乱兵すでに帥無し、また敢て帥と為る者無し。或るもの曰く、「高家西宅の郎君を取り帥と為が可《よき》なり」と。この夜未曙、允権まさに寝す。乱軍闥（小門）を排《おしひらき》し、留後事を知すことを請い、遂に西城に居し、密と相拒むこと数日。河東、供奉官陳光穂を遣わし河西を宣撫す。允権すなわち支使李彬を遣わして表を太原に奉ず。周密東城を棄て去る。漢祖、使を遣わし就いて允権に検校太傅を加え、よりて旄鉞を正授す。

とある。高允権は将門の出であるにも拘わらず武芸を習わず、義川（丹州）主簿や膚施（延州）県令など文官の道を歩んでいる。このことは本節の最初に高万興兄弟を取り上げた際に紹介した曹国珍伝の記述とも合致し信憑性が高い。しかし、真相は延州に残留した以上、無用な疑いを招くような行動を慎みひたすら雌伏して時節の到来を待っていたのであろう。留後就任に関してはあたかも乱兵に祭り上げられたかのように受身のかたちで記されているが、この部

分に関しては事実ではあるまい。それというのも、同じ事件を取り上げた『資治通鑑』（巻二八六後漢紀一）天福一二年二月己卯（二三日）の条の割注で胡三省は高允権について極めて詳細な注釈を掲載してくれている。その全文を掲載すると、

考異に曰く、周太祖実録は「允権膚施令に為る」と。陥蕃記に云う「前録事参軍、田里に退居す」と。漢高祖実録に云う「允権、延州令に為る。周密、允権は故将の子を以て、辺人と締結するを恐れ、移して州主簿に為す。密は後、闇を以て党下惟《もっぱら》誅掠これ務む。允権、その民怨に乗じ、時に言を以てこれを間《はな》す。また親党を遣わして潜に諸部に構え、衆心遂に搖ぐ」と。広本云う「允権、延州令に為るも、密、徙して録事参軍に為す」と。今これに従う。周太祖実録また曰う「契丹、闕を犯す。周密を以て延帥に為す。」と。晋少帝実録を按ずるに「開運三年八月辛未（一三日）、右竜武統軍周密を以て彰武節度使に為す」と。契丹の授ける所に非ず。今、漢高祖実録に従う。

とある。これを要するに高允権は膚施（延州）県令を勤めていたが高万金の子であるところから辺人すなわち周辺のタングートと結合することを恐れた彰武（延州）節度使の周密に疑われ、録事参軍に遷されたようである。ところが、その対応に不満を持った高允権は職を辞して延州西城にある自邸に退居したのである。そして延州生え抜きの豪族として周辺のタングートに大きな影響力を保持していたのである。高允権は周密の秕政に不満を持つタングート諸部族と密かに連絡をとり蹶起の機会を窺っていた。そして晋漢鼎革の混乱を利用して挙兵に踏み切り、まずは自邸のある延州西城を確保して延州留後に納まり、配下の李彬を太原に派遣して劉知遠の承認を求めたのである。高允権は蕃部系の節度使としては他の多くの節度使と違って、武略ではなく、いうなれば知略によってその地位を得た異色の節度使であったのである。このようにして、およそ二〇年ぶりに延州に高一族の節度使が復活したことは、夏州定難軍節度使の拓抜李氏の神経を過敏にさせたことは前述したところである。高允権が能動的に延帥の地位を希覬していたこ

とは節度使就任の翌年に発生した劉景巖一族の鏖殺事件からも窺い知ることができる。劉景巖については『新五代史』（巻四七雑伝第三五）に本人伝が掲載されている。冒頭に、

劉景巖、延州の人なり。その家素より富み、よく貲を以て豪俊と交游す。高万金に事え部曲に為る。その後丹州刺史に為る。晋の高祖、兵を太原に起こし、唐の廃帝、民に調して七戸ごとに一卒を出し義兵に為す。延州節度使楊漢章郷民を発し京師に赴き、まさに行かんとして、景巖、人を遣わしてこれを激怒す。義兵、乱れ漢章を殺し、景巖を迎えて留後に為す。晋高祖即位し、すなわち景巖を節度使に拝す。

とあり、劉景巖も延州の土豪であり、高万金に仕えて部曲になっていた。高万金が死亡し、高万興も延州から追われると延州における高一族の影響力は一時衰退していたのであろう。折から晋の高祖石敬瑭が挙兵すると、劉景巖はそれに乗じて後唐の廃帝が徴発した義兵を唆し延州節度使楊漢章を殺害し留後に納まり、高祖石敬瑭より延州節度使に任じられているのである。同伝によると劉景巖は従事の熊皦に図られ、延州から遠ざけられ保義（陝州）、武勝（鄧州）節度使を転々とするが、開運三（九四六）年に太子太師をもって致仕し、周密が延州節度使になった頃延州に戻っている。つまり劉景巖は高允権に先立って主家がかつて手に入れた延州節度使の地位を襲っていたのである。同伝にはさらに、

允権の妻劉氏、景巖の孫女子なり。景巖、良田甲第、僮僕甚だ盛。党項司家族近郊に畜牧し、尤も富強なり。景巖これと往来す。允権、頗るこれを患う。允権の妻歳時帰省し、景巖謂いて曰く「高郎は一県令、而してこの州を有す、それ保つ可けんや」と。允権益々これを悪む。而して心はまたその田宅を利とす。

とある。劉景巖はかつての主家と婚姻を結べる立場を得ただけではなく、主家を完全に圧倒しているのである。特に史料中に劉景巖が富強を誇るタングートの司家族と往来している記述は見過ごせない点である。このことは劉景巖や高允権の出自がタングートであることを間接的に物語っているといってよかろう。すでに漢人化した劉景巖の武力の

みならず財力には、いまだ熟戸化しきっていないタングート諸部族がその基盤になっていたことを示しているのである。因みに司家族については他に史料を欠き実態は不明としかいいようがないが、第二部第三章第四節で述べるように、後に李継遷と激しく対立した金明寨に拠る李継周等東山部タングートと関連しているのかもしれない。高允権は己の財力的ならびに武力的基盤を確保するためにも劉景巖の存在を排除せざるを得なかったのである。『旧五代史』（巻一〇一漢書三隠帝紀上）乾祐元年一二月辛卯（一七日）の条に、

延州節度使高允権奏し「都頭李彦、李遇等の告を得るに、太子太師致仕劉景巖、郷軍指揮使高志と草寇（小盗人）を結集し、臘辰を取り州城を窺図せんと欲す。」と。ついで使臣に請い指揮使李勳と、聊《ねがい》て兵士を将いて巡検偵邏す。劉景巖果して兵を出し闘敵し、時にすなわち殺敗し、それ劉景巖はついでこれを獲斬す。詔して曰く「劉景巖年已に衰暮、身は退閑に処すも、曾て止足の心無し、すなわち苞蔵の毒を肆にして、徒党を結集し、藩垣を窺伺す。頼る所は上将の輸忠、三軍協力して、尽く醜類を除き、渠魁を克殄せん。」と。

とある。劉景巖が郷軍指揮使高志と草寇を結集して州城の攻略を謀ったとして、兵を将いて巡検偵邏して劉景巖を挑発してその一党を族滅したのである。劉景巖側に不穏な動きがあったように記されているが、『新五代史』の記述を踏まえて勘案すると劉景巖は高允権の策略に乗せられたことは疑いあるまい。高允権は隠帝のお墨付きを得ているところなど、周到な計画にもとづいて劉景巖一族を滅ぼしたのである。あくまでも自己の正当性を周辺のタングート諸部族に顕示する必要性があったのであろう。翌乾祐二（九四九）年九月、大規模の授官がおこなわれ、霊州馮暉、夏州李彝殷が中書令を加えられたのに対して高允権は検校太師を加えられている（『旧五代史』隠帝紀中）。さらに、漢周交替にも巧みに身を処し、広順元（九五一）年、太祖郭威より侍中を加えられている（『旧五代史』周書一太祖紀第一）。しかし、高允権は脚膝の病で広順三年に病没し、それを契機に延州における高氏の支配力は急速に衰えていく。『資治通鑑』（巻二九一後周紀二）広順三年閏正月戊戌（一七日）の条に続けて、

彰武節度使高允権卒す。その子牙内指揮使紹基、父の位を襲うことを謀り、詐りて允権疾病（危篤）し、己を表して軍府事に知すと称う。観察判官李彬切諫す。紹基怒りてこれを斬る。辛巳、彬の謀反を以て聞す。[13]……高紹基屢々奏し、「雑虜辺を犯す、冀わくば承襲を得ん。」と。帝、六宅使張仁謙を遣わして延州に詣り巡検す。紹基、匿能わずして始めて父の喪を発す。

とある。宿老の李彬の諫言にしたがわずに彼を殺したことが、結果的に高紹基の身の破滅を招いてしまう。史料中に「雑虜が辺を犯す」とあるのはあながち方便でもなさそうである。「雑虜」とは前節で触れた明宗による李彝超更迭問題に絡んで夏州定難軍救援に動いた「雑虜」と同じ表現であり、いうまでもなく周辺のタングート諸部族等を指している。父の高允権が劉景巖を謀殺したことなどを勘案すると、延州附近のタングート諸部族に対する高氏の求心力は低下していたのであろう。太祖郭威はこの機会を捉えて延州節度使の交替を強行する。『資治通鑑』同二月末尾の条に、

帝、折従阮に命じて兵を分かち延州に屯す。高紹基始めて懼れ、屢々貢献有り。また供奉官張懐貞に命じ禁兵両指揮を将いて鄜延に屯せしむ。紹基すなわち悉く軍府事を以て副使張匡図に授く。甲戌（二四日）、客省使向訓を以て延州を権知せしむ。

とある。こうして延州節度使に返り咲いた高一族も、わずか七年をもって再びその地位を逐われ、以後、みたび復帰することはなかったのである。

さて、高紹基を節度使の地位から追い落とす役割を担ったのが折従阮であった。その折氏については第一章註(19)の畑地正憲氏の論文に折氏の出自、五代、北宋朝との関係、役割などが論じられている[14]。本節では五代に的を絞って畑地正憲氏とは異なった観点から折氏一族の動向をまとめておきたい。折氏については本節の冒頭で触れたように五代におけるタングートの大姓であった。その折氏について、『旧五代史』（巻一二五周書一六列伝第五）折従阮伝

に、

> 代々雲中に家す。父嗣倫は麟州刺史に為り、太子太師を累贈す。従阮性温厚、弱冠にして父の喪に居り、孝を以て聞こゆ。唐の荘宗初めて河朔の地を有し、代北諸部の屢々辺患を為すを以て、従阮を起こし河東牙将に為し、府州副使を領せしむ。同光中（九二三〜二六年）、府州刺史を授く。長興初（九三〇年）、入朝す。明宗、従阮が辺事に洞習するを以て、検校工部尚書を加え、また府州刺史を授く。

とある。畑地正憲氏は右史料や『宋会要輯稿』（第一九五方域二〇）府州の項、その他を引き合いに出しておきながら折従阮の一族を代々府州土着の大族としているが、この点に関しては誤解があるようである。折従阮の一族は代々雲中すなわち大同に居を定めていたことは明白である。すなわち折従阮の先祖は唐代の後半か、時期は定められないが河東に移住していたのである。ところが、これも本節の冒頭に史料を掲載したが、折驕児、折文通、折願慶などの折氏は「河西部族」などの表現で記されていることからもわかるように河西に居住していたことが確かめられる。つまり、五代のタングートの大姓である折氏一族は黄河南流部の北部両岸一帯に広く族帳を展開していたことがわかる。ところで、折従阮の一族が居住していた大同盆地は唐末、五代の間は沙陀系突厥、わけてもソグド系の部族の集住するところであった[15]。そうすると、折従阮の一族は沙陀系突厥に囲繞されその勢力に強く掣肘されていたことは容易に推測がつく。折氏諸部族の動向が史料上に捕捉できるのは後唐時代になってからで、後梁時代は皆無なのである。このことは後梁時代における折氏諸部族が置かれていた立場を雄弁に物語っている。すなわち折従阮の一族は完全に沙陀勢力の支配下に組み込まれており、後梁の記録に注記される存在ではなかったのである。また、河西居住の折氏諸部族は沙陀勢力や折従阮、そして夏州定難軍にしたがっていたわけでもなく、『旧五代史』の右史料にある「代北諸部屢為辺患」の実体の一部を構成していたのであろう。後梁時代、河西タングート諸部族は後梁と晋の抗争の狭間にあって両勢力の圧力を直接的に受けることが少なかったのである。折氏を含む河西タングート諸部族の朝貢記事や、あるいは騒擾記事が史料上に頻出するようになるのは後唐時代に入ってからである。このことは荘宗、明宗朝における折従阮などの河西タングート諸部族に対する経略と関連していることはいうまでもない。河西タングート諸部族の朝貢記事については、岡崎精郎氏、畑地正憲氏がそれぞれに一覧を掲載しているので[16]重複は避けるが、折氏に関してまとめておくと、上記三名の朝貢に続いて天成四（九二九）年になると折遇明（『新五代史』）と、再び折文通の朝貢（『冊府元亀』）があり、翌年のこととして『冊府元亀』（巻九七六外臣部褒異第三）長興元年の条に、

　十二月、党項折家族五鎮都知兵馬使折文政を以て検校僕射に、党項薄備家族都督薄備撒羅を以て検校尚書（に為す）。

とある。さらに翌長興二（九三一）年に河西党項折七移の朝貢があり（『冊府元亀』）、これをもって折氏諸部族の朝貢記事はなくなる。これを要するに、折従阮による河西折氏諸部族の経略には五鎮都知兵馬使であった折文政の協力があったことが推測でき、長興二年をもって折氏諸部族は完全に折従阮の支配下に組み込まれたのであろう。この他、折従阮の経略は北部河西タングートの薄備氏や来氏にもおよんでおり、薄備家族都督薄備撒羅の授官や来万徳の授官（『冊府元亀』）はその完了を意味しているのであろう。このようにして、折従阮は早くから沙陀勢力にしたがい沙陀勢力が建国した後唐に忠節を尽すことによって府州刺史の地位を確立し周辺タングート諸部族に支配力をおよぼすことを可能にしていったのである。この後、北宋時代を通して折氏の本宗としての地位は折従阮の子孫によって継承されていくが、実にその地位は後唐朝の折従阮の活躍によって確立されていったものと断じて大過なかろう。

　さて、折従阮の消息はこの後、後晋の開運元（九四四）年まで途絶える。これは、『旧五代史』同人伝に続けて、

　晋の高祖起義し、契丹に援立の恩有るを以て、賂するに雲中、河西の地を以てす。従阮これにより郡を以て北属す。既にして契丹、尽く河西の民を徙し以て遼東に実んと欲す。人心大いに擾れ、従阮はよりて険を保ちこれを拒む。晋の少帝位を嗣ぎ、北は辺好を絶ち、すなわち使を遣わして詔を持し従阮に諭して出師せしむ。明年春、

従阮兵を率いて深く辺界に入り、十余砦を連抜す。

とあるように、晋の高祖石敬瑭によって燕雲一六州が契丹に譲渡されたことに絡んで、折従阮も契丹に臣従させられていたために消息が伝わらなかったことによる。右史料後段にあるように、契丹が（北部）河西の民を遼東に徙そうとしたことから、折従阮は遼に反旗を翻し、再び沙陀王朝にしたがうことによって活路を見出していくのである。折従阮はこの後、後漢、後周と王朝の交替を無難に乗り切り、この間に振武軍（麟州）節度使から永安軍（府州）節度使を歴任し、後周に至ると宣義、保義、静難の三鎮を転々とさせられる。そして、この過程で子の折徳扆も世宗によって復活した永安軍節度使を拝命したことは畑地正憲氏の所論（一四八頁）にあるとおりである。このようにして、折従阮はタングートでありながら、ほぼ一貫して沙陀勢力とその後継王朝の側に身を置くことによって父子同時に節鎮の地位を手に入れることに成功したのである。

さて、折従阮が静難軍節度使を拝命したことによって、五代末にもうひとりタングート出身の節度使を誕生させたことを記して本節を締め括りたいと思う。その人物は慶州の大部族野雞族の酋長李万全である。ことの起こりについて、『資治通鑑』（巻二九一後周紀二）広順二年一〇月辛亥（二八日）の条に、

慶州刺史郭彦欽は性貪なり。野雞族は羊馬多し。彦欽故《ことさら》にこれを擾し、以て賂を求む。野雞族遂に反し、綱商を剽掠す。帝、寧、環二州に命じて、兵を合わせてこれを討たしむ。

とある。野雞族がタングートであることは、『五代会要』（巻二九）に「（広順）三年二月、慶州刺史郭彦欽奏し『党項野雞族商旅を掠奪す。』と。」とあることから確認できる。そして、居住地については『旧五代史』（巻一一三周書四太祖紀第四）広順三年五月の条に、右『資治通鑑』に対応する記事を載せ「州北十五里、寡婦山有蕃部、曰野雞族」とあるので慶州の直近に蟠踞していたことがわかる。野雞族の擾乱に寧環二州の兵では太刀打ちできなかったことから、『資治通鑑』同二年一一月の条に、

十一月、辛未（一九日）、保義節度使折従阮を徙して静難節度使に為し、野雞族を討たしむ。

とあるように、急遽、折従阮が静難軍節度使に就任し鎮圧を任されたのである。折従阮が宣義、保義と藩鎮を転々とした理由は畑地正憲氏が指摘する（一四七頁）ように蕃部系藩鎮の抑制策に則っておこなわれたことはいうまでもないが、同じタングートの野雞族の叛乱鎮圧のために静難軍節度使に任命されたことは、折従阮がタングート諸部族の内情に通暁していたことが評価されたのであるが、同時に太祖郭威は折従阮に対しては全幅の信頼を寄せていたこともわかる。『資治通鑑』同三年春正月丙辰（五日）の条に、

折従阮に詔し「野雞族のよく過を改める者は、官に拝し金帛を賜わらん、しからざればすなわち兵を進めてこれを討て。」と。壬戌（一一日）、従阮奏し「酋長李万全等詔を受け誓を立つ。外は自余なお服せず、まさにこれを討たん。」と。

とあるように、広順三（九五三）年正月、折従阮は太祖郭威の命にしたがって利害得失を説き酋長李万全の帰順を得たのである。これにより翌閏月には『資治通鑑』に「戊申（二七日）、折従阮奏し『野雞二十一族を降す。』と。」とあるように、おそらく野雞族はすべて折従阮の経略に服したのである。こうしたこともあって、折従阮の威勢はタングート社会において赫々たるものがあったのであろう。上述した延州節度使高紹基の更迭に関わって、太祖郭威が折従阮を延州に差遣したのはこの直後のことである。躍進著しい折従阮父子の動向にもっとも神経を昂らせたのは夏州定難軍節度使の李彝殷であった。『資治通鑑』（巻二九一後周紀三世宗）顕徳二年春正月の条に、

定難節度使李彝興、折徳扆がまた節度使に為り、己と並び列するを以てこれを恥じ、路を塞ぎ周使を通さず。

とある。折従阮のみならず子の折徳扆までもが節度使を拝命し、あまつさえ夏州定難軍を南北から掣肘する邠州と府州に鎮座したのである。このことは、必然的にタングート社会に新たな権威の出現を意味することになり、夏州定難軍の求心力は一層低下することになるであろう。「塞路不通周使」は李彝殷の必死の抵抗だったのである。

それはさておき、李万全のその後を追ってみる。『旧五代史』（巻一一四周書五世宗紀第一）顕徳元年秋七月戊寅（六日）の条に、

前亳州防禦使李万金を以て鄜州留後に為す。

という記事がある。李万金は李万全の誤写であろう。亳州は安徽省の地名であるところから亳州防禦使は遙任であったと断定してよかろう。太祖郭威は約束にしたがって李万全に亳州防禦使を与えていたが、世宗柴栄は顕徳元（九五四）年に鄜州留後に任じたのである。これは実任がともなったと思われる。というのは、『旧五代史』（巻一二〇周書一一恭帝紀）の顕徳六年八月丙戌（一三日）の条に、

延州留後検校太傅李万全を以て延州節度使に為す。

とあるからである。延州と鄜州はともに洛水流域にあり、かつて高万興兄弟が節度使を勤めていたところである。鄜州留後の李万金と延州留後の李万全が同一人物であることはもはや疑いの余地もなかろう。李万全は鄜州留後からその後、延州留後に転じ、さらに五代最後の年顕徳六（九五九）年に延州節度使になったのである。

三　野利氏と河西タングートの動向

唐代、拓抜李氏に次ぐタングートの大姓として唐王朝に認識されていたのは紛れもなく野利氏であった。野利氏が東山部の実態を形成し、南山部に発展していったことは第一章で触れた。前節で取り上げた府州折氏の祖と思われる折磨布落も八世紀の半ば頃には宜定州刺史として『新唐書』党項伝に登場するが[17]、唐代においてはいまだ大姓としては認知されていなかったのである。その折氏が五代に入り急成長を遂げ節度使の地位を手に入れることに成功した要因は、早くから沙陀勢力と結びつき、歴代の沙陀政権にひたすら臣従していった結果に他ならなかった。五代のタン

グート社会にあっては府州折氏はむしろ特異な存在であったというべきであろう。一方、野利氏が五代においても大姓であったことは前節の最初に引用した『新五代史』党項条の記事からもわかる。ところが、野利氏の動向を示す史料は唐代同様に五代においても寥寥たるものである。このことは野利氏が拓抜李氏や成長著しい府州折氏のように、歴代の五代諸王朝と朝貢や授官を介した公的な関係をほとんど結んでいなかったことの証明でもある。わずかに残されている史料を閲するとむしろ相変わらず五代諸王朝の羈縻に服していなかった情況が浮かび上がってくる。そこで本節では、数少ない史料を補綴してできるかぎり五代の野利氏の実像を解明し、併せてその他の河西タングート諸部族の実態にも迫ってみたい。

五代の野利氏の情報は後梁時代に関しては皆無である。後唐の明宗が即位したその翌年の天成二（九二七）年になって始めて確認することができる。それも筆者が従前述べてきた野利氏の居住地域とは大きく懸け離れた河西回廊からのものであった。『冊府元亀』（巻九七二外臣部朝貢第五、以下『冊府元亀』朝貢第五と略記）、天成二年の条に、

十二月、廻鶻、西界吐蕃、使野利延孫等を発し入貢せしむ。蕃僧四人、蕃書両封を持す。文字未詳なり。

とある。さらに同書（巻九七六外臣部褒異第三）、翌三年正月の条に、

戊辰（二一日）、勅して、吐蕃野利延孫等六人を以て並びに帰徳、懐遠将軍を可《ゆる》す。廻鶻米里都督等四人は並びに帰徳将軍を可す（『旧五代史』巻三九唐書一五明宗紀第五略同）。

とある。「廻鶻」が前後の時代的状況を考慮すれば甘州ウイグルを指すことは改めていうまでもなかろう。(18) そうすると甘州ウイグルとともに使者を派遣することができた「西界吐蕃」もおのずから特定することができよう。甘州から中原を目指す交易ルートはともに河西回廊を構成する東隣の涼州を通過することは論を俟たない。涼州は五代の頃から「西涼府」の名称で知られ、河西チベット族の一大集住地であった。『冊府元亀』の外臣部に記載される「吐蕃」がすべて同一のチベット族勢力を示しているとは考えられないが、右史料に登場する「西界吐蕃」が西涼府居住の河

西チベット族を指すことは疑いない。そのことは後述する史料からも判明するであろう。甘州ウイグルと西涼府居住の河西チベット族の使者として野利延孫という人物がウイグルの米里都督や蕃僧らをともなって後唐に入貢しているのである。「蕃書両封」とはウイグル語とチベット語の書簡を意味していると解釈してよかろう。都合一〇名が帰徳、懐遠将軍を授けられていることや蕃僧四名がしたがっている点などを考慮すると、このたびの朝貢は本格的なものであったと考えてよかろう。ウイグルと吐蕃合同の朝貢は後梁の太祖朱全忠の乾化元（九一一）年以来のことである。[19]この間、ウイグル単独の朝貢は二度おこなわれているが吐蕃の朝貢は記録がない。このたびの使節団の派遣は、後梁が滅亡し後唐の荘宗政権が成立したことによって拓抜李氏や河西タングートの朝貢が堰を切ったかのようにおこなわれたことと無関係ではなかろう。河西回廊に位置するウイグルとチベット勢力としては朝貢貿易の復活を翹望する気持ちは一入のものがあったであろう。タングート勢力に後れをとるまいという判断が働いていたのである。ウイグルと吐蕃は天成三年の九月にも「遣使貢献」しているが、[20]天成四（九二九）年は『冊府元亀』朝貢第五、天成四年九月の条に、

西涼府蕃官撥心、吐蕃首領撥里忙布藺氈等並びに来朝す。

とあるように西涼府居住の河西チベット族が単独で朝貢している。以下、同書にもとづいて両者の朝貢をまとめると、翌長興元（九三〇）年にはウイグルが二月と一二月に単独で朝貢して、吐蕃も四月と九月に朝貢しているが、西涼府との関連を確認することはできない。翌二年になると一〇月に再び西涼府蕃官撥心の朝貢があり、一二月になると、「西涼府及び廻鶻使安末思、渤海使文成角並びに来りて朝貢す。」と合同の朝貢が記載されている。そして翌三（九三二）年になると『冊府元亀』（巻九七六外臣部褒異第三）長興三年の条に、

三年正月、渤海、廻鶻順化可汗、吐蕃各々使を遣わして朝貢す。涼州奏して「将吏に状有り、朝廷の命帥を請う。」と。兼ねて方物を進む。諸蕃使各々賜物に差有り。

と、渤海、廻鶻そして吐蕃の朝貢記事があり、続けて、

三月丙申（一四日）、廻鶻朝貢使都督拽祝を懐化将軍に為し、副使印安勒を懐化郎将に、監使美梨を懐化司候に、判官裴連児を懐化司階に（為）す。己亥（一七日）、吐蕃朝貢使左廂首領右千牛衛将軍同正野利閭心を以て帰徳大将軍に為し、右廂首領籛心を懐化郎将に為し、中廂首領李琪読帰利を司候に、重雲都督対児六、突児鶏を並びに帰徳司階に為す。

とある。この授官記事が正月におこなわれたウイグルとチベットの朝貢使節に対する褒賞であることはいうまでもない。そして、ここに左廂首領右千牛衛将軍同正野利閭心なる人物が吐蕃朝貢使として登場するのである。正月の記事に「吐蕃各々使を遣わして朝貢す。涼州奏して……」とあるところから、「吐蕃」とは西涼府居住の河西チベット族を指すことは明白である。そして野利閭心が五年前の天成二年に朝貢した野利延孫と同族であることは常識的に考えて何の問題もなかろう。野利延孫と野利閭心の関係については他に史料を欠き推測の域を出ないが、両名がわずか五年の間隔で朝貢していることから同時代の人物で、野利延孫が帰徳将軍を授けられたのに対して、野利閭心は左廂首領として右廂、中廂首領をしたがえて朝貢し帰徳大将軍を授けられている点を考慮すると、野利閭心が西涼府における後唐時代の野利氏の中心人物であったのではなかろうか。それは措き、ここで問題とすべきことはここに登場する野利氏が、同姓だからといってタングートの大姓として知られ、河西タングート族を代表する南山部野利氏の一員として認知してよいのかということである。五代から宋代の初期にかけて、西涼府すなわち涼州やその近辺にタングート勢力が多数存在していたことは以前触れたところである。(21) しかしながら五代以降、野利氏と西涼府を直接的に関連づける史料は『冊府元亀』の右史料を除いて存在しない。ところが、その一方でタングート族の中にあって野利氏が古くから吐蕃と密接な関係を持っていたことは紛れもない事実なのである。すでに第一章第三節で詳述し、史料は再掲になるが、『新唐書』党項伝に八世紀半ば過ぎのタングート大姓の実態を記した記事中に、

これより先、慶州には破丑氏族三、野利氏族五、把利氏族一有り、吐蕃と姻援す。賛普、悉くこれを王とし、これにより辺を擾すこと凡そ十年。子儀、工部尚書路嗣恭を表して朔方留後に為し、将作少監梁進用を押党項部落使に為し、行慶州を置き、かつ言えらく「党項陰かに吐蕃と結び変を為す、使者を遣わし招慰し、その反謀を芟くべし。よりて進用をして慶州刺史に為し、邏を厳にして以て吐蕃往来の道を絶たん。」と。代宗これを然とす。また表して静辺、芳池、相興三州都督、長史、永平、旭定、清寧、寧保、忠順、静塞、万吉等七州都督府を置く。ここにおいて破丑、野利、把利三部及び思楽州刺史拓抜乞梅等皆入朝す。宜定州刺史折磨布落、芳池州野利部並びに綏、延州に徙る。

とある。野利氏は八世紀の半ば頃破丑氏、把利氏とともに吐蕃にしたがい「野利王」の地位を与えられていたことがわかる。右史料では野利氏は代宗の経略にしたがって拓抜乞梅や破丑氏、把利氏とともに入朝し、吐蕃との関係は断たれたかの感がないでもないが、その後の野利氏の動向を勘案すればチベット勢力との繋がりはこれ以後も連綿として続いていたと考えてよかろう。後に詳しく述べるが、野利延孫が入貢した翌々年の天成四（九二九）年のことであるが、『資治通鑑』（巻二七六後唐紀五）同年一一月の条に、霊州奪還を命じられた康福の遠征に関して、

康福、行きて方渠に至る。羌胡、兵を出し福を邀る。福、撃ちてこれを走らす。青剛峡に至り吐蕃野利、大虫二族数千帳に遇う。皆唐兵の至るを覚らず。福、衛審峹を遣わし掩撃し大いにこれを破り、殺獲殆んど尽く。[22]

とある。涇水最大の支流環江の最上流部に位置する青剛峡において大虫族とともに吐蕃野利族が攻撃を蒙っているのである。数千帳が襲われ、『旧五代史』では「獲牛羊三万」と記されていることから判断して、ここで登場する野利氏は筆者が再三触れる慶州一円に展開していた南山部野利氏を指すことは明白である。その野利氏に対して「吐蕃」が冠せられているのである。これは、五代に至っても野利氏がチベット勢力と深い関わりを維持していたことを示しているのではなかろうか。この考えをさらに強める材料が、ちょうど一〇年後のことで『冊府元亀』（巻九八七外臣部

征討第六、以下、『冊府元亀』征討第六と略記）に載せる、

晋の高祖天福四年八月、西蕃辺を寇す。涇州節度使張彦沢、その大首領野离王子羅蝦独を獲る。

という記事である。同じ事件を『新五代史』（巻八晋本紀第八高祖）の同年八月の条には、

西戎涇州を寇す。彰義軍節度使張彦沢これを敗る。その首領野離羅蝦独を執う。

とある。野离、野離は野利の同音異字訳である。その野利氏が「党項」ではなく通常チベット族を指す「西蕃」、「西戎」という表現で記載されているのである。『新五代史』によれば涇州に侵入したとあるところから、ここで述べられている野利氏も『資治通鑑』に登場する野利氏と同一の集団と考えて問題あるまい。その（大）首領の野利羅蝦独が『冊府元亀』にしたがえば「王子」を称しているのである。唐や五代諸王朝が野利氏に対して「王子」号を賜与した記録は存在せず、この称号はかつて吐蕃王朝より与えられた「野利王」に淵源するものと解釈するのが妥当であろう。五代になっても野利氏の本宗はその伝統を踏襲し「王」ないしは「王子」を自称していたのではなかろうか。夏州拓抜李氏はもとより他のタングート諸大姓に比較して、野利氏は五代を通じて河西チベット族と深い関わりを維持していたのである。

論述を戻すと、宋代初期の西涼府に多数のタングート族が居住していた事実を考え合わせると、野利氏は環、慶州一円を本拠地としながら、その一部はチベット勢力とともに涼州にも居住し、同地のタングート諸部族に相当な影響力を保持していたのではなかろうか。西涼府居住の野利氏は五代初期、左、右、中廂に分かれていた西涼府の左廂に属しており、野利闍心が左廂首領として前述したように右廂、中廂首領をしたがえて朝貢し帰徳大将軍を授けられていることから考えると、野利氏はこの時期、西涼府にあってタングートの代表的な勢力として力を誇っていたことがわかる。しかし、同時に野利闍心が左廂首領と記され左廂大首領とは記されていない点にも注目する必要があろう。このことは野利闍心が左廂に属していたであろう雑多な諸部族に支配的な権力を持っていたとまではいえないのでは

なかろうか。そのように考えて『資治通鑑』を繙くと、野利閭心らの朝貢の翌年のこととして、(巻二七八後唐紀七)長興四年二月戊申(二日)の条に、

涼州大将拓抜承謙及び耆老上表し、権知留後孫超を以て節度使に為さんことを請う。上、使者に問う「超は何人為るか」と。対えて曰く「張義潮河西に在り、朝廷は天平軍二千五百人を以て涼州を戍らす。黄巣の乱より、涼州は党項の隔つ所と為り、鄆人は稍稍物故し、皆尽く。超及び城中の人は皆その子孫なり。」と。

という記事が目に止まる。拓抜承謙は姓から考えて、李姓を与えられていないタングート拓抜氏の傍流で、当時、涼州に族人とともに居住していたものと考えてよかろう。その拓抜承謙が涼州大将を名乗って耆老ともども漢人の孫超の節度使就任を願い出ているのである。図らずも、この史料と野利氏の朝貢記事を考え合わせると当時の西涼府の情勢に関して二つの興味深い事実が浮かび上がってくる。ひとつは西涼府に居住するタングート族の中心的な勢力は南山部を構成していた野利氏の一族だけではなく、平夏部の拓抜氏も同時に政治的影響力を保持してその一角を占めていたということである。永年にわたって相容れないタングートの二大大姓の拓抜氏と野利氏の一族が河西回廊の要衝である西涼府にそれぞれ勢力を張っていたのである。オルドスから遥か西方の涼州に揃って両者が拠点を置く理由は、西域諸国の朝貢貿易と切り離して考えることはできない。甘州から涼州に到達した西域諸国の朝貢使節団は、さらに涼州から中原に至るには必然的にチベット族や、特にタングート族が多数居住する地域を通過しないわけにはいかないのである。そうすると、かなりの代価を提供してでも安全にタングート勢力圏を通過するためには、朝貢ルートを掌握しているしかるべきタングート族の有力勢力に依存してそれを嚮導役にせざるを得なかったはずである。野利氏や拓抜氏が西涼府に族帳を展開する理由は単に生活の場を確保するためだけではなく、より重要な要因として朝貢貿易の嚮導役として利潤を得ることにあったことは間違いないのである。野利延孫や野利閭心など西涼府居住の野利氏は環、慶州一円を本拠地とする南山部野利氏本流と密接な連携のもとに朝貢ルートのひとつを掌握していたのである。

一方の拓抜承謙はそれではどのようなタングート勢力と提携して朝貢ルートを維持していたのであろうか。野利氏同様に拓抜氏の同族にその存在を探し出すのが定石であろう。そこで注目を惹く人物が拓抜彦超である。『資治通鑑』（巻二八二後晋紀三）天福四年春正月の条に、

朔方節度使張希崇卒す。羌胡寇鈔しまた畏憚無し。甲寅（一二日）、義成節度使馮暉を以て朔方節度使に為す。党項酋長拓跋彦超は最も強大を為す。暉至り、彦超入賀す。暉厚くこれを遇し、よりて城中に治第を為り、その服玩を豊にし、これを留めて遣わさず。封内遂に安ず。

とある。後晋の高祖石敬瑭の天福四（九三九）年の時点で、霊州方面において拓抜彦超というタングートの酋長が最大の勢力を誇っていたのである。拓抜彦超も李姓を賜与されなかった拓抜氏の傍流であることは間違いない。五代、夏州拓抜李氏を囲繞するように各地に拓抜氏の傍流が族帳を展開していたのであろう(23)。おそらく拓抜承謙は霊州方面に勢力を張る拓抜彦超か、その先代と連携して、野利氏ルートよりさらに北方にもうひとつの朝貢ルートを確保していたのではなかろうか。野利延孫や野利閭心の朝貢はまさしく野利氏ルートを利用したものであり、そのことは同時に野利氏本流に多大な利益をもたらしたことはいうまでもない。拓抜承謙の上表は孫超の節度使就任を方便に、その実は朝貢ルートの奪取にあったのである。野利氏ルート、拓抜氏ルートのいずれを採用しても西域諸国は朝貢物資の相当量をタングート勢力に代価として掠め取られていたわけであり、言い換えればタングート勢力にとっては朝貢ルートの独占は勢力伸張の絶好の栄養源であったのである。『資治通鑑』（巻二七七後唐紀六）の長興三年の条に、

三年春正月、枢密使范延光言う「霊州より邠州方渠鎮に至る、使臣及び外国入貢者、多く党項の掠する所と為る。請う、兵を発しこれを撃たん。」と。

とある。拓抜彦超が勢力を張っていたのは霊州方面である。そして方渠鎮は環州と慶州の中間に位置し野利氏本流が支配する地域である。朝貢ルートは完全にタングート勢力に制圧されていたことがわかる。さらに、同じく（巻二七

九後唐紀八）の清泰元年七月丁未（九日）の条に、

回鶻の入貢者は多く河西雑虜の掠するところと為る。詔し「将軍牛知柔は禁兵を帥い衛送し、邠州の兵と共にこれを討て。」と。

とある。この史料は朝貢を果たして見返りの物資を本国にもたらす復路においてもウイグルがタングート勢力の劫掠にあっていることを示している。ウイグルなど西域諸国の朝貢記事を閲すると野利氏や拓抜氏の影を見ないものも多くあるが、実際はこれらのタングート勢力に代価を支払っての朝貢であったことは間違いなかろう。もし、一切の代価の支払いに応じなかった場合は朝貢物資はタングート勢力に全没し、使節団一行の生命も保ち得なかったであろう。

拓抜承謙上表の史料からもうひとつ読み取れることは五代半ば頃の西涼府の地勢図である。上掲の史料からわかるように野利延孫は西界吐蕃の使者として遣わされている。また野利閭心は吐蕃朝貢使と記されている。野利氏の入朝は常に吐蕃、すなわち西涼府に蟠踞する河西チベット族と行動をともにしているのである。このことは上述したように野利氏とチベット族との関係が唐代から一貫して継続していたことを示している。また、『冊府元亀』や『旧五代史』、『新五代史』に掲載されている西界吐蕃ないしは西涼府吐蕃と特定できる河西チベット族が野利氏以外のタングート族や他の民族を嚮導役にしている例は確認することはできない。こうしたことから判断すると西涼府において河西チベット族は野利氏と結合して一大勢力を誇示していたのであろう。一方、拓抜承謙は耆老とともに権知留後の孫超を節度使にしようとしている。孫超や涼州城内の人は皆唐代に涼州防衛のために鄆州から派遣された天平軍二千五百人の子孫とある。耆老というのもそうした漢人の宿老を意味するのであろう。『資治通鑑』の長興四年の記事に対応する内容が『旧五代史』（巻一三八外国列伝第二）吐蕃に、

唐の長興四年、涼州留後孫超、大将拓抜承謙及び僧道士耆老楊通信等を遣わし京師に至らしむ。明宗、孫超を節度使に拜す。

と記載されている。耆老の具体的な人名が楊通信という漢人であることが知られる。つまり拓抜承謙は西涼府の中心である涼州城内に居住する漢人勢力や宗教勢力と手を握り、その中心人物である孫超を擁立して西涼府の覇権を掌握しようとしていたのである。拓抜承謙が上表したのは長興四年のことであるが、上掲の『冊府元亀』外臣部長興三年の条に、「……吐蕃各々使を遣わして朝貢す。涼州奏して『将吏に状有り、朝廷の命帥を請う』と。」とあるのはその前年のことである。この記事は拓抜承謙や漢人勢力のこうした動きに危機感を募らせた河西チベット族が拓抜承謙らを牽制する目的でおこなったことを示している。すなわち、九三〇年代、西涼府は河西チベット族と結びつく野利氏に対して、漢人勢力と拓抜氏が提携して主導権をめぐって激しく対峙していたことがわかる。そしてこの対立の最大の要因が朝貢ルートの独占にあったことは前述したとおりである。

さて、時代は四年ほど遡るが、第一節でも触れたように世襲藩鎮のひとつであった霊武朔方軍において、天成四（九二九）年、節度使韓洙が死亡して弟の韓澄が留後になったことをきっかけに定遠軍使の李匡賓が保静鎮に拠って叛乱を起こした。明宗は韓澄の求めに応じて速やかに征討軍の派遣を決行した。李匡賓の叛乱が夏州定難軍と結合することを虞れたことも理由のひとつとして考えられる。また、霊州から賀蘭山にかけてはタングート族が多数居住している。それらが跳梁することも充分に予想されたであろう。征討の役割を担わされた人物が康福であったことも前述したとおりである。明宗はこの後、大規模な藩鎮の異動を強行しており、康福の征討軍派遣の目的が単に李匡賓の叛乱鎮圧にあったのではなく、この機会を捉えて霊州に沙陀系藩鎮を樹立することにあったことはいうまでもない。しかし、明宗の構想としてはこの際、河西回廊におよぶ支配力の獲得を目指すという遠大なものであったようである。その証拠は『旧五代史』（巻九一晋書一七列伝第六）康福伝に、

制して、福に光禄大夫検校司空、行涼州刺史充朔方河西等軍節度、霊威雄警甘粛等州観察処置管内営田押蕃落温（塩の誤り）池権税等使を加う。

とある。康福は涼州刺史、朔方、河西軍節度使に加えて甘、粛等州観察処置使も拝命しているからである。そして、征討軍の派遣は必然的に河西タングートが多数居住する地域を通過せざるを得ないわけであるから、その派遣は前提として河西タングート諸部族との戦闘をも意味していたのである。すなわち、康福の派遣は涼州から中原に至る朝貢ルートを完全に掌握するという狙いがあったのである。ところで康福の任命は明宗の権臣安重誨の嫉心にもとづいていた。『資治通鑑』（巻二七六後唐紀五）天成四年一〇月の条に、将帥の人選を記して、

前磁州刺史康福は胡語を善くす。上、朝を退くや多く召し便殿に入れ、訪るに時事を以てす。福、胡語を以て対う。安重誨これを悪み、常にこれに戒めて曰く「康福よ、汝はただ妄りに事を奏す。会当《かならずまさ》に汝を斬るべし。」と。福、懼れて外補を求む。重誨、霊州は深く胡境に入り、帥と為る者多く害に遇うを以て、戊戌（三日）、福を以て朔方河西節度使に為す。福、上に見え、涕泣してこれを辞す。上、重誨に命じて福の為に它鎮に更えんとす。重誨曰く「福、刺史より功無く節を建てる、尚また何を求めん。かつ成命已に行われ、以てまた改め難し。」と。上、已むを得ず福に謂いて曰く、「重誨肯ぜず、朕の意に非ざるなり。」と。福辞して行く。上、将軍牛知柔、河中都指揮使衛審峹等を遣わし兵万人を将いてこれを衛送す。審峹は徐州の人なり。

とある。康福はいうなればお伽衆として明宗の寵愛を得ていた人物で、『旧五代史』の康福伝にも、「福、軍功無く、明宗の竜躍に属し、際会の幸有り、小校より擢んで暴して貴人と為る。毎食羊の全髀に非れば飫腹する能はず。士大夫と言を交わすも、懵《おろか》にして別つところ無し」と酷評している。どうみても決死の征討軍の将帥の器ではなかった。明宗は泣いて固辞する康福を説得し、将軍牛知柔、河中都指揮使衛審峹にこれを衛送させたのである。康福の征討軍は予想どおり途中で河西タングートの邀撃に遇うがこれを斥け、あまつさえ青剛峡において衛審峹が野利、大虫二族の不意を衝き大勝利を収めたことは上述のとおりである。その結果、『資治通鑑』同年一一月の条に続けて、「これにより、威声大いに振い、遂に進んで霊州に至る。これにより朔方始めて代を受く」とあり、韓澄を更迭し康福が朔方

軍節度使に就任したのである。康福は翌長興元（九三〇）年三月、保静鎮を克し李匡賓を斬り、[24] さらに蕃賊二千人を殺戮し、[25] 霊州朔方軍を完全に手中に収めたのである。「蕃賊二千人」の殺戮は李匡賓の討伐に関連して発生したことはいうまでもない。「蕃賊」と明記されているところを見ると、その実態は保静鎮との位置関係から考えると黄河流域、賀蘭山東麓に族帳を展開するタングート族を指すことは疑いなく、それこそ、約一〇年後この地方で勢力を振るった前述の拓抜彦超を想起させる。あるいは宋代の初期、賀蘭山東麓には李継遷と因縁のあった大涼族、小涼族という大部族がいた。[26]「蕃賊二千人」とは拓抜彦超の一族か、あるいは大涼族、小涼族などのしかるべきタングートの酋長に支配される勢力を示しているのかもしれない。ともかく李匡賓の叛乱にはタングート族が大きく関与していたのである。そうすると李匡賓の出自に関しても考慮すべきである。「李匡賓」という漢名から余念なく漢人と思いがちであるが、唐末、五代の実態として異民族で漢人姓を名乗るものは枚挙に遑がない。地勢的情況を勘案すれば、一歩進めて李匡賓もタングートの酋長で、「蕃賊二千人」とはむしろその直轄部族を指す可能性が高いと考えてもよいのではなかろうか。

さて、『旧五代史』の康福伝には、

> 福、霊武に鎮すること凡そ三歳。毎歳大いに稔り、倉儲は盈羨（あり余る）し、馬千駟有り。よりて人の譖《そし》る所と為る。安重誨奏して曰く「累ねて使臣の言うところによるに、康福は大いに宝貨を有し、必ず朝廷に負く。」と。

とあり、康福の朔方軍経営は著しく順調に推移するが、再び安重誨の憎しみを買う破目になり、これが原因となって三年で更迭される。因みに康福はその後も巧みに処世し、後晋の天福七（九四二）年に京師で終わりを全うしている。乱世実力主義の時代にあって、僥倖に恵まれた人物といってよかろう。それはさておき、第一節で触れたように、霊武の地は李茂貞が劉知俊に居所としての藩鎮を与えるとともに軍馬の供給源を確保しようとしたところである。豊饒の地として知られた朔方軍を沙陀系藩鎮に代えたことは、まさしくオルドス一円のタングート社会に楔を打ち込んだことを意味している。そして朔方軍を橋頭堡にして河西回廊全域に直接的な支配力をおよぼすことが明宗の構想だったはずである。ところが、この間、康福が兼ねた河西軍節度使としての涼州征圧を示す史料的痕跡はまったくない。実質的に河西チベット族とタングート族に支配されている涼州には手を出せる情況にはなかったのである。それどころか朔方軍と中央を結ぶ経路が確保されなければ、逆に沙陀系藩鎮としての朔方軍は拓抜平夏部や河西タングート族に包囲されることになってしまうのである。

そしてこの危惧は間もなく現実のことになってしまう。『新五代史』（巻六唐本紀第六明宗）の長興二年一二月辛未（一八日）の条に、

党項、方渠を寇す。

とある。方渠とは三年前、康福が李匡賓を征討する途次、河西タングート族に邀撃された場所である。その直後に青剛峡において衛審峰が野利、大虫二族を奇襲して大勝利を収めているところから判断して方渠で康福を邀撃したタングート族は野利氏配下の軍勢であったと考えてよかろう。康福は足かけ三年の朔方軍節度使を勤め、この事件の直前に更迭されているのである。野利氏は康福の更迭直後のタイミングを利用して要衝の方渠の奪還を果たしたのである。すなわち、ようやく整いかけた後唐による朝貢ルートは再び河西タングートの中心勢力である野利氏によって堙塞させられてしまったのである。上掲の『資治通鑑』や『旧五代史』によれば、青剛峡の攻撃で野利、大虫二族はあたかも壊滅的な打撃を被ったかのように記されている。たしかに康福の在任中は河西タングートの擾乱は影を潜めている。しかし野利氏に代表される河西タングート諸部族の総合的な戦力からすると、この程度の損害は決して致命的なものではなく相変わらず健在だったことがわかる。本節の最初の方で述べた同じ長興二年一二月と翌三年正月のウイグルと西涼府河西チベット族の合同の朝貢はこうした状況下で野利氏の嚮導でおこなわれたことを再度確認しておきたい。

これも上述した『資治通鑑』（巻二七七後唐紀六）の長興三年正月の枢密使范延光の上奏はこうした情況に危機感を抱いてなされたものである。

そこで、『資治通鑑』の同条に続けて、

> 己丑（七日）、静難節度使薬彦稠、前朔方節度使康福を遣わし、歩騎七千を将いて党項を討つ。

とあり、二月辛未（一九日）の条に、

> 薬彦稠等奏し「党項十九族を破り、二千七百人を俘にす。」と。

とある。明宗は朔方軍霊州との連絡と朝貢ルートの再建を目指して、薬彦稠、康福を派遣して再び河西タングート族に攻撃を加えたのである。ところが、こうしたさなか『旧五代史』（巻四三唐書一九明宗紀第九）の同年二月の条に、

> 甲戌（二二日）、霊武奏し「都指揮使許審環等乱を謀る。誅に伏す。」と。

とあるように朔方軍においても軍乱が発生していたのである。康福の去ったあと、この方面における後唐の威令は急速に衰えていたことがわかる。河西タングート族と許審環の連携についてはわからないが、許審環の謀乱が河西タングート族による方渠入寇に触発されておこなわれたことは充分に考えられる。都指揮使の許審環の経歴は不明であるが、朔方軍が沙陀系藩鎮に取り込まれることに対する在地勢力、おそらくその中にはこの方面のタングート族も多数含まれていたと思われるが、その不満は相当根強かったのであろう。それだけに河西タングート族の跳梁を鎮圧することは明宗としても急ぐ必要があったのである。そして、特に牢記すべきは、この攻撃が第一節で詳述した翌長興四年の夏州攻撃と密接な関連があるということである。李仁福の死亡如何に拘わらず、明宗にとって夏州定難軍の更迭はすでに織り込み済みの決定事項であったはずである。その前提として、河西タングート族の擾乱鎮圧は必須の要件だったのである。つまり、薬彦稠の派兵は夏州攻撃の前哨戦の性格も兼ねていたのである。このたびの征討軍の攻撃に関しては『新五代史』が最も豊富な内容を記録している。同書（巻二七唐臣伝第一五）薬彦稠伝に、

長興中、静難軍節度使に為る。党項阿埋、屈悉保等の族方渠を抄掠し、回鶻の使者を邀殺す。明宗、彦稠と霊武康福を遣わし兵を会してこれを撃つ。阿埋等山谷に亡竄す。明宗以謂《いえ》らく「党項懼を知る。約束してこれに綏撫を加う可し」と。使者未だ至らず。彦稠等牛児族(27)より白魚谷に入り、尽くその族を誅し、その大首領連香等を獲て、人を遣わして捷を上る。明宗その使者に謂いて曰く「吾党項を誅するも、利する所有るに非ざるなり。凡そ軍中の獲る所、悉く士卒に与えこれを分ち、進奉を以て名と為し、軍士を重斂すること毋かれや。」と。すでにして彦稠は党項が掠するところの回鶻進奉の玉両団及び秦王に遺る金装胡鞣等を以て来り献ず。明宗曰く「吾すでに彦稠に語る、信を失うべからず。」と。因りて悉く以て彦稠に賜う。また塩州諸戎を逐い、その掠する所の男女千余人を取る。

とある。史料中、明宗が薬彦稠に対して、利害得失を説き河西タングート族の綏撫を指示していることからもわかるように、明宗としてはいたずらに河西タングート族の怨みを買い、延いては彼らが夏州拓抜李氏と結合することを恐れていたのである。征討の対象となった具体的な河西タングート族やその首領名に関しては同書党項条に、

福等阿埋、韋悉褒、勒強頼埋廝骨尾、及びその大首領連香、李八薩王、都統悉那埋摩、侍御乞埋嵬悉逋等の族を撃破し、数千人を殺し、その牛羊鉅万計、及びその劫《うば》う所の外国の宝玉等を獲て、悉く以て軍士に賜う。これにより党項の患稍々息す。

とある。薬彦稠伝の屈悉保と党項条の韋悉褒は同じ部族名の異字訳かとも思われるが、『冊府元亀』（征討第六）の長興三年二月の条に、

この月、薬彦稠奏し「党項河埋三族、韋悉褒、勒強、頼埋、廝骨尾各一族、屈悉保三族計十族を誅し、七百余人、黒玉一団を得る。」と。

と明確に記しているので、別の部族名であることが確認できる。「河埋」は「阿埋」の単純な書き誤りであろう。ま

た「韋悉褒勒強頼埋厮骨尾」が四部族の名称を指すこともわかるので、『新五代史』党項伝の史料も「韋悉褒、勒強、頼埋、厮骨尾」と読むのが正しいようである。ところが、『冊府元亀』（巻三九八将帥部）冥助に、

> 裴彦稠、長興中、康福と師を率いて牛児族より白魚谷に入り、追いて皆《とも》に叛きし党項白馬、盧家六族、客戸三族に及び、大首領連、李八薩玉、都統悉郁埋摩、侍御乞埋嵬悉逋等六人、兼ねて党類二千余人を獲、駝馬牛羊数千計を獲る。晩に至りて師は還り野次す。その地水無く、軍士まさに渇く。俄に風雲有り東より起こり、この夜初更降雪一尺、軍中以て神助と為す。

という記事がある。この史料は一見して誤りや脱漏の痕が認められる。「裴彦稠」が「薬彦稠」の、大首領の「連」が「連香」の、「八薩玉」が「八薩王」の、「悉郁埋摩」が「悉那埋摩」の誤りである。「追及皆叛党項……」も文意が通じにくく脱漏が疑われる。ただ首領の数に関しては「……等六人」としているので、『新五代史』党項条の人名に関しても「都統悉那埋摩、侍御乞埋、嵬悉逋」と読むのが正しいのではなかろうか。問題はこの史料に記載されている部族名と『新五代史』の薬彦稠伝や党項条、そして『冊府元亀』の征討第六に載せられている部族名がまったく異なるという点である。『冊府元亀』の冥助にしたがえば大首領連香等は白馬族などの首領となるが、『新五代史』党項条などにしたがえば阿埋族などの首領ということになる。いずれが正しいのであろうか。実はこの矛盾には『資治通鑑』の編者の司馬光等も気付いていたようである。司馬光は『新五代史』に収録された原史料や『冊府元亀』の史料にも当然目を通していたはずである。司馬光はその際、部族名の相違を合理的に解釈できなかったためか、部族名はすべて省略してしまったのである。そして『冊府元亀』の二つの史料を繋ぎ合わせて上掲史料に見るように、征討した部族数を一九部族とし、俘虜の数も「七百余人」と「二千余人」を合算して「俘二千七百人」として辻褄を合わせてしまったのである。それではこの矛盾はどのように解決すればよいのか。筆者は『冊府元亀』の二つの史料に記載されている部族数の近似値に注目している。征討第六では「河埋三族」と「屈悉保三族」、そして「韋悉褒、勒強、

頼埋、厮骨尾各一族」の合計一〇族である。これに対して冥助では「白馬、盧家六族」と「客戸三族」の計九族となっている。つまり「阿（河）埋三族」と「屈悉保三族」が「白馬、盧家六族」に対応し、「韋悉褒、勒強、頼埋、厮骨尾各一族」が「客戸三族」に対応しているのである。「白馬、盧家六族」とはより正確に表記すると「白馬三族、盧家三族」であろう。『冊府元亀』所収の二つの史料は、同一の事柄をそれぞれまったくことなった情報源にもとづいて記録したのである。征討第六の史料は薬彦稠の上奏文をもとにして記録されていると判断してよかろう。一方の冥助の史料はことの性格上、征討軍が経験した神助を、従軍したある人物が書き留めたか、それを伝え聞いたものが書き記した材料がもとになって『冊府元亀』に収録されたのであろう。「白馬三族」とは「阿埋三族」のことで、「盧家三族」とは「屈悉保三族」のことなのである。おそらくこの当時、河西タングート族はタングート語による古くからの部族名を名乗るとともに、中国語の地名などにもとづく部族名でも知られていたのであろう。征討第六の史料ではタングート語の正確な部族名を採用し、冥助では漢人にも理解しやすい中国語の部族名で記録されたのであろう。白馬族の名称が環江上流域を指す白馬川に因んでいることはいうまでもない。白馬族が野利氏の有力部族で、宋代に至っても環州に居住していたことは第二部第四章第一節で触れる。盧家族については不明であるが、これも環州附近に居住していたと考えて大過なかろう。冥助に記載されている「客戸」の意味は環州一円を本貫地にしていた部族ではなく、特別の事情によって一時的に環州方面に僑居し、野利氏と行動をともにしていた部族を指すのであろう。そこで思いあたるのが『新五代史』薬彦稠伝に記載されている「また塩州諸戎を逐い、その掠するところの男女千余人を取る」の記述である。薬彦稠が環江を遡り白于山を越して長駆塩州を攻略したとは記されていない。(28)「塩州諸戎」は当時、環州附近にいたのである。そうすると『冊府元亀』の冥助で表現した「客戸三族」こそが、「塩州諸戎」を指していることがわかる。そして、その具体名が韋悉褒族、勒強族、頼埋族、厮骨尾族なのである。冥助の史料は神助を記録する内容なので、わかりにくいタングート語の部族名は避け、本来ならば四族とするところを訛伝して「客戸三族」とまとめてしまったのであろう。また、「塩州諸戎」が環州附近に逗留していた特別の事情とは、これも史料中に記載のある「男女千余人」に関係していたことはいうまでもない。おそらく野利氏らは朝貢ルートを通過する隊商だけではなく、周辺に居住する漢人や対立する河西タングート族などを襲撃して人を奪い、「塩州諸戎」に奴隷として売り渡していたのであろう。征討第六では「得七百余人」とし、冥助では「兼党類二千余人」と多少異なった表現をしているが、『新五代史』の数字がちょうど中間にあたり妥当なところではなかろうか。いずれにせよここで獲得した人々は野利氏配下の河西タングート族を指すのではなく、奴隷として「塩州諸戎」に引き渡された人々を指していると見るべきであろう。ところで、塩州は第二節で述べたように、後梁時代の乾化元（九一一）年に、高万興が弟の万金を派遣して刺史の高行存を降服させ、それ以来、高万興の実効支配がおこなわれていた土地であったと考えてよかろう。後唐の同光三（九二五）年に高万興が死亡すると、子の高允韜が延州留後としてその地位を継承するが、明宗の藩鎮更迭策にしたがって高允韜が河西から遠ざけられたのは長興元（九三〇）年のことである。そして、その翌々年の長興三年に、阿埋、屈悉保族と行動をともにしていた「塩州諸戎」が薬彦稠に討伐されているのである。高允韜の更迭と「塩州諸戎」の動向は無関係ではあるまい。高允韜の去ったあと、塩州のタングート諸部族は環江流域を支配する野利氏との結びつきを急速に深めていったのではなかろうか。高万興、高允韜によって塩州が支配されていた時代は、産塩は延州に輸送され、必然的に「烏池塩醝之利」は高一族に奪われていたはずである。高允韜の更迭は韋悉褒族、勒強族、頼埋族、厮骨尾族など「塩州諸戎」にとっては驥足を展ばす絶好の機会だったのである。彼らは産塩を環江ルートを利用して輸送し、野利氏などの手に引き渡していたのではなかろうか。『新五代史』薬彦稠伝に記載されている「塩州諸戎」が得た「男女千余人」とは製塩に使う奴隷とみて間違いあるまい。康福と高允韜が更迭されたことは、河西一帯のタングート諸部族に蠢動の機会を与えることになってしまったのである。野利氏を中心とする環江流域の河西タングート族は塩州のタングート諸部族とも結合し、従前にも増して勢力を拡大していったのである。

そこで、薬彦稠の征討と対象になった河西タングート族の実態をまとめておこう。長興二年一二月に方渠を攻撃した河西タングート族の具体名は阿埋（白馬）族と屈悉保（盧家）族と考えられる。ともに三部族から構成されていたのであろう。阿埋（白馬）族は大首領連香に率いられる部族であろう。阿埋族は野利氏の部族で連香は野利氏の有力部酋だったに違いない。宋代の史料に現われる「野利一〇族」の一員と認めてよかろう。屈悉保（盧家）族は李八薩王の直属の部族だったのであろう。李八薩王とは何ものであろうか。「王」を称していることからすぐに連想されるのが、本節の前の方で指摘した『冊府元亀』征討第六、後晋の高祖天福四年八月の条に載せる野离王子羅蝦独の存在である。両者の年代的な隔たりはわずかに七年にすぎない。野离羅蝦独が「王子」を自称する根拠として、筆者は『新唐書』党項伝に記載されている「これより先、慶州には破丑氏族三、野利氏族五、把利氏族一有り、吐蕃と姻援す。賛普、悉くこれを王とし、これにより辺を擾すことおよそ十年。」の史料を指摘した。環江下流の慶州一円には八世紀の半ば頃野利氏の他に破丑氏と把利氏の部族がおり、ともに吐蕃賛普より「王」を称することを許されていたのである。その後、宋代に至っても野利氏が環江流域を地盤にしていることは第二部で触れるところである。後世、李継遷から李元昊にわたる一連の西夏の建国運動には野利氏とともに破丑氏や把利氏も加わっている(30)ことから推測しても、五代において破丑氏と把利氏の部族も同様に慶州から環州にかけての環江流域に蟠踞していたことは論を俟たない。このように考えて李八薩王を改めて解釈してみると、「八薩」が「破丑」の異字訳の可能性が高いのである。「破丑」の古音は*Pʻuâ tʻịə̂u*で、「八薩」はp^{w}*at sât*である。語尾が多少異なるが、『新五代史』等に収録された原史料の段階で、「破丑」とは多少異なった音で伝えられたため「八薩」の二文字で収録してしまったのではなかろうか。「李」姓を頭に冠しているのは、当然、唐王朝の姓を僭称したものであろう。すなわち、李八薩王とは正しくは李破丑王のことなのではなかろうか。前後の唐代と宋代の情況を踏まえると、五代の半ば頃の環江流域の河西タングート族の実態は野利氏や破丑氏、把利氏の直属の部族がその中心に位置していたことは疑問の余地もなかろう。すなわち長興三年に後唐の征討軍に攻撃された河西タングート族は野利氏と破丑氏の部族だったのであろう。なお、「塩州諸戎」の韋悉褒族、勒強族、頼埋族、厮骨尾族などは都統悉那埋摩、侍御乞埋嵬悉逋等に支配される部族と考えてよかろう。悉那埋摩は「都統」を称し、乞埋嵬悉逋は「侍御」を自称している。当時、中国風の官名を称することは、ウイグルや河西チベット族でもおこなわれており、周辺異民族共通の一種の「文化」であったようであるが、河西タングート族の場合は「王」号や「王子」号と総合して勘案すると、彼ら内部に独自の称号をめぐる秩序が形成されていたのではないかとも思われる。

さて、薬彦稠は方渠に駐屯する阿埋（白馬）族、屈悉保（盧家）族を攻撃して方渠を奪還する。方渠を逐われた両部族は環江上流の山谷に亡竄する。おそらく方渠に駐屯していたのは両部族の一部であったと思われる。薬彦稠はなおも攻撃の手を緩めずこれらの部族を追撃し、牛児族の居住地から白魚谷に入って大打撃を与え、大量の駞馬牛羊とウイグルの進奉品等多数を得たのである。たまたま阿埋（白馬）族、屈悉保（盧家）族と行動をともにしていた塩州のタングート諸部族も薬彦稠に襲撃され、奴隷として捕らわれていた千人前後の人々も取り返すことができたのである。白魚谷については『宋史』鄭文宝伝に「然環州至伯魚、伯魚抵青岡、青岡拒清遠皆両舎」とあり、環州と青岡の中間に位置していたことが確認できる。牛児族は白魚谷よりも環州よりに居住し、いずれも方渠より上流部の環江に注ぐ支流の山谷であることに違いはあるまい。そこで、この征討の成果について確認しておこう。『資治通鑑』の「破党項十九族、俘二千七百人」が誤解にもとづく数字であることはすでに証明した。実際には塩州のタングート諸部族を含めて一〇部族を攻撃したのである。『新五代史』薬彦稠伝には「尽誅其族」とあるが、これは事実ではあるまい。後述するように、これ以降も河西タングート族は猖獗を極めている。同伝に明宗の言として「党項懼を知る。約束してこれに綏撫を加うべし」とあるのが大いに参考になる。河西タングート族は決戦を挑み族滅の危機を招くような愚かな民族ではない。勍敵に遭えばしたがい、去れば叛くというしたたかさをかね備えていたはずである。塩州の諸部族にしたところで、本隊は塩州に留まり、その一部が塩の輸送と奴隷の獲得に赴いていたと考えるべきであろう。「尽誅其族」は征討の成果を誇示する飾言にすぎない。薬彦稠の征討は一定の成果を上げ、大量の駞馬牛羊とウイグルの進奉品等多数を鹵獲したことは事実としても、決して河西タングート族を族滅させるなどというものではなかったのである。

さて、薬彦稠と康福の軍隊は長駆霊武を目指したようである。『冊府元亀』（征討第六）の薬彦稠の記事の直前に、

二月、康福奏し「賀蘭山下蕃部数百帳の命に順う者はこれを撫じ、その叛く者は除討せらる。次いで獲るところの駝馬牛羊は数千計。」と。

とある。この派兵は上述の都指揮使許審環の謀乱に関係していることは間違いなく、賀蘭山下の蕃部がその対象になっていることは、あたかも李匡賓の叛乱を彷彿させる。許審環の謀乱の背後にも賀蘭山下のタングート諸部族が深く関与していたことを窺わせる。「獲駝馬牛羊数千計」は『冊府元亀』の冥助の表現とまったく異ならず、単なる常套句であることがわかる。ともかく、明宗が企図した霊武朔方軍との連絡は一応洞開したのである。第一節で述べた、翌長興四年に軍勢五万を投入しておこなわれた夏州定難軍攻撃は、河西タングート族の擾乱を一応鎮定したことを前提におこなわれたのである。しかし、夏州攻撃は予想に反して後唐に何らの成果ももたらさず大失敗に終ってしまった。加えて明宗李嗣源も同年一一月に崩御する。このような情況にあっては明宗が目指した河西回廊の直轄化などはまったく実現不可能であった。上掲の『旧五代史』吐蕃伝にあるように、長興四（九三三）年に拓抜承謙らの求めに応じて涼州留後の孫超を河西軍節度使に任じて、早くも直轄的藩鎮化を諦めているのである。内憂外患が畳積している後唐朝にとって河西回廊に兵力を割くゆとりはなかったのである。

そして夏州攻撃の失敗は再び河西タングート族の跳梁を誘発することになってしまう。上掲（一五二頁）の『資治

通鑑』清泰元（九三四）年七月のウイグル使節護送の記事は、完全に朝貢ルートが河西タングート族によって堙塞されていることを物語っている。『旧五代史』（巻一二四周書一五列伝第四）の李懐忠伝に、

清泰初、河西蕃部の寇鈔を以て、懐忠に命じて方渠に屯せしむ。

とあることも、その事実を裏付けている。『冊府元亀』（征討第六）の清泰二年の条に、

……副都部署潘環言う「馬嶺に至る。党項殺牛族結集す。遂いて酋領阿磨而下五人を殺獲す。また撥相公族の人馬を獲、路を通り前進す。」と。

とある。殺牛族に関しても、第三部第二章で触れるように宋代になっても馬嶺砦附近に居住して、李元昊にしたがって行動を起こしている。おそらく殺牛族も野利氏の支配下の一部族であった可能性が高い。馬嶺砦は方渠より環江のやや下流に位置している。環江流域がほぼ河西タングート族によって抑えられていたことがわかる。そして、それから四年後、後晋の天福四（九三九）年に、上述したように涇州を攻撃した大首領野离王子羅蝦独が彰義軍（涇州）節度使張彦沢に捕らえられているのである。

以前、別に論じたように[31]、環江より西方に位置する涇水の各支流域にも河西タングート族が多数居住しており、特に原州には宋代になっても野利氏が族帳を展開していた。五代、野利氏は涇水の全流域に居住する河西タングート族に支配的な力を発揮していたことは間違いなく、涇州攻撃も後晋の河西タングート経略に対する反発だったのである。

張彦沢は『新五代史』（巻五二雑伝第四〇）同人伝に、

張彦沢、その先突厥の部人なり。……彦沢の人と為り驍悍残忍、目睛黄にして夜光り有り、顧視すれば猛獣の如し。

とある。突厥の出身で、ここでも沙陀対タングートの図式が読み取れる。張彦沢は五代きっての残忍無比の凶将で、後年名臣桑維翰を虐殺したことでも知られている。『資治通鑑』（巻二八三後晋紀四）の天福七年三月の条に、

王周奏して「彦沢鎮に在りて貪残、不法二十六条。民の散亡する者五千余戸。」と。

とあるように、張彦沢は、悪行がたたり彰義軍節度使を更迭される。その際、同条に、

張彦沢涇州に在りて、擅に兵を発して諸胡を撃つも、兵は皆敗没す。民馬千余匹を調え以てこれを補い、還りて陝に至る。

とある。「諸胡」とは地理的に考えて涇州周辺の河西タングート族を指すことはいうまでもなかろう。張彦沢は帰りがけの駄賃で河西タングート族を鈔掠したのであるが、逆に撃退されている。野离王子羅蝦独が捕らえられたといってもその打撃は一時的なものであり、野利氏や河西タングート諸部族の大勢にはさほどの影響はなかったものと思われる。その証拠に、『資治通鑑』（巻二八七後漢紀二）の乾祐元年春正月の条に、

会《たまたま》回鶻が入貢し、訴えて党項の阻むところと為るを称い、兵の応接を乞う。左衛大将軍王景崇、将軍斉蔵珍に詔して、禁軍数千を将いてこれに赴く。よりてこれをして関西を経略せしむ。

とある。後漢の高祖劉知遠は即位二年目の乾祐元（九四八）年、ウイグルの要請を利用して関西、つまり潼関以西の経略に着手したのである。潼関以西とは洛水、涇水流域を指し、後漢なりに河西タングート諸部族の猖獗を抑制しようとしているのである。しかし、後漢は五代でも最短命のわずか四年で滅んでしまう。そして、後周の広順二（九五二）年、慶州の大部族野雞族が擾乱を引き起こしているのである。河西タングート諸部族の猖獗は一向に収まる気配はなかったのである。そこで、第二節で詳述したように、後周の太祖郭威は河西タングート族の実態に詳しい同じタングート出身の保義節度使折従阮を起用して静難節度使に任じ、野雞族の招撫をおこなわせみごとに成功したのである。けだし太祖郭威の明察というべきであろう。五代における涇水流域の河西タングート族の情報は広順三（九五三）年で終わる。『資治通鑑』（巻二九一後周紀二）広順三年三月の条に、

初、殺牛族は野雞族と隙有り。官軍が野雞を討つを聞き、饋餉迎奉する。官軍その財畜を利としてこれを掠む。

殺牛族反して野雞と合し、寧州刺史張建武を包山に敗る。帝、郭彦欽が群胡を擾し、その作乱を致すを以て家に黜廃す。

とある。殺牛族と野雞族はともに環江流域の大族であるが、近接しているが故に、同じ河西タングート族とはいえ利害が対立していたものと思われる。野雞族は第二節で述べたように、酋長李万全が五代最後の年に延州節度使になっている。野雞族も殺牛族同様に李元昊の建国に際して史料上に姿を現わすところから、この後も健在であったことがわかる。なお、殺牛族は『新五代史』党項条でさらに詳しく、

しかして喜玉、折思、殺牛三族は建武が野雞族を撃破するを聞き、各々牛酒を以て軍を犒う。軍士その物を利とし、反ってこれを劫掠す。三族共に建武の軍を誘い包山に至り、険を度る。三族共にこれを撃ち、軍は崖谷に投じ、死傷甚だ衆し。太祖怒りて、建武等を罪す。良吏を選び慶州刺史に為し以てこれを招撫す。

とあるように、喜玉、折思族を誘って張建武の軍勢を奇計をもって打ち破っている。前述したように、殺牛族は宋代になると李元昊の対宋戦争に際し史料上に登場するが、第三部第二章で触れることにする。

次に、もうひとつのタングート諸部族の集住地域であった霊州、賀蘭山方面の情勢はこの間にどのように推移していったのであろうか。康福の後任として朔方節度使に任じられたのは張希崇であった。張希崇は幽州薊県の人で、『旧五代史』（巻八八晋書一四列伝第三）の本人の伝に、

希崇、少にして左氏春秋に通じ、また吟詠を癖とする。……希崇もとより樸厚、尤も書を嗜み、事に莅《のぞむ》の余は手より巻を釈《お》かず。酒楽を好まず、姫僕を蓄えず。祁寒盛暑、必ずその衣冠を儼《おごそか》にし、廝養の輩、未だ嘗て褻慢の言を聞かず。母に事えるに至謹、毎食必ず侍立し、盥漱の畢るを俟ちてまさに退く。物議これを高めり。性仁恕と雖も、或は姦悪に遇えば、すなわちこれを嫉むこと仇のごとし。

とあるように、教養に富み、品行方正にして孝心篤く、正義感の強い乱世五代にあっては稀に見る人物であった。張希崇は契丹の太祖阿保機に捕らえられるもその人物を見込まれ、盧文進の南帰の後を襲って偽平州節度使に任じられるが、数年後、契丹の監視部隊を襲殺し、部曲ともども管内の生口二万余を引き連れて南帰を果たしたのである。明宗李嗣源は張希崇を一旦、汝州防禦使に任ずるも、同書に、

二年を歴、霊州両使留後に遷る。これより先、霊州戍兵歳に運糧五百里を経、剽攘の患有り。希崇すなわち辺士に告諭して、広く屯田に務む。歳余、軍食大いに済《たす》く。璽書してこれを褒め、よりて旄節を正授す。

とあるように、霊武の経営を委ねたのである。また、『新五代史』（巻四七雑伝第三五）張希崇伝には、

霊州の地は戎狄に接し、戍兵の餉道は常に抄掠に苦しむ。希崇すなわち屯田を開き、士に耕種を教ゆ。軍は食足るを以て転饋を省く。明宗詔を下して褒美す。希崇士卒を撫養し、夷落を招輯す。自ずから回鶻、瓜、沙、皆使を遣わして入貢す。

とあるように、戍兵に屯田を奨励して軍食の自給態勢を整え、運糧の煩を省くとともに、タングート族の鈔掠を防ぎ招輯に努めたのである。その結果、ウイグル、瓜、沙州の入貢が復活したのである。『旧五代史』には続けて、

清泰中、希崇その雑俗を厭い、頻りに表して覲を請う。詔してこれを許す。闕に至り未だ久しくせざるに、朝廷は辺を安ずるに聞く有るを以て、内地にこれを処することを議し、邠州節度使に改む。高祖入洛するに及び、契丹とまさに要盟有り、その取る所と為るを慮れ、すなわちまた霊武に除す。希崇歎じて曰く「我まさに辺城に老ゆ、賦分（天賦のこと）逃れるところの無きなり。」と。よりて鬱鬱として志を得ず、久しくして疾と成り、任に卒す。時に年五十二。

とあるように、張希崇はよほど辺境暮らしが耐えられなかったとみえるが、後晋が建国されると、張希崇は契丹の侵入を虞れた高祖石敬瑭によって再度朔方軍節度使に起用されるが、失意のうちに任地で死亡している。しかし、この

間、霊州、賀蘭山方面のタングート族の情報が皆無であることは、張希崇の朔方軍経営が一定の成果を収めていたのであろう。それというのも、『旧五代史』（巻一二五周書一六列伝第五）馮暉伝に、

初、張希崇霊州に鎮す。久しく北蕃に在り、頗る辺事を究めるを以て、数年の間、侵盗並びに息す。希崇卒し、未だ主帥有らず、蕃部の寇鈔、また畏憚無し。

とあるからである。張希崇が死亡し、後継節度使が決定していないとみると、周辺のタングート族の寇鈔が再び活発化しているのである。張希崇の死亡は朔方軍内部にも波乱を引き起こしている。『資治通鑑』（巻二八二後晋紀三）天福四年三月己未（一七日）の条に、

霊州戍将王彦忠、懐遠城に拠り叛く。上、供奉官斉延祚を遣わして、往きてこれを詔諭す。彦忠降るも、延祚はこれを殺す。上怒りて曰く「朕践祚以来、未だ嘗て人に信を失わず、彦忠すでに仗（武器）を輸し出て迎う。延祚何ぞ擅にこれを殺すを得んや。」と。延祚の名を除き、重杖配流す。

とある。懐遠城については同条の割注で胡三省が趙珣の『聚米図経』を引用して「唐の懐遠鎮。霊州の北約一百余里に在り。宋時、西夏強盛、すなわちその地に興州を置く。その西九十余里、すなわち賀蘭山」と記しているように、西夏時代にその中心となった興慶府が置かれた現在の銀川のことで、賀蘭山に密邇している。王彦忠の叛乱の背後にも賀蘭山一帯のタングート族が関わっていたと考えて大過あるまい。このような情況を踏まえて、本節の最初の方で『資治通鑑』同天福四年春正月の条で取り上げた馮暉の登場になるのである[32]。『旧五代史』馮暉伝に続けて、

朝廷、暉の強暴の名が遐徼（遠く）に聞こえるを以て、故に以てこれを命ず。暉、鎮に到るに及び、大いに宴席を張り、酒殽豊備す。群夷酔を告げ、争いて献賀を陳す。暉皆錦綵を以てこれに酬ゆ。蕃情大いに悦ぶ。党項拓抜彦昭《ママ》は州界部族の大なる者。暉至るや、来りて謁す。厚く待遇を加え、よりて治第を爲り、その服玩を豊にし、よりてこれを留めて部に帰せしめず。河西羊馬これにより易えて交市を為す。暉、期年にして馬五千匹を得る。

は、

しかして蕃部心を帰し、朝議これを患う。

とある。後晋は「強暴の名」をもって知られる銀槍効節軍出身の義成節度使馮暉を朔方節度使に任じ、霊武一円のタングート諸部族の羈縻にあたらせたのである。馮暉はその際、威逼をもってせずひたすらタングート族の歓心を得る懐柔策をとり、体よく拓抜彦超を霊州城内に人質にしてしまったのである。『新五代史』（巻四九雑伝第三七）馮暉伝に

党項拓抜彦超は最も大族を為し、諸族の嚮背は常に彦超を以て去就と為す。

とあるように、拓抜彦超は霊州、賀蘭山方面の大酋長で、他のタングート諸部族に絶大な影響力を持っていたことがわかる。馮暉の朔方軍経営はこうした懐柔策が功を奏して一年で軍馬五千匹を得るまでになり、逆に中央の不信を招いてしまう。馮暉の第一次朔方経営は約六年におよぶ。この間、拓抜彦超を霊州に抑留していることもあって、タングート諸部族の擾乱はまったく影を潜めていた。ところが、開運初年に至り馮暉は移鎮を求める。これを幸いとした後晋の廟堂は馮暉を邠州静難節度使に任じ、さらに着任を俟たずに陝州保義節度使に変更し、馮暉を完全に西北辺から切り離してしまったのである。ところが、『資治通鑑』（巻二八五後晋紀六）開運三年夏四月の条に、

初、朔方節度使馮暉霊州に在り、党項酋長拓跋彦超を州下に留む。故に諸部敢て寇を為さず。将に鎮を罷めるに及んでこれを縦つ。前彰武節度使王令温、暉に代り朔方に鎮す。羌胡を存撫せず、中国の法を以てこれを縄す。羌胡怨怒し、競って寇鈔を為す。拓跋彦超、石存也、斯褒三族共に霊州を攻め令温の弟令周を殺す。戊午、令温上表して急を告ぐ。(33)

とあるように、馮暉の離任にあたって拓抜彦超が釈放されたことと、後任の王令温の圧政が禍し霊州、賀蘭山方面のタングート諸部族は再び競って寇鈔をなし、開運三（九四六）年になると拓抜彦超の部族と石存也族、斯褒族の三族が霊州を攻撃し、節度使王令温の弟令周を殺してしまう。馮暉はこの間に『旧五代史』本人伝に、

行きて未だ邠に及ばざるに、又陝州に除す。暉馬千匹、駞五百頭を献ず。陝に在ること未だ幾ばくならずして、侍衛歩軍都指揮使を除し、河陽を兼領す。……暉すでに禁兵を典《つかさど》り、近鎮を兼領し、朝廷の縻留と為り、頗る霊武を離れるを悔ゆ。

とあるように、中央に入り孟州河陽節度使を兼ねていたが、霊武を離れたことが中央の策略に乗せられたことに気づき霊武復帰を謀る。馮暉がタングート諸部族の寇鈔に悩まされている辺陬の地霊州への復帰を願った背景には、タングート諸部族との馬貿易による莫大な利潤が忘れられなかったからである。上掲の史料でも述べられているように、馮暉は年間五千匹の軍馬を得ているのである。また、馬千匹、駞五百頭を献じて中央に地歩を築いている。危険と裏腹とはいえ、朔方経営がいかに旨味のあるものであったかが理解できよう。そしてこのことは、測らずも霊州一円から賀蘭山方面のタングート諸部族の羊馬生産がいかに盛んであったかを示していると同時に、交易に関してタングート諸部族が常に不利な立場を余儀なくされていたことを示してもいる。『資治通鑑』同六月の条に、

すなわち厚く馮玉、李彦韜に事え、霊州に復鎮することを求む。朝廷はまた羌胡まさに擾すを以て、丙寅（七日）、また暉を以て朔方節度使に為し、関西の兵を将いて羌胡を撃つ。……

とあるように、馮暉は馮玉、李彦韜に奉仕して再び朔方節度使の地位を獲得しているのである。「関西兵」について、『新五代史』馮暉伝には、

暉すなわち請いて曰く「今朝廷多事、必ず兵を以て臣を援けること能わず。願わくば自ら募兵を得て以て衛に為さん。」と。すなわち募りて兵千余人を得る。

とあり、官兵に頼らず、新たに私兵を募ってまでして霊州奪還を目指したのである。『資治通鑑』同八月丁丑（一九日）の条に、

馮暉兵を引き、旱海を過ぎ輝徳に至り、糗糧已に尽く。拓抜彦超の衆数万、三陳を為し、要路を扼し、水泉に拠

り以てこれを待つ。軍中大いに懼る。暉賂を以て和を彦超に求む。彦超これを許し、旦より日中に至るに、使者の往返四たびを数うも、兵未だ解けず。……

とあるように、拓抜彦超は数万を動員して霊州南方に三陣を作って馮暉の軍勢に対峙したのである。史料の後半は省略したが、結果は威州刺史薬元福の奮戦により拓抜彦超の軍勢は敗北し、馮暉は霊州奪還を果たすことができたのである。『新五代史』馮暉伝に、

暉、霊武に至り、辺部を撫綏すること凡そ十余年、恩信大いに著わる。

とあるように、馮暉の第二次の朔方経営も順調に推移し、次子継業に継承され宋代に至っている。五代におけるこの方面のタングート諸部族の動向はこれ以降不明である。そして、宋代初期、賀蘭山方面のタングート諸部族が西涼府政権と同盟関係を結ぶようになるが(34)、それは李継遷の興起に圧迫されただけではなく、馮暉の経営によって逼塞させられていたことが遠因として考えられるのではなかろうか。

さて、本節の締め括りとして、河西タングート族のもうひとつの集住地域であった洛水流域の情況をつけ加えておきたい。洛水流域の拠点はいうまでもなく延州である。延州のタングート系部族としてまず思いあたるのが第一節で詳述した高氏一族や劉景巌の一族である。高氏や劉氏はすでに唐末の頃から熟戸化していたようであるが、周辺には司家族のように大規模な牧畜を営み富強で知られるタングート族もいたのである。高允韜が延州を離れた後、しばらくして後晋の天福七（九四二）年のことであるが、『資治通鑑』（巻二八三後晋紀四）の同年正月壬午（二七日）の条に、

彰武節度使丁審琪部曲千人を養い、これを縦ち暴を境内に為す。軍校の賀行政、諸胡と相結びて乱を為し、延州を攻む。

とある。軍校の賀行政が諸胡と結んで延州を攻撃しているのである。賀行政は第三章の末で述べた唐末、五代初期に節度使になった賀徳倫と同姓である。賀姓の人物が西夏建国期に多数活躍していることから、賀行政も熟戸化した河

西タングート族の一員と断定してよかろう。賀氏一族の本拠は洛水流域の延州近辺にあったものと考えられる。諸胡とはもちろんこの方面の河西タングート諸部族を指し、史料上にその名が残っていない部族が多数存在していたことは間違いあるまい。先にも少し触れ、さらに第二部でも触れるが、宋代、延州方面で李継遷と激しく対立した東山部タングートの末裔と考えられる李継周や李継福の父祖たちが族帳を展開していたのであろう。

四　五代後半の夏州定難軍節度使

長興四（九三三）年七月、辛くも後唐の征討軍の猛攻を凌ぎ、夏州を死守した李彝超は『資治通鑑』（巻二七八後唐紀七）同年一〇月の条に、

権知夏州事李彝超、上表謝罪し、昭雪を求む。壬戌（一九日）、彝超を以て定難軍節度使に為す。

とあるように、昭雪（無実の罪をそそぐ）が認められ、晴れて夏州定難軍節度使の地位を安堵されたのである。第一節で李仁福が契丹との連携を揚言していたことに触れたが、まさに、後唐にしてみれば、内憂外患に苦慮している折から、窮鼠となった拓抜李氏が契丹に救いを求めることを最も虞れたはずである。加えて明宗の病と相俟って、戦闘の膠着化と河西タングート諸部族などの後方攪乱が、一挙に拓抜李氏を中心としたタングート諸部族の大同団結に発展するようなことになっては取り返しがつかなくなる。後唐は、急遽藩鎮異動策の一部を凍結し、夏州定難軍節度使に関しては更迭を諦めて拓抜李氏の居座りを認めざるを得なかったのである。唐末、李思諫が夏州に復帰してこの方、最大の危機は脱することができたのである。この後、清泰二（九三五）年二月、李彝超が病死し、李彝殷が節度使を継承する。両者の関係については諸書に出入りがあるが、岡崎精郎氏がいう（一五七頁）李彝殷を李彝超の弟とする説にしたがいたい。天福元（九三六）年一一月、石敬瑭は契丹主の冊立によって大晋皇帝になる。一二月、人事も改

まり、藩鎮の異動がおこなわれ、第三節の後半で触れた張希崇が朔方節度使に再任されたのもこの時のことであるが、李彝殷がその地位を安堵されたことはいうまでもない。高祖石敬瑭はひたすら西北辺の静謐を重んじたのである。李彝殷は検校太尉同平章事を加えられた（『旧五代史』巻一三二世襲列伝第一）だけではなく、翌二年には『旧五代史』（巻七六晋書二高祖紀第二）同年春正月の条に、

庚午（一七日）、涇州節度使李徳琉、徐州節度使安彦威、秦州節度使康福、延州節度使劉景巖、襄州節度使安従進、夏州節度使李彝殷並びに食邑実封を加う。

とあるように、食邑実封も加えられ優遇されている。李徳琉、安彦威、康福、安従進ともに後唐の明宗と縁故の深い人物である。劉景巖は第二節で論じたように高祖石敬瑭によって新たに延州節度使に任じられた河西タングートの出身である。石敬瑭がいかに夏州節度使李彝殷に配慮していたかがわかる。さらに、五年後の天福七（九四二）年、石敬瑭が殂し少帝石重貴が後を襲うと、検校太師を加えられている（『旧五代史』巻一三二世襲列伝第一）。後晋はようやく風雲急を告げる遼との関係や、不安定要素の畳積している国内事情を考慮して、夏州拓抜李氏を羈縻するために配慮を惜しまなかったのである。このような情勢は定難軍節度使李彝殷にとってはすこぶる好都合で、藩鎮更迭を気に懸けることもなく、領内の経営に専念できるはずであった。

ところが、拓抜李氏の危機は内部から発生してしまったのである。『旧五代史』（巻八二晋書八少帝紀第二）天福八年九月戊子（一二日）の条に、

延州奏し「綏州刺史李彝敏、郡城を拋棄し、弟彝俊等五人と骨肉二百七十口を将いて来り投ず。当州、押送して闕に赴かん。称う『兄夏州節度使彝殷と偶《たまたま》猜嫌を起こし、互に相い攻伐する故なり。』」と。辛卯（一六日）、夏州奏し「宥州刺史李仁立（裕の誤）を差わし綏州を権知せしむ。」と。……甲午（一九日）、夏州李彝殷奏し、「衙内都指揮使拓抜崇斌等五人、乱を作す。時に当り収擒し斬に処し訖りぬ。相次いで綏州刺史李彝敏擅に兵士を将

いて直に城門に拡る。尋いで人を差わして掩殺す。彝敏、事済《なら》ざるを知り、弟五人と家を将いて南走す。」と。詔し「李彝敏潜に凶党と結び、恣に逆謀を顕《あらわ》し、骨肉の間なお屠害を興し、照臨の内以て含容し難し、夏州に送り斬に処せん。」と。

とある。李彝殷が検校太師を加えられたその翌年、こともあろうに拓抜李氏一族の相克が惹起してしまったのである。第一節で述べたように、李思諫の夏州復帰後を見ると、高宗益が節度使李彝昌を殺害したり、綏、銀州で軍乱が起きるなど擾乱は発生しているが、これまで拓抜李氏一族の内紛を物語る史料は見出すことはできなかった。すなわち、唐末、拓抜思恭が夏州定難軍節度使を拝命して以来、未曾有の出来事なのである。当然、この事件については岡崎精郎氏も関心を示され、縷々説明を加えられている（一五八頁）。氏の文章表現も利用しながら要点を記すと、牙（衙）内都指揮使の説明を踏まえて「拓抜崇斌が李彝殷からおそらく子弟同様に扱われ重責に任じられていた、乱の根本原因は李彝殷、李彝敏兄弟たちの猜嫌に端を発し、李氏主脳部内の相克の激化がかかる事態を生じた、拓抜崇斌は兵力を掌握していたため李彝敏側に利用され乱に引き込まれた、李彝敏が乱に失敗してその弟五名とともに骨肉二百七十口という一族を引率して延州に脱出したことは李彝殷に対する李氏一族の不満のあった証左で、事態は極めて深刻な様相を呈したが、大事に至らずに鎮圧できた、李彝殷としては内部異分子の粛清をとげて独自の途を歩みはじめた。」というものである。一瞥して気づくことは、史料上の字句を適当に繋ぎ合わせて表面をなぞっただけで、何ら事件の本質を分析したものではない。遺憾ながら参考にするだけの内容は含まれていないといわざるを得ないのである。

この事件は端的にいって、李彝敏が拓抜崇斌と通じて李彝殷を倒し、その地位を奪い取ろうとした、夏州定難軍節度使簒奪未遂事件なのである。右史料の各情報は後晋に伝えられた順に記載されたものである。そこで事件の経過を『資治通鑑』（巻二八三後晋紀四）同八年の条も援用して再現すると、天福八（九四三）年の八月乙卯（九日）に、夏州定難軍節度使李彝殷のもとで衙内都指揮使（『資治通鑑』では牙内指揮使）の職掌にあった拓抜崇斌の叛乱計画が露見した。

『旧五代史』では「拓抜崇斌等五人作乱」とあるが、『資治通鑑』では単独名である。おそらく延州奏の中に記載されている「与弟彝俊等五人」の「等五人」が竄入したものであろう。拓抜崇斌は李彝殷に捕らえられ斬殺されてしまう。その直後、綏州刺史の李彝敏が兵を率いて夏州城門に至ったのである。李彝殷側は備えを固めていたため李彝敏は敗退し、一旦は綏州に引き上げるが、李彝殷の追討を懼れて弟の彝俊等五人と一族二百七十口を引き連れて延州に亡命したのである。延州ではこの前年に軍校賀行政の叛乱があり、節度使の丁審琪は更迭され、鎮圧に派遣された何（重）建が後を襲って延州彰武節度使になっていた。九月戊子（一三日）、何（重）建は彼らを捕らえ中央に押送すべく、李彝敏の供述を載せた上奏をおこなったのである。一方、李彝殷も同月甲午（一九日）に拓抜崇斌と李彝敏の叛乱のあらましを上奏し、身柄の引渡しを要求したものと思われる。少帝石重貴の廟堂はひたすら西北辺の風雲を避けるため、李彝敏等を夏州に引渡し斬に処せしめたのである。日数的に考えて、おそらく李彝敏等は中央には押送されずに延州に抑留されていたものと思われる。さて、この事件の発端は衙内都指揮使拓抜崇斌の陰謀の発覚にあった。拓抜崇斌の出自に関して、岡崎精郎氏は「タングート拓抜氏の出身でありながら、その系譜は明らかでなく、李氏一族とはやや縁遠い存在とみなされる」と述べている。筆者の見解も同様であるが、定難軍節度使としては国姓李氏の賜与は唐末の中和三（八八三）年拓抜思恭が濫觴である。そして李姓は、この後拓抜思恭とその弟たちの子孫に継承されていく。つまり、拓抜崇斌は拓抜思恭よりも上の輩行の者の子孫ということになる。前節でも触れたように、当時、このようないわゆる拓抜氏の傍流は各地に多数存在していたようである。その代表的な人物が涼州の拓抜承謙や霊州附近で大勢力を誇った拓抜彦超である。彼らは夏州定難軍拓抜李氏とは明らかに一線を画し、独自の領域支配を追求している。これに対して、拓抜崇斌はおそらく夏州定難軍の支配領域、すなわち夏、宥、銀、綏州のいずれかの地域附近に本拠を置く豪族だったのであろう。それ故独自の領域支配は望めず、必然的に発展の活路を夏州定難軍内部に求めたのである。ところで、夏州定難軍節度使の継承は拓抜李氏に限られている。このことは拓抜李氏の総合的な優勢を物語っているが、李姓を有する者だけが拓抜思恭の余孽をもって夏州定難軍節度使に就けるという一種の不文律が生まれていたのではなかろうか。しかし、その継承に関しては、第一節の冒頭で述べたように、「三軍」の推戴によっているのである。李彝殷に関しても、『旧五代史』（巻一三二世襲列伝第一）李彝興伝に、

　彝興、本名は彝殷。……時に彝興、夏州行軍司馬に為る。三軍推して留後に為す。

とあるように、「三軍」の推挙によってその地位を得ているのである。そして、「三軍」とは具体的にいえば夏州定難軍配下で各種軍職を得ている多くの部族長を指すことも前述した通りである。岡崎精郎氏は拓抜崇斌を「李彝殷からおそらく子弟同様に扱われ」といっているが、そうではあるまい。拓抜崇斌は夏州定難軍領内の大部族長の一人として李彝殷の節度使継承に顕著な功績があり、それをもって衙内都指揮使の地位を与えられていたと考えるべきであろう。衙内都指揮使とは要するに親衛軍の指揮官である。李彝殷は拓抜崇斌に対して絶大な信頼を置き、優遇もしていたはずである。しかしながら、李彝殷も節度使になって八年が経過した。三軍の推戴も過去のことになりつつあったのだろう。いつしか李彝殷と拓抜崇斌の間には隙間風が吹くようになっていたのかもしれない。

　その一方で、拓抜李氏内部でも深刻な事態が進行していたのである。夏州定難軍節度使の李彝殷と綏州刺史李彝敏の対立である。両者の関係について、上掲の『旧五代史』では李彝敏の上奏に「与兄夏州節度使彝殷」とあり、同李彝興伝にも「彝興弟綏州刺史李彝敏」とあり、実の兄弟の感を与える。岡崎精郎氏も上述の要点で示したように兄弟として論を進めている。ところが、『西夏書事』（巻二）の綏銀軍乱の項で呉広成は「仁顔は仁福の族弟、彝敏は仁福の族子なり」と記している。例によって典拠は不明であるが、李彝敏は李仁福の実子ではなく族子とあり、李彝殷の実弟ではないとしている。筆者も呉広成の説に左祖するに吝かでない。おそらく、李彝敏は李仁福と同輩行の人物の子で、この一族は代々綏州方面に族帳を展開していたのであろう。一七年前、李仁福が定難軍節度使の時代に発生した綏銀軍乱の時点で李彝敏はすでに綏州刺史の地位に就いていた。節度使の地位はこの後李仁福の実子である李彝超、

李彝殷と継承されるが、李彝敏の地位に変更はない。中国内地の藩鎮に目を移せば、節度使の交替は目まぐるしく、それにともなって各州刺史の在任も長くはない時代である。このことは、定難軍節度使の地位が三軍（有力部族長）の合意によっていたことと考え合わせると、拓抜李氏一族の権力関係を窺知する重要なヒントになる。李彝敏がこれほど長期間にわたって綏州刺史の地位に留まることができたということは、定難軍節度使といえども配下の綏州刺史を簡単に更迭できるものではなかったことを示している。そこで注意すべきことは綏州の位置関係である。夏州定難軍管下の宥州、銀州が夏州の両翼の位置を占め、それぞれ直線距離で約七〇キロと八〇キロであるのに対して、綏州は銀州よりもさらに東南の方角、黄河に近い最も遠方に位置し、夏州から約一三〇キロと隔たっている。そして綏州と延州の距離は、夏州との距離をやや下回っている。第一節で綏銀州の軍乱を取り上げた際に黄河縁辺のタングート諸部族の動向に触れたが、黄河南流部の支流無定河の流域には独立傾向の強い河西タングート諸部族が多数蟠踞しており、後述する啘母族などはその代表的な部族だったのであろう。李彝敏は一七年前に発生した綏銀州の軍乱を契機に、独自の領内経営を進めてこれら諸部族をしたがわせ、その影響力は延州方面のタングート諸部族にもおよぶようになっていたものと考えられる。李彝殷との衝突を避けるためにも、李彝敏は発展の視野を南方に向けていたことは間違いなく、クーデターに失敗して一族を挙げて延州に亡命したことは、李彝敏と延州方面の勢力が浅からぬ縁故で結ばれていたことを推測せしめる。すなわち、五代の各王朝と驕藩の関係、あるいは各王朝と各国に似た情況が辺陬の地に位置し、タングート民族による特殊閉鎖的な夏州定難軍においても発生していたのである。綏州刺史の地位は李彝敏の占有物となり、中央である定難軍節度使の威令もまったく届かない、あたかも世襲驕藩に類する性格を持つようになっていたのである。上記『旧五代史』少帝紀に載せる李彝敏の供述に「兄夏州節度使彝殷とたまたま猜嫌を起こし、互に相い攻伐する故なり」とあるのはこのような両者の緊張した関係を物語っているといえよう。そしていつしか李彝敏は下克上の風潮に感染し「夏州定難軍」版の問鼎の志を抱懐するようになっていたものと思われる。李彝敏と拓抜崇斌はこのような政治情勢のもとで急接近していったのであろう。拓抜崇斌が謀叛を計画すること自体は別段奇異の感を与えるものではない。唐末、五代の乱世においては、下克上は日常茶飯事におこなわれ、節度使の地位は往々にしてその最頼の牙将によって奪われているからである。夏州においても三三年前、失敗に終ったものの都指揮使高宗益が節度使李彝昌を殺害しているのである。ただ、拓抜崇斌のクーデターで注意しなければならない点は、自らが節度使の地位を希覬したのではなく、綏州刺史李彝敏をその地位につけようとしたことである。このことは、やはり高宗益の叛乱が前轍になっていたものと考えられる。高宗益は将吏によって誅せられ李仁福が節度使を継承している。すでにこの頃から、李氏にあらざれば夏州定難軍節度使に就くことはできない、という共通認識が各部族長間に広まっていたのではなかろうか。その一方で、夏州定難軍節度使の地位は支配領域内の有力部族長の合意がなければ到底継承することはできない、という実態も生じていたのであろう。このことは第一節でも述べたように、拓抜李氏の中でいわゆる絶対的な権威と権力を持つ宗家が未だ確立していなかった証左で、言い換えれば拓抜李氏ならば誰でもが節度使になる機会があったのである。拓抜李氏は一族が結束した場合の総合力では他を圧倒していたであろうが、個々の構成員が支配する部族の規模やその軍事力に関しては李氏を名乗ることのできない拓抜氏や他のタングート諸部族とそれほど大きな差はなかったのであろう。いずれにせよ拓抜崇斌が李彝殷を殺害しても、その地位を簒奪することは不可能だったのである。そこで、拓抜崇斌はキングメーカーに徹することにより、事実上の政権掌握を狙ったのであろう。

クーデターのシナリオは夏州城内に陣取る衙内都指揮使拓抜崇斌の手兵が節度使李彝殷を襲って殺害する。時を移さずに城門を開く。手勢を率い長駆綏州から夏州に達した李彝敏が入城し城内を制圧し、取り敢えずは節度留後の地位を自称する、というものであったのであろう。しかし、クーデターは間一髪のところで失敗に終ってしまう。拓抜崇斌の陰謀は李彝殷に察知され、逆に拓抜崇斌は擒殺される。城門は固く閉ざされ李彝敏は小戦闘に敗れ、なすすべもなく綏州に敗走したのである。ことの性格上、李彝敏の出兵は隠密裏におこなわれたことは間違いなく、必然的に小部隊の行動であったはずである。攻城戦もおこなわずに敗走していることがそのことを裏付けている。そして注目すべき点は敗走する李彝敏を追って李彝殷が直ちに追討軍を派遣していないということである。定難軍節度使に忠誠な直轄軍が夏州に駐屯していたならば、当然、李彝敏を追撃したはずである。このことからも、筆者が再三触れるように夏州定難軍における常套句「三軍」の実態が理解できる。定難軍節度使の軍隊とは、支配下の各部族長の兵力の謂いに他ならないのである。夏州城内にはさしたる直衛軍の駐屯はなく、李彝殷の部兵と、それこそ衙内都指揮使拓抜崇斌の手勢がその実態をなしていたのではあるまいか。クーデターに失敗した李彝敏は夏州定難軍の軍勢を邀撃することもなく延州に亡命している。定難軍節度使李彝殷が糾合動員できる兵力が自己の兵力をはるかに上回っていることを承知していたからであろう。李彝敏は延州に亡命することにより再起を図ったのであろう。ところが、新たに延州節度使になっていた何（重）建と朝廷は、李彝敏一族を李彝殷に引き渡してしまう。李彝敏らは夏州に押送され鏖殺されて一件は落着してしまう。世襲藩鎮の更迭を国是とする朝廷にとって、本来ならば夏州定難軍内部の擾乱は節度使李彝殷更迭の絶好の口実になったはずである。しかし、それを敢ておこなわなかった理由は、逼り来る遼の大攻勢を控えていたからである。夏州定難軍の兵力を契丹に対する側面からの牽制勢力として温存しておく必要性があったのである。更迭を強要し、後唐明宗朝の二の舞を演じる愚を避けたのである。

李彝殷にしてみれば、この事件はまさに転禍為福の好結果をもたらした。李彝殷は労せずして驕藩化した綏州刺史李彝敏を処分するとともに綏州を獲得することができたのである。李彝殷は直ちに綏州に腹心を送り込む。『西夏書事』（巻二）天福八年の条に、

八月、彝殷、李仁裕を表して綏州を知せしむ。仁裕、宥州に在りて戦功多し。西羌、その威猛に服す。彝殷、綏州新たに乱れるを以て、奏して州事を権知せしむ。出帝これに従う。

とある。李彝殷は宥州で戦功を挙げた李仁裕を綏州に派遣し、その経営にあたらせるが好結果をもたらさなかったようである。武力的脅迫をもって臨む李仁裕の蕃部経営はたちまち反発を買ってしまう。『西夏書事』同開運元（九四四）年正月の条に、

　西羌啘母族乱る。綏州刺史李仁裕これを撃つも敗死す。……啘母すなわち西羌の熟戸。仁裕、州に在りて頗る威福を事とし、蕃性便《やすら》がず。啘母、族を挙げて乱を謀り南山に走る。仁裕、所部を率いて追撃し、戦い敗れ殺すところと為る。

とある。この事件については、『資治通鑑』（巻二八八後漢紀三）乾祐元年三月の条の末に、

　定難節度使李彝殷、兵を発して境上に屯し、奏して称う「去る三載前、羌族啘母、綏州刺史李仁裕を殺し叛去す。請う、これを討たん。」と。慶州上言し、「請う、兵を益し備と為さん。」と。詔し、司天の「今歳先に兵を挙げるは不利。」と言うを以て、諭してこれを止む。

とあり、乾祐元（九四八）年から数えて三年前は開運二（九四五）年で、『西夏書事』とは一年の誤差がある。いずれが是か判断に迷うところであるが、『資治通鑑』に李彝殷の言として明確に「去三載前」とあるところから、この事件は開運二年に発生したものと考えたい。啘母族については、第二部で詳述するが、『宋史』（巻四九一外国七党項条、以下、『宋史』党項伝と略記）に「（淳化）五年正月、綏州羌酋蘇移、山海、啘母駄香三人を以て並びに懐化将軍に為す。」とあるように、宋代になっても綏州附近に居住していたことが確かめられる。そして注目すべきは、同じ綏州附近には野利氏の部族も居住していたことである。翻って開運二年の啘母族の行動を追うと、李仁裕の圧政に耐えかねて南山に叛去するが、追撃してきた李仁裕を逆に襲殺している。南山が白于山一帯を指し、宋代、野利一族の勢力圏であった[35]ことを考え合わせると、啘母族は五代から野利氏と深い関係にあったものと考えて間違いなかろう。第三節の前半で野利氏を取り上げたが、その際、野利氏を『冊府元亀』は西蕃と、『新五代史』では西戎と表記していた。

そして唃母族に関してのみ、『西夏書事』は西羌、『資治通鑑』は羌族、さらに『宋史』では羌酋と称している。これらの呼び名は五代、宋代の一般的な用法では、いずれもタングート族ではなく、チベット族に使用されるものである。唃母族が野利氏と同類とみなされていた証拠ではなかろうか。ところで、『西夏書事』にしたがえば、唃母族は李仁裕の「頗る威福を事とする」に耐えきれず叛去したのであった。ということは、李仁裕の前任者李彝敏の施政は何ら問題を生じていなかったことがわかる。つまり李彝敏は綏州一円のタングート諸部族を綏撫し、おそらくは延州西方の野利氏に代表される河西タングート諸部族とも関わりを保持していたのであろう。李彝敏は夏州定難軍節度使配下の綏州刺史の枠を大きく突き破り、綏、延に跨る大勢力に成長していたのであろう。岡崎精郎氏は李仁裕の綏州派遣は李彝殷の失策であったと述べられる（一五九頁）が、要は夏州定難軍節度使の直轄的支配を意味する宥州出身の子飼いの転封に有力部族が反発するほどに、李彝敏の綏州経営が成功し、延州方面にかけて独自の勢力圏を構築していたということである。だからこそ、李彝殷との間で猜嫌を起こし、また、事敗れて後は延州に亡命したのである。

さて、後晋の廟堂が懼れた遼の大攻勢は開運元年の年明けとともに本格的に開始された。李彝敏の乱の翌年のことである。李彝殷が後晋軍の一翼となって契丹の側面牽制にあたったことはいうまでもない。『旧五代史』（巻八二晋書八、少帝紀第二）同年二月の条に、

辛亥（八日）、夏州節度使李彝殷、蕃漢の兵四万を合わせ麟州に抵りて河を済り、契丹の境を侵し、以てこれを牽脅す。壬子（九日）、彝殷を以て契丹西南面招討使に為す（『資治通鑑』巻二八三後晋紀五、略同）。

とある。この間の経緯については岡崎精郎氏の研究（一六〇頁）にゆずるが、同氏が「蕃漢の兵四万」をもって、「当時における李氏の全兵力に近いものと考えられる」とし、その根拠として、かつて拓抜思恭が黄巣の乱に際して中和二（八八二）年に糾合した兵力が八千を数えるにすぎなかった（『西夏書事』典拠）とされ、「六十余年に亙る李氏の発展を端的に現したものといえよう」とされる点については首肯しがたい。第二章でも触れたように、中和二年、拓抜

思恭は鳳翔軍を救援するために鋭士一万八千を動員している[36]。これとても、全兵力の動員とは到底考えられない。六〇年後の李彝殷が動員できる最大兵力は四万程度ではなかったはずで、おそらく、それを数倍は上回っていたはずである。また、同氏が李彝殷の後晋救援に関して、「契丹の南進によって中原王朝にも勝るその圧力が加わるのを憂慮したからに他なるまい。」とされるが、李彝敏の乱をもってしても藩鎮の更迭を免れたことから、後晋政権にその意思も、かつまた体力も残されていないことを見極め、この時点においては中原王朝にしたがうことが父祖伝来の地を守り抜く得策と判断したことをつけ加えておきたい。さらに、このたびの出兵に関しては、「契丹の境を侵し、以てこれを牽脅した」にすぎず、遼との戦闘はおこなわれていないのである。李彝殷は節度使安堵の見返りに遼牽制の責任を一応は果たすものの、兵力の損耗は一切免れ勢力の温存を徹底して追求しているのである。これ以後、李彝殷は常に中原と遼の動向に注視しながら夏州定難軍節度使の地位とその領域を守り抜くために自在の行動をとっていく。

「大廈の顚れんとするは一木の支える所にあらず」という。骨鯁の臣、桑維翰の必死の直諫も構乱を事とする獷悍な武将連の前には無力であった。開運三（九四六）年一二月、後晋は滅亡する。翌天福一二（九四七）年二月、劉知遠が即位し後漢が建国される。革命の間、おそらく李彝殷は形勢を観望していたのであろうが、第二節で詳述した折従阮と高允権がそれぞれ府州永安軍節度使と延州彰武節度使に任じられた[37]のはその直後の四月のことであった。あたかも夏州定難軍の腹背に同じタングート系の藩鎮が誕生したことは、李彝殷に早急な態度決定を迫ったはずである。

『旧五代史』（巻一〇一漢書三隠帝紀上）乾祐元年三月の条に、

　夏州節度使、検校太師、同平章事李彝殷並びに兼侍中を加う。

とあるように、翌乾祐元（九四八）年三月、李彝殷は兼侍中を加えられ、夏州定難軍節度使を安堵されている。ところが、それに先立つ一月に高祖劉知遠は即位一年足らずで無念の病死を遂げ、早くも後漢の前途には暗雲が立ち込めてしまう。すこし前に『資治通鑑』（巻二八八後漢紀三）乾祐元年三月の条の史料で示した、李仁裕襲殺の報復に李彝殷が唆母族討伐の上奏をおこなったのはちょうどこのような状況下においてであった。李仁裕が襲殺された後、新たに綏州刺史が任命された記録は史料上に見つけ出すことはできない。一地方藩鎮の出来事ゆえ、記録を欠いたとも考えられるが、仮に新たな刺史が任命されていたとするならば、唆母族討伐もその人物の手によっておこなわれていたはずである。三年後になって李彝殷自らが討伐の上奏をおこなっていることから判断しても、この間、綏州方面の経営は頓挫していたと考えてよかろう。それでは、何ゆえに李彝殷は三年前の事件の報復をこの時期におこなおうとしたのか。その答は延州節度使高允権の就任にあったことは間違いなかろう。高允権の前任者の周密がタングート諸部族の反発を買っていたことや、高允権がそれらのタングート勢力と結合していたことは第二節で詳述した。高允権の延州経営、すなわちタングート諸部族の支配が成功すれば、必然的にその触手は綏州方面のタングート諸部族におよぶことは論を俟たない。再三述べるが、延州は夏州定難軍にとって咽喉を扼する地に位置している。その延州に拓抜李氏とは因縁浅からぬ高氏が復帰したことだけを取っても、李彝殷の神経は過敏になっていたはずである。あまつさえ拓抜李氏伝世の綏州を喪失するようなことになっては夏州定難軍の発展は望めなくなってしまう。李彝殷は隠帝即位直後の体制未確立の弱みにつけ込んで、援軍の派遣を要請したのである。李彝殷の狙いは唆母族討伐を利用して、一気に綏、延一帯に支配力を確立しようとするものであった。ところが、予期に反して隠帝の廟堂は「司天の言」を理由に唆母族討伐すら認めなかったのである。後漢は唆母族討伐が綏州一円のタングート諸部族を刺激し、それが綏、延一帯の大擾乱に拡大することを虞れたのである。後漢の側からすれば、延州節度使の高允権は夏州定難軍に対する抑止勢力の意味合いがあったのである。後漢の軍事力を利用しようとした李彝殷の目論見は失敗に終ってしまったのである。

ところが、李彝殷は同じ乾祐元年の一〇月に、李守貞の叛乱に加担して再度延州攻撃を計画する。これについては第二節で史料を掲載したが、煩をいとわずに再掲しておく。『資治通鑑』（巻二八八後漢紀三）同年一〇月の条に、彰武節度使高允権、定難節度使李彝殷と隙有り。李守貞密に援を彝殷に求む。兵を発して延丹境上に屯し、官軍が河中を囲むを聞き、すなわち退く。甲辰（二九日）、允権、状を以て聞す。彝殷もまた自ら訴う。朝廷これを和解せしむ。

とある。この頃から、李彝殷は完全に中原王朝の権威を見限ったようである。五代各地の驕藩と同様に、擾乱を積極的に求め、それを勢力拡大の機会として使う道を選んでいったのである。今回の出兵も李守貞の叛乱失敗により撤退のやむなきに至っているが、朝廷が李彝殷の罪を問わず、高允権と和解させたことでもわかるように、朝廷は夏州定難軍節度使李彝殷を制馭できなくなっているのである。それどころか『資治通鑑』同乾祐二年春正月の条の末に、

詔し、静州を以て定難軍に隷す。二月辛未[38]、李彝殷上表して謝す。彝殷、中原多故なるを以て、軽傲の志を有す。藩鎮の叛く者有る毎に、常に陰にこれを助け、その重賂を邀《むかえ》る。朝廷その事を知るも、また恩沢を以てこれを羈縻す。

とあるように、後漢の廟堂は静州を新たに定難軍に隷属させ李彝殷の歓心を得、驕藩化した夏州定難軍節度使の羈縻にひたすら腐心せざるを得なかったのである。李彝殷が叛意を持つ藩鎮を常に援助した真意は、こうすることによって後漢王朝の弱体化を計り、夏州定難軍に対する中央の圧力を少しでも軽減しようとしたところにあった。その影響でもあるまいが、後漢王朝は乾祐三（九五〇）年を一期に僅か四年の短命をもって滅亡してしまう。翌広順元（九五一）年正月、監国郭威が帝位に即き後周を建国する。これに反発した劉崇は同じ一月、一二州の地をもって晋陽において北漢を建国する。李彝殷は太祖郭威より隴西郡王を進封される。ところが、その一方で『資治通鑑』（巻二九〇後周紀一）同年五月の条の末尾に、

定難節度李彝殷、使を遣わして表を北漢に奉る。

とあるように、北漢にも款を通じているのである。この前後の経緯については岡崎精郎氏の研究（一六二頁～）にゆ

ずるが、李彝殷の立場を補足しておくと、両端を持することによって、いかなる事態の出来にも夏州定難軍の存続を担保したのである。北漢との関係は長くは続かず、翌広順二年末にはこの両属関係は解消されたようであるが(39)、このような定難軍節度使李彝殷を太祖郭威が信用するわけがなく、その端的な表われが、第二節で述べた広順三（九五三）年の野雞族の叛乱に際し、折従阮を急遽静難節度使に任命し鎮圧にあたらせたことである。地理的関係からみても、またタングート社会における夏州定難軍の存在理由から考えても、本来ならば当然、この役割は定難軍節度使である李彝殷が担当するはずである。それを新興の折従阮に横取りされているのである。李彝殷にしてみれば、おのれに対する後周の不信感を露骨に示されたことになる。さらに、第二節の後半で述べたように、広順三（九五三）年二月、高允権の死後、その後継者高紹基が延州を逐われるが、その引導を渡したのも折従阮であった。この後、折従阮のみならず子の折徳扆までもが栄達を遂げていく。夏州定難軍を南北から掣肘する邠州と府州に折従阮父子が陣取ったことも上述の通りである。李彝殷は顕徳元（九五四）年正月、西平王を進封される（『旧五代史』巻一一三周書四太祖紀第四）が、新興折氏を利用する後周王朝の圧力をひしひしと感じたに相違ない。第二節の末に掲載した『資治通鑑』（巻二九二後周紀三）顕徳二年春正月庚辰の条に、「折徳扆が節度使と為り、己と並んだことを恥じ、路を塞いで周使を妨害した」李彝殷の行為は、彼の必死の抵抗を示すとともに、後周の出方を確認する意味合いもあったのである。ところが『資治通鑑』に続けて、

　癸未（一三日）、上、宰相に謀る。対えて曰く「夏州は辺鎮、朝廷は向来毎に優借（借の誤り）を加う。府州は褊小にして得失は重軽に繫《かから》ず。まさに宜しく彝興（彝殷のこと）を撫諭せば大体を全するに庶《ちか》からん。」と。上曰く「徳扆は数年以来忠を尽くし力を戮《つく》して、以て劉氏を拒む。奈何《いかんぞ》一旦これを棄てんや。かつ夏州は惟《ただ》羊馬を産して貿易し、百貨は悉く中国に仰ぐ。我若しこれを絶てば、彼何んぞ為す能うや。」と。すなわち供奉官斉蔵珍を遣わし、詔書を齎しこれを責む。彝興惶恐謝罪す。

とあるように、世宗柴栄は宰相の主張する夏州優恤策を却ぞけ、断固、李彝殷誚譲の詔を発したのである。世宗は夏州定難軍の経済力を的確に判断しており、中国に依存せざるを得ない実情を看破していたのである。五代きっての明主の片鱗を窺がわせる逸話である。李彝殷は一転して惶恐謝罪している。後周が建国され、太祖、世宗二代の西北辺経営は着実に夏州定難軍包囲網を縮めることに成功していたのである。拓抜李氏が明宗の攻撃を退けて以来、これまで更迭を免れた真の理由は、夏州定難軍の軍事力が圧倒的な強さを誇っていたからではない。ひとえに隔絶された地理と国内情勢、さらには契丹遼の恒常的な南下問題によっていたのである。つまり、夏州定難軍拓抜李氏は北宋の建国に至るまでのモラトリアム期間に置かれていたのである。李彝殷は五代末、世宗柴栄の出現によって始めてその思い違いに気づいたのではなかろうか。

おわりに

動乱期五代におけるタングートの消息を追った。本章のモチーフは、五代においても夏州定難軍拓抜李氏はタングート社会では相変わらず一地方政権の域を出ず、タングート諸部族に号令をかけられる存在ではなかったことの解明にある。後年、李継遷が戈を倒《さかしま》にし、李元昊によって西夏が建国されたことにより、ややともすると我々の関心は夏州拓抜李氏の動向のみに向けられがちである。しかし、タングート民族は『新五代史』党項条に、「邠寧、鄜延、霊武、河西[40]に散処し、東は麟府の間に至る」とあるように、五代に至っても黄河の大彎曲部の内外ほぼ全域に百数十の[41]、あるいはそれを大きく上回る数の部族に別れ、それぞれ部族長の支配にしたがって生活していたのである。蕃性を強く残す部族から、なかには漢人と変わらぬまでに内民化の進んだ部族まで、その実態はさまざまであった。彼らの多くは夏州拓抜李氏とはまったく無関係に独自の道を歩んでいる。「大姓」として知られていながらほとんど実態が不明であった野利氏などはその最たるものであった。また、節度使の地位も拓抜李氏の独占物ではなかった。多くのタングート系の節度使が誕生し、拓抜李氏を脅かしていた。

夏州拓抜李氏内部においても、綏州刺史李彝敏の叛乱に象徴されるように、その支配体制は決して強固なものではなかった。定難軍節度使の地位も三軍の推戴なくしては成り立たなかったのである。夏州定難軍とは、畢竟、管下の有力諸部族の集合体であったのである。五代を一貫して拓抜李氏が夏州定難軍節度使を守り抜くことができたのも、地理と政治情勢に助けられたからで、沙陀王朝に対するタングートの民族的抵抗に幸いされた点も見逃せないのである。岡崎精郎氏は夏州定難軍節度使を総括して「長興四年、後唐の武力行使に抗してその郷土を守り抜くことに成功した李氏は、これを契機としてその立場を著しく強化したのであった。……西北の一地方政権の躍進ぶりは五代諸朝の抑止しうるところではなかった。」としているが、いささか褒辞に過ぎるといわざるを得ないのである。

註

（1）日野開三郎「第一部五代史概説」（『日野開三郎東洋史学論集第二巻』三一書房、一九八〇年）。「第一章五代列国の興亡」、「第二章五代の制度」、参照。

（2）岡崎精郎前掲書。

（3）日野開三郎「第二部五代の権力構造」（『日野開三郎東洋史学論集第二巻』三一書房、一九八〇年）。「一　五代庁直軍について」四五四頁参照。

（4）『旧五代史』李仁福伝は「蕃部都指揮使」に、『西夏書事』は「蕃部指揮使」に作る。

（5）『資治通鑑』（巻二七三後唐紀二）同光三年九月の条。

（6）『旧五代史』（巻三六唐書一二明宗紀第二）。

（7）『旧五代史』（巻四〇唐書一六明宗紀第六）。
（8）『資治通鑑』（巻二七七後唐紀六）。
（9）森部豊「唐末五代の代北におけるソグド系突厥と沙陀」（『東洋史研究』第六二巻第四号、二〇〇四年）六六頁参照。
（10）同右。
（11）第一章第七節参照。
（12）第三章第二節参照。
（13）広順三年閏一月には辛巳はなく異本には壬寅とあり、二二日であろう。
（14）以下、本書の引用は本文中に（　）で頁数を示した。
（15）註（9）論文、六二頁以降参照。
（16）岡崎（一四五頁）、畑地（一四五頁）。なお、両氏ともに第二節冒頭の「河西郡落」の表記をそのまま掲載している。
（17）第一章第三節参照。
（18）『冊府元亀』（朝貢第五）同光二年の条に、「四月、廻鶻都督李引釈迦、副使田鉄林、都監陽福安等六十六人陳方物、称本国権知可汗仁美在甘州、差貢善馬九匹白玉一団。」とあり、ウイグル可汗の居住地が示されている。
（19）『冊府元亀』（朝貢第五）乾化元年の条に、「十一月、帝御朝元殿以廻鶻、吐蕃二大国首領入覲故也」とある。
（20）『旧五代史』（巻三九唐書一五明宗紀第五）参照。『冊府元亀』（朝貢第五）では閏八月にかける。
（21）拙稿「西涼府潘羅支政権始末考」参照。
（22）『旧五代史』（巻四〇唐書一六明宗紀第六）、同年一二月丁酉の条では「吐蕃」は省略されている。
（23）『冊府元亀』（朝貢第五）閔帝の応順二年の条に、「四月、新州言、『党項托跋黒連欲入朝貢奉』。従之」とある托跋黒連などは「新州言」とあるところから、現在の河北省に居住していた拓抜氏と考えられる。また、『新五代史』党項条に、「至周太祖時、府州党項尼也六泥香王子、拓抜山等皆来朝貢」とある中の拓抜山は府州方面に居住していたと考えてよかろう。
（24）『資治通鑑』（巻二七七後唐紀）長興元年三月の条。

(25)『旧五代史』(巻四一唐書一七明宗紀第七)の同月の条に、「霊武奏、殺戮蕃賊二千人」とある。

(26) 註(21)に同じ。

(27)『新五代史』(巻六唐本紀第六明宗)の長興三年に、「二月己卯、静難軍節度使薬彦稠、及党項戦于牛児谷、敗之。」とある。牛児族の居住地を部族名に因んで牛児谷と称していたのであろう。

(28) 岡崎精郎氏は一四七頁において、『新五代史』薬彦稠伝の「又逐塩州諸戎、取其所掠男女千余人」の記述をもって、薬彦稠が塩州に進軍して漢人を奪回したとされるが、誤解である。一方、『旧五代史』(巻六六唐書四二列伝第一八)の同人伝に、「尋授邠州節度使。遣会兵制置塩州蕃戎逃遁、獲陥蕃士庶千余人、遣復郷里」とある。史料中の「遣会兵」は脱漏が考えられ、『新五代史』の記述で補えば「遣彦稠与霊武康福会兵」であろう。すなわち、「薬彦稠と康福は兵を会し塩州蕃戎の逃遁を制置し、陥蕃士庶千余人を獲て遣わして郷里に復せしむ」となる。薬彦稠と康福が塩州を攻撃したとは記されていないのである。

(29) 塩州の産塩については、宮崎市定氏「西夏の興起と青白塩問題」(『アジア史研究第一』東洋史研究叢刊之四之一、京都大学文学部内東洋史研究会、一九五七年)参照。

(30) 破丑氏に関しては、岡崎精郎氏も述べるように(一九三頁〜)、李継遷の崛起に破丑重遇貴がしたがっている。これについては第二部第一章第三節で触れる。また、『西夏書事』(巻七)、(巻八)には「芭里」姓の西夏の官僚名が複数記されている。「芭里」は「把利」の同音異字訳と断定して間違いなかろう。

(31) 拙稿「西夏建国とタングート諸部族」(中央大学『アジア史研究』第一四号、一九九〇年)第五節参照。

(32) 王彦忠の叛乱は張希崇の死亡に連動して起こされたことは間違いなかろう。鎮圧に馮暉ではなく、斉延祚が派遣されていることは、馮暉の着任以前の事件だからである。『資治通鑑』では馮暉の任命を一月甲寅にし、拓抜彦超の記事も併記しているが、『新五代史』の張希崇伝では希崇の死を「明年正月卒」と天福四(九三九)年正月死亡を明記している。馮暉が滑州(義成)から霊州に赴任する時間を考慮すると、着任は王彦忠の叛乱鎮圧後で、また、王彦忠の叛乱も三月ではなく張希崇が死亡して直後の一月に発生したものであろう。『資治通鑑』が三月に記載したのは斉延祚の処分の時日に一括したためと考えられる。

(33) 四月に戊午はなく、戊子（二八日）の誤りか。

(34) 註（21）に同じ。

(35) 註（31）に同じ。

(36) 第二節参照。『新唐書』（巻二二五下列伝第一五〇下逆臣下）黄巣伝の中和二年七月の条に、「拓抜思恭以鋭士万八千赴難、逗留不進」とある。

(37) 『資治通鑑』（巻二八六後漢紀一）。

(38) 二月には辛未はなく辛巳（七日）の誤りか。

(39) 岡崎精郎氏が詳しく論じられているが（一六二頁～）、『西夏書事』（巻二）に「広順二年冬十二月、北漢麟州刺史楊崇訓求援於夏州、不応」の記事がある。

(40) ここでいう「河西」とは河西回廊を意味するものと思われる。

(41) 註（31）に同じ。

第五章　夏州定難軍節度使の終焉と豊州蔵才族の抬頭

はじめに

五代随一の英主後周の世宗柴栄は、内政外征に辣腕を振るい着々と成果を上げ、顕徳六（九五九）年の四月には瓦橋関（河北省雄県南）に親征し戦わずして関南の地三州一七県を遼から奪還することに成功した。ところが、世宗は祝酒も覚めやらぬうちに二豎に犯され、六月、国土統一に思いを馳せながら忽焉として晏駕してしまった。後周の命運はこれに尽き、翌建隆元（九六〇）年正月、文字通りの無血革命により殿前都点検趙匡胤が即位して宋を建国し、世宗の衣鉢を継ぎ国土の統一に邁進したのである。当時、中原に新国家が交替することはあたかも恒例行事の感があったと思われる。しかし、五代も半ばを過ぎる頃から新しい国家秩序の建設期に入り、なかんずく後周の太祖、世宗の治世は国土の分立から統一収斂への大きな流れを決定づけたといえよう。五代的観点に立てば六代目にあたる宋王朝の建国が今後どのように推移するかは未知数としても、国土の統一はもはや時代の趨勢であったといえよう。

そして当然ながら宋王朝の統一運動の進展が、畢竟するにその西北辺一帯に布満するタングート民族に決定的な影響を与えることになったのである。唐末、五代の混乱期を巧みに生き延びたタングート最大の勢力である拓抜李氏夏州定難軍節度使は新時代にどう対処したのであろうか。また、拓抜氏同様に古くから「大姓」として知られ、環江流域に蟠踞していた野利氏など、河西タングート諸部族は新たに宋とどのような関係を結んでいたのであろうか。さらに、長く遼の支配に服し中原の視野からはずれていたオルドス北方のタングート諸部族は宋と遼の狭間でいかに身を処していったのか。換言すれば夏州定難軍出身の李継遷によっておこなわれたタングート民族の建国運動は、いかなる土壌の中から生育したのであろうか。第五章は、西夏建国の礎を築いた李継遷の建国運動その前夜のタングート諸部族に焦点を合わせ、その動向を解明するものである。(1)

一　宋初のタングート諸部族情勢

（一）　拓抜氏夏州定難軍節度使について

『宋史』（巻一本紀一太祖一、以下、『宋史』太祖一と略記）建隆元年春正月辛亥（一一日）の条に「翊戴功」を論じて石守信、高懐徳等功臣層に対する一連の節度使の授官がおこなわれ、これとは別格に癸亥（二三日）の条に、

> 周の天雄軍節度使魏王符彦卿を以て守太師、雄武軍節度使王景を以て守太保太原郡王、定難軍節度使守太傅西平王李彝殷を以て守太尉、荊南節度使高保融を以て守太傅とし、余に節鎮を領する者は並びに爵を進む。

とあるように、後周世宗と所縁の深かった符彦卿や王景、そして荊南節度使の高保融の授官とともに定難軍節度使守太傅西平王の李彝殷も太祖趙匡胤より新たに「守太尉」を与えられ本領を安堵されたのである。(2)これらの四名は太祖趙匡胤からすれば外様の藩鎮に属し、建国第一年としては国内の静謐維持の上からも当然の処置であったが、夏州定難軍節度使李彝殷に対しては他の三名とは多少異なった思惑があったのも確かである。後周の世宗にその経済力を看破されてより、後継者の太祖趙匡胤も夏州定難軍節度使の実力は熟知していたはずであるが、革命の混乱に乗じて遼や北漢の手が夏州に延びるのを未然に防止する必要があった。夏州定難軍節度使は遼や北漢を牽制する重要な軍事力であり、その帰趨いかんによっては建国当初の統一運動に重大な支障が生じかねないからである。呉広成は『西夏書事』（巻三）の同条に陳師道の言として「宋初、職三公を備う者は内はすなわち趙普、外はただ彝興。彝興藩鎮を以

てこれを領す。尤も異数なり。」を記載している。もって太祖の配慮のほどが窺われる。太祖の懸念は決して杞憂ではなく、事実、北漢は『続資治通鑑長編』（巻一）建隆元年三月己巳（三〇日）の条に、

これより先、北漢は代北諸部を誘い河西を侵掠す。諸鎮に詔して兵を会し以てこれを禦がしむ。この月、定難節度使守太尉兼中書令李彝興言う「部将李彝玉を遣わし進んで麟州を援く。北漢衆を引きて去る。」と。彝興はすなわち彝殷なり。宣祖の諱を避けて改めると。

とあるように、王朝交代の脆弱期を見透かして代北諸部(3)を誘い、河西すなわち黄河南流部を侵掠し河西のタングート社会に揺さぶりをかけてきたのである。当然、北漢はその背後にある夏州定難軍の出方を確認する意図があったのである。李彝殷改め李彝興は麟州を救援し一応太祖の期待に応えた。しかし、しばらくは形勢観望を意図したであろうことは、この後三年の四月まで李彝興の消息が史料上に現われないことからも推測がつく。ところがこの間に、夏州定難軍節度使李彝興のライバルに成長していた永安軍節度使折徳扆が建隆元年の六月に北漢の兵を沙谷砦に破り（『宋史』太祖一）、さらに翌二年一二月になると『続資治通鑑長編』（巻二）乙未（六日）の条に李継勲の北漢攻撃の記事に続けて、

代州刺史折仁理は党項藩（蕃の誤り）部の大姓なり。世々河西に居し北境に接隣す。上、その捍辺の功有るを以て、召して入覲せしむ。また命じて領に帰さしめ、刺史は故の如し。

とあるように、折氏の記事が目につくようになる。また太祖趙匡胤の受禅を不服とする昭義軍節度使李筠の叛乱も元年六月にはあっけなく鎮圧されている。このような情勢の推移から、すでに北漢の頽勢は蔽いがたく新興の宋に抗しきれないことが明らかであったこと、太祖趙匡胤の政権運営が安定化の道を辿り、今後も宋国内に大規模な争乱が起こる可能性は少ないという見極めがついたのであろう。そこで、李彝興は第四章の末尾で触れた後周世宗朝時代にとった対応のまずさからいたずらに府州折氏の株を上げさせる結果を招いてしまったことを反省し、新王朝の誕生を奇

貨として、これを積極的に利用して当面夏州定難軍節度使の領域支配の安定強化を図る方向に進路を定めたのである。
『続資治通鑑長編』（巻三）建隆三年四月戊申（二一日）の条に、

　定難節度使李彝興、使を遣わして馬三百匹を貢ぐ。上、まさに玉工に命じて帯を治《ととの》わしめ、親しく臨んでこれを視る。その使を召して彝興の腹囲幾何を問う。使言うに「彝興は大腰腹」と。上曰く「汝の帥は真の福人なり」と。遂に使を遣わして帯を以てこれに賜う。彝興感服す。

とある。李彝興は建隆三（九六二）年四月になって軍馬三百匹を献じて名実ともに宋にしたがう姿勢を明らかにしたのである。李彝興が旗幟を明確にしたことは太祖にとってもすこぶる安心材料であったらしく特製の玉帯を賜ってその歓心を買うに努めている。李彝興はこうしたやり取りを通して太祖が自分の地位を保障したものと解釈したのであろう。そこで翌乾徳元（九六三）年四月、『宋史』（太祖一）に、

　夏、西平王李彝興犛牛一を献ず。

とあるように犛牛一匹を太祖に献じたのである。犛牛とはいわゆるヤクのことである。ほぼ同時期に犛牛の貢献記事を他に覓めると、『宋史』（巻四九〇外国六）回鶻伝の乾徳二年の条に、「遣使貢玉百団、琥珀四十斤、犛牛尾、貂鼠等。」とある。ヤクの尾毛は呉広成も『西夏書事』（巻三）で述べているように左纛すなわち天子の車の左側に立てる大旗の材料である。ウイグルの場合は玉、琥珀、貂鼠等の珍宝とともにヤクの尾毛を貢献しているのに対して、李彝興は生きたヤク一匹を献じているのである。実は両者の貢献の意味合いについては大きな違いがある。ウイグルは中国の王室が欲する珍宝のひとつとして従来からしばしば貢献品に加えているヤクの尾毛を貢献しただけのことであって、純粋な朝貢貿易以外の何ものでもない。これに対して李彝興が、その尾が左纛の材料となる生体のヤク一匹を献じたということは極めて象徴的な意味を含んでいる。すなわち、自らをヤクになぞらえ左纛そのものになることによって太祖皇帝に対して夏州定難軍節度使として絶対的な忠誠を顕示したのである。両者の腹の探りあいはこのように

して決着を見た。この後、李彝興は乾徳五年九月の死に至るまで、およそ四年間史料上には何ら痕跡を残していない。しかし、この間に北漢勢力の来降が相次ぎ、さらに乾徳三（九六五）年、太祖が蜀攻略を敢行している事実から判断すると、夏州定難軍節度使としてのモラトリアム期間は確実に保障されていたとみてよかろう。李彝興の定難軍節度使の在任期間を主だった父祖と比較すると、太祖にあたる李思恭が一四年、李思諫は一〇年未満、父の李仁福が二三年に対して、最長の三二年の長きにおよんでいる。この間の李彝興の軌跡については前章第四節に詳述したとおりである。李彝興は五代の後半から宋の建国という激動の時代に内憂外患、幾多の試練を乗り越えひたすら定難軍節度使の地位を守り抜いた極めて老巧な武将で、領内各部の統制も後半になるにつれ盤石の重さを増し絶対的な支配力を持つようになっていたのである。乾徳五（九六七）年九月、死亡が宋に伝えられると太祖は「廃朝三日、贈太師、追封夏王」[4]でその功に報いた。

李彝興の地位は子の行軍司馬李光叡に継承された。父李彝興の長く安定した節度使体制のもとで後継者としての地位も自然と定まっていたのだろう。拓抜李氏一族や支配下の各部族長も表立ってこの継承に異を唱える問題も見あたらなかったのではなかろうか。同年一二月、宋は正式に李光叡に定難軍節度使の地位を与えた。ところが李光叡が節度使を継承して三年目の開宝三（九七〇）年九月に綏州で擾乱が発生している。綏州といえば二七年前の天福八（九四三）年、衙内都指揮使の拓抜崇斌と組んで節度使就任八年目の李彝興（殷）を倒し定難軍節度使の地位を簒奪しようとした時の綏州刺史李彝敏の拠点である。さらに叛乱鎮定後も余燼は燻り続け二年後の開運二（九四五）年に啖母族の騒乱が引き起こされていることは前章で論じたところである。すなわち綏州は定難軍節度使管下における反体制勢力の策源地だったのである。そして、そのエネルギーこそが延州方面のタングート諸部族との結びつきにあったこともすでに触れたところである。『西夏書事』（巻三）に、

開宝三年秋九月、綏州乱る。故刺史李光琇の子丕禄討ちてこれを平ぐ。綏州羌族強悍にして騒動し易し。刺史李

光琇は州に在りて城堡を繕完し、戎夷と訓約して一方にこれを安ず。卒するに及び羌人隙に乗じて乱を為す。丕禄、首事者を捕えこれを誅す。余党遂に散《ち》る。

とある。この史料は『続資治通鑑長編』や『宋史』には収録されていない。それ故一次史料としての利用には慎重を要するが、具体的人名、内容から勘案して呉広成が捏造したとは到底考えられず、現在は逸書になっている何らかの野史、稗史から採用したものと考えてよかろう。唆母族の叛乱の後、綏州刺史に誰が任じられていたかは不明であるが、『西夏書事』に依拠すればおそらく李彝興の晩年には一輩行下の李光琇がその任に就いていたのであろう。李彝興と李光琇の関係は他に史料がなく推測の域を出ないが、李彝敏の叛乱と、その後に乗り込んだ李仁裕が蕃部経営の失敗から唆母族に逆襲されて敗死したこと等を併せ考えると、その後に送りこまれた李光琇が李彝興に極めて近い系譜にあった人物とみて間違いなかろう。乾徳五（九六七）年九月以前に李彝興が死亡し、その三年後の開宝三（九七〇）年の上半期頃に李光琇も死亡したものと考えられる。李光琇の死亡により夏州定難軍節度使の圧力が緩むと途端に綏州羌族の擾乱が起こっているのである。強悍を誇る綏州羌族とは唆母族あるいはその同類と考えて大過なかろう。相変わらず綏州領内は反定難軍節度使勢力の巣窟であったのである。李丕禄は鎮定の功により翌開宝四年正月綏州刺史を授けられている（『西夏書事』同巻）。いずれにしろ、李光叡の時代になると夏州定難軍節度使の統制力は綻びを見せ始めたことは疑いなく、さらに翌五年三月に李光叡は入朝を請うている。『西夏書事』（巻三）同年の条に、

光叡、太祖が諸将の兵権を解き藩鎮節度を罷めるを聞き、内《こころ》は自から安んぜず。使を遣わし貢献して入朝を表す。詔して許さず。

とある。この記事も『西夏書事』独自のものであり全幅の信頼は置きがたいが、事実とすれば領内統制の弛緩に苦慮している実態を見透かされ、節度使を罷免されることを惧れ先手を打って直接に太祖の安堵を得ようとしたものと解釈できる。また李光叡は開宝七（九七四）年、わずか一一歳の李継遷を「善騎射驍智数」の故をもって管内都知蕃落

使に任命している。(5) 李継遷の父李光曮は、かつて建隆元年に太祖の即位に際して、李彝興から宋に派遣された当時の銀州防禦使（『西夏書事』巻三）である。李光曮は李彝興の族子で年齢的に考えても開宝七年には十分に存命であったはずで、李光叡も体制維持の上でその勢力に依存するところが大きかったのではなかろうか。李継遷に対する授官は、岡崎精郎氏がいうように彼の異材による（一八五頁）のではなく、その父李光曮対策であったと考えるべきであろう。さらに『西夏書事』（巻三）には翌開宝八（九七五）年五月のこととして、北漢の劉継元が李光叡を誘うも拒絶されたことから銀州を攻撃している。これも事実とすれば李光叡体制に付け入る隙があると判断した北漢の揺さぶりだったのであろう。

さて、太祖はこの間に、開宝七年江南攻略を決行し、早くも翌八年にはこれを平定した。背後を固めた太祖は開宝九（九七六）年八月、侍衛馬軍都指揮使党進、宣徽北院使潘美を中心に五道より太原を目指していよいよ懸案の北伐を敢行したのである。来るべき北漢攻略のために敢て藩鎮猶予措置が採られていた夏州定難軍節度使がその一翼を担わされたことは当然であった。『続資治通鑑長編』（巻一七）同年の条に、

冬十月甲午朔、定難節度使李光叡、所部の兵を率い、天朝、定朝両関に次る。使を遣わして言う「黄河の凍合を伺い、すなわち北漢の界に入らん。」と。

とある。天朝、定朝両関の位置は不明であるが、黄河の凍結を待って攻撃を言明するところなどは、ひたすら戦力の消耗を避けて常に決戦を回避していた歴代の定難軍節度使の姿を彷彿させる。ところがこの直後に太祖は急死し、攻略は中止され落城寸前に追い込まれていた太原城は辛くも死地を脱することができたのである。太祖の崩御を知ってか知らずか李光叡は『続資治通鑑長編』同月の壬戌（二九日）の条に、

李光叡言う「兵を率いて北漢の界に入り、呉保寨を破る。斬首七百級。寨主侯遇を禽え、牛羊鎧甲数千計を獲る。」と。光叡尋いで名を克叡に改む。

とあるように、この間に北漢の呉保寨を攻陥している。呉保寨は綏州の東方、黄河の西岸に位置し両者の間隔は山を隔てて直線距離でわずか五〇キロ程度である。要するに綏州は北漢勢力と直接的に対峙する位置にあり、北漢の圧力のみならずその誘いの手も延びやすかったであろう。そのように考えると開宝三年の綏州羌族の騒乱も、単に定難軍節度使李光叡に対する反発というよりも北漢の指嗾も考慮する必要があるのではなかろうか。李光叡改め李克叡が呉保寨攻略をおこなった理由は、もちろん宋の攻撃命令によるものであろう。しかし、敢て呉保寨を選択して攻撃した真意は定難軍節度使の領域の確保が念頭にあったことは疑いない。

太宗は即位すると内外官の一連の進秩をおこない、同年一二月、太平興国元年と改め、李克叡に対しては「検校太尉」を加えている(6)。そして李克叡は二年後の太平興国三年に死亡するが、『宋史』夏国伝上に、「太平興国三年卒。太宗廃朝二日、贈侍中。」とある。北漢との決戦を控え、夏州定難軍節度使の忠誠を維持し、その支配下の軍事力を統制させるために、当面、夏州李氏を重用している姿勢を示したのである。しかしその一方で『宋史』夏国伝上には続けて、

継筠、初めは衙内都指揮使検校工部尚書に為る。克睿卒し、自ら知州事を権し、検校司徒定難軍節度観察留後を授く。

とあり(7)、後継者李継筠は定難軍節度観察留後に留め置かれているのである(8)。年が改まり太平興国四年春正月、太宗は万全の態勢を整え大規模な戦闘序列を発し北漢親征を断行する。ところが、『宋史』(太宗一)の二月の条に、「乙巳(二六日)、夏州李継筠、所部を帥いて助けて北漢を討たんことを乞う。」とあるように、夏州定難軍節度使に対しては攻撃命令が発令されていなかったようである。すでに太宗は北漢平定の軍事力として夏州定難軍をあてにしていないのである。取り残されることを惧れた李継筠は逆に北漢助討を願い出る始末であった。『続資治通鑑長編』(巻二〇)同年二月の条に、

乙巳、定難留後李継筠言う「所部の銀州刺史李光遠、綏州刺史李光憲を遣わし蕃漢兵卒を帥いて、黄河列寨を縁《めぐ》り、河を渡り敵境を略し、以て軍勢を張らん。」と。

とあるが、同時期に同じタングートのライバル勢力である府州の折御卿が嵐州や岢嵐軍を攻略したのに比べると、北漢の拠点を攻撃したわけでもなくただのデモンストレーションの域を出ない。五月、北漢主劉継元は降伏し、北漢は四代二九年をもって滅んだ。李継筠は観察留後になってわずか一年後の太平興国四（九七九）年に死亡してしまう。(9) ついに節度使には昇格しないままで終っている。さらに後を襲った李継捧も観察留後のままであった。太宗の胸中には、北漢戡定後の拓抜氏夏州定難軍に対する処理方針が早い段階からはっきりと描かれていたのであろう。観察留後に留め置いた真意は拓抜氏夏州定難軍の廃止を暗示しているのである。拓抜氏夏州定難軍の廃止は後唐明宗朝以来の宿案であった。明宗は李仁福の死没の機を捉えて後継者の李彝超を延州に移そうとして五万の軍勢を夏州に送るが結果は大失敗に終っている。その後、後周の世宗の登場まで、まさに拓抜氏夏州定難軍は中原の混乱と遼の脅威を逆手にとって我が世の春を謳歌していた。しかし後唐以降の歴代の王朝は拓抜氏夏州定難軍の外堀を埋めるべく、その牽制勢力としてタングート系の節度使を創設しこれを積極的に利用した。また環江流域のタングート諸部族の攻略をおこない霊州との連絡の確保に腐心していたことは前章で詳述したとおりである。宋の太祖は後唐明宗の失敗を踏まえ、性急な拓抜氏夏州定難軍の廃止はおこなわず、周囲のタングート諸部族の経略を優先し、まさに熟柿の木より落ちるのを待ったのである。そこで、次に太祖そして太宗の両皇帝がおこなった拓抜李氏以外のタングート経営を見ることにしよう。

（二）　定難軍周辺のタングート諸部族について

前章で論じたように、後唐の明宗は涼州と霊州を掌握して河西回廊から中原に至る朝貢ルートを完全に支配する構想を持っていた。そのための前提条件が環江流域のタングート諸部族の攻略であった。康福、薬彦稠の征討がおこなわれた所以である。しかし、明宗の没後、再び河西タングート族は蠢動を繰り返している。一方、霊州は後晋に入ると馮暉に支配されるようになり、その後継者の馮継業に引き継がれ宋初に至っている。また、涼州においては九三〇年代以降、野利氏と結合する河西チベット族の陣営に対して、漢人勢力と提携する拓抜氏が主導権争いを展開していた。後漢の隠帝（九五〇年前後）の頃は河西チベット族の折逋嘉施が節度使を拝し一応の主導権が認められるようになったようであるが、後周の広順二年になると河西節度使は申師厚に替わり、折逋嘉施は漢人と思われる崔虎心とともに左右廂副使になり再び勢力が拮抗している。[10] 環江流域の河西タングート諸部族はまさしくこの河西チベット族の折逋氏勢力と結びついていたと考えられる。

ところで、宋が建国されると西域諸国の朝貢が陸続とおこなわれるようになった。建隆二年一一月に沙州節度使曹元忠、瓜州団練使曹延継等が遣使朝貢し、さらに一二月にはウイグル可汗景瓊、于闐国王李聖天が遣使方物を貢献している。三年一月には沙州の曹元忠が馬を献じ、四月には西州ウイグルの阿道等が方物を貢いでいる。翌乾徳元（九六三）年は朝貢記事がなく、二年になると一月にウイグルの朝貢があり、三年は四月にウイグル、五月は于闐、一一月は甘州ウイグルが、一二月は再び甘州ウイグルと于闐が朝貢をおこなっている。乾徳四年二月にも于闐は王子徳従を遣わしている。[11] さて、これら西域諸国の朝貢は地理的に考えてまず涼州に到着し、隊列を整え直して黄河沿いに霊州に向い、[12] 瀚海を通過して青剛峡を越えて環江を降るコースを辿ったものと思われる。ここで興味深い記事が『続資治通鑑長編』（巻五）の乾徳二年一二月庚戌（八日）の条に掲載されている。

　申師厚逃帰してより、朝廷はまた涼州を疆理せず。ここにおいて蕃部首領数十人、闕に詣り帥を請う。丁巳（一五日）、供備庫使麹彦饒を以て河西節度使に為す。

とあり、乾徳二（九六四）年一二月以前に申師厚は涼州から逃げ帰っており、それ以来、涼州はまったく在地勢力のなすがままになっていたのである。そして、乾徳四年になると折逋嘉施は知西涼府の地位を認められている[13]ところから判断すると、麴彦饒の派遣もおこなわれず宋の建国と前後して涼州の主導権は完全に折逋氏の手に掌握されるようになったのであろう。そうすると、西域諸国の朝貢使節団は必然的に涼州のチベット族、霊州附近のタングート族、そして環江流域の河西タングート族の掣肘を受け、応分の対価を支払わされることになったことは明白である。安全な朝貢ルートを確保するためにも、中央の統制の外にあって跳梁を恣にしている河西タングート諸部族に対する経略は焦眉の問題だったのである。太祖は即位四年目の乾徳元年夏四月に涇水中流域の軍事拠点を対象にひとつの法令を発した。『続資治通鑑長編』（巻四）同月甲辰（一三日）の条に、

涇、原、邠、慶州をして蕃人を補して沿辺の鎮将に為すを得ざらしむ。

とある。四州の位置関係は各支流の合流点にあたる邠州を扇の要として、西から東に涇水本流の涇州、蒲河の原州、環江の慶州の順に並んでいる。明らかに涇水各支流の上流域からその北方横山にかけての山谷皺襞に蟠踞している野利氏などを代表とする河西タングート諸部族を見据えた対策といえる。すなわち、涇州、原州、邠州、慶州界隈のタングート諸部族の族長を鎮将に採用すると、かえって上流部のタングート諸部族との結合を促し、その嚮導役になることを虞れたのである。太祖はこのようにあらかじめ河西タングート経略の地ならしをした上で、しかるべき人材を求めたのである。太祖は李彝興が死亡した翌年の開宝元（九六八）年、かつての同輩で因縁浅からぬ董遵誨を抜擢して通遠軍使に補し環江流域のタングート諸部族の経略にあたらせたのである。『続資治通鑑長編』（巻九）開宝元年秋七月乙未（一四日）の条に、董遵誨との因縁を記し[14]、続けて、

ここにおいて、上、通遠軍が西戎の近辺[15]なるを以て、遵誨に命じて守らしむと。遵誨既に至り、諸族酋長を召し、諭すに朝廷の威徳を以てし、羊を刲《さ》き酒を釃《こ》し、厚く宴犒を加う。衆皆悦服す。後、数月また入寇す。遵誨、兵を率い深く入りこれを撃走す。俘斬甚だ衆く、羊馬数万を獲る。夷落以て定まる。上、その功を喜び、就いて羅

州刺史を拝し、使は故の如し。遵誨、嘗てその外弟虞郷の劉綜を遣わし来りて馬を貢ぐ。還るに及び、上、服する所の真珠盤竜衣を解きこれを齎賜せしむ。綜曰く「遵誨は人臣にして豈に敢てこの賜に当らんや。」と。上曰く「吾れ遵誨に方面を委ぬ、これを以て嫌と為さざるなり。」と。

とある。通遠軍の治所は環州である。環江流域は霊州との通路にあたっており、第四章で詳述したように野利氏や破丑氏などいわゆる河西タングート諸部族の巣窟であった。太祖が敢て旧怨を清算してまで董遵誨を抜擢し派遣したということは、畢竟、蕃部経営を進める上での董遵誨の器量を高く評価していたからである。河西タングート諸部族は董遵誨の招撫を受け入れたかを装い、隙を窺って数箇月後には反攻に転じている。結局は董遵誨の軍事力の前に屈服せざるを得なかったが、董遵誨の経営に心服していたわけではなく、しばらくは息を潜めていたにすぎない。河西タングート諸部族が逼塞せざるを得なかったもうひとつの原因が、慶州刺史の姚内斌の存在にあった。『宋史』（巻二七三列伝第三二姚内斌伝、以下、『宋史』姚内斌伝と略記）に、

西夏数《しばしば》西鄙を犯す。内斌を以て慶州刺史兼青白両池榷塩制置使に為す。郡に在ること十数年、西夏畏伏し敢て塞を犯さず。内斌を号して姚大虫と為す。その武猛を言うなり。

とある。また、『続資治通鑑長編』（巻一五）開宝七年二月の条に、

壬辰（一三日）、慶州、刺史姚内斌の卒を言う。中使を遣わし喪を護り帰りて洛陽に葬る。内斌、慶州に在ること十年を踰ゆ。辺人畏伏し、目して姚大虫と為す。その虓勇なること虎の如きを言うなり。癸巳（一四日）、権易使田仁朗を以て知慶州を権せしむ。時に、西戎隙に乗じて辺を擾す。仁朗既に至り、麾下を部しこれを撃つ。短兵相接し、前鋒稍《やや》却く。仁朗、指麾使二人を纛下に斬る。軍中震恐し争いて命を乞う。遂にこれを大破す。西戎酋長相率いて和を請う。仁朗、牛を殺し酒を置き、ともに飲みかつ誓を立つ。辺境寧粛す。璽書して褒美す。

とある。『続資治通鑑長編』によれば姚内斌は開宝七年の二月以前に死亡し、『宋史』には「郡に在ること十数年」と

あるところから、おそらく乾徳元年の頃に慶州刺史兼青白両池榷塩制置使に任じられたのであろう。大虫とは虎のことであるが、姚内斌は勇猛をもってタングート諸部族を圧伏していただけではなく、青白両池榷塩制置使として烏池、白池その他から産出される青白塩の取引に関する業務を一手に管掌していたのである。それだけに姚内斌の影響力は環江上流域一帯の河西タングート諸部族にもおよんでいたことは疑いなく、必然的に青白塩を産出、ないしは中継するタングート諸部族とは利害が鋭く対立していたと考えられる。あまつさえ乾徳元年にタングート諸部族の酋長たちは沿辺の鎮将になる道を塞がれている。「姚大虫」とはそうした情況のもとで圧政をおこなう姚内斌に対するタングート諸部族の怨嗟の声が反映したものだったのであろう。姚内斌が死亡するとたちまちタングート諸部族は擾乱を起こしていることがそれを証明している。新たに着任した田仁朗の軍勢も一時は劣勢に追い込まれたことからもわかるように、慶州管内のタングート諸部族も宋の経略に唯唯としてしたがっていたわけではなかったのである。また、『宋史』姚内斌伝の「西夏」が「西戎」の誤りであることは『続資治通鑑長編』の記述からもわかるであろう。そして数年を経て太平興国二（九七七）年になると環江流域の河西タングート諸部族に漲っていた宋に対する不満は一挙に爆発したのである。『宋史』党項伝に、

太平興国二年二月、霊州、歳市の官馬を部送するに、過ぎる所の族帳に賂する物粗悪にして羌人恚りて受けず。知州比部郎中張全操、十八人を捕得しこれを殺し、その兵仗羊馬を没入す。戎人遂に擾る。上、使を遣わし金帛を齎し撫じてその族に賜う。これと盟い始めて定まる。全操を召し有司に下しこれを鞫《せめただ》し、杖に決し登州沙門島に流す。

とある。宋初、霊州節度使は馮継業であったが、開宝二（九六九）年、太祖の藩鎮異動策にしたがって静難軍節度使に配転された。馮継業の霊州経営はすでに破綻を来たしており、『宋史』に「時に、兵を出し羌夷を劫略す。羌夷附せず。また士卒を撫ずるに恩少く、継業はその変を為すを慮る。[16]」とあるように霊州一円のタングート諸部族は完全

に離反していたのである。そこで、太祖はその後任として段思恭を知霊州事に任じたが、その際、馮継業の言として「霊州は衛、霍の名将に非ざればこれを鎮撫する可からず。」を示し段思恭の決意を促した。また、段思恭も太祖の命を服膺し「継業の失を矯し、夷落を綏撫し、訪ねて民病を求め、悉く条奏してこれを免ず。」[17]とあるように、夷落すなわち霊州周辺のタングート諸部族の綏撫に気を使ったのである。[18]その後、開宝年間の末には知霊州事は張全操に交替していたようであるが、タングート諸部族に対する配慮を欠いたために、たちまち擾乱を引き起こされてしまったのである。太宗は張全操を罰し、ひたすら霊州管内のタングート諸部族の綏撫をおこなっている。ところが盟約も一時的なものであり、知霊州事の交替の間隙を衝いてか、さらに大規模な擾乱が発生したのである。『続資治通鑑長編』(巻一八)同年末の条に、

この歳、霊州、通遠軍の諸蕃族が官綱を剽略す。知霊州安守忠、通遠軍使董遵誨に詔してこれを討たしむ。遵誨、部分して将に出でんとするに、諸蕃族大いに懼れ、尽く剽略する所を帰し、肉袒して罪を請う。遵誨すなわちこれを慰撫す。これより各々封界を謹み秋毫も敢て犯さず。上、遵誨に命じて霊州路巡検を兼領せしむ。通遠軍に在ること凡そ十四年。

とある。また、『宋史』党項伝の同条には、

霊州、通遠軍界の嗓咩族、折四族、吐蕃村族、柰喝三家族、尾落族、柰家族、嗓泥族が官綱を剽略す。

とあり、擾乱を引き起こした具体的な部族名が記載されている。これらの諸部族が通遠軍(環州)と霊州を結ぶ地域、つまり環江の上流である白馬川流域から青剛峡にかけての山谷皺襞に居住していたのである。この地域は筆者が再三触れるように野利氏を中心とする河西タングート諸部族の一大根拠地であった。折四族とは前章第三節で触れた折思族に違いない。折思族が後周の広順年間からおよそ四半世紀を経過した太平興国二年に時代が移っても同じ地域で健在なことがわかる。五代、野利氏は環江上流域の河西タングート諸部族の盟主であった。そして後に李継遷に与し、

西夏建国の最大貢献勢力に発展していることは自明のことである。この時代も野利氏は環江上流域の河西タングート諸部族の中心であったと考えるのが自然である。すなわちこの記述こそ、宋代の極初期の野利氏を盟主とする河西タングート諸部族の動向を示す貴重な史料と断定して間違いなかろう。おそらく『宋史』党項伝に記されている七つの部族のうち、その多くが野利氏の直轄部族であったと考えられる。このように、河西タングートは宋の経略が緩んだと見ると揺さぶりをかけては瀬踏みをしていたのである。慶州管下のタングート諸部族の騒乱と、霊州のタングート族の擾乱、そして野利氏配下の諸部族の騒擾はそれぞれに別個の事象ではなく、宋の涇水流域のタングート経略が強化されることに対する不満が沸点に達していたことを示しているのである。かつて野利氏は塩州のタングートと組んで青白塩を掌握していた時期もあった（前章第三節）。河西タングート諸部族の揆を一にした擾乱の背景には青白塩をめぐる経済的な問題も大きく関与していたのである。

ところで、呉広成は『西夏書事』（巻三）で「太平興国二年冬十一月、夏人掠霊州進奉使」の条を起こし、上記三つの事件をひとつに取りまとめている。その際、開宝元年の董遵誨の派遣記事と同様に、擾乱を引き起こした諸部族をすべて夏州定難軍配下の勢力として「知通遠軍兼霊州巡検董遵誨、檄を夏州に移しこれを討たんと欲す。克叡、懼れて執えて過ちを作す蕃酋を送り、尽く掠する所を帰し罪を請う。」と締め括っている。そして、岡崎精郎氏も「この当時、李氏の権威が霊州方面のタングート諸族に及んでいたとは考えられぬが、それにもかかわらず、掠奪事件の責任を追求されたのは注目すべく、……（一七七頁）」と『西夏書事』の記事を全面的に信用して論を進めているが、承服しがたい。『西夏書事』は『宋史』や『続資治通鑑長編』には見あたらない具体的人名や事件の記載などから、ある種の逸書を利用していると考えられるところもあり、一定の史料的価値は認められる。しかし、この条に関しては呉広成の誤解と創作と断じて大過なかろう。その理由は、『宋史』董遵誨伝の「在通遠軍凡十四年、安撫一面夏人悦服」や「遵誨、帳下を部署しこれを討たんと欲す。夏人懼れて尽く略する所を帰し、拝伏して罪を請う。」の記述からこれらの諸部族を夏州定難軍の配下と思い込んでいることにもとづいているからである。数頁前の姚内斌伝の記述を見れば明らかなように、『宋史』の編纂官達はこの方面のタングート諸部族を時代を超越し無批判に後の西夏と見做し誤った表記をおこなっている。「夏人」の表記も「夏州人」というよりも「西夏人」という意味で使っているのであり、その表記は見当はずれも甚だしい。そして、董遵誨が霊州路巡検を兼領したのは『続資治通鑑長編』にあるように、この擾乱事件を踏まえてのことである。すなわち、太平興国二年、霊州から環江流域にかけての河西タングート諸部族と拓抜氏夏州定難軍はまったく別個の勢力であり、両者は峻別して考えなくてはならない。夏州定難軍からみると西方、ないしは西南方のタングート諸部族に対する宋の経略はこのように表面的には綏撫策が一定の成果を収めているかにみえる。しかしながら間歇的に擾乱が勃発していることからもわかるように、タングート諸部族は宋に全面的に帰順していたわけではなかったのである。

次に夏州定難軍より東方に展開するタングート諸部族の動きと宋の対応を確認しておこう。五代の後唐以来、歴代の王朝に一貫して忠勤を励み、同時に夏州定難軍を牽制する役目を担わされていた府州折氏は、宋の建国後も変わることなく忠誠を示していた。建隆元年六月、北漢の兵を沙谷砦に破った折徳扆は、乾徳元（九六三）年の閏一二月に府州城下に来襲した北漢の軍勢を破り、衛州刺史楊璘を擒獲してこれを宋に献じている。折徳扆は翌年没するが、子の御勲は汾州団練使権知府州事に留め置かれ、永安軍（府州）留後に任じられたのは五年後の開宝二（九六九）年のことである。開宝五年、北漢軍は方山、雅爾の両寨を攻撃するも府州折氏はこれを撃退している。このように折御勲も父同様に北漢の攻撃をよく防いでいるにも拘わらず、この段階では永安軍節度使にはなれず、開宝九（九七六）年、泰寧軍節度使に任じられ京師に留められている。一方、同じ時期の乾徳五（九六七）年に李彝興の後を継いだ李光叡は同年中に定難軍節度使の地位を与えられている。この一事をもってしてもいかに太祖が定難軍李氏に配慮していたかがわかる。折御勲は太平興国二年に卒し、後を襲った弟の御卿は前述したように太平興国四（九七九）年に太宗の親征にしたがい嵐州を攻め、岢嵐軍を攻略し軍使折令図を擒獲している。折御卿はさらにその後も赫々たる武勲を挙げているが、晴れて永安軍節度使を拝命したのは淳化五（九九四）年のことであった。[19] 同じタングート系の藩鎮とはいえ、折氏は太祖、太宗から見れば完全に手持ちの駒のひとつで気の置けない存在であったことがわかる。

さて、黄河東流部周辺から南流部府州周辺にかけてもタングート諸部族が古くから集住する地域であったが、旧、新両『五代史』を閲して見てもほとんど部族名を拾い出すことはできない。めまぐるしく交代する諸王朝とはほとんど没交渉だったことがわかる。しかし、宋の建国と折従阮以来の府州折氏の活躍は、従来、遼や北漢にしたがっていた同地域のタングート諸部族にも動揺を与え、新たな処世を促すことになったようである。まず『続資治通鑑長編』（巻九）開宝元年の末条に、

この歳、党項結唐族（直蕩族）首領多爾済（啜信）等、北漢を引き府州に入寇するも守将の敗る所と為る。内属蕃部十六府大首領吹裕勒（屈遇）と十二府首領羅阿（羅崖）に詔して所部を帥いて多爾済を誅たしむ。多爾済懼れて族を挈えて来帰す。すなわち吹裕勒を以て帰徳将軍に為し、羅阿及び多爾済は並びに懐化将軍に為す。

［＊（ ）内は『宋史』党項伝の表記］

とある。後述するように、直蕩族はおそらく火山軍の北方に居住していたと考えられるが、北漢の軍勢を嚮導して府州を攻撃するが敗退している。内属蕃部の十六府大首領屈遇と十二府首領羅崖が所部を率いて直蕩族首領の啜信を誅《うっ》たため、啜信は懼れて族をしたがえて帰順したのである。府州を攻撃した啜信を屈遇と羅崖が誅たところからすると、彼らの部族も火山軍よりは北方の黄河が南流するあたりの内側に蟠踞していたものと考えられる。府州攻撃の嚮導役を果たした啜信を両名が誅たことから判断して、すでに彼らは府州折氏の統制下に置かれていたものと考えられる。直蕩族首領の啜信は殺されもせずに挙族内附を許されているのであるから、積極的に北漢に加担していたわけでもなく、成り行き上北漢を嚮導せざるを得なかったのであろう。直蕩族に関しては、『宋史』党項伝に「端拱元年三月、

火山軍言、河西羌部直蕩族内附。」とあるから、開宝元年から数えてちょうど二〇年後にも内附している。おそらく、北漢滅亡後しばらくして今度は遼に掣肘されるようになっていたのであろう。境界線上に位置する蕃部の依違逡巡する不安定な情況を物語っているといえよう。さて、一方の十六府大首領の屈遇は一一年後の太平興国四（九七九）年にも拓抜氏の一員とともに来貢している。『宋会要輯稿』（第一九九冊蕃夷七、以下省略）歴代朝貢同年一二月の条に、

　拓抜首領拓抜日栄、所部の酋長拓抜良七を遣わし、十六府大首領勒浪屈遇は所部の蕃官折木等を遣わして、並びに来貢す。

とある。前章でも触れたように、李姓を与えられていない拓抜氏の傍流は夏州を取り巻く各地に多数存在していた。拓抜日栄は、岡崎精郎氏が指摘した（一七八頁）ように『新五代史』に記載されている拓抜山[20]との同族、おそらくはその後継者ではないかと思われる。十六府大首領屈遇とともに配下の酋長拓抜良七を宋に派遣しているところから判断して、夏州よりは北東の方角、十六府大首領屈遇らが朝貢する際の交通路に近い地域に居住する拓抜氏で、府州折氏や同方面のタングート諸部族の影響を受けやすい立場にあったのではなかろうか。しかし、当時は夏州定難軍李氏の統禦に服していた拓抜氏であったと考えられる（後述）。いずれにせよ黄河南流部上流域に居住する十六府大首領、十二府首領[21]の動きや直蕩族首領啜佶の帰順は、黄河のさらに上流部すなわち黄河東流部一帯に族帳を展開するタングート諸部族にも連鎖反応を引き起こしたようである。

二　豊州蔵才族の勃興

次節で詳述するが、太宗が夏州定難軍の廃止に踏み切ることになった理由は、遼の攻勢に対し西北辺において一貫した強固な防衛ラインの構築を急いだからであった。その際の中心的役割を果たす存在こそ前節の後半で述べた、五

代以来、黄河南流部で遼の攻勢を果敢に防いでいた府州折氏であった。そして開宝年間になると黄河東流部の豊州蔵才族が遼の羈絆を脱して宋に帰順し、逆に遼の攻撃を積極的に防ぐようになったことによる。宋代に入り西北辺情勢は大きく変わり始めていたのである。本節では太祖、太宗と、さらに真宗の三代が大いに利用価値を認めた豊州蔵才族の実態の解明をおこなっていきたい。

そこで、時代を遡ってタングートと契丹の関係がどのような経緯から始まったのか、その濫觴から論を進めてみたい。両民族の関係については古く田村實造氏が太祖阿保機以来のタングートに対する攻略を述べられているが、[22]『遼史』（巻三四志第四兵衛志上）にその発端の部分を要領よくまとめてあるので掲載すると、

神冊元年、突厥、吐渾、党項、小蕃、沙陀諸部を親征し、戸一万五千六百を俘す。振武を攻め、勝に乗じて東し、蔚、新、武、嬀、儒五州を攻む。俘獲紀するに勝う可からず。命に従わざる者を斬ること万四千七百級。尽く代北、河曲、陰山の衆を有し、遂に山北八軍を取る。……五年、党項を征し、二千六百口を俘獲し、天徳軍を攻め、十有二柵を抜きその民を徙す。……（天賛）三年、西は党項等の国を征し俘獲紀するに勝う可からず。

とある。神冊元（九一六）年、太祖阿保機は中原の混乱に乗じその西南辺を一気に攻略したのである。河曲は黄河が南流する内側を指し府州折氏に代表されるタングートの一大集住地である。陰山はいうまでもなく陰山山脈を指し、その一峰の黒山周辺がこれまたタングートの一大集住地であったことは後述する。そして神冊五年には天徳軍すなわち隋唐以来の豊州を攻め一二柵を抜き、その民を契丹内地に徙したのである。また、『遼史』（巻四一志第一一地理志五）の「豊州天徳軍」の条には、唐までの豊州の来歴を記し、続けて、

後唐、天徳軍に改む。太祖、神冊五年攻めて下し、名を応天軍に更めまた州に為す。大塩濼、九十九泉、没越濼、古磧口有り。青塚はすなわち王昭君の墓。兵事は西南面招討司に属す。県二を統ぶ。

とあり、兵衛志上の記事に対応している。神冊五（九二〇）年に攻略して応天軍と更名するが、その後また豊州に復

し西南面招討司に属している。軍名をはずされた理由は、直後の「天徳軍」の条が別に設けられていることからわかる。すなわち、

天徳軍、本の中受降城。……乾元中、天徳軍に改め、永済柵に移す。今の治はこれなり。太祖、党項を平げ、遂に天徳を破り、尽く吏民を掠して以て東す。後、招討司を置き、漸く井邑を成す。すなわち国族を以て天徳軍節度使に為す。黄河、黒山峪、廬城、威塞軍、秦長城、唐長城有り。また牟那山有り。鉗耳觜城はその北に在り。

とある。太祖が神冊五年に天徳軍（豊州）を降しその吏民をことごとく東に徙し、もとの中受降城の地に新たに天徳軍を設置し、国族をもって天徳軍節度使に任じたのである。オルドス北方のタングート諸部族と契丹との基本的な構図は、ほぼ神冊五年、つまり後梁の末期の頃には定まったと考えてよかろう。しかし、『遼史』本紀にはこの後も「伐党項」、「党項俘獲」、「党項来貢」などの記事が多数掲載されており、タングート諸部族は遼に対して叛服を繰り返していたことがわかり、おとなしくしたがっていたわけではなかった。

一方、『遼史』（巻三三志第三営衛志下）の聖宗三四部に「梅古悉部」、「頡的部」、「匿訖唐古部」、「北唐古部」、「南唐古部」、「鶴剌唐古部」の六唐古部を掲載している。唐古とは党項と同じでタングートのことである。これらの唐古部は掠奪された人戸や戦闘の俘虜になって原住地から引き離され遼領内に移住させられたものである。従来、宮分人として諸帝に属していたものを、聖宗の君主権の強化にともない新設の部に編成替えされて、聖宗が整備した行政上の部族制度の一単位になったものである。(23) さらに巻三六志第六兵衛志下の属国軍五九の一覧には「党項」、「河西党項」、「西夏」が載せられている。属国軍とはその冒頭に「朝貢常無し。事有ればすなわち使を遣わし兵を徴し、あるいは詔を下し征を専にし、従わざる者はこれを討つ。」とあるように、遼に朝貢したことのある民族を網羅した感があり、必ずしも支配関係で結ばれていたものではない。「党項」が黄河東流部のタングートを指し、「河西党項」が黄河南流部に蟠踞するタングートを指すものと思われる。もとより原住地に止まっているものである。六唐古部とは、神冊元

（九一六）年以降、聖宗が位に就くまでのおよそ六〇年前後の期間に掠奪された人戸や俘虜になった黄河東流部から南流部一円に居住するタングートがその主体を占めていたのであろう。また、「天徳軍」の条に豊州の吏民がことごとく俘虜になって東徙させられたとあるが、豊州が無人の地になったわけではない。これから説明する蔵才族王氏などが古くから周辺に居住しており、その後占有するようになったと考えられる。後に触れるが、遼の支配力も一貫していたものではなく、後漢の頃には一時中国側に支配権が移っていた可能性も考えられる。ともかく、五代中原の混乱を利用して遼はその西南辺境のタングートや吐渾その他雑多な諸部族に対する支配力を急速に強めていったのである。夏州定難軍節度使の遥か後方で繰り広げられるタングート諸部族の動向が五代諸王朝の関心の埒外にあったことは、正史にその痕跡を残さないことからも察することができよう。

さて、豊州蔵才族に関しては『宋会要輯稿』（第一九五冊方域二一）に「府州」、「西涼府」とともに「豊州」の専伝(24)が掲載されている。宋は遼に対する前衛としての役割だけでなく、李継遷が崛起すると、府州の折氏、西涼府の潘羅支政権とともに豊州をしてその包囲網の一翼を担わせることになる。さらにその後は李元昊に対する牽制勢力として豊州蔵才族を重視していたことは直後の史料からもわかる。豊州蔵才族の全体像を窺わせる記事は、『続資治通鑑長編』（巻一二四）宝元二年八月の条に載せる張崇俊の上奏文で、関係箇所を掲載すると、

知慶州礼賓使張崇俊言う「知豊州王慶余（余慶の誤り）の祖承美はもと蔵擦勒族の首領。その帰朝より府州西北二百里に豊州を建つ。承美を以て防禦使知蕃漢公事に為す。蔵擦勒凡そ三十八族、黒山の前後に在り、毎歳、豊州より錦袍腰帯絲茶等を齎し、彼に往き招誘す。間々《まま》羊馬を将い京師に入貢す。その部族あるいは過ち有ればすなわち報を豊州に移し、蕃法を以てこれを処す。天聖初、承美死し、その後、子孫相《たがい》に知豊州を襲うと雖も、然るに官は侍禁、殿直を出ず。また年少多く辺事を習《まな》ばずして威望振わず。以て蔵擦勒、各々に首領を置くに致るも而して常には豊州に至らず。かつ蔵擦勒族十余万衆、人馬勇健、昊族と世々仇を為す。」と。

とある。李元昊が活発な攻勢をかけていた宝元二（一〇三九）年の認識で、蔵才族はおよそ三八部族一〇余万衆からなり、黒山の前後にその族帳を展開していたことがわかる。具体的な部族名としては後述する河北黒山北荘郎族の他に、『宋会要輯稿』豊州の伝には蔵才西族、蔵才東族、河北蔵才東族などの族名が記されている。黒山とは、かつて岩佐精一郎氏が包頭西北の陰山山脈の一峰である昆都倫山に擬せられた説を岡崎精郎氏が紹介され、それを支持されているが（二五七頁）、筆者もそれにしたがいたい。岡崎精郎氏は唐代の太和五（八三一）年に、黒山においてタングートがウイグル使節を襲撃したことに関連してその位置比定をおこなったのであるが、筆者も第一章でこの事件を別の角度から論じ[25]、事件を上奏した豊州刺史の李公政が拓抜公政の可能性が高いことを指摘した。それはともかくとして、約二〇〇年も前から黒山周辺には剽悍なタングートの集団が蟠踞していたことがわかる。おそらく蔵才族の先祖にあたるタングートの行動と考えて大過あるまい。上記『遼史』天徳軍の条にその領域として冒頭に黄河、黒山峪を挙げている。黄河とは豊州を中心とした黄河流域を指し、黒山峪とはまさに張崇俊上奏文中の黒山前後に一致する表現であることは間違いない。黄河東流部に関していえば、豊州蔵才諸族三八部族こそ東遷を免れ、黒山の皺襞から黄河を越えて豊州に至る原住地に蓄息し、契丹が設置した天徳軍節度使の隷下に属したタングートの主要部分だったのであろう。その豊州蔵才族が宋の視野に入ってきたのは開宝二年のことであった。『続資治通鑑長編』（巻一〇）開宝二（九六九）年冬一〇月戊戌（二四日）の条に、

易州言う「契丹の右千牛衛将軍王甲、豊州を以て来降す。」と。すなわちその子承美を命じて豊州衙内指揮使に為す。

とある。豊州の位置については後に詳述するが、黄河東流部の上流部内側に位置しており、遼にとっては夏州定難軍や府州永安軍を掣肘する重要な位置を占めていた。豊州王氏[26]は豊州土着の河西蔵才族の首領であるが、唐、五代の正史を繙いてみてもタングートのいわゆる「大姓」として掲載されていない。それだけでなく、開宝二年のこの記事に

至るまでまったく消息が知られていないのである。おそらく、蔵才諸部族は神冊五年の太祖の攻略を契機に五代でいえば後梁の末期から契丹に支配され、五代諸王朝の視野から遠ざかっていたのであろう。当時、都首領の王甲は遼が設置した天徳軍節度使のもとで右千牛衛将軍の地位を与えられ蔵才諸部族を統制していたのであろう。第一節で、折氏を代表とする黄河南流部のタングート諸部族の動向が、東流部の諸部族にも影響を与えたとした。それにしても蔵才族都首領王甲の帰順は、宋が建国されてわずかに九年目のことである。そして北漢の滅亡はこれより一〇年後のことである。宋の行く末も定まらぬこの時期に王甲が遼を見限り、宋に帰順した背後にはどのような事情が隠されていたのであろうか。『遼史』本紀には太祖の神冊元（九一六）年を皮切りに党項征討の記事がしばしば掲載されている。ところが（本紀第四）太宗下の会同五（九四二）年冬一〇月の「遣将軍密骨徳伐党項」の記事を最後に、およそ三〇年間征討記事は皆無である。征討記事のすべてが黄河東流部のタングートを対象にしていたとはいえないが、この三〇年間の空白は要するに遼とタングートとの関係が良否は別として一応安定していたことを示している。東流部に関していえば、天徳軍節度使の支配力が豊州蔵才諸部族を抑え込んでいたと見ることもできる。しかし、国族をもって任ずる天徳軍節度使のタングート支配は苛斂誅求圧政以外の何ものでもなかったはずである。蔵才諸部族の不満が鬱積していたことは容易に想像できる。ここでそうした情況を示唆する史料が『続資治通鑑長編』（巻七）に載せられている。乾徳四年夏四月の条に、

丁巳（二二日）、契丹の天徳節度使于延超、その子仁愛とともに来降す。延超を以て右千牛衛大将軍に為し天徳節度使を領せしむ。

とあるのである。宋が建国されてわずか六年目の乾徳四（九六六）年の四月に、こともあろうに東流部一円のタングート諸部族を支配する要であった天徳軍節度使が来降したのである。李燾は割注で「延超、仁愛未見」を補っている。一見、漢人を思わせる姓名であるが、上述のように天徳軍節度使は国族が担任したのであるから、一応彼らも耶律氏

の一員であったのであろう。その天徳軍節度使の于延超父子が宋に降ったということは、畢竟、蕃部経営が思うにまかせず、遼中央の厳しい処分を恐れたこと以外に原因は考えられない。五代末から宋初にかけて勢いを増し自己主張を始めた黄河東流部一円のタングート諸部族の反遼的蠢動は、すでに天徳軍節度使の手に負えるものではなかったのである。この後、この方面のタングートの多くは事実上遼の支配を脱していたのであろう。それから三年後、王甲が宋に帰順した開宝二年は遼では景宗即位の保寧元年にあたる。すなわち暗君で知られる穆宗が近侍に暗殺されたのはその年の二月のことであった。穆宗時代は遼の二〇〇年余におよぶ長い歴史のなかでも、最も振るわなかった時代で、後周の攻勢を受け燕雲一六州の一部を喪失した時期でもあった。王甲の旗幟変更は契丹の圧力の減衰と、遼中央の混乱を見定め活路を宋に求めたものであったのである。そしてその根本原因こそ軍馬貿易の利潤にあったといえよう。豊州一円は軍馬の一大生産地であった。従来、蔵才諸族が生産した馬匹は否応なく天徳軍節度使のもとに集められ遼内地に送られて軍馬として使用されていたと思われる。生産者であるタングートの手に落ちる報酬が微々たるものであったことは想像に余りある。豊州王氏が今後遼の攻撃に曝される危険を承知の上で、敢て遼を見限って宋に鞍替えをした背景には軍馬貿易という経済問題が絡んでいたのである。豊州王氏は宋に軍馬を供給することによって遼に収奪されていた馬貿易の利潤を回復することを目論んでいたのである。およそ一〇年後の太平興国五年に、豊州王氏はこの問題を名目に遼の攻撃を蒙っている。『宋会要輯稿』豊州の伝に、

太宗の太平興国五年閏三月、承美上言して「毎に詔を奉じて勾招市馬す。今年すでに千百余疋を招勾して闕に赴く。昨、為に契丹は文を当州に移し、蕃漢中国に進売するを得ざらしむ。臣、本界は中朝に属するを以て、止めるを得るに当らずと。契丹、すなわち兵を発し当州西関以西の蕃部三百余帳を打刼す。」と。

とある。豊州王氏はこの間、毎年千匹前後の軍馬を宋に供給して大きな利益を上げていたことが推察される。時代を多少先走ったので、再び開宝二年以後の時点に戻すと、王氏の反遼の積極姿勢に変化はなく、『宋会要輯稿』

豊州の伝、開宝四年の条に、

四年七月、承美を命じて天徳軍蕃漢都指揮使知豊州事に為す。その父の卒を以てなり。五年、承美に豊州刺史を授く。承美、軍校を遣わし闕に詣り上言し、退渾、突厥を誘いて内附せしめんことを願う。詔有りてこれを褒諭す。

とある。王承美は父の後継承認を宋に求め、太祖も宋側の天徳軍蕃漢都指揮使知豊州事の地位を保障する。翌五年には積極的に退渾、突厥の内附を慫慂している。太祖は豊州王承美の利用価値を重視して豊州刺史を授け、黄河東流部のタングート諸部族の経略を委ねたのである。こうした王承美の行動を遼が黙視するわけはない。たちまち保寧四（開宝五）年から再び党項征討の記事が『遼史』に頻出するようになる。『遼史』（巻九四列伝第二四）耶律速撒伝に、「（保寧）四年、伐党項。屢立戦功、手詔労之。」とある。[27]さらに遼の攻勢は続き、（本紀第八）景宗上に「五年春正月甲子（九日）、惕隠休哥伐党項破之、以俘獲之数来上。」とあり、二月の条にも、「壬辰（七日）、越王必摂献党項俘獲之数。」とある。休哥や必摂のタングートに対する攻撃自体は前年の保寧四（九七二）年末のことであろう。この後しばらくは小康状態が続き、保寧九（九七七）年になると（本紀第九）景宗下に「冬十月甲子（七日）、耶律沙、党項の降酋可醜、買友を以て来見す。詔を賜い撫諭す。丁卯（一〇日）、可醜を以て司徒に為し、買友を太保に為し、各々物を賜いこれを遣わす。」とある。この間、府州方面のタングートと遼の紛争を示す記事は宋側史料には見あたらないところから、この事件も黄河東流部のタングートに関するものと考えてよかろう。タングートの酋長可醜、買友が耶律沙に降伏し、それぞれ司徒、太保の地位を与えられたのである。[28]通常、戦闘の後の降伏ならば可醜、買友の部族は俘虜になり東徙を余儀なくされるはずである。それが遼の官職を与えられ優遇されているところからみると、遼に反抗していたわけでもなく、豊州の王承美に一定の距離を置く部族であったことがわかる。ところが、その翌々年の五月に、遼の前衛である北漢は宋の総攻撃に遭い滅亡している。宋の攻勢に対し、遼はその西南面の守禦の役割を果たすタングート諸部族の引き締めに必死になったのも当然である。そして翌年、上述した太平興国五年の豊州西関以西蕃部三〇〇余帳の打刼がおこなわれたのである。これに対応する遼側の史料として、同じく景宗下の乾亨二（九八〇）年の条に、

三月丁亥（一四日）、西南面招討副使耶律王六、太尉化哥[29]、人を遣わし党項の俘を献ず。……秋七月戊午（一七日）、王六等党項の俘を献ず。

とある。そもそも、遼にはその西南方面を守禦する機関として西南面招討司と、西南路招討司の二つが置かれていた。この二機関は名称もよく似ており肝心の『遼史』自体が混同している箇所もある。（巻四六志第一六）百官志二に「西南面都招討司、太祖神冊元年置。亦曰西南路招討司」とあるのがそれである。しかし両者はまったく別の機関で、本節の冒頭部分の『遼史』地理志の史料で示したように、遼が設置した天徳軍に西南面招討司が置かれていたのである。それ故、西南面招討司がおこなった戦闘で「党項」に関するものは、黄河東流部のタングートを対象にしたものと断じてよかろう。なお、西南路招討司は黄河の南流部から東方にかけてのタングートやその他の諸民族を対象にしたものと考えられる。上記史料の「党項俘」が豊州西関以西蕃部三〇〇余帳にあたることは間違いあるまい。

遼と豊州王氏の蕃部争奪は勢い激しさを増したようである。『宋会要輯稿』豊州の伝、太平興国七年の条に、

七年二月、豊州大首領黄羅外（并の誤り）びに弟乙蚌等、良馬を以て来貢す。この月、詔して承美に錦袍銀帯を賜う。その屢々貢奉するを以てなり。

とある。黄羅は豊州大首領とあるところから、蔵才族の一員であることは間違いなく、このたび王承美にしたがい宋側に身を置く立場を闡明にしたのであろう。そして同年の末からいよいよ遼との間に大規模な蕃部争奪戦がおこなわれるようになったのである。『続資治通鑑長編』（巻二三）同年の条に、

閏十二月庚寅（三日）、豊州刺史王承美言う「契丹の錫利（日利）、裕嚕（月益）、密日威（没細）、克約（兀瑶）等十

一族七万余帳内附す。また契丹と戦いその万余衆を破り、斬首二千級、天徳節度使韋太及び羊馬兵器万数を獲る。」と。その弟承義を遣わし来りて俘を献ず。承義に錦袍金帯絹百疋を賜う。[30]［＊（　）内は『宋会要輯稿』豊州の伝の表記］

とあり、さらに（巻二四）同八年三月の条に、

壬申（一六日）、豊州刺史王承美言う「契丹来寇す。承美撃ちてその衆万余を敗り、北百有余里に追い、青冢に至り斬首二千余級、降者三千帳、羊馬兵仗を獲ること万を以て計う。」と。

とある。この戦闘も遼側史料によって確認することができる。『遼史』（巻一〇本紀第一〇）聖宗一の統和元年の条に、

春正月……甲申（二七日）、西南面招討使韓徳威奏して、「党項十五部、辺を侵す。兵を以てこれを撃破す。」と。乙酉（二八日）、速撒の阻卜を破るを以て、詔を下し褒美し、よりて諭して大漢と党項諸部を討たしむ。……

二月……乙巳（一八日）、……速撒奏して、「党項を討ちて捷つ」と。使を遣わして慰労す。……

三月戊午（二日）、天徳軍節度使頽剌父子戦歿す。その弟涅離を以て爵を襲わしむ。

とある。天徳軍節度使は国族をもって任じられたのだから、韋太と頽剌の姓は耶律であったはずだがともに伝を欠いており詳細は不明である。「獲」と「戦没」の違いはあるものの、天徳軍節度使が豊州王氏の軍勢に敗北したことは確かである。頽剌父子とあるところから判断して韋太が頽剌の子であったとしておく。「日利、月益、没細、兀瑶等十一族」に「契丹」が冠せられているが、これは単に契丹（遼）支配を意味するに過ぎない。天徳軍節度使が交戦相手であったことから判断して、彼らも黄河東流部の北方に居住するタングート族であったと思われるが、河北蔵才族には属さぬ別の集団であったことは後述する。『遼史』の「党項十五部」がこれにあたることはいうまでもない。宋の隆盛を見極め遼の支配を脱し宋側にしたがう道を選んだのである。宋、遼両史料とも相当の文飾があることは否めないが戦闘が豊州王氏側の勝利に終ったことは確実である。『宋会要輯稿』豊州の伝に続けて、

　四月、詔して承美を以て本州団練使に為す。また本州没細都大首領越移を以て検校太傅懐化大将軍に為し、兀瑶(31)を検校太保帰徳大将軍に為し、耶保、移邈二族首領弗香、克浪買、乞党族首領歳移は並びに帰徳郎将に為る。功を賞するなり。

とあるように、戦後の論功行賞がおこなわれていることからも説明がつく。

ところで、乾亨四（九八二）年に始まった黄河東流部のタングートを対象にした遼の攻撃は、宋との国境線全体にわたる攻勢の一部であったようである。『続資治通鑑長編』（巻二三）太平興国七年五月の条末尾に、

　この月、契丹三万騎、道を分ちて入寇す。一は鴈門を襲う。潘美、これを撃破し、斬首三千級。北に逐いその境に至り、塁三十六を破り、老幼万余口を俘し、牛馬を獲ること五万計。一は府州を攻む。折御卿、これを新沢寨に撃破し、斬首七百級、酋長百余人を禽え、兵器羊馬を獲ること万計。一は高陽関に趨く。崔彦進、これを唐興口に撃破し、斬首二千級、兵器羊馬を獲ること数万。

とある。遼軍は東から高陽関（保定）、雁門（代州）、府州を攻撃したのであるが、宋側の反撃に遭い敗退している。『遼史』（本紀）景宗下乾亨四年の条に、「夏四月、自ら将いて南伐し、満城に至るも、戦い利せず。守太尉奚瓦里、流矢にあたり死す。統軍使善補は伏兵の囲む所と為り、枢密使斜軫救い免る。詔して備を失うを以てこれを杖つ。」とあるのが対応記事と思われ、遼の敗北が確認できる。今回、府州を攻撃対象に選んだ動機として『続資治通鑑長編』（巻二二）の前年秋七月の条に、「乙卯（二〇日）、嵐州言う、『戎人五十三戸、三百六十三口内附す。戍卒を遣わしこれを迎う。敵騎の邀る所と為る、因りてその衆を撃破し斬首十七級。』と。」とある戎人の内附が影響していたのであろう。そして遼の西南方面の作戦は西南面招討司と西南路招討司の連携でおこなわれたことは上記『遼史』（本紀）聖宗一の統和元年の条に、「よりて諭して大漢と党項諸部を討たしむ。」とあることからも明白である。西南面招討使の韓徳威に対して、西南路招討使の大漢とともにタングート諸部族の征討を命じているのである。同本紀五月の条に、

「西南路招討使大漢奏して『近ごろ拽剌の跋剌哥を遣わし党項諸部を諭す。来る者甚だ衆し。』と。詔を下し褒美す。」とあるのが西南路招討司の具体的な成果であろう。それに対して西南面招討司の成果を同本紀に続けて、

六月乙酉朔、……西南路招討使奏して「党項酋長、夷離菫の子隈引等を執え内附を乞う。」と。詔してこれを撫納す。よりてその誠偽を察し、辺備を謹す。……

秋七月、……丙子（二三日）、韓徳威、詳穏の轄馬上を遣わし党項を破り俘獲の数を（献じ）、并びに夷離菫の子を送り来り献ず。辛巳（二八日）、西南面の有功の将士を賞す。

八月、……壬子（二九日）、韓徳威、表して党項のまた叛く者を伐つことを請う。詔してこれを許し、よりて別部の兵数千を発し以てこれを助く。

と記している。六月条の西南路招討使が西南面招討使の誤りであることは、七月の条に西南面招討司の韓徳威が「夷離菫の子」を護送した記事が記載されていることから確認できる。この史料から遼に内属していたタングートの酋長の中には、遼において酋長を意味する「夷離菫」を名乗ることが許されていた部酋がいたことがわかる。おそらくこの夷離菫は本来数部族をしたがえて遼にしたがっていたのが、彼此情勢を観て豊州王氏の側に鞍替えしたのであろう。ところがその配下の酋長がそれを嫌い夷離菫の子の隈引を捕らえ遼に内附を求めたのである。史料中に「よりてその誠偽を察し、辺備を謹す」とか「表して党項のまた叛く者を伐つことを請う」の文言があることからもわかるように黄河東流部一円のタングート諸部族の向背は時々に変化し、遼側もその対応に苦慮していたことがわかる。逆にいえば、宋を後ろ楯とする豊州王氏の勧誘は非常に魅力があったのである。タングート諸部族の帰趨は互いに出入りがあったのであろうが、従来、遼に属していたタングート部族の中でかなり多くの部族が宋側の兵力になったことは否めず、遼にとっては非常に大きな打撃になったのである。『宋史』党項伝に、

雍熙初、諸族渠帥李継遷に附し寇を為す。判四方館事田仁朗及び閤門使王侁等に詔して相継いで兵を領して討撃

す。并びに麟、府、銀、夏、豊州及び日利、月利族に敕書を賜いこれを招諭す。

とあるように、雍熙元（九八四）年には李継遷追討の軍事力として、麟、府、銀、夏州の兵力とともに豊州の王承美の軍勢と、日利、月利族の兵力が位置づけられているのである。日利、月利族とは太平興国七年の末に内附した「日利、月益、没細、兀瑶等十一族」にあたることはいうまでもない。月利は月益の誤写であろう。彼らがその後も遼に寝返りを打つこともなく豊州の王承美にしたがっていたことが証明される。このようにして、宋は労せずして蔵才族一〇余万衆と日利、月益、没細、兀瑶等七万余帳からなる軍事力を手に入れることに成功したのである。豊州蔵才族首領の来降は宋にとっては三重の利益があった。ひとつは遼にしたがっていたタングート諸部族の大量帰順を惹起し、西北辺におよぶ遼の圧力を緩和することができたこと、二つには主要な軍馬の供給源を確保できたこと、そして三つ目は豊州王氏の統制下にある軍事力によって拓抜氏夏州定難軍、さらにはタングート諸部族を糾合せんとする後の李継遷を背後から牽制することが可能になったことである。

ところで、王氏と関係の深い豊州の位置について諸史料を仔細に検討すると、これまで述べてきた隋唐以来の黄河西北角内側にあった豊州を指す場合と、慶暦元（一〇四一）年、李元昊に攻陥された豊州を指す場合と、さらには『宋史』（巻八六地理二）河東路に載せる嘉祐七（一〇六二）年に府州蘿泊川に新設された豊州を指す場合と、都合三箇所の豊州が史料に登場してくる。正史類を調べても唐末、五代に豊州の位置に変化があったとする記述はなく、宋代の初期から登場してくる豊州蔵才族の豊州が従来の豊州を指すことは極めて自然の道理である。『読史方輿紀要』（巻六一陝西一〇）楡林鎮の豊州城の条に、

乾元初、また豊州と曰う。五代唐は天徳軍と曰う。石晋の初、契丹の所有と為り応天軍と曰う。尋いでまた豊州に為る。後、宋に入り、慶歴初また夏人の陥す所と為る。

とある。また、『太宗皇帝実録残本』（巻四五）端拱元年八月の条に李継凝の経歴に触れて「漢の乾祐初（九四八）年、

天徳軍節度使郭勳奏して、豊州永豊県令に為る。」とあり、ちょうど『読史方輿紀要』の「尋いでまた豊州に為る」が郭勳の天徳軍節度使在任と李継凝が豊州永豊県令を拝命した時期に一致するのであろう。前掲の『宋会要輯稿』豊州の伝の冒頭部を再掲すると、

（開宝）四年七月、承美を命じて天徳軍蕃漢都指揮使知豊州事に為す。その父の卒を以てなり。

とあり、王承美が後漢から継続する天徳軍に因んで太祖の開宝四（九七一）年に天徳軍蕃漢都指揮使知豊州事を拝命している。こうした称号の授与は豊州が五代以来の場所に位置していた証拠である。さらに『太宗皇帝実録残本』（巻八〇）至道三年三月の条に、今度は田重進の経歴を記して、その一節に「依前《もとのまま》豊州刺史を領し天徳軍節度使侍衛歩軍都指揮使に充つ。」とあり、『宋史』（巻二六〇列伝第一九）の本人伝によると田重進が天徳軍節度使になったのは太宗の太平興国四（九七九）年であることが確かめられる。王承美が父の王甲にしたがって遼より宋に帰順したのは開宝二（九六九）年で、天徳軍蕃漢都指揮使知豊州事を拝命したのはその二年後のことである。そして太平興国四年に田重進が豊州刺史で天徳軍節度使を兼任しているのであるから、確実にそれまでは隋唐以来の豊州が存在していたのである。ところが、上記『続資治通鑑長編』の張崇俊上奏文に王承美に関して「その帰朝より府州西北二百里に豊州を建つ」とある。つまり太平興国四年以降のある時点に、隋唐以来の豊州とは別に府州の西北わずか二〇〇里ばかりの地に新たな豊州が設置されたのである。何時いかなる理由で新豊州が設置されたのであろうか。『宋会要輯稿』同伝に「至道二年四月、豊州河北蔵才東族」とか「真宗咸平二年十一月豊州河北蔵才族」という表記がある。ここでいう豊州は必ずや従来の豊州を指していることは間違いない。というのは、続いて咸平五年六月の記事に、「八日、河北黒山北荘郎族寧遠将軍竜移を以て安遠大将軍に為し、昧克を懐化将軍に為す。」とあり、『続資治通鑑長編』（巻五四）翌六年春正月の条に、

丙午（一六日）、使を遣わし詔を齎し豊州隆伊克（竜移）、美克（昧乞）族に賜う。これより先、上、知枢密院王継

英等に謂いて曰く「累て辺奏を覩るに、遷賊屢々隆伊克、美克の敗る所と為るを言う。今、豊州推官張仁珪と蔵才族蕃官策木多は京に在り、あるいはその事を知らん、これに訪ぬ可し。」と。継英等すなわち召して仁珪、策木多等に問う。仁珪等言う「隆伊克、美克は一に荘郎美克と云い、その地は黄河北に在り、広袤数千里。族帳、東は契丹に接し、北は達靼に隣し、南は河に至り、西は大梁、小梁族に連なる。もとより遷賊と合わず。遷賊挙るごとにすなわち敗る所と為る。常に馬を以て蔵才に附し入貢す。もし国家、賜るに恩命を以てすれば、また外禦を資けん。」と。継英等以聞す。上曰く「もし遽に国信を使すればまた諸族に疑を生ずるを慮る。すなわち使臣をして豊州に往かしめ団練使王承美と協議してこれを招諭せしめん。」と。

とあるからである。黄河の北、黒山にかけての広袤数千里に数万帳を誇る（『宋会要輯稿』同伝依拠）豊州竜移族、昧乞族、またの名を河北黒山北荘郎族が控えており、李継遷の軍勢に激しく対峙していたことがわかる。河北黒山北荘郎族は賀蘭山麓に族帳を展開する大梁、小梁族と連接していたのであるから、[32] これら豊州河北蔵才諸族が従来の豊州一円に蟠踞していたことは確実である。そして、真宗が使臣を豊州に遣わして団練使の王承美と招諭を協議させようとしているのである。文脈上、咸平六年正月の豊州は隋唐以来の豊州を指すものと考えるのが自然である。ところが、『続資治通鑑長編』（巻五六）景徳元年春正月己丑（四日）の条に、

麟府路言う「契丹に附す戎人の雅爾鼐族巴罕太尉が三百余帳を率い内属す。巴罕はもと大族、黄河の北、古豊州に居す。前に数《しばしば》辺を犯し市馬の路を阻む。その首領は容貌甚だ偉にして智勇有り桀黠にして制し難し。契丹これと結び署して太尉に為す。今、衆を悉して款塞す。」と。府州に詔して茶綵を賜い公田を給す。険に依りこれに居す。口を計り粟を賦《あた》う。かつ唐竜鎮を戒め侵擾を得ること無からしむ。巴罕太尉尋いでその子鄂雲を遣わし来朝す。すなわち授るに官を以てす。

とある。翌景徳元年に、遼に附して太尉に署せられていた雅爾鼐族巴罕が新たに三百余帳を率いて帰順したのである

が、その巴罕の居住地が黄河北古豊州とある。古豊州が黄河の北にあったというよりも黄河の北に居住し、その地が古豊州の管轄内に位置していたと解釈すべきであろう。豊州竜移族、昧乞族の招諭と雅爾鼐族巴罕の帰順はまさに踵を接しており、黄河北方に居住するタングート諸部族の一連の動向として捉えるべき事柄であろう。隋唐以来の豊州が咸平の末から景徳初年の頃にかけては古豊州として位置づけられるようになっていたのである。

それでは新豊州の設置は何時のことであろうか。それを解明するヒントが『宋会要輯稿』豊州の伝に載せる王承美の授官の記事である。太平興国八年に「四月、詔以承美為本州団練使」とあり、さらに景徳元年の条にも「八月、以承美為本州防禦使。」とある。(33) 何ゆえ「豊州団練使」、「豊州防禦使」とせずにことさら「本州」を使用するのであろうか。豊州の伝直前の府州の伝を見ると、乾徳三年の条に「加御勲府州防禦使」とあり「本州防禦使」という用法は使われていない。府州の地は一貫しているのに対し、豊州が別に新設されたことによる用法の違いと考えて間違いなかろう。すなわち上記『続資治通鑑長編』（巻一二四）に載せる「その帰朝より府州西北二百里に豊州を建つ。承美を以て防禦使知蕃漢公事に為す。」とは、まさしく景徳元年八月に王承美が防禦使を拝命する直前に府州西北二〇〇里の地を与えられ新豊州が設置されたことをいっているのである。しかしながら、これをもって従来の豊州が廃止され王承美との関係が断たれたわけではなく、古豊州一円の蔵才諸族は従前通り王承美の支配下に置かれたのである。同条に「毎歳、豊州より錦袍腰帯綵茶等を齎し、彼に往き招誘す。間々羊馬を将い京師に入貢す。その部族あるいは過ち有ればすなわち報を豊州に移し、蕃法を以てこれを処す。」とあることがそれを如実に物語っている。ここでいう「豊州」とはいうまでもなく新豊州である。王承美が新豊州に拠点を移したとはいえ、従来通りの古豊州一円の蔵才諸族を管掌していた意味を明確に示すために、『宋会要輯稿』や『続資治通鑑長編』、『宋史』などが依拠した『実録』編纂の段階ですでに両者を区別するために団練使、防禦使に敢て「本州」という表現が用いられていたのであろう。(34)

この考えをさらに補強する材料が、同じく『宋会要輯稿』豊州の伝の咸平六年の条で竜移、昧乞族の記事に続けて、麟府路宋思恭上言し「王承美屯兵を益さんことを乞う。望むらくは奏する所により、すなわち三班より官を選び豊州監押に充てん。」と。帝曰く「この州は本州、土人を補置し以て扞禦に為す。今、更に兵を益し官を置くは、すなわち内地と異る無し。河東の人、供饋に労止す。従う可からざるなり。」と。

とあることである。宋思恭が王承美の求めに応じて、豊州に増兵し豊州監押の設置を上言したのである。これに対して真宗は「この州は本州で、土人を補置し以て扞禦にしている……」といっている。王承美がなぜ豊州に増兵を要求したのか。また真宗がなぜわざわざ「この州は本州……」と強調しているのか。この疑問は、この時従来の豊州に対して新豊州が設置された結果と考えると氷解する。王承美は新豊州に移駐したものの、従来の豊州の防禦が手薄になることに不安を感じたのである。ところが真宗は古豊州（本州）一円に止まる多くの豊州蔵才族の軍事力を最大限に利用して李継遷にあたらせ、少しでも宋の負担軽減を目指しているのである。「本州」という不自然な用法は新豊州に対するもとの豊州という意味で使われているのである。それではなぜ王承美は府州北方二〇〇里に新豊州を建置させられたのであろうか。それは至道二（九九六）年の麟府路の設置と密接な関係がある。詳細は畑地正憲氏の論考(35)にゆずるが、当初、麟府路は府州と麟州で構成されており、その設置は遼対策とタングート諸部族を糾合しつつあった李継遷に対処するためのものであったことは論を俟たない。ところが、奇しくも王承美が本州防禦使に任じられた同じ景徳元年の正月に、李継遷は西涼府の潘羅支の逆襲に遇い一命を落としている。『続資治通鑑長編』（巻五六）に載せる記事からもわかるように、その同じ正月の記事に古豊州の記述があり、なおかつ張崇俊の上奏記事から判断して新豊州の設置と防禦使の授官は一連の流れであるところから、新豊州の設置は咸平六年の下半期と断定してよかろう。古豊州と府州は隔絶しており、その間隙に李継遷の勢力が浸潤し両者の連絡も途絶しがちであったはずである。李継遷の猖獗に手を焼いた真宗はその勢力を封じ込めるために、府州の北方二〇〇里の地に新豊州を設置し麟府路の強化を計ったのである。これにより王承美と府州の連絡は緊密になり、さらに黄河東流部の日利、月益等諸部族と古豊州一円の蔵才諸部族を本州防禦使で新豊州に駐在する王承美のもとに統率させることにより、黄河の東流部から南流部にかけての対遼、対李継遷を目的とする透迤として連なる防衛ラインを構築したのである。たまたま李継遷の死亡により、このラインは結果的に後継者の李徳明、李元昊を控制する役割を担うことになったのである。後に慶暦元年、李元昊が攻略した豊州は新豊州[36]であった。それはまさしく古豊州一円の蔵才諸部族と麟府路の関係を遮断孤立させ背後の脅威を除去する作戦でもあったのである。

三　定難軍節度使の終局

さて、論を再び夏州定難軍に戻そう。定難軍節度観察留後の李継筠は定難軍を継承してわずか一年、節度使に昇格する遑もなく倉皇として死亡してしまった。この間、夏州定難軍を取り巻くタングート社会には着実に宋の支配力が浸透し、夏州定難軍は一段と逼塞情況に追い込まれ、急速に内部崩壊の度を早めていく。

李継筠の死亡と李継捧の夏州定難軍継承に関して、『宋史』夏国伝上には簡単に「太平興国五年卒、弟継捧立」としている[37]。ところが、『続資治通鑑長編』（巻二〇）太平興国四年七月の条に、

戊子（一一日）、定州に次る。定難留後李継筠卒し、弟継捧その位を嗣ぐ。

とあり、さらに（巻二一）、翌五年一一月の条に、

壬寅（三日）、夏州衙内指揮使李継捧を以て定難軍留後に為す。

とある。前条に関しては太平興国四（九七九）年七月の時点で、定難軍留後の李継筠が死亡し弟の継捧が後継者になったとするか、その連絡が宋に届いたのが七月戊子（一一日）のことであると解釈するかは判断の分かれるところである。いずれにしても李継筠は七月以前に死亡しており、宋は李継捧が後継者になったという連絡を受けてから留後

職に任ずるまでに一年以上の間隔を置いているのである。もとより宋は夏州定難軍から拓抜氏の更迭を意図しており、特に李継筠死亡の直前五月に北漢は平定されている。当初、定難軍留後任命を急ぐ必要はないと判断したのではなかろうか。ところが、北漢が平定されると必然的に遼との戦闘が激しさを増し、西北辺の諸民族に動揺をもたらしたことは前述したところである。上述の拓抜日栄が所部酋長の拓抜良七を来貢させたのはこの年の一二月のことである。拓抜日栄は李継捧の後継に不満を持つ有力部酋の一人であったのではなかろうか。定難軍を離れ独自の勢力として宋に認知を求めたのであろう。拓抜氏定難軍の弱体化は本来宋の望むところであったはずだが、内部対立の激化や分裂が起こり内部崩壊に繋がれば遼に付け入る隙を与えかねない。そこで宋は五年一一月に李継捧を留後に任じ[38]、当面拓抜氏定難軍の組織の温存を図ったのである。ところが、宋の懸念は現実のものとなってしまう。『西夏書事』（巻三）に、

太平興国六年秋八月、銀州刺史李克遠、夏州を襲うも克てず。初め、継筠卒し子幼にして嗣を得ず。継捧、季弟を以て職を襲う。礼を諸父宗族に失い不協多し。克遠もとより暴悍、弟の克順等と兵を率い夏州を襲う。継捧偵知し兵を伏せ、以て克遠を待つ。兵至り伏に入り敗死す。

とある。この記事も『続資治通鑑長編』などには掲載されていないが、内容の具体性から呉広成が何らかの野史等に依拠したものと一応考えておきたい。銀州刺史の李克遠は第一節で触れたように李継筠の命にしたがい太平興国四年三月に綏州刺史の李克憲とともに北漢征討に派遣された人物である。李継筠体制を支える有力な部族長のひとりであったと考えられる。その李克遠が何ゆえに李継捧の継承に異を唱え叛乱に踏み切ったのであろうか。岡崎精郎氏はこの間の事情について、関係箇所を摘録すると、「この一件たるや、一応固定化しつつあった父子継承の体制に反するが故に、李氏一族の有力者の間に異論が多かったのであった。尤も、宋史巻一九一、兵志五、郷兵条には熟羌すなわちタングート熟戸の首長の継承を敍べて、『為首領者、父死子継。兄死弟襲家。無正親則又推其旁属之強者。以為族

首。』とあり、これは熙寧元年（一〇六八）の記事であり、この当時もタングート族一般においては種々の継承形態が見られたのであるが、ひとり夏州李氏の場合はいささか異なり、すでに遥かにそれ以前より父子継承が固定化しつつあった。」、「李氏政権の権力集中に伴い、李氏一族の共同体にも当然変容を来し、族的結合も次第に瓦壊の危機をはらみつつあったものとせねばならず、一族中の不満分子の抬頭は到底抑止しうるものではなかった。」と述べている（一八〇頁）。要するにタングート社会にあって拓抜氏定難軍のみが李光叡の継承以来父子継承が固定化し、同時にその一族に権力が集中したため、李氏一族の不満が高まったというものである。しかし、李彝興の三三年におよぶ節度使の実績を踏まえると李光叡の継承に対して問題の起こりようもなかったことは前述した。ところが、李光叡から李継捧の継承までわずかに一三年である。素朴に考えても夏州定難軍において父子継承が固定化していたとは考えられない。この事件は筆者が前章で再三述べた「三軍の擁立」と深く関わっている問題なのである。ここでいう「三軍」とはいうまでもなく夏州定難軍の軍事力を構成する蕃漢諸部族の族長層を指す。李継筠が在職わずか一年で死亡したことから、李継捧による兄の暗殺と地位の簒奪という疑惑も考えられる。しかし、宋の企図した定難軍包囲網が着々と実を結び、かつての李彝興時代の勢力とは比較にならないほど困難な情況に追い込まれている現状を踏まえると、李継捧が兄を暗殺してまで地位を奪う必然性はまったくなかったと思われる。その後の李継捧の行動がそのことを雄弁に物語っている。李継筠の死亡には不自然な点はなかったと断じてよかろう。尽きるところ、後継をめぐって李継筠の遺族と「三軍」の間に認識の相違があったのである。後継者の決定について、史料上に「三軍」の承認が記されているのは李彝興までである。李光叡と李継筠の継承に関しては記されていない。だからといって「三軍」の同意を要しなかったという結論にはならない。李彝興の長い在職の余禄で李光叡と李継筠の継承に関しては特段の問題も生じていなかっただけのことである。おそらくこの間に故李光叡の一族は宗家的意識を持つようになっていたものと考えられる。蕃漢諸部族の部族長はおろか、拓抜李氏の主だった有力者にも諮らずに一族内で李継捧を後継者に決め、宋に連絡したものと思われる。つまり「三軍の推挙」を得ずに後継決定をおこなったために「三軍」の有力者の総反発を買ってしまったのである。「父子相続」とか「兄弟相続」などという継承形態の変化を論じる以前の問題なのである。李継捧に至るまで、拓抜李氏においては遂に「本宗家」の牢固たる権威は確立されることはなかったのである。要するに銀州刺史李克遠は李継捧が「父子相続」の伝統を破ったから異を唱えたのではなく、「三軍の同意」なくして継承したことに正当性を認めなかったから挙兵したのである。太平興国四年の七月に李継捧が後継者になると、その年の一二月に拓抜日栄の遣使来貢があったことは上述したが、これこそ李継捧の継承に不満を持つ部族長の行動の端的な意思表示として捉えるべきであろう。夏州に鎮座する故李光叡一族の求心力は急速に衰えていったことは贅言を要しない。あまつさえ、翌五年一一月、李継捧が定難軍留後に任じられ宋のお墨付きを得たことは諸部族長の不満を決定的なものにしたに違いない。李克遠の夏州攻撃は自己が李継捧に取って代わらんとするいわゆるクーデターと考えるよりも、夏州定難軍の主帥を「三軍」の合意で決め直そうとする実力行使であったと解釈すべきであろう。夏州攻撃は李継捧の伏兵に遇い失敗し李克遠も敗死するが、これをもって夏州定難軍の組織は完全に機能不全となり、李継捧は管轄下諸州ならびに諸部族長の統制不能の状態に陥ってしまったのである。夏州定難軍は宋の攻略を待つまでもなくこうして自壊を始めてしまったのである。しかし、このことは宋にとって一概に歓迎できる事態ではなかった。夏州定難軍の崩壊は遼にとっては好機の到来を意味する。黄河を越えオルドスに入り河西回廊に進出することを可能にするだけでなく、対宋作戦上右翼の脅威が取り払われることにもなるのである。それ故宋としては夏州定難軍の崩壊は望むところではなく、組織や機能は温存したままその首脳部の首を宋の武将に挿げ替えることを策したのであり、いうなれば宋の支配力の「軟着陸」を目指したのである。『西夏書事』には続けて一一月に李継捧が「銀州変」を報じたのに対し、太宗は「属族を撫綏して滋乱せしむることを無からしむ。」を詔したが、もとより何ら実効のともなうものではなかった。

そして、翌太平興国七（九八二）年になると事態は大きく動き始めた。『続資治通鑑長編』（巻二三）同年五月癸巳（二日）の条に続けて、

綏州刺史西京作坊使李克文、継捧の従父なり。表して言う「継捧承襲に当らず。請う、使を遣わしともに偕に夏州に至り、継捧を諭し入朝せしめん。」と。辛丑（一〇日）、克文を以て権知夏州、作坊副使尹憲を同知州事とす。

とある。李克文を綏州刺史としている（『西夏書事』同断）が、これは銀州刺史の単純な書き誤りである（後文参照）。夏州を攻撃して敗死した李克遠の後にその一族が銀州刺史を継承することは不可能である。反乱勢力の余燼が燻る銀州を統禦することは極めて困難な仕事であったと思う。こうした役割を担任できる人物は、夏州定難軍の中枢に位置していた実力者を措いて他にはいない。李克文は李継捧の従父である(39)。つまり、李克文は李継捧体制の後見人であったのであろう。当初、李克文は李継捧の継承で乗り切りを図ったのである。ところが諸部族長の反発に遭い、あまつさえ李克遠の叛乱が惹起してしまいその収拾の矢面に立たされたのであろう。自ら銀州刺史に就任し反体制の震源地と化した銀州に乗り込んではみたものの、すでに定難軍中央の威令はまったく失われ、李克文の力をもってしても如何ともしがたい現実に直面したのである。拓抜李氏による夏州定難軍経営の終末を悟った李克文は、宋が行動を起こす前に先手を打って自ら定難軍経営の終了を企図し、拓抜李氏一族の政治的生き残りを計ったのである。そのために李克文は周到な事前交渉をおこなったようである。李継捧を入朝させ領地献上をおこない、拓抜李氏一族の内徙としかるべき官職の保障を求めたのであろう。『西夏書事』は李克文の交渉を三月にかけているが、李克遠の叛乱鎮定後も一向に情況が改善されないことからおそらく年明け早々頃から交渉を開始したものと考えられる。西京作坊使の地位は交渉が煮詰まった段階で宋から与えられたものであろう。というのは同知州事に任命された尹憲は『宋史』（巻二七六列伝第三五）の本人伝にしたがえば、すでに太平興国四年に戦功により西京作坊副使を拝命しているのである。太宗は両者のバランスを考えて五月の辛丑（一〇日）に李克文を西京作坊使権知夏州に、尹憲を西京作坊副使同知州

事に任命し夏州定難軍接収の業務にあたらせたのである。尹憲は本人伝によれば太宗の即位以前から藩邸に事えた扈従であり、太宗の信頼も厚かったと思われる。太宗は夏州定難軍の接収に万全の態勢で臨んだことがわかる。李克文は接収される側の代表として拓抜李氏一族の統制を担当し、尹憲は接収する側の代表として武力を背景に接収事業の平穏を期したのである。このようにして李継捧入朝のお膳立ては整ったのである。その結果、『続資治通鑑長編』の同じ五月の後条に、

己酉（一八日）、定難軍留後李継捧来朝し、崇徳殿に見ゆ。継捧の先、四世を累ねるも未だ嘗て入覲せず。継捧至り、上喜びて白金千両、絹千疋、銭百万を賜う。その祖母独孤氏、玉盤一、金盤三を献ず。また厚賜を加う。継捧自ら陳べて「諸父昆弟多く相に怨懟す。願わくば京師に留まらん。」と。遂にその所管四州八県を献ず。使を遣わし夏州に詣り、継捧の緦麻以上の親を護り闕に赴かしめ、県次続食す。

とあるように李継捧の入朝が実現したのである。『西夏書事』は李継捧が入朝に難色を示したとするが、このような大問題を李克文ひとりで計画できるわけはなく、李克文と李継捧の協議によってなされたことは疑いない。仮に両者が対立関係にあったとするならば、間髪を入れぬ李継捧の入朝はありえず、両者が深い信頼関係で結ばれていたことを証明している。いずれにせよ李継捧の入朝と所管四州八県の献上[40]は李克文を中心として主だった拓抜李氏一族の鳩首凝議によって決断されたことは間違いなく、李克文が李継捧の実の従父として夏州定難軍を構成する拓抜李氏一族に対して主導的役割を果たしていたことを示している。史料後段に記載されている李継捧の緦麻以上の入朝は『宋史』太宗一の六月乙亥（一五日）に改めるべきであろう。しかし、拓抜李氏一族の内徙は当初から波乱含みであったことはいうまでもない。『続資治通鑑長編』の同巻一一月の条に、

十一月己酉（二一日）、李継捧を以て彰徳節度使に為す。詔に先じ綏州刺史李克憲、銀州刺史李克文皆闕に赴く。すなわち克憲に単州刺史、克文に澧州刺史を授く。克憲初め偃蹇して、詔を奉ぜず。通事舎人袁継忠を遣わし諭

旨し、遂に継忠と倶に至り、よりて克文を以て権知夏州とす。

とあり、李継筠のもとで李克遠とともに遼攻撃にしたがった綏州刺史李克憲のように、夏州定難軍の実力者も当初は内徙に強く抵抗を示していたことがわかる。そのため、李克憲の説得には宋から通事舎人袁継忠が派遣され利害得失を説き内徙を承諾させている。(41) 宋の判断としては最初に夏州定難軍の最高実力者の内徙を実現し、他の拓抜李氏一族に抵抗の拠り所を奪うものであった。その結果、太平興国七年から八年にかけて主だった拓抜李氏一族の内徙は終えていたようである。『宋史』夏国伝上にはこれを裏付けるように同七年の条に、

継捧に彰徳軍節度使を授け、并びにその昆弟夏州蕃落指揮使克信等十二人を官とするに差有り。

とあるが、『太宗皇帝実録残本』(巻二六) の翌八年七月壬申 (一九日) の条に、

宥州刺史李継瑗を右清道率府副率に為す。

とあり、内徙後に一族の主要人物が実際に授官されていることが確認できる。

かくて五代明宗以来の懸案であった拓抜氏夏州定難軍の更迭は血を流すこともなく平和裏におこなわれたのであった。それにしても拓抜李氏一族の多くがなぜ、さしたる抵抗もせずに現任地を棄てて内徙に応じたかの疑問が浮かぶ。実は、上掲『続資治通鑑長編』七年五月の後条に「継捧自ら陳べて、『諸父昆弟多く相に怨懟す。』」とあるように、李継捧による一族の統制不能が逆に内徙を導き出した原因といってよかろう。前章でも触れたように拓抜李氏一族はその総合力では管下各地の蕃漢諸部族の勢力を上回るであろうが、各州県に配置されている各々の拓抜李氏が圧倒的な武力をもって州県下の諸部族を統制していたのではなく、あくまでも強力な夏州定難軍節度使の権威に依拠していたのである。ところが李継捧は節度使にもなれず、一族の統制もまったく効かない情況になると、各州県において急速に拓抜李氏の威勢は失われ、多くの蕃漢諸部族を統制することが事実上不可能になってしまったのである。その結果、拓抜李氏一族の多くは直轄部族すら現地に残して内徙に踏み切ってしまったのである。拓抜李氏の挙族内徙は四

州八県の宋直轄化を意味する。宋の軍隊に守られて多くの官吏が着任したことであろう。漢人部落はさて措き、多くのタングート諸部族にしてみれば長い間被支配関係で結ばれていた拓抜李氏に見捨てられ置き去りにされたという怨みが漲ったのではなかろうか。新たに宋側官吏の支配に服するということは、従来の慣習慣行や既得権益が一挙に失われる可能性が大きく、その生活が根底から覆されることにもなりかねない大問題であったのである。管下各州県のタングート諸部族に大恐慌をもたらしたことはいうまでもない。まず、李継捧一族が去った夏州でさっそく騒ぎが勃発した。『続資治通鑑長編』（巻二三）同七年の条に、

冬十月辛酉（三日）、夏州言う「戎人命を拒む。州兵を発し撃ちてこれを敗る。斬首五百級、羊馬を獲ること万計。」と。

とある。夏州一円に居住するタングート諸部族の憤懣が思い知られるであろう。定難軍の本拠地で早くも騒擾が発生したことに驚いた宋は上掲一一月の条の末に「よりて克文を以て権知夏州とす。」とあるように、改めて李克文を権知夏州に再任して現地に派遣して、タングート諸部族の不安と不満を和らげることに腐心したのである。しかし、タングート諸部族の不満は反夏州定難軍の震源地と化していた銀州に飛び火した。同じく『続資治通鑑長編』同年の末条に、

この歳、銀州蕃落拓抜遇、来りて本州の賦役苛虐なるを訴え、居を内地に移すを乞う。詔して各々族帳を守らしむ。布納克族は結集し諸部を扇動す。夏州巡検使梁迥兵を率いて討ちてこれを平ぐ。

とある。銀州蕃落とは銀州蕃部の意である。(42) 拓抜遇は「李氏」を賜与されなかった拓抜氏の傍流で、銀州に居住する部族長であったと考えられる。同じ拓抜氏であっても李氏一族でないものは現地に残留させられていたことがわかる。拓抜遇は宋側官吏の「賦役苛虐」と部族民の突き上げの板ばさみになり、部族民を見捨ててまでも李氏同様に内徙を求めたのである。拓抜遇の訴えは認められるはずもなく、詔で「各守族帳」を命じられたのだから、情況は何ら好転

していなかったのである。後に拓抜遇をして李継遷に走らせる結果になってしまう。また、こうした宋側の対応に業を煮やした布納克族は諸部族を巻き込んでの擾乱を引き起こしてしまったのである。もとより現地に残留する多くの蕃漢諸部族諸部落の存在をまったく考慮せずに、支配階層の李氏一族だけを引き抜いて現地から引き離し、一方的に四州八県を直轄化することに無理があったのである。四州八県はまさに物情騒然としたことは察するに余りある。太宗は事態の沈静化を図るべく、『宋史』太宗一同年閏一二月の条に、

辛亥（二四日）、詔して赦す。銀、夏等州の常に原《つつしま》ざる所の者を赦す。

とあるように、銀州、夏州において反抗したものを大赦して住民の離反を防ぎ、さらに翌八年の一二月にも『太宗皇帝実録残本』（巻二七）に、

十二月壬午朔、詔して曰く「綏、銀、夏等州の民、多く流亡して蕃部に入る。宜しく州県の吏をして法を設け招誘しこれを業に復せしめん。」と。よりて給復三年とす。（『続資治通鑑長編』巻二四略同）

とあるように、官吏を督励して流民化した四州八県の住民を帰業せしめ給復三年の恩典を与えてひたすら民心の鎮静化を図ったのである。銀、夏州等の住民が大量に蕃部に入ったということは、単に宋の直轄化を嫌ったためではなく、当然税負担が格段に重くなったことによる。しかし、こうした太宗の努力もさしたる効果を発揮しなかった。同じく一二月の条末尾で、

宥州言う「戎人二万衆入冦す。巡検李詢、所部蕃漢卒を率い撃ちてこれを走らす。斬首二千級。」と。己酉（二八日）、詔して曰く「これより先、民の沿辺諸郡に私に馬を市するを禁ず。戎人、官に馬を売るに良を市て駑を棄つ。また禁じて民の私市往来を得ざらしめ、道に死する者甚だ衆し。戎人利少なく、国馬以て旧貫を充たす無し。自今、辺郡吏、謹《きびし》く馬の良駑者を視て毛を刻み以て記とし、民に私市を許さば、羌戎利を獲て歳ごとに馬を駆り関を通りて市し、以て戦騎の闕を補うこと有るに庶《ちか》からん。」と。（『続資治通鑑長編』巻二四略同）

とある。呉広成はもとより岡崎精郎氏も史料冒頭の戎人二万の宥州入寇を李継遷の行動としている（一八九頁）が、筆者はいささか見解を異にする。李継遷は太平興国七（九八二）年の中頃に銀州を出奔して、以後、武力闘争を組織化していったことは事実であるとしても、『続資治通鑑長編』に李継遷の名が登場するのは二年後の雍熙元（九八四）年九月の条以降のことである。『続資治通鑑長編』が依拠した『太宗皇帝実録残本』は八年五月以前を欠き、以降も完全ではないが李継遷の名は雍熙二年に曹光実を誘殺した事件に絡んで始めて登場してくる。後世の編纂物はさておき実録に李継遷の名前が記されていないということは、畢竟するに太平興国八年の段階では李継遷の行動が宋側には強く印象付けられていなかった表われと考えられる。詳しくは第二部で論ずるが、太平興国七年後半以降のタングート諸部族の騒擾をすべて李継遷に結び付けて考えることは正鵠を逸する惧れがある。また、大方の見解は上記史料の宥州入寇の記事と、己酉（二八日）以降の記事を切り離して別個のものとして考えているが、一連の記事であることは疑いの余地もない。上記史料は一年有半におよぶ四州八県の直轄支配がもたらした混乱の表出として捉えるべきものであろう。つまり、宋の官吏は従来の慣行を無視して馬匹貿易を不当に厳しく取り締まり、加えて私貿易を一切禁じたためにタングート諸部族に甚大な損害を与えたのである。宥州は四州のうちで最も西に拠っており、延州に通ずる要衝の地であることに注目すべきである。そして横山を隔てて環江流域の河西タングート諸部族とも比較的接触しやすい地理的環境にあった。夏州定難軍節度使の廃止は環江流域の河西タングート諸部族にとっても一大衝撃であったはずである。必ずや明日はわが身の思いを強くしたであろう。そして旧夏州定難軍支配下のタングート諸部族のみならず、環江流域の諸部族にしたところで、宋の圧政には不満を募らせていたはずである。夏州定難軍節度使の廃止と宋の圧力が逆に従来の対立関係を止揚して、民族の危機としての統一概念を導き出したことは大いに考えられる。後日、環江流域の河西タングート諸部族が李継遷と結びつく掛け橋は案外この宥州入寇がきっかけであったのではなかろうか。このたびの宥州入寇は宋との馬匹貿易などに不満を持つ夏州から宥州、さらにはその西方の諸部族を巻き込んだ擾乱だったと考えるべきであろう。戎人二万の入寇や斬首二千級となると大戦争である。当時の情況の推移を考慮すると実態はこれほどのものではなかったであろう。『太宗皇帝実録残本』（巻二九）太平興国九年（雍熙元年）三月丁巳（七日）の条に、

上、甚だ悦び因りて宰相に謂いて曰く「夏州蕃部並びにすでに寧謐す。向《さき》の勁悍制し難き者、皆身を帰順に委ね、凡そ酋豪三百七十余人、約三、五万帳族を得る。十年已来、戎人の掠める所の人畜およそ二万五千口を得る。朕、間者《このごろ》遣す所の将帥は皆丁寧に誡諭して、もし蕃部中に狡悪害を為す者有れば必ず威武を以てこれに臨み、順伏して制し易き者は必ず綏緝しこれを慰労す。これ、戎人を以て威を畏れて恵を感ずると。昨にまた饋運を労わず、秖《ただ》茶を蕃部中に齎し貿易供給せしむれば、また闕ける所無し。」と。

とある。宥州入寇からわずか三箇月後の記録である。太宗は夏州定難軍管下の直轄経営を手放しで自賛している。太宗の意識としては、如上のいくつかの紛争は当然起こるべき初期トラブルにすぎず、宥州入寇も貿易摩擦に起因しており、その改善で寧謐したとの認識があったのだろう。さらには李継遷の存在すら忖度していなかったことがわかるであろう。いずれにせよ、宋側の認識としては、雍熙元年三月の段階で夏州定難軍を構成していた各種蕃漢部酋のうち、三七〇余人の酋豪すなわち部族長が帰順し、その支配下の三万から五万の帳族が宋の有に帰したと総括したのである。

おわりに

黄河の東流部から南流部にかけて、一応の対遼防衛ラインが出来上がりつつあった。その前線ラインを強化するためには縦深化が必然になる。ちょうどその位置に鎮座するのが夏州定難軍節度使であった。ところがその支配層が四

分五裂して統制不能の状態になってしまったことは前線に後顧の患いを引き起こすことになる。かつて遼との結合を揚言した李仁福の子孫たちに遼の手が伸びることは充分に考えられ、さらに夏州定難軍管下で内乱が勃発することも懸念されたのである。太宗は夏州定難軍の内部崩壊を見極めて、太平興国七（九八二）年、後唐明宗朝以来の懸案であった夏州定難軍節度使の更迭と四州八県の直轄化を断行したのである。晩唐僖宗の中和元（八八一）年、拓抜思恭が定難軍の軍額を賜与されてよりこの方、中断や紆余曲折を経ながらも百年、夏州の地を死守していた拓抜李氏夏州定難軍節度使は李継捧の代に至って実質的に終焉を迎えたのである。唐末五代、さらに宋初と一族によって同一藩鎮を継承したことは稀有の出来事であったが、ここに拓抜李氏のモラトリアム期間は終了したのである。だが、宋の廟堂は結果的に観てタングート民族の潜在力を軽視していたことは否めない。いうまでもなく李継遷の建国運動である。夏州定難軍節度使の終焉は全タングート民族の新しい時代の始まりでもあったのである。李継遷を囲繞する位置を占めていた多くのタングート諸部族に、李継遷の建国運動に参加するか、それともあくまでも宋にしたがって李継遷と戦うか、さらには引き続き遼の桎梏に甘んじるかの態度決定を迫ることになったのである。

註

（1）本章は岡崎精郎氏の「李継遷の興起前後」（『タングート古代史研究』東洋史研究叢刊之二七、京都大学文学部内東洋史研究会、一九七二年）の第一節、第二節と扱う範囲は同じである。以下、本書の引用は文中に（　）で頁数を示した。

（2）呉広成は『西夏書事』（巻三）建隆元年春正月の条で、太祖の受禅を知った李彝殷がいち早く銀州防禦使の李光曮を遣わし奉表入賀し、併せて宣祖の諱を避けて彝興に改名したことを嘉し「守太尉」の授官になったとしている。

（3）岡崎精郎氏は一七五頁で吐谷渾の遺衆がその主体とされる。

（4）『宋史』（巻四八五列伝第二四四外国一夏国上）、以下、『宋史』夏国伝上と略記。

（5）『西夏書事』（巻三）。なお『宋史』夏国伝上には単に「開宝七年、授定難軍管内都知蕃落使」とある。
（6）『宋史』夏国伝上、『西夏書事』（巻三）。
（7）『続資治通鑑長編』（巻一九）太平興国三年五月の条に、「壬寅、夏州言、定難節度使李克叡卒。其子衙内指揮使継筠権知州事。乙巳、以継筠為定難留後」とあり、李克叡の死亡は五月以前のことである。
（8）『宋史』（巻四本紀四太宗一、以下、『宋史』太宗一と略記）同年五月の条には「乙巳、以継筠襲定難軍節度使」とあるが、『宋史』夏国伝上、『続資治通鑑長編』にしたがう。
（9）李継筠の死亡は『西夏書事』（巻三）では五年一〇月としているが、この問題については第三節で詳述する。
（10）前章註（21）拙稿第一節参照。
（11）『続資治通鑑長編』（巻七）、『宋史』太祖一に拠る。
（12）涼州から霊州にかけての行程に関しては、長沢和俊氏の「五代・宋初における河西地方の中継交易」（『松田寿男博士古稀記念東西文化交流史』雄山閣、一九七五年。本論文は後に『シルク・ロード史研究』国書刊行会、一九七九年、に収録）の第二節が参考になる。
（13）註（10）に同じ。
（14）「殿前散員都虞候董遵誨為通遠軍使。遵誨涿州人、父宗本、仕漢為随州刺史。上、微時嘗往依焉。遵誨憑藉父勢、多所凌忽。嘗謂上曰、『毎見城上有紫雲如蓋。又夢登高台、遇黒蛇約長百余丈、俄化為竜、飛騰東北去、雷電随之。是何祥也』。上皆不対。他日論兵戦事、遵誨理屈、即払衣起。上乃辞宗本去。自是遵誨亦不復見紫雲矣。及上即位、遵誨累遷至驍武指揮使。一日便殿召見。遵誨伏地請死。上令左右扶起、因諭之曰、『卿尚記往日紫雲及竜化之夢乎』。遵誨再拝呼万歳。俄而部下有撃登聞鼓、訴其不法十余事。上釈不問。遵誨皇恐待罪。上諭之曰、『朕方赦過責功、豈念旧悪耶、汝可勿復憂。吾将録用汝』。遵誨再拝感泣。又問其母安在。遵誨曰『母氏在幽州患難暌隔』。上因令人重賂辺民、窃迎其母、送於遵誨、仍加優賜。」とあり、太祖の人材登用の巧みさがわかる。
（15）『宋史』（巻二七三列伝第三二董遵誨伝、以下、『宋史』董遵誨伝と略記）には「以西夏近辺授通遠軍使」とある。『宋史』

は編纂された時代を基点にして、西夏建国以前のタングート関係の事柄で「西戎」とある表記を不用意に「西夏」と改めている。呉広成はこの記事を鵜呑みにしてか、『西夏書事』（巻三）で「冬十月、夏州属蕃擾辺」、「光叡遣使謝」として、あたかも環江流域のタングート諸部族が夏州定難軍の支配下の蕃部であったかのように記しているが謬見である。本文で後述する同伝の「夏人」の表現も西戎と改めねばならないことは同様である。

(16)『宋史』（巻二五三列伝第一二）馮継業伝。

(17)『宋史』（巻二七〇列伝第二九）段思恭伝。

(18)『続資治通鑑長編』（巻一〇）開宝二年一一月の条に、「庚申、回鶻、于闐皆遣使来貢方物。回鶻使者道由霊州、交易於市。知州段思恭遣吏市硇砂、吏与使者争直忿競。思恭釈吏不問、械繫使者数日、始貰之。使者帰愬於其国。回鶻可汗遣使齎牒詣霊州、詢械繫之由。思恭自知理屈不敢報。自是数年回鶻不復入貢。」とあるように、この間に段思恭は硇砂の取引をめぐって甘州ウイグルの使節との間に紛争を生じ、数年その朝貢の途絶を引き起こしている。

(19)折氏に関する如上の記述は『宋史』（巻二五三列伝第一二）折徳扆伝、『続資治通鑑長編』（巻二〇）等による。

(20)岡崎精郎氏は、『新五代史』党項の条にある「至周太祖時府州党項尼也六泥香王子拓抜山等皆来朝貢」を府州党項の尼也六泥香王子拓抜山と読んでいるが、「等皆来朝貢」とあるところから、府州党項の尼也六泥香王子と拓抜山とわけて読むのが正しかろう。

(21)「十六府」、「十二府」の名称の由来は定かにしがたいが、第一章第二節で述べた唐代の「十二州部落」や唐が設置したタングート都督府の「十五府」などの名称に淵源があるものと考えられる。

(22)田村實造『中国征服王朝の研究上』（東洋史研究叢刊之一二之一、東洋史研究会、一九六四年）、「第三章遼朝の成立」、「第四章遼朝をめぐる国際関係」等参照。

(23)島田正郎『遼代社会史研究』（巖南堂書店、一九七八年）、「第一章部族」四九頁参照。

(24)『宋会要輯稿』（一九五冊、方域二一豊州の条）以下、『宋会要輯稿』豊州と略記。

(25)第一章第四節参照。

(26)『宋会要輯稿』豊州には「豊州本河西蔵才族都首領王（甲）居之。契丹補左千牛衛将軍。太祖開宝二年率衆帰順。又命其子承美為豊州衙内指揮使。」とある。

(27)『遼史』（巻八本紀第八）景宗上には七年の条に、「三月壬午、耶律速撒等献党項俘。分賜群臣。」とある。本人伝の党項攻撃とは三年の隔たりがある。いずれかが誤りの可能性も考えられるが、この記事は耶律速撒が献上したタングートの俘虜を、群臣に分賜する作業が終了した時点を表していると解釈したい。

(28)島田正郎氏前掲書、六五頁に記述がある。招討司や節度使の属僚でもこの名称が使われていたのではなかろうか。

(29)西南面招討副使耶律王六は伝を欠き、太尉化哥は耶律化哥に相違ないが、（巻九四）の本人伝にはこの記載はない。

(30)『続資治通鑑長編』（巻一〇）開宝二年一〇月の条末に李燾は「契丹錫里裕嚕等十六族帰附。以其大首領羅美四人為懐徳将軍、八人為懐化郎将、次首領諾爾沁旺布十五人為帰徳司戈。」の記事を掲載し、割注で大要「本紀の一〇月に豊州刺史王重安の言として、契丹一六族が帰附したとある。豊州刺史王承美との関係が不明である。豊州が別にあったと考えるのか、王重安とはいかなる人物なのか。会要、契丹伝も本紀と同じである。ところが、実録には記載がなく、太平興国七年閏一二月に豊州刺史王承美の言として同様記事を掲載している。両記事の関係が不明なので、ここでは豊州刺史王重安言の文字を削除して記載する。」といっている。本紀、会要、契丹伝の記載は実録に記載されている太平興国七年閏一二月の記事と同一事実を、別系統の情報をもとにして作成されたのであろう。部族数、族長名、授官内容が太平興国七年の記事と異なっていることからもそのことがわかる。部族数に関しては『遼史』本紀に載せる一五部に近似しており、これが正しいのかも知れない。おそらく年月、人名は何らかの記事と混交し誤記載されていたものをこれら史料が無批判に掲載したものと考えられる。

(31)兀瑶は部族名である。おそらくこの後にあった「都首領某」などの文字が脱漏したのであろう。

(32)前章註（21）拙稿第三節で、真宗の李継遷包囲網に触れている。

(33)『宋史』（巻二五三列伝第一二）王承美伝も同じ。『続資治通鑑長編』（巻五六）景徳元年六月の条も同様に「本州防禦使」とする。

(34) 惜しむらく、現存の『太宗皇帝実録残本』は太平興国八年五月以前を欠き、四月の「本州団練使」の記述の有無を確認できない点を遺憾とする。

(35) 畑地正憲「宋代における麟府路について」(『東洋史研究』第五一巻三号、東洋史研究会、一九九二年)。なお、同氏は豊州の移設に関してはまったく触れられず、豊州蔵才族が一貫して新豊州に居住していたものとして論を進めているように思われる。

(36) 顧祖禹は『読史方輿紀要』(巻六一陝西一〇楡林鎮)の豊州城の条で古豊州にしている。

(37) 呉広成はこの記事と『続資治通鑑長編』(巻二一)の記事を合成して『西夏書事』(巻三)で、「太平興国五年冬十月定難軍留後李継筠卒、弟継捧嗣。」としているが誤りである。

(38) 岡崎精郎氏は定難軍節度使に就任したとされる(一七九頁)が誤りである。

(39) 唐、五代の諸史料を閲すると、タングート拓抜氏に関しては「従父」の用法は必ずしも直接的な血縁関係の「伯叔父」を意味するものでもない。父と同輩行の一族内の人物に使われる場合もある。しかし、李克文に関しては、この後の一連の動きから判断して李光叡の真の兄弟で、李継捧の実の従父であったと考えられる。

(40) 『西夏書事』(巻三)では『東都事略』にしたがって静州を加えて五州八県とする。これについては岡崎精郎氏の説(一八二頁)にしたがって、静州は五代末までには廃されたものとして四州八県としておく。

(41) 『宋史』(巻二五九列伝第一八)袁継忠伝にも『続資治通鑑長編』とほぼ同じ文章が載せられている。なお、『西夏書事』(巻三)では李継筠の上奏で李克憲は一時綏州刺史を罷免され李克文にその地位を奪われていたが、李克文の夏州移駐にともない太宗の意向で綏州刺史に復帰したとしている

(42) 『宋史』党項伝には同じ記事を掲載して「銀州光部」とある。なお、布納克族は保細族に作る。

附図１　黄河上流部一円関係図

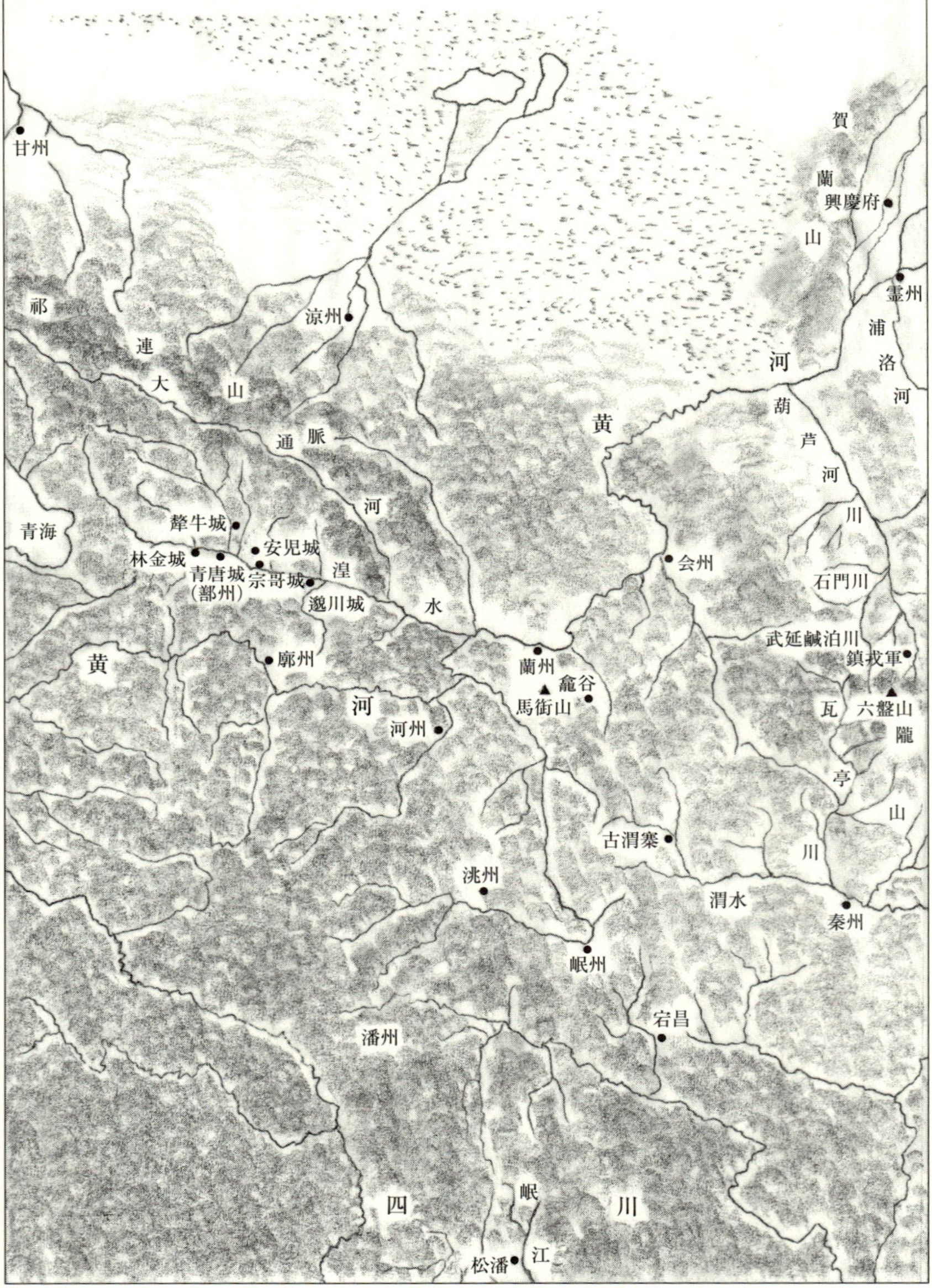

附図2　渭水北方一円関係図

附図3　黄河南流部西側（河西）一円関係図

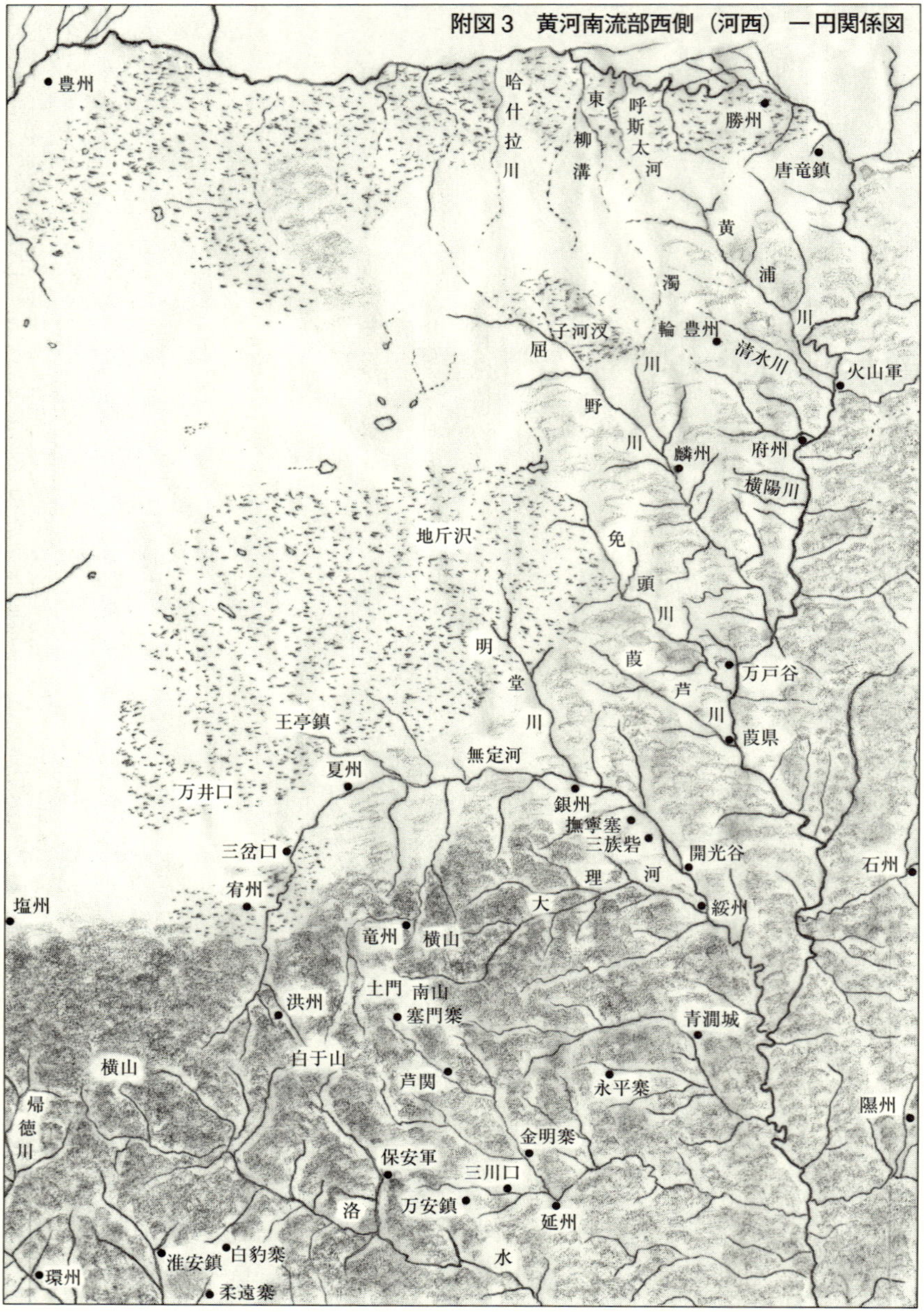

第二部　李継遷の建国運動始末

第一章　李継遷の登場

はじめに

宋代研究の基本史料『続資治通鑑長編』に李継遷が登場するのは雍熙元（九八四）年九月の条が初見である。このことは李燾がこの時代を編纂する上で最大の拠り所とした『太宗皇帝実録』に関係しているものと思われる。現行の『太宗皇帝実録残本』に李継遷の名が記されるのはさらに後れて雍熙二年二月の条、曹光実の謀殺事件を記述した中に始めて出てくるのである。もっとも同書は太平興国八年五月以前を欠き、またそれ以後も不完全な状態であるから、欠損部分に李継遷の行動が記載されていたと考えてもおかしくない。ところが、雍熙二年二月の条の記載からはそうした記事が存在していた痕跡を推測することはできない。関係箇所だけを抽出すると、

> 李継捧の入朝するや、光実を以て夏銀綏麟等州都巡検使に為す。継捧の弟継遷蕃落に遁入し寇を為す。辺民これに苦しむ。光実間《すき》に乗じ掩襲して継遷の母妻、及び牛羊万計を獲る。斬首数千級。継遷僅に身を以て免る。

とある。仮にこの記事以前に李継遷の記載があったとすると、改めて「継捧の弟継遷蕃落に遁入し寇を為す。辺民これに苦しむ。」という説明的な記述は必要なかったはずである。さらに、同条末尾にも重ねて「初、李継俸（ママ）帰朝、其弟継遷遁入蕃部、率戎人為寇」を補っているところから判断しても、これ以前に李継遷の記事が掲載されていたとは考えにくい。そこで『続資治通鑑長編』（巻二五）の雍熙元年九月の条を見ると、

> 九月、初めて李継捧入朝す。その弟夏州蕃落使継遷留りて銀州に居す。詔発するに及び継捧の親属闕に赴く。独

り継遷内徙を楽まず。時に年十七、勇悍にして智謀有り。偽りて乳母が死し出でて郊外に葬ると称す。兵甲を以て棺中に寘《い》れ、その党数十人と奔りて蕃族の地斤沢に入る。夏州を距つこと東北三百里。その祖彝興の像を出し以て戎人に示す。戎人皆拝泣す。継遷自ら言う「我は李氏の子孫、当に宗緒を復興すべし。」と。族帳稍稍帰附す。かつて所部を遣わし表を奉じて麟州に詣らしめ馬及び橐駝等を貢ぐ。敕書してこれを招諭す。継遷出でず。この月、知夏州尹憲、継遷の所在を偵知す。巡検使曹光実と精騎を選び夜、兵を発し地斤を掩襲す。再宿して至り、斬首五百級、四百余帳を焼き、継遷の母妻及び羊馬器械万計を獲る。継遷僅に身を以て免る。

とある。二つの記事を対比してわかるように、冒頭部はよく似ており末尾は完全に一致している。『続資治通鑑長編』は『太宗皇帝実録』を下敷きにして、別の記録類から得た知見を挿入して体裁を整えていることがよくわかる。李燾はその際、尹憲や曹光実の記事との絡みから、便宜上、知夏州の尹憲が李継遷の所在を偵知した雍熙元年九月の条にこの記事を掲載したのである。『宋史』（巻四）太宗一（以下、巻数略）には李継遷の地斤沢出奔を太平興国七年の六月の条に記載し、夏国伝上もそれに矛盾しない形で記事を作成している。これらの記述はおそらく『国史』の記載にしたがったものと考えられるから、李燾も知っていたはずである。また司馬光の『稽古録』（巻一七）の太平興国七、八年の条には李継遷の記事がいくつか散見される。『続資治通鑑長編』は『稽古録』も随所に引用しており、当然、李燾は『稽古録』の記事も承知していたはずである。それにも拘わらず李継遷の初記載を雍熙元年九月に遅らせた理由は、『太宗皇帝実録』の記載時期を顧慮した結果としか考えられない。李燾は『続資治通鑑』作成の基礎史料集として本書を編纂したことは周知の事実である。李燾はその方針に鑑み、敢て同時代史料である『太宗皇帝実録』に倣ったのであろうが、他の史料との兼ね合いから折衷案として雍熙元年九月の条に李継遷を初登場させたのであろう。

筆者が『太宗皇帝実録』の雍熙二年二月の条に拘る理由は、宋の廟堂がいつの時点で李継遷の行動に重大な関心を抱くようになったかを確認しておきたいからである。もちろん銀州に派遣されていた官憲は李継遷が地斤沢に出奔したことを中央に報告していたはずである。『宋史』などに記載されている情報はそうした報告にもとづいて、その後史料として採用されたものと考えられるからである。ところが、『起居注』をもととする『太宗皇帝実録』は雍熙二年二月の条に曹光実の戦死記事を載せ、それに絡んで初めて李継遷の存在を記載している。そしてその記載も後に詳しく述べるが、『起居注』以外の史料の引用と思われる。つまり、この頃まで李継遷の行動は『起居注』に載せるほどの関心事ではなかったことがわかる。太宗は雍熙元年三月の段階で、定難軍の接収を手放しで自賛している(1)。李継遷の行動などはまるで歯牙にもかけていなかったといってよかろう。ところが、わずか三箇月後の同年の六月から九月にかけて太宗は秦翰を李継遷のもとに派遣している(後述)。つまり、この年の中頃には確実に太宗も李継遷の存在を認識するようになっていたのである。しかしながら、秦翰の派遣等の記事はまったく『太宗皇帝実録残本』には記載されていない。さらに、同年一〇月に地斤沢において曹光実が李継遷を襲撃するが、この事実も当該年月には掲載されていないのである。李継遷絡みの記事は未だ『太宗皇帝実録』に記載するほどの価値がないと判断されていたのである。それが曹光実の謀殺事件に絡んで初めて李継遷の名が繰り返し記載されるようになったのである。すなわち、この時点になってようやく宋の首脳部は李継遷が極めて危険な人物であると認識するようになったことがわかる。このことは、李継遷の活動が隠密裏におこなわれ、かつまた夏州や銀州方面に派遣されていた官憲が当初は李継遷を過小評価して、さしたる危険性を感じていなかったことに起因しているのであろう。そのために、報告にもそれが反映して通り一遍のものになっていたのではなかろうか。

前置きが長くなった。それでは夏州定難軍節度使の終焉を目のあたりにして、第二部の主役李継遷はどのような行動をとったのであろうか。以下、曹光実を謀殺した雍熙二年までのわずか四、五年間に的を絞って彼の軌跡を辿ってみたい(2)。

一　李継遷の崛起

『宋史』夏国伝上の李継遷の項（以下、『宋史』李継遷伝と略記）冒頭にその系譜と略歴を記して、

継遷は継捧の族弟なり。高祖思忠、かつて兄思恭に従い黄巣を討ち、賊を渭橋に拒む。表に鉄鶴有り、これを射て羽を没す。賊これに駭く。遂《すす》んで士卒に先んじ、戦没す。僖宗、宥州刺史を贈り、渭陽に祠る。曽祖仁顔は唐に仕え、銀州防禦使。祖彝景は晋に嗣ぎ、父光儼は周に嗣ぎ（つかえる）。建隆四年、継遷銀州無定河に生まる。生まれて歯有り。開宝七年、定難軍管内都知蕃落使を授く。

とある。拓抜思恭の後継者李思諫は兄思恭の孫彝昌を養子とし、その地位は彝昌に継承された。ところが彝昌が夏州都指揮使の高宗益に殺されたことにより、思恭、思諫の家系は断絶してしまう。その後継の節度使には一輩行上の蕃漢都指揮使李仁福が三軍に推されて就任する(3)。李彝昌の死亡によって定難軍節度使の地位は拓抜氏の傍系に継承されていったのである。李仁福が蕃漢都指揮使であったのに対して李仁顔は銀州防禦使である。明らかに李仁福の方が格が上であることがわかる。だからこそ三軍に擁立されたのである。そしてこれ以降は李仁福の子孫が節度使の地位を継承していくのだから、李仁顔の家系はさらにまたその傍系ということになってしまったのである。『西夏書事』（巻三）では李継遷の父光儼（曮）も銀州防禦使としている。おそらく代々銀州防禦使を世襲していたと判断してよかろう。そうだとすると、この一族は銀州防禦使を家職とする定難軍においては地方豪族にすぎなかったのである。李継遷自身銀州無定河で生まれていることからもわかるように、この一族は銀州生え抜きの土着豪族であったことがわかる。そして誰も銀州刺史の地位に就いた形跡がないことから、定難軍を構成する拓抜李氏一族の序列からするとそれほど上位にいたものではなかったと考えてよかろう。右史料によると李継遷はわずか一一歳で定難軍管内都知蕃落使

を拝命している。一方、本章冒頭の『続資治通鑑長編』の記事には夏州蕃落使と記されている。『宋史』（巻五）太宗二（以下、巻数略）端拱元年一二月の条にも「夏州蕃落使李継遷」とある。両者を比較すると前者は夏、銀、宥、綏州からなる定難軍全域の蕃落を統轄する職に対して、後者は単に夏州の蕃落を対象にしているにすぎない。仮に前者が銀州蕃落使と記されていたとすると、後者の夏州が銀州の単純な書き誤りと推測することができる。しかしながら両史料に記されている蕃落使にはそうした近似性がまったく感じられない。むしろ二つの史料に記載されている蕃落使の信憑性を増しているといってよかろう。二つの蕃落使はそれぞれの時期に李継遷が置かれていた立場を物語っているのではなかろうか。

さて、一一歳の李継遷が開宝七年に定難軍管内都知蕃落使を拝任した理由については第一部、第五章第一節の（一）で論じた（一九七頁）ように、定難軍節度使の李光叡が李継遷の能力を高く評価したからといった皮相なものではない。李光儼（曮）の没年は不明であるが、この時点で李継遷が銀州防禦使を継承していないことから判断すると、李光儼はまだ生存していた可能性が高い。李光叡は李光儼の背後に控える軍事力に二つの意味で着目していたために、敢て李継遷優遇策を採ったのである。そのひとつは銀州刺史李克遠を牽制する手段として銀州防禦使の李光儼の軍事力に依存する必要性があったことである。ここで想起すべきはかつて李彝興時代に衙内都指揮使の拓抜崇斌と組んで節度使の地位を簒奪しようとした綏州刺史李彝敏のことである(4)。李彝敏は李仁福時代から数えて二〇年前後の長きにわたって綏州刺史を独占していた。つまり李彝超も李彝興もその地位に手出しができなかったのである。綏州刺史の地位は李彝敏一族の世襲職であった可能性が高い。また、李継遷の家系がおそらく銀州防禦使を世襲していたことを考え合わせると、銀州刺史の地位は代々李克遠の一族が継承していたものと考えて間違いなかろう。定難軍節度使李光叡からすると東隣の銀州刺史李克遠の存在は常に警戒を怠れないものであったはずである。李継遷を定難軍管内都知蕃落使に任じたことはまさしく銀州防禦使の李光儼（曮）を重視している姿勢を示すことにより、もって李克遠を牽制する意図が含まれていたのである。おそらく李継遷が銀州に止まっていた十代の前半の頃は一応この官職に留任していたのであろうが、もとより単なる名誉的称号に過ぎなかったと思われる。

ところで、古今東西、叛乱防止のために有力家臣の子弟を人質に取ることは常套手段であった。おそらく夏州定難軍節度使にあっても同様措置が古くから取られていたと考えてよいのではなかろうか。定難軍節度使にとって銀州防禦使を自己の軍事力として確保しておくためには優遇策だけではなく担保も必要であったはずである。なかんずく銀州防禦使の軍事力の大体が李継遷の母族によって構成されていたとしたら尚更ではなかろうか。定難軍節度使が着目した二つ目の意味とは李継遷の母族一族の敵対行動を防止する意味合いがあったのである。李継遷の母族については この後で詳しく触れよう。ともあれ李継遷は李光叡の晩年か李継筠の継承後かに夏州に召致され、今度は夏州蕃落使の地位を与えられ態よく人質生活を送らされていたのであろう。父の李光儼の動静については、この間まったく基本史料に記されていない。おそらく李継遷の夏州召致後に死亡したと判断してよかろう。

さて、李継捧がいわゆる三軍の同意を経ずに定難軍主権者の地位を継承したことから、右に触れた銀州刺史李克遠の叛乱が惹起し、これを契機に夏州定難軍体制は一気に崩壊の度を早めていったのである。(5)『西夏書事』によると李克遠の叛乱は太平興国六年の八月とある。おそらく李継遷は李克遠の叛乱劇を夏州で聞き知ったのであろう。『西夏書事』には続けて「冬十一月、継捧以銀州変聞」を載せている。(6)李克遠が敗死したことを踏まえると、当然銀州に残っていた李克遠の一族はそのまま銀州を確保することは困難であったと思われる。李継捧が「銀州の変」を以聞しているのだから、夏州から追討軍が派遣されたのではないことがわかる。すでにその余力は残されていなかったであろう。そうすると、この「銀州の変」は銀州死守を目指す李克遠の一族と新たに銀州支配を目論む李継遷の支持勢力との間でおこなわれた銀州争奪戦であったと見るべきである。つまり刺史勢力と防禦使勢力の抗争だったのである。この事変に李継遷も参加していたとすると、李継遷の銀州復帰は太平興国六年の一一月頃となる。しかし筆者はこの事変はあくまでも李継遷の支持勢力が主導して起こしたもので、李克遠一族を銀州から追い落とすことに成功したものと信じる。李継遷はその連絡を得てから混乱の極みにある夏州を脱出して銀州に復帰したのであろう。その時期は翌太平興国七年の初頭と考えてよかろう。その際、後述するように李継遷は明確に自らの手によって定難軍節度使を再建する意図を抱懐していたのである。それでは李継遷の支持勢力とは具体的にどのようなものか。代々銀州防禦使の家系に奉仕する直属の部曲的性格を持った部族はいうまでもないが、筆者が特に注目するのは李継遷の母族の存在である。『宋史』李継遷伝の「咸平春」の記事中に「封継遷母衛慕氏衛国太夫人」とあり、李継遷の母族が衛慕氏であることはよく知られている。さらに孫で西夏の建国者李元昊の生母についても、同じく『宋史』夏国伝上李徳明の項（以下、『宋史』李徳明伝と略記）の乾興二年の条に「徳明娶三姓、衛慕氏生元昊、……」とあり衛慕氏である。また、同じく李徳明伝の遡って景徳四年の条に「五月、母罔氏薨……」という記事がある。李徳明の生母は後に詳述するように野利氏であるから、ここにいうところの母罔氏とは李継遷の正室を指すものと考えてよかろう。正室は当然母族から迎えられたはずである。本章冒頭の『太宗皇帝実録残本』に載せる「継遷の母妻」の妻にあたる女性が罔氏であろう。李継遷の母とともに生活していたからこそ同時に捕らえられたのであり同族の証である。「罔」の古音は$mi^{w}ang$で、衛慕の「慕」にあたる音が印象に残り、報告者が一字で母族の姓を伝えたことにもとづいていることは間違いない。『続資治通鑑長編』（巻三二）淳化二年七月の条に「丙午（九日）、授継遷銀州観察使、……封其母罔氏西河郡太夫人」とあり、「衛慕」と「罔」が同じ族名であることが証明される。また、新定本『続資治通鑑長編』（巻一一二）明道元年一一月壬辰（二四日）の条に『宋史』李徳明伝の「徳明娶三姓」と同文を掲載しているが、(7)衛慕氏を黙穆氏と表記している。そして（巻一一五）景祐元年一〇月乙丑（九日）の条の李元昊による母族鏖殺事件では母米氏と表記し、『東都事略』（巻一二七）西夏も同様である。ところが『隆平集』（巻二〇）夏国には米母氏としている。これについては最高の基本史料である『太宗皇帝実録残本』（巻七九）至道二年九月の条に「米募軍主吃囉」の記述があり、米母が正しいことがわかる。また、衛慕氏の発音と比較しても当然である。因みに衛慕の古音は*ʒi̯ʷäiˋ muoˋ*であるのに対して米母は*ˊmiei ˊmə̯u*である。聞くものによって第一音節は多少異なるが第二音節は強調音で一致して聞こえたのであろう。罔も強調音だけを聞き取った結果である。李継遷は上記『宋史』の系譜中に銀州の無定河で生まれたとある。銀州城内でなくわざわざ無定河と断っているところから判断すると、当時、衛慕氏は銀州の北方から東方を迂回して南下する無定河の河畔に族帳を展開しており、そこで誕生したことを物語っているのであろう(8)。当時、銀州近辺に展開するタングート部族としては最大の勢力を誇っていたものと推測される。それ故にこそ定難軍節度使が一目置いていたのである。李光儼（曮）、李継遷、李徳明の三代と婚姻関係を結び、あまつさえ李継遷そして李元昊の母族であったということは、李継遷一族のバックボーンが衛慕氏によって成り立っていたことを証明している。このような勢力は必ずや史料上に痕跡を残していたはずである。そのように考えて五代の河西タングートの動向を虚心に見直したところ筆者は綏州の強族啘母族の存在に逢着した。まず啘母の古音は*i̯aˋ ˊmə̯u*で米母の*ˊmiei ˊmə̯u*とは酷似している。衛慕の音とは多少異なっているが、むしろ米母と衛慕が同じ音の別表記であるからさしたる問題ではない。しかしながら族名が似ているだけでは両者を一致させることはできない。そこで啘母族のこの間の動向をいま一度確認しておこう。五代については第一部第四章第四節で詳述したように、綏州の李彝敏の叛乱失敗後、新たに夏州より送りこまれた新刺史の李仁裕に反発し南山に叛去するが、追撃した李仁裕を開運二（九四五）年に逆に襲殺している。啘母族は李彝敏の施政にはしたがっていたと考えられ、李彝敏が目指した綏、延両州に跨る勢力圏の構築に一役買っていたものと思われる。綏州一円の河西タングート諸部族は定難軍節度使の支配に反発し、夏州と対立傾向にある刺史には与しやすかったのであろう。第一部第五章第一節で述べたように、宋代に入って開宝三（九七〇）年に刺史の李光琇が死亡すると綏州の羌族が擾乱を引き起こしているが、これも綏州の羌族が常に反体制に位置していたことを示しているのであろう。おそらく啘母族に連なる勢力の行動と考えて間違いなかろう。啘母族は五代末から宋初の混乱期に着実に発展し、夏州定難軍節度使の支配力の弛緩を巧みに利用して、綏州から無定河を遡って銀州附近にまで勢力圏を拡大していったのであろう。㖡母族は極めて政治性の強い部族で、河西タングートでありながら拓抜勢力との結合を常に志向しており、非主流に属する拓抜李氏と結合して自己の発展を希覬していたものと思われる。おそらくかつては李彝敏とも婚姻関係を結んでいたことであろうし、宋代に入ると新たに銀州防禦使の李光儼（曮）と結合することによって発展の機会を見出そうとしていたのであろう。銀州刺史の李克遠ではなく防禦使の李光儼をパートナーとして選択した理由は、刺史勢力との結合では主導権を掌握できないからで、第二勢力の防禦使ではそれが可能であったからであろう。定難軍節度使の李光叡が李継遷を定難軍管内都知蕃落使に任じたのも危険極まりない㖡母族を制禦することが主な狙いであったと考えるべきである。ともかくこれ以降、李継遷が銀州一円の部族からはじめて定難軍全領域のタングート諸部族、さらにはオルドス全域に布満する全タングート諸部族を糾合せんとする際の中核になった勢力こそ衛慕（㖡母）氏であることを強調しておきたい。

銀州に舞い戻った李継遷は衛慕（㖡母）氏等の支援を受けて敵対勢力を一掃し、ほぼ銀州を手中に収めたのであろう。こうした情況の銀州を再度定難軍体制に帰属せしめるべく、太平興国七年の四月以前に銀州刺史となって乗り込んできたのが李継捧の後見人李克文であった。当然、李克文は李継遷の説得を試みたはずであるが、すでに李継捧体制の崩壊を見透かした李継遷がこれに応じるはずもなかった。銀州刺史としての統治不能を悟った李克文が自ら定難軍経営の幕引きを図ったことは第一部第五章第三節で詳述したところである。ところが、内徙を嫌う李継遷はほどなく銀州を脱出し遥か北方に位置する地斤沢に奔入してしまったのである。李継遷の銀州脱出の時期をほぼ特定できる史料は『宋史』太宗一の記述だけである。その太平興国七年の条に、

　六月乙亥（一〇日）、使を遣わし李継捧の緦麻已上の親を発し闕に赴かしむ。その弟継遷地斤沢に奔る。

とある。史料前段は李継捧の緦麻以上の一族に対して入京を命ずる遣使が六月乙亥（一〇日）におこなわれたことを

記している。一方、『続資治通鑑長編』（巻二三）の同年五月己酉（一八日）の条に、この日李継捧が崇徳殿において太宗に謁見を賜り、「諸父昆弟多相怨懟、願留京師」を愬えてその所管四州八県を献納した記事を載せ、最後に『宋史』とほぼ同様の遣使の記事を付け足している。五月己酉（一八日）は李継捧の謁見の日付であり、これを踏まえて遣使の発令がなされたのだから、『宋史』太宗一の日付の信憑性が高くなる。そして本章冒頭の『続資治通鑑長編』（巻二五）の記事中にあるように勅使のもたらした詔にしたがって李継捧の親属が闕に赴いたのに対して独り李継遷のみ内徙を好まず銀州を脱出したとある。そうすると李継遷の銀州脱出は六月の末か、おそらくは七月のことと考えてよかろう。同記事に李継遷は乳母の葬儀を郊外でおこなうと称して武器甲冑を棺中に隠して、わずかに与党数十人と銀州を脱出して地斤沢に奔ったとある。このことから太平興国七年の中頃になると、銀州は宋の軍隊によって占領されていたことがわかる。おそらく宋軍の進駐は李継遷の不意を衝くもので、譜代の部族や衛慕（啘母）氏を糾合する遑もなかったのか、あるいは宋軍との衝突を回避する判断がはたらいたのであろう。その結果、李継遷一族は宋側官憲の厳しい監視下に置かれていたのであろう。そして緦麻（三箇月の喪に服する一族を指す）以上の親属の入京は有無を言わさぬ極めて強制力の強いものであったはずである。李継遷の地斤沢出奔はまさに宋側官憲による強制拉致を避けるための緊急避難的性格のものであったことがわかる。ところが、李継遷の出奔は宋にとってはそれほどの衝撃ではなかった。ちょうどこの前後、綏州刺史の李克憲が内徙を拒否するという事件が起こっている。そのため太宗は通事舎人の袁継忠を派遣して李克憲を説得し、その内徙を実現している。綏州刺史の李克憲に比べ李継遷は輩行も下の一介の蕃落使にすぎない。虎を野に放つといった感覚はもとよりなかったのである。

地斤沢に逃れた李継遷は冒頭に掲載した『続資治通鑑長編』に記されているように、定難軍節度使として最後の光彩を放ったその祖李彝興の像を利用し、自らが拓抜李氏の正統権力の継承者であることを強調して定難軍節度使の再建を蕃部に呼びかけたのである。当然、この像を拝泣した戎人とは拓抜一族に置き去りにされた夏州や銀州附近に居住する旧拓抜氏支配下の部族が多数を占めていたと思われる。こうした巧みな演出も手伝って少しずつ李継遷にしたがう部族が増えていったのであろう。その背景には単に李彝興時代を懐かしむなどといった情緒的な問題ではなく、各地を支配していた拓抜李氏に取り残され、新たに宋の支配に苦しめられる各部族の現実的な不満と不安が大きく作用していたことはいうまでもない。そうした最初の情報を伝えているのが『稽古録』である。（巻一七）太平興国七年の条に、「十月、夏州奏、撃李継遷破之。」とある。これに対応する記事が『続資治通鑑長編』（巻二三）同年の、

冬十月辛酉（三日）、夏州言う「戎人命を拒む。州兵を発し撃ちてこれを敗る。斬首五百級、羊馬万計を獲る。」と。

である。この記事は『太宗皇帝実録』の引用と考えられ、李継遷の存在はまったく考慮されていない。宋中央が蕃部の騒擾と李継遷の関連を充分に把握していなかったことを示している。それに対して『稽古録』は同じ宋代でもおよそ八〇年後に編纂された記録で簡要を旨としている。司馬光が利用した史料には李継遷にしたがう勢力の行動と記されていたのを李継遷で代表させてしまったのであろう。同様の齟齬は『続資治通鑑長編』同巻の末尾に載せる、

この歳、銀州蕃落拓抜遇来りて「本州の賦役苛虐、居を内地に移さんことを乞う。」と訴う。詔して各々族帳を守らしむ。布納克族は結集して諸部を扇動す。夏州巡検使梁迥兵を率いて討ちてこれを平ぐ（『宋史』党項伝略同）。

の記事についてもいえる。この記事も『太宗皇帝実録』の引用と考えられるが、李継遷は登場しない。『宋史』（巻二七四）の梁迥伝の「七年、李継遷寇辺、以迥領兵護銀夏州。」とあるのが対応記事と考えられる。布納克族と李継遷の結びつきはやはり当時はわからず、その後、梁迥伝に部族名は省略されて採用されたことを物語っている。以上を要するに、地斤沢に脱出後の李継遷は積極的に、なおかつ隠密裏に旧定難軍支配地のタングート諸部族諸部落の組織化を広範囲におこなっていたことがわかる。ただし、夏州や銀州の騒擾はあくまでも現地の蕃部によって引き起こされたものであり、李継遷が騒擾の先頭に立っていたのではなく、本人は地斤沢に拠って連絡を取り合っていたものと

考えるべきであろう。『宋史』（巻二五四）侯延広伝に「淳化二年、李継遷始擾夏台。即命延広領州刺史……」とあり、実際に李継遷が軍勢を率いて夏州を攻撃したのは九年後のこととするのが妥当であろう。

翌太平興国八年、李継遷は引き続き蕃部の組織化を進めていったと思われるが、『西夏書事』はこの年李継遷の活動がさらに激しさを増したかのように記している。巻三の記事を大要示すと、三月に麟州に入貢し（後述）、その一方でしばしば銀、夏諸州に侵寇したため、五月に田欽祚、袁継忠の追討を受けて葭芦川に戦い敗退したとある。さらに九月になると三岔口において再び田欽祚の軍勢と戦って大敗を喫したとある。そして一二月になると、西戎二万人を糾合して宥州を攻撃するも巡検使李詢の反撃に遇って敗退したとしている。しかしながらこの年の李継遷の行動に結びつく基本史料は『宋史』（巻二七二荊罕儒伝附属）荊嗣伝に載せる、

八年、李継遷辺を寇す。嗣、袁継忠、田欽祚に従い三叉口を戍り、前鋒と為り賊千余を斬り、之を追い牛羊、鎧甲弓矢数千計を獲る。進んで万井口、狐路谷に至る。余賊また来りて戦を請う。初め、雄武千人を以て後殿と為し、賊の掩う所と為る。継忠、嗣に命じこれを援く。およそ数戦、始めて雄武と合隊し、列陣に因り格鬥し、また人馬七百余を奪う。欽祚、夜還り山に依り営を為し、賊はまたその下に砦す。勁卒五十を募り往きてこれを襲い、嗣はその帥に為る。賊所に抵り、百余人を刺殺し、その砦を焚きて還る。詔して錦袍銀帯を賜う。

とある記事だけである。『宋史』（巻二五九）の袁継忠伝には前年に李克憲を内徙させた記事に続いて「詔、与田仁朗率兵定河西諸州、大破西人於葭芦川。」とあり、一方の巻二七五に載せる田仁朗伝には「李継遷為乱、命仁朗率兵巡銀、夏。歳余召還。」とあるのが該当記事と思われる。ところが巻二七四の田欽祚伝には、太平興国七、八年の交は郢州団練使で「在郡二年」とあり、その後「以為銀、夏、綏、宥都巡検使。俄召還。」とあるだけで、袁継忠と行動をともにしていた痕跡は見あたらない。時間的に考えても『西夏書事』の五月の戦闘に田欽祚がしたがっていたとは考えられない。右史料が田仁朗と田欽祚を取り違えて記載した可能性も否定しがたい。三叉口、万井口、狐路谷はい

ずれも『読史方輿紀要』では確認できないが、三叉口は『西夏書事』の三岔口のことで、譚其驤の『中国歴史地図集』第六冊「西夏」では無定河の上流部、夏州と宥州のちょうど中間に比定している。また万井口はその北西、夏州の西方に比定している。『西夏書事』の五月の記事は呉広成が割注で「荊嗣伝にしたがった」と述べており、九月の記事を含めて事実としてにわかに認めることはできない。そして、一二月の宥州攻撃に関しても、第一部第五章で詳述したように直接的に李継遷の主導と断ずることはできない。葭芦川は銀州の北東に位置し東南流して葭県（佳県）において黄河に合流する。その葭芦川と無定河の流域で袁継忠や田仁朗が作戦行動を執っていることから判断して、まさしく従来拓抜李氏に直属していたであろうこの地域のタングート系諸部族に李継遷の工作が浸透し、宋の支配を脱する蕃部が続出していたことを物語っているのであろう。しかし、太宗が旧定難軍経営を自賛したのは翌雍熙元年三月丁巳（七日）のことであった。つまりその時点まで宋の廟堂は李継遷の行動に重大な関心を払っていなかったことがわかる。ところが、太宗の自賛と時を同じくして基本史料に李継遷にしたがう部族の反抗が明記されるようになっているのである。『宋史』党項伝に、

雍熙の初め、諸族渠帥李継遷に附し寇を為す。判四方館事田仁朗及び閤門使王侁等に詔して相継いで兵を領し討撃せしむ。

とある。また『太宗皇帝実録残本』（巻二九）太平興国九年三月の条にもこの事実を、

癸酉（二三日）、麟州言う「閤門使田仁朗戎人を敗り、斬首三百級、馳馬生口器甲千計を獲る。」と。

と記している。太平興国八年から雍熙元年にかけて、旧定難軍の中枢地域に散在する多くの部族が着実に李継遷に組織化されていたことが改めて証明されるのである。

こうした情況を踏まえてであろう、かつての定難軍の実力者李克文が突如、麟州防禦使に任じられ、併せて以前のように権知夏州（『続資治通鑑長編』巻二三に拠る）に復帰し銀州、宥州方面のタングート諸部族の綏撫を委ねられたの

である。同じく『太宗皇帝実録残本』（巻三〇）同年五月の条に、

癸丑（四日）、西京作坊使順州刺史李克文を以て雲麾将軍麟州防禦使に起復し、旧に依り夏州事を知せしむ。詔して、銀州、宥州は復た夏州に隷せしむ。

とある。本来、麟州方面は折氏の守備範囲であるが、敢て李克文を起用した真意は前年末の宥州の大騒乱に引き続き、今度は葭芦川から無定河の流域で旧定難軍管下のタングート諸部族が抵抗運動を展開していることを重視したからである。麟州に李克文を配置した理由は前年の布納克族の騒ぎに引き続き同方面のタングートの行動が活発になったことから、夏州と麟州を同一指揮のもとに置き無定河流域の勢力を包囲掣肘しようとしたものである。太宗は旧定難軍支配下の各地に取り残されている多くのタングート系部族の不満を鎮めるために、結局李克文を起用する方策を取らざるを得なかったのである。同書の六月の条に、

乙酉（六日）、麟州防禦使李克文来朝す。唐の僖宗がその祖夏州節度使拓抜思恭に賜う鉄券、朱書御札を以て上り献ず。(9)

とあることからも、李克文が実際に麟州に派遣されていたことが証明される。なお、以上三記事は現行『続資治通鑑長編』には収録されておらず極めて貴重なものである。

先に『西夏書事』が前年の三月にかけた李継遷の麟州入貢は、まさにこのような情況のもとでおこなわれたものと考えるべきであろう。袁継忠や田仁朗の攻勢で支持勢力に打撃を受けた李継遷は、旧知の李克文が麟州に着任した機会を捉えて、宋に敵対する意思のないことを示すために馬や橐駞等を献じてその執り成しを求めたのであろう。ところで、麟州に派遣されて一月足らずの李克文が早々に来朝するということは余ほどのことである。その理由は、かつて唐の僖宗が定難軍節度使の開祖拓抜思恭に賜った鉄券と朱書御札を太宗に献じるためであった。つまり、李克文は麟州に赴いて始めて鉄券と朱書御札を手に入れたのである。本来ならば定難軍節度使の権威の象徴ともいうべきこれ

らの品は正統な後継者であった李継捧が所持していたはずである。拓抜李氏一族は太宗の求めに応じて挙族内徙に踏み切ったのであるから、当然これらの品はその際に太宗に献じてしかるべきものである。ところが李継捧はそれを太宗に献じていない。鉄券と朱書御札は定難軍末期の混乱で何者かに奪われ、李継捧の手元にはなかったのである。そうすると李克文は誰からこれらの品を入手したのであろうか。考えられる人物は李継遷以外にはいない。実は李継遷は麟州に使者を派遣した際、馬や槖駝等とは比較にならない貴重なものを李克文に引き渡していたのである。とはいえ李継遷が鉄券と朱書御札を所持していたことを証明する史料はない。そこで思い出されることは、李継遷はその祖李彝興の像を戎人に示してその帰順を促していたことである。当時の風習は審らかにしえないが、李氏一族の誰彼が李彝興の像を所持していたとは考えられない。李継遷が戎人に示した李彝興の像はまさしく夏州に鎮座していた一族の本尊的性格のものであった可能性が高い⑽。李継遷は夏州脱出の際にその正統権力の証明でもある李彝興の像と鉄券、朱書御札を強奪して本来の地盤である銀州に奔ったのであろう。『続資治通鑑長編』には地斤沢への出奔に際して乳母の葬儀を装って棺中に兵甲を隠したとあるが、武器甲冑の類はいくらでもあとから補充できるものである。このようなものをわざわざ棺中に隠す必然性はない。棺中に隠されていたものは李彝興の像と鉄券、朱書御札であったことは間違いのないところである。李継遷が李彝興の像は手放さず、鉄券、朱書御札だけを引き渡した理由は明快である。宋にとって李彝興の像などは何の価値もない。鉄券、朱書御札の回収こそ、定難軍節度使の廃止の完了、宋の直轄化の完成を意味するものであったからである。当時、宋の内徙策を拒み現地に止まっていた拓抜李氏は李継遷一族だけであった。それ故、このたびの李継遷の麟州入貢は鉄券、朱書御札の回収に止まらず、李継遷一族の内徙も促されるはずで、まさに李克文は二つの成果を携えて入京したのである。李継遷は鉄券と朱書御札を宋に引き渡すことによって、内徙をちらつかせ宋に抵抗する意思のないことを示し宋の攻勢を凌ぐ思惑があったのであるが、実はこの時すでに李継遷にとって夏州定難軍節度使の権威の象徴は完全に過去のものとなり一片の反古の類に過ぎなくなっていたのである。その経緯は後に述べるであろう。太宗が秦翰に勅書を委ね李継遷のもとに派遣したのはこうした情況のもとであった。ちょうど二年前の同じ頃綏州刺史の李克憲は袁継忠の説得によって内徙している。秦翰の派遣はその前例に倣ったものである。袁継忠のような武将や文官を避け、信頼の篤い宦官の秦翰を派遣した理由は李継遷の警戒心に配慮したためであろう。『宋史』（巻四六六）秦翰伝の末に、

李継遷の未だ賓《したが》わざるや、翰常にその帳中に出入し疑間無からしむるにより、かつて太宗に白《もう》して言わく「臣一内官、惜むに足らず。願わくば手ずからこの賊を刺し死すとも恨む所無し。」と。太宗深くその忠を嘉す。

とある。秦翰は何度か李継遷のもとを訪れ、利害得失を説き内徙を促したはずであるが遂に李継遷を説得することはできなかった。秦翰が李継遷の暗殺を考えているが、これは秦翰の苛立ちを表している。また、李継遷は一切秦翰を拘束せずに自由に行動させているが、これも李継遷の周到に計算された策略であった。李継遷は宋側の警戒を高める要素を極力少なくして秦翰の目を欺き宋の攻撃を未然に防ごうとしていたのである。一言でいえば李継遷は態勢が整うまでの時間稼ぎをしていたのである。しかし、慧眼の秦翰はその手には乗らず交渉に見切りをつけたのである。秦翰の遣使は太平興国九（雍熙元）年の六月から九月にかけておこなわれたものと断定する。秦翰は帰朝して、最終的判断として李継遷の対応は単なる遷延策であり、内徙の意思はまったくないことを報告したのであろう。宋の廟堂はこの報告から招諭策を断念して、武力討伐に方針を変更したのである。直後におこなわれた攻撃がそれを如実に物語っている。本章冒頭に掲載した『続資治通鑑長編』にあるように知夏州尹憲と都巡検使曹光実の攻撃は明らかに李継遷の不意を突く奇襲であった。また、『宋史』太宗一の同年冬一〇月甲申（八日）の条には、「夏州言、掩撃李継遷、獲其母妻、俘千四百余帳、継遷走。」とある。(11) 尹憲、曹光実の奇襲は偶発的な攻撃ではなく、中央の指示にしたがった作戦であったのである。尹憲や曹光実は事前に充分な内偵をおこなって李継遷の所在を確認し、その間に精鋭部隊を編成し隠密行動を採って極めて慎重に作戦を実施したことがわかる。李継遷は宋側の動きをまったく予期していな

かったのである。おそらく秦翰の説得が継続するものと考えていたのであろう。奇襲を受けて李継遷の陣営は壊滅的打撃を受け、辛うじて李継遷は弟等親近のみと脱出せざるを得なかったのである。母妻までもが置き去りにされており、いかに間一髪の脱出劇であったかを彷彿させる。宋にしてみれば首魁を取り逃がし、今度ばかりはまさしく虎を野に放つ結果になってしまい、作戦はすんでのところで実を結ばなかったのである。この襲撃は太平興国九（雍熙元）年の九月から一〇月にかけておこなわれたものと断定する。

二　綏州獲得作戦の失敗

遷延策が裏目に出て一敗地に塗れた李継遷の反撃は早かった。翌雍熙二（九八五）年早々、仇敵曹光実を謀殺しみごとに復讐を遂げたのである。尹憲ではなく曹光実を標的に選んだのには理由があった。『宋史』（巻三二六）康徳輿伝に、「父贇元嘗以作坊使従曹光実襲李継遷、獲其母妻。擢崇儀使武州刺史。」とあるように、李継遷奇襲の主帥は曹光実だったのである。曹光実の謀殺に関しては『太宗皇帝実録残本』に詳細な記述が残されているが、曹光実の後蜀時代からの経歴を詳しく記載するなど、明らかに『起居注』以外の史料も利用していることがわかる。また、この記事は『宋史』（巻二七二）の曹光実伝とほぼ同文である。ここでは『太宗皇帝実録残本』の記事を掲載すると、その（巻三二）雍熙二年二月の条に、

乙未（二〇日）、夏州上言し「都巡検使汝州団練使曹光実賊に歿す。」と――（経歴部分略）――李継捧の入朝するや、光実を以て夏、銀、綏、麟等州都巡検使に為す。継捧の弟継遷蕃落に遁入し、寇を為し辺民これに苦しむ。光実間に乗じ掩襲して継遷の母妻及び牛羊万計を獲、斬首数千級。継遷僅に身を以て免る。継遷既に敗れ、人をして光実を紿いて曰く「我しばしば奔北し勢い窘り自存する能わず。公我が降を許すや。」と。因りて導きて情款を

致し、願いて甥舅の礼を陳べ、(二字衍)その日を期し近城十許里において降を約す。光実は武人、勇にして謀心無くこれを信ず。かつその功を専にせんと欲し、故に以て人に語らず。期至り、継遷伏を隠蔽に設け数人と城に近づき迎う。光実数百騎を領し径《ただち》にこれに赴く。継遷前導北行し将にその地に至る。忽ち手を挙げ鞭を麾《さしまね》く。而して伏兵尽く起ち、光実遂に害せらる。年五十五。上これを聞き驚悼す。賵贈加等し、その子克譲を録して五品正員官に為す。

とある(12)。あまりにも水際立った謀殺である。そして(巻三三)同年四月の田仁朗罷免の記事に、

初め、李継遷蕃部を率いて屢々辺患を為す。この歳二月麟州を攻む。汝州団練使曹光実兵を領し檄巡するもその誘う所と為りて歿す。

とある。当時、曹光実は麟州に駐屯していたことがわかる。李継遷はまず麟州を攻撃するが、これは曹光実をおびき出すための策略であった。そして殺害場所が『宋史』曹光実伝の方には記載してある葭芦川だったとすると、李継遷はまさにホームグラウンドに引き寄せて殺害したのである。みごとに宋に対してその借りを返したわけである。しかし、李継遷の真意は単なる復讐劇にあったのではない。地斤沢を逐われ加えて母妻を宋に奪われたことは、これまで李継遷に附すようになっていた多くのタングート諸部族に動揺を与え求心力は低下したはずである。タングート諸部族の信頼を回復する捷径は不退転の決意を行動で示すことである。曹光実の謀殺は従来の遷延策との訣別、すなわち宋に対する「宣戦布告」以外のなにものでもなかったのである。宋の廟堂に与えた衝撃は一通りのものではなかった。太宗の「驚悼」は偽らざる心境であったと思われる。武勲赫々たる曹光実が事もなく謀殺されたことにより、初めて宋は事の重大性、すなわち李継遷の端倪すべからざる危険性を覚ったのである。『太宗皇帝実録残本』(巻三二)の二月の後条に、

壬寅(二七日)、彰徳軍節度使李継捧を以て随州刺史に為し、崇信軍節度使単州防禦使李克憲を道州防禦使に為す。

博州防禦使李克文を遣わして本郡に帰せしむ。克文（一字欠）先に朝集し京師に在る故なり。癸卯（二八日）、著作郎韋亶を以て随州に通判とし、殿中侍御史李式を道州に通判とし、武元潁を博州に通判とす。初め李継俸《ママ》朝に帰するも、その弟継遷蕃部に遁入し、戎人を率いて寇を為す。会《たまたま》塞上より来る者有り、「継遷悉く朝廷の事を知る。意《おもう》に継捧等これを漏露す。」と。故にその宗族悉くこれを外に置く。亶等通判に為りて専ら郡政を司る。三月丁未（三日）、如京使石保興を以て銀夏等州都巡検使に為す。

とある。わずか一年前の三月、太宗は定難軍の廃止と拓抜李氏一族の内徒が順調に進んでいることを自賛したばかりである。仮に李継捧が李継遷と通じているとしたならば今までの経略はすべて茶番になってしまう。まさに冷や水を被せられる思いであったろう。宋は急遽李継捧、李克憲、李克文の実力者を京師から遠ざけ、厳しい監視のもとに置いたのである。その一方で、曹光実の後任に石保興を任じ、直ちに李継遷の討伐をおこなわせた。石保興は夏州北東の黒水河方面で一戦を交えるも取り逃がしている。[13] さらにこの際、宋は李継遷の動きを早期に封殺すべく、『宋史』党項伝に「并賜麟、府、銀、夏、豊州及日利、月利族敕書招諭之。（第一部第五章第三節参照）」とあるように、その包囲網の完成を急いだのである。

　さて、李継遷は宋の追討をかわすと態勢を整えいよいよ本格的な作戦を発起した。諸部を率いて一転南下して本来の根拠地である銀州を席捲し（史料後掲）、さらに下って三族寨を攻撃したのである。上記『太宗皇帝実録残本』（巻三二）四月の記事に続けて、

また三族寨を囲む。麟州馳駅にて以聞す。上、仁朗と閤門使王侁、宮苑使李継隆、閤門副使薫愿を遣わし、馳て辺兵数千を発しこれを撃たしむ。仁朗の兵綏州に至り、駐ること月余、奏して益兵を請う。ここにおいて三族寨蕃将折御乜は監軍使者を殺し継遷に合す。上これを聞き大いに怒り、亟に軍器庫使劉文裕を遣わして、三交より疾馳し仁朗に代ゆ。これより先、継遷すでに攻めて三族を陥し、よりて府寧寨を急攻す。報至り、仁朗喜んで諸

将に謂いて曰く「戎人は水草を随逐し、散ずれば巖険を保ち、常に烏合蝟聚し以て辺境を寇す。勝てば則ち進み敗れれば則ち退く。以てその巣穴を窮めること無し。今、継遷は羌戎数万衆を嘯聚し孤城を囲守す。王師の至るを慮れ必ず鋭を尽くしてこれを攻め、謂《おもう》に朝夕抜く可し。府寧城（田仁朗伝の撫寧砦が正しい）は小にして堅、戎兵少しと雖も皆勁卒、猶以て旬日敵を受く可し。我その困を俟ち、大兵を率いこれを撃たん。一将を遣わし、強弩三百を将い以てその帰路を邀れば北虜擒すること成らん。」と。部署すでに定まる。会《たまたま》使者詔を齎し、仁朗を召し闕下に赴かしむ。御史、仁朗に三族が陥るの状を按問す。対えて云う「征する所の兵は銀綏夏等州に在り。本州は城守を以て備と為し遣わさず。兵千余有るも乃ち曹光実の旧卒、器甲完《そなわ》らず。故に益兵を請う。転運芻粟また未だ備わらず。三族寨は綏州と道遠し、元の詔の救う所に非ざるなり。昨に臣すでに継遷を擒える策を定む。会《たまたま》詔至りその謀果たせず。因りて言う、継遷蕃情を得る。願わくば且に優詔を降しこれを懐来せん。或は厚賞を懸け以て部落酋長を誘い、その酋（『宋会要輯稿』の首が正しい）を斬らしめん。しからざれば他日漸く制し難きと為るを恐る。大いに兵を益し深くその地に入ると雖も益無きなり。」と。台司以聞す。上、大いに怒り、……仁朗誠にして稽緩を為す。然るに計すでに決して王侁等の媒孽（誣告のこと）に為りその罪を構成す。故に貶に及ぶ。人皆これを惜む（『宋会要輯稿』職官六四雍熙二年四月の条、『宋史』（巻二七五）田仁朗伝略同）。

とある。『読史方輿紀要』（巻五七）にしたがうと三族寨は銀州と綏州のちょうど中間、無定河の中流にある米脂の西方に位置している。次節で史料を掲載するが、宋の前進拠点である延州から横山山脈を越えて旧定難軍の領域に入るには三路があった。その東よりのルートが豊林から延川に出て綏州を経由して無定河を遡上するものである。まさしく衛慕（啝母）氏等綏州羌族の故地である。李継遷は旧定難軍の最南拠点の綏州を奪い、横山南麓の山谷皺襞に居住する河西タングート諸部族の組織化をおこない、併せて宋の進撃ルートの遮断を企図したのである。三族寨攻撃はその第一段作戦であったのである。蕃将の折御乜は姓からわかるように府州折氏とその祖を同じくするタングート族である。三族寨は旧定難軍の領域内に含まれるが、折御乜は後に府州折氏に降っているところから判断すると、府州折氏との関係も考慮される。また、宋から監軍使者が派遣されていたことからもわかるように、まさに三族寨は宋の最前線基地でもあったのである。ところが、邀撃する宋はその初動作戦で早くも躓いてしまう。宋は田仁朗に対して銀綏夏等州の兵をもって三族寨救援を命じたのである。しかるに田仁朗はそのため銀綏夏等州の備えが薄くなることを懸念して三州の兵の動員はおこなわなかった。手持ちの兵は曹光実の敗残兵でまるで役に立たないことを考慮して、綏州に逗留して援軍の到着を待ったのである。この間に折御乜は李継遷の攻勢に耐えかねて監軍使者を殺して降ってしまう。勢いに乗った李継遷はさらに西方に位置する撫寧砦を包囲したのである。田仁朗は撫寧砦を守る戎兵の奮戦に期待し、援軍の到着次第大軍をもって攻撃をかけ、その間に李継遷の退路に強弩三〇〇を配して退却する李継遷を擒獲するという作戦を立てたのである。田仁朗はタングート族の戦法を熟知していた。三族寨や撫寧砦を囮に使って文字通り李継遷の裏を掻こうとしたのである。ところが田仁朗のせっかくの作戦も画餅に終ってしまい、それどころか流刑に処されてしまったのである。『宋史』の田仁朗伝には「仁朗部署已定。欲示閑暇、日縦其樗博、不恤軍事。」とあり、これが部下の王侁らの不信を買い誣告されたのである。史料後段で述べているように、田仁朗はタングート族を相手にした征討の困難さを知悉しており、政略による対応を強く主張したのである。これがまた太宗の怒りを増幅させたのであるが、その後の経緯を辿るとみごとに田仁朗の予言が的中している。田仁朗伝の末尾に「仁朗性沈厚、有謀略。頗渉書伝、所至有善政。雅好音律、尤臻其妙。時内職中咸以仁朗為称首。故死之日人多惜之。」を補っているが、田仁朗は教養に富む達識の智将であったが故に、かえってそれが禍を招いてしまったのである。仮に田仁朗の作戦が成功していたならば、李継遷は殺され事態は一気に終息へ向かった可能性もあり、その後のタングート諸部族に与えた影響もまったく異なった展開を示したことであろう。李継遷は宋の統帥の乱れによって事なきを得たのである。

いずれにせよ、これを契機に宋はオルドスの北部一帯に蟠踞し李継遷に附したタングート諸部族に対しても従来の招撫策（第一部第五章第三節参照）を放棄して一挙に武力征圧に方針を転換したのである。ところで、『太宗皇帝実録残本』（巻三三）は田仁朗の記事のすぐ後に、

辛丑（二七日）、夏州行営上言し「西蕃悉利族を破り、斬首六百級、生口三千を虜にす。偽代州刺史折羅遇并びに弟埋乞を梟し、馬牛羊畜三万計を獲る。皆継遷の党なり。」と。

の記事を掲載している。この史料によれば主将を追い出した王侁、李継隆のおこなった最初のタングート族征討は三族寨より遥かに北方に居住する悉利族に対するものであったように受けとれる。この攻撃については『宋史』党項伝にも「二年四月、侁等於銀州北、破悉利諸族、斬首三千六百余級……」とある。王侁、李継隆は長駆銀州の北に進出して折羅遇兄弟を梟首に処し、悉利諸族を完全に征圧したことは間違いない。さて、第一部第五章（一九四頁）でも触れたように、悉利族の酋長の折乜埋（仁理）は代々河右（河西）に蟠踞していた折氏の一族で、宋の建国直後に帰順している。『宋史』党項伝の冒頭部に、

太祖の建隆二年、代州刺史折乜埋来朝す。乜埋は党項の大姓、世々河右に居し捍辺の功有り。故に授けるに方州を以てす。召して入覲せしめて遣わし還す。

とある。代州、方州はもちろん遙任で、銀州の北すなわち葭芦川附近に多数の族帳を展開していたのであろう。本来、折乜埋は定難軍には属さず、府州折氏の一翼となって遼の侵攻を防ぎ、同時に定難軍を牽制する役割を負わされていたものと考えられる。ここで想起されることは李継遷が曹光実を屠った場所が葭芦川附近であったことである。折乜埋の後継者でおそらくその息子と考えられる折羅遇と弟の埋乞は、李継遷が地斤沢に出奔後のかなり早い段階に李継遷にしたがうようになっていたのであろう。おそらく曹光実謀殺にも積極的に関与していたのではなかろうか。王侁らが長駆して銀州の北に出て、この一族を破ったのにはそれなりの理由があったはずである。三族寨の折御乜への攻

撃を併せ考えると、李継遷は積極的に折氏一族にも揺さぶりをかけていた嫌いがある。しかしながら、王侁、李継隆に与えられた最大の使命は李継遷の追討であったはずである。それを措いて敢て悉利族を攻略する必然性はない。必ずや李継遷追討の一環としておこなわれたものと考えるべきであろう。そこで、四月から七月にかけておこなわれた宋の大規模なタングート族征討戦について俯瞰しておこう。これについては『宋史』党項伝が最大量の情報を伝えている[14]。ところが、党項伝の五月の部分は複数の記録を未整理のままで掲載したものと考えられ、前後関係の乱れや、記事の重複が窺われる。そこで折羅遇兄弟の記事の後を便宜上AからEの段落に区切って掲載し解説を加えておきたい。すなわち、

Ａ　五月、また開光谷の西杏子平において保寺、保香族を破り、追奔すること二十余里。斬首八百余級、その首領埋乜巳等五十七人を梟す。生擒四十九人、その老小三百余人を俘し、牛羊馬驢凡そ四千余計を獲る。また保、洗両族を破り三千人を俘し、五十五族を降して、牛羊八千計を獲る。

Ｂ　侁等また言う「麟州及び三族砦羌人二千余戸皆降る。酋長折御乜等六十四人馬を献じ罪に首《したが》い、改図自効し国の為賊を討つを願う。」と。遂に部下の兵と濁輪川に入り、賊首五十級、酋豪二十人を斬る。李継遷及び三族砦監押折御乜は皆遁去す。

Ｃ　旋《つい》で内客省使郭守文に命じ三交より駅に乗じ亟《すみやか》に往かしめ、王侁等と同に辺事を領せしむ。

Ｄ　五月、王侁、李継隆等また銀州杏子平の東北山谷内に没邵浪、悉訛等族を破り、濁輪川東、兎頭川西諸族に及び、生擒七十八人、五十九人を梟し二百三十六口を俘し、牛羊驢馬千二百六十（を獲）て、千四百五十二戸を招降す。

Ｅ　六月、夏州尹憲等兵を引き塩城に至る。呉移、越移等四族来降す。憲等これを撫ず。岌伽羅膩十四族命を拒む。憲等兵を縦ち斬首千余級、百人を俘擒し、千余帳を焚き、馬牛羊七千計を獲る。また銀麟夏等州、三族砦諸部一

百二十五族、合わせて万六千一百八十九戸を降す。酋豪折御乜窮蹙して来帰す。守文これを部下に置く。

とある。AとDは同じ征討に関する異なった二つの報告を別の征討として併記したものである。その判断の鍵は両記事に載せる「杏子平」にある。Aの「開光谷西杏子平」とDの「銀州杏子平東北」とは同一地点を指していることは明白で、ちょうど撫寧砦の北方あたりをいうのであろう。また、Aの「保寺、保香族」はDの「没邵浪、悉訛等族」に対応し、同様に「保、洗両族」は「濁輪川東、兎頭川西諸族」に対応している。当時のタングート族が漢名とタングート語の部族名と両方で呼ばれることは珍しくなく他にも例がある。(15) そして「保、洗両族」の襲撃は「保寺、保香族」の攻撃より前のことである。また、Bの記事は明らかに矛盾している。麟州と三族砦では直線距離で約一五〇キロ離れており、ともに降服するのはおかしい。また、折御乜が「馬を献じ罪に首《した》い《が》、改図自効し国の為賊を討つを願う。」と誓っておきながら、後段で李継遷と行動をともにして遁去しているのは辻褄が合わない。そこで『宋史』（巻二五七）李継隆伝（以下、巻数省略）にあたってみると、党項伝にはない「降銀三族首領折八軍等三千余衆」という記事がある。この記事は正しくは「降銀州三族砦首領折八軍等三千余衆」とあったとすべきであろう。そうすると、「麟州及三族砦」は「銀州三族砦」の、「折御乜」が「折八軍」の書き誤りであることに気づく。そして濁輪川にまで進出しているのだから、Bの記事がAよりも前におこなわれた作戦であったとすべきであろう。

『太宗皇帝実録残本』、『宋史』李継隆伝、（巻二五九）郭守文伝、（巻二五〇）石保興伝、（巻二七六）尹憲伝等を参照してそのあらましを辿っておく。三月末、おそらく王侁、李継隆は取り敢えず綏州の兵と曹光実の残兵を動員して、三族砦の奪還と撫寧砦の救援に全力を傾注したのであろう。(16) その結果、三族砦の首領折八軍は折御乜を捨て宋軍に降り「献馬首罪、云々」を誓って王侁らの麾下に加わったのである。李継遷は撫寧砦の包囲を解き地斤沢を目指して退却したのであろう。(17) 李継遷、折御乜を追って王侁、李継隆の軍勢はその途中で銀州、夏州の兵力も動員して北上する。その過程で四月、葭芦川流域に止まっていた悉利諸族を襲撃して折羅遇兄弟を梟首に処したのである。(18) さらに李継遷を追って北上し、麟州の北方に出て濁輪川附近にて保族、洗族を破ったのである。しかし、またしても李継遷、折御乜を捕捉することは叶わなかった。この間、三月に武州団練使を拝した郭守文は兵を率いて三交（葭県西方）に進駐していたようだが、急遽王侁らとの合流を命ぜられ、指揮権を委ねられる。宋軍は反転して各州兵も部署に復帰したものと考えられるが、五月、宋軍はさらに綏州に戻る途中で李継遷に与党したと思われる保寺族、保香族を開光谷西方の杏子平において襲ったのである。六月になると郭守文は李継隆、石保興、尹憲らとともにさらに夏州方面のタングート諸部族の掃討戦を実施する。夏州塩城鎮（不詳）において近隣にいたと思われる呉移族、越移族等四族を降した。さらに帰順を拒む三汊、醜奴荘、岌伽羅膩葉等十四族を鎮定している。(19) 特に岌伽羅膩葉族の襲撃は石保興が敢死の士数百人を選び、枚を銜み夜襲してこれを殲した。(20) これをもって周辺の諸部族は風に靡き銀、麟、夏等州と三族砦諸部一二五族、一万六千余戸が内附したのである。(21) 郭守文は折御乜を部下に置き再び李継遷と結ぶ手段を封じたのであるが、これに関しては『太宗皇帝実録残本』（巻三三）七月の条に、

丙午（三日）、府州上言し「三族寨折御乜、中府黄乜三族五百余戸を率い来降す。」と。

とある。三族砦を追われた折御乜は李継遷と袂を分かち部族を率いて府州に降ったことがわかる。さらに夏州の咩嵬族首領の魔病人乜崖が招懐に応じないためこれを梟首して一族を滅ぼしている（後述）。そしてタングート対策は夏州の西南に位置する宥州の蕃部にもおよんだ。宥州は二年前の太平興国八年の一二月にタングート二万の入寇を見たところである。宥州界の咩兀十族首領遇乜布等九人に勅書を賜いこれを安撫したのもその善後策と考えてよかろう。夏州の咩嵬族と宥州の咩兀族は同族集団と考えられる。咩嵬の音は $mj^{w}i\ ngj^{w}ei$ に近かったと考えられ、咩兀の $mj^{w}i\ ngw\check{o}t$ 同様タングート族の自称であるミニャクを彷彿させる。(22) ともに拓抜李氏直系の部族であった可能性が高い。それはともかく、このようにして李継遷の曹光実謀殺を契機に開始された旧定難軍支配地の確保作戦は宋の武力によるタングート経略を誘発してしまい、「西鄙遂寧（郭守文伝）」を総括として李継遷側の敗北に終ってしまったのである。

宋の攻勢を叙述したことにより、李継遷の影響力がおよぶタングート諸部族の地勢図が朧気ながらにわかってきた。南は銀州を越えて綏州附近まで、北は麟州のさらに北方の濁輪川附近まで、そして西は夏州の部族にまで手が伸びていたのである。

三　大姓野利氏との結合

ところで、遡って太平興国八年から雍熙元年の頃になると、李継遷の発想は飛躍して旧夏州定難軍の蕃部糾合という内向的視野から横山南麓に展開する河西タングート諸部族の結集という第二段階に移行していたと考えるべきであろう。前節で述べた三族寨の攻略もその具体的な表われのひとつである。そうした情況を李継遷の原初的政権構成員から読み取れる史料が『宋史』李継遷伝に記されている。李継遷が曹光実に襲撃された記事の直後に、

継遷また連《しきり》に豪族を娶り、転遷常無し。漸く強大を以てして西人、李氏の世に恩徳を著すを以て往往多くこれに帰す。継遷因りてその豪右に語りて曰く「李氏は世々西土を有つ。今一旦これを絶つも爾等李氏を忘れず、能く我に従い興復せんや。」と。衆曰く「諾」と。遂に弟継沖、破丑重遇貴、張浦、李大信等と夏州に起つ。乃ち詐りて降り、曹光実を葭芦川に誘殺し、遂に銀州を襲いこれに拠る。時に雍熙二年二月なり。三月、会州を破り、城郭を焚毀して去る。(23)

とある。この史料は他の基本文献には一切記載されず貴重な一文である。まず、史料前段は本章冒頭に掲載した『続資治通鑑長編』の内容と本質的に異なるところはない。定難軍節度使拓抜李氏の後継者としての復興宣言であり、これに応じて麾下に参じた勢力はやはり旧定難軍支配下の諸部族であったはずである。問題は史料中段に出てくる破丑重遇貴の存在である。破丑氏が野利氏とともに定難軍とは横山山脈を隔てて環江流域に蟠踞する河西タングートの雄

であり、唐代以来タングートの大姓として知られていたことはすでに再三にわたって述べたところである。[24]その破丑氏の一員が旧来の対立関係を解消して、未だ成算の立っていない李継遷にしたがっているのである。改めて確認しておくが、五代から宋初にかけて拓抜李氏夏州定難軍節度使と環江流域の野利氏、破丑氏の間には史料上からは何ら直接的な親近性は感じられない。先に詳述したように、[25]五代から宋初、野利氏に代表される河西タングートは涼州のチベット族折逋氏と結びつき、これに対して涼州の漢人勢力は涼州所在の拓抜氏と提携して互いに西方諸国の朝貢貿易の利益をめぐって激しく対立していた。涼州の拓抜氏は霊州の拓抜氏と連絡を保っていたと思われ、さらにこのルートは夏州の拓抜李氏に連なっていたはずである。つまり、夏州定難軍拓抜李氏と野利氏、破丑氏は朝貢貿易の利潤をめぐって長らく対立関係にあったことは明らかである。そうした観点からいうと李継遷にしたがう破丑重遇貴の存在は極めて重大な意味を持っているのである。それも曹光実謀殺以前の段階から、つまり李継遷が地斤沢において曹光実に襲撃された雍熙元年の九月か一〇月の頃にはすでに両者は結びついていたと考えられるのである。

そしていまひとつ、李継遷と河西タングートの結びつきを示す史料がある。『宋史』（巻二七六）尹憲伝に、雍熙初年と三年の記事の間に、

　俄に芦関及び南山野狸数族を殺す。諸族遂に擾る。

という注目すべき記事が記載されている。芦関とは延州の北方にある安塞県からさらに清水を一七〇里遡ったところにある。[26]また南山とは横山山脈の中央部白于山一帯を指し、あたかも野利氏の定冠詞として使用されていたことは前にも触れたところである。[27]ところで、『宋史』（巻二六四）宋琪伝に載せる淳化二年の宋琪の上書に極めて重要な一文が掲載されている。すなわち、

　党項の界、東は河西銀、夏より、西は霊、塩に至り、南は鄜、延を距て、北は豊、会に連なる。[28]厥《そ》の土荒隙多し。これ前漢呼韓邪の処る所の河南の地、幅員千里。銀夏より青白両池に至る。地は惟《た》だ沙磧、俗に平夏と謂う。拓

抜蓋し蕃姓なり。鄜延より以北、土山柏林多く、これを南山と謂う。野利蓋し羌族の号なり。延州より平夏に入るに三路有り。一は東北、豊林県葦子駅より延川県に至り綏州に接し夏州の界に入る。一は正北、金明県より蕃界に入り、芦関に至る四五百里、方に平夏州の南界に入る。一は西北、万安鎮を歴て永安城を経、洪門に出で有州に至る四五百里、これ夏州西境。

とある。淳化二（九九二）年は雍熙元年から数えてわずかに七年目のことである。李継遷の猖獗が益々激しさを増してきた頃である。タングートに関する右の解説は別段宋琪だけが持っていた認識ではなかろう。多少なりともタングート社会の実情に詳しい宋の官僚ならば誰でもが持っていた知識だったと考えてよかろう。つまり、宋の廟堂においては拓抜氏に対比するタングート勢力として、野利氏の存在が早くから正しく認識されていたことをこの記事は証明しているのである。東山部に代わって南山部タングートの実態を構成したのが野利氏であったことについては、これも別に詳述したところである（註（27）に同じ）。野利氏に南山が冠せられることは、野利氏の本来の地盤が白于山麓にあったことを意味していたのであろう。第一部第四章で触れたように野利氏は八世紀の半ば頃には破丑氏、把利氏とともに慶州を本拠にして吐蕃にしたがい「野利王」の地位を与えられていたのである（註（15）に同じ）。野利氏は東西約三〇〇キロ以上におよぶ地域に勢力圏を拡大し、涇水の各支流域、なかんずく環江流域を中心に五代の終るころには広大な横山山脈の南麓一帯の山谷皺襞にその支配下の族帳を多数展開し、さらにその一部は遠く涼州にまで進出するようになっていたのである。因みに、野利氏は宋代、環州の西方から鎮戎軍の東北方面にかけて野利十族と称されている（註（27）に同じ）。環江流域を拠点とする野利氏の主流は中原王朝にしたがわず節度使等の権威付けを一切されていなかったため、かつての拓抜李氏のように一つの命令系統で各地の野利一族を統制していたとは考えられない。しかしながら、中原王朝や北方の拓抜李氏夏州定難軍に対抗する同族集団としての共通理念は充分に保持されていたとみるべきで、時に応じて連絡を取り合い、それぞれが各地の蕃漢諸部族を支配する一種の連合体を構成していたものと思われる。さて、芦関は夏州に入る三路のまさに中路にあたり、直近のルートに位置している。芦関北方の白于山あたりが狭義の南山を意味していたのかもしれない。すなわち、「芦関及び南山野狸数族」とは野利氏のなかでも最も東方に展開していた集団で、ちょうど夏州と延州の中間に位置していたのである。そうすると、右「野利王」等を記載した『新唐書』党項伝の記事末尾にある「宜定州刺史折磨布落、芳池州野利部ならびに綏、延州に徙る。」の野利氏がまさにこれに該当するのであろう。なお、三族寨の折氏もこの時綏州方面に移動し定着したものの子孫であったのかもしれない。それはさておき、この方面の野利氏は代々延州やその出先の金明寨の掣肘を受けていたことは確実である。延州と夏州を結ぶルートが阻害されることは宋の旧定難軍経営にとって重大な支障を来たす。尹憲が平穏な南山野利氏を襲うわけはない。襲撃せざるを得ない逼迫した事態が新たにこの方面で出来したのである。それは偶発的な出来事ではなく、南山野利氏が李継遷に呼応してルートの閉塞をおこなったことを物語っているのであろう。「諸族遂に擾る」は南山野利氏の明確な意思を表している。横山南方の河西タングート族にいかなる情況の変化があったのであろうか。南山野利氏と李継遷の結合を示す決定的な史料が『宋史』党項伝雍熙二年六月の条に載せられている。先に触れた宋のタングート攻撃の記事に続けて、

また、夏州咩嵬族魔病人乜崖は南山族に在り、党を結び寇を為す。招懐するも至らず、擒えてこれを斬り、梟首して衆に徇し、并びにその族を滅ぼす。

とある。前節の末で述べたように、咩嵬族は本来拓抜李氏の血縁部族そのものであった公算が大である。その咩嵬族の首領と思われる魔病人乜崖が南山族すなわち南山野利氏のもとにあって、ともに宋軍と戦っているのである。雍熙二年の情況判断から魔病人乜崖が李継遷の指示にしたがって行動していたことはいうまでもなく、まさしくこの史料こそ李継遷と野利氏の結合を端的に表わすものといってよかろう。魔病人乜崖が南山野利氏と行動をともにしている理由は、前節で述べた李継遷の三族寨攻撃に呼応する宋軍の進入ルート閉塞作戦の第二弾であった。なお、雍熙二年

六月は魔病人乜崖が宋軍に擒えられ梟首に処された月で、南山野利氏に合流したのは当然それよりもはるかに遡ると考えるのが妥当である。魔病人乜崖を失った南山野利氏はその後も李継遷側の武力として戦闘を継続していることは『太宗皇帝実録残本』からも裏付けることができる。巻三三雍熙二年七月の条に、

丁未（四日）、蕃族金明寨を寇す。巡検李継周兵を率いてこれを破る。

とある。金明寨を襲った蕃族とは南山野利氏であることは確実である。そして『宋史』（巻二五三）李継周伝からもこの事件は確認することができる。同伝に、

雍熙中、また侯延広と末蔵、末腋等族を渾州西山に敗る。

とある。渾州とは唐代に置かれた羈縻州で延州の界にあり、[29] 芦関、南山方面を指しているのであろう。その渾州でタングート熟戸の李継周が末蔵族、[30] 末腋族等を破ったとある。これらの部族こそが南山野利氏の直轄部族だったのであろう。

破丑氏、そして南山野利氏が何ゆえに長い対立関係を止揚して拓抜李氏の一員である李継遷と結合したのであろうか。その疑問を解く鍵こそ李継遷の母族衛慕（喴母）氏の存在である。第一節でも触れたように、五代の開運二（九四五）年に綏州の強族喴母族は李彝敏の叛乱失敗後、李仁裕の支配を嫌って南山に叛去している。すなわち南山野利氏が族帳を展開する地域に逃げ込んでいるのである。このことは喴母族と南山野利氏が古くからともに横山東部南麓を地盤としている河西タングートとして近しい関係にあったことを物語っているのであろう。こうした関係は宋代になっても継続していたのである。多少時代が下って李継遷が霊州攻撃を敢行した淳化五（九九四）年の段階でも変わることがなかったようである。第一部第四章第四節でも触れたが、『宋史』党項伝の同年の条に、

五年正月、綏州羌酋蘇移、山海、喴母駄香の三人を以て並びに懐化将軍に為す。野利嵬名、乜屈、啜泥の三人は並びに帰徳郎将に為す。

という記事がある。この授官は李継遷の霊州攻撃を牽制し後方攪乱を狙って支持勢力の切り崩しを図ったものであることは明白である。綏州の羌酋蘇移、山海、唆母駄香の三人が懐化将軍に、野利嵬名、乜屈、啜泥が帰徳郎将に任じられているのである。「綏州」は文章全体にかかると解釈すべきであるから、野利嵬名らも当然綏州に近い野利氏である。そうすると地理的な近接性から考えて野利嵬名らはおよそ九年前に李継周と交戦した南山野利氏の一員の可能性が極めて高いのである。宋側から見てこの方面の河西タングート諸部族が李継遷と密接な関係を持つひとつの武力集団として捉えられていたことを示しているのであろう。なお、これらの授官をもって唆母族や南山野利氏が宋に帰順したと解釈するのは早計である。宋軍の圧力を回避するために招懐に応じた振りをすることはタングート族やチベット族の常套手段である。すなわち、李継遷のもとに破丑重遇貴がしたがっている謎も、そして後述するように野利氏主流が李継遷と結合する由縁も、すべて河西タングートの一員である李継遷の母族の唆母族が南山野利氏と歴史的に近しい関係にあったことによるのであり、その南山野利氏を介して環江流域に蟠踞する野利氏主流や破丑氏、そして把利氏が李継遷に結びついていったのである。

前掲の『宋史』夏国伝上の記事冒頭に「継遷また連《しき》に豪族を娶り」とある。これは別段この時期に限った意味ではなく、支持勢力を拡大する過程で随時いわゆる政略結婚がおこなわれていったことを指しているのであろう。おそらくその数も一桁ですむ数ではなかったと考えられ、破丑氏や把利氏とも婚姻関係を結んでいたのかもしれない。しかしながら、『宋史』夏国伝上から確認できる李継遷の婚姻相手はわずか三人に過ぎない。遼の義成公主と、李継遷の母や孫の李元昊の生母を輩出した衛慕（唆母）氏の女、そしてもう一人が後継者の李徳明を生んだ順成懿孝皇后野利氏である。この三名は李継遷政権の運営にとって極めて重要な政治的役割を担っていた婚姻相手ということができよう。

さて、嗣子李徳明の母族野利氏とは具体的にいかなる勢力であろうか。李徳明の経歴の解明から見ていこう。『宋

史』李徳明伝の冒頭に、

徳明、小字は阿移。母を順成懿孝皇后野利氏と曰う。柩前に即位す。時に年二十三。

とある。景徳元（一〇〇四）年正月に李継遷は西涼府六谷大首領潘羅支の逆襲に遭い流れ矢の傷がもとで死亡する。その柩前で正式に後継者の地位に就いた時、李徳明は二三歳であったとある。逆算すると、生年は太平興国七年になる。仮に七年の年末に生まれたとしても、野利氏の女が李継遷に嫁したのは同年の年初ということになる。そうすると李継遷が夏州から銀州に移った頃には野利氏と結合していたことになる。仮にそうだとすると李継遷は夏州脱出の段階からタングート諸部族の大統合を考えていたことになる。ところが、前述したように、当初、李継遷はその祖李彝興の像を積極的に利用している。このことはあくまでも旧定難軍支配下の諸部族を対象にしている。銀州脱出の頃は未だ内向きの蕃部工作に傾注していた時期であろう。およそ物事の推移には段階があり、いかに気宇壮大な李継遷といえども最初からタングートの他の「大姓」を糾合するほどの発想と行動力は持っていなかったと考えられる。また、野利氏の側からしても太平興国七年の段階で統制不能の状態にある混乱した拓抜李氏一族の中で、若輩の一蕃落使と結びつく必然性は特段なかったはずである。そこで、両者の結合時期を推定する重要なヒントが第一節で触れた雍熙元年六月の李克文の入朝記事である。李継遷は李克文の麟州入りを待ち構えていたかのように麟州に趣き、定難軍節度使の復興に欠かせない「証文」の鉄券と朱書御札を引き渡したのである。宋はこれをもって李継遷に内徙の意思があるものと速断したのであるが、李継遷の真意はすでに定難軍節度使の復興という内向的志向を脱皮して、より高次の民族的統合に関心が向けられていたことを示している。すなわち、この時点では環江流域の河西タングート勢力との結合が具体化していたのである。李徳明の生年は太平興国七年より数年後れることは間違いない。(31)『宋史』李継遷伝によると、李徳明は淳化初年（『宋史』太宗二、『続資治通鑑長編』巻三二の二年が正しい）、李継遷が趙保吉の名を与えられた際に「管内蕃落使行軍司馬」に任じられている。さらに至道三（九九七）年一二月（李継遷伝は「咸平春」

とするが『続資治通鑑長編』等により改める）、李継遷が再び帰順を表して「定難軍節度夏銀綏宥静等州観察処置押蕃落等使」を授けられた際には「定難軍節度行軍司馬」を与えられている。一方、『遼史』（巻一四）聖宗五の統和一八（一〇〇〇）年の冬一一月の条にも「甲戌朔、授西平王李継遷子徳昭朔方軍節度使」とあるように、遼も李徳明の立場を保障している。つまり一貫して李徳明は李継遷の後継者としての地位を安定確保しているのである。李継遷が早い段階から李徳明を後継者に定めていたということは、野利氏が従属の証として女を李継遷のもとに差し出していたのではなく、李継遷との連合政権を志向していたことを物語っているのである。李継遷と野利氏との関係は当初より対等のものとして確認されていたのである。つまり、李徳明の母族野利氏が、数多く存在したであろう李継遷の婚姻相手の出身豪酋とは比較にならないほど巨大な勢力を持っていた証拠である。換言すれば河西タングート諸部族を糾合して李継遷に合流できる存在だったのである。逆に李継遷の側からすると、李徳明を後継者に定めざるを得なかったほどに野利氏の擁する勢力に大きく依存していたのである。先に触れた南山野利氏では到底その任に堪えられるものではない。李徳明の母族である野利氏は環江流域に蟠踞する河西タングートの中心勢力である野利氏主流を措いて他に存在するものはない。

　そこで、改めて李継遷と野利氏主流の結合がどのような経緯で実現したのかを考えてみたい。再三触れるように定難軍拓抜李氏と環江流域の野利氏集団とは対立関係にあった。定難軍節度使が廃止されたからといって野利氏主流が拓抜李氏の一員である李継遷と結合することはまさにコペルニクス的転回に等しい政策の大変更である。筆者がまず注目するのが李継遷に近侍する漢人の存在である。上掲の『宋史』夏国伝上には張浦と李大信の名が記されている。張浦がその後、李継遷政権の謀主として八面六臂の活躍をしたことを考えると、彼等が土着の漢人部族の出身とは到底考えられない。そこで思いあたるのが『続資治通鑑長編』（巻一八）太平興国二年春正月庚辰（一九日）の条の後にある、五代以来、諸方割拠の罪人率ね西北辺に配隷す。然るに多くは塞外に亡投し、羌戎を誘い寇を為す。己丑（二八日）、詔し「自今、当に徙すべき者は皆広南に配し、また秦州、霊州、通遠軍及び沿辺諸州に隷すること勿れ。」と。

の記事である。「諸方割拠の罪人」とは要するに志を得られずに反体制の側に押しやられた人々のことである。五代以来、そうした人々をまさにタングート諸部族の稠密な地域に配流したのだから、新天地を求めてタングート側に逃入しないわけがない。おそらく、タングート社会にはこうした漢人が多数存在して部族の中に入り込み、豊富な経験を生かして大方のことに知恵をつけていたのであろう。タングート社会が宋の圧力に飲み込まれその経営下に置かれてしまっては彼等の居場所も失われてしまうのである。常に構乱を欲していたはずである。張浦や李大信もこうした系譜に連なる人物であったと考えて間違いなかろう。彼等は李継遷と夏州で出会ったのであろう。崩壊状態にある夏州定難軍の情況を見極め、鋭敏な李継遷を押し立てて新たな権威の創出を画策したのではなかろうか。李継遷が夏州を脱出する際にお宝を強奪したのも彼等の入れ知恵であったのかも知れない。地斤沢に脱出する前はまだ彼等も内向的な段階で、定難軍の枠組みに捉らわれていたのであろう。ところが、宋軍の進駐と李氏一族の内徙を目のあたりにして、タングート民族の独立性を維持するためにはタングート社会の従来の枠組みや因縁を取り払い大同団結する以外に活路は見出せないことにすばやく気づいていったのであろう。おそらくこうした知恵こそ張浦ら漢人の発想だったと思われる(32)。宋軍の進攻を防ぐためにもその前衛の位置にあたる横山南麓の河西タングート諸部族との一体化は大いに望まれたはずである。李継遷は自己の出自からその政策に何ら違和感を持たなかったのではなかろうか。母族喉母族を通して南山野利氏の組織化がいち早くおこなわれていったのであろう。さらに、南山野利氏のルートを使って環江流域の河西タングート諸部族に対しても働きかけが積極的におこなわれたのではなかろうか。環江流域のタングート社会にも宋の圧力が強まっていることは同様であった。宋が旧定難軍の領域を完全に支配するようになれば、次の目標が環江流域の河西タングート諸部族に向けられることは自明の理であった。第一部第五章の第三節末で詳述したように、太平興国八年の末に宋の貿易統制に反発して宥州で二万人の騒擾事件が勃発している。こうした事件も野利氏にとっては宋の圧力をひしひしと感じ、切迫感を増幅させる原因になっていたことであろう。このまま座視すれば河西タングートの独立性は早晩失われてしまう。タングート民族の閉塞状況を打破する思いは彼らとて同じであったはずである。そうしたところに南山野利氏を介して李継遷のもとより提携を求める使者が派遣されたのではなかろうか。李継遷は雍熙元年の六月に李克文に鉄券と朱書御札を引き渡している。そして秦翰の内徙の説得に対して遷延策を採ったのが九月にかけてのことであった。このことは裏を返せばちょうどこの時期に野利氏主流との提携交渉が佳境を迎えていたことを物語っているのではなかろうか。ともあれ、こうした交渉の使者の役割を果たせる人物はよほど李継遷に信頼もされ、また実力を兼ね備えた人物であったはずである。筆者はその人物こそ夏州咩嵬族の魔病人乜崖であったと確信する。前述したように、魔病人乜崖は雍熙二年六月以前、南山野利氏と行動をともにしている。このことは魔病人乜崖が野利氏陣営にその後も逗留を続け、李継遷の意思を伝達する役割を果たしていた証拠と解釈すべきであろう。また、筆者は彼の名前にも注目している。中国史料は異民族やその人名を表記する際に悪字を使用することが多いが、それにしても「魔病人」というのも珍しい。同時代のタングート族やチベット族と比較しても際立って異様な人名である。これは魔病人乜崖のこの間の行動を報告した宋の出先官憲の印象がすこぶる悪かったことからこのような文字をあてられたものと考えるべきである。魔病人乜崖は夏州に残置させられた拓抜李氏直系の部族で、本来は宋の夏州支配に協力を約束させられていたのではなかろうか。ところが宋軍の進駐が現実のものとなると、早くも太平興国七年の一〇月に夏州でタングート部族の騒擾事件が発生している。夏州一円のタングート諸部族の情況は日増しに悪化していったはずである。魔病人乜崖はいつしか夏州一円で宋の支配に反抗する諸部族の中心人物に祭り上げられたのであろう。そうしたところに李継遷の誘いがあったとしても少しも不自然ではない。太平興国八年には李継遷と通じるようになっていたものと思われる(33)。あまつさえ魔病人乜崖がその使者となって積極的に野利氏等との提携を策したとしたら、宋側官憲の憎しみも一応のものでは収まらなかったはずである。『宋史』党項伝に「招懐するも至らず、擒えてこれを斬り、云々」とあるのがそれを裏付けているのではなかろうか。野利氏主流、破丑氏、そして把利氏など環江流域の河西タングートの中心勢力は李継遷の提携要請を真摯に受け止めたのであろう。その際、李継遷の出自が拓抜李氏の中にあってひとり異質の存在で啄母氏の血を引くものであることも抵抗感を和らげたのではなかろうか。もちろん野利氏や破丑氏の側にも漢人のブレーンが多数存在し提携を支持したことであろう。上掲の『宋史』夏国伝上には破丑重遇貴も曹光実謀殺に関与している。破丑重遇貴は野利氏、破丑氏などから李継遷側の真意を確認する折衝役として派遣されたのであろう。その時期は雍熙元年の後半と断定してよかろう。野利氏主流は魔病人乜崖の慫慂や破丑重遇貴の報告をもとにして李継遷との連合に大きく舵を切ったのである。このことは拓抜李氏、野利氏という従来の対抗軸を解消してタングート民族の大同団結を意味する。雍熙元年の後半から二年の初頭にかけて、李継遷と野利氏主流は牢固に結合し、その証として野利氏の女の入嫁も実現していたと考えるべきであろう。

おわりに

李継遷がどのようにして歴史の表舞台に登場したのか、その経緯を追ってみた。筆者は本章を執筆するにあたってひとつの思い込みがあった。たとえば五代各王朝を建国した武将連や宋の太祖趙匡胤にしても軍に身を投じた時から皇帝を目指していたわけでもあるまい。必ずや李継遷にしたところで、事態の推移に応じて少しずつ構想が拡大し気づいてみるといつしか民族国家の建設を志向するようになっていたというものであった。ところが、極めて限られた量の基礎史料を玩読すると、筆者の思い込みとはまるでかけ離れた事実が浮かび上がってきたのである。李継遷は夏州を脱出する段階で自らの手によって定難軍節度使を復興させようと考えていたし、わずかに一年半後には平夏部拓抜李氏とは積年のライバル関係にあった環江流域に蟠踞する河西タングートの雄である大姓南山部野利氏主流との結合を企図し、早くもタングート民族国家の建設を志向するようになっていたのである。筆者は文中で両者の結合を「コペルニクス的転回」の語を用いたが、啅母氏の血を引く李継遷にとっては何ら奇手奇策ではなく存外正攻法の範疇に属する外交政策だったのではなかろうか。雍熙二年後半、宋の武力征討によって李継遷は態勢の建て直しを迫られるが、野利氏との結合に大きな変化は見られない。宋はこの後も長く李継遷の真意を理解せず、いたずらに情況の悪化を招いてしまったのである。

註

(1)　第一部第五章第三節参照。
(2)　本章は、岡崎精郎氏の前掲書第二篇第一章「李継遷の興起前後」の第三節「李継遷の挙兵と抵抗戦争」と扱う時期はまったく同じである。同氏は呉広成の筆になる『西夏書事』を全面的に信頼し、積極的にこれを援用して論を進めているが、『西夏書事』は清代の編纂物であくまでも参考史料に過ぎない。本章は基本史料から浮かび上がってくる事実を主軸として李継遷の動きを再構成するものである。煩雑を避けるため岡崎氏の論旨との違いについては逐一触れない。
(3)　第一部第四章第一節参照。なお、岡崎精郎氏は李仁福と李仁顔を兄弟とするが（二一七頁系図）典拠は不明である。『西夏書事』（巻二）では仁顔を仁福の族弟としている。
(4)　第一部第四章第四節参照。
(5)　第一部第五章第三節参照。なお、李克遠の叛乱は『西夏書事』だけに記されており、史料としては慎重に扱わねばならないが、挙族内徙にあたって基本史料に李克遠の名がまったく記されていないことからこの叛乱は事実と認めてよかろう。
(6)　呉広成がこのように短く一見李継遷とは何の関連性も感じさせない記事をわざわざ捏造する必然性はなく、この記事も何らかの逸失史料からの採録と断じてよかろう。

（7）第三部第二章第三節で詳しく触れる。

（8）岡崎精郎、一八四頁に「李継遷砦」の記述があり参考になる。

（9）『西夏書事』（巻三）はこれを七年九月に置いているが間違いである。

（10）岡崎精郎、註（2）論文補注（五）参照。

（11）『宋史』李継遷伝には、「太平興国八年、知夏州尹憲与都巡検曹光実偵知、夜襲破之。斬首五百級、焚四百余帳。継遷与其弟遁免、獲其母与妻。」とあり、この事件を前年のことにしているが誤解である。また、本文冒頭の『太宗皇帝実録残本』には「斬首数千級」とあり、細かい数字に関しては諸書にかなりの出入りがある。『続資治通鑑長編』はこの事件に関しては『太宗皇帝実録』には依拠せずに『宋史』夏国伝上と同じ系統の史料を利用したことがわかる。

（12）「乙未」から「於賊」までが起居注の記事と思われる。経歴部分以降は他の史料から補ったものであろう。『宋史』曹光実伝は銀夏綏麟府豊宥州都巡検使とし、また襲撃場所を葭芦川としている。『太宗皇帝実録残本』より詳しいところもあり、同伝が『太宗皇帝実録』を引き写したものではなく、同じ史料を引用したと考えるべきであろう。

（13）『宋史』（巻二五〇）石保興伝に、「李継遷入鈔。徙銀夏綏府都巡検使。嘗巡按罨子砦、並黒水河、趣谷中。夏人知之、以数千騎扼険、渡河求戦。保興所部不満二千人。乃分短兵伏於河滸、俟其半渡、急撃之、斬首百余級、追北数十里。優詔褒美。」とある。兵力二千未満は、すぐ後に掲載する田仁朗の記事中に「有兵千余乃曹光実旧卒」に一致するものであろう。

（14）この年の経略に関しては『太宗皇帝実録残本』と『宋史』の党項伝、本紀、列伝に詳しく、『続資治通鑑長編』は何ら触れるところがなく奇異の感すら懐かせる。『続資治通鑑長編』は曹光実の謀殺事件もまったく掲載していない。また、（巻二六）雍熙二年の部分はその前後の年次に比較して極端に短い。雍熙元年が一八葉、三年が二三葉に対してわずかに七葉である。雍熙二年の部分は喪失箇条が多数存在した可能性が高い。

（15）第一部第四章第三節参照。

（16）史料上には石保興の名は記されていないが、後に郭守文のおこなった岌伽羅膩葉十四族の攻略にしたがっているから、この作戦にも参加したと思われる。

(17)『西夏書事』（巻三）では、李継遷は包囲を解き王侁に敗れて銀州を棄てて走るとする。

(18)本文掲載の『太宗皇帝実録残本』の史料でわかるように、この戦闘を夏州行営が上言していることから夏州の兵力も動員されていたことがわかる。

(19)尹憲伝は「雍熙初」以前に岌伽羅膩葉十四族の記事を載せているが、編纂する際に前後を誤ったものと思われる。また、（巻四六六）の竇神宝伝には同じ内容を明確に太平興国の「九年」に置いているが、これも何らかの誤解であろう。『宋史』太宗二雍熙二年六月の条に、「河西行営言、獲岌羅賦等十四族……」とあり、『稽古録』も同じである。雍熙二年であることは間違いない。

(20)石保興伝による。ただし同伝は至道二年に誤記載している。

(21)党項伝、郭守文伝による。なお、『太宗皇帝実録残本』（巻三三）同年六月の条には「内客省使麟州巡検郭守文等上言、自四月至六月、三族寨諸蕃四十七族来降。已令復旧業。岌羅賦等一十四族拒命。尋率兵撃之。斬首数千級、焚千余帳、獲人馬牛羊七千計。」とある。

(22)西田龍雄『西夏文字　解読のプロセス』玉川大学出版部、一九八〇年、二三頁。なお、咩の音は美の古音で代用した。

(23)会州は通常、『旧唐書』（巻三八地理一）に載せる「会州上」のことで、『読史方輿紀要』（巻六二）に記載する靖遠衛を指すが、銀州からは直線距離で四〇〇キロも隔たっている。この時期に李継遷が唐突に会州を攻撃する必然性はまったくない。詳しくは次章で論ずるが橐駝会を指す。

(24)第一部第一章第三節等参照。

(25)第一部第四章第三節参照。

(26)『読史方輿紀要』（巻五七）による。なお譚其驤の『中国歴史地図集』第六冊に記されている安塞堡のあたりと考えられる。

(27)拙稿「西夏建国とタングート諸部族」第四、六節参照。

(28)宋琪の感覚では会州を豊州と同様に黄河東流部に位置づけている。これは註（23）の『旧唐書』が豊州に続けて会州を記載していることに関連しているのであろう。

(29)『旧唐書』(巻三八地理一関内道) 延州中都督府の条に、「開元二年、復置都督府。領丹、綏、渾等州。」とあり、さらに「渾州寄治延安郡界、隷延州節度使」とある。

(30) 第三部第二章に登場する密蔵族は「末蔵」の表記も使われ (六五七頁) るところから、同一部族の可能性も捨てきれない。しかしながら、密蔵族の居住地葫芦泉と延州の間は直線距離で二〇〇キロ以上もあることを考慮すると、別の部族としておく。

(31) 李徳明の年齢に関しては当然伝聞にもとづいており、一、二年の誤差は充分に考えられ二三歳という数字にはあまり捉われる必要性はない。本文冒頭の『続資治通鑑長編』は李継遷を銀州脱出時一七歳としているが『宋史』夏国伝は二〇歳としている。

(32)『西夏書事』(巻三) には張浦の発言が色々載せられているが、根拠不明のため一切採用しない。

(33)『西夏書事』(巻三) では雍熙二年に李継遷にしたがったとしている。

第二章　李継遷の外交戦略

はじめに

雍熙二（九八五）年、綏州奪還を主とした李継遷の一連の作戦も、宋の厳しい反撃に遭って失敗に終ってしまった。李継遷は改めて軍事力の未熟を思い知らされたはずである。すなわちより広汎なかつ徹底したタングート諸部族の組織化が課題として浮かび上がってきたのである。さらに、河西タングートの中心的な勢力である南山部野利氏主流との結合も今後の情況の推移如何では安閑たりえない。その対応を誤れば一挙に河西タングート諸部族の離反を招いてしまう。李継遷は崛起以来、最初の、そして今後の建国戦略を決定する上で最も重要な関頭に立たされたのである。李継遷はこの重大な難局をいかなる政略で乗り切っていこうとしたのであろうか。

一　遼との結合

雍熙三年になると李継遷の消息はほとんどが『遼史』によって尽されている。いうまでもなくこの年を期して遼との結びつきが開始されたからである。『遼史』（巻一一、以下、巻数省略）聖宗紀二統和四年の条に、

二月壬寅（四日）、四番都統軍李継忠を以て検校司徒上柱国に為す。癸卯（五日）、西夏李継遷、宋に叛き来降す。以て定難軍節度使、銀夏綏宥等州観察処置等使、特進検校太師、都督夏州諸軍事に為す。西番酋帥瓦泥乞移を保

大軍節度使、鄜坊等州観察処置等使に為す。

とある。また巻一一五二国外記西夏には李継遷に関する部分だけを載せ、

初め、西夏は宋に臣え有年、姓を賜わり趙と曰う。遼の聖宗統和四年に迨び、継遷宋に叛き、始めて来たり遼に附す。特進検校太師、都督夏州諸軍事を授く。遂に姓を李に復す。

とあって、聖宗紀の後半部分の授官のみ記載している。宋の賜姓云々は統和四年（雍熙三年）よりも後のことで順序が逆である。杜撰な『遼史』の一例である。授官に関しても前半部分を省略したか見落とした記述と考えてよかろう。ところが、同じく巻四六百官志二北面辺防官には月日の記載はないものの、

四蕃都軍所、聖宗の統和四年置く。李継冲に授く。夏州管内蕃落使、聖宗統和四年置く。李継遷に授く。

の記述がある。一瞥しただけでも前二者と後者の間には李継遷兄弟に対する授官に著しい相違があることに気づく。そこで、本章の巻頭をこれらの史料批判から進めてみたい。

まず、聖宗紀記載の李継忠は百官志の李継冲（以下、沖に統一）に改めなくてはいけない。『宋史』李継遷伝には明確に「弟継沖」とあるからである。問題は前者の「四番都統軍」と後者の「四蕃都軍所」の相違である。「四番」ないしは「四蕃」に類似した表記を『遼史』の中から捜してみると、百官志二の「已上諸部」に実態はまったく不明なるも「四部族部」「四蕃部」「五部蕃部」が記載されている。また、（巻八八）耶律瑤質伝に「擢拝四蕃部詳穏」とあり、（巻九六）蕭楽音奴伝に「拝五蕃部節度使」の記述がある。「已上諸部」の「五部蕃部」と蕭楽音奴伝の「五蕃部」は同じものを指すと考えてよかろう。これらに共通しているのが「部」の一字で、明らかに四種ないしは五種の蕃部を意味していることである。上掲両史料の「四番」、「四蕃」とは何ら関連性はないものと思われる。そこで目を惹くのが聖宗紀記載の三番目の人物である瓦泥乞移が「西番酋帥」とあることである。瓦泥乞移についてはこの後で詳述するが、紛れもなく河西タングートの巨帥である。その瓦泥乞移に「西番」が冠せられているところから判断すれば、

「四番」、「四蕃」がともに「西番」、より正確には「西蕃」の章草の誤りであると断定してよかろう。なお、『遼史』百官志二「已上諸国」には「西蕃国王府」の記載があるが、これらは西夏建国後の名称と考えられ直接的な関係はない。[1]ついで「都統軍」と「都軍所」の相違である。『遼史』の北面辺防官には「諸統軍使職名総目、有都統軍使、副使、都監等官」とあり具体的に「保州都統軍使」とか「南京都統軍司」など、「都統軍」のつく官名はいくつも見出すことができるが、「都軍所」については李継沖に関するもの以外まったく存在しない。類似した官名として北面行軍官に「都統所」が多数記載されているが、これはあくまでも行軍に関する機関であるところから性格が異なり関連はない。「都軍所」はこの一例を除いて『遼史』のどこを捜しても見出すことはできない。これを要するに統和四年（雍熙三年）二月に李継沖が聖宗から与えられた官名は「西蕃都統軍使」とするのが正しく、加えて「検校司徒上柱国」を授けられたとすべきであろう。そこで次に「検校司徒上柱国」を『遼史』にあたってみると、これもまた他にまったく例を見ない。検校太師、検校太保、検校太傅を加えられた人物は列伝中にいくつか散見されるが、検校司徒を加えられた人物は李継沖ただひとりである。さらに『遼史』に限ると「上柱国」の称号も李継沖以外には見あたらない。二月壬寅（四日）に李継沖が「検校司徒上柱国」を与えられたことは異数の授官だったことだけは間違いなかろう。

次いで、聖宗紀二によると李継遷は翌日の二月癸卯（五日）、「定難軍節度使、銀夏綏宥等州観察処置等使、特進検校太師、都督夏州諸軍事」を授けられている。このことは、およそ百年続いた拓抜李氏の旧定難軍節度使の正統な後継者として、この段階で遼が李継遷の立場を保障したことを意味している。李継遷兄弟に対するこうした過重とも思われる授官の背景には、この年（統和四年、雍熙三年）早々に開始された曹彬を主帥とする三道からの宋の北伐の敢行が密接に関係していたことは間違いなかろう。宋との戦闘に敗れたとはいえ、河西タングートまでも糾合しつつある李継遷の内附は遼にとっては対宋戦略上測り知れない効果をもたらすはずである。聖宗紀二の李継遷兄弟に対する授官の信憑性を高めるといってよかろう。それに対して百官志二の「夏州管内蕃落使」はあまりにも微官である。もちろん「管内蕃落使」の名称もこれを除いて『遼史』には皆無である。筆者が前章第一節で述べたように、『宋史』李継遷伝によると李継遷は開宝七（九七四）年に「定難軍管内都知蕃落使」を拝命し、さらに『続資治通鑑長編』の雍熙元年九月の条や『宋史』太宗二端拱元年一二月の条では「夏州蕃落使」として記されている。「夏州管内蕃落使」はちょうど両者をない交ぜにした官名であることに気づく。『遼史』は『宋史』と同じく元の脱脱の編纂である。『遼史』編纂の過程で『宋史』の李継遷関係の記述が竄入したとも考えられる。統和四年、遼に内附した李継遷を遇するに夏州管内蕃落使をもってするのは李継遷の名誉を著しく傷つけるものである。宋との決戦を控え、その有力な援軍ともなるタングートの総帥に与える官名としてはありえないものである。それ故百官志二の夏州管内蕃落使の記述は『宋史』の竄入と断定したいところである。ところがそうすると李継沖を「都軍所」にした記述はどこから出てくるのかという疑問が生ずる。『宋史』には李継沖に対する授官は一切記されていない。李継遷兄弟に関する百官志二の授官記事も一概に竄入記事として否定できなくなってくるのである。そこで思いあたるのが聖宗紀二では李継遷に先立って李継沖が前日の二月壬寅（四日）に授官されていることである。また百官志二でも李継沖の授官が先に記されている。このことは遼との折衝の中心的な役割を果たした人物は李継沖であったことを物語っているのではなかろうか。『西夏書事』（巻四）雍熙三年の条では、李継遷が張浦に重幣を委ね遼に派遣したとするが、例によって基本史料にはまったく記載がなく呉広成の創作と思われる。そもそも李継遷が遼と結合するということは、旧定難軍節度使がおよそ一世紀近くにわたって墨守し続けていた対遼敵対政策を一八〇度転換し、大袈裟にいえば平和条約の締結を意味することに他ならない。統和四年の早々に使者が派遣され匆卒の間に李継遷兄弟が授官されるといった簡単なものではなかったはずである。おそらく宋の攻勢に遭って一敗地に塗れた李継遷は、前年の半ば以降に活路を求めて遼との提挈を具体的に志向するようになっていたと考えられる。この間には数回におよぶ使節の往来と、両者の関係の確認調整などがおこなわれていたはずである。その衝にあたった人物は『西夏書事』がいう張浦ではなく、李継遷が最も信頼する弟の李継沖であったとすべきであろう。李継沖が敢て授官されていることは、遼がその功績を十二分に評価したことを如実に物語っている。仮に張浦が交渉の立役者であったとすると、李継遷に先立ってことさら李継沖に授官する必然性はまったくないからである。百官志二の授官記事はその交渉過程で遼が検討した初期の腹案の残滓がそのまま『遼史』本文に紛れ込んだものと考えるのが妥当であろう。つまり、当初、遼は李継遷の真意を測りかね冷遇策に傾いていた。ところが、およそ半年におよぶ交渉の過程で宋の北伐が目睫の間に迫ってきたこともあり、側面の軍事力確保の観点で一転して積極的に李継遷兄弟の優遇策に方針を転換したのである。そしてその政策転換に導いた立役者こそ西南面招討使としてタングート対策の矢面に立たされていた耶律（韓）徳威[2]（以下、表記は韓徳威に統一）その人だったのである。『遼史』（巻八二）同人伝に、

　夏州李継遷宋に叛し内附す。徳威これを納めんことを請い「既に継遷を得れば、諸夷皆従う。」と。璽書して褒奨す。

とある。韓徳威はタングートの情勢に最も明るい人物である。李継遷の意向を受けた李継沖と親しく折衝した人物は韓徳威だったのであろう。そして李継遷の利用価値が極めて高いことを聖宗に強く上奏したのである。韓徳威が指摘した「諸夷皆従」の諸夷とは河西タングート諸部族のみならず、宋に鞍替えした豊州蔵才族に代表される黄河東流部から南流部にかけてのタングート諸部族を指すものと解釈すべきであろう。その結果、二月、李継沖は西蕃都統軍検校司徒上柱国に、そして李継遷は定難軍節度使、銀夏綏宥等州観察処置等使、特進検校太師、都督夏州諸軍事に晴れて任命されたのである。

　さて、聖宗紀によると李継遷と同時に西番（西蕃が正しい）酋帥の瓦泥乞移という人物が保大軍節度使、鄜坊等州観察処置等使に任じられている。つまり瓦泥乞移は李継遷とともに遼に内附してその立場を保障されたのである。瓦

泥乞移とはいかなる人物であろうか。幸いにしてこの人物の消息は『宋史』にも記載されている。『宋史』党項伝の雍熙二年に、

十一月、勒浪族十六府大首領屈遇、名波族十二府大首領浪買は豊州路に当り最も忠順を為し、及び兀泥三族首領信移等、女女四族首領殺越都等は帰化するを以て、並びに敕書を賜いこれを撫ず。

とあるうちの兀泥三族首領信移と同一人物であることは瞭然である。兀泥族の動向については同伝にいくつか記されているが折に触れ詳述するとして、ここではその本来の居住地についてのみ記しておく。同伝の咸平元年一〇月の条に、

兀泥族は青岡嶺、三角城、竜馬川に在り、族帳千五百戸を領す。

とある。青岡嶺とは『読史方輿紀要』（巻五七）にある青岡峡に関連しており、環江の上流部を指す白馬川を遡った分水嶺一帯の名称である。それを越えると旱（瀚）海に通じ霊州に至る重要な交通路に位置している。三角城についてはは確認することができないが、竜馬川は慶州を挟む環江の中流域を指す馬嶺水のことであろう。『続資治通鑑長編』（巻一一五）には竜馬嶺の記述があり、その近くにあったと考えられる節義烽は慶州の西北に位置していた(3)。馬嶺水の西方の山並みを馬嶺といい竜馬嶺と一致する。竜馬川は馬嶺水の雅称と断じてよかろう。三角城も白馬川の下流域、環州と慶州の間に存在したものと考えてよかろう。そして青岡嶺といえば紛れもなく河西タングートの中心勢力である野利氏の古くからの居住地域なのである。これについては第一部（第四章第三節）で論じたところであるが、改めて史料原文を掲示すると、『資治通鑑』（巻二七六後唐紀）天成四年一一月の条に、

康福行至方渠、羌胡出兵邀福。福撃走之、至青剛峡遇吐蕃野利大虫二族数千帳、皆不覚唐兵至、福遣衛審峹掩撃大破之、殺獲殆尽。

とある。因みに青岡峡は青岡嶺の鞍部で旱海に抜ける交通の要衝だったのであろう。白馬川と帰徳川流域一帯も野利

氏の勢力圏であったことは折に触れ筆者が述べてきたところである。前章の末尾で述べたように、この方面を根城とする野利氏主流が李継遷と結合したのは雍熙元年の後半から二年の初頭にかけてのことである。白馬川から馬嶺水にかけての各地に勢力を張る兀泥佶移（以下、『宋史』の表記に統一）が李継遷とともに遼から授官されたのは統和四年（雍熙三年）二月のことである。兀泥佶移が拝命した保大軍節度使は唐末、李思孝や弟の李思敬が任じられ(4)、降って五代になると高万興兄弟が後梁から与えられた(5)洛水流域を支配する要であった。定難軍節度使と保大軍節度使はまさに黄河南流部西側のそのまた南部の河西一円を守禦する意味合いがある。遼が李継遷に定難軍節度使を、兀泥佶移に保大軍節度使を与えたということは単なる名誉的称号に止まらず、宋の攻勢を牽制する勢力として期待していたことを顕わしている。野利氏が洛水から涇水の上流部一帯の数百キロにおよぶ範囲に勢力を張っていたこと(6)を考え合わせれば保大軍節度使を拝命できる人物は野利氏の主流を措いて他に存在するはずがない。すなわち、保大軍節度使、鄜坊等州観察処置等使を拝命した兀泥佶移は李継遷と結合しその証として女を納れた人物で、李徳明の外祖父あるいはその立場の人なのである。なお、兀泥佶移が宋に帰化して太宗より敕書を賜ったのは雍熙二年一一月のことである。遼の授官に先立つことわずかに三箇月である。つまり兀泥佶移は両端を持していたともとれるが、これについては少し後で触れることにする。

　なお、『宋史』李継遷伝では、同じ雍熙三年に李継遷は遼から義成公主の降嫁を得て夏国王に封じられたとし、『遼史』聖宗紀二でも一二月に義成公主の降嫁が記されている。これについては『西夏書事』や岡崎精郎氏が指摘するように(7)数年後のこととする（後述）のが正しかろう。ただ『宋史』、『遼史』に類似の記事が載せられていることは一概に無視することはできない。二月に定難軍節度使、銀夏綏宥等州観察処置等使、特進検校太師、都督夏州諸軍事に任じられた李継遷は、一二月になるとさらに強力な担保として公主の降嫁と夏国王の称号の授与を遼に求めたことは大いに考えられるところである。しかしながら遼が李継遷の過大な要求にやすやすと応じるはずもなく、統和四年（雍熙三年）の段階では時期尚早として見送られていたと考えるのが妥当であろう。いずれにせよ、遼との結合に成功した李継遷はこの年をもって建国運動の次の段階に進んだのである。

ところが、翌雍熙四（九八七）年になると、李継遷の動向を記す史料は極端に少なくなる。『遼史』にはまったくなく、辛うじて『宋史』李継遷伝に、

四年、知夏州安守忠、三万衆を以て王亭鎮に戦い敗績す。継遷追いて城門に至りて返す。(8)

とあるだけである。(9) 安守忠は五代各王朝に仕え後周世宗時代に平盧軍節度使に任じられた安審琦の子で沙陀系の武人である。(10) ところがこの戦闘に関してはいくつかの疑問点が思い浮かぶ。まず、月日が不明であること、知夏州の安守忠が三万の軍勢を擁して夏州に駐屯していたことになるが、事実とすれば大作戦の展開が想定され、必ずや他の基本史料にも記載されているはずである。また、安守忠が大敗したとなると李継遷はそれ相当の兵力で攻撃したことになる。李継遷がこのタイミングで夏州を是が非でも攻略する必然性があったのか。さらに城門に達してなぜ引き返したのか。前章第一節で触れたように（二五八頁）、『宋史』の巻二五四侯延広伝には李継遷が始めて夏州を攻撃したのは四年後の淳化二年（実際はその前年、後述）とあること、そして大敗した安守忠の伝にはこの戦闘がまったく記載されておらず、安守忠はこの後も順調に栄進している、などといったことである。雍熙三年から四年にかけての李継遷の最も大きな関心事は軍事力の増強、すなわち旧定難軍管内の諸部族はいうまでもなく河西一円のタングート諸部族の組織化にあったはずである。遼との結合もそのための手段で、それを背景に蕃部工作を活発に進めていた時期である。すぐ後で述べるように、その一方で宋との駆け引きもおこなっていた時期にあたる。夏州攻略は李継遷の大きな宿願ではあったとしても、このような時期に敢て危険を冒して数万の軍勢を動員して安守忠と決戦する必然性はない。いわんや城門に達して引き上げたとなるとなおさらの感がする。これを要するに、雍熙四年の夏州攻防戦の実態は李継遷に与するタングート部族と夏州駐屯軍が夏州北方の王亭鎮で小競り合いを演じたにすぎず、とても三万の軍勢を相

手にしての決戦ではなかったと断定したい。史料上にほとんど痕跡を残していないことから判断しても、李継遷にとって雍熙四年はひたすら軍事力の増強に腐心した年と結論づけたい。

さらに年が改まり端拱元（九八八）年になると再び李継遷の情報は宋、遼双方の史料から確認できるようになる。李継遷はこの年三月、遼に「遣使来貢（『遼史』聖宗紀三）」して遼との関係の維持強化を計っているが、その一方で、宋に対してもこの間いたずらに敵対姿勢を示していたわけではなかった。雍熙二年の李継遷の敗北から端拱元年にかけての宋との関係を示す絶好の材料が『続資治通鑑長編』に収録されているのである。（巻二九）端拱元年五月辛酉（五日）の条に、

朝廷、しばしば敕書を以て李継遷及び同悪蕃部を招諭す。継遷もまた嘗て孔目官張浦を遣わして知環州程徳元[11]に詣り、自ら帰順の意を陳ぶ。然るに継遷は終に降を肯ぜず、益々辺境を侵盗す。

とある。宋は雍熙二年、李継遷に打撃を与えた後、李継遷と彼に与する蕃部に対してしばしば敕書をもって招諭をおこなっていたのである。これに対して李継遷も腹心の張浦を知環州の程徳玄のもとに派遣して、例によって宋の攻撃を回避するための駆け引きをおこなっていたことがわかる。先に遼との折衝には弟の李継沖があたったと述べたが、宋との交渉には漢人の張浦が専ら担当したのである。七年後の至道元年に張浦は太宗のもとに派遣され抑留されていることからもそれがわかる。張浦が環州の程徳玄のもとに赴いた理由は、『宋史』（巻三〇九）程徳玄伝の淳化三年の前条に、

知環州に移る。時に、西鄙酋豪相継いで内附す。詔し空名告敕百道を以て徳玄に付し、便宜を得て補授せしむ。

とあることに関連していることは間違いない。『続資治通鑑長編』と程徳玄伝の二つの史料は実に多くのことを示唆している。本来、李継遷の使者が宋側官憲と接触するには、それこそ安守忠が守る夏州が最も近く、あるいは無定河を南下して綏州か、さらに延州に赴くはずである。それを敢て環州に赴いているのである。張浦は無定河を遡上して

宥州、塩州を経由して橐駝路（後述）を通って青剛峡を越えて帰徳川を下って環州に出たか、延州北方に出て横山南麓を西に向かって環州に至ったかのいずれかであろう。前者の場合、無定河上流域から塩州、青剛峡附近の諸部族がすでに李継遷にしたがっていることになる。後者の場合は横山南麓一帯の河西タングート諸部族の多くが李継遷に附していることを示している。そしていずれのルートを選んだとしても野利氏、破丑氏など河西タングート諸部族の居住地域と重なる部分が大きいということである。張浦が環州に赴く前提として李継遷と野利氏中枢、正確にいえば兀泥信移との一体化が確立していたことをこれらの史料は証明しているのである。『続資治通鑑長編』の「同悪蕃部」の多くは河西タングート諸部族を指していることは疑いなく、雍熙二年の李継遷の敗北によって宋の招諭工作が活発になると、程徳玄の「西鄙酋豪相継内附」する事態になったものと思われる。先に触れたように兀泥信移が宋に帰化したのは雍熙二年一一月のことで、河西タングートの総帥ですら宋の招諭策に応じたのである。しかし兀泥信移はその三箇月後には李継遷とともに遼から授官されているのだから、宋への帰化も李継遷と示し合わせたその場凌ぎの偽りであったことは明白である。宋に内附した多くの河西タングートも兀泥信移に倣って宋に帰順した振りを装っていた者が多かったのではなかろうか。本心とは無関係にその時々の情況に応じて憑依する勢力を選択するのが辺境部族の特性である。張浦が交渉相手として環州の程徳玄を選んだ理由もタングート諸部族の内附の実態を確認する目的があったのであろう。そしてなによりも張浦が環州に赴けたということは、端拱元年までの間に宋の招諭工作とは裏腹に横山山脈の南北両側に展開する多くのタングート諸部族が着実に李継遷の傘下に糾合されていたことの証明になるであろう。そしてこのことは藤枝晃氏がかつて論じたように、端拱元年を契機として西域諸民族の朝貢が一斉に遼に向かっていることに関連しているのである[12]。藤枝晃氏は従来の宋への朝貢路は夏州経由のものだけを想定していたようである。それ故李継遷が夏州を奪ったことから夏州経由の朝貢路が壅塞し、西域諸民族の朝貢は李継遷の嚮導で夏州から遼に向かわされたとしている。しかしながら宋への朝貢路は夏州経由のものだけではなく、筆者が再三論じたように霊州から旱（瀚）海の浦洛川を遡上して青剛峡を越えて環州に出るいわゆる「霊環州大路（後述）」のルートも盛行したのである。[13]そして、このルートの主役こそ野利氏であったことも明らかにしたところである。つまり西域諸民族の朝貢が遼に向かわざるを得なくなった背景には、霊州から旱（瀚）海を経て青剛峡を越えるルートが榛梗していたことを意味しているのである。その原因こそ野利氏主流勢力と李継遷の結合に他ならない。また、細かいことだが端拱元年の段階では夏州はいまだ宋の支配下にあった。夏州に到着する以前に西域諸民族の朝貢使節は朝貢先を変更させられているのである。すなわち、旱海から無定河上流部附近と青剛峡南北に展開するタングート諸部族はこの頃ほとんどが李継遷にしたがうようになっていたのである。次節で触れる宥州の御泥布、囉樹等二族の例からもそれが確認できる。最後に、『続資治通鑑長編』の記事からわかることは、当時の李継遷の権力機構についてである。張浦を孔目官と記しているが、これは宋側が勝手に加えたのではなく張浦が自ら名乗っていたからこそ記載されたのであろう。この頃になると李継遷は中国的な官制をある程度整備していたことを窺わせ、明確に国家の建設を志向していたことがわかる。また、宋側もそうした情況を認識していたことを物語っている。

さて、李継遷の内附を得た遼は西域諸民族の朝貢という、願ってもない果実を享受しただけでなく、この頃になると韓徳威が上言したタングート対策も多少の前進が見られるようになった。『遼史』聖宗紀三によると、六月に党項太保の阿剌悦が来朝して方物を貢いでいる。阿剌悦は遼の官名である太保を名乗っているところから、従来も遼にしたがっていたものと考えられるが、新たな情況の展開に応じての朝貢だったのであろう。そして七月になると西南面招討使の韓徳威が河湟諸蕃の命に違う者の討伐をおこなっている。[14]これについては宋側の史料にも対応記事と思われるものがある。『宋会要輯稿』（第一九六冊）蕃夷一に、

端拱元年十月、豊州王承美言う「契丹は州界に多く兵甲を屯し、蕃部の帳族を劫掠し、人口を駆虜す。当州の漢児は隔てて毛騙山の東、黒山の内に在り蔵避して今に至ること三年、兵士の救応無し。契丹、三次兵を出し捜捉

するも、臣皆殺退す。」と。詔を降しこれを褒美す。

とある。黄河東流部一帯のタングート諸部族が豊州王承美の活躍によって宋にしたがうようになったことはすでに触れたところである。(15) 西南面招討使である韓徳威がおこなった河湟諸蕃の討伐とはまさにこの方面のタングート諸部族を対象にしたことは間違いない。宋に報告されたのが一〇月で、遼の攻撃は当然それよりも数箇月は遡るわけで『遼史』の記述にみごとに一致している。もっとも豊州の蔵才族に対する韓徳威の攻勢は、李継遷と遼が結合した雍熙三年頃には始まっていたことが史料後段によってわかる。当時、宋から派遣された役人や兵が豊州蔵才族のもとに多数駐屯し、従来、遼にしたがっていたタングート諸部族の組織化をおこなっていたのであろう。韓徳威はそうした諸部族の奪還を果たすために宋と王承美の連絡を絶ち、豊州蔵才族を孤立させるために執拗に宋の官兵の虜獲を目指していたのである。王承美はそれを防ぐために三年もの長きにわたって毛駞山の東、黒山の内奥に彼らを匿っていたのである。黒山は陰山山脈の一峰の昆都倫山に擬せられる。(16) 毛駞山はその西方の山岳を指したのであろう。この一帯が豊州蔵才族の古くからの根拠地である。筆者は本来の豊州は黄河西北角内側にあり、咸平六（一〇〇三）年の後半に府州の北方二〇〇里に新豊州が建置されたことを論じたが（二二一頁以降）、この史料からもそれが証明される。ともあれ、李継遷の内附によって黄河東流部のタングートに対する遼の攻勢は一段と強まったことは間違いなかろう。

二　宋の定難軍節度使の再置と李継遷の賜姓

端拱元（九八八）年の五月、宋の太宗は夏州定難軍節度使を再置した。夏州定難軍節度使の廃止は五代後唐の明宗以来の懸案であった。太宗がその治世七年目にあたる太平興国七（九八二）年にようやく実現したのである。それをわずか六年で反古にしたことになる。李継遷が遼に結合し息を吹き返すだけでなく、その煽りで西域諸国の朝貢の杜絶と黄河東流部から南流部にかけてのタングート諸部族が再び遼の勢力圏に組み込まれる虞れがその背景にあったことはいうまでもなかろう。定難軍節度使に任じられたのは、六年前、挙族内徙に踏み切った李継捧その人である。李継捧は内徙する前は定難軍留後に留め置かれ節度使は拝命していなかった。そのことを考えれば、族弟李継遷の反抗によってこのたび定難軍節度使の地位を得たことは歴史の皮肉といわざるを得ない。『宋史』夏国伝上李継捧の項（以下、『宋史』李継捧伝と略記）に、

端拱の初め、感徳軍節度使に改む。屢々兵を発し継遷を討つも克てず。宰相趙普の計を用い、継捧に委ねるに辺事を以てしこれを図らしめんと欲す。因りて召して闕に赴かしめ、姓趙氏を賜い、名を保忠に更む。太宗親ら五色金花牋に書し以てこれに賜い、夏州刺史を授け、定難軍節度使、夏銀綏宥静等州観察処置押蕃落等使に充つ。金器千両、銀器万両を賜い、并びに五州の銭帛、芻粟、田園を賜う。保忠辞する日、長春殿に宴し、襲衣、玉帯、銀鞍馬、錦綵三千匹、銀器三千両を賜う。また錦袍、銀帯五百、副馬百匹を賜う。鎮に至りて数月、継遷の悔過帰款を上言す。すなわち継遷に官を授けるも、然るに実は降心無きなり。

とある。なお、一行目に「屢発兵討継遷不克」とあるが、これは李継捧とは関係なくこれまでの宋の軍隊の所為をいっているのである。李継捧は内徙に際して彰徳軍節度使を与えられ太宗のもとに留め置かれていたが、雍熙二年二月に李継遷との連絡を疑われて随州刺史、崇信軍節度使に替えられ中央から遠ざけられていた（前章第二節参照）。ところが李継捧は程なく中央に復帰していたのである。『宋会要輯稿』（第一八八冊方域四）第宅の雍熙三年の条に、

五月、威徳軍節度使李継捧に宅を賜いその旧第に易る也。

とある。威徳軍は感徳軍の書き誤りである。(17) 感徳軍節度使を拝任したのは李継捧伝に載せる「端拱初」ではなく、それよりも二年前の雍熙三年だったことがわかる。李継捧は貶謫からわずか一年三箇月で中央に呼び戻され、改めて感徳軍節度使を拝任して新たに邸宅まで賜っていたのである。李継遷が遼に内附して定難軍節度使等に任じられたのは

この年雍熙三年の二月のことであった。この情報はいち早く宋の廟堂にもたらされたはずである。この間、李継捧は湖北省の随州に隔離され厳しい監視のもとに置かれていたが、その後の調査で李継遷に内通の疑いは晴らされていたのであろう。李継捧登用の発案者は建国の功臣、宰相の趙普であったとある。趙普は李継遷が遼に結合したことからタングート諸部族の多くがそれに靡くのを押し止める切り札は李継捧の起用以外にないと考えるようになっていたのであろう。趙普の構想は旧定難軍節度使の正統継承者の起用で、旧支配下のタングート諸部族に旧懐の情を想起させて李継遷から引き離し帰順に繋げようとするものである。これにより李継遷の孤立をもたらし、延いてはその降服をも期待したのであろう。そこで疑いの晴れた李継捧を中央に呼び戻し優渥を加えその時期を見計らっていたのである。太宗が李継捧に寄せた期待は尋常ならざるものがある。太宗は五色金花牋に「趙保忠」と親書して李継捧に国姓名を賜っている。『宋史』太宗紀二と『続資治通鑑長編』（巻二九）、端拱元年五月の条では「趙保忠」の賜与は辛未（一五日）のことで、定難軍節度使等官職の授与は壬申（一六日）のことである。授与された官名は李継遷が遼から与えられた「定難軍節度使、銀夏綏宥等州観察処置等使、特進検校太師、都督夏州諸軍事」と好一対をなしている。ことさらに李継捧の正統性を誇示していることがよくわかる。しかしここで牢記すべきは、名称は同じであっても復活した定難軍節度使の性格は以前のものとは遠く懸け離れたものであるということである。内徙前の定難軍節度使は唐末、五代を生き延び、拓抜李氏一族によって蕃漢諸部族を支配する体制の整った独立性の強い堂々たる藩鎮の系譜に連なるものであった。それに対してこのたび李継捧が任じられた定難軍節度使は、本質的に宋の軍隊に守られ宋中央から派遣されてきた一地方軍事官僚にすぎないということである。そこで注目すべきは膨大な下賜品である。これは李継捧個人に与えられたものと解釈すべきではなく、諸部族を惹きつけるために用意された香餌と考えるべきである。定難軍節度使李継捧を「機関」として下賜品を諸部族に撒布することによって宋の恩恵を顕示し、その歓心を得ようとしたのである。また、「并賜五州銭帛、芻粟、田園」等の記述は、静州を復活させて五州からの収益すべてを李継捧個人の自由裁量に任せているが、これは諸部族への還付を想定しており、それにより旧主李継捧の権威を演出し諸部族の帰順を容易にすることを狙ったのであろう。太宗はいたずらに武力によってタングート諸部族を征圧しようとしたのではなく、大量の下賜品と負担の軽減をちらつかせることで諸部族の心を摑もうと考えたのである。要は情と利に愬えかけたのである。太宗の真意を李継捧がどれだけ理解していたであろうか、はなはだ疑問である。太宗の思いもよらぬ優遇に李継捧はすっかり眩惑されてしまったようである。『続資治通鑑長編』同巻五月の条には李継捧の赴任に際して、

壬午（二六日）、保忠辞して鎮に之《ゆ》くに錫賚甚厚し。右衛第二軍都虞候王杲に命じ兵千人を領してこれを護送せしむ。還るに及び保忠土物を以て贐と為す。杲拒みて納めず。上これを知り召して白金百両を賜う。杲は斉の人也。

とある。李継捧は宋兵千人に守られて夏州に乗り込んだのである。護送の任にあたり帰京する王杲に贐《はなむけ》を贈ろうとして拒否されている。あたかも凱旋将軍の感があり、自らの夏州復帰で旧支配部族の帰順はたやすく得られるものと考えていたのかもしれない。当然、李継遷によって組織化されていったタングート社会の実態に関しては理解していなかったであろう。民族国家の建設を志向する李継遷とは次元が異なっていたのである。もっともタングート社会の実態を理解していなかったのは宋の廟堂も同じであった。李継捧に定難軍節度使を与えても野利氏に代表される河西タングート諸部族にとってはまったく埒外の出来事なのである。遼が兀泥佶移に保大軍節度使を与えて李継遷との連携を図らせたことに比べれば情勢判断に径庭があったことは否めない。総じてこの時期の宋政府の首脳部は西北辺情勢、すなわち遼やタングート対策に著しく洞察を欠いていた。右拾遺直史館王禹偁の禦戎十策からもそれを読み取ることができる。(18)『続資治通鑑長編』の関係箇所を掲載すると、

三に曰く、間諜を行い以てこれを離し、衆の隙に因りて以てこれを取らん。臣風聞するに契丹、中《うち》は婦人に任政し荒淫不法なり。謂《おもえら》く宜しく辺上は重臣に委ぬべし。辺民の蕃情を諳練する者を募り蕃中に間諜せしめ、酋長は

啗《くらわ》すに厚利を以てし、推《およぼ》すに深恩を以てせん。蕃人は利を好みて義無し。その離心を待てば固く取るも可也。四に曰く、夷狄を以て夷狄を伐つは中国の利也。今、国家西に趙保忠、折禦《ママ》卿有り、国の心腹と為る。また宜しく此の二帥に勅し、麟府銀夏綏五州を率いてその犄角を張り、直に勝州を取ると声言すれば則ち敵人懼れて北保せん。此れ実は用いずに但だその勢を張るのみ。

とある。王禹偁が蕃酋を誘う手段として下賜品の利用に触れ、また李継捧と折御卿を犄角して勝州（北緯四〇度、東経一一一度付近）奪取を聲言させれば遼も迂闊には手出しができなくなると主張しているところなどは太宗の方針に追従しているとしか考えられない。まるで李継遷の動向などは気遣っていないことがわかる。李継捧に国姓名を与え定難軍節度使等に任じればタングート社会の騒擾は一気に静謐に向かうと思っていたのではあるまいか。

それはさておき、李継捧の定難軍節度使就任によってタングート社会はまた新しい局面に移行していく。李継捧は太宗の期待に応えるために李継遷の帰順を何としても実現したかったのであろう。李継捧は夏州に着任すると使者を李継遷のもとに派遣してさかんに帰順を促したのである。李継遷も上手に対応したのであろう。本節冒頭の李継捧伝の末にあるように李継捧は数箇月後には「継遷悔過帰款」を上言している。それに対して太宗は端拱元年一二月辛未（一八日）、李継遷に銀州刺史、洛苑使を授けている（『宋史』太宗紀二、李継遷伝等）。父祖が拝任した銀州防禦使から刺史に格上げしたことによって李継遷の納得が得られると判断したとすると、宋政府の認識はあまりにも麁略である。李継遷の帰順がまったくのまやかしであったことは翌端拱二年の四月には判明している。『宋史』党項伝に「二年四月、夏州趙保忠言『臣準詔市馬、已獲三百匹。其宥州御泥布、囉樹等二族党附継遷、不肯売馬。臣遂領兵掩殺二百余人、擒百余人。其族即降、各已安撫』。詔書奨諭之。」とある。李継遷の与党である宥州の御泥布、囉樹等二族が売馬を拒んで李継捧に攻撃されているのである。李継捧は太宗の期待に沿うべく定難軍領域の蕃部経営の再建に乗り出したのだが、早々にその反発にあったのである。この頃、すでに李継遷が宥州のタングート部族を完全に組織化していたことが改めて証明される。[19] 宋の廟堂は二族が一応降服したことからむしろ李継捧の経営が順調に推移しているとでも判断したのであろうか、一〇月には李継捧に「特進同中書門下平章事」を加え（『宋史』太宗紀二、李継捧伝等）その功に酬いている。

一方、李継遷は宋の招誘策を逆手に取ってこれを新しい外交カードとして対遼交渉に積極的に利用していったのである。『遼史』聖宗紀三統和七年正月の条に、

壬辰（一〇日）、李継遷、兄継捧と怨有り、与に好を通ぜんことを乞う。上、その非誠を知り許さず。

とある。統和七年は宋の端拱二（九八九）年である。つまり李継遷は前年の一二月に宋から銀州刺史、洛苑使を授けられると、年が改まった翌月早々に遼に連絡をとり、今まで兄継捧とは怨恨があったがこれからは仲良くやっていきたいといっているのである。要は宋への内附を仄めかしているのである。李継遷の脅しはみごとに功を奏している。聖宗紀三の三月の条を見ると、壬午朔に李継遷は遼に「遣使来貢」しているが、これは遼が渋っている公主の降嫁を執拗に求める使節だったのだろう。[20] そして同じ三月の末条に「戊戌（一七日）、以王子帳耶律襄之女封義成公主、下嫁李継遷。」とある。李継遷は宋の授官をうまく利用して宿願だった遼の公主を獲得したのである。この一事をもってしても李継遷の政治的センスの卓越には瞠目すべきものがある。畢竟、張浦をはじめとして優れた漢人ブレーンを多数擁していたことが役に立っていたのである。これに対して定難軍節度使として旧領に復帰した李継捧にはそれらしい人物の片影すら見られない。さらに、李継遷は李継捧のタングート諸部族再組織化の様子を注視しながら、この頃になると彼の触手はチベット族にもおよぶようになっていたようである。この年、『遼史』聖宗紀三には二月癸酉（二二日）に吐蕃、党項の来貢を記し、さらに四月の条には、

丁卯（一七日）、吐渾還金、回鶻安進、吐蕃独朶等宋より来帰す。皆衣帯を賜う。

とある。『遼史』本紀を繙くと吐蕃の遣使はこれ以前では穆宗時代の一回だけである。聖宗時代を通してもこの二回

とおよそ二〇年後の開泰七（一〇一八）年の唃厮囉と李遵の遺使[21]があるのみである。吐蕃の遺使は極めて少ないことがわかる。当時の河西チベット族の実態からして遼に遺使をおこなえるほどの政治性を持った勢力は西涼府のチベット族を措いて他に考えられない。当時の西涼府の中心勢力は折逋氏二代目の阿喩丹の頃である。独朶等の遼への遺使から二年後の淳化二年に阿喩丹はタングートの劫掠を宋に訴えているが、これは当然李継遷にしたがうタングート部族によっておこなわれたものである。そしてさらに二年後の淳化四年になると西涼府の主権は弟の遊竜鉢に受け継がれるが[22]、この頃になると独自の動きをとるチベット族が目立ってくる。当時、折逋氏政権は宋にしたがっているが、かつては野利氏と提携していた勢力の中心であったと思われる。西涼府を構成するチベット族の中には宋一辺倒に不満を持つ勢力もかなりいたことであろう。吐蕃独朶とはおそらくそうしたチベット族の部酋の一人だったのではなかろうか。独朶が「自宋来帰」とあることからもわかるように従来は折逋氏同様に宋にしたがっていたのである。それが李継遷の工作に応じて遼に遺使するようになったのであろう。李継遷の側からすればこれによって将来的に予定される西涼府攻略の端緒が開かれたといってもよかろう。

翌淳化元（九九〇）年になると李継遷の外交戦術はさらに磨きがかかる。三月丁丑（二日）に李継遷は遼に「遺使来貢」している（聖宗紀四）が、これは義成公主の降嫁の答礼だったと考えられる。しかしながらこの程度の処遇で満足する李継遷ではなかったはずである。この「遺使来貢」にはもうひとつ別の要求も込められていたのではなかろうか。それは「夏国王」の称号の授与である。オルドス一円の領域支配を遼に保障させるためにはなんとしてもそれを象徴する称号が欲しかったはずである。ところが、現実には宋が派遣した定難軍節度使の李継捧が夏州に進駐しているのである。遼からすると、対宋戦略上新たな右翼の脅威の出現になりかねないのである。まさに定難軍節度使に任じた李継遷の力量が問われる重大な問題だったのである。おそらく遼の側から「夏国王」の称号授受以前に状況の改善を要求する圧力が李継遷に加えられたものと考えて間違いなかろう。八月に李継遷が兵を率いて夏州を攻撃したのはこうした背景があったからと思われる。司馬光の『稽古録』（巻一七）同年の条に、「四月戊申（三日）、夏州奏破李継遷兵。」とあり、さらに、「八月、趙保忠奏、破李継遷於安慶沢。又奏、破継遷於玉庭《ママ》鎮。」とある。これに対して『宋史』李継捧伝には「淳化初、与継遷戦于安慶沢。継遷中流矢遁去。保忠乞師禦継遷。」とあり、一方の李継遷伝には「淳化初、復与継捧戦于安慶沢、不利。転攻夏州。継捧乞師。」とある。『宋史』の両伝には王亭鎮の記載がない。『稽古録』の四月の戦闘記事は場所も不明で内容も漠然としており、八月の戦闘とは無関係であろう。前年の御泥布、囉樹等二族の反抗でもわかるように、この間、両勢力の紛争は各地で引き起こされていたはずである。そのひとつが採録されたと考えてよかろう。これに対して八月の戦闘は李継遷みずから陣頭指揮を執った最初となる本格的な夏州攻略作戦[23]だったと考えられる。安慶沢の位置については『読史方輿紀要』（巻六一陝西一〇）地斤沢の項に「又有安慶沢。亦在夏州北。宋淳化初、定難軍節度使趙保忠与李継遷戦於安慶沢……」とある。註（8）の譚其驤の地図でも夏州と地斤沢の間、夏州寄りに比定している。『宋史』（巻四九二外国八吐蕃の条、以下『宋史』吐蕃伝と略記）の一三年後の咸平六年の条に「上曰、継遷常在地斤三山之東、毎来寇辺……」とあるから、淳化元年の頃も李継遷は地斤沢を根拠地にしていたと断定してよかろう。そこで李継捧は前もって安慶沢に堡寨を設置し、李継遷の攻撃から夏州を守禦するための前衛部隊を駐屯させていたのであろう。安慶沢の戦闘に関しては『稽古録』、李継遷伝ともに李継捧側が勝利したように記されているがこれは単なる修辞にすぎない。情報の発信元が李継捧であることを考えれば実態は正反対であったろう。その証拠は次の戦勝地が夏州であることからもわかる。『遼史』聖宗紀四にはこの年の九月に李継遷が宋俘を献じたとする記事があるが、これは安慶沢で捕虜にした宋軍の兵を指すのであろう。李継遷は「実績」を遼に示したのであろう。もとより、わずか千人の兵に守られて夏州に赴任した李継捧である。李継遷の組織化されたタングート諸部族の軍事力[24]に対抗できるほどの兵力を短期間に養成することは不可能である。『宋史』の両伝に「乞師」が記されているように、戦闘の実態は李継遷側の一方的な勝利であったことはいうまでもない。安慶沢で李継捧側の前衛軍を蹴散らした李継遷軍はその足で夏州に迫ったのである。王亭鎮の位置は註（8）で触れたように、夏州の南北二説あり即断し難いが夏州の北方説が妥当で、李継遷伝の夏州攻撃とは王亭鎮を攻撃したことを指すのであろう。李継捧伝の「継遷中流矢遁去」は事実としては認められない。李継遷は王亭鎮攻撃をもって作戦を終了したのである。建国運動の総帥が流れ矢のあたるような危険な最前線に位置するはずもない。夏州城が難攻不落を誇ることは李継遷自身が知悉しており、当初から李継遷は夏州城を攻略する気はなかったと考えるべきであろう。加えて李継遷が仮に夏州城を攻陥したとなると、当然、宋が大規模な追討軍を派遣してくることになり、全面衝突に発展していく可能性も否定できない。この時点でさまざまなリスクを犯してまでもおこなう作戦ではないのである。李継遷は作戦の後を考えていたはずである。

そこで、この作戦の目的を整理しておこう。最初に述べたように、遼の期待に沿うべく、李継捧が駐留する夏州城付近を攻撃することによって、定難軍節度使としてオルドス一円の領域支配を進捗させている姿勢を示し、遼が渋る「夏国王」の称号授与に繋げようとする狙いがあったのである。このことは結果的に蕃部経営を進めようとしている李継捧に対して警告を与えることになり、定難軍管下の実質上の支配者の確認を李継捧に迫ることにもなったはずである。そして最も重要な目的は揺さぶりをかけることによって宋との交渉の端緒を得、さらに有利な処遇を宋からも引き出そうとしたことである。このことはすぐ後で述べる。李継遷は一二月になると聖宗紀四に「癸卯（二日）、李継遷下宋麟、鄜等州、遣使来告。」とあるように、麟、鄜等州の攻陥を遼に報じている。麟州は府州折氏の守禦する拠点である。また鄜州は延州のさらに南方に位置する洛水中流域の軍事拠点である。宋側史料にはまったく対応する記事はなく、また当時の情勢から判断しても事実とは認めがたく李継遷の虚報と断じてよかろう。当然、李継遷はこの機会にも「夏国王」の称号を強く求めたと思われる。遼の廟堂にしても李継遷の報告に全幅の信は置いていなかったと思われるが、対宋戦略上の右翼の安定確保の見地から李継遷の要求に応じざるを得なかったのであろう。聖宗紀四には同月「庚戌（九日）、遣使封李継遷為夏国王」とある。李継遷は宋と遼の対立関係をうまく利用して、まずは遼から端拱二（九八九）年に公主を、そして翌淳化元年には夏国王という二つの保障を得ることに成功し、オルドス一円における地歩を着々と築いていったのである。

宋の廟堂にとって李継遷の夏州攻撃は予想外だったのだろう。前々年に銀州刺史洛苑使を与えたことにより事足りていると思っていたのかもしれない。それにしても李継捧の援軍要請を受けて太宗が援軍を派遣するまでに四箇月を要している。『宋史』太宗紀二の淳化二年春正月の条に、「丙子（五日）、遣商州団練使翟守素帥兵援趙保忠于夏州。」とある。当初、李継捧の捷報に惑わされ実態の把握に時間がかかったのかも知れない。太宗も事の成り行きが大いに気に懸かったようである。正月恒例の上元節観灯を中止している[25]。そして『続資治通鑑長編』（巻三二）同年七月の条には、

李継遷は翟守素が兵を将いて来討するを聞き、恐懼して表を奉じて帰順す。丙午（九日）、継遷に銀州観察使を授け、賜るに国姓名を以てし趙保吉と曰う。保吉またその親弟継沖を薦む。上、また姓を賜い名を保寧に改め、綏州団練使を授く。その母罔氏を西河郡太夫人に封ず。

とある。宋が五代の漢、周以来の歴戦の老将で蕃部経営には定評があった翟守素[26]を派遣してきたことにより李継遷は一転して表を奉じて帰順したのである。李継遷の側からすると待望の交渉相手がやって来たわけで、躊躇なく和平交渉に切り替えたのである。李継遷とその幕僚は利に聡く機を見るに敏で常に臨機応変の柔軟性を持っていた。おそらく張浦が交渉役となり翟守素を介して宋中央との間で賜姓、授官等の条件が詰められていったものと考えられる。総じて賜姓や授官は一方的に中国側から与えられるものと思われがちだが、李継遷が弟の継沖の授官を要求していることからもわかるように、こと李継遷に関しては事前の交渉が繰り返されていたことを窺わせる。また、『宋史』党項伝淳化二年一一月の条の後に、

これより先、兀泥大首領泥中佶移内附す。詔して慎州節度を授く。俄にまた継遷に帰す。

とある。李継遷は連立相手で遼から保大軍節度使、鄜坊等州観察処置等使に任じられている野利氏の総帥である兀泥佶移をともなって宋に奉表帰順していたことがわかる。李継遷は全面的な帰順を装っていたのである。そして同じ二年の条の最初に、

二年七月、黄乜族降戸七百余を以て銀、夏州の旧地に散しこれに処らしむ。

という記事がある。一見何の変哲もない蕃部の帰順のように思われるが、七月というタイミングと銀州、夏州旧地という表現は注目に値する。李継遷が奉表帰順したといってもそれを証明する担保が必要だったはずである。黄乜族七百戸は李継遷の側から宋側定難軍節度使の李継捧に引き渡された旧夏州拓抜李氏直属のタングート部族だった可能性が高いのである。こうした折衝に約半年を要したのであろう。太宗は李継遷の求めに応じて、李継遷に趙保吉の名を与え銀州観察使に任じ、兀泥佶移には慎州節度使を授けた。弟の継冲には趙保寧の姓名を与え綏州団練使に任じ、さらに母親の罔（以下、衛慕氏に統一）氏を西河郡太夫人に封じたのである。衛慕氏はかつて雍熙元年の九月頃に曹光実が李継遷を襲った際に妻とともに捕えられたものである。『宋史』（巻二八一）呂端伝によると、保安軍の上奏に接した太宗は枢密副使の寇準のみと相談して保安軍北門外で斬に処しもって戒めに為さんと決した。それを知った宰相の呂端が単独直奏し、「昔項羽得太公、欲烹之、高祖曰『願分我一杯羹』。夫挙大事不顧其親。況継遷悖逆之人乎。若其不然、徒結怨讎、愈堅其叛心爾。」といい、その対策として「以臣之愚、宜置於延州、使善養視之、以招来継遷。雖不能即降、終可以繋其心。而母死生之命在我矣」と述べて太宗をいたく感佩させ、その結果、衛慕氏は生を得て延州に拘置されたことになっている。真偽の程は極めて疑わしい話であるが(27)、太宗が李継遷を引き付ける好餌として衛慕氏の利用価値を認めて殺さずに延州に優遇していたことは事実に相違ない。このたび西河郡太夫人に封じて李継遷の歓心を買おうとしたことが何よりの証拠である。おそらく母親はこの際に李継遷に引き渡されたのであろう。太宗と

しては最大限の処遇を与えたことがわかる。前章で雍熙二年、李継遷の三族寨攻撃に対して積極性を欠いたとして召還された田仁朗が、御史の按問に「継遷蕃情を得る。願わくば且に優詔を降しこれを懐来せん。云々」といって太宗の怒りを増幅させ流刑に処されたことを述べたが、六年目にして田仁朗の主張を後追いしているのである。最後に、なぜ李継遷は宋の授官、賜姓に拘ったのか。その理由はオルドス一円の蕃漢諸部族を支配する上で、李継捧と同等の宋の正統権威が必要だったということである。いかに遼から高い地位を与えられても、長く中原王朝の支配下に置かれていた蕃漢諸部族にとっては何の有難味もない。兀泥信移にとってもまったく同じことがいえるのである。

　この間、李継遷は遼に対しても緊密に対応していた。統和九（淳化二）年の二月には戦勝を報告し、四月には夏国王封冊を謝する使節を派遣しているが、[28]『遼史』聖宗紀四同年七月の条に、「己未、夏国以復綏、銀二州、遣使来告。」とある。李継遷が銀州観察使を、李継沖が綏州団練使を拝命したのは七月の丙午つまり九日のことである。これに対して綏、銀二州を取り戻したことを告げる使者が遼に到着したのが己未すなわち二二日のことである。その間わずかに一三日に過ぎない。宋の授官を申し渡す正式の使者の到来を待たずに遼に対して綏、銀二州の獲得を報告していることがわかる。この点からも宋との間に事前の折衝が持たれていたことを窺知することができるのである。そして一〇月になると聖宗紀四に「壬申（七日）、夏国王李継遷遣使来上宋所授敕命。」とあるように李継遷は正式に宋の授官を報告している。ところが、宋の授官が示す綏、銀二州に止まらず、この時宥州の支配権も同時に宋から認められていたようである。本節の前の方で述べたように端拱二年の四月に李継遷与党の御泥布、囉樹等二族が売馬問題から李継捧に襲撃され降服したことになっているが、実際はその後も宥州は李継遷の陣営に属していたことは間違いない。次の章で史料を紹介するが淳化五年正月に李継遷が霊州を攻撃した際に、太宗の言として「又以綏、宥州委其弟兄、可謂恩寵倶隆矣（『続資治通鑑長編』巻三五）。」といっているからである。さらに、時代は降って咸平元（九九八）年に「（四月）十四日夏州趙保吉遣弟宥州団練使継瑗来貢槖駞名馬（『宋会要輯稿』歴代朝貢）。」とあり、咸平元年に弟の李継瑗が宥州団練使をもって宋に派遣されているのである。常識的に考えて李継瑗だけが別箇に宥州団練使を授けられるはずはなく、淳化二年の七月に李継遷の求めによって継沖は綏州団練使に、継瑗は宥州団練使に任じられたのであろう。その際、おそらく継瑗は国姓名を与えられなかったために史料上から欠落してしまったものと考えられる。(29)

このようにして李継遷は雍熙二年に綏州争奪戦に敗れてから六年目にして、夏州を除く無定河流域の旧定難軍支配下の綏、銀、宥三州を「合法的」に獲得することに成功したのである。裏を返せばこの六年の間に、夏州城一円を除き無定河流域の三州ならびにその周辺に居住するタングート諸部族に対する李継遷の組織化は大いに進捗し、実効支配がおこなわれるようになっていたことを物語っている。こうした情況を宋も追認せざるを得ず、李継遷一党に観察使、団練使等を与えて何とか定難軍節度使体制に繋ぎ止めようと努力したのである。

三　李継捧の遼内附事件と青白塩問題

ところが、李継遷の野望は止まることはなかった。『遼史』聖宗紀四統和九年一〇月壬申（七日）の条（前節末記載）に続けて驚くべき記事が掲載されている。すなわち、

丁丑（一二日）、定難軍節度使李継捧来附す。推忠効順啓聖定難功臣、開府儀同三司、検校太師兼侍中を授け、西平王に封ず。

とある。李継遷の授官報告から数えて五日目に李継捧が遼の西平王に封じられているのである。文字通りに解釈して夏州に駐在している李継捧が遼に内附したとすると、考えられる手段は李継遷が授官報告の使者を派遣した際に、その嚮導によって李継捧の使者が遼に赴いたことになる。淳化二年の七月から一〇月にかけてのわずか三、四箇月の間に何があったのであろうか。李継捧の立場から考えてみよう。李継捧が宋の定難軍節度使に任じられた理由は旧支配

諸部族を招来するための名目的なものであり、もとより強力な軍事力を委ねられたかつての藩鎮の再生ではなかった。夏州とその周辺の堡砦に駐屯している兵力の総計にしても二千から三千人前後だったのではなかろうか[30]。李継遷との戦闘に際して援軍の派遣を要請していることもそれを裏づける。また、節度使とはいえ李継捧が軍事、行政の独断専行権を与えられていたわけではない。太宗が選抜した漢人の都監や鈐轄、通判が李継捧を囲繞してその行動を厳しく掣肘していたはずである。往年と異なりまったくの丸腰になったタングート出身の名目的節度使に漢人将兵が心服するだろうか。兵権にしても実態は指揮使の趙光嗣（後述）等下僚の漢人が握っていたと考えるのが妥当である。翟守素の来援で李継遷は急遽奉表帰順しているが、以後の交渉は専ら漢人の翟守素が担当したはずである。李継遷と同族の李継捧が交渉を主導する役割を委ねられていたとは思われず、またその力量もなかったことだけは確かである。李継遷一党の賜姓、授官に関して李継捧はいわゆる「蚊帳の外」に置かれていたことは間違いなく、疎外感を感じていたのではなかろうか。翟守素は一件落着後石州に徙っており（註（26）の史料参照）、信頼できる幕僚のいない李継捧は、地位とは裏腹に孤独で極めて不安定な立場に置かれていたことは想像に難くない。このような環境に置かれている李継捧が李継遷の嚮導で遼に内附したのであろうか。その真相をいくつかの仮説から探ってみたい。翟守素が去った後、李継遷が李継捧に接触する機会は充分にあったと思われる。銀州観察使の李継遷が定難軍節度使である李継捧のもとに出向くことも、また使者を派遣することも制度的にはまったく問題はない。しかし、そうした機会を捉えて遼への内附を促すことが果たして可能であろうか。李継捧の周囲には常に漢人の幕僚が控え監視していたはずである。また遼に内附することによって李継捧にどのようなメリットがあるだろうか。すでに李継遷は遼から定難軍節度使、銀夏綏宥等州観察処置等使に任じられ夏国王に封じられているのである。この情況で遼に内附したところで李継遷の後塵を拝することはわかりきった話である。別段大きな失策を犯したでもなく、宋政府との関係も悪いわけではない。翟守素の来援後に茶百斤、上醞十石を賜っている[31]。李継捧の側に遼に内附する理由はまったくないのである。また、内附の密使を遼に派遣したとすると誰がその役目を果たせたであろうか。李継捧の周りには同族のブレーンはいなかったはずである。上述したように、太宗も李継捧を夏州に派遣するにあたっては周到に漢人の幕僚で固める態勢を用意したはずである。彼等の目をかすめて密使を派遣できる情況では決してなかったのである。李継捧にとって李継遷の存在は極めて脅威だったはずである。それ故、仮にこのような話を李継遷から持ちかけられたとしたならば、李継遷追討のまたとない理由になり直ちに宋中央に通報したことだろう。李継遷にしたところでこうした筋書きは充分に読んでいたはずである。この時点で李継捧の遼内附などはありえない話なのである。

それでは李継遷の側からこの内附劇を見てみよう。オルドスの一円支配を目論む李継遷にとって李継捧の存在は邪魔者以外の何者でもない。仮にも宋から任じられた定難軍節度使で拓抜李氏の嫡流である。その復帰後は一定の支持勢力が存在したことも事実であろう。その李継捧が遼に内附しそれなりの地位を保障されればタングート諸部族の二頭支配に繋がる危険性がある。どのように考えても李継捧の内附は李継遷にとっては一利もないのである。それでは何ゆえに『遼史』に李継捧の内附と授官の記事が載せられているのであろうか。唯一の解答は李継遷が仕立てた偽使節ということである。ここに李継遷とその幕僚の卓越した深謀を見て取るべきであろう。李継遷は夏州城を攻略するでもなく、あまつさえ宋から国姓名を賜り授官されている。直ちに遼に報告したとはいえ、明らかに形の上では両端を持したわけで遼としては面目丸つぶれである。そこで遼は、李継遷の忠誠を示す証拠として、李継捧の内附を絶対条件として課したのであろう。遼は李継遷のタングート諸部族の組織化が進捗することにようやく危惧の念を懐き始めていた。李継捧が帰順すればタングート勢力を二分することができ李継遷の勢力抑制に繋げることができるのである。遼は李継遷が最も嫌がる要求を押し付けたのである。ところが役者は李継遷の方が一枚上手であった。李継遷は遼の法外な要求を逆手にとって、ある目論見を立てて偽使節の派遣をおこなったのである。宋と遼の間には常に間諜が行き来していたことは前節の最初の部分で取り上げた王禹偁の上奏を見れば窺い知れる。宋、遼のみならず李継遷の陣営にしてもそれぞれが相手国に情報網を張り巡らせていたことはいうまでもなかろう。遼が李継捧を西平王に封じた情報はほどなく宋の廟堂にも達したはずである。おそらく事実確認の使者が李継捧のもとに派遣されたものと思われる。太宗はじめ宋の有司も一応李継捧の無実を信用したであろうが、同時に疑念を生じ監視態勢をより強化したことは次の章に触れる指揮使趙光嗣の動きからもわかる。偽使節の派遣は期せずして宋と李継捧の離間策になったのである。同時に李継遷はタングート諸部族に対し李継捧が遼に内附して自分と提携関係にあるとする偽情報をさかんに喧伝したことであろう。このことは李継遷の行動に慎重な部族の組織化に大いに役立ったことであろう。そして李継捧に対する宋の疑念はいや増していったことであろう。李継遷はいわゆる浸潤の譏で李継捧の立場をなし崩していったのである。宿願の夏州獲得の布石だったのである。因みにちょうど一年後のことであるが、府州の折御卿と李継捧が禁を破って相次いで太宗に鷹を献上している。折御卿が白花鷹を献じたのは一〇月一日（辛酉朔）のことで、李継捧が海東青を献じたのは一一月一五日（甲辰）のことと思われる(32)。折御卿の白花鷹献上を知った李継捧が前年の賜物の返礼を口実に急遽海東青を献じ忠誠を競った可能性が高い。おそらく李継捧はこうすることで太宗の疑念を晴らそうとしたのではないかと思われる。自己の立場が徐々に不利な方向に傾いていることを察知していた証拠ではなかろうか。おそらく李継遷には、この間になし崩し的に追い込まれていった李継捧が最後には同調するとの心算があったのであろう。これに関しては後に触れることにする。

李継遷の欺瞞が発覚することは時間の問題であった。『遼史』聖宗紀四統和九（淳化二）年の条に、

十二月、夏国王李継遷潜に宋に附す。招討使韓徳威を遣わし詔を持しこれを諭《さと》さしむ。

とある。二箇月もたたずにタングート担任の総責任者である西南面招討使の韓徳威をわざわざ李継遷のもとに派遣して叱責を加えているのである。考えられる理由は李継捧の内附劇以外にはなく、李継遷が仕組んだ一芝居であったことは当然のことながら直に発覚していたのである。この史料は李継捧内附に関わる筆者の推論の正しさを証明するも

のである。ところが韓徳威の派遣には別の目的もあったようである。『遼史』（巻八二）の耶律徳威伝に、

李継遷賂を受け潜に二心を懐く。詔を奉じて兵を率い往きて諭す。継遷、託《ほのめか》すに西征に出でざるを以てす。徳威、霊州に至り俘掠して還る。(33)

とある。李継遷は「西征」の意思を否定し韓徳威に応じたとあるが、これこそが韓徳威派遣のもうひとつの理由なのである。前年の一二月に李継遷は遼から夏国王に封じられているが、このことは同時に李継遷の支配領域の画定を意味したはずである。遼の思惑はあくまでも李継遷を無定河流域内に押し込め、河西回廊におよぶ西方発展を阻止する意図があったと考えられる。ところが、淳化二年の一一月を期して李継遷が烏、白池攻略の兵を準備している情報が遼に達したのであろう。そしてその鋒先はさらに霊州に向かうことも十分に予想されたのである。韓徳威が趣いた時、李継遷はちょうど烏、白池攻略の準備中だったのであろう。そこで韓徳威は霊州を襲い俘掠して還ったのであるが、これは宋に対する示威ではない。近い将来、霊州を狙うであろう李継遷に警告を与えるための予防出兵の意味合いがあったのである。

そこで、遼の不信を生むもとになった李継遷の一連の作戦について解説しておこう。前節で触れた『宋史』党項伝淳化二年の条、兀泥信移の内附記事の直前に、「十一月、継遷寇熟倉族。刺史咩嗢率来離諸族撃退之。」とあり、李継遷は一一月になると熟倉族を攻撃している。熟倉族とはいかなる部族であったのか、その実態の解明を先にしておきたい。『宋史』の同伝には二年前の端拱二年の条にも「十月、継遷寇会州熟倉族。為其首領咩嗢率来離諸族撃走之。」という酷似した記事を掲載している。ともに来離諸族を率いて李継遷の軍勢を撃退したとあり、記事の重複の可能性が考えられる。ところが後者には熟倉族の居住地が会州と明示され、咩嗢を刺史ではなく首領としている。一概に記事の重複とも断定し難いのである。そこで思い出される史料が前章第三節（二七二頁）で掲載した『宋史』李継遷伝雍熙二年の条の「三月、破会州焚毀城郭而去。」である。『西夏書事』の著者呉広成や岡崎精郎氏は会州を『読史方輿

紀要』（巻六二）に載せる靖遠衛と思い込んでいるが、銀州と会州の間は直線距離で四〇〇キロも隔たっており、雍熙二年の段階で李継遷が会州を攻撃することは何の必然性もなく唐突すぎる。記事の竄入か、野利氏の攻撃の可能性も考慮したが、『宋史』党項伝を詳しく検討してみたところこの疑問を解決することができた。雍熙二年に李継遷が攻撃した会州は、その四年後の端拱二年、六年後の淳化二年に攻撃した会州ともちろん同一地点である。ただし、靖遠衛とはまったく異なった場所だったのである。その根拠は同じ『宋史』党項伝の淳化五年六月の条に「継遷所駆脅内属戎人橐駝路熟蔵族首領乜遇……」とあり、さらに至道元年六月の条に「環州界首領会州刺史乜遇……」とあり、重ねて七月の条に「環州熟倉族乜遇……詔以遇為会州刺史……」とあることである。熟蔵族乜遇と熟倉族乜遇は勿論同一人物である。『宋史』党項伝は二系統の史料から熟倉（蔵）族の記事を収録していることがわかる。会州熟倉（蔵）族は環州熟倉族とも呼ばれ「環州界」の「橐駝路」[34]に居住していたことがわかる。環州から直線距離でほぼ二〇〇キロも離れている会州（靖遠衛）でないことは明白である。『読史方輿紀要』（巻六二）陝西一一の靖遠衛の条に「西魏置会州。後周廃。……唐初復置会州」とあり、続けて割注に「旧唐書武徳二年以平涼郡会寧鎮置西会州。九年、突厥寇西会州是也。」とある。唐初、靖遠衛の地は西会州と呼ばれていたことがわかる。ということは東会州が存在したわけで、同じく寧夏中衛の条、鳴沙城の項割注に「後周保定二（五六二）年移置会州於此。……唐武徳四（六二一）年置西会州、鳴沙県属焉。……大中三年収復改置威州。五代晋徙州治方渠、以鳴沙為属県。」とある。つまり会州は北周の時代に鳴沙城の地に移されるが、その後、唐初に再び靖遠衛の地に復帰し区別するために西会州と呼ばれたことがわかる。おそらくこうした事情から旱海方面のある場所がその後も会州と呼ばれ続け、その記憶が人々に受け継がれていたのではなかろうか。註（34）掲載の『武経総要』に記す橐駝会については『続資治通鑑長編』（巻五一）咸平五年正月に「甲子、陝西転運使劉綜言、訪聞遷賊蕃部於赤沙、橐駝路各置会貿易。深慮誘熟戸叛。……」[35]とある。この史料は李継遷によって会州が占領された直後の記事であるが、おそらくこの地は古くからの交通の要衝で、有無を交易し青白塩などの物資を中継する拠点として「会」が置かれ熟倉族や来離族がそれを独占していたのであろう。そしていつしか槖駝路の拠点で熟倉族が居住する槖駝会（口）がかつての会州の記憶と「会」の設置とがない交ぜになり会州と呼ばれるようになったのではなかろうか。熟倉族は槖駝会を拠点にして槖駝路一帯に影響力を保持していたために槖駝路熟倉（蔵）族とも通称されたのであろう。槖駝路は旧定難軍の領域には属しておらず、槖駝会を占拠する熟倉族は拓抜李氏の直接的な影響を受けていなかったと思われ、以前から宋に依存して利益を享受していたのであろう。『宋史』党項伝に熟倉族を「内属戎人」と記している由縁である。

さて、李継遷は何ゆえに執拗に会州（槖駝会）の熟倉族を攻撃したのであろうか。雍熙二年三月の攻撃は曹光実を謀殺した直後のことである。そこで思いあたるのが野利氏など河西タングートの存在である。野利氏、破丑氏との提携はその前年の後半から二年の初頭に成立していたと考えられる（前章第三節末）。李継遷が環州方面の野利氏勢力と連絡を密にするためには、宥州から塩州に出て槖駝路を利用するルートを確保する必要性に迫られていたからではなかろうか。また野利氏側からも青白塩の輸送ルートを取り戻すためにも槖駝会攻略が望まれたのであろう。逆に宋にとっても青白塩の輸送路を維持確保する上からも熟倉族の奮闘は大いに評価されたはずである。淳化二年、熟倉族首領の咩嗚が刺史を称しているが、これは宋が熟倉族に梃入れするために授けたものであろう。しかしながら、三度目にあたる淳化二年の会州攻撃は単に環州連絡路の確保だけが目的だったのではなく、真意は明らかに別のところにあったのである。淳化二年七月、李継遷は宋から綏、銀、宥三州の支配を認められると、それを突破口として建国運動を次の段階に移行させていったのである。前節で触れたように西涼府の阿喩丹がタングートの劫掠を宋に訴えたのはまさにこの年のことである。李継遷の尖兵はおそらく霊州から南下する西涼府の使節を劫掠していたのであろう。李継遷はこの頃になると明確に霊州獲得を志向していたはずである。朝貢貿易の主導権を完全に掌握して経済力を強化し国家建設を前進させる構想を抱くようになっていたと思われる。また、諸部族の組織化が進捗するにつれ当面の経済力の強化も大きな問題になったはずである。李継遷は霊州獲得の前提として烏池、白池の占領、青白塩の独占とその輸送路の全面的支配の達成を急いだはずである。詳細はすぐ後で述べるが、二年後の淳化四年に鄭文宝が青白塩の流通を禁止し、李継遷を屈服させようとして西北辺に大騒擾を惹き起こしたことはよく知られている。このことは、これ以前に烏池、白池が実質的に李継遷の支配下に置かれていたことを意味している。淳化二年一一月の会州攻略は成功しなかったが、烏、白池攻略の一環としておこなわれたものと考えてよかろう。

そこで話を前に戻すと、こうした積極的な行動が宋だけではなく遼の廟堂にも大きな不信感を生じさせてしまったのである。遼の廟堂も李継遷が遼、宋両国と臨機応変に対応し、その都度自己の立場を強化して国家建設に向かっているいることを疾うに見抜いていたのである。聖宗紀四の統和一〇（淳化三）年二月の条には、韓徳威の上奏の後を追うようにして「庚寅（二六日）、夏国以韓徳威俘掠、遣使来奏。賜詔安慰。」を載せている。李継遷は遼の魂胆を察知し直ちに釈明と韓徳威の俘掠の不当を愬えた遣使をおこなっているのである。遣使はさらに一〇月にも繰り返されている。李継遷とその幕僚のしたたかな外交手腕が窺える遣使である。遼としても李継遷を敵にすることだけは避けたかったはずである。偽使節問題の責任追及も有耶無耶にならざるを得なかったのであろう。

淳化三（九九二）年に関しては宋側の文献には李継遷の消息は何ら記されていない。しかしこの間に李継遷によるタングート諸部族の組織化はほぼ完成の域に近づいていたものと思われる。地斤沢一帯、夏州を除く無定河流域、さらに橐駝会附近を除く旱海にかけて、そして横山山脈の南麓の深奥部一帯にその支配力がおよぶようになっていたのであろう。これに対して宋の支配はいくつかの点と細々とした線に過ぎなくなっていたものと思われる。宋もそうした情況を正確に把握していたのである。そうでなければ翌四年に発生した鄭文宝の青白塩流通禁止の騒ぎも起こりえなかったはずである。

そこでこの騒擾の実態の解明を通して淳化三、四年の西北辺の形勢を確認しておきたい。そもそも青白塩の流通は一貫して中国側が掌握していたものでもなかった。先に触れたように、後唐時代、塩州のタングート諸部族と野利氏が青白塩の流通ルートを掌握していた時期があった（第一部第四章）。長興三（九三二）年の薬彦稠の征討後は一応五代各王朝が支配権を掌握し宋に受け継がれていったようであるが、野利氏などタングート諸部族の密貿易も当然盛んにおこなわれていたものと思われる。それというのも第一部第五章第一節の（二）で述べたように、宋初の乾徳元年頃に姚内斌が「慶州刺史兼青白両池榷塩制置使」に着任してようやく蕃部を抑え込んでいるからである。宮崎市定氏はその先駆的論文「西夏の興起と青白塩問題」で、延州、環州、涇州、慶州地方には通商法が採用されたとしているが、[36]宋代の極初期は姚内斌の職名からもわかるように榷塩法がおこなわれ収奪が徹底していたことがわかる。姚内斌の死後、河西タングートが繰り返し騒擾を引き起こしている背景には榷塩法に対する不満が根強かったことが原因のひとつと考えられる。そしてほどなく榷塩法が維持できなくなり通商法に類する制度に変わっていったのではなかろうか。李継捧が内徙した太平興国七（九八二）年から数年の間は烏、白池や塩州に宋の役人や軍隊が駐屯し曲がりなりにも通商法らしき制度を維持していたのであろう。ところが李継遷の攻勢がこの方面におよぶようになるにつれて宋の支配力は後退し、野利氏などタングート諸部族による独自の塩の流通が息を吹き返していたものと考えられる。李継遷が執拗に会州橐駝会を攻撃した理由もこれと関連している。後退したとはいえ、それでも青白塩の主な集積地は熟倉族が守る橐駝会であったはずである。宋は熟倉族を利用して辛うじて会州橐駝会を通過する青白塩に税を課していたのであろう。ところが淳化三年、烏、白池が完全に李継遷側に陥没したことから宋の通商法も有名無実になり、タングート諸部族による青白塩の密貿易に拍車がかかることになったものと思われる。『宋史』（巻二七七）鄭文宝伝に「先是、諸羌部落樹芸殊少、但用池塩与辺民交易穀麦」とある。青白塩を生産する蕃部とそれを中継する蕃部にとっては官の介在を排して穀麦を得ることができ、一方僅かではあっても穀麦を生産する環江流域の蕃漢諸部族にとっても質のよい青白塩が安く手に入るようになったのである。こうした情況を踏まえて鄭文宝の青白塩流通禁止の上奏がなされたのである。以前ならばタングート追討の軍が起こされたところであるが、陝西転運副使の鄭文宝の発想は経済封鎖によって事態の挽回を図ろうとするものであった。『宋会要輯稿』（第一二三冊）食貨二三に、

淳化四年八月、詔し「陝西諸州、先に戎人に青白塩を販ぐを禁じ、商人に解塩を通行するを許し、以て民食を済《たす》く。詔令既に下り、而して法を犯す者衆し。宜しくこれを除き、悉く旧貫に仍《よ》らん。」と。これより先、戎人は青白塩を以て米麦に博《か》え食に充つ。転運副使鄭文宝建議し「以《おもえらく》、李継遷は徒を聚め寇を為すに、平夏の北は千里不毛、徒は青白塩を販ぐを以て粟麦を糴し以て食に充つ。願わくばこれを禁じ、商人に解塩を販易するを許し、官その利を獲れば、而して戎人以て困しみ、継遷戦わずして屈す可し。」と。太宗これに従う。詔を下し「陝より以西、敢て戎人の青白塩を私市する者有れば皆死に坐す。隣里を募り告訐すれば、差をつけその賞を定む。」と。これを行うこと数月、法を犯す者甚だ衆し。戎人食を乏しくし、辺郡を寇掠す。内属万余帳、稍稍《ようやく》引きて継遷に帰す。商人解塩を販ぐも利少く、多くは他路に取り、唐、鄧、襄、汝間に出で善価を邀《もと》め、吏禁ずる能わず。関隴の民、塩無く以て食して境上騒擾たり。知制誥銭若水に命じ馳伝してこれを視さしむるに及び、因りて詔を下し尽く旧制に復さしむ。内属戎人漸くまた帰附す。辺境始めて定まると。

とある。鄭文宝はタングート語を解し諸部族の情況に暁達しており、酋長らの知己も多かった。おそらく当時の官僚の中で、環江流域のタングート対策に関してはその右に出る者はいなかったであろう。それだけに自負心も強く「功名手柄」に逸ったところがある（『宋史』鄭文宝伝、史料後掲）。ところが接壌地帯の蕃部はいつの時代でも面従腹背を常としている。鄭文宝にしたところで結局はタングート諸部族の性向を的確に判断していなかったのである。タングート諸部族が禁令を遵守して解塩を舐め、李継遷が兵糧攻めにあって降服すると考えたとするとあまりにも稚拙な方策である。鄭文宝の思惑とは裏腹に一大騒動に発展したのである。『宋史』の鄭文宝伝にも「戎人乏食、相率寇辺、屠小康堡。内属万余帳亦叛」とあって『宋会要輯稿』と同様の騒擾を伝えているが、さらに『宋史』党項伝淳化四年

の条には、

この年、鄭文宝青塩を禁ぜんことを献議す。羌族四十四首領、楊家族に盟い、兵騎万三千余人を引き環州石昌鎮に入寇す。知環州程徳玄等撃ちてこれを走らす。

とあり、一方、『宋史』（巻四六六）竇神宝伝には淳化中の事として、

環州近辺内擾し、程徳玄とこれを討ち、牛家族二十八部を破る。且つ通遠（環州の意）を規度し霊武路に入り、命に就《よ》り環慶同駐泊となる。牛家族復た衆を結び叛き、又これを破り、余党を極泉鎮に殲し、その渠帥九人を獲る。

とある。騒擾はまず青白塩を輸出する側のタングート諸部族から惹起した。穀麦が手に入らなくなり、食糧難に陥るのを座視する李継遷ではない。李継遷の命を受けた部族が青岡峡から帰徳川を下って攻撃し、その前線に位置したと思われる小康堡（位置未詳）を攻略したのである。密貿易の遮断策に対する実力行使だったのである。この間に環江流域のタングート諸部族に対しても李継遷側の工作がおこなわれたのであろう。環江流域の四四人の部族首領が一堂に会し対策を協議したのである。これをもってしても環江流域のタングート諸部族は宋に個別分散支配されていたわけではなく、常日頃相互に連絡を取り合っていたことがわかる。そして彼らが消費する青白塩の量は高が知れている。その多くは「関隴民無塩以食而境上騒擾」の一文からもわかるように涇水の全流域のみならず渭水の全流域にも供給されていたのである。そのためにも官の手を経ない広範囲におよぶ密貿易のネットワークが存在していたことは間違いない。環江流域の内属タングート諸部族は宋の支配に服しつつも共通利益を守るための機能を保持していたのである。楊家族については他に記載がないが漢名で表記されていることから熟戸化した部族であろう。タングート諸部族は兵騎一万三千を糾合して環州西方の石昌鎮を攻撃したのである。「牛家族二十八部」とは「牛家族等二十八部」の謂であろうが、牛家族がその中心勢力だったことには相違あるまい。五代後唐の頃環江上流部の洪徳寨附近に牛児族

が居住していた。[37] 牛児族と牛家族が同一部族と断定して大過なかろう。そうすると牛家族は白馬川流域の部族ということになる。おそらく李継遷の命を受けてタングート諸部族の四四人の首領を楊家族に召集して石昌鎮攻撃を主導したのは牛家族だったのであろう。牛家族の攻撃は繰り返されていることから考えても牛家族が野利氏の一部族と断定してよかろう。[38] 石昌鎮の攻撃は知環州程徳玄らによって撃退されたのかも知れないが、その後もタングート諸部族の騒擾は一向に収まらなかったのである。だからこそ知制誥銭若水が急遽派遣されて禁令を全面撤回して旧制に復すことによって辛うじて事態を終息させることができたのである。禍を転じて福となしたわけで、まさに李継遷側の全面勝利といってよかろう。環江流域のタングート諸部族に対する李継遷の影響力は格段に高まったはずである。ただ、これをもって環江流域の内属タングートの多くが李継遷に走り、はなはだしくは禁令が民族的自覚を促し西夏の興起に繋がったとする説[39]には首肯しがたい。李継遷の建国運動は青白塩の禁令によって触発されたものではない。事実は真逆で、塩法を確立するという観点を除けば、昂揚するタングートの建国運動を抑え込もうとして禁令が出されたのである。後継者の李徳明、李元昊時代、宋は一貫して青白塩の輸入を禁止したが、これは国内の塩法を守り、併せて拓抜李氏政権を経済封鎖するためで、西夏の建国とは別問題である。『宋会要輯稿』の末尾にある「内属戎人漸復帰附。辺境始定焉」は事実であろう。すでに熟戸化し青白塩の中継交易の他に農耕も営んでいる内属戎人の多くは住み慣れた土地を離れる必然性はなく、従来の利益が保障されるのだから以前同様に表面的には宋にしたがったはずである。この年の一二月に塩州戎人の巣延渭が馬を貢ぎ塩州刺史に叙せられている（『宋史』党項伝等）ことからも禁令撤回の効果が実証される。繰り返しになるが、接壌地帯の蕃部の動向は単純な図式で説明できるものではない。その時々に変幻自在な動きを示している。肝心の野利氏主流にしたところでこの後、実にわかりにくい動きをしていることは追々明らかになっていくはずである。

おわりに

時代を問わず、中国の「周辺民族」の歴史を研究する上で、漢文史料の果たす役割は量りしれない。当該民族の言語で記された自前の史料が皆無の場合、そのすべてを漢文史料に依拠する。筆者が研究対象にしているタングート族の建国運動に関してもまったく同じことがいえる。宋代ともなると現存する漢文史料も膨大な数になり、その取捨選択に迷うほどである。しかし、銘肝すべきはそのすべてが中国側の立場、視点によって記されているということである。筆者はもとより、先学を含め多くの研究者が知らず知らずのうちに中華思想に染まっていたといっても過言ではあるまい。「周辺民族」などという用語自体にそれが象徴されている。筆者はその反省に立って、できる限り史料に施されている彩色を除去して李継遷の外交戦略をまとめたつもりである。その結果、判明した事実は李継遷の驚嘆すべき外交能力である。まさに宋、遼二国を手玉に取っているのである。その傍らには張浦をはじめとする優れた漢人幕僚の存在があったとはいえ、彼らを駆使したのは李継遷自身である。「夷狄の酋帥」とは懸け離れた近代的な外交センスを持った堂々たる政略家としての姿が髣髴する。本章では雍熙三年から淳化四年までの八年間の李継遷の行跡を追った。まさしく建国運動の基礎体力の養成と、宋、遼二国に対する立ち位置の決定をおこなった時期といってよかろう。

註

（1）この他「西蕃」の文字を『遼史』に覓めると、（巻九一）のその名もまさにタングートを意味する耶律唐古伝に二箇所記されているだけである。同伝の「西蕃」は文脈上臚朐河（オルホン河）や可敦城方面の蕃部についての記述であり、タングートを指す用法として使われているのかについては疑問である。いずれにせよ「西蕃」は『遼史』においては極めてまれな用語であることに気づく。そこで『遼史』編纂の過程か筆写の際に「四蕃部」「五部蕃部」と混同して「四番」、「四蕃」と書き誤ってしまったのではなかろうか。

（2）韓徳威の活躍については第一部第五章の第二節に詳述した。

（3）拙稿「西夏建国とタングート諸部族」、八頁参照。『続資治通鑑長編』（巻一一五）景祐元年七月の条の末尾に、「是月、趙元昊率万余衆来寇、称報讎。縁辺都巡検楊遵、柔遠寨監押盧訓以騎七百戦於竜馬嶺、敗績。環慶路都監斉宗矩、走馬承受趙徳宣、寧州都監王文援之、次節義烽。通事蕃官言、敵多伏兵、不可過壕。宗矩不聴。伏兵発、宗矩被執。久之、以宗矩還。」とある。

（4）第一部第三章第四節参照。

（5）第一部第四章第二節参照。

（6）前章第三節参照。

（7）『西夏書事』（巻四）。岡崎精郎、第二篇第一章「李継遷の興起前後」の第四節、一九九頁参照。

（8）王亭鎮の位置については『読史方輿紀要』（巻六一　陝西一〇）永清柵の項に「王亭鎮在廃夏州南。宋将安守忠討李継遷……」とあり、赫連勃勃が築いた統万城の南方、黒水と無定河に挟まれたあたりに比定する。なお、譚其驤の『中国歴史地図集宋・遼・金時期』（地図出版社、一九八二年）の「西夏」においては夏州の北方に比定している。

（9）『西夏書事』（巻四）にはこの年に関しても色々記すが年代を誤っているものが多く、信用できない。

（10）『宋史』（巻二七五）の同人伝には「雍熙二年、改知易州、徙夏州。毎西戎犯辺、戦無不捷。録功就拝濮州団練使。端拱中、知滄州……」とあり、この頃安守忠が知夏州であったことが裏付けられる。

（11）弟の徳玄の誤り。本文記載の同人伝から証明される。

（12）藤枝晃「李継遷の興起と東西交通」（『羽田博士頌寿記念東洋史論叢』京都大学文学部内東洋史研究会、一九五〇年）、八三二頁以降参照。

(13) 第一部第四章第三節参照。

(14) 『遼史』聖宗紀三に「秋七月……己亥、遣南面招討使韓徳威討河湟諸蕃違命者。」とある。南面招討使は西南面招討使の誤りである。また、河湟とは西戎の意である。

(15) 第一部第五章第二節参照。

(16) 同右。

(17) 『続資治通鑑長編』(巻二九)、同年五月の条に「継捧時為感徳節度使即召赴闕」とある。

(18) 王禹偁の禦戎十策はおそらく端拱元年の後半に献策されたものであろう。『宋史』(巻二九三) 王禹偁伝には端拱初に「時北庭未寧、訪群臣以辺事。禹偁献禦戎十策」とある。『続資治通鑑長編』では (巻三〇) 端拱二年の正月の条末尾に記載しているが、これは明確な時期を特定できなかったためにここに挿入したのであろう。

(19) なお、同伝には二年後の淳化二年の条にも「趙保忠又襲破宥州御泥布、囉樹二族。尋各降之。以其朋附継遷、来上。」とある。宥州の二族はその後再び李継遷に朋附していたことがわかる。宥州における李継遷の支配力がいかに強かったかの証明である。

(20) 『宋史』李継遷伝には「(雍熙) 三年、遼以義成公主嫁継遷、冊為夏国王。」とあり、端拱二年より三年前に李継遷は義成公主を得、同時に夏国王に封じられたとする。また、『遼史』聖宗紀二の統和四 (雍熙三) 年一二月丁巳の条にもこれを裏付けるように、「李継遷引五百騎款塞、願婚大国、永作藩輔。詔以王子帳節度使耶律襄之女汀封義成公主下嫁、賜馬三千疋。」とある。義成公主の降嫁について、同じ『遼史』の本紀に三年を隔てて二箇所記されているのである。『遼史』は倉卒の間に編纂されたことで知られるが、この条文もそれぞれの依拠史料にもとづいて未整理のまま併載してしまったのであろう。『遼史』は夏国王に関しては聖宗紀四の統和八 (九九〇) 年一二月の条に「庚戌、遣使封李継遷為夏国王。」と記載している。仮に義成公主の降嫁が統和四年だったとすると李継遷は遼に内附したその年に公主を得たことになり、遼の対応としてはあまりにも早すぎる感を否めない。また夏国王に封ぜられるまで今度は四年も間が空くことになりこれもおかしい。統和四年の公主降嫁の記事は前後二つの文でできている。李継遷は同年二月に遼に内附して定難軍節度使等に任じられているが、より強固な結合の証として「願婚大国、永作藩輔」と怨えて公主の降嫁を求めたはずである。それがこの年の一二月のことだったのである。統和四年と七年の公主降嫁の記事を比較すると多少異なっている。つまり公主降嫁の記事は同一史料の二重採録ではなく別系統の史料をそれぞれ採録したことがわかる。統和四年の記事は原史料の段階で公主降嫁も同年中のことと誤記載していたものをそのまま『遼史』が採録してしまったのである。『宋史』李継遷伝が公主の降嫁と夏国王冊封を一連のものとして記載していることも事実を反映しているのであろう。『宋史』と『遼史』は元の脱脱を中心にまったく同時期に編纂されたものである。たまたま『宋史』李継遷伝に収録する記事が年次を失っていたために『遼史』聖宗紀二の記事に合わせてしまったと考えるのが妥当な解釈であろう。

(21)　拙稿「宗哥城唃厮囉政権の性格と企図」（中央大学『アジア史研究』第二号、一九七八年）第四節参照。

(22)　拙稿「西涼府潘羅支政権始末考」第一節参照。

(23)　『宋史』（巻二五四）侯延広伝に「淳化二年、李継遷始擾夏台、即命延広……」とあるが、淳化二年は正月に翟守素が夏州に進駐し、七月に李継遷が趙保吉の名を賜っているのだからこの年に初めて夏州を攻撃したとするのはおかしい。侯延広伝は前年の事実を誤って記載したものである。また、『宋史』党項伝淳化二年の条に「八月、李継遷居王庭鎮、趙保忠往襲之。継遷奔鉄斤沢。」とあるが、右記したように直前の七月に李継遷は趙保吉の名を賜っている。そして一〇月には李継捧も遼に内通した可能性もあり（本文後述）、前年の八月の戦闘を誤記載したものであろう。前章でも触れたように『宋史』党項伝は当時のタングート諸部族の動向を知る最良のテキストであるが、同時に重複、記事や年代の誤りなども多く、史料批判を忘れない点もある。

(24)　『宋史』（巻二七四）翟守素伝に「淳化中、夏帥趙保忠上言、其弟継遷誘戎人為寇、且求援師」とあり、李継遷が確実にタングート諸部族を組織化していたことが窺われる。

(25)　『宋会要輯稿』（五冊帝系一〇）上元灯の項に「淳化二年正月、上元節不観灯。以夏州用兵故也。」とある。

(26)　『宋史』（巻二七四）同人伝によると、翟守素が商州団練使に任じられたのは太平興国年間のことである。雍熙二年に知延州に代わっている。さらに同伝四年の条末に「会建方田、命為代北方田都部署、并州兵馬鈐轄、従屯夏州、改知鳳翔府。」

とあり、さらに淳化中のこととして「……詔守素率兵復屯夏州。未幾又徙石州。」とあるように淳化以前に夏州駐屯の経験がある。おそらく李継遷も翟守素の為人を充分に承知していたのではなかろうか。

(27)　平凡社の『アジア歴史事典』の呂端の項（周藤吉之）では、これによって西夏の服属を早めたと云っているがまったくの謬説である。この話は、『宋史』以外にも司馬光の『涑水記聞』（巻二）とそれを引き写した『五朝名臣言行録』（巻二）にも載せられている。『涑水記聞』の同条の末尾には「張宗益云」とあり、司馬光はこの話を張宗益の著述から得ている。この人物に関しては伝もなく経歴も不明である。一方、『続資治通鑑長編』（巻二五）雍熙元年九月の条の割注で、李燾はこの話を掲載し詳しい注釈を加えている。李燾は呂端（正恵公）の孫の呂誨が著した「『正恵公補伝』云う」としてこの話を引用し、さらに注釈部の始めに「按司馬光記聞有此。呂誨補伝及其祖端伝所載並同。考験乃与正史不合。」としている。『涑水記聞』と『正恵公補伝』の内容はほとんど変わらない。おそらく呂誨の死後、『正恵公補伝』を見る機会のあった張宗益が当該記事を筆写して他の史料などと併せて一書をものしていたのであろう。司馬光はそれを入手してこの部分を『涑水記聞』に掲載したのであろう。それ故「張宗益云」という表現になったものと考えられる。ところが、李燾は雍熙元年の時点では寇準も呂端も廟堂には列していなかったことを証明している。当時の宰相は呂端ではなく呂蒙正である。『宋史』太宗紀を一瞥すれば歴然としている。そもそもこの話は不審な点が多すぎる。いかに寵臣とはいえ太宗が宰相や枢密使を差し置いて枢密副使の寇準と二人だけで処置を決められるのか。さらに太宗のもとを辞して宰相居室の前を通る寇準を呼び止めて話の内容を詰問したこと。呂端が蒼惶として太宗のもとに駆け込み自説を開陳したこと。このようなことがありえるだろうか。極めつけは太宗が髀《もも》をなでて「卿なかりせば幾たび我事を誤らん」といったこと。この話の出典が『正恵公補伝』だったとすると寇準を貶め祖父の功績を称揚すべく話を廓大付会した疑いが否定できないのである。次章で述べるが、『続資治通鑑長編』（巻三九）至道二年五月の条で、李継遷が霊州を包囲した際に宰相の呂端が主張した夏州攻撃案は早計をもって太宗に一蹴されているのである。司馬光と呂誨は旧法党の盟友である。呂誨が八歳年長で、死病の床で見舞った司馬光を逆に励まし後事を託した話は有名である。一字一句をもゆるがせにしない司馬光も呂誨との関係で無批判にこの話を『涑水記聞』に採録したのではなかろうか。

(28)『遼史』聖宗紀四に「二月丙午、夏国遣使告伐宋捷」とあり、さらに四月の条には「乙亥、夏国王李継遷遣杜白来謝封冊」とある。淳化一年の末から二年にかけては李継捧との戦闘は考えられず、二月の条は虚報であろう。

(29)かつて李継捧とともに内徙し太平興国八年七月に右清道率府副率になった人物で宥州刺史李継瑗がいる（『太宗皇帝実録残本』巻二六）。李継遷は銀州を地盤とする拓抜氏であり、宥州を支配した李継瑗とは別の家系である。この人物が宋から宥州に舞い戻り本来は格下だった李継遷の配下になり、さらに使者として宋に派遣されるとは考えられず、李継遷の弟とは別人と断定する。おそらく李継遷は宥州支配を円滑に進めるために弟にその名を襲名させたのではなかろうか。また、継沖、継瑗が血縁の族弟であるとしても、同父母弟であるか否かは断定しがたい。

(30)本文でも述べたように李継捧は端拱元年、兵千人に護衛されて夏州に赴任している。護衛役の王杲がそのまま千人を引き具して帰国するとも考えられず、その大半は駐留要員だったと考えられる。

(31)『宋史』李継捧伝には「賜保忠茶百斤、上醞十石。乃献白鶻、名海東青、以久罷畋猟、詔慰還之。」とある。賜物は李継遷一党の授官に絡んでおこなわれたはずで、淳化二年の七月頃と考えられる。それに対して海東青を献じたのは本文で後述する淳化三年一一月のことである。

(32)両者の献上記事は『宋史』太宗紀二による。なお、李継捧の献上は一一月の甲申に載せるが、この月には甲申はない。『宋大詔令集』（巻一四五）には「還趙保忠献海東青詔」を淳化三年一一月乙卯に載せている。乙卯は二六日にあたり前日の甲寅に献上がおこなわれたとは考えられず、約一〇日前の甲辰とするのが正しかろう。

(33)聖宗紀四の翌一〇（淳化三）年二月乙丑朔の条に韓徳威がこの結果を上奏したことを記しているから、韓徳威の派遣は一二月から一月にかけての二箇月におよんだことがわかる。

(34)『読史方輿紀要』（巻五七陝西六）環県の条、青岡峡の項割注に「胡氏曰自方渠橐駝路出青岡峡過旱海至霊州。趙珣聚米図経、環州宏（洪の誤り）徳砦有帰徳青岡両川。帰徳川在宏徳東透入塩州。青岡川在宏徳西北、本霊州大路。自此過美利寨入浦楽河至耀徳清辺鎮入霊州。自過美利寨、後漸入平夏、経旱海中難得水泉是也。烏白池即寧夏後衛之塩池。浦楽河在寧夏霊州所。」とある。また『武経総要』前集（巻一八）環州の条には「霊塩路、自洪徳砦西北入青崗峡上至美利砦、入清遠軍

……在霊州南界積石嶺上瀚海中。至霊、環各三百里余地。……本霊環州大路。……一路至洪徳砦東北入帰徳川、上過西界蝦蟆砦、駝驰会、取雙堆峰至塩州、約至三百余里。洪徳砦至駝驰会係帰徳川㯶水谷、甚為険狭多泥濘。自駝驰会至塩州路（衍）、路平人馬易行。建隆以来蕃族並為熟戸。至道中五路出師、李継隆由此路進軍、日行数十里、凡十日到塩州。今並為賊境。」とある。これを要するに方渠寨から洪徳寨を経て帰徳川を遡上して分水嶺を越え塩州に至る道を橐駝路（駝驰路）と呼んだことがわかる。この道はまさに烏池、白池で産出された塩を塩州に集積し駱駝の背に載せて環州に運んだことから名づけられたのであろう。

(35)　譚其驤も『中国歴史地図集宋・遼・金時期』（地図出版社、一九八二年）の「西夏」において『武経総要』等の記事にもとづいて橐駝会の位置を青崗峡と塩州のちょうど中間に位置づけているがしたがうべきであろう。

(36)　宮崎市定『アジア史研究第一』（東洋史研究叢刊之四之一、京都大学文学部内東洋史研究会、一九五七年）、二九六頁。

(37)　第一部第四章第三節参照。

(38)　洪徳寨にはもう少し後のことで野利慶桑がいる（四五八頁参照）。

(39)　註（36）宮崎論文、『アジア歴史事典』「塩（佐伯富）」の項。

第三章　李継遷の苦闘

はじめに

宋と遼の対立を巧みに利用した李継遷はオルドスの広範囲に確固たる政権を築くことに成功した。統和四（九八六）年二月に遼から「定難軍節度使、銀夏綏宥等州観察処置等使、特進検校太師、都督夏州諸軍事」を授けられたことを皮切りに、同七（九八九）年には義成公主の降嫁を得、翌八（九九〇）年には待望の「夏国王」に封じられたのである。そして遼との親密な関係を圧力として硬軟織り交ぜた交渉により淳化二（九九一）年、宋から「銀州観察使」と国姓名「趙保吉」を与えられたのである。さらに李継捧の遼内附事件を捏造して、宋が李継遷牽制勢力として用意した宋の定難軍節度使李継捧の立場をなし崩しにすることに成功する。淳化四（九九三）年には攻勢を強める李継遷勢力を経済封鎖するべく鄭文宝が主導した青白塩の禁輸策に対して西北辺に一大騒擾を巻き起こし、みごとに宋の計画を粉砕したのである。李継遷はこうした成果を背に負って建国運動の工程をさらに推し進めようとしたのである。第三章では淳化四年の年末から至道三（九九七）年の一月までの足かけ六年間の李継遷の動きを追ってみた。

一　夏州城占領作戦の失敗

青白塩の問題に勝利した李継遷は蕃部の求心力が高まり組織化がさらに進捗したと判断したのであろう。淳化四

（九九三）年の年末から五年の正月にかけて二つの大きな作戦をほぼ同時に実行したのである。一つが拓抜李氏所縁の地夏州城を手に入れることであった。もう一つは霊州から環州に至るいわゆる「霊州大路」一円の征圧であった。関係史料を一括して先に掲載しておこう。

A　霊州及び通遠軍皆言う「趙保吉、諸堡寨を攻囲し居民を侵掠し積聚を焚く。」と。上、これを聞き怒りて曰く「保吉、砂磧中に叛渙すること十年なり。朝廷、始めは含容に務め賜わるに国姓を以てし、授けるに観察使を以てし、賜予加等俸入は優厚にして、よりてその関市を通ず。また、綏、宥州を以てその弟兄に委ぬ。恩寵倶に隆しと謂うべきなり。すなわち敢てかくの如し。朕、今決意しこれを討たん。」と。癸酉、馬歩軍都指揮使李継隆を命じて河西兵馬都部署に為し、尚食使尹継倫を都監に為し、以て保吉を誅せんとす。（『続資治通鑑長編』巻三五淳化五年正月甲寅朔の条の後）

B　五年正月、継遷、綏州の民を平夏に徙す。部将高文岯等、衆の楽まざるに因り反し攻めてこれを敗る。継遷また堡砦を囲み居民を掠し積聚を焚き、遂に霊州を攻む。詔して李継隆等を遣わして進討す。継遷、保忠を夜襲しこれを走らしその輜重を獲、以て帰る。（『宋史』李継遷伝）

C　正月、趙保吉霊州を寇す。李継隆に詔して兵を将いこれを撃たしむ。趙保忠奏して称う「すでに保吉と仇を解く、請う兵を罷めん。」と。上、怒りて継隆に命じて兵を移してこれを撃たしむ。保吉、綏州の民を平夏に徙す。左都押衙高文岯撃ちてこれを走らし、綏州を以て内属す。（『稽古録』巻一七淳化五年の条）

D　趙保忠、李継隆が兵を将い来りて趙保吉を誅するを聞き、すなわち先にその母及び妻子、卒吏を携え野外に壁し（砦を作り）、上言しすでに保吉と仇を解くと。馬五十匹を貢ぎ兵を罷めんことを乞う。上、怒りて立ちどころに中使を遣わし継隆に命じて兵を移して保忠を撃たしむ。ここにおいて継隆の兵、境を圧す。保忠反って保吉の図る所と為り、その衆を并せんと欲し、牙将趙光祥を縛し保忠の帳を夜襲す。保忠方に寝《ねむ》らんとして、難の作《おこる》を聞き、単衣披髪、僅に身を以て免じ、駿馬に騎り走りて城中に還る。資財器用は保吉が悉くこれを奪う。初め、保忠は再《かさね》てその指揮使趙光嗣を遣わし入貢す。光嗣頗る誠款を輸《つく》す。詔して供奉官に補し、再び礼賓副使に遷す。保忠の動静、光嗣必ず以聞す。保忠陰に保吉と結ぶに及び、光嗣潜にこれを知り、因りて家財を出し士卒に散じ、誓うに效順を以てす。保忠既に還り、光嗣これを執え別所に幽す。丁丑、開門して王師を納《いれ》る。継隆、夏州に入り保忠を擒え繋ぐに銀鐺鏁檻を以てし闕下に送り、牛羊鎧甲数十万を収獲す。保吉衆を引き遁去す。裨将侯延広等議して保忠を誅し、兵を出し保吉を追わんとするに及び、継隆曰く「保忠は几上の肉なり、当に天子に請うべし。今、保吉は遠く千里の窮磧に竄《のが》れ転餉に難し。宜しく持重して未だ易《たやす》く軽挙せざるなり。」と。延広等その言に服す。（『続資治通鑑長編』巻三五淳化五年三月戊辰の条の後）

E　三月乙亥、趙保忠、趙保吉の襲う所と為り夏州に奔還す。指揮使趙光嗣これを執え以て献ず。李継隆、師を帥いて夏州に入る。（『宋史』太宗紀二淳化五年）

F　三月、李継隆等夏州を平げ、偽節度使趙保忠を擒え、牛羊器甲数十万を収獲し、その民を安撫し、兵を留めて鎮守す。銀、夏州蕃漢戸八千余帳族帰順す。（『宋会要輯稿』第一七五冊兵八之一八夏州）

淳化四年の末には宋の夏州支配はすでに夏州城内に限られ、夏州の周辺はほぼ李継遷によって支配されるようになっていたと考えられる。その根拠はFに李継遷の敗北後に銀州と夏州の蕃漢戸合わせて八千余帳が宋に帰順したとあるからである。すでにこれらの蕃漢戸に李継捧の支配権はおよんでいなかったことがわかる。李継遷の圧力が解消した直後の情況を考慮すると八千余帳はおそらく全戸数に近い数字であろう。そこで夏州管内の蕃漢戸がその半数と仮定すると四千戸に過ぎない勘定になる。これは太平興国七年の定難軍節度使の廃止以来、夏州管内の人口が激減したことと無関係ではなかったのであろう[1]。こうした前提を踏まえて、B、Cにあるように李継遷は綏州の民を夏州に徙し人口の稠密化を目論んだのである。なぜこの段階で李継遷は夏州の人口を増やそうとしたのであろうか。ここで関連するのがD、Eの記事である。多少迂遠になるが、この間の李継遷と李継捧の関係から繙いていこう。前章第三節で触れたように李継遷の「浸潤の譏」によって李継捧の立場は日増しに悪化していったものと考えられる。Dの中頃にあるように李継捧は再《かさねて》趙光嗣を遣わし入貢に務めたとある。太宗が派遣した定難軍節度使の李継捧が「入貢」するのはおかしく、状況報告をおこなったという意味で、宋の疑いを少しでも晴らそうとした結果である。おそらく李継遷の配下がしばしば李継捧のもとを訪れていたのであろう。李継捧は趙光嗣を信頼していたようだが、これがとんだ曲者だったのである。趙光嗣を通して李継捧の動静は宋の廟堂に筒抜けになっていたのである。李継遷がさかんに李継捧を籠絡しようとしている情報も伝わっていたのであろう。徐々に追い詰められていった李継捧は淳化四年の後半になると李継遷の誘いに耳を貸すようになっていたのかもしれない。李継遷の誘いとは夏州から宋の勢力を一掃し、昔日の独立性の強い定難軍節度使をタングート拓抜李氏直系の李継捧によって再興しようといったものであろう。こうした情報は趙光嗣にも伝わり、彼も表面的には李継捧の判断にしたがう振りをしつつ、家財を散じて士卒を掌握し事変に備えるとともに朝廷にも情報を伝えていたのである。李継遷が李継捧を抱き込む真の理由は夏州城の無血占領にあったのである。李継遷は兵力を使わずに、赫連勃勃以来の名城で後唐明宗軍の攻撃にも屈しなかった夏州城を復興の手間を省くために無傷の状態で手に入れたかったのである。そこで李継捧と宋の夏州城守備軍を城外に出し、李継遷自らが夏州城を占拠する計画を立てたのである。その一方で綏州の民を挙げて夏州に徙し人口の稠密化を計ろうとしたのである。すなわち夏州管内の完全支配を指向したもので、もはや李継遷の真意は明白である。淳化五年の段階で李継遷はこれから作り上げる新国家の首都を、拓抜李氏本貫の地である夏州に定めていたことがわかる。李継遷が夏州攻城戦を避け回りくどい方策を講じた背景にはA、Bの同時に敢行した霊州、環州管内の攻撃が複雑に絡んでいる。李継遷は首都予定地を確保するだけでなく、可能ならばこの際、国家としての基本的領域の画定も考慮していたのである。それは横山山脈の南側深奥部と環江上流部を含む地域である。綏州放棄に繋がり兼ねない綏州徙民と環江諸砦の攻撃はともに李継遷の支持基盤と密接に関係しているのである。李継遷の母族衛慕（唛母）氏は綏州管内を本貫とする豪族である。それに対して野利氏主流は環江上流部を父祖の地としている。綏州の住民を挙げて夏州に徙すことは衛慕（唛母）氏に犠牲を強いることである。しかしながら夏州の充実を第一とする観点からいえば一時的な綏州空洞化策も納得がいくのである。

それに対して、この時期に環江諸砦を攻撃する必然性があったのであろうか。青白塩の密貿易体制が回復した情況下で、敢て攻撃に踏み切った理由は野利氏との提携を維持強化するために、その本貫地を領有する必要性に迫られた結果としか考えられない。実はこの間に野利氏主流の中枢部において深刻な路線対立が発生していたのである。淳化二年一一月に兀泥佶移が宋に内附して慎州節度使に任じられたことは前章の第二節の終わりの方で触れたが、これは李継遷の指示にしたがっておこなったものであった。問題は『宋史』党項伝淳化二年一一月の条に続けて、

その長子突厥羅、首領黄羅とここに至り千余帳を以て降る。府州折御卿以聞す。詔を降しこれを慰諭す。

とあることである。兀泥佶移が李継遷にしたがって再び宋に背いたにも拘わらず、その長子の突厥羅と首領黄羅が府州の折御卿に降っているのである。つまりこれ以前は彼等も兀泥佶移とともに本貫地を離れ李継遷と行動をともにしていたと考えてよかろう。ところが李継遷の建国運動が具体化していくにつれ、突厥羅と首領黄羅は不安を感じるようになったのであろう。李継遷が目指す民族国家の建設は今後とも測りしれない困難が予想される。野利氏勢力の独自性が損なわれ李継遷に取り込まれ、場合によっては滅亡に繋がる危険性も顧慮されたのであろう。彼等は宋に附すことによって野利氏の族滅を避ける判断をしたようである。突厥羅や首領黄羅の動きについてはまた後の章で触れるが、この後も彼らは李継遷とは一線を画し府州折氏と行動をともにしていたようである。李継遷としては提携相手の野利氏主流の分裂は極力避けたかったはずである。環江上流部の攻掠は、野利氏の本貫地を確保することによって野利氏を一丸として繫ぎ止めるための方策であったと考えるべきであろう。しかしながら環州諸砦だけでなく、おそら

く遼の承認を得ていない霊州を攻撃していることは、明らかにこの頃から霊州獲得を視野に入れた領域の画定を考えての作戦発起だったと考えられる。

ところが李継遷のこの二大計画は大失敗に終ってしまう。まず、綏州の徙民策で脚を掬われてしまったのである。B、Cにあるように、李継遷の部将で左都押衙の高文岯が綏州の住民ともども李継遷に叛き宋に内附してしまったのである。仮に少数の徙民であったならばおそらく問題は起こらなかったはずである。李継遷の夏州人口の稠密化策から考えれば、実態はタングート族、漢族を問わずほぼ全綏州農民の強制移住だったのであろう。なお、高文岯はその姓から推考するに、かつて五代後梁時代に保塞節度使になった高万興一族の末裔の可能性が高い。(2)タングート出身とはいえ古くから熟戸化の著しい一族で漢人に同調しやすかったのではなかろうか。それ故綏州住民の不満が高まると高文岯も抑えきれずに叛旗を翻し宋に帰順してしまったのであろう。Aの記事の後に、同じ巻に王禹偁の上奏を載せているが、その一節に「又言、継遷曽被左右暗箭射之、横貫于鼻、偶然不死、今面上瘡痕尚存。臣自聞此語、常貯于心以為此賊不必労力而誅。」とある。おそらくこうした事件もあったのであろう。李継遷の支配下に組み込まれた蕃漢諸部落のすべてが心服しているわけではない。漢人はもとよりタングート族にしたところで、農耕に泥んでいる部落、部族は急激な体制の変革や居住地の移動は好まないものである。李継遷の側にあっても面従腹背は同然で、李継遷はその辺を読み違えていたといえよう。因みに宋が綏州羌酋の蘇移、山海、嘜母駄香に懐化将軍を、野利嵬名、乜屈、啜泥を帰徳郎将に任じたのは同じ正月のことである。(3)高文岯の内属に連動して李継遷の支持勢力の切り崩しを図ったことはその際述べたとおりである。

失敗は連鎖した。李継遷が霊州、環州管内を攻撃した理由は宋軍をこの方面に引き付け、その間に夏州城を無血占領する意図も込められていたと考えられるが、この作戦もあえなく画餅に帰してしまう。『宋史』（巻二五七）李継隆伝には「四年夏、召還、太宗面奬之、改領静難軍節度、復遣還屯所」とあるから、李継隆は前年の夏には静難軍（邠寧）節度使を拝任して一旦は邠州に赴いたのであろう。ところがAにあるように太宗は正月癸酉（二〇日）、馬歩軍都指揮使の李継隆を河西兵馬都部署に任じ李継遷追討を命じている。李継隆伝には馬歩軍都指揮使叙任の記事はないが、おそらく半年も経たずに李継隆は邠州から召還され馬歩軍都指揮使を拝任して太宗のもとに控えていたものと考えられる。A～Dからわかるように、当初、太宗は李継遷の西北辺作戦に引っかかり李継隆を環州方面に向かわせたのである。ところがここで李継捧が思わぬ行動に出たのである。李継捧は李継遷の誘いが甘言にすぎないことはよくわかっていたはずで、李継遷の誘いに対しても依違逡巡していたと思われる。ところが、いざ李継遷が挙兵に踏み切り夏州城明渡しも現実の問題となり、加えて宋の追討軍派遣の報に接すると一転怯懦になり自己の保身に走ったのである。急遽、馬五〇匹を宋に献じ兵の中止を要請したのである。Cに「已与保吉解仇」とは定難軍節度使である自分が李継遷を帰順させ、すべての問題が解決したという意味であろう。この間に李継遷を説得して撤兵と夏州城明渡しを解消し自己の立場を糊塗する算段だったのである。親族、卒吏をともなって夏州城を出た理由は趙光嗣の不穏な動きを察知し監禁されることを避けるためだったのではなかろうか。おそらく趙光嗣の情報によって太宗も李継遷の夏州城占領作戦を知ったのであろう。李継捧の姑息な方便を見抜き、夏州城失陥を避けるために作戦を変更して急遽李継隆を夏州に向かわせ、逆に李継捧追討を命じたのである。この時の李継隆の作戦を物語る興味ある史料が沈括の『夢渓筆談』に掲載されている。巻一三に、

淳化中、李継捧、定難軍節度使に為り、陰にその弟継遷と謀叛す。朝廷、李継隆を遣わし兵を率いこれを討たしむ。継隆馳せて克胡に至り、河を度り延福県に入る。鉄茄駅より夜綏州に入り、その向う所を謀る。継隆、径《ただち》に夏州を襲わんと欲す。或もの以て謂く「夏州は賊帥の所在。我兵は少なく、克つ能わざるを恐る、先に石堡に拠り以て賊勢を観るに若かず。」と。継隆、以て「然らず」と為し、曰く「我兵既に少なし。若し径《ただち》に夏州に入りその不意に出れば、彼また未だ我が衆寡を料る能わず。若し先に石堡に拠れば、衆寡已に露われ、豈にまた能く

進まんや。」と。すなわち兵を引き馳せて撫寧県に入る。継捧猶未だ知らず。遂に進んで夏州を攻む。

とある。太宗の命を承け一転して李継捧追討に転じた李継隆は綏州を目指したのである。克胡とは『読史方輿紀要』（巻四二）にある剋湖寨を指すと思われ、汾州管下臨県西北一二〇里に位置している。黄河を越えて綏州の東北に位置する延福県（『読史方輿紀要』巻五七）に入り無定河を下って綏州に入ったのである。つまり李継隆は開封を出ると程なく李継捧追討令に接したために、タングート諸部族の居住地域の通過を避けて河東路を北上して汾州に出て佳県付近から黄河を越えて南下して綏州に拠ったのである。李継隆は綏州で作戦会議を開き、石堡寨（保安軍北方）に移動して賊勢を観望しようとする幕僚の消極策を却け、断然奇襲作戦を採用して撫寧砦に進出し一気に無定河を遡上して夏州に迫ったのである。李継捧同様、李継遷も李継隆の突然の進撃を予想していなかったのであろう。李継隆軍の多寡もわからず、加えて府州観察使の折御卿来襲の情報も届いたのかもしれない。兵力を霊、環方面にも向かわせていたため手勢も少なく、李継遷は李継隆軍との戦闘を避けてしまったのである。李継遷は李継捧の裏切りと断じ、三月二三日（乙亥）、李継捧を夜襲し牙将趙光祥を捕らえ資財器用を掠奪して北走したのである。名前の類似から趙光祥と趙光嗣は同族と考えてよかろう。李継捧は間一髪李継遷の手を逃れ窮鳥となって夏州城に舞い戻り趙光嗣に捕らえられてしまったのである。一方、『宋史』（巻四六六宦者一）秦翰伝にはこれに関連して「趙保忠叛、命李継隆率師問罪、翰監護其軍。次延州、翰慮保忠遁逸、即乗駅先往、矯詔安撫以緩其陰計。王師至、翰又諷保忠以地主之礼郊迎、因並駆而出、保忠遂就擒。以功加崇儀副使。」という記事がある。本文Ｄの記載と関連づけると、李継捧の逃亡を慮れた秦翰は、その説得のために本隊より一足先に夏州に急行したのである。秦翰は本隊とは別に延州から直接北上したのである。秦翰は李継捧が趙光嗣に捕らえられた直後、二三日か二四日に夏州に到着したのである。さっそく李継捧に面晤した秦翰はすべてを了解したのである。そこで秦翰は李継捧の一命を救う手立てを考え、李継隆に対し少しでも心証をよくするために「地主の礼」をもって郊外に出迎えさせることにして、恭順の意を示させたのである。後述するように李継捧が罪を赦され「宥罪侯」に封じられたのも、太宗の信頼が厚い秦翰の執り成しの結果と考えるべきであろう。さて、趙光嗣の手によって開門された夏州城に李継隆が入城したのは李継捧就擒の僅か二日後、丁丑二五日のことであった。いかに急テンポの展開であったかが窺われ、李継隆の奇襲策がみごとに功を奏したのである。李継捧は銀の鐺《くさり》に繫がれ鏁《じょう》の掛かった檻に入れられ闕下に送られたのである。以上D、Fによる。李継遷は太宗に作戦を読まれ逆に裏を掻かれてしまったのである。李継遷の完敗であった。

太宗の事後措置は素早かった。『続資治通鑑長編』（巻三五）淳化五年夏四月の条によると、三日（甲申）に李継捧成擒の報に接すると趙光嗣を夏州団練使に、高文岯を綏州団練使に任ずるとともに、李継遷に与えた趙保吉の姓名を削る詔を発している。なお、『宋会要輯稿』（一七九冊兵捷四）には「是日」として趙光嗣等の授官に続けて「以府州観察使折御卿為麟府兵馬都総管」とある。折御卿も同日に行賞により麟府兵馬都総管に任じられていることから判断すると、李継隆と相前後して夏州に到着していたものと考えてよかろう。太宗はさらに間を置かず夏州城自体の廃城を思いつき宰相の呂蒙正に諮詢している。『続資治通鑑長編』に続けて、

上、夏州は深く沙漠に在り本より奸雄窃拠の地を以て、その城を隳し民を銀、綏の間に遷さんと欲す。因りて宰相に夏州建置の始を問う。呂蒙正対て曰く「昔、赫連勃勃後魏道武の末に大夏天王を僭称し……赫連築城より以来、頗る関右と患を為す。若し遂に廃毀すれば万世の利なり。」と。乙酉、詔して夏州故城を隳し、その民を綏、銀等州に遷し、官地を分かちこれに給し、長吏は倍して安撫を加えしむと。（『宋会要輯稿』一九〇冊方域八略同文）

とある。夏州城を破却して夏州住民を銀綏の間に遷さんとする太宗の考えに対して、呂蒙正は夏州城築城の経緯を述べ太宗の意向に迎合したのである。これに力を得た太宗は翌四日（乙酉）に異例の速さで「夏州城を隳《くず》し夏州住民を綏銀等州に遷す」詔を発したのである。太宗は李継遷の魂胆を見抜き建国運動の拠点となる夏州城とその周辺を清野とし、もって李継遷の策動の寄る辺を奪い、取り付く島を与えないようにしたのである。

ところが太宗の方策が必ずしも上策ではないことを透察した人物がいた。『宋史』李継隆伝に、

密詔「夏州を廃しその城を隳す」に会し、継隆、秦翰と弟継和及び高継勲に命じて同に入奏せしめ「おもえらく朔方は古鎮、賊の窺覦する所の地。これを存《たも》ち依りて以て賊を破る可し。并に銀、夏両州南界山中に保戍を増置し以てその衝を扼し、かつ内属蕃部の障蔽に為し、而して賊の糧運を断たんことを請う。」と。皆報ぜず。

とあり、夏州城を接収した李継隆は、同城を破却すると、いきおい李継遷は次の手段として霊州（朔方）獲得に全力を傾けるであろうことを予測したのである。もとより詔を覆すことはできず、李継隆は次善の策として霊州決戦の準備と銀、夏両州の南界山中すなわち横山北麓に堡戍を増置して前衛を強化し、内属蕃部の保護と李継遷側の青白塩密輸出の復活にともなう環州方面からの糧運の遮断を計ることを上奏したのであるが、太宗も宋の廟堂も大した関心を示さなかったようである。太宗の関心は専ら夏州城を隳す詔の実行に向けられていたようである。『続資治通鑑長編』（巻三六）同年五月丁巳（六日）の条に続けて、

王師の李継遷を討つや、府州観察使折御卿は所部民を以て来り助く。趙保忠既に擒う。御卿また言う「銀、夏等州の蕃漢戸八千帳族悉く帰附し、その馬牛羊万計を録す。」と。戊午、御卿に永安節度使を授け、その功を賞するなり。

とある。李継隆に帰順した前掲史料Fの「銀夏州蕃漢戸八千余帳族」が改めて折御卿に帰順したわけではない。これは太宗が李継隆の援軍として夏州に出兵させていた折御卿に命じて銀夏全住民の収容と綏州移住（史料後掲）を監督させていたことを示している。右史料ではこの上奏の日時は不明であるが『宋史』党項伝は四月のこととしている。前掲『続資治通鑑長編』夏四月の記事では、太宗は当初、夏州の民を銀綏の間に遷すことを考えていたが、夏州のみならず銀州の住民も、再び所有に帰した綏州に遷すことによって李継遷の基盤の徹底した清野化を図り、同時に前線基地としての綏州の役割を強化しようとしたのである。李継隆が夏州城に入城したのは三月二五日のことである。わ

ずか一月足らずで銀、夏両州の全住民を移住させることは不可能である。「録其馬牛羊万計」の文言からもわかるように、おそらく一月かけて徙民の段取りがついたことを報告したものと思われる。太宗は一連の功を賞し五月七日(戊午)[4]、折御卿に永安（軍）節度使を授けたのである。府州永安軍節度使は乾徳二（九六四）年に父折徳扆が没して以来、藩鎮撤廃策にしたがって置かれていなかったものである。[5]府州折氏にとっては待望の復活である。太宗が三〇年ぶりに敢て府州永安軍節度使を復活した真意は対遼作戦以上に、同じタングートの李継遷対策として折氏の役割を重要視したからに他ならない。

折御卿に引きかえ哀れを留めたのは李継捧であった。折御卿叙任の記事のすぐ後に、『続資治通鑑長編』には、

丙寅、趙保忠夏州より至る。白衫紗帽にて罪を崇政殿の庭に待つ。上、詰責すること数四。保忠対う能わず。ただ頓首して死罪を称う。詔してこれを釈し、冠帯器幣を賜い、第に還し命を聴かしめ、よりて労《ねぎらい》てその母に賜う。

丁卯、保忠を以て右千牛衛上将軍に為し、宥罪侯に封ず。

とある。五月一五日（丙寅）、李継捧は白衫紗帽の身なりで崇政殿庭において太宗に詰責数四された後、罪を赦され翌一六日（丁卯）に不名誉極まりない宥罪侯に封じられ、以後飼い殺しにされたのである。『宋史』李継捧伝には「保忠状貌雄毅、居環列、奉朝請、常怏怏不自得」とあり無念の様が思いやられる。李継捧は失意のうちに日を送り、奇しくも李継遷と同じ景徳元（一〇〇四）年に病没するが、同伝には死に臨んで一子永哥の不肖を上言し春州配流を求めている。真宗は彼の死後、威塞軍節度使を贈っている。なお、かつて定難軍節度使廃止の際の立役者であった李克文に対しては岳州防禦使を遺贈していることをつけ加えておく。[6]天禧四（一〇二〇）年、李継捧の孫、従吉が三班奉職になった記録を最後に、定難軍節度使を代々継承した李仁福の直系は消息が途絶え、歴史の深淵に沈淪してしまう。李継捧は経綸を持った人物ではない。ところが重大な局面に際会するたびに自己の意思や能力とは乖離した進路を余儀なくされ歴史の狭間に翻弄された不運な人物であったといってよかろう。

それはさておき、太宗が罪を得た李継捧をそれなりに処遇した理由はひとえに李継遷対策からきている。重く罰せず懐の深いところを見せて李継遷との交渉の緒を断ちたくなかったからである。

さて、李継遷の作戦は夏州占領作戦の失敗に止まらず、霊州、環州方面でも打撃を受け撤退のやむなきに至っている。『宋史』（巻四六六）張崇貴伝に、

> 李継隆、李継遷を討つに、崇貴に詔して延安の兵を以て掎角して進討せしむ。趙保忠を擒えるに及び、崇貴と石覇を留めて綏州を守らしめ、平夏の民を徙して以てこれに実つ。継遷、槖駝路を扼し、内属戎人を駆脅す。崇貴、田敏と熟倉族乩遇を率いて雙塠に戦い、二千余級を殺し牛羊槖駝、鎧甲を掠すること甚だ衆し。連《つづい》て詔して褒諭す。

とあり、同書（巻三二六）田敏伝にも、

> 李継隆、夏州を討つ。奏して麾下に隷す。敏、兵を率いて霊州槖駝口雙塠の西に至り敵に遇い、斬首三千級、羊馬槖駝、鎧仗を獲ること数万計。

とあるが、ともに年月が特定できない。幸い同じ戦闘を『宋史』党項伝淳化五年に、

> 六月、継遷駆脅する所の内属戎人の槖駝路熟蔵族首領乜遇、部族を率いて反って継遷を攻め、その弟、力戦して死す。既に継遷の衆を敗りまた来りて帰附す。（乜）遇を以て検校司空に為し、会州刺史を領せしむ。(7)

と記している。これらの史料を勘案すると、淳化五年の正月、李継遷軍の本隊は霊州、環州に向かう一方(8)、各地点を結ぶ交通の要衝である槖駝会の再占領をおこなったのである。熟倉族の首領はこの間に咩嗯から乩遇に代わっていたようであるが、李継遷側の勢力に屈し一旦は軍門に降ったのである。李継遷が北走した後もしばらくはこの状態が継続していたのであろう。話しは多少遡るが、宦官の張崇貴は詔にしたがって延州の兵を率いて李継隆の援軍に赴く。ところが太宗の命によって李継隆は急遽夏州の李継捧追討に向かうことになる。張崇貴も同道したのであろう。李継

捧を捕らえ夏州を確保した李継隆は、太宗の命によって夏州と銀州の蕃漢全住民を綏州に遷す作業に執りかかった。送り出す側の監督が折御卿で、受け入れ側の責任者が張崇貴だったのである。張崇貴は石覇ともども綏州に派遣されたのである。折御卿が永安軍節度使を拝命したのは五月七日のことである。おそらくこの頃まで張崇貴も徙民の段取りに従事していたはずである。その後、李継隆は麾下の田敏に命じて張崇貴の兵をもって橐駝会の奪還をおこなわせたのである。田敏は熟倉族首領乩遇を寝返りさせ、橐駝会近郊の雙堆において李継遷軍を襲い大打撃を与えたのである。例によって戦果のほどはにわかには信じがたいが、乩遇の弟が力戦して戦死していることから判断してもよほど激しい戦闘であったことは事実であろう。おそらくこの戦闘は五月末から六月にかけておこなわれ、その戦勝報告とともに乩遇の帰順も伝えられたのであろう。李継遷の二大作戦は完全に失敗に終わってしまったのである。

二　第一次休戦協定と張浦の抑留

さて、李継遷は七月二五日（乙亥）、宋に牙校を遣わして良馬を献じて過ちを謝している（『続資治通鑑長編』巻三六）。李継捧を襲って北走してから四箇月も経過しており、この入貢は直前の橐駝会の敗北に起因していると見るべきであろう。宋が引き続き攻勢に出ることを避けるために一時的に方針を転換し、休戦を約し改めてその間に態勢の建て直しを図ろうとしたものである。確かに宋はこの前後、防禦態勢の強化策を矢継ぎ早におこなっている。詳細は後に述べるが、七月二三日に延州石堡寨を威塞軍に陞し(9)、八月一九日（戊戌）には通遠軍を環州に昇格させるとともに、青岡峡の北側に清遠軍を設置し（『宋史』太宗紀二）李継遷の封じ込めを策していたのである。李継遷は八月になると、太宗の信用を得るためにさらに二段階の遣使をおこなった。『続資治通鑑長編』（巻三六）同年八月癸卯（二四日）の条に続けて、

　李継遷、漠北に竄げ、その将佐趙光祚、張浦を遣わし、綏州に詣らせ黄門押班真定張崇貴に見え納款を求めしむ。崇貴、浦等に石堡寨に会し、椎牛釃酒して犒い諭し、よりて錦袍銀帯を給す。乙巳、継遷、その弟廷信を遣わし表を奉じて罪を待ち、かつ言えらく「違叛事は保忠に出ず。赦を願い誅する勿かれ。」と。上、召して廷信に見え面《まのあたり》に慰撫を加え錫賚甚厚し。

とある。李継遷は七月二五日の第一次入貢に引き続いて趙光祚と張浦を綏州に派遣して交渉にあたらせようとしたのである。趙光祚とは先に李継遷に捕えられた趙光祥と同一人物であろう。いずれかが字の書き誤りと考えてよかろう。先に触れたように趙光嗣とは同族であったと考えられるが、李継遷に本心で帰順していたわけではなく、張浦の案内役として同道させられたと見るべきであろう。ところがこの時、張崇貴はちょうど石堡寨を威寨軍に昇格させる作業を指揮している最中だったのである。そこで張浦らは綏州ではなく保安軍北方の石堡寨に赴き、張崇貴と会談し樽俎折衝をおこなって休戦の約定を詰めていったものと思われる。張浦の派遣はおそらく八月の初旬のことであろう。その結果、改めて李継遷の親族を太宗のもとに派遣して恭順の意を示すことを強く迫られたのであろう。そこで李継遷は弟の廷信を宋に遣わして、八月の二六日（乙巳）に太宗に謁見して奉表待罪し、責任をすべて李継捧になすり付けた上で厚かましくも継捧の赦免を願っているのである。李継捧にとってはまことにいい面の皮である。李廷信は名前から考えても血縁の弟とは認めがたく、太宗の要求に対して部下を弟に仕立てて派遣したものと思われる[10]。これに対して太宗は一一月二日（庚戌）に張崇貴を李継遷のもとに派遣して器幣茶薬衣物を賜い、李継遷の謝罪（休戦要求）を一応認めている。これを記した『続資治通鑑長編』同巻一一月庚戌の条に続けて「先是、翰林学士銭若水撰賜趙保忠詔云『不斬継遷、存狡兎之三穴。潜疑光嗣持首鼠之両端。』。上大喜謂若水曰此四句正道着我意、及是又草賜継遷詔略曰既除手足之親、已失輔車之勢。上伸筆批其後、曰依此詔本極好。若水家因宝蔵之。」とある。前述したようにこの史料からも太宗が李継遷との交渉の道を残していたことがわかる。また趙光嗣に対しても全幅の信頼を置いていなかったことに関しては、趙光祥（祚）が李継遷の使者になっていることから両端を疑ったのであろう。また、『宋大詔令集』（巻二三三）にこの時李継遷に与えた詔の全文が収録されているが、再度、国姓の賜与が記されている。

そして、李継遷の休戦協定締結の動きは先に府州折氏に帰属していた野利氏主流の兀泥族首領黄羅の立場にも影響を与えたのである。『宋史』党項伝淳化五年の条の末に「是年、兀泥族首領黄羅内附、以為懐化将軍、領昭州刺史」とあるように、首領黄羅の宋への帰順の正当性を保障させてしまったようである。李継遷が願う野利氏主流の再結集は一向に実現しなかったのである。

年が改まり至道元（九九五）年になると、李継遷は正月も早々の三日（甲戌）に「遣使以良馬橐駝来貢（『宋史』太宗紀二）」している。これは張崇貴の派遣に対する返礼と考えられるが、特筆すべきことは同じ正月の末に李継遷政権にとっての総参謀長ともいうべき張浦を太宗のもとに派遣したことである。『宋会要輯稿』（一九九冊蕃夷七之一三）に、

至道元年正月二十八日、銀州観察使趙保吉、左都押衙張浦を遣わし良馬橐駝を以て来貢す。

とある。李継遷にとって張浦という人物は余人をもって代えがたい存在である。ここに至るまでの一連の政略はそのほとんどを張浦に負っているといっても過言ではあるまい。その張浦を太宗のもとに派遣する必然性があったのであろうか。そこで思いあたるのが前年の李廷信の派遣である。太宗は李廷信の素性を見抜き李継遷に対して「休戦協定」の実を示させるためにことさら張浦を指名して彼の派遣を強硬に要求したのではなかろうか。前年の淳化五年は夏州城占領作戦の失敗、橐駝会、環州方面の敗退、兀泥黄羅の宋帰順など李継遷は失敗に明け暮れた。李継遷の側の損害は確かに深刻な状況だったのであろう。態勢建て直しの上からも張浦の存在は必須のはずである。その張浦を人質として太宗のもとに送ったということは余ほどの事態に追い込まれていた証拠である。李継遷は捲土重来を期するためにも百歩譲って太宗の要求にしたがったのではなかろうか。また同時に具眼の張浦を敢て虎穴に送り込むことによって宋政府の内情をつぶさに観察させる意図が李継遷の方寸にあったものと思われる。

ところで張浦の来朝はその直前に勃発した遼の韓徳威軍撃退の報とともに太宗をいたく喜ばせた。そこで韓徳威の攻撃が李継遷の建国運動とどのような関わりがあるのか、『宋会要輯稿』（一九六冊蕃夷一）遼の記事を掲載して少しく論じてみたい。

至道元年正月、首領韓徳威、数万騎を率い近蕃の勒波馬尾族を誘い、振武より入寇す。（折御卿）大いにこれを敗る。これより先、虜は賊遷と相結び以て辺境を窺う。帝、密かに神筭を府州折御卿に授けこれが備を為さしむ。ここに至り御卿軽騎を率いこれを邀撃し、大いにその衆を子河汊に敗る。勒波等の族、虜の乱に乗じ詐りて府州折御卿の兵と為る。衆大いに驚擾し死者十の六七、悉くその輜重を委ね河を渉りて遁る。（遂に）虜将の号突厥大尉、司徒、舎利（等を殺し、吐渾首領一人を獲る）[11]。徳威僅に身を以て免る。勒波等の族既に虜と隙有り、悉く款塞内附す。御卿に令し兵を将いてこれを迎え、河南に分処せしめ、撫州より平夏に抵り帳幕連属すること数百里。およそ精甲万余騎を得る。帝、左右に謂いて曰く「この戎は軽進し退き易し。常に辺将を誡め争鋒に与るを得ざらしめ、その深入を待ち則ち奇兵を分ち以て彼の帰路を断ち、よりてこれを撃てば必ず遺類無からん。今果して吾策の如し。」と。左右万歳を呼《さけ》ぶ。

これによると遼の西南面招討使の韓徳威は宋の府州方面の切り崩しを計って年明けに振武[12]より入寇したとある。勒波馬尾は『宋史』党項伝に「勒浪嵬女児門十六府大首領馬尾」とあるのが正しく、前章第一節の兀泥信移を論じた箇所で雍熙二年一一月に名波族十二府大首領浪買とともに帰順した勒浪族十六府大首領屈遇の後裔である。勒浪族は第一部第五章第一節（二）でも触れたように古くから黄河南流部内側に蟠踞して十二府大首領とともに府州折氏に従属する立場にあった大部族である。そこで論じたように黄河東流部から南流部一帯のタングート諸部族は府州折氏と豊州の王承美の活躍によって遼を見限り宋に帰順するものが多かった。遼としては軍馬の供給源を確保するとともにオルドス北部から西域に通ずる漠北ルート一円の領域支配を貫徹するためにはこの方面のタングート諸部族の奪還は喫緊の課題であった。その任にあたっていた人物こそ西南面招討使の韓徳威であった。右史料に「先是虜与賊遷相結以窺辺境」とあるが、これは直近のことをいっているのではなく、統和四（九八六）年二月に韓徳威の斡旋によって李継遷が遼に内附した際の取り決めを指していると見るべきである。遼は李継遷の内附の条件として黄河東流部から南流部にかけてのタングート諸部族の帰属を遼に委ねさせたのである。その根拠は第一部第四章第二節の終りの方で『旧五代史』の折従阮伝を掲載したが、その主要部分を再掲すると「晋の高祖起義し、契丹に援立の恩有るをもて、賂するに雲中、河西の地を以てす。従阮これにより郡を以て北属す。既にして契丹、尽く河西の民を徙し以て遼東に実んと欲す。人心大いに擾れ、従阮はよりて険を保ちこれを拒む。……」とあるからである。いわゆる燕雲一六州の割譲であるが、「河西」については従来の研究者もあまり関心を持っていなかったようである。契丹はすでに黄河東流部のタングート諸部族に関しては支配力を確保していたことから（第一部第五章第二節参照）、ここでいう「河西」とは黄河の南流部西側北半分を指すと考えて大過なかろう。府州の折従阮の反発から「河西の民」の強制東徙策が失敗したことからもそのことがわかる。「河西の民」とは黄河南流部北半のタングート諸部族のことである。つまり遼は燕雲一六州とともに河西の割譲も約束されていたのだが現実には「河西の民」の猛反発に遭い領有は実現できなかったのである。しかし、遼としては高祖石敬瑭との取り決めを楯にあくまでも河西領有の正当性をその後も強く主張していたと考えられ、李継遷との協定に際してもそれを条件として認めさせたことは間違いない。李継遷一代を通じて、この方面のタングート諸部族と李継遷との直接の交渉を物語る史料は見出すことができないことからもそのことが推量される。おそらくこうした取り決めにもとづいて勒浪族十六府大首領や名波族十二府大首領は韓徳威の圧力に屈して再度遼の支配下に置かれるようになっていたものと考えられる。

ところで、遼が李継遷政権に求めた役割は対宋右翼勢力としての位置づけで、もとより宋や遼に次ぐ第三の国家の樹立ではなかった。前章第三節で述べた統和一〇（淳化三・九九二）年に韓徳威がおこなった霊州予防出兵も李継遷の発展を旧定難軍の領域内に封じ込める意図があったのである。今回の作戦も李継遷と連携したものというよりは、むしろ李継遷の衰勢により府州折氏のタングート経営が活発化することを抑え一気に失地の回復を狙っておこなわれたものと考えるべきであろう。ところが韓徳威の作戦は予想されたものであり、太宗の意を受けた府州折氏に読まれていたようである。遼帰順を余儀なくされていた勒浪族は府州折氏の工作で密かに折氏に内通するようになっていたのであろう。韓徳威は子河汊において折御卿の邀撃に遭って大敗し、さらに勒浪族にも裏切られこの作戦は大失敗に終わってしまったのである。(13)『宋史』党項伝に、

至道元年四月、勒浪嵬女児門十六府大首領馬尾等の内附を以て、馬尾を以て帰徳大将軍に為し、恩州刺史を領せしむ。勒浪樹李児門首領没崖を以て安化郎将に為し、副首領遇兀を保順郎将に為す。

とあるように、勒浪族は四月に正式に帰順してそれぞれ首領が授官されている。勒浪族は嵬女児門と樹李児門の二大部族から構成されていたことがわかるが、十六府大首領の称号は嵬女児門の馬尾に冠せられていることから、こちらが本宗であったと考えてよかろう。当然、開宝元年に帰順した屈遇は嵬女児門の首領で馬尾の先代と考えられるが、その際、屈遇は検校太保帰徳将軍を与えられた。今回、韓徳威に背いて再度宋に帰順した馬尾に対しては帰徳大将軍恩州刺史が与えられ優遇されていることがわかる。また、『宋会要輯稿』（一七九冊兵捷四）には右史料とほぼ同様の記事を載せ、その後に太宗の言として、

また諸将校に謂いて曰く「趙保吉は一孺子。その謀主はすなわち張浦のみ。朕、常に厚く錫賜を与う。それを遣わし暫《にわか》に来る。今保吉、已に張浦をして駞馬を押し入貢せしむ。彼、張浦を捨て左右の手を亡すが如し。今また聞くに契丹を殺敗すと。諒《まこと》にその魂胆を喪わん。因りて称《ほ》めて御卿の忠孝、将士の勇敢なる者数四を賞せん。」と。

とあり、太宗の面目躍如の様が窺われる。同時に太宗が李継遷政権における張浦の役割をいかに重要視していたかが

知られ興味深い。

さて、太宗は張浦を李継遷から奪い、ただ人質として監禁していたわけではなかった。張浦を説得して李継遷の帰順を実現させるために種々手を尽くしていたのである。その具体例が『続資治通鑑長編』（巻三七）至道元年三月の記事である。

己巳、上、衛士数百輩をして崇政殿の庭に射し、張浦を召しこれを観せしむ。これより先、李廷信の還るに、上、李継遷に勁弓三を賜う。皆力は一石六斗に及ぶ。継遷（衍字？）意は「上、威を戎狄に示さんと欲し、人の能く挽くこと有らざる也」と。ここに至り士皆満を引き平射するも余力有り。浦、大いに駭く。上、笑いて浦に問いて「戎人敢て敵するや否や。」と。浦、曰く「蕃部の弓は弱く矢は短かし。但この長大を見るに、人固より已に逃遁す、況や敢て拒敵するおや。」と。上、因りて浦に謂いて曰く「戎人皆貧窶、飲食被服は粗悪、恋すべき者無し。継遷何ぞ身を束《つつし》み自ら帰して永く富貴を保たざらんや。」と。

これによると、太宗は李廷信の帰国に際して強度一石六斗の勁弓三張を与え李継遷に対して抵抗の不可を示威していたのであるが、三月己巳（二三日）、張浦を崇政殿に招き衛士数百輩をして強弓のデモンストレーションをおこなったのである。太宗としては主力兵器の懸隔を印象付けることにより抵抗の不可を覚らせ、張浦をして李継遷の帰順を促す心算があったのであろう。太宗は前年の勝利で気をよくして李継遷を見くびっていたのであろうか、このような児戯に類する示威行為で李継遷を納得させられると考えていたとすると、すでに正常な判断力は失われていたのかと首を傾げざるを得ない。結局のところ太宗はタングートを戎人として蔑視するだけで李継遷や張浦の心中をまるで理解していなかったのである。前漢王朝を悩ました匈奴の戦法を引き合いに出すまでもなく、奇襲攻撃、ゲリラ戦、機動力を駆使した騎馬戦を得意とする李継遷の軍事力にとっては、強弓を主力とする鈍重な歩兵主体の宋軍は極めて扱いやすい相手なのである。すなわち、強敵に遭えば逃げればよいだけなのである。かつて雍熙二年に李継遷が三族寨を攻囲した時、田仁朗が「戎人は水草を随逐し、散ずれば巖険を保ち、常に烏合蛸聚し以て辺境を寇す。勝てば則ち進み敗れれば則ち退く。以てその巣穴を窮めること無し。今、継遷は羌戎数万衆を嘯聚し孤城を囲守す。王師の至るを慮れ必ず鋭を尽くしてこれを攻め、謂《おもう》に朝夕抜く可し。(第一章第二節)」といった通りなのである。太宗の所為はかえって張浦を安心させたはずである。宋が如上の戦法を採るタングート軍を攻略する有効な戦術を開発していないことをはしなくも張浦に確認させる結果になったからである。

張浦を人質に取られた李継遷は和平路線を遵守していることを太宗に印象付けたかったのであろう。従来の李継遷では考えられない弱気の要請をしている。『宋史』李継遷伝に、

継遷、辺の盗掠を禁ぜんことを乞う。詔して疆場を謹守し、盗む所の物を還さしむ。

とあり、司馬光の『稽古録』(巻一七)ではこの詔を四月乙酉(九日)に記載している。畢竟、この要請も張浦の立場に配慮して偃武の実行を装い、その間に軍事力の再整備をおこなう時間稼ぎの意味合いがあったのであろう。一方、宋はこの間に西北辺の防備態勢の強化に努め、三月辛酉(一五日)に会州観察使知清遠軍の田紹斌を霊州兵馬都部署に任じ(『宋史』太宗紀二)、五月二〇日には霊州界定遠鎮を威遠軍に昇格させている(『宋会要輯稿』一八九冊方域六)。そして『宋史』党項伝至道元年の箇所に、前述した四月の勒浪族馬尾等の授官に引き続いて、

六月、慶州界首領順州刺史李奉明、澄州刺史李彦咩、塩州刺史巣延渭、演州刺史李順忠、環州界首領会州刺史乜遇、及び霊州界、并びに河外保安、保靖、臨河、懐遠、定遠五鎮等部に敕書を賜いこれを慰撫す。

とあるように、塩州刺史巣延渭、会州刺史乢遇を始め涇水流域から霊州にかけての内属タングート各部に敕書を賜い体制の引き締めをおこなったのである。太宗はこのような周到な事前準備をおこなった上で、改めて李継遷の招懐を試みたのである。『宋史』太宗紀二同年六月の条に、

丙戌、使を遣わし李継遷を諭して授けるに鄜州節度使を以てす。継遷、詔を奉ぜず。丁亥、銀州左都押衙張浦を

以て銀青光禄大夫検校工部尚書鄜州刺史兼御史大夫に為し本州団練使に充つ。

とある。『宋史』李継遷伝によると使者は閤門副使馮訥、中使賈継隆と明記され、張浦はこの後も京師に留め置かれたとある。鄜州は延州よりさらに南方に位置する洛水流域を支配する要である。かつて李継捧は内徙に際して彰徳軍節度使（河南省安陽県）を与えられて名実ともに父祖の地から遠く引き離されてしまった。それに対して鄜州節度使は前章第一節でも述べたようにかつての保大軍節度使にあたり、夏州定難軍節度使の鼻祖拓抜思恭の弟の李思孝、李思敬が就任した拓抜李氏所縁の節度使である。横山山脈を隔てているとはいえ夏州から遠く隔絶した場所ではない。それ故李継遷に鄜州節度使を与えたことは太宗なりに一定の配慮をおこなった結果と考えられなくもない。特に馮訥等が丙戌（一一日）に派遣され、その翌日の丁亥（一二日）に張浦が破格の叙任を得ていることは注目すべき点である。李継遷の鄜州節度使授官も張浦との交渉の結果が反映されたものだったのであろう。張浦は李継遷が鄜州節度使を拝受するとは微塵も思っていなかったはずである。ただ時間稼ぎをおこなっていたにすぎないのである。ところが、上記『宋会要輯稿』の太宗の言からもわかるように、太宗とその廟堂は張浦を奪われた李継遷をはなはだ軽侮していた(14)ので、この授官によって李継遷を取り込めるものと判断したのではなかろうか。しかしながら保大軍節度使（鄜州節度使）は遼が兀泥佶移に与えたものである。そのことは太宗も聞知していたはずである。それを承知の上で鄜州節度使に任ずるということは、李継遷の矜持を度外視して全面的な降伏と内徙を求めたことに他ならない。まさに無条件降伏に等しい内容で、李継遷の側からすれば到底容認できる代物ではなかったのである。「継遷不奉詔」は当然で、逆に李継遷の闘争心の火に油を注ぐ結果になってしまったのである。

三　鄭文宝の西北辺対策

こうした折に李継遷がいわゆる「休戦協定」を抛棄して、再び宋と干戈を交える絶好の口実にもなった動きが宋の側から惹き起こされたのである。その仕掛け人はまたしても鄭文宝であった。鄭文宝はタングート対策のエキスパートで、前章第三節で論じた淳化四年の青白塩禁輸の騒動の後も失脚せずに引き続き西北辺問題に深く関与していたのである。そこでこの間に鄭文宝が関わった李継遷封じ込めを目的にした宋の西北辺防備強化策を淳化四年以前に遡って先にまとめておきたい。多少長くなるが『宋史』（巻二七七）鄭文宝伝[15]が詳しく、その関係箇所を便宜上A～Cの段落に区分して掲載する。

A　朝廷、古威州に城（づくり）を議し、内侍馮従順を遣わし文宝に訪ねしむ。文宝言う「威州は清遠軍の西北八十里、楽山の西に在り。唐の大中（八四七～八六〇年）の時、霊武の朱叔明が長楽州を収め、邠寧の張君緒が六関を収むるは即ちその地なり。故塁未だ圮《やぶ》れず、水甘土沃、良木薪秸の利有り。葫芦、臨洮二河を約《あわ》せ、明沙、蕭関両戍を圧し、東は五原を控え、北は峡口を固め、以て西涼に襟帯し、霊武に咽喉するに足り、これに城するは便なり。然るに環州〈より〉伯魚に至り、伯魚〈より〉青岡に抵る、青岡より清遠を拒（＝距、へだ）つこと皆両舎。しかして清遠は群山の口に当り、塞門の要を扼せば芻車は野宿し、行旅は頓絶す。威州は城を隔つ東の隅、竪石盤互して、池を浚う可からず。城中旧《もとよ》り井脈乏しく、また飛烏泉は城を去ることなお千余歩。一旦縁辺警急すれば、賊、平夏の勝兵三千を引き、清遠の衝に拠り、高に乗じ険を守り、数百人にて環州甜水谷、独家原を守り、箭を野貍十族に伝え、山中の熟戸を脅従すれば、党項孰れか敢て従わざらんや。また千騎を分ち磧北清遠軍の口を守れば、即ち環より霊に至る七百里の地、国家の所有に非ず、豈威州を禦る可きや。請う先に伯魚、青岡、清遠三城を建て頓師帰重の地に為さん。古人に言有り『金城湯池、粟非ざれば守る能わず』と。二年の間を俟ち、秦民息肩すれば、臣、請いて営田を建て粟を積み辺の策に実てん。五原故城を修《なお》し、三池の塩利を専にし、金帛を以て党項酋豪子弟に啖わせ朝廷の用を為さしめん。唯に朔方を安んじ竪子を制するのみならず、安西を経営し、河湟を綏復するに至る。これその漸（次第）なり。」と。詔してその議に従う。

B　文宝、賀蘭山下に至り、唐室の営田の旧制を見て興復を建議し、秔稲万余斛を得て、歳運の費を減ず可しと。

C　清遠は積石嶺に扼り旱海中に在り。霊、環を去る皆三四百里。素より水泉無し。文宝、民を発し水を数百里の外に負い、数千人を留屯せしむ。また民を募り楡槐雑樹及び貓狗鴉鳥を以て至る者は厚くその直を給す。地は舃鹵にして樹は皆立枯す。西民甚だその役に苦しみ、而してこれに城するも守る能わず。卒《にわか》に山水の壊《やぶ》る所と為る。また寧、慶州をして水磑を為らしむるも、また山水の為に漂去す。

宋の廟堂はおそらく淳化二、三年の頃から霊州路確保の観点で古威州の復興を検討しており、この方面のタングートの事情に通暁している鄭文宝の意見を徴したのである。Aの内容を撮要すると、鄭文宝は威州の軍事的重要性を高く評価しつつも、清遠の地を李継遷に奪われると「野狸十族」と呼称される原住地残留野利氏の集団(16)も李継遷に合流し、延いては環江上流域のタングート諸部族もしたがうことになり、霊州路そのものを喪失してしまい威州の守禦どころではないと言っている。つまり環州から霊州に至る対李継遷防衛ラインを強固にするためにその中間拠点として清遠軍の建置こそが急務であるといっているのである。その上で、二年後には営田積粟の策を建て五原故城の修復もおこない、西北辺の塩法も確立し、さらにタングート諸部族の酋豪を金帛で籠絡すれば、李継遷を抑え込むだけでなく西北辺全体の安定支配に繋がるというものであった。全文を通覧して大風呂敷といわざるを得ないが、朝廷は鄭文宝の郭大な構想にほとんど盲従し、フリーハンドを与えてしまったのである。BはまさにAの「臣請建営田積粟実辺之策」に対応するものである。鄭文宝伝の前の方で「文宝前後自環慶部糧越旱海入霊武者十二次。暁達蕃情、習其語、経由部落、毎宿酋長帳中、其人或呼為父」とあり、陝西転運副使として鄭文宝は前後一二回も霊州に入っているのである。鄭文宝は李継遷が霊州を指向していることを早くから察知していたのであろう。霊州死守の観点から、困難な歳運を改善し自給度を上げるためにAの詔を得た後に霊州を訪れた折を利用して賀蘭山下の実地調査をおこなってBの建議がなされたのであろう。それを踏まえて青白塩の流通禁止策が出されたと考えられるので、その時期は淳化四年の八月以前のことであろう。Cは清遠軍建設の具体的な様相を述べた説明文である。その構想は是としても塩分が多く不毛無水の積石嶺に要塞を築くことは難工事が目に見えており、西北辺民の負担も耐え難いものであったことがわかる。工事は山水のためにしばしば中断し困難を極めたことがわかる。清遠軍に関しては『宋会要輯稿』（一八五冊兵二七）の備辺至道三年（二年の誤り、以下引用は二年と改訂）七月の条にも記載されており、「文宝上言於霊州南界積石嶺建清遠軍。積石当瀚海中、乃不毛之地、無泉水薪蒸。自慶州抵霊州千余里、既不足為控扼応接之所。城塁既就、聚兵屯戍、供領飛輓、民力尤困。」とあるように、結局、中間拠点として「控扼応接の所」としては十分な役割が期待できないことが露呈し、完成後も飛輓（兵糧の運送）で辺民を苦しめ続けることになってしまったのである。こうした鄭文宝の李継遷封じ込め策の無謀を危虞した人物もいたのである。他ならない鄭文宝の上官で陝西転運使の盧之翰であった。『宋史』（巻二七七）の彼の伝に「時、副使鄭文宝議城清遠軍、又禁蕃商貨塩。之翰心知其非便、以文宝方任事、不敢異其議。」とある。盧之翰は己を凌ぐ権勢を得た鄭文宝に気後れし、敢て異を唱える見識を示さなかったことは転運使として無責任極まりない態度である。それはともかく、『宋史』太宗紀二至道元年三月の条に、「辛酉、以会州観察使知清遠軍田紹斌為霊州兵馬都部署」とあるので、至道元（九九五）年の初頭には一応清遠軍も機能するようになっていたのであろう。そして『宋会要輯稿』（一八九冊方域六州県陞降廃置）に、「至道元年五月二十日、詔霊州界定遠鎮宜建為軍、仍以威遠軍為額」とあり、五月には霊州北東の定遠鎮（西夏の定州）を威遠軍に昇格させる詔が出されているのである。おそらくこれも鄭文宝の要請にもとづく建軍と考えてよかろう。太宗は青白塩問題の失敗には目をつむり鄭文宝を鞭撻して霊州北方から慶州に至る李継遷防衛ラインの構築を急がせたのである。鄭文宝はAの建議の中で五原故城の修復に触れているが、これは筆者が第一部第五章第二節で述べた豊州蔵才族を中心とする黄河東流部から南流部のタングート諸部族の帰順を踏まえていることはいうまでもない。太宗が麟府路を設置したのは翌至道二年のことである。太宗としてはこの頃李継遷の包囲防衛ラインがほぼ形をなしてきたとの思いがあったのであろう。前節の終わりの方で述べたように、張浦が来朝したのはこの年の正月のことであった。太宗は張浦の獲得と防衛ラインの一応の構築によって李継遷が窘窮して軍門に降り鄜州節度使就任を受け入れると考えたのではなかろうか。

　本節冒頭で述べた李継遷の「休戦協定」抛棄の口実となる事件は、このような鄭文宝の李継遷対策の一環として鄭文宝の側から仕掛けられていたのであった。『宋史』鄭文宝伝のC清遠軍建設の記事に続けて、

> 継遷の酋長に嵬囉、嵬悉俄なる者有り。文宝、金帛を以てこれを誘い手書を与えて要約し、その養子を留めて質と為し、陰に継遷を図らしむ。即ち遣去させるに、これに謂いて曰く「事成れば、朝廷、汝に授けるに刺史を以てす」と。文宝また預め木に漆し函を為り、以て継遷の首を馳献するに備う。また民を発し古碑石を曳き清遠軍に詣らしめ、将に図りて功を紀さんとす。しかして嵬囉等は尽く事を以て継遷に告ぐ。継遷、上表して罪を請う。上、文宝を怒るも猶これを含容す。既にして文宝また禁塩を請い、辺民の法を冒し罪に抵れる者甚だ衆し。太常博士席義叟、陝西に決獄しその事を廉知し、以て中丞李昌齢に語る。昌齢以聞す。文宝、また奏して解州の塩価を減じ、未だ満歳（一箇年）せずに課二十万貫を虧き、また三司の発《あば》く所と為る。

とある。一方、『宋史』李継遷伝はこの陰謀事件を張浦授官の記事に続けて簡単に「継遷表鄭文宝誘其部長嵬囉、嵬悉。遂貶文宝藍山令。」と記し、鄭文宝失脚の原因としている。ところが前掲Aの末尾近くで鄭文宝は「以金帛啖党項酋豪子弟、使為朝廷用」と建議しているのだから、嵬囉、嵬悉俄を利用して李継遷の首を取ろうという陰謀も太宗のお墨付きを得た策略だったのであろう。だからこそ太宗は李継遷が要求する鄭文宝の処罪に対して、一応の譴責は

加えたものの鄭文宝を含容したのである。そもそもこうした策謀は一瀉千里にことが運ぶものではない。おそらく鄭文宝は数年をかけて嵬囉等の懐柔をおこなっていたのであろう。鄭文宝の活躍地域から勘案すると嵬囉、嵬悉俄の両酋長は環江上流域を本貫とする野利氏系統の部酋の可能性が高い。李継遷は嵬囉、嵬悉俄をうまく泳がせ切り札として利用する機会が訪れるまで温存していたのである。もって李継遷のしたたかさを知るべきであろう。鄭文宝はご丁寧に李継遷の首を入れる漆塗りの木函まで用意していたところから、李継遷の暗殺計画にはよほどの自信を持っていたのであろう。まさに「策士策に溺れる」を地でいってしまったのである。この陰謀事件が李継遷の「休戦協定」抛棄の名分にはなったものの、直接的に鄭文宝の追い落としの材料にはならなかった。鄭文宝は再度青白塩の禁輸策を実行して自滅してしまったのである。おそらく威遠軍設置後の勢いを駆って二度目の禁令に踏み切ったものと考えられる。その様子を『宋会要輯稿』（一八五冊兵二七）備辺至道一年の条で前掲箇所に続けて、

同、華より環、慶に抵るは軍粟一斛に銭七百を用う。本処に就き粟一囲《ひとかかえ》を買うに重銀一両を計う。仍りて大いに青白塩法を改め、民に不便し、或は起ちて敓攘（ぬすみ）を為し、或は溝壑に転死する者計えるに勝える可からず。御史中丞李昌齢その事を切言す。遂に詔して太初を以て文宝に代ゆ。

と記している。鄭文宝は李継遷防衛ラインの構築に邁進したが故に財源難に陥ったのである。それを改善するために再度青白塩の流通を禁じて財源の確保を志向したが、このことが再び環江流域のタングート諸部族の反感を買い、民を塗炭の苦しみに陥れることになってしまったのである。慌てて解塩の価格を下げたため今度は歳入不足を惹き起こし二年前の騒動をすっかり再現してしまった。『宋会要輯稿』同右七月の条冒頭に「七月、以塩鉄副使宋太初充陝府西路諸州水陸計度都転運使、代転運使鄭文宝。」とあるように、さすがに今度ばかりは太宗にも見放されて職を免ぜられ、一〇月には藍山令に貶とされて（『宋史』太宗紀二）西北辺から追放されてしまったのである。『宋史』太宗紀二同年八月の条に「癸卯（二九日）、禁西北縁辺諸州民与内属戎人昏娶。」が発せられているが、この法令は青白塩禁輸

の蒸し返しによって西北辺民の不満が極めて高かったことに関連しているのであろう。内属タングート諸部族だけでなく婚娶を通じて漢人がタングート化して延いては李継遷側に取り込まれることを懸念して発令されたことを示しているのである。これを李継遷の側から眺めると、期せずして名実ともに軍事行動を起こす絶好の機会が向こうから転がり込んできたといえるだろう。

李継遷の攻勢はあたかも鄭文宝の失脚のタイミングを見据えて開始されたかのようである。『宋史』党項伝同年七月の条に、

七月、睡泥族首領你乜逋、男をして霊州に詣らしめて言う「族内七百余帳李継遷の為に劫略さる。首領嵔逋一族は奔りて蕭関に往く。你乜逋一族は乞いて救助を賜らん。」と。詔して賜わるに資糧を以てす。環州熟倉族乩遇、継遷の牛馬三十余を略奪す。継遷、人をしてこれを招撫す。乩遇答えて云く「吾一心に漢に向き、誓いて死すとも移らず。」と。詔して遇を以て会州刺史に為し(17)、帛五十四、茶五十斤を賜う。

とある。睡泥族の居所は特定できないが、你乜逋の男が霊州に来て救援を要請していることと、首領の嵔逋一族が六盤山に源を発する葫芦河川の最上流部固原（鎮戎軍）東南にあった蕭関に奔往している事実から判断すると、太宗が復興を検討した古威州方面に居住する部族であった可能性が高い。さらに橐駝会に蟠踞する熟倉族首領乩遇に対し使者を立てて服属を迫っているが、これは前年の激戦に懲りて極力戦闘を避けようとした配慮を表わしているのであろう。いずれにせよ鄭文宝が築き上げていった李継遷防衛ラインを崩し霊環州大路の閉塞を狙う作戦の事前準備だったのである。李継遷は九月になるとさらに清遠軍に矛先を向けた。『宋史』太宗紀二同年九月の条に「庚午（二七日）、清遠軍言李継遷入寇、率兵撃走之。」とあり、同李継遷伝には千騎をもって清遠軍を攻め守臣の張延が撃退したとある。投入兵力の少なさから考えてこの攻撃も同様の性格を持ち清遠軍の防御能力を探るための偵察出兵で、至道元年中は大規模な作戦を発起するための態勢準備に充てられていたのであろう。

そして注目すべき点は今回の攻勢は遼の西南面招討使の韓徳威を巻き込んで二方面より宋に攻勢を仕掛けようとしたことである。『続資治通鑑長編』（巻三八）至道元年一二月丙申（二四日）の条の後に、

永安節度使折御卿病を被り、敵諜《うかがい》てこれを知る。韓徳威もまた李継遷の誘う所と為る。遂に衆を率いて入寇し、以て子河汊の役に報ず。御卿、輿疾して行く。徳威、その至を聞き、頓兵して敢て進まず。会《とき》に疾甚しく、その母、親信を遣わし御卿を召し帰りて医薬に就かしめんとす。御卿曰く「家、世々国恩を受くも敵寇未だ滅びざるは御卿の罪なり。今、敵に臨み安んぞ士卒を棄て自便す可けんや、軍中に死するも、蓋しその分なるのみ。為《すなわち》太夫人に白《もう》す、我と忠孝の豈に両全を得んことを念ずること無かれ。」と。言訖り泣下して翌日卒す。丁酉（二五日）、上、御卿の喪を聞き、痛悼これを久しくす。侍中を贈り、その子供奉官惟正を以て洛苑使知府州事に為す（『宋会要輯稿』第一九五冊方域二〇府州略同文）。

とあり、『宋史』太宗紀二では遼の犯辺を一二月の甲戌（二日）にかけている。対遼最前線を守禦する永安節度使折御卿が病膏肓に入る情報は韓徳威の耳にも入っていたのである。ところが、病を押して出馬した折御卿に対して韓徳威は頓兵して進撃しなかったのである。その最大の理由は次章第三節で詳述するように、すでに奪還目的の勒浪族の主勢力が宋の政策にしたがって南徙を開始していたからであろう。『遼史』聖宗紀四統和一四（至道二）年三月の条に「甲寅（一四日）、韓徳威奏討党項捷。」と簡単に触れられていることから判断すると、「子河汊之役」の報復決戦は実際にはおこなわれなかったのであろう。史料中に「李継遷の誘うところと為る」とあるが、本来、上下関係から考えて、遼の西南面招討使の地位にある韓徳威が李継遷の誘いに乗って安易に兵を起こすとは考えられない。また李継遷の建国運動を助長するような出兵もおこなうはずはないのである。しかしながら李継遷が宋に攻勢をかける上で背後に控える豊州蔵才族に代表される黄河東流部、南流部一帯のタングート諸部族と、その要にあたる府州折氏の勢力は重大な脅威であった。ところが、前節後半で「子河汊之役」を論じた際に触れたようにこの方面のタングート諸部族

の帰属は李継遷帰順の条件として遼に委ねられていたのである。そこで韓徳威に対しては種々の情報を提供して「子河汊之役」の報復戦を暗に慫慂していったのではなかろうか。韓徳威は勒浪族等の膺懲奪還を期して出兵したものの李継遷の思惑を察知し、さらに折氏の守備態勢と勒浪族の遠方退避を知って決戦を回避してしまったのが実態ではなかろうか。ついでにこの後の勒浪族の情報を一つ紹介すると、『宋史』党項伝至道二年の条に、

　六月、勒浪族副首領遇兀等百九十三人帰附し、馬七匹を貢ぐ。遇兀、旧《もと》契丹に隷す。淳化初、族帳を府州の界に遷す。東は河に至ること百五十里、南は府州に至ること三百里。(18)ここに至り始めて朝貢す。上、召問慰労し、錦袍銀帯を賜う。遇兀言う「部族良馬多し、今始めて来朝し貢ぐ所未だ備わらず。」と。上曰く「吾爾の忠順の節、慕化来帰を嘉し、固より多馬を以て意と為さざるなり。」と。

とある。遇兀は勒浪樹李児門族の副首領で、「子河汊之役」の直後に宋から保順郎将を与えられている。ところが実際に朝貢を果たしたのはそれから一四箇月後のことであり、その間に韓徳威の再度の出兵があったのである。そうしたことを勘案すると遇兀は「子河汊之役」の後も勒浪族の主勢力とは一線を隔して両端を持していたと考えるべきであろう。それが韓徳威の撤兵と、折惟正に継承された府州折氏体制が安定強化していったことから勒浪族の大勢に合流する腹を固めたものと考えられる。また、宋が遼と李継遷対策として麟府路を設置したのはこの年のことである。おそらくこうした状況にも関連しているのであろう。なお、折氏の後継について付け加えておくと、太宗は直ちに子の折惟正を「洛苑使知府州事」に任じ折氏体制の維持強化を図っている。なお、『宋会要輯稿』(一九五冊方域二)府州に「(至道)二年三月、入内副都知宋思恭上言『得府州管界五族大首領折突厥移状、称父折文御授官告補充五族大首領。今文御已死。府州以突厥移承父勾当、乞賜真命』。詔、折突厥移授安遠大将軍。依旧充府州管界五族大首領。(19)」という記事がある。折文御という名前から思いあたるのは直前に死亡した折御卿と前任者の兄御勳である。同輩行と考えると折文御は正しくは折御文であろう。「府州管界」とは文字通り遼の侵攻を防ぐために府州の防禦の最前線部隊

として折氏五族が配置されており、折御文がその大首領の重責を担っていたのであろう。折御卿の死亡と相前後して折御文も死亡したのである。折御卿の後継者の折惟正の要請で、直ちに折突厥移が安遠大将軍を授けられ府州管界五族大首領を安堵されたということは、いかに太宗が府州折氏の役割を重視していたかを証明するものである。

至道二年を期して本格化した李継遷による霊州攻略戦はこのような状況を踏まえておこなわれたことを押さえておきたい。

四　霊州攻防戦と宋の五路進攻作戦

そこで論を本筋に戻そう。至道二年になると宋の廟堂も李継遷が霊州攻略戦を発起する情報を摑んでいたのであろう。太宗は急遽芻粟四〇万を補給して霊州の防衛強化策を打ち出したのである。『宋会要輯稿』（一七五冊兵八討叛二）夏州至道二年四月の条に割注の形式で次のようにある。

これより先、洛苑使白守栄、西京作坊使馬紹忠に命じ、大将皇甫継明と兵を率いて芻粟四十万を霊州に護送し、知霊州田紹斌をして兵を率いて迎援せしむ。浦洛河に次り、継明の卒に会す。守栄等は期に後れること一日にして至り、継遷の囲む所と為る。守栄等故にこれを撃つ。紹斌曰く「蕃戎は軽佻、輜重を棄てて戦に与する勿れ、ただ轡《たずな》を按《おさ》え陣を結んで徐行すべし。」と。守栄曰く「我、汝の節度《さしず》を受けず。爾はただ兵を率いて来迎せん、爾は吾事に預ること勿れ。」と。紹斌、因りて所部を率いて輜重を去ること四五里。継遷、初めは紹斌の旌旗を望見して敢て撃たず。守栄、自ら功を邀えんと欲し、遂に戦に与し戦敗す。役夫は輜重を棄て潰走し、死者を蹂践すること無数、悉く継遷の獲る所と為る。始め帝は調発の車乗をして分ちて三輩と為し護送せしめ、寇至れば禦を為し易くし、而して民力をして匱乏せざらしむ。転運使旨に違い擅に併せて一と為し、遂に陥没に致る。帝、これを聞き怒りて国子博士王用和を遣わし、乗伝（駅馬に乗り）し転運副使竇玭を捕え、獄に繋ぎ験問す。白守栄は責めて洛苑副使を授け、……。

『宋史』李継遷伝はこの輸送作戦を「二月春」と明記し、「且令車重先後作三隊、丁夫持弓矢自衛、士卒布方陣以護之、遇敵則戦、可以無失。」と記している。ところが、結果的にこの輸送作戦がかえって兵馬倥偬の様相を深める原因になってしまったのである。親の心子知らずで、太宗のせっかくの配慮も将帥間の不和と白守栄の邀功短慮によって台無しになり、芻粟四十万はことごとく李継遷に略取されてしまったのである。そしてこの輸送作戦は『太宗皇帝実録残本』（巻七七）の対応記事に「李継遷偵知之、要撃於浦洛河」とあるように、張り巡らした情報網によっていち早く李継遷のもとに達しており、満を持して浦洛河において要撃をおこなったものである。李継遷にしてみれば霊州攻略に欠かせない糧秣を一挙に大量確保したわけで、この時点で宋の霊州死守作戦は破綻していたといえよう。納まらない太宗は夏四月甲戌（四日）に、侍衛馬軍都指揮使静難軍節度使の李継隆を環慶霊州清遠軍兵馬都総管に任じ[20]、李継遷追討を命じたのである（『宋史』太宗紀二）。ところが右『宋会要輯稿』の記事に続けて「継隆至霊環、逗撓未進軍。詔以深州防禦使尹継倫為霊慶兵馬副総管、以督其軍事。」とある。「霊環」とは霊環路の謂いと考えられるが、李継隆は逗撓して軍を進めず、太宗はさらに尹継倫を派遣して督軍しているのである。一方、この間の李継遷の行動に関しては『続資治通鑑長編』（巻三九）に至道二年五月辛丑の条に続けて、「李継遷率万余衆寇霊州。癸卯（四日）、四方館使曹璨自河西入奏。」と記載している[21]。つまり李継遷は二月の末から四月にかけての間に霊州を攻撃し包囲攻城作戦を敢行していたのである。当然この情報は李継隆のもとにも達していたはずである。李継遷の所在が特定され、その追討と霊州救援の絶好の機会が用意されていたのである。それにも拘わらず李継隆は逗撓し敢て出撃しなかったのである。李継遷軍の機動性を考慮して捕捉討滅が困難としても、霊州救援は可能だったはずである。李継隆は西北辺の情勢に通暁した歴戦の勇将である。ここで想起すべきは第一節の末近く（三三八頁）で触れたように二年前の淳化五年、夏州城破却に際して李継隆は李継遷が今後霊州獲得に向かうであろうことを予測していたことである。李継隆はこの二年の間に李継遷による諸部族の組織化が進捗し、軍事力が格段に増強されている実態を正しく掌握していたのであろう。それ故、手持ちの兵力では李継遷軍との決戦はおろか、長駆旱海を越え霊州救援に趣く成算も立たず作戦に踏み切れなかったものと思われる。尹継倫をして督戦させたものの太宗も李継隆の軍事力だけでは李継遷を捕捉することの困難を認めざるを得なかったのであろう。ここに至って太宗は李継遷の恐るべき決心とその軍事力を深刻に受け止めるようになったのである。『続資治通鑑長編』に続けて、

上、宰相等を北苑門に召し、その故を語りて曰く「継遷は輜重を剽劫して因り後、頗る猖獗自恣、輒ち霊武を窺い烏合の衆を駆り堅城の下に頓す。固より持久の理無く却く。縁りて城中の人表を齎らして急を告げるも賊の獲る所と為る。賊以て危窘と為し因て兵を頓して未だ即《ただ》ちに引去らず。卿等宜しくこれを熟慮せよ。朕、固り成算有り。」と。

とある。太宗は北苑門に宰相等廟堂の首班を集め、曹琮の上奏を示して対策を求めたのである。「朕固有成算矣」の言から判断すると李継遷の猖獗に対して最も憂慮していたのは他ならない太宗であり、漫然と構える宰相等に対して危機意識の喚起を促したものと思われる。史料の臚列は避けるが、『続資治通鑑長編』には太宗の諮問に応じて宰相の呂端が環慶等三道より勁卒を発し李継遷の本拠を衝けば、李継遷はその喪失を惧れて兵を返し霊州の包囲も解け饟道の再開もできると主張した。これに対して太宗は霊州輸送作戦が将領の命令違反によって大失敗に終わったことを例に、兵力、将領の適任、輜重動員の困難を述べて呂端の作戦を一蹴した。しかるに気を取り直した太宗は八日後の辛亥（一二日）に手詔を降し、一旦は斥けた呂端の作戦をもとに各人所見利害をまとめ「実封来上」を求めたのである。これに対して呂端等は長春殿に詣り「各陳所見」は「詢謀僉同之議」に乖くを恐れるとし所見の一本化を主張したのである。ところがひとり張洎のみ呂端等の意見に反駁し、翌壬子（一三日）に縷々長大な意見を上疏するも、こ

れといった有効策も示せず結論は霊州放棄であった。太宗は「上初有意棄霊州。既而悔之。及覧洎奏不悦、却以付洎謂之曰『卿所陳、朕不暁一句』。」とあるように、当初霊州放棄に傾いていたのがかえって張洎の上疏に反発して霊州死守を志向するようになったことがわかる。それはともかくこの間の廟堂の動きを見ると、李継遷の一連の作戦に対して的確な対応策が執れずに混乱し、それが太宗の焦慮を増幅させていたことがわかる。いずれにせよ、七月以降に実施された大規模な李継遷追討作戦の発起はこのような太宗と廟堂の切羽詰まった状況から発したものと考えてよかろう。しかし、作戦発起に先だって麟府方面の河西タングート諸部族が李継遷に合流するのを防ぐ手立てを講ずる余裕はあったようである。『宋史』党項伝至道二年の条に、

七月、李継隆出て継遷を討つ。麟府州兀泥族大首領突厥羅、女女殺族大首領越都、女女夢勒族大首領越移、…（六族省略）…、細母族大首領羅保保乜、凡そ十族に敕書を賜いこれを招懐す。

とある。麟府州周辺に居住する女女四族等一〇族に敕書を賜い招懐に努めているのである。中でも注目すべきは冒頭に記されている兀泥佶移の長子突厥羅である。第二節（三四三頁）で触れたように、同伝の淳化五年の条には首領黄羅が宋に内附して懐化将軍、昭州刺史に叙せられているが、突厥羅の消息はまったく記されていなかった。仮に黄羅とともに内附していれば突厥羅の授官も必ずや明記されるはずである。つまりこの間、突厥羅は首領黄羅とは協調せずその立場を明確にはしていなかったのであろう。恐らく李継遷や父親の兀泥佶移の復帰工作によって逡巡していた時期だったのではなかろうか。詳細は後に述べるとして、突厥羅はこれまで府州折氏にしたがいつつも、李継遷とも関係を維持し首領黄羅とは別個の路線を歩んでいたようである。突厥羅の消息は右史料をもって途絶えるが、一〇年後の景徳三年に彼の後継者と思われる兀泥族大首領名崖が府州折惟昌の絡みで同伝に登場してくる。

さて、太宗が断行した作戦は呂端が主張したものに比べてはるかに大規模なものになった。『続資治通鑑長編』（巻四〇）同二年九月己卯（一二日）の条に、

これより先、上、諸将の攻討を部分す。李継隆は環州より、范廷召は延州より、王超は夏州より、歩軍都虞候容州観察使潁川の丁罕は慶州より、西京作坊使錦州刺史張守恩は鄜州より、凡そ五路、兵を率いて烏白池に抵らしむ。皆先に授けるに方略を以てす。守恩は令鐸の子なり。師已に期有り。銀夏鈐轄盧斌、対(上書)を求《こ》い懇に言いて曰く「番夷の俗、馬は驕にして兵は悍、往来定まること無し。敗れれば則ち他境に走る。砂漠に疾戦するは、天兵の利する所に非ず。堅く霊州を保つにしかず。内地より多く芻粟を積み、師を以て援送せん。苟もその至るや兵を会し首尾これを撃たば枉費すること無く、且《かつ》固圉(国境の守り)の策を失わざるに庶幾《ちか》からん。」と。上、従わず。改めて斌に環慶鈐轄を授け、兵三万を領して継隆の前鋒に為す。斌、継隆に謂う「霊州を由《へ》て烏白池に趨くは月余にして方に至る。若し環州より賊巣に抵るは、才に十日程のみ。」と。

とある。これによると、期日を定め五路より出撃して烏白池において李継遷の主力を包囲殲滅するというものであった。おそらく李継遷の本隊は霊州から烏白池に移動しているとの情報が太宗のもとに届いていたのであろう。今回も太宗自ら将領に方略を授け、[22]特に李継隆に対しては旱海を越えて霊州救援を優先させ、しかる後、翻って烏白池に趣いて諸将と期日に会して李継遷を攻撃するというものであったことがわかる。あくまでも霊州の救援と李継遷の捕捉に拘ったのである。この作戦がいかにタングート族の戦法を無視したものであったかは文中の盧斌の発言に如実に示されている。作戦に対する危惧は盧斌ひとりの抱懐ではなく、同時に麟府路濁輪寨都部署に任じられた李重貴も同様であった。己卯の条の最後に、

初め、五将に命じて出師せしめるに、衛州団練使河陽の李重貴は実《あて》て麟府路濁輪寨都部署に為る。便殿に対するを得、因て言う「賊は沙磧中に居し、水草を逐い畜牧す。戦闘に便にして、利あれば則ち進み、不利なれば則ち走る。今、五路斉く入ると。彼、兵勢の大を聞けば或は接戦せず。且に謀りて遠遁す。追わんと欲すれば則ち人馬乏食。将《あるいは》守らんとすれば則ち地に堅塁無し。賊既にして未だ平がず、臣輩何の顔《かんばせ》以て陛下に見えん。」と。

上、これを善し賜るに御剣を以てす。また屢々使を遣わして撫労す。諸将果して大功無く、重貴還るに及び、上、前言を思い、命じて并代副都部署に為す。

とある。太宗はこうした武将連の反対を承知の上で作戦に踏み切ったのである。五月四日には呂端の作戦に対して太宗は冷静な判断力を示していた。それが二、三箇月後には、期日を定めて都合よく李継遷軍を包囲できることが前提となる空想的な作戦を発起したのである。このように一見して無謀な作戦に走った原因は、ひきも切らず西北辺から寄せられる緊迫した情報にあったと思われる。その一つが西涼府の吐蕃勢力からもたらされたものであった。『宋史』吐蕃伝至道二年の条に、

二年四月、折平族首領握散上言し「部落、李継遷の侵す所と為る。願わくば兵を霊州に会し以て討撃に備えん。」と。幣を賜い以てこれに答う。七月、西涼府押蕃落副使折逋喩竜波上言し「蕃部、頻りに継遷の為に侵略せらる。」と。乃ち吐蕃都部署没暇拽于とともに六谷の蕃衆を会し来朝し、且つ名馬を献ず。上、厚くこれに賜わる。

とある。かつて西涼府政権を論じた際に述べたように、当時、折平族首領握散は折逋遊竜鉢（史料中の折逋喩竜波）から独立した勢力であったと考えられるが、その部落が四月以前に李継遷の軍勢に攻撃されているのである。そして七月になると西涼府（涼州）を実質的に支配していた折逋遊竜鉢が、その蕃部が頻りに李継遷の侵略を蒙っていると上言しているのである。こうしたことから折平族は西涼府より霊州に近い位置に居住していたものと考えられるが、いずれにせよ李継遷は当初から霊州の攻略だけを目指していたのではなく、その鋒先は遠く西涼府にも向けられていたことがわかる。握散、折逋遊竜鉢の上言内容から逼迫した状況が読み取れ、李継遷の西涼府攻撃は行きがけの駄賃程度のことではなく、この段階で河西回廊全域の掌握を志向していたことがわかる。さらに、もう一つ、同党項伝同年の条に、

閏七月、懐安鎮の羌、諸族を誘い慶州を寇す。監軍趙継昇師を率い撃ちてこれを敗り、斬首三百級、羊馬を獲る

こと千計。

とある。懐安鎮は唐代の懐安城（『読史方輿紀要』巻五七）を指し慶州の東北一八〇里に位置している。慶州は環慶路の要にあたり、李継遷追討の最重要基地の役割を担う拠点である。その慶州が地理的に考えて熟戸化していたと考えられる周辺のタングート部族によって襲撃されたのである。時間的に考えてこの襲撃は李継遷の作戦に呼応、ないしはその命令によっておこなわれたことは間違いなく、慶州一円においても宋のタングート経営は安定せず、李継遷の影響力がおよぶ部族が潜在化して一定数は存在していたことを現わしている。太宗はこうした状況を目のあたりにして、一霊州の死守云々の問題に止まらず西北辺全域の経営如何が問われる大問題との認識を深めたのであろう。そして太宗をしてこの作戦に踏み切らせた原因として彼の体調を考えるべきであろう。太宗は翌年三月に上仙していることから推考すると、すでにこの頃病に侵され冷静さを欠くようになっていたのではなかろうか。太宗の精神状態を示す好材料が司馬光の『涑水記聞』（巻二）に載せられている。李継隆は不仲であった転運使の盧之翰を陥れるために出師の時期を八月、一〇月等二転、三転させてその挙句、転運使の芻粟準備の遅れを非難上奏したのである。激昂した太宗は中使一人を召し三函を付して直ちに盧之翰等三人の首を取らんとしたが、丞相呂端、枢密使柴禹錫は「皆不敢言」であった。枢密副使の銭若水だけが事実確認の先行を主張するが、これがかえって太宗の怒りを増幅させ太宗は衣を払って禁中に引き揚げてしまう。それでも銭若水は廷中を去らず、太宗の再出御を待って「李継隆外戚、貴重莫比。今陛下拠其一幅奏書、誅三転運使、雖彼有罪、天下何由知之。鞫験事状明白乃加誅、亦何晩焉。献可替否、死以守之、臣之常分。臣未獲死、故不敢退。」と必死の切諫をおこなって三名を救ったのである。それにしても呂端を始め廟堂の首班が太宗に盲従し、誰一人諫止する気概を持たなかったことは廟堂の機能不全を示すと同時に、李継遷の圧力がいかに太宗の焦慮を増悪させていたかが偲ばれる。作戦の時系列については、右『続資治通鑑長編』己卯の条や同じ内容を記載している『太宗皇帝実録残本』には明記されていないが、『宋史』太宗紀二同二年の条に「秋七月己亥朔、命殿前都指揮使王超為夏、綏、麟、府州都部署。」とある。范廷召、丁罕、張守恩等も当然王超に前後して任命されたことは間違いなく、太宗は六月頃には五路進討の構想を描き、七月になると諸将の任命をおこなったものと思われる。盧斌、李重貴等の上奏は当然その後になされたものである。李継隆が出師の時期を盧之翰に当初八月と伝えていることと、実際に王超等の戦闘が九月己卯（一二日）以前におこなわれていることから判断すると、西北辺の緊迫した情報に接した太宗は八月末頃を諸将包囲完了の予定日として作戦を断行したのであろう。

ところが、実際に各路を任された武将の多くがこの作戦には極めて消極的で、特に首帥である李継隆においてそれは際立っていたようである。盧斌の入説に対して、己卯の条に続けて、

継隆因りてその弟継和を遣わし馳駅して上言し「赤檉路は四辺水乏し。請う青岡峡より直ちに継遷の巣穴に抵り、霊州を援けるに及ばず。」と。上、怒りて継和を便殿に召し、これを詰って曰く「汝の兄此の如し、必ず吾事を敗なり。」と。因て手ずから数幅を書き継隆を切責し、引進使周瑩に命じて賚し軍前に詣らしこれを督せしむ。

とある。李継隆は太宗の明徳皇后の兄弟である。そうした特殊な立場の気安さがあったものか、公然と太宗の作戦に異議を唱えたのである。同条に続けて、

瑩至るも、継隆は已に便宜に兵を発し、報を俟たず。既にして丁罕の兵と合わせて行くこと十数日、敵を見ず、軍を引きて還る。張守恩は賊を見るも撃たず、兵を率いて本部に帰る。

とある。李継隆は太宗の方略をまるで無視して、前述のように出師の期日をもてあそび、慶州の丁罕の兵を合わせて十数日、お座なりの行軍をしただけで引き揚げている。張守恩に至っては敵を発見するも一戦も交えずに戻っている。李継隆は長い前線暮らしですっかり厭戦気分に陥っていたらしく、『宋史』（巻二九九）胡則伝には、

時に霊夏兵を用いるに、転運使索湘、則に命じて芻粮を部送するに一月の計《かず》為り。則曰く「百日の備を為すもなお支えざるを恐る。一月に為すは奈何や」と。湘、以て給する無きを懼れ、則を遣わして遂に入奏す。太宗、因

りて問うに辺策を以てす。対えて旨を称う。左右を顧みて曰く「州県豈に人乏しからんや。」と。命じて姓名を中書に記さしむ。後、李継隆賊を討ち久しく解かず。湘、則に語りて曰く「微子幾たびか我事を敗るか。」と。一日、継隆、文を転運司に移りて曰く「兵且に深く入《お》らんとす、粮の継有りや」と。則、湘に告げて曰く「彼の師老《つかれ》れ将に帰らんとし、欲するに粮の乏を以て辞と為すのみ。姑く余有るを以てこれに報ぜん」と。已にして果して則の料る所と為る。

と記している。兵糧不足を口実に引き揚げを模索しているのである。こうした中で太宗の期待に応え気を吐いたのが王超と范廷召であった。『太宗皇帝実録残本』（巻七九）九月の条に、

己卯、夏、綏、延行営上言し「両路勢を合わせて賊を烏池に破る。斬首五千級、生擒二千余人。米募軍主吃囉、指揮使等二十七人、馬二千匹、兵器鎧甲数万を獲る。」と。群臣称賀す。……独り王超、范廷召は烏白池に至り賊と大小数十戦を遇《まみえ》る。頗る克捷すると雖も、しかして諸将期を失し、士卒困乏し、終に賊を擒えること能わずと。

とあり、さらに『続資治通鑑長編』己卯の条の後段で、

凡そ十六戦してその巣穴に抵り、悉くこれを焚蕩す。賊中の老弱走る能わざる者は継遷、悉く沙中に埋め、ただその首を露す。部落の降る者、皆曰く「人馬の死者過半、化する能わず。」と。夷、活を謂いて化と為し、自活すること能わざるを言うなり。上、因りて馬歩軍都虞候傅潜等を顧みて曰く「この合戦を行うと還師の期と悉く料る所の如し。ただ諸将尽く方略に依る能わず、此の賊の越逸を致す。……朕、自ら陣図を為り王超に与えて妄に人に示すこと勿らしむ。超の回日、汝、図を取りこれを観る可し。」と。潜等拝謝して退く。

と記している。太宗の無謀とも思われた作戦が、かえって李継遷側の予測を越えていたため不意を衝くかたちになったのである。特に王超軍に関しては、『宋史』（巻二五三）李継周伝に「至道二年、授西京作坊副使……大軍討西夏、

命為延州路踏白先鋒。会継遷邀戦於路、継周戦却之。」とあるように、タングート熟戸李継周も戦闘に参加している点が注目を惹く。李継周は延州金明寨の大豪族で一貫して宋にしたがい李継遷側と激しく対立し、雍熙二年には野利氏の部族を撃退したことは第一章第三節で触れたところである。また、後に子李士彬が李元昊と激しく対立したことは第三部で述べるところである。王超軍の進路について、『武経総要』（前集巻一七）に「鉄茄嶺路。自伏落津済河西入鉄茄平、過古綏州、沿無定河川行、入銀州、北入夏州、西入塩州。済黄河即銀州界。西北入夏州、塩州、地形平坦。……至道中五路出師、王超領兵過河至烏白池、即此路」とあるから、無定河を遡上して宥州から塩州に出て烏白池に至ったものと考えられるが、史料末に記されているように作戦は厳秘に付されていたため李継遷の情報網でも探知されなかったのであろう。おそらく李継遷の警戒態勢は環慶路方面に向けられており、すでにほとんどの部族が支配下に組み込まれている無定河流域からの攻撃は予想していなかったのだろう。「凡十六戦」とは無定河を遡上して烏白池に到達する過程で敵対部落等を攻撃した数を示しているものと考えられ、[23]『太宗皇帝実録残本』、『続資治通鑑長編』ともに別に烏白池において「大小数十戦」がおこなわれたように記すが、「凡十六戦」を取り違えて記載したものであろう。ともかく王超等の行軍は敵が早馬を仕立てる余裕すら与えぬほど迅速だったのであろう。すぐ後でも触れるが、右に記載した『太宗皇帝実録残本』の戦果は例によって相当割引が必要であるが、米募軍主吃囉等が捕虜になったという具体的な事例が記されていることから、烏白池の戦闘は一応宋軍の勝利で『続資治通鑑長編』の記事からも奇襲に近いものであったことがわかる。おそらく李継遷の主力は引き続き霊州包囲に投入されており、烏白池に駐屯する兵力は比較的少数だったのであろう。しかし、李継遷は老弱を処分する余裕は持っていたのである。李継遷はもとより宋の大軍と決戦をおこなう気など毛頭なく、衆寡敵せずと判断し米募軍主吃囉等を殿軍にして烏白池を撤退してしまったのである。たとえ李継隆軍が同時に烏白池に到達していたとしても、李継遷を包囲することは非常に困難なことで結果はさほど変わらなかったであろう。それよりも注目すべきは捕虜になった米募軍主吃囉である。[24]第一章

第一節で詳述したように米募とは李継遷の母族衛慕氏のことで、綏州の強族喫母氏に他ならない。つまり喫母氏は李継遷の母族という特殊な立場から親衛軍の中核を構成し、おそらくその族長と思しき吃囉が軍主という肩書で常に李継遷と行動をともにしていたものと考えられる。『続資治通鑑長編』等の史料を繙くと李継遷とその後継者の政権において「軍主」を付せられている人物が何人も散見される。「軍主」は漢文史料に記載する際にタングート語官職名を中国語に翻訳した表現ではなく、張浦が孔目官を名乗ったのと同様に、李継遷は早い段階から積極的に中国式の官制や官名を模倣した支配機構を準備していたのである。(25) 詳しくは次章第二節で述べる。李継遷政権における「軍主」は支配領域をいくつかの単位に分割し、その地域内の諸部族を統率して軍事行動を主導する役目を委任されていた有力な部族長に対して与えていた中国語表記の称号だったのであろう。米募軍主吃囉は当然本貫地の綏州と銀州方面を担任する役割をもって「軍主」号を拝していたと考えられるが、李継遷との親縁関係から常に扈従していたものと思われる。そうした性格上、宋軍の奇襲に遭い李継遷を避退させるためにはその親衛軍が殿軍となって時間稼ぎをせざるを得なかったのであろう。王超らが烏白池の戦闘に勝利したとはいえ『太宗皇帝実録残本』に「而諸将失期、士卒困乏、終不能擒賊焉。」とあるのが実態を物語っており、『続資治通鑑長編』同条の中段に、王超の子徳用の活躍を記して「……及進師烏白池、敵鋭甚、超不敢進。徳用請乗之、得精兵五千、転戦三日、敵既却。徳用曰帰師過険、必乱、乃領兵距夏州五十（百の誤りか）里、先絶其険。下令曰、敢乱行者斬。一軍粛然。超亦為之按轡。敵躡其後左右、望其師整、不敢近。……」とある。李継遷軍が仮に敗績したのであったならば、退却する王超軍を三方から追尾する余力も残されていないはずである。おそらく李継遷は米募軍主吃囉等の奪還を目指していたのであろう。退却にあたって王徳用が「敢乱行者斬」と下令した理由は、敵地に深入りしすぎ援軍も来たらず戦闘余力も払底し、李継遷軍の逆襲を恐れたからに他ならない。このたびの宋の作戦を俯瞰すると、王超軍の隠密裏の行軍が功を奏して李継遷側に一泡吹かせることはできたのであろう。しかしながら、期日を設定して李継遷を包囲攻撃するという作戦自体に無理があり、そのことが李継隆等主帥の参戦回避を惹き起こし、結果的に李継遷にさほどの損害を与えることはできなかったのである。王超軍にしても這う這うの体で撤退したというのが実態であり、太宗が肝脳を絞った作戦は大失敗に終わったと断じて大過なかろう。さらに一〇月には追い討ちをかけるかのように霊州、夏州、環慶方面に大地震が発生し城郭廬舎の多くが倒壊し、占は「兵饑」を云ったのである(26)。

王超軍の奇襲に遭って一時的退避を余儀なくされ霊州攻略が頓挫した李継遷は、態勢の立て直しを急いだ。その端的な現われが霊州の生命線である霊州大路（前章第三節註（34）参照）を完全に閉塞するための前提条件ともなる会州の攻略であった。『宋史』李継遷伝には宋の五路進討の「諸将失期、士卒困乏」に続けて「継遷復令軍主史不乩、駐屯橐駝口以阻帰宋人。継隆遣田敏等撃之。」と記している。これについては同じく『宋史』李継隆伝にも「三年春、継遷以蕃部従順者衆、遣其軍主史乩遇、率兵屯橐駝口西北雙堆、以遏絶之。熟倉族蕃官乩遇来告。継隆遣劉承蘊、田敏会乩遇討之。斬首数千級、獲牛馬、橐駝万計。」とある。さらに詳細は『宋会要輯稿』（一七九冊兵一四）に三年後の咸平三年の項に誤記載されている(27)。多少長くなるが全文を掲載すると、

二月八日、霊、環等州馬歩軍都総管李継隆等、内品馮従順を差わし馳奏して称う「熟倉族番官会州刺史乩遇の口《ことば》に拠り執称す『蕃賊李継遷の親従軍主史乩遇、手下人馬を部領して山に沿い巡攔す。』と。尋いで内員僚直都虞候田敏、馬軍司軍頭竜衛副指揮使王全斌を差わし部領する馬歩兵士、并びに諸班使臣及び諸内殿崇班劉承蘊を量り応接せしむ。劉承蘊、田敏等の言を準《はか》るに『今月二十四日、軍馬を部領して史乩遇に雙埠盤泊処に就《であ》い一戦し、蕃賊二千余人を殺し、首級三百七十、牛羊駞驢馬七千余頭口、及び衣甲弓箭器械少なからずを獲る。継遷遁逃し止る所を知らず。（他は？）襲逐捕殺見（せらる）。』と。次にその牛羊等は並びに諸軍并びに蕃部に給散す。」と。次には初めて熟倉蕃官会州刺史乩遇に金の腰帯、暈錦襖子、彩五十匹、茶五十斤を賜う。一行の将校等は第《ついで》賞銀を支賜す。諸軍功を得る員僚は各々一資を転ず。劉承蘊は西京作坊副使に転じ、馮従順は束帯、錦襖子、絹三

十四を賜う。都総管李継隆并びに策応の功を得る人等は並びに敕書して奨諭す。同じく蕃軍を去る（もの）は李継隆をして約量し茶彩を支与し及び酒食を賜う。

とある。右史料と李継隆伝に見える軍主史乩遇は蕃官乩遇と混同したもので、正しくは李継遷伝の史不乩とすべきであろう。李継遷は未だ頑強に抵抗して霊州攻略の妨げになっている会州槖駝口を支配する熟倉族蕃官乩遇の征圧を優先したのである。熟倉族は淳化五年六月以来、一貫して宋にしたがい李継遷の招降を拒んでいたことは前述した（第一節末）とおりである。宋にとっても会州の喪失如何は霊州確保の観点から喫緊の問題であった。五路進討には至って消極的だった李継隆もこのたびは迅速な対応を執ったことがわかる。戦後の具体的な褒賞から見ても、この戦闘が久々に宋側の全面的な勝利に終わったことは事実として認めてよかろう。戦闘は一月二四日におこなわれたことがわかる。[28] 太宗は別段この戦闘を予期していたわけでもあるまいが、五路進討作戦の失敗後の態勢の立て直しとして一月辛卯（二六日）に殿前都虞候王昭遠を霊州路都部署に任ずる等の一連の新布陣を発令していた（『続資治通鑑長編』巻四二）。また、李継隆は李継遷が霊州と環州を結ぶいわゆる霊州路を閉塞する作戦を今後強力に推し進めであろうことを夙に認識しており、霊州路が閉塞された場合を想定して迂廻路の建設を強く主張していたのである。『宋史』李継隆伝に続けて「先是、受詔送軍糧赴霊州、必由旱海路、自冬至春而芻粟始集。継隆請由古原州蔚茹河路便、衆議不一。継隆固執論其事、太宗許焉。遂率師以進、壁古原州、令如京使胡守澄城之。是為鎮戎軍。」とあるように、より西方の葫芦河川（蔚茹河）経由の補給路の開設を主張したのである。その拠点が鎮戎軍で、その設置は太宗が崩御した直後の四月癸丑（一九日）のことであるが（『宋史』太宗紀二）、反対論を抑えてこれが建設されたことは槖駝口における戦勝の立役者である李継隆の発言力が勝っていたことを示しているのであろう。[29] さらに前年に開設された麟府路の成果が現われて来たのもこの頃で、二月には河西タングートの大族泥巾族の大首領名悉俄等五人が再び宋に内附するようになっている（次章第三節で後述）。

おわりに

満を持しておこなった夏州城の占領と霊州に至る領域の確定作戦は完全な失敗に終わってしまった。李継遷は態勢立て直しの時間を稼ぐために宋との間に初めての休戦協定を結ばざるを得なくなり、その人質として総参謀長ともいえる張浦は宋の太宗のもとに抑留されてしまう。太宗はこの機会を捉えて再度、李継遷の招懐を試み鄜州節度使を与えるが、李継遷はこれを拒絶する。太宗は改めて鄭文宝を登用して西北辺対策を委ねる。鄭文宝は霊州北方から慶州に至る李継遷防衛ラインの構築を進める。ところが再度、青塩の問題で鄭文宝は足を掬われてしまう。李継遷はこれを契機に休戦協定を反故にして反転攻勢に出る。一挙に霊州から西涼府におよぶ西方領土の画定を求めたのである。業を煮やした太宗は五路進攻作戦を立てる。李継遷を烏白池方面で捕捉殲滅しようとするものだが、肝心の総司令官李継隆が動かない。それでも予期せぬ王超等の奇襲に遭い、李継遷の霊州攻略も頓挫してしまう。李継遷の苦闘はさらに続くのである。

註

（1）第一部第五章第三節、二三四頁等参照。
（2）第一部第四章第二節参照。
（3）第一章第三節二七六頁参照。
（4）『宋会要輯稿』（四一冊礼五九之二）では「太宗淳化五年五月六日、両降白麻以府州観察使折御卿為永安軍節度使……」とあり、一日前にしている。

（5）第一部第五章第一節（二）、二〇七頁参照。
（6）李克文の継嗣に関しては『続資治通鑑長編』（巻八八）大中祥符九年九月甲辰の条に続けて「内殿承制閤門祇候李継元表述『其祖保大定難節度使朔方郡王拓抜思恭、仕唐剪滅黄巣、賜姓。父克文率族帰闕。与李継遷本五従兄弟。名同上字、心実恥之。願改名守元』。上嘉其志。乙巳擢守元為供備庫副使。」とある。
（7）前章第三節で述べたように熟倉族に関しては二系統の情報が未整理のまま『宋史』党項伝に収録されている。以下、本稿は熟倉族乩遇に統一する。
（8）Aの霊州及び通遠軍からの報告記事は淳化五年正月甲寅朔の条の後に記載されているところから判断すると、李継遷のこの方面に対する攻撃は淳化四年の年末に発起されたことがわかる。
（9）『宋会要輯稿』（一八八冊方域五之三九）。なお、『宋史』太宗紀二は二四日（甲戌）に記載している。
（10）岡崎精郎、第二篇第一章第三節「李継遷の挙兵と抵抗戦争」一九四頁において、李廷信を李継遷の弟としているが、論文末の世系表には記載していないところからすると氏も弟とは認めていなかったのであろう。
（11）この部分は脱落があり、『宋史』太宗紀二の「至道元年正月、……遂殺其将突厥大尉、司徒、舎利等、獲吐渾首領一人、徳威僅以身免。」にしたがって（　）で補った。
（12）第一部第一章第四節二八頁参照。
（13）『読史方輿紀要』（巻五七）府谷県黄河の条に「県境又有子河汊。宋至道元年契丹将韓徳威誘党項等族自振武入寇……」とある。『武経総要』（前集巻一七）には「麟府路廃塁　豊州、九原郡、春秋戎狄之地、接勝州界。有蔵才三族、并在河北、東隣契丹、北接韃靼、南即麟府、東火山軍界。開宝初、契丹偽立蔵才酋長。王承美帰順、因建州、就治郡事。累陞為防禦州、今陥於賊。其地控子河汊一帯蕃部、東至火山軍、西至横陽川、南至故寧遠砦、北至隔河蔵才族、東南至府州。とあり、譚其驤は『中国歴史地図集』第六冊西夏において、子河汊の位置を麟州の北西方向から南下する屈野川の上流部に比定している。
（14）『太平治績統類』（巻二）、至道元年三月の条、太宗と張浦の会見記事に続けて「上因謂侍臣曰『継遷遊魂孤孽、貪利忘義。朕欲開其迷復之路、漸加控制。近聞倉皇失拠、不自寧処。伝信辺将、各守封疆無相侵軼、亦畏我之兵鋒耳。』」とある。

(15) 鄭文宝伝には太宗朝における西北辺関係の事績が四項目記載されている。いずれも年月が明記されておらず、鄭文宝関係の諸記録を寄せ集めて前後関係を十分に推考せずに臚列したものと思われる。主要部分の正しい配列は本文に掲載したA～Cが最初で、Cの次にAの直前に記載されている青白塩禁輸策の項が続き、さらにその後に青白塩禁輸策の項の直前に記載され、本文で後掲する「文宝前後自環慶部糧越旱海入霊武者十二次……」の記事が続くのである。そして最後にCの後に記載され、これも本文で後掲する「継遷酋長有嵬囉……」の文章が続くのである。

(16) 環江上流部の白馬川一帯の山谷皺襞に蟠踞していた野利氏主流で、李継遷と提携し行動をともにした兀泥佶移の残置勢力や、原州にかけて散居していた野利氏傍流を指すものと考えられる。

(17) 乩遇の会州刺史叙任は前節で『宋史』党項伝の史料を掲載した前年の淳化五年六月とするのが正しかろう。その根拠は前年の記事には検校司空会州刺史と詳しく叙任の内容が記されていることと、さらに至道元年六月の条にも会州刺史と記載されていることによる。

(18) 『宋会要輯稿』（一九五冊方域二一之三）では「南至府州三十里」とするが、これでは府州の直近である。移住してから帰附までに六年を費やすのは合理性に欠けるので、三百里とすべきであろう。

(19) 『太宗皇帝実録残本』（巻七七）至道二年三月の条には簡略して「庚戌（一〇日）、以府州界五族大首領折突厥移為安遠大将軍。父死来請命故也（『宋史』党項伝略同文）。」とある。

(20) 本文『宋会要輯稿』至道二年四月の割注記事の直前の記載による。なお、『宋史』太宗紀、李継遷伝では李継隆を環慶等州都部署としている。

(21) 『稽古録』（巻一七）には五月癸卯に李継遷が霊州攻撃をおこない、それに応じて陝西の民を発して芻糧を運び略奪されたように記している。「五月癸卯」は曹瑑上表の日時で、攻撃の日と取り違えたものである。また芻糧略奪は二月の事件を指すものと考えられる。

(22) 『続資治通鑑長編』の同条に「上、初以方略授諸将、先閲兵崇政殿、列陣為攻撃之状、刺射之節。且令多設強弩、及遇賊布陣、万弩斉発、賊無所施。」とある。

(23)『宋史』(巻二五〇)石保興伝に関連する史料が記載されているが、岌伽羅膩族や呉移、越移諸族が登場し、第一章第二節の註(20)で指摘したように雍熙二年の事件と混同している部分もある。参考までに関連部分を掲載すると「還、至烏、白池、賊又為方陣来拒。保興麾衆出入陣中、会乗馬中流矢、挺身持満、易騎奮呼、且行且鬥、凡三日四十二戦、賊遂引去。」とある。

(24) 米募の表記は『宋史』(巻二八九)范廷召伝、『宋会要輯稿』(一七五冊兵八之一九)も同じである。『小畜集』(巻二二)「賀勝捷表」は米慕、『続資治通鑑長編』己卯の条は未慕、『宋史』太宗紀二は未幕、『宋会要輯稿』(一七九冊兵一四之一四)は来慕である。未の古音は $mj^{w}ei$ で米の *miei* に近く同音異字訳である。来は単純に米の誤写である。

(25) 軍主については岡崎精郎氏は第一章「李継遷の興起前後」二一九頁註(一七)等で『宋史』(巻一九一)兵志五、蕃兵条に依拠してタングート熟戸が宋に蕃兵として徴集された際に使用され、李継遷側でもこの呼称が用いられたとしている。同条には「蕃兵者、具籍塞下内属諸部落、団結以為藩籬之兵也。西北辺羌戎、種落不相統一、保塞者謂之熟戸、余謂之生戸。陝西則秦鳳、涇原、環慶、鄜延、河東則石、隰、麟、府。其大首領為都軍主、百帳以上為軍主、其次為副軍主、都虞候、指揮使……」とある。因みに河西チベット族に関しても使われている。

(26)『宋史』(巻六七)五行五土に「至道二年十月、潼関西至霊州、夏州、環慶等州地震。城郭廬舎多壊。占云兵饑。是時、西夏寇霊州。明年、遣将率兵援糧以救之。関西民饑。」とある。

(27) 年次誤記載の根拠は田敏伝の咸平三年の条には全く関連史料がないことと、さらに乩遇が咸平元年三月に初来朝して真宗から褒美をもらっている(党項伝)のは至道三年の活躍の結果と考えられるからである。本文にも「次者初賜熟倉蕃官回州刺史乩遇金腰帯、……」とある。

(28) またこの戦闘に関しては霊州行営の情報にもとづく史料にも残されている。『宋史』太宗紀二には「二月丙申朔、霊州行営破李継遷。」とあり、さらに『太宗皇帝実録残本』(巻八〇)に「庚子(五日)、霊州行営言敗李継遷万余衆、斬首二千級、獲鞍馬鎧甲数千計。継遷単騎遁走。群臣称賀。」とある。霊州行営の上奏から霊州における戦闘と誤解しやすいが、全く同じ時期に二箇所で戦闘がおこなわれ、ともに李継遷が遁走するはずはなく、単に霊州行営からの上奏が三日早く廟堂に届いていたのである。

(29)　なお、鎮戎軍は真宗即位の二年後、咸平二年になると一旦は廃止されてしまう。『続資治通鑑長編』（巻五〇）咸平四年一二月乙卯の条、李継和の再建要請の上書に先だって「上始即位之二年、棄鎮戎軍不守」とある。詳しくは次章第二節末に掲載の李継和の上書史料にある。

第四章　李継遷の領域経営と北部河西タングート諸部族の帰趨

はじめに

かくして李継遷が推し進めた霊州攻略作戦は宋側の必死の巻き返しにあって頓挫してしまい、李継遷は再び政略の立て直しを迫られることになったのである。それは必然的に宋、遼二国との関係にも新たな局面の展開が求められることになった。民族国家の建設を明確に志向する李継遷は宋、遼の狭間でいかに自己の意思を貫徹する政略を選択したのであろうか。本章では至道三（九九七）年からの李継遷の行動を追ってみた。

一　第二次休戦協定の締結

李継遷は強運の持ち主であったといってよかろう。結果からすると至道三（九九七）年は李継遷にとって国家建設の次の段階に進む契機の年になったのである。『遼史』聖宗紀四統和一五（至道三）年三月の条に、

己巳、夏国宋兵を破り、使を遣わして来告す。己卯、夏国王李継遷を封じて西平王に為す。

とある。この年、李継遷は二月丙午（一一日）にも遼に遣使来貢（同聖宗紀）しているが、ひと月も間を置かぬ三月己巳（五日）に今度は戦勝を報告している。この戦闘が会州攻略戦を指すか否かは速断を避けるが、それからわずか十日後の己卯（一五日）に突如李継遷は遼から西平王に封じられたのである。西平王ですぐに思いあたるのが、第二章

第三節の冒頭で述べたように、六年前の淳化二（九九一）年の一〇月に李継遷の工作で李継捧が遼から封じられた地位である。遼は旧定難軍節度使の正統な後継者であり、現に宋からその地位に再任されていた李継捧に西平王を与えることによって、旧定難軍節度使管下のタングート勢力の一本化を阻止し、夏国王李継遷の強大化を牽制しようとしていたのである。それはさておき西平王とは旧定難軍節度使中興の祖である李彝興が五代後周の太祖郭威より顕徳初年に封ぜられ、宋の建国後も太祖趙匡胤によって保障された称号である。その後、宋は藩鎮の全廃を推進し李彝興の後継者で宋からこの称号を与えられた者はいない。すなわち、西平王とはかつての定難軍節度使全盛期の正統権力を象徴する称号だったのである。遼が李継遷のために新設した夏国王とは性格の異なるものである。遼はそれを承知の上で統和九（淳化二）年に李継捧にこの称号を与え、そして六年後、今度は李継遷にその地位を保障したのである。西平王をめぐってこの間、遼と李継遷の間にどのような経緯があったのであろうか。夏国王の授受に関しては『遼史』にいくつもの史料が掲載されていることは第二章第一節等で触れたが、西平王に関しては事前の交渉を物語る史料は皆無である。李継捧の失脚後、仮に李継遷が遼に対して執拗に西平王の地位を求めたとしたならば、『遼史』にその痕跡が残りそうなものである。どうも今回の西平王の称号の授与は、李継遷側の要求というよりも遼側の都合によっておこなわれたものと考える方がよさそうである。宋の太宗の治世半ば以降は、遼にあっては聖宗の治世を前・中・後期に三分するとちょうどその前期に相当する。幼年にして即位した聖宗に代わって母親の承天太后が簾政を執り実権を掌握していたことはよく知られている。聖宗前期は高麗、女真の征圧を優先し、宋に対しては積極的な攻勢は控えていた時代である。その高麗も統和一一年正月、国王治が「奉表請罪」し数度の遣使朝貢を踏まえて一三（至道二）年一一月に高麗国王に封じられている（『遼史』聖宗紀四）。聖宗二四歳の時のことである。こうして対宋戦略上の左翼の脅威が除かれたのに対して、宋が翌至道二年に麟府路を開設し府州折氏の梃入れを強化したことは右翼の憂いを増すことになった。麟府路の開設は黄河南流部両岸のタングート諸部族に影響を与えたことは否定できまい。

『遼史』聖宗紀四統和一五年の条には、「(正月)丙子(一一日)以河西党項叛、詔韓徳威討之。」とあり、翌二月丙辰(二一日)に「奏破党項捷」が記されている。さらに前節末で触れた河西タングートの大族泥巾族等が宋に内附したのも同じ年の二月のことである。遼の廟堂としても打開策を講じる必要に迫られていたのである。ところが折も折、二月辛丑(六日)に太宗は不豫(病気)になり「始決事於便殿(『続資治通鑑長編』巻四一)」の状態になったのである。こうした情報は厳秘に付せられ遼の廟堂にもたらされることはなかったと考えられるが、すでにそれ以前から遼は本格攻勢の機会を窺っていたのであろう。そこで麟府路を管掌する府州折氏と豊州蔵才族等の動きを掣肘するためにも李継遷におよぼす求心力をより強化する方策を練っていたものと思われる。その具体策こそ李継遷が潜在的に希覬していたと思われる旧定難軍節度使の正統権力の象徴である西平王の授与だったのである。李継遷は三箇月後の六月壬子(一九日)、「夏国遣使来謝封冊」(『遼史』聖宗紀四)しており、旧定難軍節度使支配下の諸部族の統制をより一層強化する上でも西平王の授与は望まれたものであったことがわかる。西平王の授与によって李継遷の支配領域の拡大も遼から認められたと考えるべきであろう。

さて、太宗は李継遷が遼から西平王に封じられてより一四日後、三月癸巳(二九日)に万歳殿に崩御し、真宗が柩前に即位した(『続資治通鑑長編』巻四一)。遼にとってはまたとない攻勢の好機が訪れたといえるが、それはさておき、太宗の死去は宋と李継遷の関係にも重大な変化をもたらしたのである。即位間もない真宗は楊允恭、竇神宝を西辺に派遣して山川形勝図を作成させ(『続資治通鑑長編』巻四二)、西辺事情の吸収に積極的な姿勢を見せていたが、『稽古録』(巻一七)同年の条に、

七月、西辺の将吏に詔して烽堠を厳くし、李継遷来れば則ち駆逐し、去れば則ち追うこと勿く、以て陝西の民を寛《いつくし》めと。

とあるように、皇帝権威が不安定な時期を衝き遼のみならず李継遷までもが攻勢に出ることを危惧したのか、実際に

は防備に徹し疲弊しきっている環慶路方面の民草の蘇生を優先する現実的な策を採ったのである。そして太宗という重石から解放された宋の廟堂では俄かに李継遷との関係改善を模索する動きが高まってきたのである。『続資治通鑑長編』（巻四一）同年七月丙寅（四日）の条に続けて記載されている田錫の上奏文の一節に、

　臣また聞くならく、朝廷、昨《さき》に使臣を差わし往きて継遷の賊を諭し、礼義を以てその来意を観《あらわ》し、恩信を以てその帰心を導くと。李継遷既に忽《すみやか》に朝廷の告哀を聞き、また能く部族を挙げて大臨し、縞素（白色の喪服）にて命を受けて貢奉謝恩すと。既にして未だ塞垣（長城）を守らんことを乞うを聞かず、また未だ朝闕に帰さんことを乞うを聞かず。大臣必ず擬議有り、必ず臧謀《よいはかりごと》有り。これを謀に允臧《まことによい》ならば、計必ず先に定まると。……

とある。李燾は割注で「錫自注云、至道三年七月二十五日奏」を補っており、この上奏が七月二五日におこなわれたことが確認できる。一方、同書（巻四二）同年一二月甲寅（二三日）の条の末尾に掲載され、割注で五月一八日の上奏が確認される王禹偁の上奏文の一節に、

　その一に曰く……詔を下し継遷の罪を赦し、復た夏台を与えん。臣、このごろ翰林に在りて継遷の上表を見るに云う「残破せる夏州を取り、拓抜氏の祭祀を奉ぜんことを乞う。」と。先朝、批荅して鄜州を允許すること有ると雖も、継遷は本これ反側の人、豈肯じて身を束《つつし》んで国に帰せんや。今、嗣統の後、大いに皇威を振るえば、また恐らく継遷は人をして進奉せん。因りて前事を挙げれば彼必らずや恩を感ぜん。此また戦わずして人を屈するの師なり。……

とある。これらを要するに遼との関係強化に成功した李継遷は、太宗の死亡情報を摑むと新皇帝の権力未確立の空白期を見透かして拓抜氏の祭祀を口実に関係の修復を求める打診をおこなっていたのである。そしてそれに応じるかたちで五月後半から六月にかけて宋の側から太宗崩御の告哀を利用して和平が持ちかけられたのであろう。さらに同書（巻四二）、九月の条末尾に、真宗即位の瑞祥として寿州が緑毛亀を献じたことに関連して呂端が「且陛下自即大位、

首念西人困于飛輓。継遷凶頑、亦降使推恩、不問前罪。且継遷亡命日久、亦厭兵矣。脅従之党亦厭乱矣。悛心革面、匪朝伊夕。」と述べている。おそらく七月以降にも再度使者が派遣され和平を慫慂していたものと思われるが、これらの史料から浮かび上がってくる事実は李継遷の側も相当逼迫し、特に配下の諸部族が戦闘に疲れて休戦を希っている様子で、これは李継遷側の実情をつぶさに観察した使者の報告によるものであろう。李継遷が霊州を攻略するためには、宋の補給路を完全に遮断するとともに豊富な軍糧が必要であることはいうまでもない。もとより食料自給など論外であり、前年、浦洛河において宋軍から略奪した芻粟四〇万が事実としても、霊州攻略の軍糧に充当するだけではなく支配下の諸部族に分配支給されていたと考えるべきである。それも一年経てば不足を来たすようになっていたのは当然のことであろう。李継遷にしたところで支配下の首長層の同意協力がなければ霊州攻略も画餅にすぎなくなるのである。会州征圧は霊州路の閉塞を目的とするだけでなく、青白塩販路を完全に掌握して食料輸入を確保する目的もあったのであるが、それも失敗に終わっているのである。李継遷としても当面打つ手を欠いていた時期である。そして知恵袋張浦の不在は李継遷にとっても限界に達していたのかもしれない。九月の時点で呂端等宋の首脳部も和平の実現に自信を深めていたのであろう。おそらくこの間にも和平の条件を詰める使者が徂来したと思われるが、一〇月に霊州は李継遷の軍勢に攻撃され合河都部署楊瓊に撃退されている（真宗紀一）[1]。これも交渉を有利に進めるための演出であったことはいうまでもなかろう。真宗は李継遷との関係改善には極めて懐疑的であったが、「霊武事宜」の諮問に応え霊州放棄、李継遷懐柔を主張する参知政事李至の上奏（『続資治通鑑長編』同巻一二月辛丑の条末尾）に押し切られたかたちで同年末、事実上の第二次休戦協定が締結されたのである。李至の上奏に続けて、「於是、李継遷遣使修貢、求備藩任。上雖察其変詐、時方在諒闇、姑務寧静、因従其請、復賜姓名官爵。甲辰（一三日）、以銀州観察使趙保吉為定難節度使。遣内侍右班都知張崇貴齎詔賜之。甲寅（二三日）、又以張浦為鄭州防禦使遣還。」とあるが[2]、『宋大詔令集』（巻二三三）「銀州観察使趙保吉除定難軍節度使制至道三年十二月甲辰」には正確に、光禄大夫、検校太尉、夏州刺史、定難軍節度使、夏銀綏静等州観察使、処置押蕃落等使を可《ゆる》す。食邑一千戸、食実封三百戸を加え、仍りて功臣を賜う(3)。

とある。李継遷はこうして国姓名に復し、拓抜李氏の正統権力の称号である定難軍節度使を遼に後れること一一年目にして宋からも獲得することに成功し、あまつさえ張浦の帰還すら実現させてしまったのである。

ところが、李継遷はこの程度の処遇では満足しなかったのである。年が改まり咸平元（九九八）年の四月になると、謝恩を口実に弟の李継瑗を遣わし(4)一族に対しても殊遇を求めたのである。『宋史』李継遷伝の咸平春に続けて、

尋いで弟継瑗を遣わし来りて恩を謝す。継瑗に亳州防禦使を授け、継遷の母衛慕氏を衛国太夫人に封じ、子徳明を定難軍節度行軍司馬に為す。未だ幾ばくもならずしてまた辺を抄す。

とある。弟の宥州団練使李継瑗は亳州防禦使に、七年前西河郡太夫人を賜わっていた母親の衛慕氏は衛国太夫人に、そして子徳明は定難軍節度行軍司馬に叙せられたのである。対遼交渉の立役者であったと考えられる弟の李継沖の名がまったく見えない点は気に懸かるところである。兄李継遷との間で内訌を生じ処分されたのか、あるいは病死したのか、いずれにせよこの間に死亡していたと判断して間違いなかろう。こうして見ると宋はほとんど李継遷の要求を丸呑みし、ひたすら西北辺の寧謐を願ったことがよくわかる。またしても李継遷の揺さぶり外交の全面勝利であった。翻って考えるに定難軍節度使就任は李継遷の初志であった。しかしながら宋、遼二国からその称号を獲得し、さらに遼からは西平王を与えられ、宋からは子徳明までもが官に叙せられたことは単なる名誉的なものとしてではなく、おのずから政治的な意味合いをもって考えなければならない。いわゆる異民族の政治勢力が官爵を授与されるということは、建前としておとなしくして朝貢に励んでいれば攻撃征服の対象にはならず恩恵を与えるということである。李継遷はそれを敵対する宋、遼二国との間で公然とおこなったのである。李継遷がおこなった二元外交は本来的に考え

れば宋、遼両国から充分に膺懲攻撃の対象事由になることであった。ところが李継遷は宋、遼の敵対関係を巧みに利用したのである。両国の大規模な軍事力が己に向ける余裕がないことを逆手にとって、特段の領土問題が存在しない遼に対しては宋からの授官を報告するなど一貫して忠勤に励む振りを採り、宋に対しては支配領域の拡大を求めて事あるごとに攻撃を仕掛け、その軍事力の消耗と辺境地域の疲弊を惹起せしめ、側面の牽制勢力としての存在感を両国に与え続けたのである。それ故、両国からその時々に授官等の処遇を得たことは安全保障上の目的を強く持っていたことは確かであるが、こと宋に関しては、より本質的に支配下のタングート諸部族の統率如何の問題が根底にあったのである。李継遷が早い段階から建国を視野に一連の行動を執っていたことは既述の通りだが、その建国運動をどれだけの人々が理解していたであろうか。李継遷を取り巻くブレーンは措くとして、旧定難軍時代の五州とその州域一円に散居するタングート諸部族の族長層に建国運動が充分に理解されていたであろうか。ましてや定難軍節度使の管轄下になかった横山南側の河西タングート諸部族においてはなおさらのことである。李継遷が遼から定難軍節度使や夏国王、さらには西平王の地位を与えられても、旧定難軍管下の族長層を充分に納得させるに足る権威にはならなかったであろう。定難軍節度使の地位は本来的に中原王朝から授けられたものである。李継遷は宋から九八八年に銀州刺史・洛苑使を与えられ、九九一年には銀州観察使と国姓名趙保吉を授けられるが容易に銀州の枠からの発展は認められなかった。なかんずく、九九五年には鄜州節度使に任じられ体よく本拠地から引き離されそうになったのである。建国運動を進捗させるためには旧定難軍節度使管下の族長層の安定した恒常的な支持が必須条件である。それを得るには是が非でも宋から定難軍節度使の地位を獲得し自己を権威づけることが必要だったのである。筆者はかつて李継遷が崛起する過程で、定難軍節度使の権威の証明である鉄券と朱書御札を宋に引き渡し、その地位を超越する態度を明確に示したことを論じたが（第一章第一節二六一頁）、今ここにその地位の重要性に再び逢着したことに注目すべきである。そして、ここで牢記すべきことはちょうど一〇年前の端拱元（九八八）年に李継捧が宋から与えられた定難軍節度使とはその実態が本質的に異なるということである。第二章第二節の冒頭で述べたように、李継捧の地位は太宗から派遣された一地方官にすぎなかった。それに対して李継遷がこのたび獲得した定難軍節度使の地位はかつての李彝興時代の藩鎮の復活どころではなく、その背後に巨大な軍事力を擁する事実上の独立政権としての認証を宋の皇帝から勝ち取ったことを意味しているということである。そしておそらくその軍事力の半分が横山山脈南側の河西タングート諸部族によって構成されていたことも事実であろう。ところが、その河西タングート諸部族をしたがわせる上で定難軍節度使の権威はさほどの効力を発揮しない。そのために李継遷は当初から野利氏主流の兀泥信移との連携を強めていたのである。李継遷が遼と結合した九八六年、兀泥信移は聖宗から保大軍節度使、鄜坊等州観察処置等使を授けられ、九九一年李継遷が宋から銀州観察使を与えられた時には太宗から慎州節度使を授けられているのである。そして今回、野利氏との間に出生した子徳明が定難軍節度行軍司馬を授けられたのである。李継遷の子として明確に史料上に記されているのは徳明ただ一人であるが、常識的に考えて他に同腹、異腹の子がいなかったとは到底考えられない。李元昊時代に活躍した趙善約特（第三部第二章で詳述）なども徳明の異母兄弟と考えるのが妥当であろう。複数人存在したはずの子の中から特段徳明が選ばれて定難軍節度行軍司馬の地位を得たということは、李継遷の後継者の正式発表に他ならない。このことは宋に対してというよりも李継遷にしたがうあらゆる勢力に対して宋の権威のもとで後継者を確定したことを表明しているのである。徳明は二年後の統和一八（一〇〇〇）年に遼から朔方軍節度使を授けられ（『遼史』聖宗紀五）、李継遷の後継者としての立場を遼からも承認されている。注意すべきは二年間の時間差である。与えられた地位は別にしていかに宋から与えられる権威が重要視されていたかを物語っている。敢てこの段階で李徳明を後継者としてその立場を闡明にさせた背景には、李継遷が今後の建国運動を推し進めて行く上で野利氏の掌握する絶大な軍事力に依存せざるを得ない実情があり、李継遷軍事政権の性格が李継遷と野利氏兀泥信移との連合政権であったことを端的に顕わしているのである。すなわち定難軍節度使李継遷の軍事政権はその片足を旧定難軍管下のタングート諸部族や母族衛慕（啌母）氏の軍事力に、そしてもう一方の足を野利氏兀泥佶移の影響力のおよぶ河西タングート諸部族の軍事力に置いていたといえよう。

李継遷と真宗との間に結ばれた第二次休戦協定は確かに束の間の平穏をもたらした。咸平元年から翌二年の中頃にかけては目立った衝突もなかったようである。(5) 休戦協定には当然いくつかの遵守条項が約束されていたはずである。李継遷側が強く要求した条項こそ綏銀流民の帰還問題だったと考えられる。第三章第一節（三三四、三三八頁）で触れたように、当時綏銀二州の住民はその多くが宋に内徙し両州ともに人口が激減していたはずである。いうまでもなく銀州は李継遷の父祖の地であり、綏州は母族衛慕（啌母）氏所縁の地である。それ故綏銀二州の復興はその麾下勢力の信頼を維持強化する上でも定難軍節度使李継遷の真価が問われる最初に取り組まなければならない事業だったと思われる。『宋史』に「辛巳、以趙保吉帰順、遣使諭陝西、縦綏銀流民還郷、家給米一斛（巻六真宗紀一咸平元年三月の条）。」とあるのは李継遷側の要望にしたがった結果であろう。その反対に宋側の要求で実現したのが西域諸国の朝貢復活問題だったと思われる。この間、李継遷の掣肘誘導によって西域諸国の朝貢貿易は遼一辺倒になっていた。ところが咸平元年の四月、満を持していたかのように西域を代表する甘州ウイグルの可汗王が僧法勝を遣わして宋に来貢したのである。(6) 李継遷の弟の李継瑗が来朝する直前の九日のことであった。そして一一月になると西涼府を代表する河西軍左廂副使、帰徳将軍折逋遊竜鉢が自ら二千余匹の馬を引き連れて初の朝貢を果たし、安遠大将軍に叙せられている（『宋史』吐蕃伝、『続資治通鑑長編』巻四三等）。すべての馬を西涼府から連れてきたとは考えられず、道中各地の蕃部から調達したものも多かったと思われるが、折逋游竜鉢は宋に大量の軍馬を提供することによって宋との結びつきを顕示し李継遷の西涼府攻撃の計画を牽制しようとしたのであろう。さらに翌二年の二月には沙州節度使曹延禄が使を遣わして美玉、良馬を貢いでいる（『宋会要輯稿』歴代朝貢）。このように咸平元年を期して西域諸国の朝貢が復活した背景には、李継遷と宋の間に結ばれた第二次休戦協定に李継遷側が西域諸国の朝貢使節の安全を保障する一項も含まれていたと考えてもやぶさかではあるまい。

それはともかくとして、真宗も李継遷との平和が永続するとは秋毫も考えてはいなかった。来るべき李継遷の攻勢を凌ぐための対策をこの機会を利用して積極的に講じていったのである。その中核ともいうべき政策が軍馬の供給体制の確立であった。『続資治通鑑長編』（巻四三）咸平元年一一月の条に、

戊辰（一三日）、西京左蔵庫使楊允恭言う「詔に準《のっと》り蕃部及び諸色進貢の馬価を估《ねさだめ》するに鋳印を請う。」と。詔して「估馬司印」を以て文と為す。估馬司を置くことこれに始まる。凡そ市馬の処は、河東は則ち府州、岢嵐軍。陝西は則ち秦、渭、涇、原、儀、環、慶、階、文州、鎮戎軍。……皆、務を置き官を遣わし以てこれを主らしむ。歳ごとに五千余匹を得、布帛茶他物を以てその直を準《はか》る。招馬の処は秦、渭、階、文の吐蕃、回紇。麟府の党項。豊州の蔵擦勒族。環州の巴特瑪家、保家、密什克族。涇、儀、延、鄜、火山、保徳、保安軍、唐竜鎮、制勝関の諸蕃。毎歳、皆給するに空名の敕書を以て縁辺長吏に委ね牙吏を択んで蕃に入らし招募して京師に詣らしむ。至れば則ち估馬司その直を定め、……。

とある。この史料を見ると第二次休戦協定が締結された直後の咸平元年の時点での西北辺一帯の軍馬の供給地が一目瞭然とし、それは同時に宋の支配のおよぶ地域が、実質的に李継遷が支配している地域を北、東、南方の三方向から包囲していたことを如実に示している。そして軍馬の生産地としても古くから知られていた霊州は係争地であるが故にすでにその役割は失われていたことがわかる。そして同月二千余匹の馬を献じた西涼府は恒常的な軍馬の供給先としては期待されていなかったこともわかる。

次に、真宗は新設間もない麟府路の強化策も積極的に実行していった。『宋会要輯稿』（一三九冊食貨三七）に「真宗咸平元年十二月、詔府州、令直蕩族大首領鬼啜尾於金家堡置津渡通蕃族互市。」とある。直蕩族は火山軍の北方に居住していた大部族でかつては北漢、次いで遼の掣肘を受けていたが、その後府州折氏にしたがうようになっていたも

のである（第一部第五章第一節（二）二〇八頁参照）。金家堡はおそらく火山軍北方の黄河沿いの交通の要衝に位置していたと考えられるが、真宗は麟府路管内に居住するタングートやその他諸部族の交易の活発化と安全を保障することによって該地方の諸部族の帰順を強固なものにしようとしたのである。別段その効果でもあるまいが事実、咸平元年から二年にかけて帰順タングート諸部族の来朝や授官の記事が目立つようになる。元年の三月には熟倉族の会州刺史乩遇が来朝し真宗はその誠節を嘉し親しく見えて撫労している。この撫労は前章第四節末尾で述べた李継遷の会州攻略戦を乩遇が防いだことを意味しており、今後も変わらぬ忠精を期待したものである。そして二年正月には霊州と西涼府を結ぶ交通路上に蟠踞していたと考えられる咩逋族開道使泥埋に費州刺史を与え（『宋史』党項伝）、七月には清遠軍の裕勒榜族首領の多拉が来貢している。さらに、李継遷との戦闘が再開された後になるが、一〇月には勒浪族十六府大首領帰徳大将軍恩州刺史馬泥に本州団練使を与え、綏州界の裕勒沁族首領の李継福に帰徳将軍を与え本族軍主に充てている（『続資治通鑑長編』巻四五）。さらに一一月になると蔵才八族大首領皆賞羅等が名馬を献じて宋に対する忠誠をアピールしているのである（『宋史』党項伝）。そうした中で特に注目に値するのが野利氏兀泥族大首領昭州刺史黄羅の動きであった。『宋史』党項伝の咸平元年の条に、

　十月、兀泥族大首領昭州刺史黄羅、崇徳殿に対《あ》う。兀泥族は青岡嶺、三角城、竜馬川に在り、族帳千五百戸を領す。初め継遷に隷《したが》い、俄に府州に投ず。淳化中数々契丹を敗り、継遷と相攻撃するに及ぶ。継遷の内附するに及び、黄羅は懼れて北徙し黄河を過《わた》る。今、旧地に還り、遂に入貢し且《かつ》言う「継遷既に朝命を受く、敢て侵伐せず。」と。上、面《むかい》て奨慰を加え、賜賚甚だ厚し。

とある。黄羅が環江最上流部白馬川の故地に帰還したのは徳明授官からちょうど半年後のことであった。まず史料を解説すると「俄に府州に投じた」のは第三章第一節で触れたように淳化二年一一月に兀泥突厥羅とともに府州の折御卿に降附したことを指している。そしてそれ以後、淳化五年に至るまで黄羅は折御卿の兵力として時に応じて遼や李

継遷の軍勢と干戈を交えていたことがわかる。「継遷の内附に及び」とあるのは淳化五年七月以降の李継遷の第一次休戦協定を指している。黄羅が懐化将軍昭州刺史を拝名したのはこの年のことで李継遷の休戦協定の副産物と思われる。次いで「黄羅懼れて北徙し黄河を過る」とあるが、これは至道二年、李継遷が再び宋と対立し霊州攻略戦を発起したことから攻撃の対象になることを懼れた黄羅が黄河沿岸の府州の折御卿を頼ったことを指しており、黄羅はその後、府州方面に仮寓していたのであろう。「今旧地に還る」以降が咸平元年一〇月の入朝に関わる記述である。「継遷既に朝命を受く」が至道三年末から咸平元年の四月にかけての一連の李継遷一族に対する授官とその裏付けである第二次休戦協定を指していることはいうまでもない。これを受けて黄羅は故地帰還を果たし、一〇月、自ら入朝して崇徳殿において真宗に拝謁し「継遷も朝命を受けているのだから敢て侵伐せず。」と上奏したのである。そこで問題になるのが黄羅の原住地帰還が何故おこなわれたのかということである。故地を離れ根無し草になっていた黄羅の武力は漸減していたことは疑いなく望郷の念も募っていたと思われる。とはいえ李継遷が定難軍節度使に任じられ宋との間に休戦協定が成立したからといって、黄羅が勝手に府州折氏のもとを離れ一族を引き連れて故地に戻ることが許されるであろうか。仮に宋に無断で故地帰還を果たしたとなると、崇徳殿で真宗に拝謁して厚遇されるはずもない。それ故、黄羅の故地帰還は真宗の意思によるものと断定してよかろう。おそらくこの間、黄羅に対して李継遷の側から執拗に復帰工作がおこなわれていたはずであるから、黄羅をその地盤である白馬川から隔離し府州折氏に監視させておくにこしたことはなかったはずである。つまり黄羅の故地帰還は、宋にとってもそれ以上のメリットがあったからだと判断できる。そこで思いあたるのが二頁ほど前に掲載した軍馬の供給先の史料である。史料中の環州の「巴特瑪家、保家、密什克族」は浙江書局本や『宋会要輯稿』（一八四冊兵二四馬政）には「白馬、鼻家、保家、名市族」とある。白馬族は紛れもなく野利氏の一族であり（第一部第四章第三節参照）、他の三族も野利氏か、その影響下にある部族と考えて大過あるまい。環州は李継遷と宋の勢力が角逐する接壌地帯であり、李継遷側の強力な工作が繰り返されていた最前線であった。これら原住地残存の野利氏集団を宋の出先官吏が直接支配することは、もとより不可能だったのであろう。そこで真宗は李継遷にしたがった野利氏兀泥信移とは一線を画する昭州刺史黄羅に白羽の矢を立て、故地に復帰させて残存野利氏集団を統制させ、併せて軍馬の供給を保障させたのであろう。ところで、今まで李継遷と敵対していた黄羅が一族を引き連れて府州方面から横山山脈を隔てた環江最上流部に何の障害もなく簡単に帰還できるものではない。黄羅は無定河を遡上して青岡峡を越えて故地に戻ったと考えるのが妥当であり、そうするとまもに李継遷の支配領域を通過することになるのである。先に触れた休戦協定の遵守事項には黄羅の帰還保障の一項目もあり、その前提として李継遷と黄羅との間でも和睦の実行が記されていたことは疑いない。そうすると李継遷は宋に対して過大な譲歩をおこなったかのように思われるが、黄羅の原住地復帰は李継遷にとっても望まれたものであったに違いない。将来的に野利氏集団を一括して取り込むためにも、黄羅によって統制されている方が好都合であったからである。李継遷と黄羅はこれまでも単純に敵対していたのではなく、宋の知らないところで接触を保っていたものと考えられる。それは後に触れる兀泥信移の息子突厥羅の例からも推測される。一方、黄羅にしたところで原住地復帰は今後の自己の立場を強化し勢力拡大に繫がるとの成算があったのであろう。それは四月に野利氏の生むところの李徳明が後継者に確定したことが大きく影響していたと考えられる。李継遷の政治権力が実質拓抜李氏と野利氏の連合政権であるという担保が確認できたことは黄羅の立場を柔軟なものにしたはずである。つまり両端を持することによってどちらに転んでも損のない立場を得たのである。おそらく黄羅はこの後も密かに兀泥信移や李継遷との連絡を維持していたと考えられるが、当面、宋の期待に応えていたようである。咸平四年のことになるが、『宋史』党項伝には七月に、会州刺史乩遇を保順郎将に、蘇家族屈尾、鼻家族都慶、白馬族埋香、韋移族都香を安化郎将に任じた記事がある。蘇家族と韋移族も野利氏集団の一員と考えてよかろう。李継遷の攻撃が激化し清遠軍が陥落する直前のことで、会州刺史乩遇とともに環州の野利氏集団の引き締めと忠精を意図した授官に違いなく、その統制には黄羅があたっていたと考えるのが妥当な見解である。

二　遼の南伐便乗作戦の展開

ところで、休戦協定は咸平二（九九九）年の秋に早くも李継遷によって破られてしまった。『宋会要輯稿』（一九五冊方域二一）府州に、

真宗の咸平二年八月、河西蕃族の叛戎黄女の族長蒙異保及び府州叛去熟戸啜訛、継遷の衆を引き麟州万戸谷を寇《かす》め、進んで松花寨に至る。知府州折惟昌、従叔の同巡検使海超、弟の供奉官惟信とともに兵を率いて赴き城に戦う。会《たまたま》惟昌は午（矢の誤り）背に中たり馬より墜ち、官軍小衂す。海超、惟信ここに没す。奏至り、即日内侍を遣わし労問し、金丹、法酒、錦袍、金帯、名馬、器幣を賜わる。九月、継遷の党万保移埋没、府州の埋井寨に入寇す。惟昌、洛苑使宋思恭、西京左蔵庫副使劉文質とともにこれに赴き、横陽川に戦い、斬獲甚だ衆く、牛馬槖駝弓矢を奪う。

とあり、『続資治通鑑長編』（巻四五）同年九月の条の末尾にもほぼ同文を載せるが、二回目の戦闘に関しては「未逾月、保吉之党旺布伊特満復来寇。惟昌与駐泊宋思恭、鈐轄劉文質合兵撃敗之於埋井峰。斬馘禽生甚衆……」とある。黄女族に関してはタングート諸部族の最大の情報源である『宋史』党項伝にも記載がない。案ずるに古くから府州折氏に従属し、単独で朝貢をおこなえるほどの独立性を備えていなかった部族であろう。河西蕃族叛戎と記されていることと李継遷側の軍勢を嚮導して最初に麟州万戸谷に入寇したことから推測すると黄河の西岸、麟州のかなり南方に居住しており、比較的李継遷側の工作もおよびやすかったものと考えられる。(7)それに対して啜訛は府州叛去熟戸とあることからして古くから府州折氏に臣従する子飼いの勢力として位置づけられ、麟州付近に居住していたものと思わ

れる。李継遷側の軍勢は万戸谷から進んで松花寨に至っているところから判断して松花寨は麟州直近に位置していたと考えてよかろう。折惟昌直々の出馬はよほどの緊急事態を意味しており、そこまでして防禦に趣く城とは麟府路を構成する麟州城に違いない。当時、麟州には韓崇訓の守備軍が駐屯していたが、(8)折惟昌は万戸谷陥落の報に接し従叔の折海超、弟の折惟信を引き具して急遽府州から麟州城救援に趣いたのである。しかしながらいかに李継遷軍の勢いが盛んであったとしても海超、惟信が戦死し、自らも九死に一生を得たというのは尋常のことではない。おそらくこの戦闘の鍵を握っていた人物こそ啜訛だったのであろう。啜訛は本来麟州方面の防御の要として中心的な役割を担わされていたのではなかろうか。折惟昌は麟州城攻防戦の直前に至るまで啜訛の裏切りを知らなかったのではなかろうか。啜訛の反側は予想外のことで不意を突かれたためにその損害も甚大なものになってしまったと考えるべきである。これをもって李継遷の工作が府州折氏の膝元にまでおよんでいたことが証明されるが、李継遷は休戦協定の間をむしろ蕃部工作の期間として積極的に利用していたと考えるべきである。おそらくその食指は李継遷を取り巻く東西南北あらゆる地域のタングート諸部族や諸蕃におよんでいたはずで、先に触れた黄羅もその一例と考えてよかろう。また咩逋族開道使泥埋や裕勒沁族首領李継福等の授官（『宋史』党項伝、『続資治通鑑長編』巻四五）は、彼らに対する李継遷の工作が失敗しその反動として宋帰順の意思を強調したことによる恩賞と考えることもできる。

それはさておき、この時、麟州城が辛くも失陥を免れたことは李継遷が月を越えず再度、万保移埋没の軍勢を派遣していることから証明される。そして再度の麟州攻略戦には李継遷自身も駒を進めていた可能性が高いのである。

『続資治通鑑長編』（巻四五）一〇月の条に、

癸丑（四日）、捧日軍士李栄を補して虎翼副都頭に為す。初め栄の父璠、虎翼指揮使に為り河西を戍る。継遷と遇い手ずから数十人を格殺し、身は数鎗を被るも力戦未だ已まず。会《たまたま》馬矢に中りて踣《たお》れ、遂に陳に没す。上、その死事を哀み、故にその孤を録し、因りて殿前都指揮使王超に語りて曰く「継遷、衆万余を領して辺を寇め、官軍と隘口に遇う。遂にこれを掩襲し、殺獲甚だ衆し。李璠は向《すす》みて馬倒れるに非ざればまた敗に至らず。」と。超曰く「王師、勝つと雖も敵情測り難し、望むらくは益々辺備を謹《きびし》くせん」と。上、深くその言を納む。

という記事が掲載されているからである。この史料には戦闘の具体的な経緯が記されていないが、その理由は李璠の名誉の戦死により子の李栄が授官されたことや真宗と王超の会話を中心に置いたためで、冒頭の『宋会要輯稿』の記事や『続資治通鑑長編』九月の条とは別系統の記録にもとづいていたからであろう。万保移埋没とともに李継遷が直接戦闘に参加していたとは考えられないが、真宗の発言は宋中央に寄せられた現地の情報に李継遷が万余の軍勢を率いて出陣していた事実を伝えたものであろう。第二次攻防戦について『宋会要輯稿』は万保移埋没が府州の埋井寨に入寇し、折惟昌、宋思恭等は横陽川でこれと戦闘し勝利したとするが、『続資治通鑑長編』では埋井峰で撃退したとする。さらに一〇月の条では隘口においてこれを掩襲したとある。埋井峰の位置は不明だがその麓に埋井寨が置かれていたと考えてよかろう。そして埋井寨は横陽川に面していたと推測してよかろう。隘口とはおそらく埋井峰と横陽川に挟まれた隘路をいうのであろう。万戸谷に麟州が冠せられていたのに対して埋井寨には府州が冠せられている。そうすると埋井寨は麟州と府州の間に位置していたと考えてよかろう。川名は不明ながら、ちょうど北緯三九度線の辺りを西から東に流れ府州の南方で黄河に合流する川がある。おそらくこの川が横陽川であろう。李継遷の軍勢は麟州城攻略をひとまず置き、本丸の府州を目指したものと考えられる。その途中で埋井寨を攻撃したのであろう。ところが一敗地に塗れ後のない折惟昌は、決死の覚悟で宋思恭や麟州濁輪寨を守備する劉文質の軍勢（後述）の救援を得て埋井峰の隘口において万保移埋没の李継遷軍を邀撃し一定の損害を与えたのであろう。その際、虎翼指揮使李璠は紛拏の乱戦で戦死を遂げたものと思われる。戦闘の激しさと麟州のみならず府州をも窺った状況を勘案すると李継遷の攻撃は決して偶発的なものではなかったことがわかる。

わずか二年足らずで休戦協定を破り、それも本来指向する霊州方面とは正反対の麟州、府州を攻撃の対象に選んだにはそれ相当の理由があったはずである。第一に考えられることは、遼や李継遷対策として宋が新設した麟府路経営を粉砕し、併せて府州折氏の統制を受けている黄河南流部西側の河西タングート諸部族を獲得するという、霊州攻略を見据えた上での後顧の憂いを断つ作戦であったということである。しかしながらこのタイミングでそれを実施した背景にはもう一つ別の要因が深く関わっていたと考えるべきであろう。それは遼の出兵要請にしたがったということである。『遼史』聖宗紀五統和一七（咸平二、九九九）年の条に、

秋七月、宋を伐つの詔を以て諸道に諭《つげさと》す。九月庚辰朔、南京に幸す。己亥（二〇日）、南伐。……冬十月癸酉（二四日）、遂城を攻めるも克たず。蕭継遠を遣わし狼山鎮石砦を攻めこれを破る。瀛州に次《とどま》り宋軍と戦い、その将康昭裔、宋順を擒え、兵仗器甲を獲ること無算。進んで楽寿県を攻めこれを抜く。遂城に次《とどま》るも、敵衆水に臨んで以て拒む。騎兵を縦ちこれを突き、殺戮殆ど尽く。

とある。前節でも触れたように統和一三年以来、対宋攻勢の機会を窺っていた聖宗は、この年秋七月に漸く満を持して諸道に南伐の詔、すなわち動員令を発したのである。聖宗は九月一日には南京（現北京）に幸し、二〇日には南伐を発令しているが、実際には詔が出された直後から西京道方面（宋の河東路）では侵攻が開始されていた。『続資治通鑑長編』同巻一〇月の条末尾に載せる知忻州柳開の上書中に「伏自八月以来聞、河北辺上敵人屯結甚衆。又数侵犯雁門瓶形寨……」とあるからである。そして聖宗を擁する遼軍本体の河北侵攻も『宋史』によって確認することができる。真宗紀一同年九月癸卯（二四日）の条に「鎮定都部署言、敗契丹兵於廉良路（河間府付近）、殺獲甚衆。」とあり、二〇日の攻撃命令発令前後に実際に侵攻は開始されていたことがわかる。西京道方面の戦闘は聖宗本軍の河北侵攻を容易にするため右翼の脅威を除去し、併せて宋の軍事力を西北辺方面に分散させることに目的があったと考えられる。そうすると李継遷の麟州攻撃も同様の役割を果たしたことになる。聖宗が発した南伐の詔は李継遷に対しても発せられ、日時を限って府州折氏が控える宋の麟府路を攻撃せよというものであったのであろう。二年前の統和一五年三月

に李継遷が聖宗から西平王に叙せられたことはまさにそのための香餌であったことがわかる。李継遷が月を越えず二度までも麟州を攻撃したのは西京道方面の侵攻と同じ八月のことと考えるのが妥当であろう。そして一〇月四日になっても王超が「師雖勝、敵情難測、望益謹辺備」と李継遷の攻撃の真意を掴みかねているところを見ると遼の初動作戦はみごとに成功したといってよかろう。遼の大攻勢に驚いた真宗は一一月乙未（一六日）、河北行幸を詔し、一二月の甲子（一五日）には大名府に進出している（『宋史』真宗紀一）。そうした折、府州折氏のもとより捷報がもたらされる。『続資治通鑑長編』同巻一二月の条に、

丁卯（一八日）、左侍禁閤門祇候衛居実、府州より馳騎入奏し「駐泊宋思恭、知州折惟昌、鈐轄劉文質等と兵を引き契丹の五合川に入り、巴罕（真宗紀一は抜黄）太尉寨を破り、敵衆を尽殺し、その帳千五百余所を焚き、戦馬牛羊万計、鎧甲弓剣千事を獲る。」と。居実に錦袍銀帯束帛を賜い供奉官に遷す。就いて思恭等に錦袍金帯を賜う。立功の将士は並びにこれを升擢し、蕃部首領に物を賜わるに差有り。

とある。これは李継遷の麟州攻撃で失態を演じた折惟昌が名誉回復を狙って宋思恭、劉文質等とともに遼軍の後方攪乱をおこなったものである。五合川については位置を特定することはできないが、抜黄太尉寨については第一部第五章第二節（一二三頁）に『続資治通鑑長編』（巻五六）の史料を掲載したように、豊州付近の黄河北方に位置していたことがわかる。同史料に載せる雅爾鼐族巴罕（言泥族抜黄）は豊州蔵才族の多数の部族が居住する黒山の一角に蟠踞し、宋にしたがった蔵才族とは反対に相変わらず遼にしたがって太尉の地位を与えられていたのである。すぐ後の註（9）記載の史料に「越河破契丹抜黄太尉砦」とあるが、これは豊州から黄河を越えて抜黄太尉寨を破ったということで、この作戦には当然豊州蔵才族の主帥である王承美が主力軍を提供したことは間違いない。いずれにせよ聖宗が懸念する右翼を攻撃するかたちになり、南進中の遼の鋭鋒を側面から牽制しようとしたものであろう。そもそも拓抜李氏と府州折氏は歴世の宿敵であった。その長い対立関係も李継捧の内徙によってようやく終息されたかに見えたの

だが、李継遷の登場によってその対立はより深刻なものとして継続するようになっていたのである。李継遷と折御卿、さらにその後継者の惟昌は紛れもなくこの時代のタングート諸部族を糾合する二大渠魁であった。李継遷の麟州攻撃と折惟昌の抜黄太尉寨攻撃とは一見すると好一対をなしている。しかしながらその志向するところは霄壌の隔たりがあったといってよかろう。李継遷が宋、遼の間にあって変幻自在の動きを取りつつ着実に民族国家の建設工程を進めていったのに対して、折御卿、折惟昌は祖法を遵守して憑依するべき大纛を宋に一貫し、その前衛軍としての役割に甘んじ民族の自立に思いを致さなかったのである。そこに両者のスケールの違いを見て取ることができるといえよう。

さて、翌咸平三（一〇〇〇）年も李継遷の麟府路攻撃は継続していた。『続資治通鑑長編』（巻四七）同年五月丁丑の条の最後に、

李継遷、麟州濁輪寨を寇む。鈐轄西京左蔵庫副使劉文質撃ちてこれを走らす。癸未（七日）、詔を賜い嘉奨す。

とある。濁輪寨は麟州北方で黄河の支流のひとつである屈野川に合流する濁輪川に由来しており、その流域に位置し麟州北面の防衛拠点と考えてよかろう。この記事は五月七日に劉文質が嘉奨されたことから便宜上五月丁丑の条に挿入したもので、李継遷が濁輪寨を攻撃したのはおそらく三、四月の交であろう。(9) 前年末におこなわれた折惟昌の抜黄太尉寨攻撃には劉文質も参加していた。その劉文質が守る麟州濁輪寨を逸早く攻撃したことは、遼の指示にしたがっておこなわれていた麟府路攻撃作戦の一環であることには違いないとしても、李継遷の胸中にはおのずから別の思惑が絡んでいたと考えるべきであろう。それは前述したように、この機会を捉えて宋が進めている蔵才族を中心とする黄河東流部のタングート諸部族と麟府路との連携（第一部第五章第二節参照）、李継遷包囲網の完成を阻止し、西方作戦を展開するにあたっての背後の脅威を少しでも取り除こうとするものであった。その連絡部分にあたる黄河の北東大屈曲部内側には歴史的に名の知られている複数の大部族が蟠踞していた。詳しくは次節にゆずるが李継遷はこの機会を捉えてそれら大部族の攻略を積極的に進めていたのである。しかしながら、この時点で麟府路の中核である折氏

との決戦は一歩間違えれば李継遷側にも致命傷を与えかねない危険性を孕んでいた。そして、ここで確認しておくべきことは仮にこの作戦で宋の麟府路が壊滅することになると、李継遷勢力と遼は直接境を接することになり、遼にとっては新たな脅威の出来になってしまうということである。太祖以来、宋が構築していった黄河東流部から南流部にかけての防衛ライン（第一部第五章参照）の存在は、同時に遼と李継遷勢力の接触を阻む緩衛地帯の役割も果たしていたのである。そして李継遷の側から考えてもある程度の緩衝地帯の存在はさしあたって遼の直接的な圧力を回避する役割も兼ねていたはずである。李継遷が建国運動を推し進めていく上で最も配慮すべき相手は遼である。この大事な時期に遼と敵対関係に発展するような作戦行動は絶対に避けたはずである。麟府路方面での李継遷の軍事行動が聖宗の命の範疇内の作戦であったことは間違いあるまい。そのことを示す決定的な証拠が李徳明の授官である。前節の後半でも触れたが、『遼史』聖宗紀五統和一八（咸平三）年の条に「冬十一月甲戌朔、授西平王李継遷子徳昭朔方軍節度使。」とあるように、一一月の朔日に李徳明は聖宗から晴れて朔方軍節度使に叙せられ、遼からも正式に李継遷の後継者としての地位を認証されたのである。この間、李継遷が遼の作戦の一翼を忠実に励行していたことに対する褒賞の授官と考えて間違いなかろう。おそらく遼は南伐に先だって李継遷の軍事力をその一翼として利用するために、李継遷との間に細かい作戦協定を結んでいたはずである。李継遷がこの後も執拗に麟州攻撃をおこなっている（後述）事実から判断すると、聖宗は李継遷に対して東方では屈野川、濁輪川あたりの線までの領有を認めていたのであろう。さらに西方に関しては李徳明に霊州を意味する朔方軍節度使の地位を与えたことからもわかるように、不本意ながら李継遷が強く求めている霊州攻略を承認し、当面、李継遷の発展をオルドス内部に限定させようとする意図を持っていたと考えるべきである。

ところで李継遷の本領は遼に忠勤を励むことではなく、あくまでも建国運動の邁進にあった。宋、遼の開戦こそ久しく翹望したことなのである。李継遷は遼の南伐開始と麟府路攻撃命令を積極的に活用し、東部では遼の作戦の一翼を担い、さらに、南方、西方においても宋軍の戦闘力分散の観点から、独自の作戦に対しても遼の掣肘を受けない担保を得、心置きなく領土の拡大作戦を展開していったのである。真宗も当初は戦場が麟州管内に限定されていたこともあって、王超の言にもあるように李継遷の攻勢が今後拡大するのか測り兼ねていたのであろう。ところが、咸平三年になると宋の廟堂においても李継遷の攻勢が遼支援作戦程度のものではなく、本格攻勢に発展する気配を感じ取るようになっていたのである。三月一日に知泰州田錫は上奏文の中で、「昨、李継遷雖授夏州節度使、在彼自称西平王。豈不為将来辺患。国家積儲糧草繕完甲兵（『続資治通鑑長編』巻四六）。」といっている。李継遷が遼から与えられた西平王の称号をあたかも宋から与えられたもののようにして最大限に活用し、蕃漢諸部族の支配体制の徹底化と動員態勢の強化を推し進めている情報が宋に届くようになっていたのであろう。そして咸平三年も後半に入る頃になると、現実に李継遷側の活発な動きが延州から綏州にかけての横山東部南側の各地からも報告されるようになっていたのである。『続資治通鑑長編』（巻四七）一〇月の丙寅（二三日）の条に、

　延州言う「鈐轄張崇貴等、蕃賊大盧、小盧等十族を破り、人口、羊馬二十万を禽獲す。（『宋史』真宗紀一略同）」と。

とあり、鈐轄の張崇貴等が大盧、小盧等十族を破っている。一方、『宋史』（巻四六六）張崇貴伝を見ると、

　咸平元年、……また鈐轄に為る。その後、継遷また熟戸李継福と隙を為し、縁に因り内擾す。崇貴、張守恩とこれを撃ち、廬舎を焚き、貲畜、器甲、生口を獲ること甚だ衆し。

の記載がある。李燾も『続資治通鑑長編』の記事の割注で両記事の関連を疑っている。[10] そこで『宋史』（巻二五三）の李継福伝を見ると「李継福者、亦与継周同時帰順、授永平砦芟村軍主。以戦功歴帰徳将軍、領順州刺史、至内殿崇班、新帰明諸族都巡検。」とあり、李継福が李継周と同時に宋に帰順したことはわかるが、李継遷との対立には触れていない。因みに永平砦は横山山脈の南側に位置し李継周が守る金明寨の北東約五〇キロの地点にある。そして同じ巻には李継周伝も掲載されており、その冒頭に「李継周、延州金明人。祖計都、父孝順皆為金明鎮使。継周嗣掌本族。太

平興国三年、東山蕃落集衆寇清化砦、継周率衆敗之、殺三千余人、補殿前承旨。」とある。李継周の祖父、父ともに金明鎮使として五代の各王朝に仕えていることから考えると、李継福も先代以前から中原王朝に帰順していた李継周の同族と考えてよいのではなかろうか。李継周は太宗初期の太平興国三年に金明寨からわずか二五キロ東の清化砦を襲った東山蕃落を破っているのである。当時、延州北方には野利氏の影響力がおよぶ南山部が勢力を増していたと考えられるが（第一章第三節二七五頁参照）、かつての東山部の末裔も横山山脈の南麓東部に散在していたことがこの史料からも確認することができる。そして李継周、李継福ともに李継遷と激しく対立していることから、これらの史料を総合して考えると、彼らは南山部ではなく、本来は東山部に属する河西タングートの熟戸だったのであろう。そして李継周伝には「（咸平）三年、復為先鋒、入賊境、焚積聚、殺人畜、獲器甲凡六十余万……」とあるから、咸平三年初冬の延州方面の戦闘は李継遷にしたがう大盧族、小盧族など南山部一〇族が攻撃を仕掛けたもので、総大将張崇貴のもと李継周、李継福の軍勢がこれを撃退したものと断定してよかろう。おそらく延州北方に散居していた熟戸化していない東山部の余孽は咸平三年の頃にはほとんどが李継遷によって組織化され、南山部に吸収されていたのではなかろうか。

そして延州より北東に位置し、かつては定難軍節度使の重要拠点であった綏州方面のタングート諸部族も、この頃になると同様の境遇に置かれるようになっていたらしい。第二章第二節の末で述べたように淳化二（九九一）年の七月に李継沖が綏州団練使に任じられたことを契機に、李継遷側の組織化が進捗していたと考えられるが、前章第一節で述べたように淳化五年の正月に全綏州農民の夏州強制移住策が祟って左都押衙高文岯もろとも綏州民の宋内附を惹き起こしてしまったのである。ところが、史料上に確認することはできないが、その後、綏州が再び李継遷によって実質支配されていたことは間違いない。その根拠は翌咸平四年の事ではあるが、宋の辺臣が要請する綏州の修城問題に関して、宋の廟堂において賛否両論が激しく戦わされているからである。詔にしたがって開かれた中書、枢密院の会議においても結着を見ず、真宗は洪湛等に現地を按視させ、修城に「七利二害」の報告を得て営葺に踏み切っているが、最終的には人民の負担を考えて中止したようで、(11)これについては次章第一節の末で触れる。こうした事実は綏州一円における李継遷側の支配力が浸透し宋の支配は綏州城すら持ち堪えられないまでに衰退していたことを窺わせる。おそらく咸平三年の時点で李継遷の組織化はほぼ完成されていたとみてよかろう。なお、三年後のことであるが、咸平六年三月に綏州東山蕃部軍使拽臼等が宋に内属している（『宋史』巻七真宗紀）ことは、この方面における李継遷の支配に対して内実不満を持っている部族がかなり多く存在していたことを示唆しているのではなかろうか。これについても次章第一節末で、五年正月にも綏州付近の李継遷蕃部が宋に内附している事例を紹介する。

それはさておき、真宗がもっとも懼れたことは李継遷の矛先がいつ霊州に向けられるかにあった。霊州攻撃が実行されると、必然的に当面霊州は嬰城作戦で凌がなければならない。そこで真宗は霊州の持久力の強化を考え、芻粟の大量輸送作戦を敢行したのである。ところが、皮肉にも結果的にこのことが李継遷の霊州攻略作戦再開に絶好の機会を与えてしまったのである。『続資治通鑑長編』同、九月の条末尾に、

この月、知霊州隴州刺史李守恩、陝西転運使度支郎中陳緯、芻粟を部（総統）し瀚海を過り李継遷の邀る所と為る。守恩、緯皆戦没す。守恩の子、広文館助教象之、隴州衙内指揮使望之、弟の寄班守忠また倶に死すと。上、聞知して震悼す。

とある。李継遷が麟府路攻撃を開始してからほぼ一年後のことであった。さらに、一〇月の条にも、

邠寧環慶清遠副都部署濱州防禦使王栄、兵を帥いて霊武の芻糧を援送す。栄素より術略無く、また斥堠を厳くせず。積石に至り、夜、蕃賊の抄める所と為る。栄の部、大いに乱る。涇原環慶都部署博州防禦使徐興、邠寧環慶鈐轄六宅使封州刺史李重誨、戦に与る。興等将いる所は皆歩兵にして戦うも敗る。栄救う能わず。死者甚だ衆く、亡失殆ど尽く。法当に誅すべきも、上、特にこれを貸《ゆる》し、己未、栄の籍を削り均州に流す。……

とあり、李燾は割注で「王栄援糧、疑即与李守恩等同一事、倶史載不詳耳、当考。」と補っている。後者の記事は一〇月の己未（一六日）に王栄が処罰されたことから一〇月の条に挿入されたもので、襲撃されたのは李守恩と同じく九月のことと考えられる。そこで李燾は同一事を疑っているのだが、これは李継遷の攻撃を慮れた真宗が前後二隊に分けて芻糧を送ったと解すべきである。前者が瀚海（旱海）で、後者がその手前の積石（位置に関しては第三章第三節冒頭部C史料参照）で襲われていることからも同一ルートを前後して行軍していたことがわかる。そして李守恩の先行軍こそが霊州防禦の強化を担当する主力軍であったと思われる。『宋史』（巻二七三）李守恩伝には「累官至隴州刺史、知霊州」とある。また子の望之が隴州衙内指揮使であることから判断すると、李守恩は霊州防禦の要としてこのたび新たに知霊州を加えられ、一族を引き連れて霊州に赴任する途中だったことがわかる。そして陝西転運使の陳緯が付き添っていることから考えても大量の芻粟を護送していたものと考えてよかろう。前章第四節で、四年前の至道二年に太宗が霊州に芻粟四〇万を送ろうとしてことごとくを李継遷に掠取されたことに触れたが、真宗はすっかりその二の舞を演じてしまったのである。先行する主力軍は李守恩ら全員が鏖殺され、後行軍も緊張感を欠き警戒を怠ったためにたやすく李継遷側の餌食になってしまったのだからさらに始末が悪い。「上聞知震悼」も宜なるかなである。

そして、この頃になると李継遷の動きは西域方面の諸勢力にとっても看過できない状態になっていたのである。『続資治通鑑長編』（巻四八）、翌咸平四年正月の条に「戊子（一五日）、封帰義節度使曹延禄為譙郡王」の記事がある。沙州帰義軍節度使の曹延禄は第一節の後半で述べたように咸平二年二月にも入貢している。ところが二年も経過した四年の一月一五日に譙郡王に封じられたということは、常識的に考えて前年の暮れまでに再度、沙州の使者が宋都に入貢したと解釈すべきであろう。使者は何の目的でどのようなルートでやってきたのであろうか。そこでさらに注目を惹く史料が『宋史』（巻四九〇外国六回鶻伝、以下、回鶻伝と略記）に載せる次の史料である。

咸平四年、可汗王禄勝、使曹万通を遣わし、玉勒、名馬、独峯無峯槖駝、賓鉄剣甲、琉璃器を以て来貢す。万通自ら言う「本国の枢密使を任《つと》む。本国東は黄河に至り、西は雪山に至り、小郡数百有り、甲馬甚だ精習なり。願わくば朝廷、使に命じて統領せしめ、継遷を縛し以て献ずるを得さしめん。」と。因りて詔を禄勝に降し曰く「賊遷凶悖、人神の棄る所。卿、世々忠烈を済し、義篤き舅甥、継いて奏対を上り、備《つつし》みて方略を陳べ、且に大いに精甲を挙げ、就いて残妖を覆し、土を西陲に拓き、俘を北闕に献ぜんと欲す。可汗の功業、それ言に勝る可きや、嘉歎深くする所、朕の意を忘れず。今、更めて使臣を遣わさず、一切を卿の統制に委ねん。」と。特に万通に左神武大将軍を授け、優《あつ》く禄勝に器服を賜う。

多少省略した内容が『続資治通鑑長編』（巻四八）、四月丙辰（一五日）の条にも掲載されているが、「西川（州の誤り）回鶻可汗王禄勝」と州名を明記している。トルファン盆地を拠点とする西州ウイグルは従来遼との関係が主であった。『遼史』では阿薩蘭回鶻の名で記されるが、景宗の保寧三（九七一）年の二月に遼使鐸遏が使いした（『遼史』巻八）ことがきっかけで同五年に初めて遼に来貢するようになったのである。ところが、その後西州ウイグルの関心は宋に向けられるようになり、太宗の太平興国六（九八一）年三月に初めて入貢し、(12)その後は雍熙元（九八四）年五月にもう一回入貢している。交通路に問題がなければ西州ウイグルの朝貢使節はこの後も継続して宋に向かったはずであるが、端拱元（九八八）年、李継遷が西北辺の交通路を閉塞したために不本意ながら遼に向かわざるを得なくなったのである。この年からわずか九年足らずの間に五回、遼に入貢している。(13)そして今回一七年ぶりに可汗王禄勝が枢密使の任にある曹万通を遣わして宋に朝貢し、三年後の景徳元（一〇〇四）年六月にも入貢しているのである。ところで、前節の後半で述べたように第二次休戦協定で李継遷が約束した朝貢路の安全保障もわずか二年足らずで破られてしまう。咸平三年になると李継遷は各地で攻撃を仕掛け、九月には霊州に送る芻粟輸送部隊を攻撃する戦闘があり、旱海を経由する従来の朝貢路はとても危険で実質的に通行不能の状態に陥っていたはずである。その証拠にこの年は西域諸国の宋への入貢はまったく史料上に記載がない。そうすると、同年一二月末に来たであろう沙州の使者や、翌四年四月の西州ウイグルの使者曹万通はどのルートを利用して宋の都開封に来ることができたのであろうか。同様に、ほぼ時を同じくして西域諸国の朝貢が一斉に宋に向かうようになった（註（13）「西域朝貢年表」参照）のは何を意味するのか。その疑問は『宋史』（巻二五七）李継和伝に、

継和上言し「鎮戎軍は涇原儀渭北面の扞蔽を為し、また環慶原渭儀秦熟戸の依る所と為る。正に回鶻、西涼、六谷吐蕃、咩逋、賤遇、馬蔵、梁家諸族の路に当る。……」と。

とあることから解決する。前章第四節の末尾で触れたように、鎮戎軍はそもそも李継隆が設置を主張したもので、その建設は弟の李継和が担当し知鎮戎軍として西北辺全体の防衛拠点に生長させていったものであるが、本来の目的は葫芦河川を利用した霊州連絡路の拠点確保の目的から設置されたものである。鎮戎軍は咸平二年に一旦廃止されたが（後掲史料参照）、李継和はその再置を強く主張し、この間も鋭意、新霊州連絡路の開設を推進していたのである。そしてこの連絡路が同時に西域諸国の新たな朝貢路としての役割も担うようになっていたのである。沙州帰義軍の使者や西州ウイグルの使者曹万通は李継遷が閉塞している従来の朝貢路は避け、新たに整備されたばかりのこのルートを利用してやってきたに違いない。この朝貢路は咸平五年三月に霊州が李継遷に陥落した後でも確実に利用されていた。その証拠は『続資治通鑑長編』（巻五二）同年九月甲午の条に、鎮戎軍の防衛態勢の不備を突き李継遷側の軍勢が鎮戎軍に肉薄したことに関連して、真宗が左右に語った言の中に「又、西涼州入貢蕃部張傻儸言、『夜入鎮戎軍境、直抵城隅、門尚未閉。而不逢警巡者。』其慢防蓋如此。因戒辺城厳斥堠。」とあることでわかる。西涼府の潘羅支から派遣されたと考えられる張傻儸が確実にこのルートを利用して入貢しているのである。従来の西域諸国の朝貢路は、西涼府を出て一路東に進路を定めて黄河に達し、黄河沿いに下って霊州に到達し、そこで隊列を整え直して旱海の霊州川沿いに遡上して分水嶺を越えて白馬川を下るというものであった。それに対して新たに整備された葫芦河川を利用するルートは、霊州よりも遥かに手前の応理のあたりで黄河を越えて直ちに葫芦河川を遡上して鎮戎軍に至ったものと

思われる。咸平五年三月に霊州を奪った李継遷の鋭鋒は続いて西涼府に向けられたのであるから、応理の付近にも李継遷側の勢力は進出していたはずである。それにも拘わらず西涼府の張僂儸が無事に鎮戎軍に来ることができたということは、葫芦河川が黄河に合流するあたりには李継遷側の圧力を押し止め朝貢路の安全を確保する勢力が存在していたことを示していると考えるべきであろう。李継和が霊州連絡路兼朝貢路の整備を急いだところで、その入り口の安全確保がなされていなかったとしたらすべては画餅に帰してしまうのである。そこで気に懸かる史料が『宋史』真宗紀一の一二月庚申（一七日）の条に簡単に記す「育吾蕃部貢犛牛」という記事である。同じ入貢を『続資治通鑑長編』の庚申の条には「西蕃允鄂克族部伊默嚕来貢犛牛」と記している。西蕃を冠せられているところから判断すると允鄂克（育吾）族伊默嚕はチベット系の部族でこのたび初めて宋に入貢したものと考えられる。育吾蕃部については『宋史』でも党項伝、吐蕃伝にはまったく記載がない。それにも拘わらず真宗紀に掲載されているということは、咸平三年末の時点で宋の廟堂にとってその入貢が重要な意味を持っていたからに違いない。筆者が育吾蕃部に注目する理由は、その首領と思われる伊默嚕が咸平三年一二月という時期に宋に入貢したからである。沙州の使者が再度入貢した時期と完全に一致するのである。おそらく育吾蕃部は知鎮戎軍李継和の招諭に応じて、霊州連絡路兼朝貢路の黄河側の安全確保の役割を担当することになった応理付近を地盤とするチベット系部族と考えてよいのではなかろうか。そして西州ウイグルの可汗王禄勝が一七年ぶりに使者を派遣して李継遷の擒獲を訴えていることは見逃せない。今まで李継遷の圧力によって遼への朝貢を余儀なくされ、充分な対価を得ることができなかったことはいうまでもない。今回の来貢はせっかく再開されたと思っていた朝貢路が再び李継遷の圧力によって閉塞され、このままでは完全に李継遷によって朝貢貿易の死命が制せられてしまうことを憂慮したからで、その打開を自らの意思でおこなおうと志向したことによる。禄勝は整備間もない難ルートを利用してまでも曹万通を派遣して、李継遷追捕を持ちかけて積極的に状況の改善を求めようとしたものと断じてよかろう。一月に沙州帰義軍節度使の曹延禄が譙郡王に封じられたことも、李継遷追討を求める使者の派遣に対する見返りと考えてよかろう。西域諸国がこのような行動に出ざるを得ないほどに、咸平四年になると、李継遷の西北辺支配は完成の域に限りなく近づき、国家的体裁を整えるまでになっていたのである。そして宋の廟堂もこうした実情をそれなりに認識していたのである。それを如実に物語る史料こそ張斉賢の上疏である。後に（次章第一節）触れるが、李継遷の清遠軍攻撃を控え、張斉賢は八月に急遽、西北辺を統括する安撫経略使に任じられて現地に派遣された。帰任後、二度にわたって上奏文を奉じているが、二回目は霊州存廃を訪ねた真宗の求めに応じたものであった。それについて、『続資治通鑑長編』（巻五〇）咸平四年一二月丁卯の条の最後に、

　上、また手札を出し兵部尚書張斉賢に訪ぬ。斉賢、疏を献じて曰く「遷賊凶逆を包蔵し、叛亡を招納し、州城を建立し、軍額を創置し、帰明、帰順の号、且耕且戦の基を有す。仍りて聞くに潜に中官を設け、全て羌夷の体に異り、曲て儒士を延《ひきい》れ、漸く中国の風を行う。この作為を観るに、志実に小に非ず。……」と。

とある。李継遷は中国から亡命者を積極的に招納するとともに、中国式の中央官制を定め、行政官としての役割を担う儒士をひき入れている。また地方の行政区画を定め、軍制も整備し帰明軍、帰順軍といった軍事拠点を設置し軍額を与え、万事が中国風の国家建設を推し進めていたのである。ここで述べられていることは、別段、張斉賢が現地で仕入れてきた新情報といったものではなく、間断なくもたらされる辺境からの情報によって廟堂を構成する官僚の共通認識であったと考えるべきであろう。そして、咸平四年における李継遷の支配領域を知る格好の材料が、少し前に一部分を掲載した李継和の鎮戎軍再建を求める上書中（『宋史』李継和伝）に記されている。その関係個所を便宜上Ａ～Ｃに分けて掲載する。

　Ａ　即ち令（今の誤り）、霊、環、慶、鄜、延、石、隰、麟、府等州より以外、河曲の地、皆賊に属す。もし更に攻めて霊州を陥し、西は回鶻を取れば、則ち吐蕃震懼し、皆呑噬と為り、西北辺民は将に駆劫を受く。……

B　況や今、継遷強盛にして曩日を踰る有り。霊州従《よ》り原、渭、儀州の界に至り、次に更に鏊子山以西を取り、環州山内及び平夏に接す。次に黄河以東、以南、隴山内外を并せ、儀州界、及び霊州以北の河外に接す。蕃部約数十万帳、賊来れば以て闘敵に足る。賊遷未だ盛ならざれば、敢て深く入らず。今則ち霊州の北、河外、鎮戎軍、環州は並びに北は霊武、平夏及び山外に徹《つらな》り、黄河以東の族帳は悉く継遷の呑む所と為る。縦《たと》え一、二十族の残破奔迸有るも、事力（耕民の意）は十に二三無し。

C　官軍、瀚海に利を失いてより、賊愈々猖狂し、群蕃震懼し、絶えて闘志無し。兼て咸平二年を以て鎮戎を棄てて後、継遷、径《ただち》に来りて軍界の蕃族を侵掠し、南は渭州安国鎮の北一二十里に至り、西は南市の界三百余里に至る。便《すなわ》ち蕭関に万子、米逋、西鼠等三千を屯聚し、以て原、渭、霊、環の熟戸を脅す。常時、族帳の賊に帰することを謀る者甚だ多し。（B、Cは一連である）

とある。Aは李継遷の支配領域を明示したものである。石、隰州は黄河南流部の東側、河東路に属しているが、前節の註（5）で論じたように、咸平元年に知石州の韓崇訓が境を犯した李継遷を追撃した記録がある（『宋史』巻二五〇韓崇訓伝）。また、咸平五年以降、李継遷側からの亡命者の受け入れ拠点になっている。これは次章第一節でも触れるが、石、隰州部署が綏州も管轄していたために加えたのであろう。[14] ここでいう河曲とは河套と同義語であるから「河曲之地」とはまさにオルドスを指す。霊、環、慶、鄜、延、麟、府等州以外、つまりその北側がことごとく李継遷の所有に帰しているといっているのである。Bはその上で接壌地帯の状況を述べたものである。この史料は意味の通じにくい箇所があり、脱漏等が疑われるが、大意をまとめると、李継遷の影響力が霊州から鎮戎軍を通り越して涇水の支流域に位置する原州、渭州、儀州（華亭）に至る地域、鏊子山以西の地域、そして環州山内（境内の意か）から夏州におよんでいる。さらに黄河の以東、以南から隴山（儀州よりさらに南方、隴県西北）内外の蕃部を併せ、霊州北方の河外にまでその勢力がおよんでいる。[15] 黄河の以東、以南とは黄河北流部の東側、南側の意と考えられ、「霊州以北河外」とは具体的には賀蘭山山麓の大涼、小涼等の蕃部を指すのであろう。こうした地域の蕃部は数十万帳に達し、李継遷の勢力が弱ければ十分に対抗できたのだが、現在は霊州北河外、鎮戎軍、環州が霊州とともに宋側勢力圏として連なっているだけである。夏州、山外（横山北側か）、黄河以東の諸部族はことごとく李継遷の支配下に組み込まれてしまい、たとえ宋にしたがう部族が一、二〇族あったとしても大した役には立たない、というものである。Cは直近の差し迫った辺境情勢を述べたものである。「官軍瀚海失利」とは次章で触れる清遠軍の失陥のことであり、それ以後、涇水上流域の蕃漢諸部族はすっかり恐慌状態に陥っている。加えて咸平二年に鎮戎軍を廃止したことと相俟って李継遷はこの方面にたびたび侵入し蕃部を劫掠し、南は渭州安国鎮（渭州北西）の北一、二〇里（『続資治通鑑長編』は三十里とする）に迫り、西は南市城（静辺砦、六盤山西麓）の界三百余里に至っている。そこで李継遷は蕭関（鎮戎軍東南）に万子、米逋[16]、西鼠等の部族兵三千を置きその周囲に位置する原州、渭州、霊州、環州等の熟戸を脅かしている。そのためこの方面の族帳で李継遷側に転じようとするものが非常に多くなっている、というものである。咸平四年、西北辺境部の宋の支配は寥寥たる状況に追い込まれていたことがわかる。こうした緊迫した事態を実証する材料と考えられる史料が『宋史』（巻四六六）竇神宝伝に記載されている次の記事である。

> 咸平中、出て高陽関鈐轄に為り、貝、冀巡検に徙る。会《たまたま》原州野俚族三千余衆、帳を順成谷大虫堪に徙し、熟魏族と接戦す。神宝に詔してこれを和洽せしむ。至れば則ちその経界を定め、遣わして悉く旧地に還さしむ。

野俚族は『宋史』党項伝の景徳二年の条には野狸族とある。いずれにせよ原州方面に居住していた野利氏の一支族であることには相違ない。この史料は「咸平中」とあるが、原州、渭州方面の逼迫した状況を考え合わせれば三、四年の交の出来事と断定してよかろう。原州に居住していた野利族は李継遷に結合した兀泥佶移には同調せずに、これまで表面上は宋側の熟戸としての立場を保っていたものと考えられる。野利氏の一支族という性格上、李継遷側の脅従工作も激しいものがあったはずである。原州の州治は現在の鎮原県だが、鎮戎軍の東方一帯の呼称と考えてよく、原州野利族はその地域に広く蕃息していたのであろう。順成谷大虫堪の堪は山偏の誤りで第三部第一章五〇三頁で触れる康努族の居所について「居迫蕭関、与大虫巉諸族為唇歯」とある大虫巉に他ならない。大虫巉諸族は鎮戎軍の周辺を含め六盤山一帯から天都山にかけての広い地域がその居住地であったと考えられるが、その代表的部族が熟魏族だったのである。第一部第四章第三節で触れたように、大虫巉部族は野利氏とともに五代後唐時代に康福の軍勢に敗れており、古くから野利部族と関係があったことがわかる。この後もしばしば登場する。宦官の竇神宝はその経歴のほとんどを西北辺のタングート対策に終始しており[17]、タングート熟戸の信用も厚かったのであろう。両部族の紛争を処理しその境界を定め、野利族を原州に復帰させたのである。このことはあくまでも原州野利族を対李継遷勢力の前衛として位置づけていたことを意味している。しかしながら、原州野利族は実際は以前から李継遷とも連絡を取っていたらしく、これについては次章第一節の末でも触れる。さらに李継遷の死亡後のことではあるが、『宋史』党項伝の景徳二年の条に「原州野狸族首領廝多逋丹卒、其子阿酌代為首領、且乞奉料。詔諭以立功則賜之。」とあることも宋が全幅の信頼を置いていなかったことの参考になる。また、熟魏族に関しても同伝の直前の景徳元年の条に「九月、鎮戎軍言、先叛去熟魏族酋長茄羅、兀臧、成王等三族応詔撫諭、各率属来帰。」とあるから、この方面のタングート部族がこの間、叛復を繰り返していたことがわかる。

三　北部河西タングート諸部族をめぐる三勢力の角逐

このようにして、咸平四年になると李継遷の支配領域は着々と拡大強化されていったのである。李継遷は遼の支援要請をうまく利用して、国家領域の基本部分の画定を急いだことはもはや明白である。それにつれ李継遷の宋に対する攻勢は益々顕著になり、まさに全面戦争の様相を呈するようになってきたのである。その作戦は東面、南面、西面の三方面に分類することができ、以下、章を跨いで三節に渡って論を進めてみたい。

その東面作戦とは引き続いて麟州方面の攻略であった。『続資治通鑑長編』（巻四九）同年九月の条に、

　辛卯（二三日）、麟府濁輪副部署曹璨、熟戸兵を率い李継遷の輜重を唐竜鎮西柳撥川に邀撃す。殺獲甚だ衆く、その大校四人を生擒す。

とある。麟府濁輪副部署の曹璨が唐竜鎮西方の柳撥川において熟戸兵を動員して李継遷の輜重隊を襲撃したというのである。唐竜鎮の所在に関しては『太平寰宇記』（巻三八関西道一四府州）府谷の条に記載されているが、この史料からは該方面の有力部族の所在地なども確認することができるので、この際、全文を紹介しておきたい。すなわち、

　州境、東西南北、四至八到。東南は東京に至ること二千一百二十里。東南は西京に至ること一千七百二十里。東は河を過《わた》り火山軍に至ること四十里。南は河を過り岢嵐軍に至ること一百四十里。西は麟州に至ること一百五十里。北は二十六府勒浪馬尾、直蕩啜娘等蕃族に至ること四百八十里。東南は河を過り火山軍界桔槔寨に至ること四十里。西南は麟州界杓枝谷に至ること三十里。西北は没児雀悉命、女女越都等蕃族に至ること三百五十里。東北は唐竜鎮に至ること一百五十里。

とある。唐竜鎮は府州の東北一五〇里に位置していたとある。ところが、火山軍、岢嵐軍、麟州等の位置を、基点の府州を軸として実際に地図で確認してみると、いずれも時計回りで四五度前後進みすぎていることがわかる。つまり火山軍は府州の北東、岢嵐軍は南東、麟州は西南方向に訂正すべきである。そうすると唐竜鎮は府州の東北ではなく北ないしは北北西一五〇里、黄河の内側に位置していたと考えるべきである。さらに李継遷の輜重隊が襲われた柳撥川は唐竜鎮の西方に位置していたことから、この川は南流して火山軍付近で黄河に流入する現在の黄浦川かその南側の清水川に比定して大過あるまい(18)。同様に、府州の北方に蟠踞していたとする二十六（十六の誤り）府勒浪馬尾、直蕩啜娘等の蕃族は北西方向に、西北方に位置していたとする没児雀悉命、女女越都等の蕃族は西方に居住していたと

改めるべきである。

先に触れたように、李継遷は咸平二年以来、執拗に麟州方面の攻略をおこなっている。単に遼の南伐支援作戦で済ますことは到底考えられないほどの動きである。霊州攻略を主作戦とする李継遷にとって、やはり麟州北方に居住し宋の経営にしたがうようになったタングート諸部族の動向は背後の脅威として忽せにできない大問題だったのである。そこでこの機会を利用して、今までまとまった形で触れることのなかったいわゆる「河西党項」のうち黄河南流部の西側北半分に居住する諸部族の実態について、取りまとめて先に俯瞰しておきたい。

順序は逆になるが右史料の末尾に記載されている唐竜鎮付近のタングート諸部族の動向から確認してみよう。(19) 唐竜鎮の位置については、『武経総要』（前集巻一九）にも記載があり「唐竜鎮　在勝州之境、地居険峻。東至黄河二十里」とあるから、勝州（北緯四〇度、東経一一一度付近）管内の東方で、現在の河曲県のさらに北方、府州から一五〇里で黄河の西わずか二〇里に位置し西北辺の対遼最前線の拠点だったことがわかる。それを証明する一つの材料となるものが言泥族抜黄太尉の宋帰順である。前節の前の方で述べたように、遼にしたがっていた言泥族抜黄太尉が折惟昌に攻撃されたのは咸平二年一二月のことであった。それからほぼ四年後、李継遷が死亡したまさに景徳元年の一月に抜黄太尉は三百余帳を率いて内属を果たすが（第一部第五章第二節二二三頁）、その際、真宗は「且戒唐竜鎮無得侵擾（『続資治通鑑長編』巻五六）」を府州に命じているのである。黄河北方から内徙した言泥族抜黄太尉はひとまず唐竜鎮付近に仮寓させられたのであろう。地理的関係から再び抜黄太尉一族が遼に劫掠されることを惧れた真宗が、府州折氏を通して唐竜鎮の鎮将に対して警護を命じたのである。また、唐竜鎮は最前線基地であるとともに、畑地氏が触れるように古くから遼の勢力圏に属する蕃漢諸部族の交易の拠点としても繁栄していたのであろう。『続資治通鑑長編』（巻五四）咸平六年五月丁酉（八日）の記事の後に「唐竜鎮上言、鎮有貿易於府州者為州人邀殺、尽奪貲畜。庚子、詔府州自今許令唐竜鎮民互市常加存撫。（『宋史』党項伝略同）」とあり、さらに（巻五七）景徳元年閏九月の条には「丁丑

(二六日)、令府州自今勿擅発兵入唐竜鎮管内剽掠。如蕃漢人亡命在彼、須追究者以聞、当詔遣還」の記事がある。これらの記事は唐竜鎮管内のタングートを中心とする蕃漢諸部族が交易によって富を蓄積しており、府州折氏配下の熟戸がそれを剽掠することがしばしばあり、そのために遼側に亡命する部族が後を絶たなかった実態を反映しているのであろう。宋が唐竜鎮付近の蕃漢諸部族の綏撫に腐心している様子が見て取れる。そして、この付近の代表と考えられる部族が来姓を名乗る集団である。すでに李継遷が死亡して三年後のことになるが、『続資治通鑑長編』(巻六七)景徳四(一〇〇七)年一一月甲戌(一一日)の条末尾に左の条を載せる。

河東転運使言う「唐竜鎮の来璘、来美等は西路契丹の掠する所と為る。美は即ち璘の季父。久しく府州に依り、来懐正と同族なるも相《たがい》に能くせず。故に懐正、戎を召しこれを破り、以て怨に報ゆ。」と。(枢密)陳堯叟曰く「璘、美等はまた窮して款塞するも、(早《さきに》)者《は》常に両端を持す。本、富強の族に非ず。但、険阻に拠り恣に観望を為す。朝廷これを征《う》てば則ち河の東地に趨《はし》り東躔(東行の意)と曰う。契丹兵加之〈兵を加え〉れば、則ち河の西地に趨り西躔と曰う。介卒騎兵の及ぶ能わざる所。」と。上曰「契丹使到可令館伴使言其事」〈詔し、契丹の使の至るを候ち、その事を以てこれを諭さんと〉。仍りて転運使鮑中和と并州劉綜等をして商度し掠する所の璘、美の人畜を索めしむ。府州また言う「唐竜鎮、芦子塞郭莽族の人馬を略奪す。」と。詔して、転運司理《ただ》してこれを還さしむ。[*(　)は註(20)記載の『宋会要輯稿』で補った部分、〈　〉は右線部に対する『宋会要輯稿』の記述]

とある[20]。さらに、同巻一二月癸丑(二一日)の条にも、

唐竜鎮来璘、その族人懐三(正の誤り)と互いに相讐劫す。側近の帳族も寧からず。麟府駐泊韓守英等以聞す。詔して、使を遣わし召してこれを盟わし、蕃法により和断せしむ。

とある。澶淵の盟約が締結されたのは李継遷が死亡した景徳元年の年末のことである。その条件の一つとして国境線は従前通りとし互いに交侵しないことになっていた[21]。それでは黄河の西側に位置する唐竜鎮付近の蕃漢諸部族は今ま

で宋、遼のいずれに帰属していたのであろうか。右史料からもわかるように来一族は宋と遼の狭間にあって両端を持し、宋・遼の間を巧みに行き来していたようである。本章第一節の後半に掲載した咸平元年における宋の軍馬供給先の一覧にも唐竜鎮の名が記載されている。来一族は十六府勒浪族のような大部族ではなかったようであるが、宋のみならず遼との間の軍馬交易でもその中心的な役割を担っていたのであろう。そしてその主導権争いから来懐正が遼の軍勢を引き入れたのである。「西路契丹」とは遼の西南路招討使の謂いである。ここで想起すべきは第三章第二節（三四五頁）で論じたように、燕雲一六州とともに河西の地も名目上は後晋から遼に割譲されていたということである。遼はそれを理由に李継遷に対してもこの方面の支配権を認めさせていたのである。そのためもっぱら該地方のタングート諸部族の帰属をめぐっては宋との間で係争が続いていたのであり、来一族の両端もこうした状況をうまく利用した結果だったのである。史料上には何ら痕跡は残されていないが、澶淵の盟約によって河西北部の係争地の帰属は一応宋に認められることになったものと推定しておく。宋側が来一族の内紛を処理したのは盟約の条項に如上のことが存在したことを意味していると思われるからである。しかしながら唐竜鎮一帯のタングート諸部族はその後も遼の片影を利用して一筋縄ではいかない集団だったようである。来姓の部族で気に懸かるのが府州外浪族と府州女乜族である。外浪族は太平興国六年にその首領来都等が宋に「来貢馬」している（『宋史』党項伝、『宋会要輯稿』歴代朝貢、府州等）。女乜族については、その四年後、『宋史』党項伝の雍熙二年六月の条に「又、府州女乜族首領来母崖男社正等内附。因遷居茗乜族中。」の記事がある。ともに一度だけの登場で、興味を惹くのは『宋史』党項伝で「府州」が冠せられているのはこの二部族だけということである。このことは同じ府州関連でも、次節で触れる府州五族や府州八族と記されている部族とは性格の異なる部族だったことを示しているのではなかろうか。おそらく五族、八族が五代以来、府州折氏の同族集団と、それに近い部族によって構成されていたものと考えられるのに対して、この二族は府州折氏隷下の部族としては新参だったのであろう。ともに来姓であることから判断すると、原住地は来璘、来美等と同じ唐竜鎮付近だったと考えられる。それが同族間の軋轢や遼の圧力から逃れるために相次いで府州折氏を頼って南徙したものと思われる。特に女乜族の史料から読み取れることは、当初、遼にしたがっていた女乜族では対応が分かれ、父親の来母崖の集団が先に宋に帰順し、折氏の配下に編入されて原住地から移動して府州に近い地域に居住地を与えられたのであろう。その後、父親の説得にしたがって雍熙二年の六月に子の来社正等残存勢力も宋帰順に踏み切ったのであるが、一時的に茗乜族の居住地に遷居させられることになったのである。そうすると、父親の来母崖の内附は外浪族首領来都の入貢と同じ頃だったのかもしれない。唐竜鎮管内のタングート諸部族の内紛や向背は早い段階から発生していたのであろう。こうした状況は来璘と来懐正の紛争から二年後の大中祥符二（一〇〇九）年になっても繰り返されている。『宋史』党項伝に「二年六月、麟府鈐轄言、『杜慶族依援唐竜鎮、数侵別帳。請発熟戸兵撃之』。上曰『戎落皆吾民也。宜以道撫之』、不許。（『続資治通鑑長編』巻七一同年六月戊戌略同）」とある。唐竜鎮付近には来一族のほかに杜慶族もおり周辺の別の部族を攻撃し麟府路の統禦にしたがっていなかったことがわかる。この他一一月甲戌（一一日）の史料に見える芦子塞（位置不詳）郭莽族も唐竜鎮付近の部族として捉えてよかろう。なお、畑地氏は李継遷時代から唐竜鎮が宋、遼、西夏三国の抗争地であったとして論を進められるが、それは本節冒頭に記載した曹璨が唐竜鎮西の柳撥川において李継遷の輜重隊を襲撃した記事に依拠している。しかし、この史料から李継遷が唐竜鎮一帯のタングート諸部族を攻撃の対象にしていたと考えるのはいささか早計である。この史料は単に柳撥川の位置を特定するために唐竜鎮を引き合いに出したに過ぎない。確かに李元昊時代になると氏が論じるように、唐竜鎮は三国の抗争の地になるが、未だ李継遷の時代はこの地方には勢力がおよばず、専ら宋と遼の勢力が角逐する地域として捉えるべきであろう。

次に、唐竜鎮よりさらに三〇〇里以上も遠く、府州の北西四八〇里の地に居住していたとするタングート諸部族に論を移そう。第一部第五章第一節（二）でも触れた（二〇八頁以降）ように、宋の建国後日も浅い開宝元（九六八）年に十六府大首領勒浪屈遇が同じ地域に居住していたと考えられる十二府首領羅崖とともに、北漢の命を受けて府州を攻撃した直蕩族首領啜佶を攻撃し帰順させている。ところが、直蕩族は二〇年後の端拱元（九八八）年にも「火山軍言、河西羌部直蕩族内附。（『宋史』党項伝）」とあるように再度宋に帰順している。まだこの頃は李継遷の圧力がおよぶ前であることからすると、直蕩族は開宝元年に帰順した後、再び宋を叛き今度は遼の西南面招討使の支配を受けるようになっていたのであろう。二〇年ぶりに宋に帰順した直蕩族は「（淳化）四年三月、直蕩族大首領啜尾、子河汊大首領馬一並来貢。詔以啜尾叔羅買為本族都監、又啜尾下首領十人、馬一下首領十二人皆賜錦袍、銀帯、器幣。」とあるように、大首領の啜尾が子河汊（第三章第二節註（13）参照）に蟠踞していた大首領馬一と五年後の同じ頃に朝貢を果たしている。直蕩族大首領の地位は啜佶から『太平寰宇記』所載の啜娘に継承され、このたびそれがおそらく子の啜尾に受け継がれたのであろう。その報告と承認を兼ねての朝貢と考えられるが、叔父の羅買が本族都監に任ぜられたことは、啜尾の地位継承に一族を取りまとめて協力した褒賞を意味しているのであろう。直蕩族はその後府州管下の蕃部として忠勤に励んでいたようである。第一節の後半でも触れたように五年後の咸平元（九九八）年に最後の情報が確認できる。『宋会要輯稿』（食貨三七之二）の史料を再掲すると、「真宗咸平元年十二月、詔府州令直蕩族大首領鬼（衍？）啜尾於金家堡置津渡、通蕃族互市。」とある。かつて直蕩族が北漢や遼の支配下に置かれていたことを勘案すると、同族は黄河東流部の内側、勝州西方に族帳を展開していたと考えてよかろう。金家堡も黄河に臨む交通の要衝だったのであろう。その地で真宗のお墨付きを得て津渡を置き諸部族の互市を管理したというのだから、莫大な利益を享受したことは疑いない。畢竟、これも再度遼に寝返りされることを防止する蕃部の懐柔策の一環であったと考えてよかろう。そしてさらに南方に位置する子河汊大首領馬一の部族も配下に一二人の首領を擁していることからこれも大部族であったことは間違いなく、直蕩族と歩調を合わせて遼を見限り宋の綏撫策に応じたものであろう。

さて、開宝元年に十二府名波族とともに直蕩族を誅した十六府勒浪族についてはすでに各所で触れてきたが、改めて確認しておくと、太平興国四（九七九）年一二月に大首領屈遇が拓抜日栄とともに来貢している（第一部第五章第一節（二）二〇九頁）。そして雍熙二（九八五）年一一月には屈遇が名波族十二府大首領浪買とともに「当豊州路最為忠順」をもって敕書を賜い綏撫されている（『宋史』党項伝）。この間、一七年間は二族ともに豊州路の中継拠点の役割を忠実に果たしていたことがわかる。ところが、十六府勒浪族については第三章第二節と第三節の末尾でその後の動向を詳述したように、一〇年後の至道元（九九五）年、遼の西南面招討使韓徳威を裏切って再び宋に帰順したとある。つまり雍熙二年以降のある時点で十六府勒浪族は西南面招討使韓徳威の工作にしたがって再度遼に寝返っていたことがわかるのである。そして至道元年以降は一貫して府州折氏配下の勢力としての立場を維持していたようである。第三章第二節で引用した『宋会要輯稿』の史料中に「令御卿将兵迎之、分処于河南、自撫州抵平夏、帳幕連属数百里。凡得精甲万余騎」の一節がある。宋は勒浪族が三たび遼の支配下に立ち戻ることを避けるために、折御卿に命じて挙族内徙を実現させたのである。移住地の「河南、自撫州抵平夏」がどのあたりを指すのか。十六府勒浪族や十二府名波族の本来の居住地は直蕩族と同様、府州の北西四百八十里だったとすると、黄浦川や清水川の最上流部から分水嶺を越えて呼斯太河と東柳溝の上流部にあったと考えてよかろう。『宋史』党項伝に黄河東流部の北側を「河北」と表現する記述がある（本節史料後掲）から、「河南」が黄河東流部の南側を指したことは疑いないが、そうすると彼らの本来の居住地も当然河南に含まれるので、ことさら「分処于河南」の記述は一見疑問に感じられる。そこで重要なヒントを提供する材料が第三章第三節末尾に掲載した勒浪樹李児門副首領遇兀の朝貢記事にある居住地の記載である。遇兀は淳化初（九九〇）年に族帳を「府州界、東至河百五十里、南至府州三百里」に遷したとある。勒浪嵬女児門族等の原住地と遇兀の新居住地の距離はわずかに一八〇里である。おそらく遇兀等の本来の居住地は主勢力よりもさらに北方に位置し、より強く遼の掣肘を受けていたのであろう。それ故に一足早く府州北方三〇〇里の地に移住させられたのであろう。そうしたことを勘案すると、府州折氏等の感覚からすると黄浦川、清水川の最上流部以北は「河南」と称するには遠すぎ、遇兀等の新居住地よりさらに南方に位置する広い地域を「河南」と称したのではなかろうか。撫州の位置が判明すれば問題は解決するのだが、特定できず誤写の可能性も否定できない。また、平夏を夏州や無定河流域と捉えると、まさに李継遷の勢力圏そのものであり、到底容認できない。反覆を繰り返していた十六府勒浪族を遼の影響から完全に切り離し、府州折氏が自己の軍事力として利用するとなれば、監視の行き届く地域に置くのは当然のことである。そうすると、「河南」とは府州の北西方向、黄浦川の下流域から濁輪川が屈野川に合流する中流域、麟州の北方一円を指すものと比定して大過あるまい。宋は折御卿に命じて「河南」の各地に十六府勒浪族の大勢力「精甲万余騎」を分処させ、遼の影響力を遮断するとともに、対李継遷戦力としての役割を分担させたのである。十六府勒浪族の部族移動はかなり短い期間で完了したと推測できる。『宋史』党項伝咸平二年に「十月、以勒浪族十六府大首領帰徳大将軍恩州刺史馬泥（尾の誤り）領本州団練使。」という記事がある。馬尾が本州団練使を拝領するにはそれ相当の功績があったからであろう。そしてこれをもって明確に十六府勒浪族と特定できる消息は終わっているのである。案ずるに至道元年から咸平二年までの五年を費やして十六府勒浪族の「分処于河南」の作業は一応完了したものと結論づけておく。ところが、一方の十二府名波族の消息は雍熙二年の記事を最後に『宋史』党項伝、『宋会要輯稿』府州等にはまったく記されなくなる。至道元年に韓徳威が侵攻し、再びその麾下に置かれていた十六府勒浪族が離反して宋に帰順した事件に関しても、十二府名波族の名は出てこない。つまり勒浪族とは行動をともにしていなかったことがわかる。そこで思い出されるのが雍熙二年六月、唐竜鎮付近に留まっていたと考えられる女乜族の来社正が帰順して茖乜族の居住地に遷居させられたことである。来社正一族を遼の手から保護できる茖乜族はよほどの大部族で、かつ宋の信頼が厚かったことを意味しているが、『宋史』党項伝に茖乜族が記載されているのはこの一回限りである。上述したように十二府名波族の大首領浪買が十六府勒浪族大首領屈遇とともに敕書を賜い綏撫されたのは翌月のことである。茖乜族が名波族の異字訳であることはもはや明白であろう。名波族は勒浪族と同様に黄浦川の最上流域に居住していたものと考えられるが、おそらく勒浪族よりも南西部に位置し、遼の西南面招討使の直接的な圧力がおよばない地域に居住していたのではなかろうか。名波族は雍熙二年以降も一貫して宋にしたがい、反覆を繰り返した勒浪族のように「分処于河南」の処分を受けずに原住地を守り続けたのであろう。

『太平寰宇記』に記載されているもう一つの集団である没児雀悉命、女女越都等のタングート諸部族は府州の西方三五〇里に族帳を展開していた。そうすると後に十六府勒浪族の大勢が移住させられたと考えられる屈野川の上流域からその支流である濁輪川の流域にかけて原住していたものと考えられる。勒浪族首領屈遇と十二府名波族首領浪買の記事を載せる『宋史』党項伝雍熙二年一一月の条の最後に「女女四族首領殺越都等帰化、並賜敕書撫之。」とあるから、女女四族も雍熙二（九八五）年以前は宋に帰属していなかったことがわかる。かといって遼の掣肘を受けていたわけでもない。雍熙二年といえば第一章第二節で詳述したように、李継遷は綏州奪還を目指して宋との間に血みどろの戦闘をおこない敗北した年である。その五月には王侁、李継隆の軍勢が濁輪川東、兎頭川西の保、洗二族を破っている。一一月の女女四族首領殺越都等の帰順もこの敗戦に絡んでいることは明白である。当時の李継遷の根拠地が濁輪川西方の地斤沢であったことを勘案すれば、女女四族が同郷の保、洗二族とともに早くから李継遷の圧力に屈して組織化されていたことは間違いあるまい。この地域はタングート諸部族の一大集住地域であったらしく、それだけに李継遷の組織化も強力に推し進められていたのであろう。それが李継遷の敗北を契機に左思右考の末、李継遷を見限って宋に帰順することに有利を見出したのであろう。この推測を裏付ける史料こそ前章第四節でも一部を引用した『宋史』党項伝至道二年の記事である。ここでは全文を掲載しておく。

七月、李継隆出て継遷を討つ。麟府州兀泥族大首領突厥羅、女女殺族大首領越都、女女夢勒族大首領越移、女女忙族大首領越置、女女籰児族大首領党移、没児族大首領莫末移、路乜族大首領越移、細乜族大首領慶元、路才族大首領羅保、細母族大首領羅保保乜、凡十族に敕書を賜いこれを招懐す。

兀泥族大首領突厥羅については前章第四節の前の方で述べたように、李継遷と行動をともにしている兀泥佶移の息子でありながら、父親と袂を分かち府州折氏のもとに身を寄せている野利氏の有力な大首領である。府州に僑居させられ折氏の監視下に置かれていたが、李継遷側への寝返りを惧れて敕書の対象に加えられたのである。問題は女女族以降である。この史料から女女越都が正しくは女女殺族大首領越都であること、女女四族の他の正確な名称が女女夢勒、女女忙、女女籰児であることがわかる。そして、没児族に関しては『太平寰宇記』に記載されていた首領雀悉命が莫末移に代わっていることもわかる。路乜族、細乜族、路才族、細母族の四族は没児族同様、『宋史』党項伝にただ一度だけの登場であるが、李継遷側に立ち返ることを懸念されていたところから判断して、女女四族、没児族と同じ地域に居住していたことは間違いあるまい。これら一〇族に「敕書招懐」した理由は、同年、李継隆を主帥として決行された李継遷追討の五路進攻作戦にある。宋は一〇族が再び李継遷に結合し作戦の妨げになることを予防するために、わざわざこの一〇族を特定して敕書招懐をおこなったのである。宋の認識としては常に監視招懐を怠れない集団だったことがわかる。もう一つ、この方面で気に懸かる部族が前章第四節の末尾で触れた泥巾族である。『宋史』党項伝に「(至道)三年二月、泥巾族大首領名悉俄、首領皆移、尹遇、崔保羅、没信、凡五人来貢馬。名悉俄等旧皆内属。因李継遷之叛、徙居河北、今復来貢。」とある。首領五名を数えるところから大部族だったのであろう。李継遷の圧力がおよびやすく、かつまた居住地を黄河の北側に移すことができたことを勘案すれば、屈野川、濁輪川の最上流域からさらに分水嶺を越え黄河東流部方面に通ずる地域に原住していたのであろう。そうすると東柳溝のさらに西方を流れる哈什拉川が思い浮かぶが、そのちょうど中間に位置する現在の東勝区あたりがその候補地として考えてよいのではなかろうか。

そこで論を本節の冒頭部に戻そう。李継遷が咸平二年以来、鱗州方面の攻略を執拗におこなった理由もおのずから明らかになったといえよう。前節の中ほどでも触れたように、遼は南伐にあたって李継遷との間に黄河北東角大屈曲部内側の支配領域を、後晋の高祖石敬瑭との約束を理由に事細かに定めたのであろう。黄河により近い黄浦川や清水川以北の諸部族に関しては遼に帰属し、屈野川、濁輪川流域の諸部族に関しては李継遷にその支配が委ねられたのであろう。そうすると、河南に分処させられ遼との関係を断たれた十六府勒浪族と十二府名波族、そして、とりわけ最後に触れた府州の西方三五〇里、屈野川の上流域から濁輪川の流域に族帳を展開していた女女四族、没児族等九部族や泥巾族の帰属も李継遷側に委ねられたのではなかろうか。宋が麟府路を開設したのは一〇族に敕書を賜った至道二（九九六）年のことである。十六府勒浪族の「分処于河南」の作業が一応完了したのが咸平二（九九九）年である。そして少し先のことになるが、黄河東流部沿いの豊州蔵才族などとの連携強化を目的に府州西北二〇〇里の地に宋が新豊州を建設したのは咸平六年後半のことである（第一部第五章第二節）。宋も麟府路経営を精力的に推進し、遼と李継遷の連絡を分断し、併せて李継遷包囲網の構築を急いでいた時期である。まさに屈野川、濁輪川流域は、その地に蟠踞するタングート諸部族の帰属をめぐって宋と李継遷が鎬を削る係争地だったのである。女女四族等の経略をないがしろにするということは、西方発展を見据える李継遷にとって宋に背後を窺われるだけでなく、遼に対しても弱点を曝すことになりかねないのである。咸平二年、李継遷が麟州攻略戦を敢行した理由は、宋の麟府路経営を粉砕して上記諸部族と宋の関係を断ち、その獲得を容易にする目的があったのである。ところが、麟州城は真宗の言（『続資治通鑑長編』巻五二、次章第二節本文に史料掲載）にもあるように難攻不落の堅城であった。李継遷の度重なる攻撃にもなんとか耐え凌いだのである。そこで李継遷は麟州攻略を後に回し、直接、濁輪川方面の部族攻略に作戦を変更したのである。本節冒頭に史料を掲載したように、唐竜鎮西柳撥川において咸平四年九月、李継遷の輜重隊が麟府濁輪副部署曹璨の軍勢に襲われている。この方面の部族獲得のために送られた輜重隊であったことはもはや明白であろう。ところで、十六府勒浪族、十二府名波族、そして女女四族等の消息は咸平二年の十六府勒浪族の記事を最後に、以降『宋史』党項伝にはまったく記されなくなる。これ以降、宋の経営に唯々としてしたがっていたのであろうか。あるいは李継遷の執拗な経略に取り込まれるようになっていたのであろうか。この疑問を解く注目すべき一文が咸平五年三月癸亥（二七日）におこなった張斉賢の上奏文の一節に記されている。すでに李継遷が霊州を攻略した後、張斉賢が今後の李継遷対策を述べたものである。「兼ねて聞く、近年、麟、府縁邊撫御に失し、大族蕃部多く已に継遷に帰投すと（全文は次章第三節冒頭に掲載）。」とある。霊州の攻陥は咸平五年三月のことである。当然、李継遷はそれ以前に後顧の憂いを取り除いていたはずである。前年九月に李継遷の輜重隊が唐竜鎮西柳撥川において宋軍に襲われた事実は、まさに上記諸部族に対する李継遷の攻略が酣だったことを意味しているのであろう。おそらく李継遷は咸平四年末までにはこれら諸部族の帰服に一定の目途を得て、霊州攻略戦に全力を傾注できる態勢を整えていたのではなかろうか。そして張斉賢の言辞を証明する史料が存在するのである。李継遷の死の直後、真宗がタングート陣営の切り崩しを図って、有力部酋の帰順を目的に出した詔の中に「……塩州李文信、万子都虞候及都軍呉守正、馬幹（馬尾）等……（『続資治通鑑長編』巻五六）とあるからである。馬尾とは十六府勒浪族首領馬尾と断定していささかも問題はなかろう。

なお、東面作戦については第五章第三節で再び取り上げることにする。

註

（1）『宋史』（巻二八〇）楊瓊伝に「至道初……明年……未幾改防禦使、霊慶路副都部署、河外都巡検使……敗賊於合河鎮北、擒獲人畜居多。賊騎五百掠城下、撃破之、追北三十里。……」とある。合河鎮は山西省太原府岢嵐州興県の合河ではなく、霊州付近の霊州川が黄河に合流するあたりに置かれていたものと考えられる。

（2）前掲王禹偁の上奏文の末尾にも「疏奏即召禹偁還朝、既用其策。以夏綏銀宥静五州賜趙保吉。」とあり、『宋史』（巻六）真宗紀一至道三年一二月の条にも「甲辰、以銀州観察使趙保吉為定難軍節度使。」とある。

（3）『宋史』李継遷伝ではこの叙任を「咸平春（咸平元年春の誤り）」の冒頭に置いているが、それは真宗紀一記載の綏銀流民の記事（第三章第一節本文に掲載）に関連させて誤記載したものと考えられる。なお、（処）は真宗紀によって補った。

（4）『宋会要輯稿』歴代朝貢に「十四日、夏州趙保吉遣弟宥州団練使継瑗来貢槖駝名馬。」とある。

（5）『宋史』（巻二五〇）韓崇訓伝に「咸平初、出知石州。属継遷犯境、崇訓追襲之、至賀蘭山而還。」とある。石州は黄河南流部の東側にあり、綏州の東方七五キロに位置している。次節で掲載する李継和の上奏文中に、李継遷に支配されていない州名の中に石、隰州が記されている。この方面にもタングート部族が居住していたことは第一部第一章第三節等掲載の史料からも明らかである。綏州方面の李継遷勢力が黄河を越えて接触したことは大いに考えられる。それにしても、石州と賀蘭山は直線距離で四〇〇キロ近くも離れている。その間には無定河、瀚海があり石州から賀蘭山に進撃したとすれば大遠征作戦である。知石州の韓崇訓が単独で長駆賀蘭山まで李継遷を追襲するなどということは不可能である。この記事は誤伝と断じてよかろう。岡崎精郎氏はこれをもって李継遷が賀蘭山を当時本拠地にしていたとするが（二〇九頁）、当時、賀蘭山側には李継遷と対立する大涼、小涼族が居住しており、いまだ霊州を攻略していない李継遷が賀蘭山を根城にしているとは合理性を欠く謬説である。

（6）『宋会要輯稿』歴代朝貢。なお、歴代朝貢には二年前の至道二年の条にも「十月十七日、甘州可汗附達怛国貢方物」とある。端拱二（九八九）年から咸平元（九九八）年に至るまでの約一〇年間で西域諸国の朝貢としてはこれが唯一のものであった。達怛（韃靼）国の朝貢は一五年ぶりのことであるが、この史料は甘州ウイグルを主語として記されている点に注目すべきである。宋は甘州ウイグルの朝貢を待ち望んでいたことが窺われる。また、至道二年の一〇月といえば、第三章第四節の終わりの方で述べた五路進討がおこなわれ、王超と范廷召の奇襲によって李継遷が退避した直後のことである。おそらくこの朝貢は李継遷側の警戒が緩んだ偶然の機会が幸いして実現されたものと考えられるが、甘州ウイグルは韃靼国の朝貢に附して来貢している点も見逃せない。甘州ウイグルも朝貢貿易の復活には強い意欲を持っていたと思われるが、至道二年一〇月の段階では李継遷の妨碍を考えると独自の本格的な朝貢使節の派遣には慎重にならざるを得ず、危険を承知の上で韃靼国の朝貢に参加して取りあえず宋との連絡の確保を図ったのであろう。

（7）位置に関しては不明であるが、譚其驤の『中国歴史地図集、宋・遼・金時期』の「河北東路、西路、河東路」では銀州の東北東約七〇キロの黄河の西岸に比定している。

(8)『宋史』(巻二五〇)韓崇訓伝に「(咸平)二年、再知麟州、又敗継遷於城下」とある。

(9)李燾は本文に続けて割注で「文質本伝云、文質為濁輪寨鈐轄。蕃酋万宝移来寇。文質撃走之、乗勝抜其寨……徙知慶州。不載其撃李継遷事、与実録異当考。」と記している。李燾は『真宗実録』に載せる李継遷の濁輪寨攻撃と劉文質の撃退記事が劉文質本伝には記載されていないといっている。そこで『宋史』(巻三二四)劉文質伝を見ると「徙知麟州、改麟府濁輪砦兵馬鈐轄。撃蕃酋万保移、走之。越河破契丹抜黄太尉砦。殺獲万計、賜錦袍金帯。徙知慶州。李継遷入寇。文質将出兵、而官吏不敢発庫銭。乃以私銭二百万給軍。士皆感奮、遂大破賊。徙涇州、充麟州、清遠軍都監、又破敵于枝子平。」とある。劉文質が知慶州に徙った後に李継遷の入寇が記載されている。これをもって李継遷が慶州に入寇したと速断する必要はない。史料の末尾に「徙涇州、充麟州、清遠軍都監」とあるように、複数の場所の官に同時に任じられるのはよくあることで、劉文質が知慶州を拝命したからといって直ちに慶州に趣いたとはいいきれないのである。五月七日に劉文質を嘉奨した記事も『真宗実録』に記載されていたものと考えられるが、嘉奨の理由は『宋史』記載の「私銭二百万」を軍士に賑給して李継遷の軍勢を撃退したことにあり、李継遷は四月以前に麟州濁輪寨を攻撃したのであろう。

(10)拙稿「西夏建国とタングート諸部族」一六頁参照。

(11)『続資治通鑑長編』(巻五〇)同年一二月丁未の条に「先是、辺臣請城綏州、大屯兵積穀、以遏党項。朝臣互執利害、久而未決。詔中書、枢密院会議。而呂蒙正、王旦、王欽若以為修之不便。李沆言修之便、但恐労民。向敏中、周瑩、王継英、馮拯、陳堯叟皆曰修之便。上以境土遐邈、不可遥度其事。乃命比部員外郎直史館洪湛、侍禁閤門祇(祗の誤り)候程順奇同往按視焉。」とあり、また、『宋史』(巻四四一文苑三)洪湛伝には「湛言城之利有七而害有二。遂詔営葺、終以労人罷之。」とある。

(12)『宋会要輯稿』歴代朝貢に、「六年三月十一日、高昌国遣使安米成、貢方物。(割注　玉海、是月称、西州師子王来貢。山堂考索、是年三月丁巳、高昌国王阿廝蘭漢始自称西州外生師子王遣都督麦索温等来貢方物。)」とある。

(13)第一章第一節引用藤枝論文「西域朝貢年表」参照。

(14) 石、隰州と綏州の関連史料は『続資治通鑑長編』(巻五一)に一箇所、(巻五二)に三箇所、(巻五三、巻五四、巻五六、巻五八)にもそれぞれ一箇所ずつある。

(15) 鏊子山の位置は『読史方輿紀要』にも記載がなく不明であるが、「次更取鏊子山以西、接環州山内及平夏」とあることや、『続資治通鑑長編』(巻五四)に「涇原環慶部署並言蕃賊在鏊子山。慮旦暮入寇……」とあり、さらに同(巻七三)大中祥符三年六月に「癸亥、保安軍言趙徳明率所部営於鏊子山大起居第」とあることを勘案すると、鏊子山は保安軍から環州を結ぶ線の北方、横山山脈の中心部を構成する白于山の一峰を指したのではなかろうか。『宋史』李徳明伝の大中祥符三年の条にも「大起宮室于鏊子山」と記しており、鏊子山は軍隊の集結にも適し、なおかつ壮大な宮殿を営むこともできる要衝の地で、李継遷や李徳明にとって特別の意味のある場所だったと推測される。また、『宋史』李元昊伝の宝元元年の条、皇帝即位に関連して「遣潘七布、昌里馬乞、点兵集蓬子山、自詣西涼府祠神」とある蓬子山も鏊子山の異字訳であろう。第一章第三節二七四頁で触れたように、このあたりが野利氏主流の本来の根拠地であったことを考えれば、鏊子山は李継遷一族と野利氏の結合を象徴する場所だったのではなかろうか。鏊子山については次章第三節の終りの方(四五五頁)でも触れる。

(16) 米逋とは前章第四節に記載した米募軍主吃囉の米募同様に李継遷の母族衛慕(啄母)の同音異字訳である。

(17) 賨神宝は太宗時代の雍熙二年に、尹憲とともに夏州方面の岌伽羅膩葉等十四族を鎮定し(第一章第二節末参照)、淳化四年には鄭文宝の青白塩問題に端を発した牛家族等の擾乱を程徳玄と鎮圧している(第二章第三節末尾参照)。加えて至道三年の九月には太宗の後を継いだ真宗の命により楊允恭とともに西辺に派遣され、その山川形勝図を作成している(本章第一節参照)。

(18) 『宋史』党項伝景徳元年に「三月、宋師(思の誤り)恭破羌賊於柳谷川、駆其帳族千余人以還。」とある柳谷川のことであろうが、どちらが正しい名称かは不明である。

(19) 唐竜鎮付近の部族に関しては畑地正憲氏が「宋代における麟府路について」(『東洋史研究』第五一巻第三号、東洋史研究会、一九九二年)「四　麟府路における蕃漢交易」で触れている。氏の観点は蕃漢交易をめぐる宋・遼・西夏三国の抗争地である唐竜鎮に絡めての部族紹介である。

(20)『宋史』党項伝では来璘を来美の叔としているが、『宋会要輯稿』（一九六冊蕃夷一之三九）は『続資治通鑑長編』と同文であるから、来美が来璘の叔と断定する。

(21)田村實造『中国征服王朝の研究上』（東洋史研究叢刊之一二之一、東洋史研究会、一九六四年）、「第四章遼朝をめぐる国際関係、第一節遼と宋との関係、Ⅱ聖宗の南伐と澶淵の盟約、和議の條件」一八三頁参照。

第五章　李継遷の憑陵と挫折

一　霊州攻略戦の再開

東面作戦はひとまず措き、李継遷が霊州攻略を成功させるためにも重要な意味合いを持っていた南面作戦に論を移そう。すでに前年の咸平三年の末には環慶路方面における李継遷側の圧力は日増しに強まって来ていた。『続資治通鑑長編』(巻四七)の一二月辛未(二八日)の条に「李継遷数擾辺、環慶大屯士馬」とあり、宋も李継遷側の本格的な攻勢が迫りつつあることを予期し環慶方面に軍隊の大動員をおこなっていたことがわかる。『遼史』聖宗紀五統和一九(咸平四年、一〇〇一)年六月の条に、

戊午(一八日)、夏国奏すらく「宋の恒、環、慶等三州を下す。」と。詔を賜いこれを褒む。

とある。李継遷は咸平四年になると恒州、環州、慶州を攻陥したことになっている。遼への通報の日時から逆算して、この攻撃は四月末から五月にかけておこなわれたものと考えてよかろう。仮に李継遷の報告が一連の州名として常套的に使われる環、慶二州の攻陥だけであったとすると、偽報告の可能性も大いに考えられるのだが、恒州という聞きなれない具体的な地名が加わることによって、この情報の信憑性は格段に増すといってよかろう。『読史方輿紀要』を見ると恒州の地名は山西、陝西方面に六箇所も存在するが、環慶路方面に覓めると慶陽県東北百里に位置する帰徳城を措いて他にない。偽報告であったならば取るに足らない恒州をわざわざ付け加える必要性もないのである。とはいえ、額面通りに解釈して李継遷の軍勢が三州を下し環慶路を完全に占領支配したという大それたものではない。中

国側に対応記事が存在しないことや李継遷の上奏という点を踏まえると、実態はすぐ後で触れるが、環慶路の要衝である環州、慶州付近の熟戸部落を劫掠して戦闘員を徴発し、その一部隊が慶州東北百里にある帰徳城を攻略した程度のことだったのであろう。その証左は第四章第一節の末尾でも触れたように、『宋史』党項伝に「（咸平）四年七月、以会州刺史乢遇為保順郎将、蘇家族屈尾、鼻家族都慶、白馬族埋香、韋移族都香為安化郎将。」とあることによる。このタイミングで各部酋に授官するということは、当然、直前の李継遷軍の環慶路攻撃に関連していることはいうまでもあるまい。つまり、この段階に至っても、会州橐駝会を守る乢遇とともに環州の野利氏集団が依然として表面上は宋側に位置していたことがわかるからである。そしておそらくその統率には従前同様に兀泥黄羅があたっていたのであろう。李継遷は何ゆえにこの時期に環慶路を攻撃したのであろうか。その理由は前回の霊州攻撃を振り返れば納得がいく。霊州を攻略するためには宋の救援路の完全閉塞が前提条件である。前年九、一〇月の旱海と積石嶺における芻糧掠奪作戦の成功以降、李継遷の軍隊は霊環大路の旱海側を征圧していたと考えてよかろう。しかしながら宋側の兵站基地である環州、慶州がその役割を維持し、積石嶺に鄭文宝が築いた清遠軍が機能して背後を窺う状況のままでは、霊州の攻略も前回の轍を踏んでしまう虞があったのである。そこで李継遷は環、慶州に打撃を加えその兵站基地としての機能を奪い、おもむろに孤立無援の状態になった清遠軍に矛先を向けようとしたのである。

ところが、ここで李継遷は一見不可解な行動をとったのである。『続資治通鑑長編』（巻四九）、同年八月庚子朔の条に続けて、

李継遷、その牙将を遣わし来りて馬を貢ぐ。猶賜わる所の姓名を称す。然るに辺部を抄劫すること益々甚し。

とある。秋に入ると突如、李継遷は趙保吉の名をもって来貢しているのである。この局面において何ゆえに入貢したのであろうか。その疑問は同条に続けて、

上、辺臣（李継遷のこと）寇を玩び朔方の餉道愈々艱なるを以て、辛丑（二日）、兵部尚書張斉賢を命じて涇原儀

渭邠寧鄜延保安鎮戎清遠等州軍安撫経略使に為す。知制誥梁灝これに副う。即日馳騎して往かしむ。

とあることから氷解する。周辺民族の使節派遣を一概に朝貢、来貢の二文字で処理するのが中国史料の套語である。安定した関係のもとで定期的におこなわれるいわゆる朝貢貿易を除けば、使者の派遣には必ず政治的な意味が込められている。何らかの理由で実録等の基本史料に収録されなかったのであろうが、李継遷は環慶路攻撃を踏まえて宋に対して清遠軍の無血開城と霊州の割譲を要求したものと断じて大過あるまい。そして、それが拒絶された際には日限を予告して清遠軍を攻撃する作戦の開始を通告したに相違ないのである。趙保吉の名をもって交渉に臨んだ背景には、国姓名を賜った立場として、できることならば戦闘は回避したいとの姿勢を見せつけることによって宋の譲歩を引き出そうとする思惑があったのである。しかし真宗が応じるはずもない。八月二日、張斉賢に西北辺全域を統括する安撫経略使の地位を与えて、その日のうちに馬を駆って赴任させていることからも事態が極めて切迫していたことがわかる。当然、行き先は環州か慶州であったろう。李継遷の遣使は二日のこの記事との絡みで、便宜上直前に掲載されたものであり、実際には七月の末におこなわれたものと考えてよかろう。李継遷軍の清遠軍攻撃が目睫の間に迫っていたことを窺わせる。ところが、続けて戊申（九日）の条には、

戊申、上、環慶、清遠軍（より）霊州に至る地図を出し、輔臣に指示して曰く「一昨、戎人の掠める所の部族、辺臣の奏、実を以てせず。」と。また霊州西楡林大定を指し「戎人多くこの路に拠り、高に憑り以て王師を瞰る。蓋し敻遠にして追襲し難きを恃む。」と。また天潤路を指して曰く「楊瓊嘗て言う『この路は霊州に往く。険なるもしかるに水有り、患無きを保つ可し。』と。然るに将帥は方略の如何を顧るのみ。」と。また曰く「辺臣の奏、糧儲芻粟は大いに備有り。」と。

とある。「一昨戎人所掠部族」とは四月末から五月にかけて李継遷がおこなった環慶路攻撃のことを指しており、八月になるとその実態が伝わって来、辺臣の被害過少報告が明らかになったのであろう。そして真宗は清遠軍の守りが

長くは持たず、早晩、霊環大路が完全に李継遷側に陥没してしまうことを予想していたのである。早くも霊州に芻粟を輸送する別ルートを考えていることからもそれがわかる。楡林は『読史方輿紀要』（巻六一）に載せる陝西楡林鎮とは別で、また大定に関しても位置を特定することはできないが、ともに霊州南西方の黄河沿いにあった交通路を扼する場所であろう。また、史料中の天澗路こそ李継和が鋭意整備を推し進めていた鎮戎軍から葫芦河川（蔚茹河）を下って黄河に出る経路を指すものと考えられる。『読史方輿紀要』（巻六二陝西一一寧夏右屯衛）清遠城の項に「又楡木《ママ》天澗在霊州所西。宋時、自霊州通原州之道也」とあるのも参考になる。真宗は清遠軍の失陥を予想して葫芦河川経由の難ルートを利用してでもなんとか霊州の補給を確保しようと焦慮していたことがわかる。楡林、大定は霊州と応理（寧夏中衛県治）を結ぶ交通路上に位置する要害だったのであろう。真宗もこの地が李継遷側に占領されると、せっかく無事に天澗路を下った補給物資も霊州に到達しないことを懸念しているのである。

李継遷の清遠軍攻撃はそのわずか六日後には現実のものになってしまったのである。同じく『続資治通鑑長編』の八月丙寅（一五日）の条に、「丙寅、李継遷率衆攻清遠軍。知軍劉隠、監押丁贇等分兵拒守。」とあり、さらに九月庚午（二日）の条には、「庚午、清遠軍都監段義踰城叛降於李継遷。」とあるように、都監段義が城を棄て李継遷に降ってしまう。九月に入ると清遠軍の守備は早々に崩壊してしまったのである。しかしながら、清遠軍の陥落は李継遷軍の猛攻もさることながら、現地派遣軍の戦意喪失に最大の原因があったと考えるべきであろう。同九月癸酉（五日）の条に続けて、

これより先、上、使を遣わし霊環清遠十州軍駐泊副都部署鄜州観察使楊瓊に諭旨して曰く「賊若し清遠及び青崗、白馬寨を寇すれば、即ち軍を合わせてともに戦え。」と。ここに於いて継遷は積石河に頓し、長く清遠を囲む。清遠屢々間使を走らせ瓊に詣り済師を請う。瓊将に悉く兵を出し援を為さんとするに、鈐轄内園使憑守規、都監崇儀使太原の張継能曰く「敵近く重兵前に在り、則ち後に以て継ぐ無し、畢《ことごと》く往く可からず。」と。乃ち止む。

副部署海州団練使潘璘、都監西京左蔵庫副使劉文質に命じて兵六千人を率いてこれに赴かしむ。且つ曰く「我の継いで至るを伺《ま》て。」と。瓊、慶州に頓し逗留して行かず。乙亥（七日）、継遷、親《みずか》らその衆を鼓し、清遠南門を攻め、その子阿伊克は北門を攻め、壕を堙め橋を断ち以て進む。城遂に陥つ。時に瓊、また鈐轄尚食使厳州刺史李譲を遣わし精卒六百人を領してこれに赴かせるも、已に及ばず。

とある。真宗は李継遷の清遠軍攻撃を控えて楊瓊に対してその救援を命じていたのである。ところが、清遠軍を包囲する李継遷軍の圧倒的な陣容が伝えられたのであろうか、楊瓊は憑守規等の意見にしたがって全軍の動員を取りやめ、潘璘等に六千の兵を与えて一応救援に向かわせるが、「伺我之継至」の言からもわかるように、とても決死隊の急派といえるものではなかった。兵六千が一支隊と考えると、当時、宋は楊瓊の指揮下に環慶路の各地に合計二万程度の軍隊を駐屯させていたことは間違いあるまい。そして全軍出動を見合わせたことからもわかるように、李継遷の動員兵力も数万に達していたと考えてよかろう。そして特筆すべきは、清遠軍の攻撃は珍しく李継遷本人の陣頭指揮が確認できる戦闘であったということで、この一戦に懸けた李継遷の並々ならぬ決意が伝わってくる。自身が南門を攻め、後継者の李徳明が北門を力攻したことがわかる。おそらく李徳明の初陣だったのではなかろうか。陥落に瀕した清遠軍からの必死の救援要請に、ようやく六百の精卒を向かわせたが時すでに遅く、清遠軍は九月乙亥（七日）に陥落してしまう。ところが清遠軍を見殺しにした楊瓊等前線の将帥はさらに取り返しのつかない失策を犯してしまう。右条に続けて、

賊、支子平を踰え青崗城下に泊（洎の誤り、および）ぶ。瓊、守規、継能とともに始めて師を出すも、その行甚だ緩し。清遠陥るを聞くに及び益々怯《おそれ》る。賊進んで望梅原に至る。知環州西京左蔵庫副使順州刺史王懐普青崗寨を巡り、瓊に謂いて曰く「この寨水泉遠く、多く師を屯する可からず。師少なければ即ち守る可からず。願わくばこれを弃ん。」と。瓊等相ともに合謀し、糧廩芻積兵仗を焚き、寨中の老幼を駆り以て出す。瓊、既に師を退き洪

徳寨を保つ。賊勢浸《ます》盛《ます》にして、未だ嘗てともに鋒を交えざるなり。

とある。清遠軍を奪った李継遷の軍勢は南下の勢いを示し分水嶺上にあったと思われる青崗寨（城）から望梅原（位置未詳。南麓にあったと思われる）にまで進駐してきたのである。楊瓊等は中央の指示も仰がず独断で青崗寨を焼き払い、帰徳、白馬両川の合流部に位置する洪徳寨まで退却し、宋軍の最前線基地を大幅に後退させてしまったのである。一戦も交えずに後退した楊瓊等が事後罪に処せられたことはいうまでもないが、彼我の戦闘にかける決意にはあまりにも甚だしい径庭があったとしかいいようがない。畢竟するに、楊瓊にしてみれば軍隊の質量ともに、到底李継遷軍に太刀打ちできるものではないことが、当初からわかりきっていたのであろう。

そして今回の李継遷の攻勢は霊環大路に止まらず、同時進行の形で西面作戦も敢行され、その矛先は早くも霊州方面に向けられていたのである。『宋史』李継遷伝の咸平四年の条に、「九月、来攻破定州、懐遠県及堡静、永州」とある。永州の位置は不明だが、堡静は保静のことで、定州、懐遠（後の興慶府＝寧夏）とともに霊州の北方黄河沿いに位置している。この記事は『宋史』李継遷伝独自のもので『続資治通鑑長編』の当該箇所には記載されていないが、同書（巻四九）、冬一〇月丁未の条、張斉賢の上書に続けて「録故霊州懐遠鎮駐泊借職李贇子重貴為殿直……。先是、贇為李継遷所囲。本鎮戍兵数不満百。拒戦累日、食尽力竭。積藁自焚而死。上憐之、故有是命。仍厚賜其家。」とあるように懐遠県の陥落が確認できることから、『宋史』李継遷伝の記述が事実であることが証明される。また、すぐこの後で触れるが、『続資治通鑑長編』（巻五〇）、一二月丁卯の条に記載される張斉賢の再度の上奏文の中にも「五鎮連陥」とあり、同条記載の楊億の上奏文の一節にも「河外五城、継聞陥没……」とある。前章第二節の最後に掲載した李継和の上奏文のBに記されている「霊州以北河外」のことで、定州、懐遠県、堡静、永州等五城から構成されていたことがわかる。その五城がことごとく李継遷の軍勢によって攻略されてしまったのである。咸平四年九月、李継遷は霊環大路を完全に堙塞し、併せて霊州北方の宋側の防衛拠点も潰して霊州攻城に王手をかけ、その準備をすっかり整えてしまったのである。そして第三部第一章で詳述するが、この年の年末には李継遷の矛先は確実に西涼府政権にも向けられるようになっていたのである。『宋会要輯稿』（一九五冊方域二一、以下省略）西涼府同年の条に、「閏十二月、鎮戎軍李継和上言す『潘羅支の書を得て見るに、兵を発し遷賊の部下李万山を討つ。願わくば王師の援助を得ん。』と。」とあり、すでに李継遷の部将李万山に率いられる軍隊が西涼府軍と干戈を交えているのである。

こうした李継遷の攻勢に対して宋もただ手を拱いていたわけではなかった。真宗は霊州の喪失逼迫に深刻な危機感を募らせ、詔を降して霊州の守棄を群臣に問うていたのである。改めていうまでもないが、霊州は西域諸国との門戸にあたる交通の要衝である。その喪失が朝貢貿易の成否に計り知れない影響を与えることも事実である。しかし、真宗を含め当時の輔臣の多くは、異民族に対する西北辺の防衛拠点の喪失ということに第一義的関心が向けられていたようである。『続資治通鑑長編』（巻五〇）咸平四年一二月丁卯（三〇日）の条に守棄両論が掲載されている。おそらく李燾も真宗の詔や各上奏の日時を逐一確認できなかったために便宜上、一二月の末に一括して附載したのであろう。

霊州放棄論は太宗時代から繰り返され、至道二年の五路進討作戦に際して李継隆と行動をともにした張鑑も力説している（『宋史』巻二七七同人伝）が、この時点での論客こそ知制誥楊億であった。そこで、長文になるが『続資治通鑑長編』記載の楊億の放棄論の関係個所を先に掲載しておこう。

時に霊州孤危。詔して棄守の宜を群議せしむ。知制誥楊億、即日奏疏して曰く「臣、嘗て旧史を読むに、漢武、北に朔方の郡を築かんとして、平津侯諫めて『以為く中国を罷敝し以て無用の地を奉ず、願わくばこれを罷めん。』を見る。……今の霊州はこれ赫連昌の地。後魏州を置く。蓋し朔方の故墟、匈奴の旧壌。西鄙に僻介し、諸華（中国の意）に邈絶す。数百里の間、水草有る無く、烽火相に応ぜず、亭障相に望まず。当に辺境謐寧し、羌戎即叙し、道路壅がず、饟饋虞れ無ければ、猶以て大国の扞蔽を張るに足るべし。継遷、作梗（妨害の意）してより、辺邑屢々驚き、雑寇はその脅従に為り、凶党は因りて猖熾す。これを待するに爵賞を以てすれば、頗る驕蹇にして恭《つつし》まず。これを討つに甲兵を以てすれば、また遁逃して獲る無し。凡そ贏糧の役有れば、必ず狙撃の謀を興す。霊武の転輸の至る毎に、大いに須らく卒を発し防援するも、内郡を離去すれば、皆、闘心無く、畏途を経渉するに多くは菜色有り。曹光実、白守栄、馬紹忠及び王栄の敗より、資糧扉屨、失う所至って多く、将士丁夫、相枕して死す。以て商人を募り穀を入れ帛を輸すに至るも、償に数倍の価を以てす。また積石の孤壊に別に清遠一城を築く。辺城繹騒し、国帑匱乏す。既にして黠酋の死命を制する能わず。また霊武の争心を救う能わず。数年の間と雖も、凶党逾々盛にして、霊武の危堞（物見の塀の意）は巋然（堅固の様の意）として僅に存つ。河外の五城は継いて陥没を聞く。ただ堅壁清野し、坐して糗糧を食し、塁を閉ざし戈を枕とし、苟《ただ》朝夕を度《すご》す。且に継遷をして沙漠に横行し、辺陲を佽擾し、列陣の戍兵を撃ち、属国の蕃部を侵さしむ。警急有ると雖も、候望して誰かを知る無く、縦に或は憑陵させ、ただ繕完して自ら保ち、未だ嘗て一兵を出し、一騎を馳ず、敢て寇校に与せず。これ霊武の存、無益明らかと。平津言う所の中国を罷敝し以て無用の地を奉ずるとは、正に今日を為すなり。臣以為くこれを存つは大害有り、これを棄るは大利有り。且に国家人を募り粟を入れ、償に十倍の直を以てし、卒を発し転送するも、茲《この》不毛の地を渉る。これ古の所謂、二十鍾を率て一石を致し、民を死に駆る者なり。今これを棄て、即ち歳を以て戍卒を省き内郡を分守すべし。一卒の費、十夫に給す可く、国家は飛芻輓粟の労無く、士卒は暴露流離の苦を免れん。……

議者、また西北諸蕃は戎馬是《ここ》に産するを以てその控制を資け、以て貿易を通ずと。環、慶諸州の内附蕃落はその屏翰を藉り、以て繹騒を免ると。これ迂闊の甚し。且に戎人は利の誘う所と為り、故に辺関に互市す。蕃部の属自強し、故に能く種類を庇《たよ》り、必ず来りて環、慶を寇す。固り蕃籬に隔無く、百雉の危城は千里阻隔し、自ら救うに暇あらず、豈に他に及ぶべけんや。

議者また謂う、その土田沃饒にして漢陂（漢代の用水池の意）の利有りと。賊遷因りて播殖し益々以て富強するを恐ると。それ戎人はただ攻剽を以て能と為し、耕稼の事を知らず。河、隴の外、棄地甚だ多く、延袤百城、提（堤に同じ）封《おおよそ》万井、西渡（漢の誤り）屯田の所、疆畔猶存てり。儻《もし》力耕に事《つとめ》れば、以て穀を積む可く、何ぞ必ずしも独り霊武を耕さん。乃ち能く食に足らん。もし霊武、賊において大利有れば、即ちこれ必争の地にして当に朝夕攻め取らん、豈に今に至るをや。皆、孟浪《とりとめのない》の談を為し、殊に経久の計に非ず。況や歳に調発有り、動《ややも》すれば寇攘を致し、寇兵を借りて盗糧を資とし、民力を竭して国用を耗《ついや》す。患の大を為すこと、これに出る無く、庸人豎子と雖もまたその棄る可きを知るなり。あるいは単介を遴選し、間道して行き、詔書を齎持し王命を宣布し、それをして尽く廬舎を焚き、自ら抜きて帰らしめん。丁壮は悉く兵を持たしめ、老弱これを以て襁負せしめん。……今、霊武を棄去し、退いて環、慶を守れば、卒は絶域を戍るを免じ、民は斯《すなわ》ちその室家を保ち、供饋は郊圻に出でず、恩沢は自ら骨髄に淪《はい》り、民力は竭きず、士氣は益々揚り、何ぞ敵摧《ほろ》びざらん、何ぞ戎克たざらんや。陛下、また茲《これ》黠寇を憤り、志翦除を欲す。臣以為く、武を黷《けが》し以て兵を窮《くるし》める可からず。伐つ可きを止め謀りて勝を制せん。臣、料るに賊遷は辺塞の外に睢盱〈目を見張り〉し、沙漠の中に倔強し、諸羌を脅制し、不逞を嘯聚し、耕農の業無く、蚕織の功無く、鼠窃の謀を為し、以て衣食を資け、烏合の衆を聚め、以て塞垣を撓《みだ》し、蕃夷の服従を致し、凶威を用いて馳迫し、厚利に有るに非ざるに、能くその人を誘う。霊州を廃棄すれば、毎歳更に饋運無く、その覬望を絶ち、何の窺図する所あらん。平夏の西、塩池斯《ここ》に在り。これより先、粟麦を貿易し、用いて餱糧を資く。今、条禁甚だ厳く、法綱尤も密にして、敢て逾越する無し。漸く携離を致し、皆賊遷の術に困むなり。

臣窃かに見るに、太祖朝に姚内斌は慶州を領し、董遵誨は環州を領す。二人統る所の兵は才《わずか》に五六千のみ。閫外の事は一に以てこれに付し、軍市の租は中覆に従わず、能く士卒を用い命を致す。羌戎畏威し、朝廷に旰食の憂無く、疆場に羽書の警無し。臣欲望すらく、武臣中より将帥の才有り、辺鄙の事を知る者三数人を選び、諸郡に分布し、その将いる所の兵の多少を量り、廩禄を除くの外、一大県の租賦を賜いその犒設を恣にせしめ、幕府を開かせ髦俊を召して僚佐と為さしめ、呇《はかる》に策略、勇力の士を以てし、その指蹤（縦の誤り）の用、軍旅の政に廩《つ》ましめ、便宜を以て行うを許さん。……直に須く霊州を廃棄し、退いて環、慶を守り、然る後、計を以てこれを困しめるのみ。臣の策の如きは、祇《ただ》三両驍将を得、三万精卒を付し、数県の租賦を以てその用度に給し、辺郡を分守すれば、賊遷便《すなわち》日を計りて成擒す可く、朝廷以て枕を高くして事無かる可し。」と。

楊億は霊州の歴史的経緯から説き起こし、国家多事の折、捕捉がほとんど不可能な李継遷を覓めて莫大な軍費と人員を動員することの不可を主張している。霊州の耕作地としての重要性を主張する意見に対してはそれを否定し無用の地として切り捨てている。そして環、慶州の防衛を強化して、かつて太祖が姚内斌に慶州を、董遵誨に環州を守らせた故事を例に挙げ、あたかも小藩鎮の復活を思わせる意見まで述べているのである。

一方、霊州保守論はすでに名前が出ている張斉賢、李継和等がその代表であるが、右楊億の上奏文に続けて、保守派の劉綜の上奏文も記載されている。

陝西転運使劉綜、朝議霊州を棄てんと欲するを聞き、奏疏して曰く「国家の財力は雄富、士卒は精鋭にして未だ能く凶悪なる者を剪除せず。誠に以て賞罰未だ行わず、しかして任ずる所、その才に非ざる故なり。今、或ものは群議に軽従し、遂に霊州を棄てんと。これ賊の姦計を縦《ほしいままに》す。且に霊州は民淳にして土沃、西陲の巨屏を為し、宜しく固守し以て扞蔽と為すべき所。然る後、浦洛河に軍城を建て屯兵、積糧しこれの応援を為せば、これ暫労永逸の勢なり。況や鎮戎軍は霊州と相接す。今若しこれを棄れば、則ち原、渭等州益々設備を須《もち》い、その労費を較ぶれば十倍以て多く、則ち利害の理昭然験る可し。」と。上、左右輔臣に訪ねるに、咸《みな》もって霊州乃ち必争の地と為し、苟もこれを失わば則ち縁辺諸州また保つ可からずと。上、頗るこれを然とす。

この記事は真宗を取り巻く廟堂の依違逡巡とした様子を物語る好個の史料である。『宋史』劉綜伝には彼の上奏文に続けて「俄充転運使」とあるから、劉綜はこの上奏が認められて転運使を拝命したことがわかる。劉綜は楊億の放棄論に真っ向反対し、宋の財力、軍事力を過大に評価し、霊州の重要性を強調して断固死守を主張し、浦洛河（霊州河）に新たに軍城を建置し、鎮戎軍と連携させることが、鎮戎軍の内側にある原州、渭州等を守る捷径でもあると述べている。そして左右の輔臣の多くも真宗の顔色を窺って保守論に左袒していることが読み取れる。気をよくした真宗は宰相の李沆にも同意を求めたのであろう。ところが続けて、

宰相李沆奏して曰く「若し遷賊死なざれば霊州は必ず朝廷の所有に非ず。」と。上、愕然として曰く「卿何ぞ独り衆と異なるや。」と。沆曰く「臣謂《おもえらく》、単車の使を発し、州将を召し戍卒居民を部分し、その空塁を委ねて帰るに若《し》くは莫し。かくの如くすれば則ち関右の民息肩す。」と。

とあり、李沆は臆することもなく敢然と楊億の放棄論に同意し、密使一名を派遣して軍民の撤収を主張したのである。『宋史』（巻二八二）李沆伝に「方衆議各異、未即従沆言。」とあるように、結論は容易に出なかったことがわかる。そこで心中深く保守論を持する真宗は再度、張斉賢の意見を質したのである。前章第二節の最後近くで掲載した「上又出手札訪於兵部尚書張斉賢。斉賢献疏曰「遷賊包蔵凶逆、……」」の記事は右史料李沆の上奏に続けて記載されているものである。その張斉賢の再度の上奏文の続きを附載しておこう。

況んや霊州は遷賊逆を為してより以来、危困弥々甚しく、五鎮連陥し、姦威益々張り、道路は阻艱し、音耗絶に迨《いた》る。当に城鎮完全の日、磧路未梗の時、大凡、中外の常人合わせて棄を言う者已に衆し。矧《まして》や清遠軍近くは攻陥に遭い、青崗寨は輒ち自ら焚焼し、兵勢人心の傷沮は数倍にして、即ち今来の棄を議する所の者益々多し。霊州は一隅に斗絶し、旁に援助無し。南は鎮戎を去ること約五百余里、東は環州を去ること僅に六七日程。かくの如き畏途、須らく攻奪せざれば、則ち城中の民、何に由り出で、城中の兵何を以て帰らん。軍民を全うせんと欲すれば、理須らく応接すべし。少しく兵を発すれば則ちまた邀劫を虞れ、多く兵を発すれば則ち広く資糧を費さ

ん。その応接と出兵を以て、曷若《いか》に奇を用いて勝を取るや。小勝すれば則ち軍民出す可し、大勝すれば則ち形勢復全す。匪は惟《ただ》これを禽討するが有方なり。抑々また進退して利を獲るは、その甲卒を虚労し、斉民を枉役（殺の誤り）し、ともに悪を示し姦を稔らせ、万万相遠きなり。果して能く更に精兵を益し、西辺の現屯田卒を合わせ、雑えるに対替の衆を以てし、その兵力をして余り有らしめ、量りて師徒を分ち、原、渭、鎮戎と、彼を合わせる中、山西熟戸と東よりまた稔便の処を択び入界せん。若し厳しく師期を約し、両路斉進すれば、苟も或は継遷敢て援助に来り、彼則ち兵を分かちて応敵し、我は則ち勢に乗じて攻め易し。且に道途に奔命し、首尾衛り難く、千里利に趨り、遁げざれば則ち禽う。臣謂く兵鋒未だ交らず、霊州の危自ら解けると。因りて霊州軍民を取り蕭関、武延以来に置き、険に拠り水に就き一寨を建て霊州を僑置し、蕃漢土人の心を羈係し、裁《わずか》に平寧するを候《うかが》い、却《また》旧貫に帰さん。然る後、蕃漢の兵を縦《はな》ち、便を伺い奮撃すれば、我則ち重兵を按じて利を観、賊勢を度りて以て謀を設ければ、臣謂く賊を破る成功、十に八九有りと。

張斉賢は霊州軍民の自力脱出の不可能を説き、軍隊の派遣は避けられないとする。西北辺の現有勢力を総動員し、さらに山西熟戸の兵を加え、師期を定めて両路より進攻すれば李継遷も兵力を分散せざるを得ず、霊州軍民の危急を救うことができる。そこで軍民を一時蕭関等に移し、霊州を僑置し、態勢を建て直して霊州を奪還するというものである。おしなべて霊州保守論者の主張は西北辺軍事力の実態を無視し、空想的な作戦内容に終始していることである。これに対して、放棄論者は遼との二面作戦に耐えられる軍事力が宋にはないことを熟知しており、この際、西北辺を犠牲にして対遼正面作戦に的を絞ろうというものであった。保守論者、放棄論者のいずれにしろ相変わらず李継遷を蕃戎の賊帥と見做し、李継遷とその優秀な漢人幕僚等が推し進める壮大な国家建設の作業工程を正しく認識していなかったといえよう。

放棄論、保守論が伯仲し、真宗も容易に霊州保守を決し兼ねていたのであろう。そうした真宗の決断の後押しをし

たのが劉綜の再度の上奏だったようである。『宋会要輯稿』（一二二冊食貨四之一）屯田雑録に、

四年十二月、陝西転運使劉綜言う「鎮戎軍は本古の原州の地、四県有り、余址尚存す。……臣昨《さき》に鎮戎軍を閲視するに川原広衍、地土饒沃なり。若し屯田を置けばその利 猶《はなはだ》博し。今鎮戎軍歳須の芻糧は約四十五万余石束、茶塩交引銭は五十余万を破《つく》す。況や更に民をして遠倉に輸送するはその費耗する所は即ちまた常に倍す。見に今鎮戎軍四面已に人戸耕種有り、この処に屯田務を置かんと欲すれば、且に田五百頃を取るべし、軍二千人を差下し……。望むらくは知軍洛苑使李継和をして屯田制置使に充て、継和をして自ら心力有る使臣四員を挙げしめ四寨監押に充て……。今安国鎮に古制置城壕戍鎮記一本有り、謹んで写録上進し、貴びて辺陲以てこれを耕種す可きを知るなり。」と。真宗曰く「古記を覧るに、以て興作す可きを信ず。」と。これに従う。

とある。この史料によると、劉綜は一二月にはすでに陝西転運使に就任しており、その地位をもって鎮戎軍を視察したことがわかる。そして、持論である霊州と鎮戎軍の連携の強化の観点から、鎮戎軍の屯田強化策を上奏したのである。そうすると、前記劉綜の上奏は『続資治通鑑長編』では一二月丁卯（三〇日）の条に記載されているが、実際は一一月以前におこなわれたものと考えてよかろう。鎮戎軍の屯田強化策には真宗もまったく異論がなかったことがわかる。すなわち、真宗はこうした意見に押される形で霊州死守に方針を定めたのであろう。

二　霊州攻略の達成

ところが同時に、真宗の胸中には大規模な李継遷追討軍の派遣は実際問題困難であることもわかっていたようである。遼と李継遷の二面作戦に対応できるほどの軍事力はすでに払底していたのである。真宗は同年九月に詔を発し、陝西の各民戸に一丁を割りあてて保毅軍を編成し、正兵とともに城塁の守備を分担させようとしている。また、すで

に徴兵されている者のうちから選抜して禁軍に昇格させ保捷軍を編成しようとしているのである(3)。また、張斉賢は一〇月己酉（一一日）にも上奏し、「江、淮、荊、湖」の丁壮八万を募り辺備の戍兵に充てる策を述べるが、さすがに負担増を慮る真宗の反対にあって未遂に終わっている(4)。

こうしたことから真宗はかねてから張斉賢や李継和が主張する西涼府の潘羅支を中心とするチベット系諸部族の軍事力の利用を真剣に考慮するようになったものと考えられる。これに関しては拙稿「西涼府潘羅支政権始末考」で論じたが、要点を確認しておきたい。『続資治通鑑長編』（巻五〇）同年一一月の条に、

甲午（二七日）、詔して、西蕃諸族にして能く李継遷を生禽する者有れば、当に節度使を授け、銀綵茶六万を賜わらん。斬首して来り献ずる者は、観察使を授け、賜物差有りと。

とあるのは、その対象を潘羅支に定めていることはいうまでもない。すでに自力での李継遷討滅を諦めているかのごとくである。さらに同巻一二月丁未の条に続けて、

上、呉淑の議を用い、使を遣わし秦隴以西の諸戎を諭し李継遷を攻めしめんとす。如京副使宋沆剛率にして喜んで兵事を談ず。……癸丑（一六日）、沆を以て西涼安撫使に為す。太常丞直集賢院梅詢また屢々上書し、西辺の利害を論ず。かつ自ら博羅斉《ママ》（潘羅支）に使いせんことを請う。すなわち詢を命じて沆に副とす。

とあるように、真宗は宋沆を西涼安撫使に任じて直接、潘羅支の蹶起を促そうとしたのである。ところが同巻閏一二月戊寅（一一日）の条に、

博羅斉書を李継和に貽《おく》りて言う「将に兵を発して李継遷を討たん。願わくば朝廷出師の期を聞かんことを。」と。継和具に奏す。継和に詔して、博羅斉を諭し宜しく整旅し以て俟たしめ、師出ずれば即ち往きて報せんと。

とある。真宗の思惑とは裏腹に、潘羅支はあくまでも宋の追討軍の援軍として出兵する所存だったのである。潘羅支の立場からすれば当然のことである。戊寅（一一日）は詔が出された日であるから、潘羅支が李継和に書を送ったの

は一二月の半ば以降のことと考えてよかろう。こうした状況を踏まえて、真宗は建前通りに李継遷追討、霊州救援の作戦を発起せざるを得なくなったのが実情で、この作戦には当初から積極性が感じ取れないのである。真宗は閏一二月戊辰朔に、「将議西討也」を理由に対遼最前線の守りについていた鎮、定、高陽関副都部署の王超の入京を命じた（『続資治通鑑長編』巻五〇。以下、甲午の史料まで同巻による）。霊州救援軍の総帥に信頼の厚い王超を選んだのであるが、潘羅支に対する詔からもわかるように、一一日の段階に至っても出師の期日に関しては何ら具体化されていなかったことがわかる。

一方、この間にも李継遷の霊州攻略作戦は順調に進捗し、閏一二月の「壬午（一五日）、霊州言、河外寨主李瓊等以城降賊。其親属当縁坐、上曰窮辺孤塁、又無救助、力屈就擒、此可憫也。並釈之。」とあるように、おそらく唯一失陥を免れていたと考えられる河外寨もまさしくこの間に陥落し、霊州は完全に孤立無援の状況に陥ってしまったのである。さらに戊子（二一日）の条には後を追うように、「鎮戎軍言、涼州卑寧族首領格埒班珠爾帰附、仍貢名馬、自称有精騎三万、願備駆策。有詔慰奨、厚償其馬直。」と続くのである。いかに西涼府の勢力が李継遷の攻勢に危機感を募らせていたかがわかる。事態はまさに一刻の猶予もないところまで追いつめられていたのである。ところが、これに対する宋政府の対応は実に緩慢なものであった。真宗は丁亥（二〇日）に康延英を永興軍鈐轄に任じ禁軍歩騎五千を率いて霊州救援軍の声気勢力として京兆に駐屯させているが、肝心の霊州救援軍の陣容を発表したのは甲午（二七日）になってのことであった。

甲午、馬歩軍都虞候王超を以て西面行営都部署に為す。環慶路部署張凝これに副う。入内副都知秦翰は鈐轄に為る。歩騎六万を領し以て霊州を援く。上、超に計策を問う。超二図を上る。その一は賊に遇えば即ち変じて防陣を為す。陣形闕。その一は資糧を置くに軍営の外に在らしめ、游兵を分列し勁弩を持たせ、賊至れば則ち易く聚まりて力を并さしむ。図頗る李靖の輜重法を采る。上、甚だこれを奨む。

とある。真宗は王超に歩騎六万を授けて霊州救援を命じたのだが、真宗と王超の関心事は霊州救援の作戦如何ではなく、行軍中に予想される李継遷側の邀撃の対処法であったことがわかる。この懸念は横山山脈の北側、特に霊環州大路から霊州に至る旱海一円が完全に李継遷によって支配されていたことを証明するに充分の材料である。李燾は割注で「明年正月己未（二三日）、超乃赴屯所」を補っている。王超の出師までほぼ一か月を要しており、すでに霊州救援は絶対的な使命ではなかったことが疑われる。それどころか、第二章第一節の終わりの方で触れたように、王超軍の経路にあたる横山山脈の南側に位置する環慶路方面のタングート系諸部族の多くも李継遷の勢力圏に取り込まれて久しいのである。『続資治通鑑長編』（巻五二）咸平五年春正月丁酉朔の条に、

環慶路部署張凝、兵を領し白豹鎮より蕃界に入り、帳族二百余を焚き、斬首五千級、九百余人を降し、芻糧八万を毀《こぼ》ち、牛羊、器甲二万を獲る。慶州胡家門等の族は桀黠にして制し難し。凝、その不備に乗じてこれを撃破す。始め、凝師を出すに転運使劉綜、飛輓を懼れ給さず、計を凝に問う。凝曰く「今当に深く入る、敵の儲蓄に因る、慮無かる可きなり。」と。(5)

とある。数字は例によって過大表示を否めないが、張凝が慶州の北方約七五キロに位置する白豹鎮から蕃界に入っていること、慶州胡家門族等が李継遷側部族として旗幟を鮮明にしていることなどから、横山山脈の南側のタングート諸部族の多くが李継遷によって実質支配されていたことが証明される。この作戦は一見すると救援軍の派遣に先立って通路の安全確保を目的におこなわれたものと考えられがちであるが、実態はそれほど悠長なものではなかったのだろう。劉綜との会話からもわかるように、環慶路部署の張凝は掃討作戦に必要な軍糧を充分に確保していないにも拘わらず作戦を決行したことに注目すべきである。救援軍の派遣云々よりも、横山山脈の南側で日増しに強まる李継遷の圧力を少しでも押し返し、環慶路を死守することが差し迫った課題であったことを物語っている。

ところが、切迫した現地の状況をよそに、宋の廟堂は西北辺の軍事指揮権をめぐって無益な混乱を来していた。一

月の甲辰（八日）に真宗は宋王朝建国以来初の経略使を設置した。右僕射張斉賢を邠寧環慶涇原儀渭鎮戎軍経略使判邠州に任じたのであるが、張斉賢は判官に任じられた曾致尭とともに王超の指揮権限等にクレームをつけ、結果として環慶、涇原両路および永興軍の駐泊兵の指揮権だけを有する経略使にされてしまった。さらに吏部郎中直集賢院の田錫は一五日に上奏し、宰相、枢密使等廟堂首脳部が李継遷対策に明察を欠いていることを痛論している。これが影響したか否かはわからないが、張斉賢は癸亥（二七日）には経略使を罷免され判永興軍府兼馬歩軍部署に改められてしまう。[6] 王超の出師が遅れた背景にはこうした問題も絡んでいたのであろう。このような宋側の混乱をまるで李継遷が見透かしていたかのような情報が陝西転運使劉綜のもとからもたらされる。『宋会要輯稿』（一八五冊兵二七之六）に、

五年正月、陝西転運使劉綜等言う「窃に聞く、遷賊蕃部、赤沙并びに托駞路に各々会を置き貿易す。深く慮るは朝廷に属する蕃部の虜せらるる間（原文は問）に別に奔衝を致すを。乞う総管を下し偵候して掩煞せん。」と。帝曰く「辺界の貨易往来、若し未だ条約せずに便《たやす》く殺戮を行うは不便なり。明らかに縁辺人戸を諭し、今後は賊界に入り会を置くことを得ざらしむ可し。尚違犯有れば即ち厳行す可し。」と。

とある。『続資治通鑑長編』（巻五二）では右史料の省略文を甲子（二八日）に載せ、托駞路を橐駝路と明記している。橐駝路はしばしば触れているように会州と呼ばれた場所で熟倉族の拠点を指すことは間違いなく、塩州と青岡峡のちょうど中間点、帰徳川の源流部に位置し横山山脈の南側の蕃部と有無を交易する交通の要衝であった。李継遷がこの二地点に会を置いたということは、当然、宋軍の霊州救援路をすべて閉塞するとともに、交易を通して南側の蕃部を取り込むことも目的であったと考えられるから、赤沙も会州同様の性格を有した場所だったのであろう。おそらく旱海に抜ける白馬川の分水嶺付近に位置していたのではなかろうか。それはともかく、宋側の蕃部として果敢に李継遷の攻撃に対抗していた会州熟倉族の消息は、前年の七月に会州刺史の乩遇が保順郎将に任じられた（前章第一節末尾参照）のを最後に途絶えている。咸平四年の年末までには会州熟倉族は李継遷にしたがったか滅ぼされ、熟倉族が経営

していた「会」は李継遷側によって継承されていったものと考えられる。正月の二八日に宋の廟堂に届いたこの報告は、李継遷によって霊州救援路は完全に閉塞されている事実を再確認することにもなり、こうした情報を踏まえて事実上、咸平五年の正月になると霊州救援は不可能の結論が出されていたと考えてよかろう。真宗の蕃部に対する消極的な対応の指示からもそれを読み取ることができる。こうした状況から再度、西涼府の潘羅支に李継遷討滅を期待するようになったのであろう。『宋史』（巻三〇二）梅詢伝に「李継遷攻霊州急、呉淑上書請遣使諭秦、隴以西諸戎使攻継遷。詢亦請以朔方授潘羅支、使自攻取。帝問誰可使羅支者。詢請行、未至而霊州陥。」とある。

もうひとつ、李継遷による霊州攻略の準備が大詰めを迎えていたことの傍証となるのが、年末から正月にかけて李継遷に早くからしたがっていたと考えられるタングート部族が相次いで宋に内附したことである。『続資治通鑑長編』（巻五〇）閏一二月に「戊寅（一一日）、延州言、李継遷蕃部阿約勒等百戸来降、詔給田賜帛、長吏常存撫之。」、さらに「乙酉（一八日）、延州言、継遷蕃部瑚葉実、普密額珠等首領率属帰附、詔択善地処之、常切存撫。」とあり、年が改まると（巻五一）に「正月乙卯（一九日）、石、隰州部署言、李継遷部下指揮使鄂郎吉等四十六人来附。詔補軍主、賜袍帯、茶彩、令石州給田処之。」とある。前二者はいずれも李継遷の蕃部とあり、後者も李継遷直属の指揮使だった可能性が高い。そして前二者が延州に、後者が綏州も管轄下に置いていた石、隰州部署に降っている点が見逃せない。(7)

おそらくこれらの部族は横山東部南側、大理河の周辺に居住していたのであろう。こうした部族がこの時点で李継遷から離反したということは、従来に比べて李継遷の支配力が絶対的になり、加えて目前に迫った霊州攻略に要する動員や徴発が厳しくなり、それに不満を強めていた部族が多数存在していたことを示しているのであろう。そして延州と綏州か石州に降っていることから、李継遷率いる主力軍が霊州攻略の最中で、大理河方面の後方部族に睨みが効かない間隙を利用して宋内附がおこなわれたものと考えてよかろう。

李継遷から離反する部族が記録に残されているとはいえ、西北辺における彼我の力関係はすでに決していたのである。宋としては霊州救援どころではなく、いかにして迫り来る李継遷の圧力を凌ぐかで精一杯だったというのが実態であろう。前章第二節の中ほどでも触れたが、大理河と無定河の合流点に位置する綏州の修城問題は相変わらず燻り続けていた。洪湛の「七利二害」の報告を得て真宗は修城に決したと思いきや、さらにその後、孫全照を派遣して再度修城の是非を確認させている。ところが、その孫全照が「築城非便」の報告をすると、真宗は咸平五年の二月丁丑（二一日）に銭若水、陳興に詔してもう一度精査を命じているのである（『続資治通鑑長編』巻五一）。風前の灯の状況に置かれている霊州の救援はすでに真宗の最大関心事ではなくなっていることがこの一事からもわかる。真宗が綏州修城に拘る理由は、明らかに李継遷との国境線を横山山脈で画定しようとしたからである。つまり、真宗も李継遷の国家建設を現実のものとして受け入れざるを得ず、何とかしてその領域を横山山脈以北に封じ込めるべく、西北辺から李継遷の勢力を駆逐しようとしていたのである。すなわち防衛態勢の強化に方針を転換したのであるが、同じころ横山山脈に沿って防衛ラインの強化を主張したのが知鎮戎軍の李継和であった。『続資治通鑑長編』同二月己卯（二三日）の条には、

知鎮戎軍李継和上言し「昨《さき》に天麻川に衛狸族を殺してより後、近界蕃部は頗る甚だ震懾す。即今、本軍より西、隴山外五百里以来の諸族は皆軍馬の点集を乞い、各々蕃界に寨柵を建立し要害を戍守す。然るに戎狄の性本より仁義無し。既に徳沢を資《あた》え、また威懐を用う。若し遷賊奔衝し、本軍量りて殺戮を加えれば、則ち威令必ず振るい、この輩奕々助順を思う。……臣以為く若し涇原一路の部署を本軍に移し屯戍すれば、最も利便を為す。何者《なぜならば》蕃賊の来往は風飇より急にして、既にして兵数充たざれば則ち接戦に難し。若し兵衆く力敵し交鋒に急ならば、その困乏に乗じて決して捷勝を図る可し。また屯兵の所は糧薪水草を以て先と為し、今本軍の薪水は他処より豊饒なり。また部署司はここに在り、即ち内地の州郡は戍兵を減ず可し。然る後、請いて涇原儀渭隴五州の二税、及び邠寧涇原儀渭州の商旅の入中を移し、環慶及び本軍三処に並べ、芻糧を充贍せん。また環州は本州に至るこ

と裁《わずか》に五百里。本軍熟戸に請い中に路を開き直に環州に抵らせば三百余里に過ぎず。如し両路急有れば便《すなわち》交に相応援すべし。賊若し軽来抄掠すれば、則ち本路部署司、州兵とともに同に掩撃す可し。如し賊稍々衆ければ、則ち旬日を踰ずして、両路以て兵を会す可し。この枝梧を用いれば理勝たざるは無し。更に環慶に請い路を開き以て延州に達すれば、則ち横は千里に亙り以て互に相照応す可し。況や延州は石、隰を去る、麟府を去る各々遠に至らず。請う今潜に相に期約し賊境に遞入し、それをして奔命に疲れさせれば、則ち彼将に自ら救に暇あらず、安ぞ能く更に疆場を犯し、蕃部を呑併せん。かくの如くすれば、則ち三、二年の間にこれに水旱が加われば衆心必ず離る。因りて披攘すれば、則ち何ぞ寇摧かざらん、何ぞ賊の滅びざらんや。」と。上、曰く「継和のこの奏、頗るまた心を尽す。然るにその環慶諸路を開き相応ぜんと欲するも、僻遠にして行い難きを慮るなり。」と。

とある。史料前段にある衛狸族とは前章第二節の末尾で触れた原州野俚（狸）族と断定して大過なかろう。天麻川は大隴山西麓から静辺砦付近を抜け瓦亭川に注ぐ川であろう。(8) この記事は李継遷に取り込まれた原州野利族の一部を襲撃し、再び宋側に引き戻したために、それまで李継遷に靡いていた鎮戎軍から隴山にかけてのタングート諸部族が震慴して宋側に転じ、一応この方面の李継遷の影響力は後退したことを述べているのであろう。李継和は鎮戎軍から環州に直通路を開設し互いに即応態勢を築き、また環、慶州から延州にも軍用道路を開鑿させれば、横山山脈に沿って千里にわたる防衛ラインができるとした。さらに延州は石、隰州や麟、府州とも遠くないので、期を定めて攻勢に転じれば李継遷を滅ぼすことも不可能ではないといっている。真宗は直通路の建設案は「僻遠難行」を理由に実現を危ぶんでいるが、(9) 防衛態勢の強化に異存があるはずもなく、二月の己丑（二三日）に王漢忠を邠寧環慶儀渭州鎮戎軍両路都部署に任じ戍兵二万五千を領して分道控制させたり、庚寅（二四日）には西面部署の要請にしたがって涇原環慶の騎兵の半分を、山岳戦を想定して歩兵に置き換えたりしている（『続資治通鑑長編』巻五一）。

さて、肝心の霊州は三月に入るとあっけなく陥落してしまう。廟堂を二分して救援の是非をめぐって激しく論難しあった割には極めて唐突の感が残る。事実上、宋政府から見捨てられていたことの証明であろう。『宋史』真宗紀一咸平五年には簡単に、

三月丁酉（一日）、李継遷霊州を陥す、知州裴済これに死す。

と記しているが、『続資治通鑑長編』（巻五一）、三月甲辰（八日）には『宋史』（巻三〇三）裴済伝とほぼ同文を引き、

李継遷大いに蕃部を集め霊州を攻陥す。知州内客省使順州団練使裴済これに死す。済、霊州に在ること凡そ二年、八鎮を謀輯し、屯田の利を興し、民甚だ頼ると。囲まれるに及び餉道は絶え、孤城危急、済指を刺し血染の奏にて救を求めるも、大軍訖《つい》に至らず、城遂に陥つ。戊申（一二日）、西面部署司以聞す。宰相等上表して待罪す。詔してこれを慰諭す。

とあり、『宋史』裴済伝には「済在諸使中甚有声望、及没夏人皆惜之。」を補っている。知州裴済は霊州に駐在することおよそ二年とあるから、咸平三年九月に霊州赴任途中に李継遷に襲われて落命した李守恩（前章第二節参照）に代わって知霊州に任じられた人物であることがわかる。在任中に管内八鎮を取りまとめ、屯田を興こして民を援け自給力の増強を策し、その声望は李継遷側にも知られていたことがわかる。当時の辺将としては極めて有能な人材であったことが偲ばれる。霊州城の攻防から陥落にかけては壮絶なドラマが展開されたであろうことは想像に余りあるが、当然のことながらその詳細を宋側に伝える手立てもなかったのであろう。右史料のわずか二六文字をそのよすがとするだけである。『続資治通鑑長編』同三月己酉（一三日）の条後段に「始、超等至環州、或云霊州已陥没。鄭文宝乃衣胡服、引単騎冒大雪、間道抵清遠故城、尽得其実。遂奏班師。」とあるように、裴済の血染めの救援要請も徒労に終り、ようやく環州に達した王超の救援軍を待ち構えていたものは霊州陥落の報であった。そして、この作戦には至道元（九九五）年一〇月に西北辺から追われた、タングート対策のエキスパート鄭文宝も復帰して参加していたのである。鄭文宝は陥落の報に接すると単騎大雪を衝いて清遠故城に潜入し、横山山脈の北側が李継遷勢力によって完全に支配

されている実態をつぶさに観察し、これをもって班師に作戦変更させたのである。要するに、王超の救援軍程度では李継遷の大軍勢に太刀打ちできるどころではなく、逆襲を恐れて撤退したのが実情だったのだろう。[10]その証拠が同条前段の防衛態勢の強化策の採用である。王超を永興軍駐泊都部署、石普を副に、康継英を慶州駐泊鈐轄に任じ西面縁辺と応援態勢を作り、秦翰を環慶、涇原両路鈐轄に任じ王漢忠、李允正と事にあたらしめ「賊兵の侵軼に備える」方策を講じたのである。最後に、『遼史』聖宗紀五統和二〇（咸平五）年に「六月、夏国遣劉仁勗来告下霊州」とあることから霊州攻略作戦は遼の承認のもとにおこなわれたことを証明している。

三　大攻勢の展開

張斉賢は霊州失陥後に当時の彼我の状況を知る上で極めて有益な上奏をおこなっている。多少長文になるが本節の導入にふさわしく全文を掲載しておく。すなわち『続資治通鑑長編』（巻五一）咸平五年三月癸亥（二七日）の条に、張斉賢上書して曰く「今朔方陥没し、慮る所は縁辺蕃族中の従来二心有る者、これに因り転じて更に熟戸を扇惑し、向背せしめるに致るを。賊遷因りてこれに乗じ患を為すこと浅からず。則ち辺上の要害城鎮、且に須らく兵を留めて鎮守し、以て蕃漢人心を安ぜん。環州（より）慶州に至る中間の木波、馬嶺以来の城寨、全然堪えず。[11]今冬以前、須らく修葺に与るべし。鎮戎軍以南、高店、瓦亭は近く修完すると雖も、皆固守の処に非ず。弾箏峡内、望むらくは早に経度し、就いては控扼す可く一寨を処置せん。今、朝那は寨処を修し守把に堪るが如く、即ち特に法の如く添修せしめんことを乞う。それ潘原県は正に小盧谷、蕃賊来路に当り人戸甚だ多し。また特に兵民を発し修葺を牢固にし、及び谷口の路を掘断せんことを乞う。若し辺上の城鎮各々に屯兵有り、要害処の城寨また皆牢固なれば、遷賊醜類自然息心す。兼ねて聞く、近年、麟、府縁辺撫御に失し、大族蕃部多く已に継遷に帰投すと。かくの如くすれば、則ち二、三年間、麟、府州界の蕃漢人戸、漸更衰耗するのみ。朝廷、毎年馬を買うに死数を補わざるが如くすれば、西北未だ平らがず、戦馬は急を為し、旧日、女真の売馬は歳に万匹を下らず、今已に契丹の隔つ所と為る。臣聞く、賊遷、西涼に向うと声言し云う『我は彼蕃と自来無事』と。蓋し万山を為《し》て潜に人を発し彼に往かしむ。万一実にこの言有りとして、若し西涼を誘い以て後患を防ぐが和《かなわ》ざれば、即ち今年の秋冬に鎮戎軍に来劫するを恐る。蕃部若し六谷の入京道路を断却すれば、即ち大梁、小梁蕃部向化に路無く、以て隴山後の蕃族の勢また保ち難きに至る。臣昨に縁路において渭州に勾回し六谷に賜わる分物を見るに寒心を覚えず。何者《なぜならば》、蕃部族盛兵多、以て遷賊を牽制す可き者は、一に西涼に止まるのみ。何人の画謀を知らず、恩沢已に行われるにこれが中輟を為す。且に西涼蕃部は多くこれ華人の子孫、例ば漢言を会し、頗る文字を識る。渭州往来し通事輩と密熟す。豈にこの給賜有るを知らざるや。已に渭州に到り、また勾回を却く。蕃部は財を貪るも尤も誠信を重んず。朝令夕改、豈に忽諸（滅びつきる）す可けんや。伏して望むらくは深く辺計を思い、断じて宸衷よりその歓心を結び、啗すに厚利を以てせん。但これ西蕃の馬価は常時に比べ特に優饒を与え、酒饌に至りては特に務を設け豊足せしめん。内は戦守の計を為し、外は撫綏の恩を加えん。西涼は近西小蕃とともに惟《ただ》恃むは馬を売り利を獲るなり。既に朝廷の恩信を受く。縦《たとえ》遷賊に道途を阻絶せられるも、固り当に深く讎怨を結ぶ。これをして自ら戦わしむるはその理甚だ明なり。若し早に防虞を加えざれば、即ち鎮戎軍また固護に難きを恐る。」と。

とある。撮要すると、霊州が陥没したことにより、従来両端を持していた縁辺の蕃部は熟戸を誘って李継遷側に転ずる動きが強まり、李継遷もこれを利用して攻勢を強めることが懸念される。辺上の防備を厳重にして蕃漢を安心させなくてはいけない。しかるに環、慶州方面の各城寨はいずれも防禦に堪えず、今冬までの修葺が必要である。また、鎮戎軍方面は比較的城寨の整備が進んでいるが、さらに鉄壁の備えをしなくては李継遷に攻略されるであろう。情報によると麟、府州方面の大族蕃部の多くがすでに李継遷に帰順していると。こうした状況が二、三年も続くと蕃漢人戸は衰耗してしまう。しかるに戦馬の補充はできず西北辺は一向に安定していない。加えて聞くところによると、李継遷は西涼府を指向し「潘羅支とは従来問題はなかった。万山に命じて密使を派遣して工作をおこなっている」といっている。これが事実ならば、あらかじめ西涼工作の不調に備えて今年の秋冬あたりに鎮戎軍攻撃が懸念される。西涼府の六谷蕃部の入京路が閉塞されると賀蘭山麓の大梁、小梁蕃部の入京も困難になり、隴山方面の蕃部の勢力も保ちがたくなる。李継遷を牽制できるものは西涼府の潘羅支政権以外にはない。ところが今回、その賜物が大幅に減らされようとしている。西涼府の蕃部は唐代の天平軍の末裔が多く(12)中国語を話し渭州にも頻繁に往来している。減額された賜物を知ったらどう思うか。充分の馬価を与えて軍馬の補充をおこない、また最大限の優遇策をとり朝廷の恩信を示せば、たとえ道路が阻絶されても自発的に李継遷と戦ってくれるであろう。西涼府対策を急がないと鎮戎軍の固守すら危うくなる、というものである。すでに西北辺の彼我の力関係は決し、李継遷側に鞍替えするタングート諸部族が続出しており、宋の李継遷対策は完全に破綻し西涼府政権頼みになっていたのである。張斉賢の上奏が正鵠を射ていたことは右上奏文の直前、同じ三月の辛酉（二五日）の条に、「辛酉、詔以環州蕃部都虞候王延順為本州馬歩軍都指揮使。延順頗知蕃落間事。或有訴訟、輒先詣其居、官吏多詢之、然後裁決。至是石普等上言、請授供奉官兼蕃落監押。上曰『延順本部民、一旦擢為廷臣、使与本州抗礼、恐難制也。』故命以都校。」とあることからもわかる。環州方面の宋の支配は機能しておらず、行政治安はタングート熟戸の大物王延順に完全に掌握されていた実態が証明されているのである。

霊州を攻略した李継遷は支配領域の完成を急いだのであろう、一気に東面作戦、南面作戦、西面作戦の三方向の大攻勢を仕掛けてきたのである。『続資治通鑑長編』（巻五二）、九月の条に、

庚子（八日）、蕃、近辺を寇す。涇原、環慶、鄜延、麟府等路をして厳しく警備を加え、便を侯ち討撃し、軽進

し自ら兵鋒に困しむを得ること無からしむ。

とあるから、宋の廟堂は秋も深まった頃になると明確に李継遷の大攻勢を確認していたことがわかる。そこで、咸平五年の中頃からの李継遷軍の動きをまとめておこう。

東面作戦、すなわち麟州方面の戦闘は前章第三節でも述べたように、難攻不落の麟州城攻略は後に回し、濁輪川方面の部族、十六府勒浪族、十二府名波族そして女女四族等の経略を優先したものであった。ところが咸平五年の六月になると、李継遷は再度麟州城攻略戦を発起したのである。いうまでもなく、李継遷の東面作戦とは府州折氏勢力を打倒し、宋の麟府路経営を打破しその支配力を河西北部から一掃し、国境線を画定することが最終目的であった。それ故、この時点で再び麟州城の攻略を急いだ理由は宋の必死の対抗策に触発されたものと考えられる。真宗は宋の軍事力の限界を悟り、霊州陥落を座視せざるを得なかったことから、張斉賢等が主張するタングート系、チベット系の蕃部を糾合して李継遷包囲網の形成に活路を見出そうとする策に方針を転換していたのである。そして麟府路における具体的な動きこそ豊州蔵才族等に対する梃入れであった（第一部第五章第二節参照）。『続資治通鑑長編』（巻五二）同年六月丁卯（三日）の条に「賜豊州団練使王承美銀器百両、絹百疋、茶三百斤。承美内属、但依蕃官例給俸。時麟府部署言其貧、故有是賜。」とあり、さらに壬申（八日）の条には「以黒山北荘郎族首領隆伊克為安遠大将軍、美克為懐化将軍。」とある。黒山北荘郎族は王承美にしたがう有力タングート部族であった。このような賜与、授官は宋側の思いつきで突然気まぐれにおこなわれるものではなく、政治的な意味が込められていたことはいうまでもない。当時の切迫した状況を踏まえれば、活発化する李継遷の活動を麟府路と連携して北背から牽制させる役割を期待したものであったことは明らかである。六月初旬の賜与、授官は宋側の工作の結果であり、ここに至るまでには麟府路部署と王承美等との間で頻繁なやり取りがあったはずである。李継遷は張り巡らした情報網によってこうした動きを察知していたはずである。宋の麟府路経営が強化されると、李継遷の宿願である西方発展にも影響がおよぶことは明白である。李継遷の麟州城攻略にはこうした問題が絡んでいたことを確認しておきたい。このたびの麟州城攻防について『続資治通鑑長編』同六月の関係記事を一括して記載しておく。

癸酉（九日）、……李継遷また二万騎を以て進んで麟州を囲む。金明巡検使李継周これを撃つ。囲み未だ解けず、麟府濁輪部署曹璨[13]済師を請う。上、曰く「麟州は険に拠り三面孤絶す。州将戮力すれば以て賊を禦ぐに足る。但、城中水乏しきを憂う。」と。既にして賊果して水寨に拠る。詔して并、代、石、隰州の兵を発しこれを援く。また六宅使宋思恭を以て并代鈐轄に為し、麟府の軍馬を管勾せしむ。……李継遷、衆を率いて麟州を攻め、四面版を負い城に薄ること五日。知州閤門祇候衛居実、屢々奇兵を出し突戦し、及び勇士を募り城に縋《なわ》して潜に往き賊を撃つ。賊皆披靡し自ら相蹂践し、殺傷すること万余人。丁丑十三日、継遷寨を抜き遁去す。

己卯（一五日）、……上、未だ麟州の捷奏を聞かずに、延州部署に詔し、李継福所部の兵と会し要路に伏を設け、李継遷を掩撃せしむ。

壬辰（二八日）、上、始めて麟州の捷奏を聞き、左右に謂いて曰く「遷賊猖狂して以来、未だ嘗てかくの如き喪敗あらず。加うるに威虐を以てその衆を脅従す。若し頻に奔衄有れば、人心必ず離れ図〈滅ぼすの意〉を為し易し。」と。……初め、城井泉乏しくて囲まれるの際、暴雨沾洽し人皆器を置き、池を鑿ち以てこれを貯う。城外泉水有ると雖も、列寨防を為して垣牆闊遠、固守するに難し。ここに至り使を河東に遣わして、幷（井の誤り）匠を部し州に至らしめ開鑿す。……麟州の囲まれるや、衛居実、単介を遣わし間道にて師を太原に乞う。諸将、詔無きをもって猶予して未だ決せず。并代副部署張進独り抗議し、兵を発し援に赴く。既にして至りて囲み解ける。手ずから詔して褒美す。

真宗は李継遷が再度麟州城を攻撃することを予想していたのである。豊州蔵才族を利用して李継遷を背後から牽制させ、麟府路経営の強化を謀れば、必然的に李継遷がその要である麟州城に再攻撃を仕掛けてくることは当然である。

真宗はあらかじめそれに備えて、黄河の東側河東路に位置する并、代、石、隰州に対して有事の救援を命じ、同時に麟州城に対しても援軍要請は太原におこなうよう指示していたのであろう。本来ならば麟州とは唇歯輔車の関係にある府州軍が何を措いても救援軍を派遣すべきである。ところが、右史料には府州がまったく出てこないのである。案ずるに前回咸平二年の麟州攻防戦で府州の折惟昌の救援が失敗したこと（前章第二節冒頭部参照）を踏まえ、間隙をついて麟府路の要である府州にも李継遷軍の攻撃がおよぶようなことになり、共倒れになることを防ぐために府州軍の救援は禁じられていたのであろう。麟府濁輪部署の曹璨はどこにいたのであろうか。前年の九月に濁輪川において李継遷の輜重隊を襲ったことは前章第三節で述べた。史料では李継遷軍の包囲後に曹璨が援軍要請を発したように記されているが、大軍の動員は情報網を通じていち早く曹璨のもとにも達していたと考えるべきであろう。曹璨は濁輪寨と府州の間を行き来していたものと考えられるが、情報は府州で入手したか、情報を得て急遽府州に戻ったのではなかろうか。いずれにせよ曹璨は救援軍を派遣せずに援軍要請を宋中央に求めているのである。また、麟州を包囲され嬰城戦を強いられた衛居実は府州よりも遥かに遠方の并代部署の所在する太原に単独の密使を派遣している。府州に連絡を取っていたならば、ことさら太原に単使を派遣する必要もないはずであるが、府州から開封、さらに開封から太原の日程を考えれば、麟州から直接太原に密使を派遣する方が早いのは当然である。こうしたことから衛居実は事前に宋政府から救援要請先を指定されていたことは間違いあるまい。衛居実が太原に密使を派遣したのは嬰城戦酣の六月九日から一三日の間のことである。ところが詔の不到を理由に太原の諸将は出兵を逡巡し、并代副部署張進のみ事前の取り決めにしたがい出兵を強行したというのが実相であろう。

そこで、今次の麟州城攻防戦をまとめておこう。李継遷軍は麟州城内が水源に乏しいことに着目し近傍の水寨を占拠して渇水作戦をとり、城内の士気の低下を狙ったのである。李継遷軍は四方を包囲して兵は背に版を負い城に肉薄すること五日におよんだが、守将衛居実は籠城戦に拘らず死中に活を求めて積極的に城外に奇兵を繰り出し、李継遷軍を攪乱し一定の損害を与えたのである。李継遷軍が水寨を破壊して撤退したことを考えれば、李継遷側の損害もあながち文飾でもなかったのであろう。一方、麟府濁輪部署曹璨からの援軍要請を受けた真宗は并、代、石、隰州に出兵を命ずるとともに、金明巡検使李継周に対しても出兵を命じたのである。さらに一五日には延州部署に命じ李継福の部兵も動員して李継遷軍の南下に備えさせたのである。李継周と李継福については前章第二節で述べたように東山部の末裔で延州方面の有力な熟戸で、早くから宋にしたがい李継遷とは敵対関係にあった。直前の四月末に真宗は改めて李継周に西京作坊使を、李継福には順州刺史を授け優遇している。(14) いかに真宗が李継遷の圧力防遏に蕃部の戦力に依存しようとしていたかがよくわかる。

麟州城はまたしても陥落を免れたのであるが、李継遷軍がわずか五日の攻撃で撤退してしまった理由は、長期戦にともなう兵力の損耗を考慮し、当初から短期決戦の方針で臨んでいたからであろう。李継遷の戦法の特色は弱敵を攻め、強敵に遭えば撤退し常に臨機応変に作戦を変更することであった。攻城戦で予想外の損害を被った李継遷軍は長居せずに直ちに撤退し次の作戦に切り替えていったのである。李継遷は九月になると李継周の本拠地延州金明県に軍勢を向けている。(15) これは麟州城攻防戦に援軍出撃した李継周を牽制し、次の作戦を円滑に遂行するための布石の一つだったのであろう。その作戦こそ濁輪寨の攻略だったのである。同じ九月に曹璨は李継遷軍の動員を偵知し出撃するも捕捉に失敗している。この上奏は辛亥（一九日）に届いているが、真宗は「致士馬労頓、饋餉益困吾民」を理由に出兵の自制を求めている（『続資治通鑑長編』巻同）。こうした消極的な指示が影響したのかは別として、濁輪寨の陥落はその日時さえ不明なのである。『続資治通鑑長編』（巻五三）同年一一月壬午（二一日）の条に、

これより先、麟州界首領勒厥麻等三族千五百帳、濁輪寨守を失うを以て、相率いて河を越え内属し、遂に辺境に分処す。既にして帥臣屢々言う「勒厥麻常に賊中に往来しまた叛去するを恐る。」と。乃ち命じて徙して憲州楼煩県に置き、使を遣わし金帛を賜い慰撫し、賊の寧謐を俟ち即ち放還すと。濁輪寨失守、史曾てその月日を載せず、

当に考うべし。

とある。勒厥麻は「折勒厥麻」とも記されており（『宋史』党項伝四月の条）、麟州とその北方に位置する濁輪寨の中間あたり、濁輪川の流域に居住していた折氏系の部族だったのであろう。両勢力の接壌地帯の蕃部の特性として李継遷に対しても誼を通じていたのが、濁輪寨の失陥にともない李継遷軍に編入されることを嫌い挙族宋内徙の道を選んだものと思われる。李燾がこの史料を壬午の条の末に挿入した理由は憲州楼煩県移住の命が下った時期に合わせたのではなかろうか。いずれにせよ濁輪寨の危急や失陥を報せる使者が宋中央に派遣される遑もなく濁輪寨は電光石火の勢いで李継遷軍によって蹂躙されたのである。その陥落は一二月以前、一〇月から一一月にかけてのことだったのであろう。これにより勒厥麻等宋に帰順した蕃部を除き、濁輪川流域の蕃部はすべて李継遷にしたがうことになり、その支配下に組み込まれたものと断定してよかろう。濁輪寨の攻略によって李継遷は麟州と豊州蔵才族の連携に楔を打ち込むと同時に、併せて屈野川、濁輪川流域の蕃部を完全に獲得し実質上東面作戦に勝利したのである。

環慶路、涇原路、鎮戎軍方面においても咸平五年の中頃になると、同時進行の形で再び李継遷側の圧力が強まってきた。南面作戦の再開である。李継遷軍の麟州城攻撃は環慶路、涇原路方面にも伝えられたのであろう。真宗は王漢忠に兵五千を与え両路の後殿として派遣していたが、両路は六月乙酉（二一日）にさらなる増軍を要請してきた。真宗は虎翼卒三千を増し、環慶路に六千、涇原路に二千を駐屯させ李継遷軍の来襲に備えさせた。しかし環慶路の前線を守る部将はこの程度の増援では納得せず、七月、真宗はさらに廂軍の「材勇者」四千五百を選び諸寨城に配置し、併せて環、慶、儀州城の修築を命じ李継遷軍の攻撃に備えさせた（『続資治通鑑長編』巻五二）のである。第一節で触れたように、前年九月、清遠軍が陥落し楊瓊等が無断で青崗寨を焼き払って以来、環慶路の最前衛の役割は洪徳寨が担っていた。七月になるとその洪徳寨に李継遷軍が攻撃を仕掛けてきたのである。城下に迫った李継遷軍を洪徳寨主段守倫が撃退し、「獲羊馬器甲甚衆……」（『続資治通鑑長編』巻五二、七月壬戌（二九日）の条）を報告し褒賞されているが、戦果は例によって常套句として差し引いて考える必要がある。この攻撃は宋側の防衛態勢を確認する程度の偵察出兵で損害はほとんどなかったと考えてよかろう。それどころか環慶路の守将はこの攻撃に刺激されたのであろうか、環慶路都監宋沆と知環州張従古は主帥環慶路部署張凝に無断で出兵し逆襲に遭って損害を被ってしまう。真宗も軍規の弛緩と辺将の短慮に危機感を募らせている[16]。横山南麓の蕃部にも野利氏等を通じて李継遷軍の指揮命令系統が一応は浸透していたのであろう。それに対して、辺境を守る宋側部将はその実態を正確に把握することもなくいたずらに犠牲を増大せしめ李継遷側につけ入るすきを与えてしまったのである。

そして九月甲午（二日）になると、今度は知鎮戎軍李継和が李継遷軍の入寇を報じてきた。攻撃は二度におよび一応撃退したようであるが、都監史重貴は重傷を負っている[17]。甲午は報告が届いた日であるから、李継遷軍の入寇は八月の中旬頃のことだったのであろう。注意すべきは註（17）の記事に続けて、

上、左右に謂いて曰く「頃《このごろ》使有り鎮戎より還り言う『戎人、夜長壕を塡め古長城を越えて入り、騎を城側に伏して本軍始めて知る。出兵するに洎《およ》び、賊已に険に拠り故に功無し。これ蓋し偵邏を失する故なり。その再び至るに及び、則ち既に先に設備す。故にこの捷有るのみ。』と。また、西涼州入貢蕃部張僂儸言う『夜、鎮戎軍の境に入り、直に城隅に抵るに、門尚未だ閉じず。しかして警巡する者に逢わず。』と。その慢防蓋しかくの如し。因りて辺城を戒め斥堠を厳しくす。」と。継和、武芸を習い、好んで方略を談じ、頗る書を知り、至る所幹治す。然るに性剛忍、御下少恩、整衆過峻、部兵終日擐甲し、常に寇至るが如し。較閲の際、杖罰過当、人多く怨む。

とあることである。部兵の統禦には峻烈を極めた李継和にしても、鎮戎軍の防禦は隙だらけであったことがよくわかる。本節冒頭の張斉賢の上書に鎮戎軍方面の防衛強化策が記されているが、その実行はほとんどなされていなかったことがわかる。同九月己酉（一七日）の条には「西辺諜者言、戎人有路出鎮戎軍、原州之間、分抵原、涇州。而部署兵多在渭州之西、去涇州稍遠。乃詔発騎兵千五百人屯涇州。」とあり、さらに同書（巻五三）、一二月丁丑（一六日）の

条には「涇原部署陳興等言、若賊衆奔突、則請並東山、隴山等七堡兵入鎮戎軍、合力以拒賊。詔許之……」とあるから、年末にかけて李継遷軍の矛先はさかんに鎮戎軍方面に向けられ、蕃部の蚕食が進んでいた様子が推察される。

その一方で、李継遷にとってもう一つの重大な関心事であった西涼府の獲得、すなわち西面作戦が本格的に開始されたのも咸平五年の後半のことであった。といっても李継遷はやみ雲に大軍を動員して西涼府を攻略するような下策は取らなかった。第三部第一章でも触れるが李継遷は西涼府の潘羅支政権を構成する有力部族の切り崩し工作を開始したのである。それについて『続資治通鑑長編』（巻五三）、一〇月の条に、

> 丙寅、西涼府六谷首領博囉斉、使を遣わして上言し「李継遷、鉄箭を送り臣の部族を誘う。已に一人を戮《ころ》し、一人を縶《とら》え、以て朝旨を聴かん。」と。詔してこれを褒め、自の裁処を聴す。

とある。潘羅支の上書が到達した丙寅（四日）から逆算して、李継遷の工作は秋も深まる八、九月の交におこなわれたものと考えてよかろう。潘羅支が「誘臣部族」といっているところから判断すると、李継遷は潘羅支政権の屋台骨を支える直隷の者竜一三族の首領層に直接鉄箭を送り寝返りを促したのである。「已戮一人、縶一人」は第三部第一章でも述べるように者竜族の首領を指すと考えるのが妥当である。少なくとも者竜二部族の首領が李継遷に内通し、そのことが発覚したために処分されたのである。潘羅支は李継遷の内部工作に余程不安を感じたのであろう。ちょうど一月後の一一月の三日にも使者を宋に派遣している。同右一一月に「甲午（三日）、六谷首領博囉斉遣使来貢馬五千匹。詔厚給其直。別賜綵百疋、茶百斤、仍宴犒其部族」とある。「馬五千匹」は一種の常套句と考えられるが、潘羅支は大量の軍馬を供給することによって、宋に対して李継遷討滅の作戦発起を慫慂したものと考えてよかろう。史料後段は宋も者竜族の中に不穏な動きがあることを認識していた証拠で、賜物を与えることによって潘羅支政権に繋ぎとめようとする苦肉の策である。宋側の積極的な対応が得られないことに業を煮やした潘羅支は一二月、今度は咩逋（密本）族とともに使者を再度宋に派遣した。出兵要請であったことはいうまでもなかろう。『宋会要輯稿』西涼

府咸平五年に「十二月、西涼府与咩逋族各遣使来貢。帝曰霊州河外賀蘭山則（『続資治通鑑長編』は側に作る）有小涼、大涼部族甚盛。旧与賊遷修好。朕慮其合勢為患。近累得辺奏、知與継遷有隙、迭相攻掠。今西涼咩逋使来。可召問其委曲。因其帰俾賚詔、招諭令助討遷賊。俟立功則重賞之。」とある。[18] 三度におよぶ遣使は西涼府政権の切羽詰まった状況を如実に示している。後に述べるように、翌年、李継遷は大きな抵抗に会うこともなく西涼府を手に入れていることから判断して、李継遷の蕃部工作は一〇月以降も執拗におこなわれていたことは疑いなく、潘羅支もそうした情報を摑んでいたはずである。またその一方で、李継遷軍の本格的な動員準備の情報も潘羅支のもとに達していたであろう。いずれにせよ、李継遷の圧力が日増しに強まっているからこその遣使であることに相違はない。こうした西涼府政権の必死の要求に対して真宗は賀蘭山側の大梁、小梁族と連携させて李継遷軍にあたらせようと考えているのである。宋は西涼府政権の要求に応じるだけの軍事力の余裕はすでになかったのである。

明けて咸平六（一〇〇三）年、いよいよ李継遷にとって運命の年が訪れる。李継遷による宋の環慶、鎮戎軍方面の経略が進み、辺縁部のタングート諸部族に李継遷政権の支配力が強まっていく状況は、真宗をはじめ宋の廟堂も十分に認識していたのである。正月に陝西制置使に任じられた度支使梁鼎が辺境部の米価の高騰に触れた上書の一節で「又鎮戎軍在蕃界、渭州在漢界。渭州斗米高於鎮戎軍二十。環州在蕃界、慶州在漢界、而慶州斗米高於環州六十、粟亦高三十（『続資治通鑑長編』巻五四）。」と述べている。慶州の北方では淮安鎮、環州、洪徳寨等が[19]、渭州の北方では鎮戎軍がそれぞれ蕃界に取り残された拠点として存在するに過ぎなくなっていたのであろう。そして同じ正月の二〇日には衝撃的な情報が二件、涇原、環慶両部署から真宗のもとに届けられる。『続資治通鑑長編』（巻五四）咸平六年正月の条に、

　庚戌（二〇日）、涇原部署陳興等言う「博囉斉、密本族蕃官沁布を遣わし馳騎して鎮戎軍に至らしめ、兵を会し継遷を討たんことを請う。本軍その文牒無きを疑い、遂に部署司に護送す。沁布懼れて焉（馬の誤り）を逸《はし》らし崖

を墜ちて死す。護送者その首を梟《さら》す。」と。上、曰く「これ即ち尼瑪の子、凡そ再び闕に詣り、朕、皆これを召見す。蓋しその父子の化に向い、屢々遷賊を敗るを念うのみ。尼瑪は二子、沁布はその長なり、次は吹資克と曰う。聞くが如くんば彼方の人、悉く沁布を畏ると。既に両《ふたたび》闕に詣る。鎮戎官吏豈にこれを識らずや。乃ちその詐を疑うをや。またこれを防ぐに理を以てする能わず、奔遯せしめまたその首を梟に致すとは。異俗これを聞けば、寧んぞ怨憾せざらんや。使を遣わし伝に乗じ鎮戎官吏を按劾せしむ可し。仍りて渭州をして礼を以てこれを葬らしめよ。」と。

涇原、環慶部署並に言う「蕃賊、鏊子山に在り。旦暮入寇を慮《おそ》る、各々兵を益さんことを請う。」と。上、曰く「この両路の兵数已に去歳に倍す。或はこれを益せば則ち減罷し難し。別将を遣わし三千騎を領し邠州に屯し以て声援を為さしむ可し。賊去れば即ちこれを班《かえ》し、また饋餉の労を免ずるなり。」と。

とある。潘羅支の遣使は前年一〇月から数えて毎月、四回目である。今回は咩逋（密本）族首領泥埋の長子成逋（沁布）を鎮戎軍に派遣し直接口頭で出兵を要請してきたのである。第二章註（22）拙稿で触れたように咩逋族は賀蘭山方面の西涼府よりに居住していた大部族で、因みに泥埋は長子成逋が横死した後に霊州河外五鎮都巡検使に任じられ慰撫されている。潘羅支は正式な使節を立てる暇もなく、伝馬をもって咩逋族首領泥埋に宋軍の出兵要請を依頼したものと考えられる。おそらくこの一箇月の間に李継遷軍の動員が間近に迫っているとする情報があったのであろう。依頼を受けた泥埋は、成逋が二度にわたって真宗の謁見を賜っていた実績を踏まえ、文牒の有無を考慮せずに成逋を鎮戎軍に派遣して宋軍の出兵を要請したのである。ところが疑心暗鬼に駆られた鎮戎軍官吏は成逋を疑い涇原部署司に護送しようとして死に至らしめてしまったのである。知鎮戎軍の李継和は宋王室と姻戚であることから責任を追及できずに「鎮戎官吏」に責めを負わせたのであろう。鎮戎軍方面一円にも李継遷の支配力はかなり浸透していたが、鎮戎軍が成逋を捕えるという不祥事を引き起こしたにはそれなりの理由があったのである。それこそが二件目の「蕃賊在鏊子山、虜旦暮入寇」の情報だったのである。鏊子山については第四章第二節の註（15）で述べたように詳しい位置は特定できないが涇原、環慶両部署や保安軍が報じていることから判断して、横山山脈の中央部を指す白于山から青岡峡にかけての一峰を指したものであろう。その周辺に李継遷軍が集結し、環州方面か、場合によっては長駆鎮戎軍方面に進撃する情報が届いていたのであろう。こうした状況のところに成逋が鎮戎軍に来たのである。鎮戎軍が宋軍をおびき出す李継遷側の策略と疑ったのも無理からぬところだったのである。咸平六年正月、西北辺の軍事的緊張は極度に高まっていたのである。

李継遷の西涼府攻略作戦は日増しに現実のものとして潘羅支政権に緊迫の度を加えさせたようである。それはこの後も頻繁に交わされる宋と潘羅支のやり取りによってわかる。以下、その史料を左に列挙する。

A　二月……己卯（一九日）……西涼府六谷首領博囉斉、蕃官呉福聖臘等を遣わし来貢し、表して言う「朝廷の恩信を感じ、継遷の倔強を憤る。累ねて攻討を行い、人畜を奪うこと甚だ衆し。継遷、これに因り数々投去蕃人を放還す。今悉く械繫し以て朝旨を俟つ。」と。また言う「継遷、鉄箭を送り囉斉をして帰附せしめんとし、已に朝に款を納むと称うも、未だ虚実を知らず。囉斉已に騎兵六万を集む。王師に会し霊州を収復せんことを乞う。願わくば一官を改めまた衣甲を量給せられんことを。」と[20]。上、宰相とその事を議す。呂蒙正言う「囉斉は今、塩州防禦使為り、請うに観察使を以てこれに授けん。」と。上曰く「霊州の旌鉞を与えんと欲するは如何。頃者《このごろ》契丹は偽りて継遷を封じて西平王に為す。戎狄の命この数に足らずと雖も、然るに遽に加うるに王爵を以てす、蓋し嘘名なり。朕常に継遷が西して諸蕃を協（脅の誤り）かし益々備禦に煩うを恐る。博囉斉にまた何ぞこの虚名を惜まんや。」と。蒙正、聖旨の如くせんことを請う。

B　庚辰（二〇日）、博囉斉を朔方節度使霊州四（西の誤り）面都巡検使に為す。仍りて使を遣わし国信及び鎧甲を賫しこれを錫（賜の誤り）う。呉福聖臘を以て安遠将軍に為す。

C　夏四月……庚午（一一日）……これより先、博囉斉屢々王師を請い助けて賊を撃たんとす。時に議して、西涼は渭州から去《はな》れ、河を限り路遠きを以て師期を予約せずと。ここにおいて、囉斉また使多卜埕（鐸論）を遣わして来貢し、且つ言う「六谷聚兵す、願わくば王師に会し継遷を討たん。仍りて請う次いで首領烏磋等七人に官を授けられんことを。」と。上曰く「継遷常に地巾三山の東に在り。来たる毎に辺を寇し、官軍出るに及べば則ち已に遁去す。六谷部族に近塞の捍禦をさせ、官軍と合勢せしめればまた国家の利なり。苟くも以て難しと為せば、必ず敢てまた陳請有らず、将にその懽心を失うと。」と。乃ち詔して烏磋等七人に並びに懐化郎将を授け、請う所の会兵は、如し烏白池、塩州以来に至れば即ち進師を為すと。

D　甲戌（一五日）、西涼州印を給す。知州侍禁丁惟清の請う所に従うなり。（以上、A～Dは『続資治通鑑長編』巻五四）

E　二十四日、西涼府厮邦族首領兀佐、馬家族首領渇東、周家族首領厮郁吒、的流族首領箇羅、趙家族首領阿斯鐸、嗟厮波、日姜族首領鐸論を以て並びに懐化郎将に為す。潘羅支の請に従うなり。（『宋会要輯稿』西涼府咸平六年四月の条）

F　八月……庚午（一三日）、……西涼府咱隆（者竜）族都首領使を遣わして名馬を貢ぐ。上、その嘗て博囉斉と協力抗賊するを以て、命じてこれを優待す。（『続資治通鑑長編』巻五五）

Aと註（20）に載せる『宋会要輯稿』の文章を突き合わせると、咸平六年に入るとすでに李継遷軍と潘羅支政権軍の戦闘が起きていたのである。そしてお互いの捕虜の交換がおこなわれているように、両者は単純に敵対していただけではなく独自の外交交渉もおこなっていたことがわかる。そうした交渉の過程を通して李継遷は潘羅支に対して鉄箭を送り宋とすでに和睦したと称して降伏を促していたのである。李継遷は前年の一〇月に者竜族の二人の首領に鉄箭を送り切り崩し工作を開始していたことは少し前の方で述べたが、今度は直接潘羅支に対して鉄箭を送り降伏を勧告してきたのである。この鉄箭はいわば最後通牒にあたるもので、李継遷としては大軍を動員せずに西涼府の獲得を指向していたことがわかる。李継遷の最後通牒に接した潘羅支は騎兵六万の動員をもって宋軍と会して霊州の奪還を要請しているが、潘羅支は当然、李継遷が霊州付近に駐屯していることを前提に出師を乞うているのだが、真宗以下、宋の廟堂はこの段階では李継遷の所在を地巾三山の東と考えていた。地巾は地斤のことで（三〇五頁）、おそらく地斤沢周辺の山と考えて大過なかろう。それはさておき、真宗は潘羅支の出兵要請には応じずに、Bの潘羅支に朔方節度使、霊州西面都巡検使の地位と国信、鎧甲を与えてより一層の奮励に期待したのである。宋の重い腰に業を煮やした潘羅支はCの四月になると再度、宋軍の出兵を求めた。おそらくこの間にも李継遷側の圧力が強まっていたのであろう。真宗は潘羅支配下の首領達に授官はおこなうも、相変わらず出兵には消極的で李継遷の所在を地巾三山の東方と思い込み、潘羅支に対して烏白池、塩州に出陣すれば出兵に応じると、まるで見当違いなことを言っている。前述したように、すでにこの頃になると真宗も李継遷討滅のために大軍を動員する考えも余力もなくしており、ひたすら西涼府潘羅支政権の努力に期待するだけだったのである。D、E、Fの対応がそれを如実に物語っている。

四　建国運動の光と影

ところがその一方で、この間に宋にとっては極めて有り難い事態が各地で発生するようになっていたのである。その最初の事例が環州方面で発生したのである。『続資治通鑑長編』（巻五四）、咸平六年二月の条に、

壬申（一二日）、環州野狸族慶桑等来たりて馬を貢ぐ。

とある。環州北方洪徳寨付近を原住地とする残留野利族の一員である慶桑（『宋史』党項伝にしたがって以下、慶香とする）等が「来貢馬」、すなわち京師に赴き軍馬を献じたのであろう。原住地残留の野利氏集団については前章第一節

の末尾で触れたように、白馬族と蘇家族、鼻家族、韋移族、保家族、名市族などの名が挙げられる。前四者の首領は咸平四年七月にそろって安化郎将に任じられている。野利族慶香は白馬族慶香とも記され、おそらく安化郎将に任じられた埋香と同一人物であろう（後述）。つまり原住地残留野利族集団は一年半前までは宋側に身を置いていたのである。そしてこれらの部族は咸平元年に原住地復帰を果たした野利氏兀泥族大首領昭州刺史黄羅によって統制されていたものと考えられる。ところが黄羅の消息は咸平元年の記事をもって終わっている。黄羅の特殊な立場からすると、咸平元年以降も李継遷とは密かに連絡を保持していたものと思われる。そして咸平五年になると黄羅は完全に李継遷に与するようになり、原住地残留の野利氏集団もその統制のもと六年の正月までには一応李継遷側に組み込まれるようになっていたと考えてよかろう。涇原、環慶両部署が「蕃賊在鏊子山、慮日暮入寇、各請益兵。（四五五頁）」という状況も、李継遷側の工作によって環州以北一円のタングート諸部族がおしなべてその支配下に組み込まれている実態を反映していたのであろう。そうした状況下に野利族首領慶香等の「来貢馬」がおこなわれたのである。白馬族が軍馬の供給先として位置づけられていた（三八五頁史料参照）ことから考えれば、慶香等がここで軍馬を献じたということは、改めて宋への忠誠を誓ったということに他ならないのである。右史料に「慶桑等」とあるのに注意すべきで、複数の部族長が土壇場のところで再び宋に寝返った事実を正確に記しているのである。その証拠が同じく二月の条に、

戊子（二八日）、環慶都部署張凝言う「蕃部牛羊蘇家等の族、賊遷の族帳と鬥敵す。その立功首領に第《つい》で茶綵を賜わらんことを請う。」と。上曰く「この族は環州の側に在り、険を恃み遠に与り、賊遷と結び援を為し、環州常にこれに病む。朕累ねて辺吏を遣わし招諭し、近くは有志の内附を聞くも尚その詐を疑う。今果たして賊遷と拒戦し、則ち疑無しと。賞物これに優給す可し。」と。

とあることである。「蕃部牛羊蘇家等族」については『宋史』党項伝の対応記事も同じである。おそらく両者が依拠した史料は『真宗実録』であったと思われるが、それに「牛羊」と記されていたことがわかる。単純に読むと「牛羊

族」と解釈できるが、筆者はこの部分に関しては原史料には「牛家」とあったものと確信する。原史料からおそらく『真宗実録』に採録する際に、あるいは『真宗実録』の複製を筆写する際に「馬牛羊」の慣用句から「牛」につられて「家」を「羊」と書き誤ったものであろう。原史料には「蕃部牛家、蘇家等族」とあったはずである。筆者が「牛家族」の読み方に拘る理由は第二章第三節の最後のところで述べたように、淳化四年、鄭文宝の青白塩流通禁止策に端を発した環慶路の一大騒擾事件で中心的な役割を果たした部族が牛家族であったからである。牛家族は五代の頃は牛児族の名称で史料に名を残しており、これも原住地残留の野利氏の有力部族の一つであったことは間違いない。蘇家族に関しては、李徳明政権時代に西涼府を守護した蘇守信（第三部第一章参照）や、その後、李元昊と婚姻関係を結んだ蘇氏（第三部第二章）の出身部族のことであろう。こうした経歴は野利氏の一員であることを雄弁に物語っている。真宗の言はまさに淳化四年の大騒擾事件を指しているともとれ、両部族が時に応じて李継遷にも通じ宋の環慶路支配の障害になっていた部族であることが証明される。壬申（一二日）の「来貢馬」には牛家族、蘇家族も名を連ねていたことは間違いなく、その忠誠の証明こそが「与賊遷族帳鬥敵」であったのであろう。二月の段階では李継遷軍との戦闘ではなく、同じ地域に居住する李継遷側の部族を襲撃したことをもって真宗の信用を得ようとしたものである。特に蘇家族に関しては『宋史』党項伝の同年三月の条に「環州酋長蘇尚娘撃賊有労、及屢々告賊中機事、以為臨州刺史、賜錦袍銀帯。」とあり、(21) 部族長の蘇尚娘が李継遷側の機密を知る立場にあったことは蘇家族が野利氏の有力部族であったことをさらに補強する証拠である。白馬族、牛家族、蘇家族等の有力蕃部がこの期におよんで再び宋に帰順した理由は前年の咸平五年からこの年にかけて各地の蕃漢諸部族が絡繹と宋に内附したことと関連しているのであろう。このことについてはこの後に述べるとして、環慶路の状況は彼らの離反で一変したことはいうまでもない。本来、李継遷はこれらの部族を嚮導にして宿願の一つである環慶路征圧を考えていたのだが、一転して彼らの膺懲に作戦を変更せざるを得なくなってしまったのである。『続資治通鑑長編』（巻五四）、夏四月乙丑（六日）の条に、洪徳寨主段守倫言う「李継遷入寇す。蕃官慶桑（慶香）泊（泊の誤り、および）び伽哲慶（乩都慶）等の族相与に角鬥す。本寨兵を出し応援しこれを敗走せしむ。生擒四十九人、墜崖死傷者甚だ衆く、馬七十一匹、旗鼓鎧甲五百六十余を獲る。」と。上、陣図を取り、入奏使者をしてその状を指陳せしめ、且つ言うに「慶桑等賊と対陣す。しかして洪徳寨は相距たること千余歩。慶桑等その生熟戸に不便を慮り、亟にこれを止め、自ら部族を帥いて転戦す。継遷遂に敗れり。」と。上曰く「これ王師を仮り以て勢援を張ると雖も、而して交鋒獲虜、慶桑等の功なり。悉く獲る所を以てこれに与えん。」と。仍《より》て賜賚を加え、第《つい》で寨兵に緡銭を給し、慶桑を以て順州刺史本族都首領を領せしめ、伽哲慶は羅州刺史を領し、余は遷秩差有り。［＊（ ）は『宋史』党項伝の表記］

とある。四月六日は段守倫の報告が届いた日であるから、李継遷軍の洪徳寨入寇は三月のことである。李継遷の派兵は離叛した野利氏系の諸部族を膺懲するためであったと思われるから、乩都慶とは三八八頁で触れた鼻家族都慶のことに相違なく、野利氏系の部族である。ところが李継遷軍は環州野利族慶香と乩都慶の部族によって逆に撃退されてしまう。おそらく大規模な動員ではなかったのであろう。そして五月の条にも「環州白馬族与李継遷拒鬥、族帳屢徙乏食。丙午（一七日）、詔以禾粟賜之。又徙洪徳寨内属蕃部於寧州界。」とある。環州白馬族とは野利族慶香の部族のことであるから、この記事は五月に再度戦闘がおこなわれたことをいっているのではなく、三月の戦闘で善戦した野利慶香に関わる賜賚等を述べたもので、引き続き宋側の兵力としての活躍を期待したものである。環州北方の野利族集団を取り上げたついでに原州野利族の動向についても短く触れておこう。四〇五、四四二頁で述べたように、原州野利族も李継遷と宋の狭間で揺れ動いていたようであるが、咸平五年の二月以降は宋にしたがい、六年七月には首領の子阿宜が懐化将軍に任じられている[22]。原州野利族も李継遷の徴発、徴用を嫌い宋側陣営に身を置いていたのである。

さて、環慶路征圧に初手で蹉躓した李継遷は取り敢えず南面作戦続行の構えを取っていたようである。右『続資治通鑑長編』の五月丙午の記事に続けて、西面部署司言う「李継遷その子阿克伊（四二七頁は阿伊克）と兵を浦洛河に聚め、入寇を声言す。」と。諸路に命じて斥候を厳くし軍旅を整えしむ。如し寇鎮戎軍に至れば、則ち環、慶兵を出し深く入り、以てその勢を撓《みだ》さん。洪徳寨に至れば、則ち環、慶出兵しまたこれの如し。

とある。環、慶州と鎮戎軍間の即応態勢は李継和の防衛ライン（第二節四四一頁掲載史料）の一部が完成していたことを証明するものであろう。李継遷と李徳明の具体的な消息を示す情報は咸平四年八月の清遠軍攻撃（四二六頁）以来、およそ二年ぶりのことである。浦洛河とはその清遠軍辺りを濫觴として北流して黄河に注ぐ霊州川のことである。浦洛河を遡上して南下すれば洪徳寨に、西に移動して葫芦河川を遡上すれば鎮戎軍を襲える位置に兵を結集しているという情報に現地守備軍の警戒態勢はさらに高まっていたことがわかる。

ところが、それからわずか六日後には一見するとまったく異なった情報が真宗のもとにもたらされているのである。右記事に続く壬子（二三日）の条に、

A　環州虎翼軍士魏瓊等四人、前に李継遷の掠する所と為り、ここに至り遁帰し、且つ言う「継遷は霊州の東三十里東関鎮に在り、柵を樹《た》てこれに居す。部する所の人騎約三万。去歳傷旱し禾麦不登。また河水を引き漑田するも、功畢《おわ》るや防決す。凡そ役を執る者、小過有れば則ち頭を撃ち河に投じ、人をして下流に就いて接視し、蕃人なれば則ち援け以て出し、漢人なれば則ち否む。銀、夏州の民の衣食稍々豊かなる者は并びに西徙せしむ。蕃落数年　薦《しばしば》飢え、道殣〈道に行き倒れる意〉相望み、下多く咨怨す」と。詔して瓊等に袍帯、緡銭を賜い、第《つい》で小校、隊長に補す。

とある。李継遷は霊州の東三〇里に位置する東関鎮に兵三万を擁して駐屯しているというのである。前年の三月に霊州を攻陥した目的は霊州に国都を奠めるためであったが（後述）、軍事拠点を霊州の東の要を意味する東関鎮に置いていたことがわかる。東関鎮は霊州に注ぐ浦洛河の下流部付近に位置していたはずであるから、右の丙午の記事にあ

る「聚兵浦洛河」の記述と矛盾するものではないことがわかる。つまり、李継遷父子は東関鎮に駐屯し南面作戦部隊を浦洛河上流部に派遣し、当初、原住地残留野利氏集団を嚮導にして環慶路征圧を企図したのである。ところが野利氏集団の裏切りに遭い、加えてその膺懲作戦も失敗してしまう。何度も触れるように、李継遷の戦術の特徴は作戦完遂に拘らず、臨機応変に作戦を変更して常に戦況の膠着状態を避けることである。事実上環慶路征圧作戦はこの時点で中止したのである。李継遷が短期間でこの作戦を中止した理由は膺懲作戦の失敗が原因ではない。この後に史料を掲載するが、ちょうど同じ時期に環慶都部署張凝が環慶路深奥部に散居する多数のタングート諸部族に宋復帰を促し、大量招降を実現させていたことに関連しているのである。つまり環慶路深奥部のタングート社会は李継遷側の圧力に屈してその支配下に組み込まれていたのであるが、土壇場のところで宋に鞍替えしてしまったことが最大の原因なのである。その理由についてはこの後で述べるが、原住地残留野利族集団の背反も同轍の動きだったことがわかる。宋は危ういところで李継遷軍の環慶路征圧を食い止めることに成功したのであった。李継遷は陽動部隊を浦洛河上流部に残し、環慶路、鎮戎軍方面の攻撃を声言し引き続き宋軍の関心をこの方面に繋ぎ留めさせるが、これは最大の目的である西涼府攻略作戦を成功させるための捨て石の意味があったのであろう。

ところで右史料は李継遷の所在地を知るだけでなく、模糊として不明であった李継遷側の内情を知る上で実に貴重な情報を提供しており値千金の価値がある。よく似た情報を載せる史料が同じく『続資治通鑑長編』（巻五五）に掲載する四箇月後の同年九月の条の、

B　壬辰（五日）、夏州教練使安晏、その子守正と来帰し、且つ言う「賊境艱窘し、惟《ただ》劫掠し以て済す。また夏、銀、宥州の民の丁壮なる者を籍（名簿に登録する意）し河外に徙す。衆益々咨怨し、常に生を聊《たのし》まず。」と。詔して晏を殿直に補し、衣服、緡銭を賜う。

である。さらに同巻一一月癸巳（七日）の条にも、

C　環州言う「李継遷の部下、突陣指揮使劉贇等、継遷の残虐、蕃部の災旱を以てその属を率いて来帰す。」の記事がある。この三つの史料を便宜上順にA、B、Cとしておく。三史料を総合して勘案すると、外目には李継遷の建国運動が最高潮に達しているかに見える反面、その内実はそれにともなう諸々の矛盾も沸点に近づいていたことがわかる。李継遷側は前年来旱に苦しみ重大な食糧難に陥っていたことがわかる。Aの「道殣相望、下多咨怨」とは餓死者が続出し怨嗟の声が満ちていることを表わしている。Bの「惟劫掠以済」はひたすら徴発の徹底をおこなっていたことを物語る。李継遷はその改善を図るべくAにあるように霊州で灌漑工事をおこなったのである。ところが工事はなかなか順調には進まず堤防は決壊し、工事責任者は罰として河に投ぜられたというのである。驚くべきは浮き上がった人間がタングート人であれば救出し、漢人であればそのまま河に流したというのである。この情報は魏瓊等が直接見聞したものではなく風聞の類のものであろうが、魏瓊等の逃帰の事実と絡めて考えると、李継遷政権のもとで過激な国粋化が進行し漢人の立場が不安定になっていたことを反映しているのであろう。そこで三史料に登場する人物の解析を先におこなっておこう。Aの魏瓊等四人は環州虎翼軍士であったことから漢人と断じて間違いなかろう。彼等はいかなる事情で宋に逃帰したのであろうか。魏瓊等四人は以前に李継遷側に「掠」つまり連れ去られたということであるが、別段虜囚の生活を送っていたものでもなかったようである。報告にある李継遷の漢人虐待の風聞と日頃の待遇に不満と不安を感じ逃げ帰ったのが実相であろう。彼らは李継遷のもとで何をしていたのか。その答えとなるものがB、Cに登場する人物である。Bの夏州教練使安晏と息子守正は安姓(23)から判断すると沙陀系の漢人であったと思われる。その安晏が李継遷軍の夏州教練使を勤めていたのである。またCの劉贇もその姓から考えて漢人と判断してよかろう。劉贇は李継遷の直属の突陣指揮使であった。そうするとAの魏瓊等が虎翼軍士であったことから推測すれば、彼らの役割も李継遷軍のもとで軍人であったことは容易に推測がつく。李継遷の軍隊がすべてタングート諸部族だけで構成されていたわけではない。証拠はすぐ後で述べる李栄やCの劉贇の事例から漢人部落の徴兵もかなりの数に達していたはずで、また要所の軍幹部には安晏や劉贇の例からもわかるように漢人系が大量に登用されていたと考えて大過なかろう。その根拠は第一章第三節二七九頁以下で述べたように、五代以来、志を得られずに反体制の側に押しやられた「諸方割拠の罪人」の多くがタングート社会に逃入していた事実があるからである。超大物の張浦のごときは政権中枢に活躍の場を得たのであろうが、有名無名の多くの漢人とその子孫が軍人として李継遷軍の各部署で役割を果たしていたことは間違いあるまい。確かにタングート諸部族の兵は宋軍の兵に比べるとはるかに剽悍であったろう。李継遷軍の揺籃期は部落ないしは部族単位の行動で、日常の上下関係がそのまま軍事にも応用され漢人系軍人の役割も付随的なものであったかも知れない。しかしながら軍事機構が急速に拡大され、軍編成も格段に大規模複雑化するにともない、各級指揮官の役割はとてもタングート系軍人だけの手に負えるものではなかったはずである。そこに経験豊富な漢人系軍人の活躍の場があったものと考えられる。Ａの魏瓊等四人のごときはまさに下級指揮官要員として李継遷軍に拉致されたものと考えるべきであろう。要するに李継遷軍の近代化につれて漢人系軍人の役割と存在意義は看過すべからざるものになっていたのである。こうした漢人系軍人に最初の異変が生じたのは前年咸平五年の八月のことで、河西蕃部教練使李栄等が率属帰順（『続資治通鑑長編』巻五二、八月甲子朔）している。河西蕃部とあり、帰順報告は石、隰州副都部署耿斌であるから李栄は大理河南方の河西タングートの複数部族を率いる教練使だったのであろう。そして、「率属帰順」していることから判断すると李栄自身も漢人部落を率いる軍人で、蕃漢部落民が直属の兵力として李継遷軍に動員されていたと考えてよかろう。Ｃの劉贇も「率其属来帰」しているので李栄と同じ立場だったのであろう。あるいは李栄、劉贇はほとんど漢人化した熟戸蕃部の出身だったのかも知れない。そして咸平六年の二月には、こともあろうに李継遷の後継者李徳明の元従（譜代の家臣の意）劉栄が宋に降り三班借職に補せられ居第を賜っているのである（『続資治通鑑長編』巻五四）。劉栄も姓から判断して漢人か、熟戸系と考えてよかろう。李継遷のみならず李徳明の元従にも漢人系が控えていたことは、政権中枢部における漢人の影響力がいかに大きかったかの証拠であろう。劉栄の来降の三箇月後に史料Aの魏瓊等の逃帰が発生しているのである。一連の宋帰順は李継遷軍において漢人系軍人の立場に異変が生じていたことを推測させる。

ところで翻って考えてみるに、この一両年の李継遷の最大の関心事は西涼府の攻略と霊州に国都を建設することであった。この二つの問題は密接な関連があり、まさに李継遷の建国運動の最終工程にあたるものである。李継遷が潘羅支陣営の切り崩しをさかんにおこなっていたことはすでに述べたが、同時に大規模な動員計画を立て実行に移しつつあったことは西涼府から宋にしばしば救援要請が発せられていることからもわかる。連年におよぶ軍事作戦で各部族、部落の動員、徴発も限界に達していたはずである。そしてAの漢人系に対する差別から推測すると、その負担には漢人部落により一層厳しいものがあったであろう。その上に西涼府遠征軍の派遣が現実のものとなったのである。河西蕃部教練使李栄やBの夏州教練使安晏の宋帰順は西涼府派遣軍の動員が夏、銀、綏州方面の部族、部落にもおよんでいたことを証明するものであるが、同時に漢人系軍人に対する命令、負担には純粋タングート系軍人以上に過酷なものがあったはずである。そこで注目すべきは、三史料から髣髴として浮かび上がる李継遷の姿である。専制独裁体制が極度に高まり残酷性が顕著になったことである。支配下蕃漢諸部族、部落の不満はおしなべて等しいものがあったことは左に列挙する史料群からわかるが、李継遷がその不満の温床を漢人社会に定め、漢人系軍人に猜疑の目を向けるようになったことは十分に考えられることである。漢人系軍人の離叛は当然の帰結だったのである。そして支配下蕃漢諸部族、諸部落の不満を決定的にしたものが国都の建設であった。国都の建設経営には膨大な費用と労働力が必要である。このことを如実に示す史料がA、Bの記載である。Aの「銀、夏州民衣食稍豊者、并西徙」とは李継遷にとっての最大の権力基盤である夏州、銀州一円の支配層を霊州に移住させたことを述べているのである。そしてBの「夏、銀、宥州民之丁壮者徙於河外」もこの三州の富裕居民層に対して霊州への強制移住を命じたことを述べているのである。具体的に記されている州名は夏州、銀州、宥州であるが、実態は決してこの三州に止まるものではなく、人と物の割りあては李継遷支配領域のすべての部族、部落におよんでいたことであろう。つまり、李継遷は国都霊州を建設経営するために大規模な徙民集住政策を強行していたのである。そしてこのことが蕃、漢を問わず多くの部族、部落に不満を増幅させる結果となり、大量の「流民」を発生させてしまったのである。そこで両三年の宋内附記事を、多少性格を異にする先行事例も含めて順に列挙しておこう。なお、出典は『続資治通鑑長編』により、〈　〉は『宋史』等の表記をあらわす。

咸平四年

九月

①癸酉（五日）、環州言う「蕃族威布〈嵬逋〉等先に李継遷の掠す所と為り、今、帳を徙して来帰す。」と。詔して近地の閑田を給しこれに処らしむ。（巻四九）

閏一二月

②戊寅（一一日）、延州言う「李継遷蕃部阿約勒〈訛遇〉等百戸来降す。」と。詔して田を給し帛を賜う。長吏常にこれを存撫す。（巻五〇）

③乙酉（一八日）、延州言う「継遷蕃部瑚葉実〈明葉示〉、普密額珠〈撲咩訛猪〉等の首領、属を率いて帰附す。」と。詔して善地を択びこれに処らしめ、常に存撫を切にす。（巻五〇）

咸平五年

正月

④乙卯（一九日）、石、隰州部署言う「李継遷の部下、指揮使鄂朗吉〈臥浪己〉等四十六人来附す。」と。詔して軍主に補し、袍帯茶綵を賜う。石州に令し田を給しこれに処らしむ。（巻五一）

八月

⑤丙戌（二三日）……石、隰州副都部署耿斌言う「河西蕃部指揮使拽浪南山等四百余人来帰す。」と。袍帯茶綵口糧を賜い、仍りて所在をして倍《ま》してこれを存恤す。（巻五二）

一二月

⑥壬戌朔、石、隰副都部署耿斌等言う「詔に準《のっと》り、河西投降雑戸を徙し石州平夷等の県に隷し、給するに閑田を以てす。今州界絶えて曠土無し。」と。上曰く「この輩凡そ二万余戸、職を以て署すと雖も、然るに未だ養生の計有らず。その所を失うを慮り、宜しく転運司をして部下の逋民の田を籍してこれに給せん。」と。（巻五三）

咸平六年

二月

⑦丙戌（二六日）、鄜延部署康進等言う「蕃部伊実〈葉市〉族羅莽〈羅埋〉等賊遷の偽署牒を持ち、その族百余帳を帥いて来帰す。」と。詔して羅莽を以て本族指揮使に為し、喇呼を軍使に為し、賜賚差有り。（巻五四）

三月

⑧壬辰（二日）……石、隰都巡検使高文岯言う「綏州東西（山の誤り）蕃部軍使葉錦〈拽臼〉等百九十五口内属す。」と。（巻五四）

⑨乙卯（二五日）……環慶都部署張凝言う「内属戎人、賊界と錯居し、屢々脅誘せらる。臣、兵を領して木波鎮を離れ、新開路由り径《ただち》に八州原下寨に至り、招降して沁陽（岑移）等三十三族を得る。また淮安鎮より分水嶺に入り、招降して瑪默特（痳謀）等三十一族を得る。また柔遠鎮に至り、招降して楚克密（巣迷）等二十族を得る。遂に業楽に抵り、招降して珠蘇威家（豬樹羅家）等百族、合四千八十戸を得る。第で袍帯物綵を給し慰め遣わし族帳に還す。」と。凝、功を以て就いて寧州団練使を加う。（巻五四）

一〇月

⑩丙戌（三〇日）、銀州牙校時乂等、族を挈え帰順す。右三班借職に補し、賜賚差有り。（巻五五）

史料①は環慶路深奥部のタングート部族が一旦は李継遷の支配下に組み込まれるも、咸平四年の秋にそれを嫌って宋に内附し、環州近郊に移住させられたことを述べている。霊州国都問題とは直接の関係はないが、接壌地帯の蕃部に対する李継遷の獲得工作が極めて強引なものであったことを示している。⑨の先行事例である。②から④の史料は第二節の四四〇頁に掲載し説明したように、時期的に考えて霊州攻撃にともなう動員徴発を嫌っての宋内附と考えられる。特に④は李継遷のもとで指揮使を勤めていたタングート族の臥浪己等の来降記事で、すでに霊州攻略戦の段階でタングート族の軍人の中にも動員に不満を強めていたものがいたことを示しており興味深い。そして⑤以降がまさに西涼府攻略作戦と霊州国都問題等に関わって発生した宋内附事件といってよかろう。⑤の拽浪南山は河西蕃部指揮使で石、隰州に降っているところから綏州方面の蕃部であったことがわかるが、筆者はその名前に注目している。拽浪の音は *iäi lâng* で野利は *ia lji* である。南山といえば唐末に東山部タングートに代わって台頭した南山部タングートの野利氏（第一部第一章第七節四六頁以降参照）が思い浮かぶ。拽浪は野利の異字訳ではなかろうか。同じく新定本の巻一二〇景祐四年末尾の条に野利仁栄を葉勒 *iäp lək* 仁栄と表記していることも参考になる。そうだとするとこの人物は南山部野利氏の酋長という意味になる。衛慕氏との関係から李継遷と野利氏主流を結び付けたのは南山部野利氏である。酋長名として部族の名前が記されている記事は他にも存在することから考えると、⑤は綏州方面に古くから土着していた南山部野利族の集団が李継遷の徴発に耐えかねて宋に内附した史料と解釈してよいのではなかろうか。そして驚くべきは「拽浪南山等四百余人」の宋内附はまさに氷山の一角に過ぎなかったということである。それを示す史料が⑥であり、逐一記録には留められなかった綏州、大理河方面居住の蕃部が年末にかけて大量に宋側に流入していたことが、真宗の発言中にある「此輩凡二万余戸」の数字からもわかる。綏州方面の大量離反は遥か遠方で展開する西涼府攻略作戦や、霊州に国都を建設することにともなう動員、徴発、移住等の負担が全支配領域におよんでいたことを如実に示している。綏州方面の蕃部の離反は年が明けた咸平六年になっても一向に収まらなかったことが⑧の史料でわかる。東山蕃部とはかつて平夏部と並び称せられた東山部タングートの末裔である。この間、李継遷の支配に甘んじていたことがわかるが（三九七頁参照）、ここに至ってようやくその支配を脱する道を選んだのである。また、動員令が全領域におよんでいたことを裏付ける材料が⑦である。蕃部葉市族羅埋の来降は鄜州部署が報じているところから、葉市族は延州北方の部族だったのであろう。羅埋と喇呼が宋に降ってそれぞれ本族指揮使と軍使に任じられているところから判断すると「賊遷偽署牒」とは西涼府攻略作戦の動員令だったと断じてよかろう。このように李継遷が駐屯する霊州付近から遠く離れた地域に居住する蕃漢諸部族、諸部落の離反は措くとして、同じ三月には比較的目の行き届く環慶路深奥部のタングート諸部族に対する支配力も急速に翳りを見せてくる。それを示す史料が⑨である。あたかも張凝の努力によって合計一八四族、四〇八〇戸が招降に応じたかのように記されているが、もとより「内属戎人」であったことを考えれば、李継遷の度重なる徴発、徴用に耐えかねて一斉にその支配を脱し再び宋の側に立ち戻ったというのが実相であろう。彼らは居住地を離れたわけでもなく、また数字が正しいものとして大約計算すると、一部族約二二戸になる。つまり環慶路深奥部の山谷皺襞に散在するタングート諸部落を部族といっているのであろう。そして最後に⑩の銀州牙校時乂等の「挈族帰順」が発生している。一〇月三〇日といえば李継遷が自ら西涼府攻略の遠征軍を率いて西涼府に向かっているその最中である。その時期に李継遷の本貫地を守る部下が一族をしたがえて宋に降っているのである。先に触れたCの突陣指揮使劉贇の離反はさらにその後のことなのである。

そこで論述を整理しておこう。李継遷の建国運動が最高潮に達するにともない、その独裁強硬路線に対する反動も深刻さを益すようになってきたのである。原住地残留の野利族集団の宋来貢も、環慶路深奥部のタングート諸部族の内附も、そして綏州方面で発生した大規模な流民の動きや蕃漢軍人の離反も、その原因はすべて等しく、李継遷が強行している国都建設と西涼府攻略作戦にともなう諸々の負担の過重にあったのである。

五　李継遷の見はてぬ夢

李継遷軍事独裁政権はかなり深刻な状態に陥っていたといっても過言ではなかろう。未だ末期状態に陥っていない伝統王朝ならばそれなりの手当てを施すことによって事態を改善することもできる。それに対して軍事力一本で政権を維持していく新興勢力はあくまでも強硬路線、言い換えれば恐怖政治で突き進まなければならないのが宿命である。政権の求心力を維持、強化するためには権威を演出する壮麗な国都と常に華々しい外交的成果が必要である。李継遷は当初、タングート平夏部の聖地ともいうべき無定河中流域の夏州を国都の予定地にしていたことはその攻略に拘った（第三章第一節等参照）ことからもわかる。ところが建国運動が進捗するにつれて霊州を志向するようになったことは当然の帰結であった。夏州は父祖伝来の地ではあるが、周囲は沙石の荒野で、かつて五代後唐の明宗が大軍五万をもって攻略しようとして失敗した時、定難軍節度使の李彝超兄弟が「夏州貧瘠、珍宝の蓄積を有しもって朝廷の貢賦を充たすべきにあらざるなり。……蕞爾の孤城……（第一部第四章第一節）」といっている通りで、防禦に適していたということは同時に発展性には乏しかったことの何よりの証左である。そして最も重要なことが地理的に見て宋、遼二大国の国境に近すぎたということである。それに対して霊州は宋、遼の国境に遠く、加えて黄河の水に恵まれ古来肥沃な大地として知られる農業生産力に富む広大な土地である。そしてさらに重要なことは、古来、西域諸国の交通路の中国側の門戸であったことである。西域諸国の貿易物資を宋、遼二国に流通させる中継地として測りしれない「関税収入」をもたらすことはわかりきったことである。霊州の地を新国家の国都に奠めたことは極めて正しい選択だったのである。しかしながら、古今東西、国都の建設と経営には多大な費用がかかる。もとより領域全土が農業生産力に乏しく、宿命的に富の源泉を他国に仰がざるを得ない以上、西域諸国の貿易物資はもっとも安直な栄養源である。それを徹底して確保するには朝貢貿易路を全面的に支配するにこしたことはない。ところがその途中に強力な敵対勢力が出現し、貿易路を閉塞、ないしは迂廻路を開設するとなると損失はまさに致命的といってもよかろう。その勢力こそ西涼府に蟠踞する河西チベット族の潘羅支政権だったのである。李継遷が西涼府攻略を急いだ背景にはさらに面倒な問題が生じていたことを指摘しておきたい。それは「西涼府潘羅支政権始末考」で論じたように、咸平五年三月に霊州が陥落した後、真宗が計画した府州折氏、豊州蔵才族、霊州河外大涼・小涼族、咩逋（密本）族、西涼府政権を連ねる李継遷包囲網が六年になると少しずつ形を作り始めていたことである。『続資治通鑑長編』（巻五五）咸平六年六月丁卯（九日）の条に「豊州瓦窰、没剤、加羅、美克等族済河撃敗李継遷。辛未賜詔奨之」とあるように、豊州蔵才族首領王承美にしたがう勢力（第一部第五章参照）が李継遷の背後を襲って牽制したのはその顕われの一つである。八月戊辰（一一日）に折惟正の祖母路氏に茶、薬を賜ったのも（同右史料）府州折氏の奮闘を期待しての賜与であった。李継遷も宋が必死の巻き返し策を講じていたことは充分に承知していたはずである。さらに同じころ、鎮戎軍南方の広い範囲に居住していたタングート系、チベット系双方の諸部族が相次いで宋にしたがうようになったことである。『宋史』吐蕃伝の咸平六年の条に「其年、原、渭蕃部三十二族納質来帰」とあり、この方面のチベット系蕃部が李継遷の支配を嫌って宋側に転じる動きが発生したのである。そして『続資治通鑑長編』同右六月の条に「丁丑（一九日）、知渭州曹瑋言、隴山西延家首領図ト（禿逋）等納馬立誓、乞随王師討賊。仍請以漢法治蕃部、且称其忠実。可使詔授図ト本族軍主、厚犒設之。」とあるように隴山西方に土着する延家族も宋に内附したのである。ほぼ同じ史料が『宋史』吐蕃伝にも載せられているから、延家族は隴山西方に土着するチベット族だったことがわかる。後に西北辺で八面六臂の活躍をする曹瑋が史料上に登場する最初の事例である。李継遷の圧力が鎮戎軍よりも遥かに南方に位置する隴山西方のチベット族にまでおよぶようなことになると、事実上、宋と潘羅支政権の連絡は困難になってくる。彼らの宋帰順は知渭州曹瑋の地道な経営努力の成果であり、これによって同じチベット族の西涼府潘羅支政権と隴山西方のチベット族が連結されることになり、結果的に李継遷包囲網が強化されることに繋がったのである。さらに李継遷にとって不利な事件が続く。同右八月の条に「辛未（一四日）、原、渭等州言、州界戎人未附者八部二十五族、今悉詣吏納質。」とある。『宋史』真宗紀二では「州界戎人未附者」を通常チベット族を指す「西蕃」としているが、この記事は党項伝にも掲載されているのでこの集団がタングート族であったことは間違いない。また、原州には野利氏がいたことからもわかるように、原州から渭州方面にかけてはタングート系の蕃部が多数居住していたことがわかる。「八部二十五族」とは八部族、二五部落の意味であろう。彼らも李継遷側に取り込まれて徴用、徴発の対象になっていたものが、ここに来てその負担に耐え切れずに宋に内附する道を選んだのである。原、渭州方面はタングート系とチベット系の蕃部が錯居する地域だったことがわかる。このように咸平六年も半ばを過ぎる頃になると、李継遷の厳しい施策に耐えかねて広い範囲で宋に走る部族、部落が続出するようになったのである。支配領域各層の不満が高まり政権基盤が大きく揺らぎ始めていたことは明敏な李継遷が一番よく理解していたはずである。荏苒日を送ることによってじり貧になることを避けなくてはならない。李継遷は多少の無理を冒しても河西回廊征圧の実績を示すことによって求心力の回復を狙ったのである。西涼府攻略作戦はその意味で危機の中央突破であり、まさに両刃の剣だったといえよう。

一〇月になると鄜延部署から重大な情報が真宗のもとに届けられる。『続資治通鑑長編』（巻五五）、一〇月の条に、癸未（二七日）、鄜延部署馬知節等言う「李継遷、諸族を調集し塩州に会し、謀りて稾駞、車箱峡等路を取り環慶に入寇せんとす。」と。上曰く「これ必ず西蕃を攻略し、而して入寇を声言するなり。」と。乃ち涇原部署陳興等に詔して鎮戎軍、石門、摧沙堡、六盤関等の処に頓兵設備し、その至るを伺いこれを掩襲せしむ。(24)

とある。李継遷が塩州に兵を集め、改めて環慶路入寇を呼号しているというものであった。真宗はこの情報を、李継遷が「西蕃」を攻略するための陽動と捉えたのである。「西蕃」とはチベット族を指すことはいうまでもないが、涇原部署陳興等に詔して鎮戎軍、六盤関方面の警戒を厳重に指示しているところから考えると、真宗が考えた「西蕃」とは西涼府政権のことではなく、原、渭州方面のチベット系の部族だったことがわかる。つまり真宗の念頭にはすぐ前で述べた延家族等この方面のチベット系部族の内附があったことは間違いない。それではこの時期に至って李継遷は何ゆえに宋側に知られるように塩州に集兵して環慶路攻略を声言したのであろうか。そこで思い出されるのが第三節末の史料Cの真宗の発言である。おそらく三月になされた潘羅支の重ねての出兵要請に対して真宗は「所請会兵、如至烏白池、塩州以来即為追斫」と応えているのである。李継遷討滅のために潘羅支が軍勢を引き連れ塩州方面に出てくれば宋も出兵に応じる用意があるといっているのである。霊州を通り越して塩州まで潘羅支軍の動員を求めるなど、極めて非現実的な要求で、真宗にしたところで本気で考えていたわけではなく、あくまでも潘羅支側を繋ぎ止める方便だったのであろう。ともかくこうした内容を含む詔書が潘羅支の手元に届いたのは四月中のことであろう。ところで、李継遷が宋や遼に対して間諜を放っていたことは先に述べたが（第二章第三節三二一頁）、西涼府政権に対しては単に間諜を送り込む程度のことではなく、潘羅支配下の者竜族の切り崩しをおこなっていたことは先に述べた。後に折逋遊竜鉢のように潘羅支政権を支える最有力者までもが李継遷側に寝返っている（第三部第一章）事実から推測すると、咸平六年になると潘羅支政権内部にも親李継遷勢力が形成され、逐一西涼府政権の情報は李継遷のもとに送られていたものと考えて大過あるまい。そうすると真宗が潘羅支に与えた塩州会兵の情報も李継遷の耳に達していたのではなかろうか。李継遷は西涼府攻略に先だって塩州方面に兵を動かすことによって宋側の出方を確認したものと思われる。その結果、真宗は李継遷側の動きをあくまでも西北辺の侵寇と捉え守りに徹してしまい、潘羅支軍との連携どころか李継遷軍の結集する塩州に出撃する気配すらないことがわかったのである。李継遷の陽動作戦はみごとに成功し心置きなく西涼府攻略に集中することができたのである。

西涼府の陥落は霊州のそれと同じようにどの史料を見ても記述は極めて簡略である。その理由は詳細な戦況を宋に報告すべき当事者が死亡し詳報が宋に伝わらなかったことを意味している。『続資治通鑑長編』（巻五五）、一二月甲子（九日）の条に、

西面部署言う「李継遷、西蕃を劫し攻めて西涼府を陥し、遂（逐の誤り）いてその居人を出す。知涼州殿直丁惟清ここに没す。」と。

とある。『宋史』吐蕃伝は「其年十一月、継遷攻西蕃、遂入西涼府……」とあり、西面部署が情報を取り次いだ日数を考えれば西涼府の攻略が一一月の出来事であったことは間違いない。西涼府を陥れた李継遷は住民を追い出し知涼州の殿直丁惟清はその間に死亡したことがわかる。李継遷討滅を呼号していた肝心の潘羅支はどうしていたのか。『続資治通鑑長編』（巻五六）景徳元年春正月壬子（二七日）の条に続けて、

李継遷の西涼を陥すや、都首領（六谷大首領が正しい）博囉斉偽りて降る。継遷これを受けて疑わず。未だ幾ばくならずして囉斉遽かに六谷蕃部および咱隆族を集め合せてこれを撃つ。継遷大敗し、流矢に中り創甚しく、奔り還り霊州の界三十里に至りて死す。

とある。史料を単純に読み解くと、大編成の李継遷軍の進攻に恐れた潘羅支は偽って降伏し、李継遷を安心させる。そして隙を見て配下の六谷蕃部と者竜族を糾合して李継遷を襲撃する。不意を衝かれた李継遷は大敗し、流れ矢にあたって重傷を負い、雪崩を打って敗走するも霊州を目前にした三〇里の地で死亡してしまった(25)、ということになる。しかしながら諸史料を突き合わせて校勘すると事実はそう単純なものではないことに気づく。そこで李継遷の一命を奪う結末になった西涼府攻略戦の全貌を多少の推論も交えながら再現してみよう。

潘羅支は李継遷自らが陣頭指揮を執るタングート遠征軍に対して一戦も交えずに降伏したようである。仮に戦闘がおこなわれた後の降伏ならば、当然、潘羅支は身柄を拘束され逆襲などできるはずはないからである。潘羅支が宋から賜っていた「牌印官告衣服器械(26)」が李継遷に奪われていることは（史料次掲）、まさに降伏の証として提出させられ

たことを意味しているからである。潘羅支はなぜ降伏したのか。李継遷軍が刻々と西涼府に逼りつつあったことはその途上の味方勢力によって逐一報告されていたはずである。邀撃態勢を整える時間的余裕は充分にあったはずである。また、決戦を意図したならば漫然と西涼府に敵を迎えるのではなく、必ずや出撃して輸贏を決したはずである。ところが唯々として降伏したということは、すでに潘羅支政権側に戦闘が不可能な重大な事態が発生していたことを窺わせる。右史料には潘羅支が六谷蕃部、者竜族を糾合して逆襲したとある。そうするとあたかも潘羅支が全軍を掌握しており、李継遷を油断させて逆襲することを事前に計画して降伏したかのようにもとれるが、それは結果論である。第三部第一章第二節でも触れるように翌景徳元年六月に潘羅支が李徳明側の刺客に暗殺された時、者竜六族は暗殺側に与している。そしてその報復をおこなった部族は宗哥地方の部族が主であり六谷蕃部の具体名は記されていない。こうしたことから考えても李継遷を逆襲した時点でも、すべての部族が潘羅支にしたがっていたのではなかったことは明白である。第一に押さえておくべきは、潘羅支が思い描いていた作戦構想が画餅に帰していたことである。潘羅支は真宗の構想を利用して豊州蔵才族、霊州河外大涼・小涼族、咩逋（密本）族等との連携を強め、宋の大軍を動員させることによって李継遷側を包囲討滅しようと考えていたのである。ところが宋にまったくその気がないことが判明し、さらに李継遷軍の西涼府攻撃に対しても宋の援軍が望めず孤立無援の状況で敵軍を迎えることが現実になってしまったことである。

そこで気に懸かるのが大涼・小涼族、咩逋（密本）族等賀蘭山麓の有力タングート諸部族の動向である。宋の思惑にしたがって彼らが潘羅支と共闘態勢をとっていたならば、李継遷軍を西涼府に迎えるのではなく、おそらく霊州南方の黄河流域が戦場になっていたはずである。ところが彼らの消息は三月に咩逋（密本）族首領泥埋が霊州河外五鎮都巡検使になった記事（『宋史』党項伝）を最後に杳として知れないのである。おそらく李継遷は西涼府攻略の事前準備として、賀蘭山麓に巣食うこれらのタングート諸部族の経略を優先したはずである。李継遷の政略から考えると、消耗をともなう武力戦は避けたはずである。同じタングート族としての利害得失に愬え、李継遷側からの政治工作は執拗に繰り返されたことであろう。宋の政略とはいえ、タングート族としてもとよりチベット族政権の頤使に甘んじることに対する不満は当然あったはずである。大涼族、小涼族などは古くから拓抜李氏と良好な関係を持っていたことは第三節（四五四頁）に掲載する『宋会要輯稿』西涼府の記事からも明らかである。潘羅支政権の中枢部に位置した折逋遊竜鉢ですら後に離反したのである。タングート系部族が西涼府政権に義理立てして、滅亡するかもしれない危険な戦闘に加担するとは到底考えられない。その結果、夏から秋にかけて賀蘭山麓の有力タングート諸部族は相次いで李継遷に帰順し宋の視界から消えていったのであろう。かなり先の話になるが西夏二代目の李諒祚時代に大涼（梁）・小涼（梁）族の後裔と考えられる梁氏が活躍していることも傍証になるであろう。李継遷の西涼府遠征はそのようなお膳立てを整えた上で決行されたとみるべきであろう。

それにしても第三節末に掲載した史料Aに「囉斉已集騎兵六万」と豪語しているように、多少割り引いても潘羅支側にもそれ相応の軍事力は存在していたはずである。必ずしも西涼府政権単独の軍事力では李継遷遠征軍に太刀打ちできないというものでもなかったはずである。西涼府はチベット系部族の牙城であり、その喪失は彼らにとって河西回廊からの撤退を意味する大問題だったはずである。潘羅支にとって西涼府の死守はまさに死活問題だったのである。それ故、潘羅支の不戦降伏は彼我の戦力差だけが原因だったのではなかったことがわかる。そこで改めて注意を惹く史料が第三節末に掲載したEの六谷蕃部各首領に対する授官や、Fの者竜族都首領の優待記事である。Eでは授官が明確に「従潘羅支之請也」と記されている。ということは、裏を返せば六谷蕃部の首領層を繋ぎとめるために潘羅支がいかに腐心していたかである。Fにしても潘羅支政権直隷の者竜一三族を束ねる都首領を宋に優待させることによって、者竜一三族の忠誠を期待したものと捉えることができる。そして再三触れたように李継遷側から執拗に帰順を求める蕃部工作がおこなわれていた事実である。潘羅支のもとにまで鉄箭が送られたのは咸平六年も早々のことである。こうした事実を突き合わせると咸平六年も後半に入る頃には李継遷の工作が功を奏して西涼府政権内に親李継遷勢力が形成されるようになり、潘羅支の号令一下軍事行動をとることが事実上不可能な状況に陥っていたのではなかろうか。この辺の事情は後日、別に論じるが、親李継遷勢力の親玉こそ前六谷大首領の折逋遊竜鉢だったと考えられる。潘羅支は本来宗哥地方を本拠にする人物で者竜族に招聘され西涼府に入ったものである。ところが、この頃になると者竜族や六谷蕃部との関係にも変化が生じ、すべての部族の支持が得られている状況ではなかったのであろう。逼り来る李継遷軍に対して潘羅支とともに徹底抗戦を主張する勢力は減少し、避戦降伏を求める勢力が急増していたのではなかろうか。いずれにせよ潘羅支が無血開城せざるを得なかったということは、西涼府軍全体を動かす指揮系統がすでに失われていた証拠である。潘羅支としてはすでに全軍を動員できないことがわかった以上、内訌を生じて李継遷に漁夫の利を得させることだけは避けたかったはずである。潘羅支は窮余の策として一旦は降伏し、密かに腹心の部族とともに逆襲に転ずる機会を狙う方策を選んだのであろう。立場を失ったのが宋から派遣されていた知涼州殿直丁惟清である。どの史料を見ても丁惟清が殺されたとは記されておらず「陥没」、「没」とあるだけである。おそらく万事休した丁惟清は俘虜になる恥辱を避け開城の間に自裁したのであろう。この間の詳報が宋に伝わらなかった所以と考えられる。

李継遷は内通勢力を養成し戦わずして敵の本拠を征圧するという作戦の上策を地でいったのである。ところが一代の英傑李継遷も西涼府征服に関しては最後の詰めを欠いていたといってもよかろう。潘羅支は全面降伏を装い李継遷の警戒心を弛緩させ逐一動静を観察して反撃の機会を窺っていたのである。ここでは役者は潘羅支の方が一枚上手だったのである。潘羅支の逆襲日時については、『宋会要輯稿』西涼府景徳元年の条に、

六月、またその兄邦逋支を遣わし入奏し、且言う「去年十一月二十六日、蕃賊李継遷と戦い大いにこれに勝つ。然るに牌印官告衣服器械を刼却せらる。今、良馬を以て貢を修む、再び頒ち賜わらんことを乞う。」と。

とあるので、咸平六（一〇〇三）年一一月二六日であることは明確である。白昼堂々、多数の部族を動員して攻撃を仕掛けたとすると、応戦態勢を執られてしまい、そう簡単に敵の総大将を射止めることはできない。潘羅支は信頼できる少数の者竜族首領や六谷蕃部の首領と隠密に逆襲計画を練っていたのであろう。六谷蕃部の首領で思い浮かぶ人物は、潘羅支の後を継いだ厮鐸督政権を盛り立てた周家族首領斯郍支などが加わっていたと考えられる（前掲拙稿）。計画は長引くと必ず漏洩し失敗する。前掲史料に「未幾」とあるのは事実であろう。逆襲の機会は意外に早くやって来たのである。ところで李継遷はどこにいたのか。遠征軍の主力部隊と別の所にいたことだけは確かである。李継遷軍の主力も西涼府内に駐屯していたと考えられるが、李継遷がそれに囲繞されていたならばこうした奇襲はそもそも可能性がないからである。宿願だった西涼府の征服に成功した李継遷は当然のこととして敵の本丸を接収しそこに留まっていたと考えられる。つまり李継遷は、潘羅支の居城であった西涼府の中核、すなわち涼州城を占拠していたのであろう。前掲『続資治通鑑長編』（巻五五）、一二月甲子の条に「攻陥西涼府、遂（逐の誤り）出其居人。」とあるのは涼州城から潘羅支勢力を追い出し接収したことをいっているのである。そして警備は比較的少数の直衛部隊だけだったのではなかろうか。李継遷は自己の思惑通りに事が運んだことに気を緩めていたのかもしれない。内通勢力の存在にすっかり安心し、すでに敵地にいるという感覚はなかったのであろう。厳重な警戒を怠っていたことだけは確かである。その罅隙を突かぬ手はない。李継遷側の警備が意外と手薄なことを知った潘羅支は、間髪を入れず決死の覚悟で李継遷の居所を夜襲し紛拏の乱戦が繰り広げられたことであろう。思わぬ奇襲にあった李継遷側も必死の応戦をおこなうが衆寡敵せず、李継遷を守護した直衛部隊は涼州城を撤退し城外に駐屯していた主力軍に合流したと考えられる。入れ替わりに潘羅支勢力が涼州城を奪還し持てるすべての兵力で城の内外を固めたことであろう。前掲史料では、あたかも傷を負った李継遷がそのまま敗走したかのように取れるが、実際はしばらくの間、西涼府に留まっていたと考えるべきであろう。後述するように、李継遷の死亡が正月二日のことだったとすると、負傷から死亡までの期間が一箇月余になる。西涼府から霊州までは直線距離で三〇〇キロほどである。仮に負傷後直ちに撤退し、夜を日に継いで「奔還」したとすると、あまりにも日数がかかりすぎるからである。李継遷を収容した遠征軍は直ちに臨戦態勢を整え、再戦に備えていたのであろう。奇襲後の西涼府の情勢を俯瞰すると、攻守ところを替えて涼州城に嬰城する潘羅支軍と、それを遠望する李継遷軍、鳴りを潜めて形勢を観望する内通勢力の三者が不気味な沈黙を保って三竦みの状態でいたのではなかろうか。遠征軍の総力を結集して力攻すれば涼州城を再度奪還することはそれほど難しいことではなかったはずである。ここで李継遷の戦法を反芻すると、李継遷は常に損害を最小限に止めることを念頭に置き難敵に遭えば撤退するだけのことで、大きな犠牲を払っての辛勝には価値を認めていなかったことである。それ故、西涼府攻略に関しても作戦の上策である無血開城に拘ったのである。潘羅支の逆襲にあって下策である攻城戦を実施すれば多大の損害が発生することは目に見えている。しかし今回だけは、李継遷は攻城戦に意欲を持っていたと思われる。それは支配領域内の沸々として起こる不満を一挙に解消する切り札として、背水の陣を敷いて西涼府に乗り込んで来たからである。ここで何の成果も挙げられずに撤退するということは、まさに政権の崩壊に繋がるという危機感を持っていたはずである。おそらく李継遷は西涼府に十日前後は留まっていたのではなかろうか。ところが李継遷軍は報復戦に移らなかったのである。その理由は二つ考えられる。涼州城攻略には何としても親李継遷勢力の加担が必要であったはずである。動員を求める李継遷側の督促は厳しかったことであろう。しかしながら李継遷軍の損害の肩代わりになる出兵にやすやす応じる部族はいなかったはずである。彼我の形勢が逆転した今、内通勢力の多くは洞ヶ峠を決め込んでいたのであろう。そして、日を送るうちに李継遷の容態が急速に悪化してきたことは間違いあるまい。前掲『続資治通鑑長編』には「継遷大敗中流矢創甚」とあるが、漢文史料は敵対勢力の損害を過大に記すのが常であるが、「創甚」が意外に事実に近かったことを覗わせる。後述するが、この情報はその後、李継遷側から宋に内附した部酋等によってもたらされたもので、間近に目撃した者の発言だけに信憑性が高い。李継遷は乱戦中か、もしくは直衛部隊に守られて涼州城を脱する際に流れ矢にあたり傷を負ってしまったのであろう。日増しに衰弱する主帥を前にして部将連は鳩首凝議を繰り返し涼州城の奪還を諦め捲土重来を期して総撤退に踏み切ったものと思われる。注目すべきは、この間、李継遷負傷の情報は潘羅支側にはおそらく漏れていなかったということである。潘羅支はその目的であった李継遷の首級を挙げられず、取り逃がしたことからもこの奇襲は決して十全の成功ではなかった。潘羅支は李継遷の反攻に戦々恐々として固唾を呑んで涼州城の守りを固めていたところ、敵が粛々と撤退してしまい、当座は李継遷側の真意を測り兼ねたのが実情であろう。ともかく李継遷軍の撤退によって潘羅支は辛くも西涼府の主権を回復することに成功したのであるが、その実態についてはこの後で触れよう。

そこでいよいよ李継遷の最期に論を移していきたい。李継遷の死亡年月日に関しては　前掲『続資治通鑑長編』の壬子に続く条の割注で李燾は、

継遷伝および吐蕃伝並びに載す、継遷の死は去年十一月に在りと。稽古録もまた云う。独り本紀、実録は仍《すなわち》今年二月にこれを載す。恐らく伝、録は西涼の事（潘羅支の逆襲）に因り并びに書す。その実は今年正月に在るなり。若し果して去年十一月に在ればすなわち二月始めの奏聞に応ぜざるなり、当に考うべし。

と述べている。わかりやすく説明すると、李継遷伝、吐蕃伝、司馬光の『稽古録』は彼の死を一一月のこととし、本紀、実録は景徳元年の二月に掲載する。前三者は一一月中に発生した潘羅支の逆襲に関連して同じ月に記載したに過ぎず、実際は年明けの一月に死亡したのである。もし一一月に死亡していたとすると、本紀等が二月に李継遷の死亡を上奏していることとあまりにも間が空きすぎてしまう、というものである。確かに現行の『宋史』吐蕃伝や『稽古録』は一一月に記載するが、李継遷伝には「景徳元年正月二日卒、年四十二、子徳明立」とあり、李燾の解説と違っている。一方の『真宗実録』は失われているため不明だが、『宋史』の真宗紀二には景徳元年の条に「二月、環慶部署言、西涼府潘羅支集六谷蕃部合撃李継遷敗之、継遷中流矢死。羅支使来献捷。」とある。この記事は二月に環慶部

署が李継遷の死亡を報告しただけのことで、死亡年月日には触れていない。また、潘羅支の使者が勝利報告に来た[27]とあることから、死亡情報もその使者がもたらしたものと考えるのは速断である。この記事は編集記事であり、潘羅支が逆襲し李継遷を敗走させた部分は潘羅支の使者の報告に依拠していると認めてやぶさかでないが、李継遷の死亡に関わる部分は李継遷側でしかわからないことなので、当然、情報源は李継遷の陣営ということになる。そもそも一一月二六日に李継遷に勝利しているのにもかかわらず、戦勝報告が翌年の二月というのが何とも理解しがたいところである。本来ならば李継遷を撃退した直後に宋に戦勝報告があってしかるべきである。これを要するに、李継遷軍の撤退後もしばらくの間は潘羅支政権側と親李継遷勢力との間で対立が続き、使者の派遣ができなかったのであろう。そうこうするうちに西涼府の各陣営にも李継遷死亡の情報が届くようになり、後ろ盾を失った親李継遷勢力も一応は元の鞘に納まらざるを得なかったのではなかろうか。妥協に至るまでには一定の時間がかかったということである。翌年、潘羅支が身内勢力の裏切りにあって李徳明側の刺客に暗殺されたことを思えば、こうして再建された潘羅支政権の実態は極めて弱体化し西涼府の全部族に対する求心力はすでに失われていたことは確実である。

ところで、李燾はどうして李継遷の死亡を景徳元年の一月としたのか。また『宋史』李継遷伝に明確に「正月二日卒」と記載したのはどのような情報にもとづいていたのであろうか。その根拠を示す史料が『宋大詔令集』（巻二三三）に載せられている「賜趙徳明詔景徳元年二月丁巳」である。すなわち、

近ごろ西路縁辺諸州の奏に拠るに、汝の父の族下蕃部継続来投し具に言う、汝の父霊州界において亡と云うと。相次いで鄜延路鈐轄張崇貴奏して称う、汝の回書を得、云う「葬事未だ畢らず、表章を発し難し、乞う便に就き事を申奏せん。」と。……

とある。李継遷が傷を負って撤退し霊州近界に至って死亡したことは紛れもない事実だったのである。「霊州界」、あるいは「霊州界三十里」に至って死亡したという記述は実に重要な示唆を含んでいる。絶対権力者の不慮の死を一定

期間秘匿することは政権中枢部にとっては最重要機密である。そもそも今回の作戦に李継遷の後継者李徳明と総参謀長ともいうべき張浦は参加していたのであろうか。筆者の判断は二人とも遠征軍には加わらず霊州に留守していたと考える。その理由は不満勢力を牽制するためには国都霊州を空にすることはできないからである。さらに領域全土の行政を機能させるためにも張浦が霊州に居る必然性があったと考えるべきである。ついでに付け加えておくと、李継遷死亡後の張浦を中心とする動きから判断すると、今回の遠征軍の派遣と李継遷の同行には最初から張浦は反対していたのではなかろうか。多くの蕃部の離反によって政権基盤が動揺し始めているこの時期に、敢て西涼府に大遠征軍を派遣することは非常に危険な賭けである。李継遷は事前の工作を踏まえ、自らの出馬によって無血開城に自信を持っていたのであろうが、張浦は拡大路線を一時凍結し蕃部経営の優先を主張したのではなかろうか。おそらくこうしたやり取りの妥協として張浦と李徳明は霊州に残留して領域全土に対する睨みを利かせる役割を担当したものと考えられる。

それはさておき、帰路を急ぐ李継遷軍と霊州に留守する張浦との間では毎日のように早馬が行き来したことであろう。李継遷の容態が日増しに悪化していくことも逐一張浦や李徳明の耳に達していたはずである。張浦は日々もたらされる情報によって李継遷の余命がいくばくもないことを覚ったに違いない。張浦にとっての関心事は李継遷後の政権をどう立て直すかに移っていったと思われる。いうまでもなく李徳明政権を無事に発足させることである。そのためには何としても李継遷を生きた状態で霊州に戻し、あるいは死亡を秘匿して霊州に骸を運び、支配全領域に厳戒態勢を敷き、有力部酋層を霊州に召集しておもむろに李継遷の死亡と李徳明の後継を宣言し、支配下部族の動揺を最小限に食い止めようと算段したはずである。ところが、統率者を欠いた李継遷軍は李継遷の死亡を秘匿して霊州に帰還することができなかったのである。すでに李継遷軍は厳格な指揮命令系統が失われ烏合化していたのであろう。李継遷の死を知った部族長のなかには軍列を離脱し本拠地に戻るものが続出し、李継遷死亡の情報は瞬く間に支配下各部族の知るところとなったものと考えられる。李継遷の強権政治に辟易し不満を燻らせていた蕃部は数多く存在していたことは明白である。そうした蕃部の不満を解決する切り札として西涼府攻略が実施されたのである。それが失敗し、あまつさえ最高権力者が死亡してしまったのであるから、政権は一時的に箍の外れた状態に陥ってしまったことは想像に難くない。不満を募らせていた蕃部にとってはまさに重石が取り除かれた開放感を味わい、負担の軽減を求めて陸続宋に内附する動きが頻発したのである。張浦の智力をもってしてもそうした流れを押し止めることはできなかったのである。

李継遷死亡の経緯は、内属を求めて「西路縁辺諸州」に来投した蕃部の部酋達が宋側役人の聞き取り調査に対しておしなべて同じ情報を伝えたことによる。いわゆる「内部情報」にもとづいておりその信憑性は極めて高いと断じてよかろう。『宋史』李継遷伝の「正月二日卒」の情報もこうして得られたのであろう。この死亡日時の信憑性は以下の時系列から確認できる。「賜趙徳明詔」は二月丁巳（三日）に出されている。右詔には李徳明の側から張崇貴に回書（返書）が届いていたとある。ということは、来投した部酋達から李継遷死亡の情報を入手した鄜延路鈐轄の張崇貴の側から、李継遷死亡後の混乱した状況を見透かして関係改善を求める呼びかけが李徳明に対しておこなわれていたことがわかる。それに対して、李徳明が父李継遷の葬儀が未だ執り行われていないことを口実に、回答を留保していることは後継政権の安定化のために張浦等が時間稼ぎをしていたことを示しているのであろう。部酋層の来投に要した日数と、張崇貴の勧告書の伝達の日数と、さらに李徳明の返書に要した日数を合算すると、李継遷の死亡が一月の初頭であることは事実と断定して間違いなかろう。死亡日時が特定できるということは、遠征軍の枢要な地位にあり、李継遷の死を直接実見した有力部酋の中にも宋に走るものがいたことを覗わせ興味深い。張浦等の事後収拾案は計画通りには運ばなかったのである。張浦が最も恐れたことは、無為に日を送るうちに無政府状態に陥り、一挙にタングート政権が崩壊することであった。張浦は支配下部族のこれ以上の離反を食い止め、後継政権の安定化を一日でも早く実現するためには従来の政策の思い切った転換を図る必要性に迫られていたといってよかろう。すなわち、宋との敵対路線を修正し軍事行動を控えることによって蕃部の人的、物的負担の軽減策を早急に実施することであった。そこで注目を惹く史料が司馬光の『涑水記聞』（巻七）の向敏中の事績を記した部分に記載されている李継遷の遺言なる代物である。同じ遺言記事は『宋史』（巻二八二）向敏中伝と、向敏中の鄜延路縁辺安撫使任命を記した『続資治通鑑長編』（巻五六）景徳元年五月冒頭の記事の割注にも「記聞曰……」として転載されている。向敏中伝も『涑水記聞』からの引用であろう。『涑水記聞』には、

> 夏州李継遷の末年に会《いた》り、兵敗れ被傷す。潘羅支の射るところの傷の為なり。自ら孤危を度《はか》り且に死せんとして、その子徳明に必ず朝廷に帰せんことを属し、曰く「一たび表して聴されざれば、則ち再び請い、百表を累ねて請を得ざると雖も、止むこと勿れや。」と。継遷死し、徳明款を納む。上、また兵を息めんと欲し、乃ち永興より敏中を徙し延州を知せしめ、その降を受く。

とある。遺言部分を平易な表現に直すと、李継遷は危篤状態に陥り自らの死を覚り、後継者徳明に後事を委ねるにあたり宋への帰順を厳命した。そして「一度の上表で許されなければ再び表を奉って帰順の意を示せ。百度上表を重ねて許されなくとも、ひたすら許されるまで上表を止めてはならない。」と遺言したというのである。強硬路線一点張りだった李継遷が、その独立国家の完成を目前にして仆れ、後継者李徳明に対して方針を百八十度転換してひたすら宋に恭順の意を示せというのである。この時点に至るまで李継遷が営々として推し進めてきた国家建設のプログラムから考えればその乖離に違和感を覚えざるを得ない。本来、李継遷が後継者徳明に対して遺言を遺すとすれば、それは当然、今後の政権運営の要諦を述べたものであるはずで外部に漏らす性質のものではない。ところがこの遺言は一途に宋向けの内容になっている。もはや喋喋するまでもなかろう。李継遷が実際に何らかの遺言を遺したか否かは措くとして、この遺言は張浦によって宣言された李徳明政権の当面の施政方針の表明に他ならなかったのである。張浦

によって作文されたこの遺言は張崇貴との折衝の過程で宋側に披露されたのであろう。ところで、宋と遼との間で歴史上名高い澶淵の盟約が締結されたのはこの年の一二月のことである。数年来、宋への攻勢を強めていた遼の聖宗は一月早々、奚王と南宰相皇太妃令公に各四万余騎の兵を与え涿州に進駐させ平塞軍および故城、容城の修葺を声言させている（『続資治通鑑長編』巻五六）。いわゆる南伐の本格始動であり、前線基地の建設であった。真宗以下宋の廟堂の緊張感はいやが上にも高まったことであろう。遼を前門の虎とすれば李継遷政権はまさに後門の狼に譬えてよかろう。その李継遷が絶妙のタイミングで死亡し、後継政権が「遺言」を利用して宋への帰順を求めてきたのである。右史料の最後に記されているように、真宗にとってはまさに渡りに船で否であるはずもなく、五月、李徳明側の使者と向敏中との間で「受其降」と称する「休戦協定」が結ばれたのである。翻って張浦の側から考えてみると、続発する蕃部の離反で崩壊の危機に直面した後継政権を救う手立ては、緊急避難として当面、偃武の実行を内外に約束する以外にはなかったのである。

おわりに

西夏建国の基礎を築いた一代の英傑、李継遷の足跡を辿った。恥ずかしながら、第二部を執筆する以前の筆者は、李継遷について何も知らなかったことを自覚した。このたび四年前後の歳月をかけて李継遷が志したタングート民族の建国運動をまとめてみた。その結果は五章一五節、二四〇頁を越す膨大な量になってしまった。李継遷が建国の基礎を築いたことは中国史を学ぶ誰でもが知っておりながら、李継遷の実像と建国運動の実態は模糊として知られていなかったといえよう。もとより中国史料のみに依拠する研究であるから、霧の隙間から微かにその像が垣間見える程度ではあるが、それにしてもその行蔵は驚きの連続であった。

定難軍節度使の廃止にともなって夏州を出奔した段階で、李継遷はその復興を自らの手で成し遂げようと考えていたが、時を置かずその構想は一気に民族国家の建設に発展している。同じ拓抜一族とは一人懸け離れたスケールの大きい人物であったことがわかる。その出自が影響していると考えられるが、従来、拓抜氏とは対立関係にあった横山南側の野利氏と躊躇なく結合し、軍事力の強化を実現していったのである。李継遷の行動はどれ一つをとっても思い付きの軽薄なものはない。すべて計算し尽くされた行動であった。中華思想に感染した目で李継遷を未開の夷狄の酋帥と見做すとその本質を見失ってしまう。李継遷に止まらず、後継者の李徳明、李元昊も、その人格形成は漢人と何ら変わるものではなかった。漢人知識層と変わらぬ感性と教養の持ち主だったといってよかろう。そして李継遷の幕下には宋政府の内情に精通し、その出方をたやすく予想することのできる有能な漢人幕僚が多数控えていた。三国蜀の劉備に仕えた諸葛孔明を彷彿させる張浦はその最たるものである。張浦なかりせば建国運動の進捗も望めなかったに違いない。目標を定めた李継遷は宋と遼の対立を巧みに利用しながら、国家としての領域の画定とタングート諸部族の糾合を精力的に進めていったのである。

領域の画定とは、取りも直さず宋からその西北部を奪い取ることであった。それは必然的に武力の発動に他ならない。綏州獲得作戦や夏州城占領作戦の失敗に見るように、前期の作戦は必ずしも成果を挙げたとはいいがたい。しかし李継遷はそうした失敗を糧に作戦を練り直し、不利と見れば宋との間にためらわず休戦協定を結んでいる。大国宋、遼を向こうに回してまったく気後れすることなく、堂々の交渉をおこなっているのである。後期の作戦になると李継遷の本領はいかんなく発揮される。西域経営を視野に国都予定の霊州の獲得を目指す。危機感を募らせた宋の太宗は五路侵攻作戦を発動するが、いたずらに兵力の衰耗をもたらしただけであった。李継遷は一度たりとも宋軍と雌雄を決するような大きな戦闘はおこなっていない。遼の南伐に便乗し、宋が二面作戦を執れない弱点を衝き、その間に黄河南流部西側の広い地域に居住する河西タングート諸部族の糾合に成功する。ところが懸案の霊州も手に入れた李継遷は最後に詰めを誤ってしまった。あまりにも国家の建設を焦りすぎてしまったのである。連年の戦闘行為によって疲弊しきっている諸部族の体力の回復を後回しにして、西涼府攻略を優先し、潘羅支の策にはまり落命してしまったのである。「九仭の功を一簣に虧く」結果を演じてしまったのである。

李継遷は建隆四年（乾徳元年）に銀州無定河に生まれた（『宋史』李継遷伝）とあるから四二年の生涯であった。太平興国七年に、銀州で挙兵してから二二年、建国達成今一歩のところで生を終えることになったのである。国家建設を希求したタングート民族の不世出の英雄李継遷の最期にしてはあまりにも唐突なものであった。その民族国家の建設は約三〇年後、遺志を受け継いだ孫の李元昊の登場を待たねばならなくなったのである。イカロスの翼を地で行ってしまった李継遷の無念は察するに余りある。

註

（1）『宋史』（巻二六五）張斉賢伝に、清遠軍の陥落後におこなった張斉賢の上奏文の一節に「臣所領十二州軍見二万余人、若縁辺料柬本城等軍、更得五万余人、招致蕃部、其数又逾十数万。」とあり、西北辺の大よその軍事力がわかる。

（2）『宋史』李徳明伝には「徳明小字阿移」とあり、楊瓊伝にはこの戦闘に関して「其子阿移攻北門」とある。

（3）『続資治通鑑長編』（巻四九）咸平四年九月に「庚寅（二二日）、詔陝西民家出一丁、号保毅軍、給資糧、与正兵分戍守城塁。遣呉犒与転運使同主其事、凡得六万八千七百九十五人。其縁辺軍士先選中者、并升為禁軍、号保捷。」とある。保毅軍の編成に関しては『宋会要輯稿』（一七二冊兵一之二）に「真宗咸平五年正月、侍御史呉犒言、……」とあるから、保毅軍の編成が完了したのは四年の年末の頃と考えられる。いずれにしろ保毅軍は城塁の守備兵で、追討軍の兵員には使えないことには変わりない。保毅軍、保捷軍に関しては小岩井弘光『宋代兵制史の研究』（汲古叢書15、汲古書院、一九九八年）「第一篇、第一章北宋の就糧禁軍、五 郷兵と就糧禁軍」等に詳しく論じられている。

（4）『続資治通鑑長編』（巻四九）に「己酉、張斉賢上言、請募江、淮、荊、湖丁夫八万以益戍兵、辺備。上曰、此不惟動揺人

心、抑又使南方之人遠戍西鄙、亦非便也。遂寝其奏。」とある。『宋史』（巻二六五）同人伝には湖は湘に作る。

（5）『宋会要輯稿』（一七九冊兵一四之一六）には「正月一日、領兵入賊界……」とある。

（6）『続資治通鑑長編』（巻五一）、咸平五年春正月に「癸亥、改命張斉賢判永興軍府兼馬歩軍部署、罷経略使之職。」とある。

（7）石州、隰州は黄河の東側であるが、同じく『続資治通鑑長編』（巻五一）正月に「丙午、以西上閤門使孫全照為石、隰州兵馬鈐轄、屯綏州、経度修城事……」とあり、さらに『宋史』（巻七）真宗紀二の翌咸平六年三月辛卯朔に「石、隰都巡検使言、綏州東山蕃部軍使拽臼等内属。」とあり、石、隰州が綏州方面も管轄していたことがわかる。

（8）衛狸の古音は *ɣi̯ʷäi lji* で野利は *i̯a lji* である。『宋史』（巻二五七）李継和伝では「衛埋族」とし、隴山を巃山にしている。固有名に関しては『続資治通鑑長編』の方が信頼性は高い。なお、『続資治通鑑長編』の欽定四庫全書本には「葉勒族」と表記している。天麻川は『武経総要』前集（巻一八）に「天麻川　東北控竜谷路、入静辺砦。西至馬銜山……」とある。

（9）鎮戎軍と環州間の直通路は翌六年の五月以前には完成していたようである。詳しくは次節参照。

（10）『宋史』（巻三〇八）張煦伝に「……会遣王超、張凝、秦翰援霊武、命煦為西路行営都監。至鎮戎、聞霊武已陥、復還本任。与張凝入西夏境、出白豹鎮、至柔遠川。夏人七百余邀戦。煦与慶州監軍張綸撃殺甚衆。清遠故城有酋長、請以甲騎三万来降。煦語凝曰『此詐也、亟厳兵以待之』、果然。凝按部帰環州、道為敵所邀。煦聞之、領所部鋭兵自慶州赴之。一昔（夕の誤り）与凝会射殺其大将、与凝同還。」とある。この記事は王超軍が環州に到着して霊州が陥落したことを知り、鄭文宝が単騎清遠故城の状況を確認して軍を撤退させた後の出来事である。おそらく四月から五月にかけて張凝と張煦が再度横山南麓の蕃部を服従させようとして出兵したのであろう。ところが、清遠故城の蕃部に関しては鄭文宝の報告を再確認することになり、横山南麓の蕃部についても李継遷の支配力が浸透している実態を見せつけられる結果に終わってしまったのである。

（11）弾箏峡は『読史方輿紀要』には記載されていないが、『武経総要』前集（巻一八）、渭州安国鎮の項に「西北二里至弾箏峡」とあり、渭州安国鎮の西北直近に位置していたことがわかる。

（12）第一部第四章第三節一五〇頁参照。

（13）曹璨の地位に関しては『宋史』の同人伝も副部署とある。『続資治通鑑長編』ではこの記事以降、部署で一貫しているところから、五年前後に部署に昇格したものと考えられる。

(14)『続資治通鑑長編』（巻五一）四月に「癸巳、以金明県都監兼新寨解家河盧関路都巡検、供備庫使李継周為西京作坊使、永平寨界茭村軍主、帰徳将軍李継福領順州刺史、永平寨界小力鎮使李文直、成平鎮使葉勒（野利）文義并為懐化将軍。継福等皆党項蕃族、与継周同嚮化、故優寵之。」とある。

(15)『続資治通鑑長編』（巻五二）九月に「庚申（二八日）、延州言、戎人来寇、金明都監李継周撃走之。」とあるが、「稽古録」（巻一八）では戊申（一六日）に載せる。

(16)『続資治通鑑長編』（巻五二）八月に「丙寅、環慶路部署張凝言『本路都監如京副使宋沆与知環州如京副使張従古領兵離州、襲殺蕃寇、官軍有傷死者。』。上曰『凝在環州而沆等擅出襲寇、曾不謀於主帥、辺将如此、何以成功。万一有所奔軼、西鄙実可慮也。貪功失機、罪宜不赦。』遂遣使按問、既而責沆為供奉官、従崇（古の誤り）為内殿崇班。」とある。

(17)『続資治通鑑長編』（巻五二）に「九月甲午、知鎮戎軍李継和言『戎人入寇、夜抵城下。後二日再至。継和与都監史重貴出兵拒戦。重貴中重創、敗走之、大獲甲騎。』。有詔嘉奨……」とある。

(18)『続資治通鑑長編』（巻五三）では己巳（八日）に載せる。

(19)『続資治通鑑長編』（巻五二）咸平五年八月丙戌の条に「六宅使劉承珪言『慶州淮安鎮尤為衝要、屯兵甚衆、而部署在環州、毎有警急、則道出慶州、信宿方至。若自木波鎮直抵淮安纔八十里、路不甚険。環慶路部署張凝遣戍卒開修已畢。望量益木波鎮兵、以為諸路之援。』従之。」とあり、淮安鎮と環州を結ぶ線が環慶路の最前線になっていたことがわかる。この線以北の蕃部の実態については本文でこの後触れる。

(20)「表言」以下を『宋会要輯稿』（一九五冊方域二一之一七）には「潘羅支感朝廷恩信、憤継遷倔強、結集人馬、与之格鬥、累奪到蕃人。継遷因此数放回陥陣蕃人、今悉収繋、以聴朝旨。又言、継遷鉄箭令羅支附、称已納朝廷、未知虚実。……」とある。

(21)『続資治通鑑長編』（巻五四）では授官を癸卯（一三日）にかける。

(22)『続資治通鑑長編』（巻五五）秋七月に「辛卯、補原川（州の誤り）野狸族首領子阿伊克為懐化将軍」とある。

(23) 安姓がソグド系の姓であることはよく知られているが、『旧五代史』(巻一二三) の安審琦伝に「其先沙陁部人也」とあり、安叔千伝にも「沙陁三部落之種也」とある。李継遷陣営に沙陀系の漢人が多数取り込まれていたことは容易に推測される。安晏父子もそうした系譜に連なる人物と断じて大過あるまい。

(24) 『武経総要』前集 (巻一八)「車箱峡路、自淮安西北入通塞川、経大胡泊静辺鎮、香栢砦、取車箱峡路、過慶州旧蕃戎地、北入塩州約五百里、此路山原川谷……」とある。

(25) 『武経総要』前集 (巻一九) 涼州の条には「李継遷来寇涼州、戦于城下、退至三十井死。」とあり、三十井という場所で死亡したかのように取れるが、三十里の誤りであろう。

(26) 牌印は一種の身分証明書、官告は官吏任命の辞令。

(27) 『宋史』吐蕃伝には「景徳元年二月、遣其甥廝陁完来献捷。」とあり、使者の名前も特定できる。

第三部　西夏の建国

第一章　李徳明の選択

はじめに

定難軍節度使の廃止に反し、李継遷が銀州に復帰して独立路線を歩み始めたのは太平興国七（九八二）年のことである。そして紆余曲折を経て建国達成今一歩のところで西涼府政権潘羅支の逆襲にあって落命したのが景徳元（一〇〇四）年一月のことであった。その間、実質的な活動期間は二二年間である。それに対して父李継遷の横死を受けてタングート政権の主権者となった李徳明は、表向き明道元（一〇三二）年に死亡しているからその政権担当期間は二九年間で、父を上回ること七年である。試みに『宋史』夏国伝上の父子の伝を比較してみると、ともに千四百字前後でさしたる相違は見られない。ところが『続資治通鑑長編』、『宋会要輯稿』等の基本文献に記されている両者の動向に関わる史料の概数を感覚的に比較すると李徳明関係は十分の一にも満たないと思われる。このことはひとえに李徳明政権と宋との間に大きな問題がなく和平が保たれていた期間が長く、特段記録として残すべき史料が少なかったからに他ならない。とはいえ、その和平がいかなる経緯を踏まえて成就したのか、そして宋・遼二国との関係はどのように推移したのか、未だ充分に解明されていないのではなかろうか。本章では李徳明政権の誕生からその終局に至るまでの軌跡を追ってみた。

一　条約交渉の開始と宋の蕃部切り崩し策

李継遷を失ったタングート政権は未曾有の危機に直面していた。頻年繰り返された戦闘行為にともなう動員、徴発は支配下蕃漢諸部族、諸部落の疲弊を極限状態に追いやり、陸続宋へ帰属する動きを加速させていた。もはや後継政権は国家建設どころではなく、タングート政権崩壊の危機をいかに食い止めるかに専心せざるを得ない状況に追い込まれていたのである。すなわち続発する蕃部の離反を防止し、同時に後継政権の権威をいかに回復するかに懸かっていたのである。前者に関しては支配下諸部族、諸部落に対して安息の機会を与えることで、宋との和平の実現に他ならない。後者に関しては速やかに李継遷の讐仇を討ち、西涼府を獲得することにより河西回廊全域の支配に繋げることであった。李徳明政権のその後を決定するこの二つの懸案はどのように取り組まれていったのであろうか。

李継遷の死亡とその直後の状況については第二部の最終節に詳述したので繰り返しは避けるが、要点を確認しておきたい。すなわち、李継遷の死亡を実見した複数の部酋が宋に投降したため、死亡情報が速やかに宋側に伝わったこと。そのため、李徳明と彼を支える張浦は事後収拾に初手から遅れをとってしまったこと。そうした虚を突いて張崇貴が積極的に李徳明に対して関係改善を呼びかけたこと。李徳明側は李継遷の葬儀を理由に交渉を遷延し時間稼ぎをしていたこと、などである。要するに李継遷を失ったことで後継政権と宋の力関係は逆転してしまったのである。宋側が積極的に和平を呼びかけた状況を示す好個の史料が『続資治通鑑長編』（巻五六）、景徳元年正月壬子（二七日）の条に続けて記載する次の史料である。冒頭部は第二部最終節でも触れたが、煩をいとわず全文を紹介する。

李継遷の西涼を陥すや、都首領〈六谷大首領が正しい〉博囉斉偽りて降る。継遷これを受けて疑わず。未だ幾ばくならずして囉斉遽かに六谷蕃部及び咱隆族を集め合わせてこれを撃つ。継遷大敗し、流矢に中り創甚しく、奔り還り霊州の界三十里に至りて死す。その子阿伊克位を嗣ぎ、名を徳明に改む。二月丁巳（三日）、環慶、鄜延部署相継いで以聞し、かつ言う「阿伊克なお幼く、輔臣降を請うと。詔して阿伊克及びその部下に招諭し、能く相率いて帰順すれば厚く爵賞を加えん。」と。鄜延鈐轄張崇貴先に阿伊克に書を遣わし、その報を得るに「未だ葬らず、表章を発し難し。乞う便に就き具に奏せん。」と称う。崇貴因りて遣使弔問を請い、仍りて大臣をして辺に至らせ、賊の親信する所の張浦を召し事宜を面議せしめんと。上曰く「阿伊克既に孤、宜しく即《ただち》に招撫すべし。然るにその人狙詐多し。儻《あるい》は内に姦謀を蓄え、外に柔順を示すか。霊州河外に止居し、遣使修貢、行商貿易するも、私かに兵革を繕い、干求は度無く、小しく意に如かざれば、すなわち窃に発して寇を為す。すなわち患益々深しと。宜しく崇貴をして約に与らしむべし。如《も》し果して帰順し、すなわち須らく霊州を献じ、夏州治所に帰り、尽く蕃部の質子を還し、甲兵を放散すれば、即ち銀、夏節制を授けん。儻《もし》銀、夏荒残を以て辞と為せば、すなわち河西の先に帰順せし人戸の見（現に同じ）に河東管界に居する者、並びに追いてこれに還さん。」と。すなわち徳明に賜わる詔諭の意は、且《まさ》に告るに信人（使者）未だ至らざるを以て、故に未だ使を遣わし弔問せざるなりと。

李燾がこの史料を正月最後の壬子の記事に続けて記載した理由は、史料末に記している李徳明に賜る詔が二月丁巳（三日）に出されたことに関連している。李徳明の改名以前の記事はいうまでもないが、「二月丁巳環慶鄜延部署……」以降の記事もすべて「二月丁巳」以前の出来事であることに注意が必要である。この史料は正月二日に李継遷が死亡してから詔が出された二月三日までのちょうど一箇月間の後継政権に関わる日時を特定できない複数の記録を時系列で編集したものであり、単一の記録を掲載したものではない。「二月丁巳」の四文字の挿入位置が誤っており、『続資治通鑑長編』にはこうした記載法が時々見受けられるので注意が必要である。さて、この史料から李徳明改名が李継遷の死亡後、後継就任に際しておこなわれたものであったことが確認される[1]。それはさておき、環慶、鄜延両路に来投した蕃酋達の情報によって、両路の部署はそれぞれに李継遷の死亡と阿移が正式に政権を継承したこと、さらに阿移が幼いため輔臣が宋との関係改善を志向していることなど、タングート政権側の内部情報を収集し、この機会を捉えて詔を発し、厚遇を餌に積極的に帰順を促すよう具申したのである。その一方で、長く西北辺でタングート政権との種々の交渉にあたり、その実情に最も通じていた鄜延鈐轄の張崇貴はおそらく独自の情報網を駆使してか、いち早く後継政権の方針転換の情報を掌握したのであろう。

ところで、太平興国七年に銀州で旗揚げした時の李継遷の年齢は一九歳であった。それに比べて景徳元年に父の後を嗣いだ時の阿移も二〇歳前後だったと考えられ（第二部二七八頁参照）、年齢的には特段幼いという歳ではない。要は長く独裁者父李継遷の膝下にあって年齢の割に政治的経験は乏しく、直ちに後継者として強い指導力を発揮できるほどの権威が確立されていなかったということであろう。政治方針は相対的に総参謀長ともいうべき張浦の意向に左右される状況にあり、その張浦が和平に傾いているという情報が張崇貴のもとにも達していたのであろう。張崇貴はこの機会を捉えて一気にタングート政権との講和を目指し、独断で後継政権に書を送り協議を促したのである。それに対してタングート政権は直ちに返書して李継遷の葬儀が未だおこなわれていないことを口実に明確な回答を避けたのである。張浦の頭には優先順位として李継遷の復讐があった。それなくしては後継政権の安定が保てないことは自明のことであり、そのための対西涼府作戦を実行に移すために宋に対しては遷延策をとったのである。付け加えると、この返書に李徳明改名が記されていたのではなかろうか。返書を受けた張崇貴は張浦の真意を覚らず、むしろ遣使弔問をおこなうことによって李徳明政権側が態度を軟化させ交渉に応じると踏んだのである。そこで張崇貴はしかるべき大臣を派遣し、北辺において直接張浦と面議して講和交渉をおこなわせるよう具申したのである。ところが真宗の態度は至極慎重で真っ当なものであった。李徳明側から李継遷の死亡と徳明の継承を伝える正式の使者が来ていない段階では遣使弔問の名分が立たないということである。あまつさえ大臣の差遣などは相手側に足元を見られるだけで許さなかったのは当然のことである。もとより真宗も徳明の招撫には何ら異存はなかったが、徳明が霊州に蟠踞したまでは何を取り決めたところでまったく信用が置けないということである。そこで真宗は非公式の形をとって事実上の「講和条約」を意味する李徳明帰順の交渉を張崇貴に委ねたのである。張崇貴に与えた交渉の条件は、李徳明政権が①霊州の返還、②徳明の夏州復帰、③支配下蕃部の質子の解放、④常備兵力の放散を呑めば銀、夏節制すなわち父親同様に定難軍節度使に任ずるというものである。もし銀州、夏州の荒残を理由に難色を示したならば付帯条件として先に河西より来帰した諸部族（左に述べる）の返還を加え、何としてもタングート政権を再び無定河流域に押し込めようとするもので、李徳明側の弱みに付け込んだあまりにも虫の良いものであった。おそらく榷場貿易の実施の可能性などの条件も付け加えられていたものと考えてよかろう。ともかくこうした思惑をもって宋の側から交渉の緒を摑むために、二月丁巳の詔が李徳明に対して発せられたのである。繰り返しになるが、この間わずかに一箇月三〇日間の素早さである。条件はともかく、いかに宋の側がタングート政権との手打ちを希求していたかの証明であり、その背景には遼の大規模な南伐の動きが絡んでいたことは論を俟たない。

宋側の意を強くした背景にはこの間にも蕃部の帰順が続いていたことが挙げられる。正月の六日には涇原路より隴山方面の王家族等三族の帰順が報ぜられ（『宋会要輯稿』方域二一之二一）、癸卯（一八日）には「石、隰州言、河西蕃部四十五族首領李尚默等率其属内附（『続資治通鑑長編』巻五六）」とある。黄河東岸の石、隰州は従来から河西蕃部の帰順先として知られているが、仮に四五部族が申し合わせて居住地を棄て一斉に黄河を超えて石、隰州に移動したとなると一種の「民族移動」であり、まさに政権基盤を揺るがす大問題である。ここに記されている「族」とは「部落」とほぼ同義語と考えてよく、李継遷の西涼府遠征等にともなう負担に耐えかねた綏州方面の四五前後の部落が前年の冬以来踵を接する形で陸続黄河を越えて宋に内属を求めてきたと考えるべきであろう。そして真宗が張崇貴に与えた訓令の付帯条件の「河西より先に帰順した人戸で見（現）に河東管界に居する者」とはまさにこれら四五前後の部落を指すものと考えてよかろう。いずれにせよ李継遷の死亡前後からタングート政権が無政府的状態に近づきつつあったことは間違いなく、またそうした情報も宋側に寄せられるようになっていたのであろう。そこで真宗はこの機会を捉えてタングート政権の一層の弱体化と講和を促すことを狙って、李徳明に詔を発した翌日に、さらに積極策を講じたのである。『続資治通鑑長編』（巻五六）同年二月戊午（四日）に、

A　又、霊、夏、綏、銀、宥等州蕃族の旺善、旺威、龐咩、兪布安、塩州李文信、万子都虞候、及び都軍呉守正、馬幹等に詔諭して、能く部下を率いて帰順する者には団練使を授け、銀万両、絹万匹、銭五万緡、茶五千斤を賜い、その軍主、職員外郎、将校の補賜には差有り、その朝廷より叛去し有る者は並びに釈し甄録す。

B　環州馬歩軍都指揮使王延順、任職歳久しく、頗る欺罔を蓄う。戎人の情偽、或はその実を失い、辺臣の属は薦を論じ供奉官を授け、或は刺史に除せんことを乞う有り。上許さず。その子を召し三班借職に補し以てこれを羈縻す。ここにおいて延順は軍政を解かんことを願い、因りて徙して永興軍馬歩都校に為す。仍りて賜を加給し、促して上道せしむ。

〈博囉斉関係の記事省略〉

C　中使を遣わし手詔を齎し西面縁辺部署、鈐轄等に諭し、宜しく賊遷既に死するを承け、速に攻守の策を図り、飛駅以聞せよ、と。

とある（便宜上A、B、Cに区分）。Aは後継タングート政権を支える有力部酋を名指ししてその切り崩しを図った詔諭である。史料中の「旺善旺威龐咩兪布安」と「馬幹」は『宋史』李徳明伝には「万山万遇龐羅逝安」、「馬尾」とある。万山、万遇は措くとして、「龐羅逝安」の読み方は一人とするか「龐羅」と「逝安」の二人とするか解釈の分かれるところである。「霊夏綏銀宥等州」の酋豪を紹介するのに三人では少なすぎ、ここでは「龐羅」と「逝安」の二人としておく。万山については第二部（第五章第三節四四五頁）で触れたように咸平五年三月の張斉賢の上書中に「臣聞く、賊遷、西涼に向うと声言し云う『我は彼蕃と自来無事。蓋し万山を為《し》て潜に人を発し彼に往かしむ。』と。」と

あるように李継遷の命を受けて西涼府工作をおこなっていたその当事者である。宋側にも夙にその存在が知られていた有力部酋だったことがわかる。万遇、龐羅、逝安については他に史料がないため確認のしようがないが万山を含め彼らが「霊夏綏銀宥等州」のそれぞれどこかはわからないが、タングート政権の重要拠点に蟠踞する酋豪だったことだけは間違いなかろう。塩州については李継遷側に陥没するまでは塩州刺史巣延渭が史料上に名を留めているが、それも至道元（九九五）年で消息は途絶える（『宋史』党項伝）。景徳元年に塩州に蟠踞する李文信とは何者であろうか。李継遷の崛起からしたがっている人物で李大信という漢人と思われる人物がいる。両者がまったくの別人の可能性もあるが、「文」と「大」は筆写の際に間違いやすいことから、塩州を掌握した李継遷が腹心の李大信を派遣してその経営を委ねていたと考えることも可能である。あるいは後年、万資蘇爾格威が宋に帰順して李文順の名を与えられている（五七八頁）ことや、延州界の碩爾族の巡検で李文信という者もいる（『続資治通鑑長編』巻八六）ことを勘案すると、李文信はかつて宋から名を与えられた塩州の蕃酋だった可能性も考えられる。万子都虞候に関しては第二部（第四章第二節四〇五頁）で触れたように、咸平四年に李継遷は鎮戎軍東南に位置する蕭関に万子、米逋、西鼠等の部族兵三千を置いている。万子についてはこの後で詳述するので、ここでは鎮戎軍の西方に蟠踞する章埋族の酋帥だったと述べるに止めたい。呉守正は名前から推測すると漢人系の部酋の可能性もあるが、都軍が次の馬尾にも係るとすると河西方面の熟戸化したタングート部族の首領かも知れない。というのは第二部第四章第三節でも触れたように馬幹（馬尾）とは紛れもなく十六府勒浪族首領馬幹（馬尾）に他ならないからである。呉守正も馬尾同様に咸平四年頃に李継遷側に取り込まれた、黄河南流部西側の北部に蟠踞した河西タングートの有力部酋と考えてよいのではなかろうか。史料には八名のみ記されているが最後に「馬幹等」とあるように、その他の有力な酋豪も対象に加えて出された詔であったと考えてよかろう。真宗は団練使の地位と莫大な賜物を餌に何ゆえにこれらの酋豪を対象に帰順工作をおこなったのであろうか。案ずるに、先に来投した部酋等の聞き取り調査の結果、タングート政権の権力構造の実態が宋側にかなり明確に伝えられたことに関係していたのであろう。おそらく張浦や野利氏、衛慕氏など李徳明を囲繞する政権中枢部に対して、これらの酋豪は李継遷の存命中を含めて、いわば「二流豪族」であり直接的に政権運営には加担できず、軍事的貢献度の割には政権内における位置と政治力は高くなく、多少に関わらず政権運営に不満を抱いていると考えられる層だったのではなかろうか。要するに宋は内部情報を分析しこれらの「二流豪族」に揺さぶりをかけることにより、後継政権の弱体化を助長し和平交渉を有利に進めようとしたのであろう。

Bの史料は実質的に環州を支配していたタングート熟戸の環州馬歩軍都指揮使の王延順を更迭したものである。王延順については第二部第五章第三節（四四六頁）で触れたが、『続資治通鑑長編』の記事を再掲すると「延順頗知蕃落間事。或有訴訟、輒先詣其居、官吏多詢之、然後裁決。」とある。これが咸平五年三月のことである。それからほぼ二年後の状況を「任職歳久しく、……」を理由に、辺臣が求める優遇策を蹴って解職に踏み切ったのである。王延順はこの二年間、宋と李継遷政権の対立をうまく利用して、馬歩軍都指揮使の地位で環州一円の熟戸に君臨し、その一方で李継遷にも通ずる一種の準独立政権を運営していたのである。宋にとってはもとより好ましからざる人物だったが、緩衝勢力としての役割を重視して専行権を与えていたのである。タングート政権が弱体化した以上、宋が環州方面の直轄経営を志向することは当然の事で、王延順も潮目の変化を察し、子を三班借職に補することを条件に自らは永興軍馬歩都校に転じて第一線を退いたのである。要するにこの史料もタングート政権に対する圧力の一環だったのである。

Cは論評するまでもなく、タングート政権側の情報や動向に身をもって接している縁辺の部署、鈐轄等に攻守の策を至急具申するよう求めたものである。

宋側の積極策の反映と考えられる事例が、事実この直後から頻発している。『続資治通鑑長編』（巻五六、五七）掲載の記事を順次紹介すると、二月丁丑（二三日）に「鄜州言、飛騎卒靳進斬蕃酋、当補指揮使。有司以賞格太重、但擬本部十将。上曰、朝廷懸賞示信、不可踰也。亟令授之。」とある。鄜州からの報告であることを考慮すると、飛騎卒の斬進が斬った蕃酋はおそらく延州の北方、綏州方面に居住しタングート政権に内通する熟戸系の部落長程度の人物だったのではなかろうか。それはともかく、宋政府が国境の内側に関してタングート系蕃部に対する引き締めを厳重にして、違反者の摘発に「賞格」を設けていたことがわかる。これは史料Cの具体的な成果と考えてよかろう。さらに三月乙酉朔には「戎人寇洪徳寨、供奉官閤門祇候段守倫率兵拒之、凡三日、力戦擒獲甚衆、以守倫為内殿崇班。」とある。洪徳寨は史料Bで紹介した王延順が勢力を振るっていた環州の北方に位置する。まさにタングート政権に対峙する最前線であることから勘案すると、この戦闘は王延順の更迭に連動して引き起こされたことは間違いあるまい。緩衝勢力が排除されたことにより宋の攻勢に釘を刺すためのタングート政権の意思表示と考えられる。衝突は麟府路方面でも発生していた。同じく乙酉朔に「麟府路言柳谷川蕃部入寇。率兵撃敗之生擒千三百人、斬獲甚衆。」とある。柳谷川については第二部第四章第三節の註（18）でも触れたように唐竜鎮の西方に位置していた柳撥川のことであろう。咸平四年の九月に麟府濁輪副部署の曹璨が熟戸兵を動員して李継遷の輜重隊を襲撃した場所である。さらに戊申には「麟府路言、敗戎人於神堆破其寨柵俘獲甚衆。」とある。神堆の位置は不明だが、おそらく柳谷川と同様に火山軍西方のタングート政権と宋が鎬を削る係争地だったのであろう。この二つの記事は宋側が積極的に接壌地帯の蕃部を取り戻そうとした事例と考えてよかろう。しかしながらこうした積極策に誰もが迎合した訳ではなかった。陝西転運使に任じられていた楊覃は李継遷の死亡を利用した積極攻勢策に対し「伐喪非礼、且其子尚在、当為之備。請詔辺臣謹守疆候毋得軽挙、俟其衆叛親離、則亡無日矣。（『宋史』巻三〇七同人伝）」と建議している。結局、ともに転運使に任じられた積極論者の朱台符と対立し二人とも罷免されている。

宋側の蕃部に対する切り崩し工作は涇原路においても同様であった。二月己巳（一五日）の条に「……先是李継隆援送霊武軍儲、康努族輒出抄掠、居迫蕭関、与大虫巉諸族為唇歯、恃険及衆、桀黠難制。於是涇原部署陳興等帥兵進討、窮其巣穴、俘老幼獲器畜甚衆、尽焚掘其窖蔵。詔書褒之。」とあり、原州の界、蕭関付近の要害に蟠踞する大族で、かつて李継隆が霊州に運ぼうとした軍儲を抄略した康努族が涇原部署陳興に攻撃されている。その後、康努族咱伊は四月乙卯（二日）の条に、新任間もない知鎮戎軍曹瑋のもとに来帰し、「継遷残忍、人不聊生。始聞詔書招撫、争求観之、無不泣下。」と言っている。宋政府の方針にしたがって曹瑋が「知其下多怨、即移書諸部、諭以朝廷恩信（『宋史』巻二五八曹瑋伝）」の宣撫工作をおこなった成果でもあるが、咱伊が言う「詔書」とはまさに二月四日に出された詔に相違ない。詔の効果が確認される貴重な事例である。康努族については「如涇原康努卜、嘉勒蔵、大虫数族久居内地、常有翻覆之情（『続資治通鑑長編』巻一一六）」が実態で、李徳明の晩年から李元昊時代にかけてもタングート政権に通じて活動しており、今回の帰順は李徳明政権の弱体化を見て保身を図るための日和見的なものであることはいうまでもない。この直後にも叛服を繰り返していたことはすぐに触れる。蕃部の帰順はこの後も各方面で続いた。六月壬戌（九日）の条には洪徳寨の報告で「継遷蕃部都指揮使都威（都尾）等」がその属を率いて内附し、乙亥（二二日）の条には環慶部署張凝の報告で「河西蕃部額囉愛克」が率族帰順し、さらに庚辰（二七日）の条に続けて洪徳寨の報告として「蕃部羅尼天王本族諸首領」が各々その属を率いて帰順している。そして九月丁亥（六日）の条の最後には再び鎮戎軍の言として「先叛去蕃官茄羅、烏蔵（兀臓）、策旺（成王）等三族及咱伊軍主率属帰順。請献馬贖罪。特詔宥之、給其馬直。」とある。茄羅については『宋史』党項伝の対応記事に「熟魏族酋長茄羅」とあり、第二部第四章第二節の最後（四〇六頁）に触れたように六盤山一帯に居住していたのであろう。大虫巉諸族の中心的部族である。咱伊軍主とはすぐ前に記した康努族咱伊の事であることは間違いなく、記事冒頭に「先に叛去」とあることから考えると、四月に帰順し「無不泣下」と言っておきながら、その直後に再び叛去していたことが確認される。今次の帰順も本心が奈辺にあったかはわからないが、三部族ともども次に述べる曹瑋等によっておこなわれた万子都虞候に対する攻撃に関連しているものと見て大過なかろう。

そこで史料Aの詔諭の対象として名指しされていた万子都虞候攻撃の史料を掲載しよう。『続資治通鑑長編』（巻五七）の巻頭に、

景徳元年八月乙卯（三日）、涇原部署陳興言う「兵を率い熟戸折、密桑等の族と偽署万子軍主の族帳を烏爾戩咸巴川（『宋史』の武延鹹泊川）に掩撃し、擒俘三百余人、斬首二百五十三級、虜獲牛馬、器仗三万一千計なり。賊党敗走し、悉くその廬帳を焚く。即日回軍し、又賊と遇い、俘の斬、その資畜を獲ること甚だ衆し。」と。詔して獲る所の戎俘は並びに土田資糧を給し賜わる所を失わしむ無かれ、と。賚与等は差有り。

とある。密桑族については次章で触れるが、李元昊時代には西夏の有力部族として登場してくるが、この時点では宋側熟戸として動員されていたことがわかる。それはさておき、李燾は割注で「陳興本伝」を掲載し、「俘斬獲数」はよく一致しているが「蕃部名字」の不同を指摘し、一方の曹瑋伝には陳興との共同出兵に触れていないことから、両人の伝に掲載されている作戦と右史料の作戦を別のものと考えている。そこで『宋史』の両人の伝を掲載すると、

俄に曹瑋、秦翰と兵を領し鎮戎軍西北の武延鹹泊川に抵り、蕃寇章埋族の帳を掩撃し、斬二百余級、生擒三百余人、鎧甲、牛羊、駝馬を奪うこと三万計。……（巻二七九陳興伝）

復た涇原路都鈐轄兼知渭州に為り、秦翰と章埋族を武延川に破り、兵を分け撥臧を平涼に滅す。ここに於いて隴山諸族皆来りて地を献ず。（巻二五八曹瑋伝）

とあり、参考に秦翰伝を見ると「復与陳興、曹瑋襲殺章埋軍主於武延鹹泊川」とある。三伝ともに「章埋」と明記し、この三史料が同一系統の記録に依拠していることがわかる。それに対し本文は別系統の記録にもとづき部族名ではなく族長名が記載されていたのであろう。秦翰伝にある「章埋軍主」とはまさしく「章埋族万子軍主」の謂いに他ならず、李燾の指摘はあたらず四史料は同一作戦と断じて間違いない。詔諭の対象となっていた章埋族万子軍主を陳興や曹瑋、秦翰は何ゆえに攻撃したのであろうか。涇原部署陳興の報告が三日に届いたことから逆算してこの攻撃は七月

の中頃におこなわれたものと考えてよかろう。そこですぐに思いあたるのが六月末におこなわれたとみられる潘羅支の暗殺事件である。これについては次節で詳しく取り上げるが、『続資治通鑑長編』（巻五六）、六月に、

己巳（一六日）、知鎮戎軍曹瑋言う「近ごろ知る、賊衆西蕃を攻掠す。因りて兵を率いて石門川に邀撃し、俘獲甚だ衆し。

という記事がある。石門川とは鎮戎軍の北方に位置する石門関の名の由来になった川であり、ちょうど鎮戎軍と天都山の中間にあたる。右史料の「西蕃」とはおそらく蘭州方面に居住し潘羅支政権にしたがう河西チベット族であろう。(2) それを攻撃したタングート政権側の部隊を曹瑋が石門川で邀撃しているのである。つまりこのタングート部隊は河西チベット族のある部族を襲撃して本拠地に戻ったところだったと考えられる。ところで、曹瑋が石門川に進出した理由は別にあったと考えられる。それは潘羅支が宋に強く要求した李徳明攻撃要請に絡んでいたのである。『宋史』吐蕃伝景徳元年に、

六月、又、その兄邦逋支を遣わして入奏し「且に更に部族及び回鶻の精兵を率いて直に賀蘭山に抵り残孽を討除せん、願わくば大軍を発し援助を欲す。」と。涇原部署陳興等に詔して羅支の已に発するを候ち、即ち衆を率い鼓行して石門に赴き策応せよ、と。

とあり、『続資治通鑑長編』（巻五六）の対応記事には「上曰博囉斉累乞会師。朝議遷延未許。今若沮之、則其心離矣。然以道遠難刻師期。乃詔涇原路部署陳興等俟囉斉報至、即勒所部過天都山策応、勿復奏俟朝命。」を補っている。(3) 潘羅支は李継遷死亡後の機会を捉えて一気に後継政権の壊滅を期し、甘州ウイグルの精兵も動員し宋軍と霊州に会し総攻撃敢行を強く要求していたのである。大軍派遣のゆとりもなく張崇貴の外交決着に期待していた真宗は、かといって潘羅支の要求を無視することもできず、便宜的に涇原部署陳興に命じて潘羅支からの動員報告に接した際に石門、天都山方面に出兵して策応態勢を取るようにさせたのである。曹瑋の石門進出はまさにそのための事前の動きだった

と考えてよかろう。さて、そうすると曹瑋が石門で邀撃したタングート部隊とはいかなる部族だったのであろうか。この地域は咸平四年に李継和によって整備された葫芦河川を利用した霊州連絡路の西側に位置しており、霊州が陥落した後も西域諸国の朝貢路として利用されていたことは第二部第四章第二節（四〇一頁）で触れたとおりである。そしてこの新朝貢路を妨害していた勢力が章埋族万子軍主の勢力だったとするとすべてが解決するのである。四〇五頁で触れたように、咸平四年、李継遷は蕭関（鎮戎軍東南）に万子、米逋、西鼠等の部族兵三千を配置していると李継和は上奏している。西鼠については他に史料がなく不明であるが、米逋とは李継遷の母族衛慕氏のことである。米逋、西鼠等は李継遷の命によって蕭関に派遣された進駐軍であろう。万子が冒頭に記され前後の活躍から考えると、章埋族万子軍主はこの地方生え抜きの部族で、六盤山一円の生、熟戸蕃部を支配下に収めていたものと考えてよかろう。万後に触れるように、大中祥符三年八月に渭州吐蕃部署綽克宗が天都山に至って万資太保に朝貢馬を奪われている。万資と万子は同音異字訳と断じて間違いなく、天都山から鎮戎軍西北武延鹹泊川、石門川一帯、つまり六盤山一円が広く章埋族万子軍主の勢力圏になっていたことはもはや疑いない。宋にとって西域諸国の朝貢路の確保と、とりわけ西涼府潘羅支政権との緊密な連絡を維持するためには章埋族対策が喫緊の課題だったのである。二月四日に発せられた詔諭の対象に万子軍主を加えた真意は好餌でその帰順を促そうとしたのである。当然、万子軍主に対して工作がおこなわれたはずだが、万子軍主はそうした誘いにはまったく乗らずタングート政権の命にしたがって西蕃攻撃を敢行したのである。潘羅支が霊州攻撃を計画していることは李徳明政権でも分かっていたはずである。ところが機先を制して西涼府遠征軍を再度派遣したくとも相次ぐ蕃部の離反からそれは不可能である。そこで李徳明政権が考えた方策こそ少数精鋭による潘羅支の暗殺計画であった。万子軍主の西蕃攻撃はまさにそのための陽動作戦だったのであろう。周辺部族を攻撃することによって潘羅支の注意を分散させる意味合いがあったのである。六月に曹瑋が攻撃した万子軍主の部隊は西蕃攻撃を終えて戻ってきたところだったのである。そして八月に曹瑋がその族帳を襲撃した理由は、六月の後半に潘羅支が李徳明政権より派遣された刺客の手にかかって暗殺されたことに関係していることはいうまでもない。万子軍主が宋の帰順工作に背いて李徳明政権強化のために尽力し、その勢力が一向に衰えを見せないことに危機感を募らせたからに違いない。上記曹瑋伝に「分兵滅撥臧于平涼。於是隴山諸族皆来献地。」とあるが、平涼（渭州）方面の強族撥臧族に大打撃を与えたことは事実であろう。隴山諸族の帰順とは茄羅、烏蔵（兀臧）、策旺（成王）等三族及び康努族咱伊軍主を指すと見て大過なかろう。しかしながら章埋族万子軍主に与えた損害は例によって過大表示といってよかろう。その証拠は後に触れるが、四年後の大中祥符元（一〇〇八）年、万子軍主はタングート政権の命を受けて甘州ウイグルの攻撃に遠征しているからである。

二　潘羅支の暗殺

最初に触れたように、李継遷の横死は西夏建国を目指すタングート拓抜李氏政権にとって最大の危機であった。狂瀾を既倒にめぐらし失われた求心力を再び取り戻して、李継遷の後継者である李徳明の政権を盤石なものにする最強のカンフル剤は李継遷の仇を討つこと、すなわち潘羅支の首級を挙げること以外にはなかったのである。この困難な仕事を指揮できる人物は李継遷の盟友にして総参謀長でもあった漢人の張浦を措いて他に適材はいなかったであろう。李継遷の仇はどのようにして討ち果たすことができたのであろうか。『続資治通鑑長編』（巻五六）景徳元年六月丁丑（二四日）の関係箇所を主な材料としてその状況を再現してみたい。

初め、継遷の種落敏楚克巴及び日布結羅丹の二族、去りて咱隆族に帰し、而して陰に囉斉を図らんと欲す。この月、継遷の党来りて咱隆を攻む。囉斉百余騎を率いて急ぎ赴き、将に合撃を議せんとして、遂に二族の為に帳下に戕《ころ》される。咱隆およそ十三族、而して六族は敏楚克巴及び日布結羅丹に附す。西涼府、既に囉斉害に遇うを聞き、すなわち康古、蘭州、総噶爾、覓諾爾族を率いて攻む。咱隆六族悉く山谷に竄る。

この記事は『宋会要輯稿』西涼府、『宋史』吐蕃伝にも記載されており、内容に関してはまったく同じであるが、ただ一点、敏楚克巴を『宋会要輯稿』は養迷般嘱、『宋史』は迷般嘱と記しているところが大きな違いである。敏楚克巴と養迷般嘱では同一人物とする要素はまったく見あたらない。実際は三名と考えることも可能であるが、『続資治通鑑長編』、『宋史』には「二族」とあり、三人とは考えにくい。『続資治通鑑長編』は諸史料を援用して記事を構成する場合が多く、李燾は他の史料から原典に養迷般嘱とあるところを、何らかの事情で敏楚克巴に置き換えたものとしか考えられない。筆者はこの部分に関しては『宋会要輯稿』の記事を重視し養迷般嘱として論を進めたい。この人物の異同以外では人名の発音表記を除いて三史料に文脈の違いはない。三史料とも同じ原典にもとづいていることは疑いない。

そこで、潘羅支の殺害の始末を辿ってみよう。李継遷が西涼府を無血占領できたことは第二部第五章の最終節でも触れたように、すでに西涼府潘羅支政権は一枚岩ではなく、李継遷に与する勢力が形成され、潘羅支としては十全の戦闘態勢が執れなかったことにある。その勢力は、史料上にまったく名を残さないが、右史料に者竜六族が養迷般嘱等にしたがっていることから判断すれば、李継遷に款を通じ無血占領を導いた陰の主役が彼ら六族であったことは間違いなかろう。そして彼らは李継遷の横死後も密かに李徳明政権と関係を保っていたと考えられる。潘羅支暗殺劇は張浦が肝脳を絞って演出したものに違いない。そして、この陰謀は張浦と拓抜氏が中心になり、李徳明の母の出身部族でタングート第二の大姓野利氏が後援したと考えて大過なかろう。日布結羅丹らは「継遷種落」とあり、継遷と同じく拓抜氏の一員であることがわかる。「二族」の「族」はいわゆる集団としての部族の謂いではなく、直系の親族を指す用語である。二人は拓抜李氏直系の部人であったことが証明される。張浦は最も信頼のおける拓抜李氏の腹心を選抜し、周到な筋書きを作成し潘羅支のもとに奔らせたのである。その時期は李継遷の横死後のことであるから、景徳元年の二月以降のことであろう。両名が六谷蕃部の有力部族などのところに身を寄せたのではなく、まさに単刀直入に潘羅支直下の者竜族の懐に入ったことは、史料中に「而欲陰図囉斉」とある暗殺の使命を実証する行動であった。ここで思い出されるのが、第二部第五章第三節でも触れたが、咸平五年一〇月に李継遷は潘羅支の部族に鉄箭を送っていたことである。煩をいとわず『続資治通鑑長編』（巻五三）同年一〇月の条を再掲すると、

丙寅、西涼府六谷首領博囉斉使を遣わし上言し、「李継遷、鉄箭を送り臣の部族を誘う。已に一人を戮《ころ》し、一人を縶《とら》う。以て朝旨を聴かん。」と。詔してこれを褒め自らの裁処を聴す。

とある。李継遷は六谷蕃部など西涼府政権の構成部族ではなく、六谷大首領潘羅支の直属部族、つまり政権の中核に位置する者竜族に西涼府攻略の一年以前から工作をおこなっていたのである。この記事で注意すべき点は、「已戮一人、縶一人」の部分である。この二名は鉄箭をもたらした李継遷の密使を指すのではなく、鉄箭を受け李継遷に内通を約した者竜族の首領を指していることはいうまでもない。「戮」の文字は死罪を意味する用法である。内通が発覚し、調査の結果多少の軽重があったのであろう、首領の一人は死罪に処し、いま一人は収監してその処置について宋の意向を求めているのである。宋が「聴自裁処」しているところからも、対象の人物が潘羅支直下の者竜族の一首領を指していることは疑いない。咸平五年一〇月の段階では、このように李継遷に内通した者竜族の首領は処分され、李継遷の工作は失敗したかのようにも思われる。しかし、翌年の李継遷の西涼府無血占領といい、今回の養迷般嘱らの者竜族への偽降を考えると、咸平五年一〇月の工作が失敗した後も、李継遷側の工作は執拗に繰り返され、者竜族の中に親李継遷派が密かに形成されていたことは事実として認めてよかろう。二年後、六族が養迷般嘱らにしたがって潘羅支殺害に加わっていることがその何よりの証左である。養迷般嘱と日布結羅丹は者竜一三族のどの部族に潜入したのであろうか。者竜六族の切り崩し工作をおこないながら、潘羅支謀殺の段取りをつけていくためには、その推進役となる強力で有勢な協力者が必要であったはずである。そのような役割を果たすことのできる人物は者竜族の首

領の中でも抜きん出た実力を持った人物に違いない。また養迷般嘱等を匿っている首領以外でそうした役割は現実問題おこなうことはできないだろう。筆者はその人物は厮敦巴を措いて他にいなかったと思っている。詳細は後日別に記すが、厮敦巴は当時の者竜族都首領であったと考えられる。その傍証として、厮敦巴は潘羅支と「協力抗賊」し、宋に対し戦闘態勢の完了を連絡するなど、重要な役割を担っていたからである。『続資治通鑑長編』（巻五四）咸平六年二月の条に「乙亥（一五日）、涇原部署陳興等言う咱隆（者竜）の吉布琳山首領斯敦巴、使を遣わし已に蕃騎を集めるを称い、随いて李継遷を討つを願う、と。」とある。さらに『宋会要輯稿』西涼府咸平六年の条に「八月、西涼府者竜族都首領、使を遣わし名馬十七疋を貢ぐ。帝、その常に潘羅支と協力し賊に抗《あた》るを以て、命じてこれを優待す（第二部第五章第三節既出）。」とある都首領は斯敦巴を指すことは間違いあるまい。こうした役割は一三族の一首領のよくなしえるところではない。ところが者竜六族の叛乱後、厮敦巴の存在は史料上に見出すことができないのである。者竜族都首領として史料上に名を残すのは、潘羅支の後を継いだ厮鐸督時代の捨欽波ただ一人である。『宋会要輯稿』（一九八冊蕃夷五）西南蕃の大中祥符五（一〇一二）年の条に竄入している、

五年正月、西蕃者竜族都首領捨欽波に印一紐を賜う。者竜族の帳甚だ大にして、久しく誠に帰し化に向う。故にその請に従う（『宋史』吐蕃伝略同）。

とあるのがそれである。ところが、『宋会要輯稿』西涼府の景徳三（一〇〇六）年の条には、

三年正月、詔して西涼者竜族舎窮波等七人、渭州党宗族業羅を以て並びに検校太子賓客本族首領に為す。

とあるように、潘羅支政権を継承した厮鐸督政権の初期は残存者竜七族の代表的首領として扱われ、「都首領」の称号は未だ得ていなかったことがわかる。つまり残存者竜七族の中から論功行賞で新たに「都首領」に昇叙したことを示している。このことから、潘羅支政権時代の都首領とはまったく別の人物と考えるのが妥当である。『宋会要輯稿』、『続資治通鑑長編』、その他の史料を閲するに六谷蕃部、その他の首領名はかなりの数拾い出すことができるにも拘わ

らず、興味あることに者竜族の首領名は廝敦巴と捨欽波の二人だけしか見出すことができない。このことも潘羅支時代の都首領が廝敦巴であり、廝鐸督時代になると捨欽波がその地位を獲得したことを示す傍証になるのではなかろうか。潘羅支と「協力抗賊」していた者竜族随一の実力者廝敦巴が廝鐸督政権になると姿を消していることは、潘羅支謀殺事件で廝敦巴がいずれの側に与していたかを推察するにやぶさかでない。すなわち養迷般嘱と日布結羅丹両名を密かに匿っていたのは潘羅支政権を支えていた者竜都首領の廝敦巴であったことはもはや明白であろう。

それでは、潘羅支を擁立した立役者であったと思われる廝敦巴が何ゆえに潘羅支を裏切り養迷般嘱等の謀略に加担するようになったのであろうか。これについても詳細は別に論じるので要点をまとめておく。本来潘羅支は黄河上流域から湟水流域に勢力を張る龕谷（康古）、蘭州、宗哥（総噶爾）、覓諾（覓諾爾）族などの部族の大首領であったが、Tsoṅ kha bde yaṅs の rLaṅs 氏の血統であることに目を付けた六谷大首領の折逋遊竜鉢や者竜族都首領の廝敦巴に慫慂されて西涼府に移ったのである。折逋遊竜鉢等は李継遷の圧力に対抗し西涼府の六谷蕃部等チベット系部族の糾合を計る権威の必要を感じていたのである。彼らの思惑はあくまでも潘羅支を象徴として利用することにあったと考えられるが、潘羅支にしてみれば西涼府移住は自己の主権が宗哥地方から祁連山脈の東端を隔てて西涼府方面に拡大されたと理解していたのではなかろうか。両者の政権をめぐる確執はじきに水面下で進行し、折逋遊竜鉢は李継遷の工作に屈し、西涼府攻略の段階で潘羅支と袂を分かちそれまで敵とした李継遷の軍門に降ってしまったのである。廝敦巴は李継遷殺害の時点では潘羅支側に身を置いていたと考えられるが、その後、タングート軍撃退によって潘羅支の主権者としての政治力が強化され、加えて湟水方面の部族の発言力が強まると、廝敦巴は完全に政権運営の主導権を喪失してしまったのであろう。傀儡として利用するために招聘した潘羅支に完全に主権を奪われて怏々としているところに養迷般嘱、日布結羅丹の両名が現われたのである。おそらく両名は以前からタングート政権側に内通していた者竜族に潜入し、その部族長を通じて廝敦巴に接触してきたものと思われる。養迷般嘱等は、よそ者の潘羅支を除き西涼府生え抜きの者竜族都首領厮敦巴を中心とする親李徳明政権の樹立を使嗾したと考えてもそう大きな誤りは犯していないだろう。

潘羅支の謀殺は周到に用意されたシナリオにもとづいて決行されたようである。丁丑の記事の核心部分を再掲すると「この月、継遷の党来りて咱隆を攻む。囉斉百余騎を率いて急ぎ赴き、将に合撃を議せんとして、遂に二族の為に帳下に戕《ころ》される。」とある。潘羅支は謀殺される直前どこにいたのであろうか。そこで注意を惹く記事が前節の終りの方に記載した『宋史』吐蕃伝に載せる兄邦逋支（帕勒布斉）の宋派遣記事である。この記事は本節冒頭の丁丑の記事の前段にも掲載されており、より詳しく「丁丑、西涼府都首領博囉斉その兄帕勒布斉を遣わし入奏し『且に更めて部族及び輝和爾の精兵を率い直ちに賀蘭山に抵り残孽を討除せんと欲す。王師と霊州に会せんことを請う。』と。上曰く『博囉斉累ねて会師を乞う。朝議遷延して未だ許さず。今若しこれを沮《はば》めば則ちその心離れると。然るに道遠きを以て師期を刻み難し。』と。すなわち涇原路部署陳興等に詔し囉斉の報至るを俟ち、即ち所部を勒し天都山を過ぎ策応し、復た奏して朝命を俟つこと勿からしむ。帕勒布斉また言う、前に囉斉に賜わる牌印官告衣服器械遷賊に劫掠せらると。詔有り別にこれを給す。」とある。潘羅支は殺害される同じ月に李徳明追討のための出兵を宋に具申していたことがわかる。そうすると潘羅支はすでに兵を率いて行軍の途上にあり、野営先での事件だった可能性も考えられる。確かに真宗は潘羅支が宋の動員令を待たずに出兵することを懸念して、涇原部署陳興に命じて策応態勢を取らせているが、宋の明確な作戦指示を得ないままに潘羅支が出兵したとは考えにくい。また仮に「継遷の党」が野営中の者竜族を襲撃したとすると、潘羅支の幕営で作戦会議を開けばよいだけのことである。そうした否定的材料から、潘羅支はこの時点では西涼府の中核である涼州城にいつも通り留まっていたと考えて間違いあるまい。涼州城に居住していたからこそ理由をつけて潘羅支をおびき出す必要があったのである。涼州城内では暗殺する機会はまずありえないからである。「継遷の党来りて咱隆を攻む」の文面から、李徳明政権が李継遷の仇を討つために霊州から西涼府に派遣した軍勢が潘羅支の直衛軍である者竜族を攻撃した、と捉えると正鵠を逸してしまう。軍隊をイメージする用語ではなくことさらに「党」の文字を使用しているところに意味がある。「党」とはともがら、身寄り、親族の謂である。つまり李継遷の同族拓抜李氏の血縁集団と考えてよかろう。そうすると先に者竜族に潜り込んでいる養迷般嘱、日布結羅丹とまったく同類であったことがわかる。もし「継遷の党」の襲撃が潘羅支をおびき出すための単なる虚報であったならば、史料上にその旨を記すか、逆に全く触れずに済ますはずである。「継遷の党」すなわち拓抜李氏一族の配下が隠密裏に西涼府に潜入したことは事実であろう。大部隊の行動であったならば必ずや監視網に捕捉され、その情報は潘羅支のもとに達していたはずであるから、「継遷の党」は選び抜かれた少数精鋭の決死隊だったと考えられる。そしてこれから先は用意されたシナリオにしたがって、潘羅支に与する者竜族のいくつかの部落を同時多発的に襲撃し火を放ち各居住地に混乱状態を引き起こして大部隊の作戦を装ったのであろう。これを涼州城内にいる潘羅支に急報したものがいたはずである。おそらくは者竜都首領の廝敦巴の手の者であったろう。万子軍主の「西蕃」攻撃の情報で、タングート軍の西涼府攻撃を懸念していた潘羅支は、深く考える遑も与えられずに取るものも取り敢えず、わずかに随身百余騎をしたがえて急ぎ救援に赴いたのである。潘羅支は反撃作戦を協議するため、者竜族の館に招き入れられる。史料には「帳下に戕《ころ》される」とあり幕舎を想像するがこれは文章上の彩であり、おそらく者竜族都首領で吉布琳山族首領廝敦巴の館に招き入れられたのであろう。随身から離され丸腰となった潘羅支はそこで密命を帯びて控えていた養迷般嘱、日布結羅丹によってあっけなく暗殺される。両名の手に懸かって暗殺されたことは、まさしく彼らが李継遷殺害の復讐を果たす刺客として者竜族に送り込まれていたことを証明するにやぶさかでない。そして「継遷の党」との連携からもわかるように、この暗殺劇は拓抜李氏一族だけで確実に落とし前をつけることに意義があり、そうすることによって支配下タングート諸部族に拓抜李氏の底力を示し、離反を防ぐ強いメッセージが込められていたと解釈すべきである。潘羅支の暗殺は景徳元年六月の後半のことと断じてよかろう。

このようにして、李継遷の復讐はみごとに成功した。しかしながら、潘羅支という西涼府政権の司令塔を倒すことによって、ひとつには西涼府政権を一挙に崩壊に追いやって河西回廊掌握の基礎を固め、二つにはタングート諸部族の求心力を取り戻し、李継遷の後継者李徳明を中心とするタングート拓抜李氏政権の強化発展を狙う戦略は、十全の成功を収めるところまではいかなかったようである。それは西涼府政権側の逆襲が意外に早くおこなわれたからである。「西涼府、既に囉斉害に遇うを聞き」とあるが、ここでいう西涼府とは潘羅支の弟の厮鐸督と読み替えてよく、「囉斉害に遇う」情報を急報したのは潘羅支の随身百余騎の誰かであろう。そこで厮鐸督は「すなわち康古（龕谷）、蘭州、総噶爾、覓諾爾族を率いて攻む」とあるように潘羅支が西涼府に移る以前から臣従していた黄河上流部や湟水流域の諸部族を率いて者竜六族を討ったのである。ところで龕谷懶家族、蘭州諸路族、宗哥族、覓諾族などの大部隊が常時西涼府に駐屯していたとは考えられない。といって急報に接し古くからの主である潘羅支の仇を討つためにそれぞれが兵を率いて西涼府に馳せ参ずるにはかなりの日数を要する。事件の性質上、何よりも兵は神速を貴ばなければならない。悠長に援軍の到来を待ってはいられなかったはずである。これを要するに、懶家、諸路、宗哥、覓諾族は兵の一部を潘羅支の親衛軍として常に西涼府に上番させていたのであろう。当然、彼らが復讐戦の急先鋒になったからこそ史料にその名を残したのであろうが、彼らの兵力では限りがあったことは否めず、主力を構成した軍勢はやはり西涼府生え抜きの勢力であったとすべきである。前述したように、その後、残存者竜七族は捨欽波を中心に結束し、潘羅支の後継者となった厮鐸督にしたがい、捨欽波は都首領になり宋から印一紐を賜わっている。さらに厮鐸督政権の発足にともない六谷蕃部の周家族首領厮郍叱が六谷都巡検使に任じられている。これらの事実は者竜六族の乱鎮圧の論功行賞と考えられるから、やはり厮鐸督を総帥とした叛乱鎮圧軍の主力は者竜七族と六谷蕃部の兵力であったことがわかる。厮鐸督の機を逸しない攻撃は反乱勢力側にとっては誤算であったはずである。厮敦巴をはじめとしてタングート側に乗ぜられた者竜六族の主だった面々は衆寡敵せず「咱隆六族悉く山谷に竄る」とあるように潰走し勝敗は決したのである。『宋会要輯稿』西涼府景徳元年一〇月の条に、この事件は国信使の焦贊が龕谷懶家族と蘭州諸路族の首領から得た情報がもとになっていることが記されている。その一節に六族の敗走に続けて「臣先奉詔令沿路安撫諸族蕃部、其者竜六族已諭旨安集」とあるから、おそらく謀議参画者を除く残された部族民は者竜七族に吸収されたのであろう。暗殺者の養迷般嘱、日布結羅丹、そして「継遷の党」のその後に関しては、史料は何も語っていない。目的を達成し速やかに西涼府を脱出し霊州に逃帰したのであろうか。あるいは厮鐸督側の逆襲が予想外に早かったため脱出の機を失し、六族の首領連中と「山谷に竄る」も厮鐸督に襲撃されその大半が殺害、ないしは虜獲されたのかもしれない。

三　条約交渉の曲折

さて、本章の重要な眼目である張崇貴に委ねられた和平交渉の成り行きを追ってみよう。『続資治通鑑長編』（巻五六）に景徳元年四月の最終記事に続けて次の記事がある。

張崇貴屢々大臣を遣わし辺に至らしめ、趙徳明の事を議せんことを請う。五月甲申朔、兵部侍郎知永興軍府向敏中を以て鄜延路縁辺安撫使に為す。崇貴は台を保安北十里許りに築き、戎人の親信する所の者を召し与に盟約を定めんとす。経置（『宋史』張崇貴伝は「経制」に作る）大小は皆崇貴に出、而して敏中は実にその議を総《す》ぶ、と。

五月甲申朔は向敏中が鄜延路縁辺安撫使に任じられ張崇貴の交渉を総覧する立場に就任した日である。張崇貴の和平交渉は第一節冒頭部で述べたように真宗のお墨付きを得て二月初めからおこなわれていたのである。その際に張崇貴が交渉相手に指名したのは李徳明政権の中枢である張浦であった。鄜延鈐轄の張崇貴は、この間タングート対策の当事者として辣腕を振るってきた経験から実務担当者としては最適であったが宦官である。宋政府が本心で和平交渉に臨んでいることをタングート政権側に信用させるためには、自己の交渉に権威づけをおこなう必要があったのである。張崇貴が再三にわたって大臣の派遣を求めたのはまさにそのためであり、後に宰相になる向敏中の派遣は張浦の信頼を得るための方策だったといえよう。張崇貴は「戎人所親信者」すなわち張浦と樽俎折衝するために保安軍の北方一〇里ばかりのところに「台」を設けたのである。保安軍は洛水の最上流部に合流する周河沿いに位置し白于山の南麓にある。分水嶺を越えれば無定河の濫觴に達し、河を下れば洪州、宥州が位置し夏州に達することができる。第二部（第一章第三節二七三頁）に掲載した宋琪の上書中に、延州から夏州に至る三路を紹介し「一は西北、万安鎮を歴て永安城を経、洪門に出で宥州に至る四五百里、これ夏州西境。」がまさにこれに一致する。万安鎮は延州の真西にあたり、永安城はおそらくその北西に位置し保安軍の前後いずれかに置かれていたのではなかろうか。そして洪門とは分水嶺を越えたところに位置する洪州であることは疑いない。つまり張崇貴は鄜延鈐轄として管轄地域内の交通路上の要衝で、なおかつ最も西方に位置し霊州にも夏州にも通じやすい保安軍の北方に交渉の場を用意したのである。「台」とは役所のことであり、張浦の信用を得るとともにその交渉を円滑に進めるために特別の施設を作ったわけで、もって交渉にあたる張崇貴の意気込みが察せられる。そして右史料で注目すべきことは李徳明に対して初めて宋の国姓が使われるようになり、以後の史料に継承されていることである。一三年前の淳化二年に李継遷兄弟が宋の国姓名を授与された際（第二部第二章第二節三〇七頁）には『続資治通鑑長編』にその内容経緯が明記されている。ところが李徳明の国姓賜与に関する記事はこれ以後もいずれの史料にも記されていないのである。父の李継遷は国姓名の「趙保吉」を与えられたのに対して、李徳明の場合は国姓の「趙」のみの賜与であることも関心を惹く。権威の揺らいでいる李徳明がこの段階で仮に宋の国姓名を賜与されることになれば、支配下諸部族を統制する上で、これほど有り難いものはない。宋側もそうした李徳明の置かれた状況を冷静に観察し、敢て国姓の賜与だけに止めることによって交渉を督促し、締結の暁に国姓名の賜与もあり得るという含みを持たせたのであろう。国姓の賜与は二月から四月の間におこなわれたと考えられるが、おそらく宋の廟堂での慎重な議論を経ずに、張崇貴の具申によって俄かに墨勅の形で出されたのであろう。それ故に宋の公式の記録には残らなかったのではなかろうか。宋はタングート政権側の内部事情を巧みに衝き交渉の開始にあたって最大限の誠意を示し、和平交渉の早期の決着を狙ったのである。なお、李徳明は死亡に至るまで、ついに名の賜与は得られなかったことをつけ加えておく。

しかしその後の交渉が順調に進捗したことを窺わせる史料はない。(4) タングート政権は潘羅支の暗殺工作に全力を傾注していたはずで、宋との交渉を有利に進めるためにもそれは必須の条件だったと考えられる。さらにタングート政権にとっての天佑は遼の南伐が本格化し、宋が西北辺対策に強硬策を取ることができなくなったことである。潘羅支の暗殺に成功したことでむしろ交渉の主導権はタングート政権側に移ったといえよう。張浦にしてみれば宋と遼の干戈の行く末を見極めた上で、じっくりと宋との和平交渉に臨めばよいわけで、その間に弛緩した支配体制の引き締めにあたることができたのである。

張浦等新政権の首脳部は遼との関係維持に気を配ったことはいうまでもない。しばらく『遼史』(巻一四) 聖宗五の関係史料をもとにその状況を確認しておく。宋の景徳元年にあたる統和二二年の条に、

三月……乙未 (一一日)、西夏李徳昭遣使上継遷遺物。

秋七月甲申 (二日)、遣使封夏国李徳昭為西平王。

冬十月……己酉 (二九日)、西平王李徳昭遣使謝封冊。

とある。統和二二年三月の乙未 (一一日) に李徳明は遣使して継遷の遺物を献上したとあるから、李継遷が死亡してからほぼ二月後にその死亡が遼に報ぜられたことは確かである。その後、遼は約百日後の秋七月の甲申 (二日) に、遣使して父李継遷に継いで李徳明を西平王に封じたのである。それに対して李徳明は約五箇月後 (この年は閏九月がある) の冬一〇月己酉 (二九日) になって封冊を謝している。ところが、同聖宗五の前年の統和二一 (一〇〇三) 年の条

を見ると、

五月……丁巳（二九日）、西平王李継遷薨、其子徳昭遣使来告。

六月己卯（二一日）、贈継遷尚書令、遣西上閤門使丁振弔慰。

九月己亥（二二日）、夏国李徳昭遣使来謝弔贈。

の三つの記事が掲載されている。年次が一年誤っていることはいうまでもないが、三記事は統和二二年の記事とは別系統の記録からの採録で、『遼史』編纂の過程で年次を誤ったか、原史料の段階から誤っていたかのどちらかであろう。内容は極めて具体的でともに統和二一（景徳元年）の出来事と断じて大過なかろう。そこで六つの史料からこの間の状況を整理すると、三月一一日に李徳明は父李継遷の死亡を報告しているのだから、改めて五月にそれを報ずる必要はない。五月二九日の記事はことさら「西平王李継遷」と記している点に注意すべく、徳明の来告とはまさに西平王の継承、すなわち李継遷の権力の正統後継者としての立場の保証を遼に求めたことを言っているのである。ところが遼は順序を重んじて六月二一日に西上閤門使丁振を遣わし李継遷に尚書令を遺贈し弔慰したのである。そして十日後に晴れて李徳明に西平王の継承を認めたのである。タングート政権側もこの順序を守り九月に李継遷の弔贈を謝し、一〇月に李徳明の西平王封冊を謝したのである。遼としては宋との決戦を控えタングート政権を牽制勢力として位置づけるためにも、その崩壊は避けたかったはずである。またそうした遼の思惑を利用してタングート政権側も後継体制の強化を急ぎ、支配下蕃部の引き締めと来るべき宋との和平交渉を有利に進めようとしたのである。

第一節の最初の方で記した真宗の交渉条件は張崇貴からタングート政権側に伝えられたはずである。しかしながら張浦等首脳部は如上の経緯から交渉に応じたとしても本腰を入れた対応はおこなわなかったであろう。何よりも宋と遼の輸贏を見守ることを優先し、積極的に接壌地帯の状況を改善する努力も取らなかったのではなかろうか。景徳元年の後半におけるタングート政権側の攻撃とわかる事件はただ一つである。八月乙亥（二三日）、李継遷（徳明の誤り）

の蕃部が秦州の永寧寨を寇したが、裕勒凌族が撃退したことを秦州が報じている（『続資治通鑑長編』巻五七）。この攻撃は曹瑋の攻勢に誘発された動きと考えられ、宋と西涼府の連絡を絶つ目的があったのであろう。なお、『宋史』党項伝には「八月、野雞族侵掠環慶界、詔辺臣和断、如其不従、則脅以兵威。」の記事がある。野雞族については第一部（第四章第二節一四二頁）で触れたように、五代末に折従阮の経略にしたがい延州節度使になった李万全の部族である。その際掲載した『資治通鑑』に「戊申、折従阮奏し野雞二十一族を降す、と。」とあるように慶州の直近に蟠据していた大部族であった。野雞族はその後史料上にまったく登場しなかったことから、一応は宋にしたがう熟戸として羈縻に服していたのであろう。その野雞族が景徳元年の八月になって再び登場したのである。『宋史』（巻三〇九）閻日新伝に「景徳初、……上言野溪、三門等族恃嶮隘、桀黠難制……」とあるから野雞族が依然として環慶の界に蟠踞する大部族であったことには変わりなく、今回の侵掠も宋の統制の弛緩を衝き往年の勢力の回復を試みた動きで、第一節の前の方で掲載した史料Bの環州馬歩軍都指揮使王延順の更迭に絡んだ動きであろう。野雞族の侵掠を李徳明政権と結びつけることは控えるが、タングート政権にとってこうした騒擾は有利な材料になったことには違いない。真宗が閏九月癸丑（二日）に「詔して西面縁辺の兵を分けて寧州と慶州に派遣し入寇に備え」させた（『続資治通鑑長編』巻五七）のも環慶路方面の蕃部の騒擾が拡大することを警戒したからであろう。

そしてこの年の一二月、宋と遼との間に史上名高い「澶淵の盟約」が締結され、ここに東アジアの二大国の間に偃武が実行されたのである。これをタングート政権側から見れば、本格的に宋との間に和平交渉をおこなう環境が整ったことを意味する。『続資治通鑑長編』（巻五八）、一二月癸卯（二四日）の条に、

邠州部署言う「李継遷の子阿移の孔目官何憲来帰す。」と。詔して伝に乗じ闕に赴かしむ。

とある。邠州は涇水がいくつにも枝分かれする環慶路の扇の要に位置し、涇水最大の支流馬嶺川を遡上すれば慶州、環州に通じている。その邠州部署が何憲の来帰を取り次いでいるのである。何憲は張崇貴が用意した鄜延路の保安軍

北方の「台」ではなく、霊州大路を利用して環州北方の洪徳寨に赴いたと考えられる。つまり霊州から最短のコースを利用して宋側官憲と接触したのである。史料に「来帰」の二文字が記されていることから直ちに何憲が宋に投降したと解釈すると正鵠を逸する。この史料は短文ながら想像力を掻き立てられる重要なメッセージが込められている。そもそも何憲を紹介するのに「李徳明」とせずに「李継遷子阿移孔目官」と表記している点が注目される。本章冒頭部で述べたように、宋は二月の段階で李徳明の後継と改名を知っていたのだからことさら前名で表記する必要はないはずである。宋側史料が「阿移」と表記することから何憲の来帰が李徳明から極めて内密で特殊な使命を委ねられていた印象を強くする。さらに注目すべきは何憲の肩書「孔目官」である。第二部（第二章第一節二九五頁）で触れたように、端拱元（九八八）年に李継遷が張浦を知環州の程徳玄のもとに派遣して停戦の駆け引きをおこなわせたが、その時の張浦の肩書も「孔目官」であった。「孔目官」の詳しい職掌、権能等は時代による変遷もあると思われ不明の点も多いが、梅原郁氏の説明を要約すると、唐代後半、支配体制の崩壊の過程で必要に応じて設置されていった胥吏の一つである。「一孔一目」に由来し、あらゆる事柄がその手を通す意味を持ち、節度使院を代表する吏職であった。宋代になると枢密院をはじめ最高官庁の多くで胥吏の名称として使われている、と。(5)『続資治通鑑長編』が張浦、何憲を「孔目官」としているが、これは宋側が勝手に解釈して便宜的に両名の肩書にしたものではない。この間、タングート政権側でも宋に倣ってそれなりの官制を整備しており、「孔目官」もその一つとして採用していた官名であろう。「孔目官」とはおそらく最高権力者に直属し枢機に与る秘書官的役割を持つものとして位置づけていたのであろう。張浦も何憲も「孔目官」に任じられて宋側と接触していたのである。もう一つ注目すべきは史料最後の「詔令乗伝赴闕」である。宋は特別に詔をもって何憲を駅馬で宮闕に赴かせたのである。一介の投降者におこなう待遇ではなく、何憲の使命を真宗が十分に理解していた証拠である。こうしたことを総合的に勘案すると、何憲は停滞していた和平交渉の本格的再開を打診するために李徳明、張浦から内々に派遣された密使であったことがわかるであろう。二四日は詔が出された日を指し、何憲が環州方面に至ったのは一二月の中頃としておく。最後にこのタイミングで和平交渉再開の密使を派遣した理由として付け加えておくことは、仇敵潘羅支を殺害することに成功したとはいえ、真の目的であった西涼府の攻略は実現できなかったことである。西涼府政権は潘羅支の弟厮鐸督を中心に速やかに再建され、宋も一〇月癸卯、厮鐸督を「朔方軍節度使、霊州西面巡検、西涼府六谷大首領」に任じ（『宋史』巻七真宗紀二等）支援を強めていたからである。

年が明け景徳二年になると、二月と四月に環州方面に戎人の入寇が報じられている（『続資治通鑑長編』巻五九）。特に四月に入寇した賊将の慶結を生擒しその罪を宥して准南に配しているが、こうした気遣いは宋とタングート政権の和平交渉の準備が進捗していることを示す傍証になるであろう。そしていよいよ六月、和平交渉は大きく動いたのである。『続資治通鑑長編』（巻六〇）、六月の史料を三点列挙する。

丁亥（一一日）、……夏州趙徳明、牙将王旻を遣わし表を奉じて款に帰す。旻に錦袍銀帯を賜う。侍禁夏居厚を遣わし詔を齎しこれに答う。

辛卯（一五日）、鄜延路鈐轄張崇貴言う「趙徳明已に表を奉じて款に帰す。河西蕃族をして各々疆界を守らしめん。」と。諸部に詔して、如し徳明の侵擾する所無ければ、則ち兵を縦ち境を出ること勿れと。

甲午（一八日）、張崇貴延州より入奏す。詔諭するに継遷昔時の変詐の状を以てし、今当に徳明をして自ら誓約を為さしめ、霊州土疆を納め、平夏に止居し、子弟を遣わして宿衛に入れ、略去官吏を送り、尽く蕃漢兵及び質口を散じ、封境の上侵擾する者有れば朝旨を稟ける、凡そ七事。則ち徳明に授けるに定難節度使西平王を以し、金帛緡銭四万貫匹両、茶二万斤を賜い、内地節度使の俸を給し、回国（図の誤り）往来を聴し、青塩の禁を於（放の誤り）ず、凡そ五事。仍りて閤門通事舎人焦守節を遣わし、偕に往きて徳明親信を呼びこれを示さん。如し能く命に順えば、即ち恩制を降さん。既に而て徳明、張浦を使わして崇貴等に詣り面議せしめ、書疏を致すに及ぶも、但だ邀求多く、自ら誓約を為すを肯ぜざるなり。

一一日は侍禁夏居厚に詔を持たせ李徳明のもとに派遣した日である。牙将王旻が李徳明の親書（奉表）を携えて開封の宮闕に赴いたのは五月末か六月の初めであろう。「帰款」とは誼を通ずる意であるから、王旻の派遣は李徳明政権が和平交渉を正式に受諾した連絡だったのである。李徳明に「夏州」が付けられているが、この時点では未だ李徳明は霊州にいたと考えられる。本来、タングート政権が夏州を基盤にしていたことと、後に李徳明が夏州に移動したことを取り混ぜて記事作成の段階で「夏州」を付け加えてしまったものと考えられる。一五日はタングート政権側を刺激しないよう宋側蕃部に詔が出された日である。張崇貴が「奉表帰款」を承知の上で蕃部対策を要請していることから、王旻は保安軍北方の「台」に至り、すべて張崇貴のお膳立てによって開封に赴いたことがわかる。張崇貴の上書は王旻護送の使者によってもたらされたものであろうが、和平交渉に張崇貴がいかに心血を注いでいたかがわかる。そして一八日になると張崇貴本人が延州から召還され、交渉条件等細部を指示されたのである。真宗が改めて提示した条件は①霊州の返還、②李徳明の夏州移住、③子弟の入質、④略去官吏の送還、⑤蕃漢常備兵の解散、⑥蕃部質子の解放、⑦国境線を越えて宋側に侵擾する者があった場合は「朝旨を稟ける」。つまり換言すれば宋側と協議するということである。以上七事を李徳明が誓約すれば、①李徳明に定難軍節度使西平王を授与、②金帛緡銭四万貫匹両茶二万斤の賜与、③内地節度使の俸支給、④回図（貿易）往来の許可、⑤青白塩の禁輸解除の五事を約束するというものであった。真宗は張崇貴の帰任に閤門通事舎人焦守節を同道させ、李徳明の親信つまり張浦との交渉に立ち会わせ、張浦の条件受諾に期待を寄せたのである。張浦は「台」に至って親しく張崇貴と面議し、かつ書翰のやり取りもして条件の詰めをおこなったようであるが、妥協点は容易に見出せず交渉はそう簡単にはまとまらなかった。

真宗は「趙徳明誓約未定」をもって交渉態勢をさらに強化すべく、九月丁未（二日）に知永興軍府で鄜延路縁辺安撫使を兼務していた後の宰相向敏中を「鄜延都部署、兼知延州」に改め、現地での「経略」にあたらせたのである

(『続資治通鑑長編』巻六一)。別段その成果でもあるまいが、同巻に九月の「癸丑(八日)、趙徳明始遣其都知兵馬使白文寿来貢。」とあるように、交渉の端緒以来一年七箇月目にして初めて李徳明の公式の使節が宋の都を訪れたのである。さらに一二月にも教練使郝貴の来貢が記されており(同右)、タングート政権側でも交渉の成就に大きな期待を抱いていたことは同様であった。

この間の交渉の経緯をよく伝える史料が『続資治通鑑長編』(巻六三)、景徳三年五月壬寅朔に続く記事である。趙徳明、その兵馬使賀永珍を遣わし来りて馬を貢ぐ。甲辰(三日)、徳明又その兵馬使賀守文を遣わし来貢す。これより先、向敏中及び張崇貴は徳明と議して誓約を立てるも、久しくして未だ決せず。徳明は数々遣使修貢すると雖も、然るに七事に於て訖に承順すること莫く、表を累ねて但だ先に恩命を賜わるを乞い、徐にこれを議せんことを云う。時に已に詔有り徳明に霊州を納めざるを許す。既に又、敏中等に詔を賜い、徳明を諭し子弟を遣わし宿衛するを止め、及び西路進奉蕃部を攻劫するを得ざらしむ。縦《も》し争競有れば、並に朝廷の和断を取らしめ、他の約は悉くこれを除けば、然に亦た回図往来及び青塩の禁の放行は聴さず、と。乙巳(四日)、敏中等言う「二事苟も約に如かざれば、前議に乖くを恐る。請う皆これを与えん。」と。上、徳明の変詐信じ難きを以て、儻し姑息に務めれば、必ず後患を貽《のこ》すと。復た敏中等に詔を賜い、熟計し復奏せしむ。

タングート政権側の「遣使来貢」は景徳三年になっても継続していたことがわかる。因みに賀永珍の入貢の日時は不明だが、前年の二人の来貢が九月と一二月で、同姓の賀守文の来貢が三年の五月三日であることから二、三月の交と考えるのが妥当であろう。賀守文の来貢の翌四日に向敏中等に詔が出され、その内容も「上以徳明変詐……」以降と同じであることは『宋大詔令集』(巻二三三)で確認できる。右史料の「先是向敏中……」以降「徐議之。」までが上記甲午(一八日)の史料に続く動きで、向敏中を現地に派遣して交渉を総覧させた景徳二年の九月からおそらく年末までの状況である。向敏中、張崇貴は徳明側とタングート政権の遵守事項をめぐり交渉するも、タングート政権側は宋側の給付条件五事の先行実施を求めて交渉は暗礁に乗り上げた状態であることがわかる。「時已有詔」から「放行青塩之禁」までが景徳三年の年明け頃から五月以前の交渉に関わる内容であるが、二段階の条件緩和策からなっている。前段の霊州返還要求の放棄はおそらく一、二月の交に伝えられたのであろう。真宗としては大きな譲歩であったがタングート政権はこの程度の譲歩案では納得せず、さらなる譲歩を要求してきたのである。そこで真宗はタングート政権に交渉妥結を促す目的で向敏中等に詔を賜い、譲歩条件として③の子弟の入質の撤回も視野に入れることを指示し、新たに西域諸国の入貢使節の安全の保障と紛争時の処置を宋側に委ねることを付け加えたのである。「他約悉除之」とはタングート政権側が①、③を除く他の②、④、⑤、⑥、⑦の五事も拒否するという意味であり、その際は宋側の条件の④回図（貿易）往来の許可、⑤青白塩の禁輸解除も応ずるなというものであった。この新たな譲歩案は三、四月の交に伝えたのであろう。このように条件交渉が三段階におよんでいることは、景徳二年の九月から三度の遣使来貢に見事に対応しており、遣使の目的が交渉を有利に進めるために、直接宋政府に働きかけるためのものであったことがわかる。ところがこうした指示に対して交渉の衝にあたっている向敏中等はこれまでの経緯を踏まえ条約成就のために④、⑤の二事は約束したいと上奏してきていたのである。そうしたところに五月三日、兵馬使賀守文が来貢したのである。度重なる使節の派遣を通して条約交渉に揺さぶりをかけるタングート政権に対して、真宗はじめ宰相等はそのしたたかな本性を再確認することになり、四日、向敏中等に詔を降し「令熟計復奏」すなわち短慮を戒め熟計して慎重に交渉を進めるよう命じたのである。史料後半の乙巳（四日）の日付は「敏中等言」に懸かるのではなく、「復賜敏中等詔」の日付である。

こうした廟堂の懸念が杞憂ではなかった証拠が同じく五月辛亥（一〇日）の条に載せられている。

府州折惟昌言う「威尼族（兀泥族）大首領明葉（名崖）の従父星結族（族は衍、盛佶）、先に李継遷の據（擄の誤り）する所と為り、白池軍主を授かる。近ごろ密に使を遣わし明葉（名崖）に諭して云う『徳明は外は修貢の名に托すと雖も、而して兵馬を点閲するに尤も急にして、必ず山界を劫掠するを恐る』と。明葉（名崖）以て告ぐ」と。上、これを嘉し、詔を降し撫諭し、就ては錦袍錦（銀の誤り）帯を賜わり、仍りて本路をして常に守備を加えしむ。[＊（　）内は『宋史』党項伝に拠る]

涇原儀渭都鈐轄秦翰、知鎮戎軍曹瑋等各々出兵討賊を請う。上、徳明累ねて遣使修貢するを以て、誠信を失するを慮れ許さず。徳明初めて命を朝に請うと。瑋言う「継遷河南の地を擅にすること二十年、辺甲を解かず、中国をして西顧して憂えしむ。今方にその国危く子弱し。即に擒滅せざれば、后更に盛強し制し難し。願わくば臣に精兵を仮し、不意に出で徳明を捕え闕下に送り、復た河南を以て郡県に為さん、時、失す可からず。」と。朝廷方に恩を以て徳明に致すを欲し、その書を寝《と》めて報ぜず。

前段はタングート政権の内部からの情報である。兀泥族については第二部の各所で詳述したようにタングート政権の屋台骨でもある野利氏の出身部族である。兀泥族大首領名崖とは三六一頁（第二部第三章第四節）で触れたように、李継遷と結合した野利氏本宗の兀泥信移の長子でありながら府州折氏にしたがい、形の上では父親と袂を分かっていた突厥羅の後継者と考えられる。従父盛信はおそらく突厥羅の弟で兀泥信移の子の可能性が高い。府州折氏にしたがっていた兀泥一族もタングート政権を構成する兀泥信移や同族とは必ずしも敵対関係にあるのではなく、互いの情報を交換し合う特別のルートを保持していたと考えてよかろう。府州兀泥族はタングート政権との非公式の外交窓口の役割を担っていたのであろう。盛信について「先爲李継遷所擄」とあるが、実際はある時点で兀泥信移に合流し、その後李継遷から白池軍主に任じられたのであろう。白池とは青池とともに青白塩の生産地である。盛信はその重要な場所の軍主に任じられていたのだから、野利氏の一員として枢要な位置を占めていたと考えてよかろう。その盛信が本来ならば厳秘に付せられるはずの軍事情報を宋側に通報してきたのである。政権の意思として宋側の譲歩を引き出すために脅しとして情報を漏洩させた可能性も捨てきれないが、脅しであるならばことさら秘密ルートを使う必要もないのである。史料後段で曹瑋が「辺不解甲」と言っているように、逐次寄せられる縁辺部からの情報でタングート政権側の軍事行動は容易に宋側にも知れるのである。接壌地帯全域で臨戦態勢を発動すれば、それで十分宋側を牽制することは可能なのである。盛信の密告が政権中枢の意向でない証拠は内容からもわかる。李徳明政権は表向き修貢を唱えているが、その実は戦闘準備に余念なく、山界劫掠を計画している、とあり攻撃予定地域を暴露しているからである。宋がこの情報にもとづいて山界一帯の縁辺部で厳戒態勢を取れば必然的にこの方面で作戦発起はできなくなる。事実、真宗は守備の強化を命じている。盛信がこのような利敵行為ともいえる行動をとった理由はおそらくタングート政権中枢部の実態を反映していたのであろう。和平交渉に関しては、宋側でもその条件の取り扱いについて真宗と向敏中等現地の担当者との間で温度差があった。甚だしくは史料後段の涇原路の曹瑋、秦翰のように和平交渉そのものを否定して、後顧の憂いを絶つために「其国危子弱」の機会を捉えて一気にタングート政権の壊滅を主張する声もあったのである。このような和平交渉をめぐる意見の対立は必ずや鏡を見るごとくタングート政権内部にも存在していたはずである。タングート政権の中枢も決して一枚岩で結束していたわけではなかったであろう。宋との和平をめぐって李徳明を挟んでその母族野利氏、李継遷の母族衛慕氏、そして張浦等実務担当の漢人官僚などのそれぞれの思惑が交錯したことは想像に難くない。李継遷の復讐を遂げて早二年の歳月が経過しようとしている。タングート政権の最大の危機はすでに過ぎ去り、支配下諸部族に対する求心力は再び回復し、それにともなって動員可能兵力も増加していたであろう。おそらくそうした政治環境の好転から条約派に対する武闘派の発言力も強まっていたのではなかろうか。条約交渉を一時中止して再び攻勢に転じ、一定の成果を挙げた上で交渉の再開を主張する勢力、宋・遼講和の実現による国際情勢の安定化の趨勢に乗じ、積極的に条約交渉に応じて少しでも有利な条件で決着を主張する勢力等の対立があったと考えられる。それでは盛信はなぜこの作戦情報を漏らしたのであろうか。盛信が野利氏の一員であることを考えればおのずと答えが見えてくるようである。盛信は白池軍主である。ということは青白塩の利害に密接に関与しているのである。ここで想起すべきは五代以来、野利氏が塩州の蕃部と結託して青白塩の私貿易を独占していた時期があったということである（第一部第四章第三節一六一頁参照）。歴史的に見て青白塩の管掌は拓抜李氏ではなく野利氏の範疇に属していたことは明らかである。条約内容に青白塩の禁輸解除の一項を加えさせることを、誰よりも願っていたのは野利氏であろう。ところで攻撃対象になった山界とは白于山を中心とする横山の南麓一帯を指した。つまり野利氏など河西タングート諸部族の本拠地である。仮に大規模な作戦発起となればその動員は免れず負担を強いられることは目に見えている。それにも増して山界の同族諸部族とは常日頃連絡を取り合っていたと考えてよく（五四八頁に史料掲載）、野利氏の立場からすると攻撃には何の利益もなかったはずである。作戦が発動されれば和平交渉はご破算になってしまう。青白塩の禁輸解除も当然実現できなくなってしまう。当時、盛佶は白池軍主として実際に白池に駐屯していたのであろう。白池は霊州に近く政権中枢の情報は逐一手元に届いていたことであろう。また政権に発覚せずに府州に密使を送ることも可能だったのであろう。盛佶は宋側の厳戒態勢を引き出すことによって作戦発起を断念せしめ、タングート政権をして和平交渉に回帰せざるを得ない状況に引き戻そうとしたのである。盛佶は敢て禁じ手を弄して交渉の妥結を求め、野利氏のかつての栄養源の再獲得を試みたのである。ただ、盛佶の行動が野利氏全体の意見を反映していたかは大いに疑問であり、あくまでも白池軍主の立場にある盛佶の独走であったとしておきたい。

さて、こうしたタングート政権の不穏な動きに対して、懸念を深めた真宗は四日に続き庚申（一九日）に再度向敏中に詔を下し、帰途に就かせた賀守文との協議を命じ、併せて李徳明に与える詔を同封したのである。『宋大詔令集』（巻二一三）「再答向敏中詔景徳三年五月庚申」では今までの交渉の経緯を総括した上で、

今、張崇貴と徳明に廻書、并びに手詔を降し往かしむ。仰ぎて此の発与に依れ。その余の衆議は甚だ過疑有り。今、将に秦翰并びに西涼及び縁路蕃部の奏する所の徳明の迫脅攻掠、并びに李仁義の件析の事状、実封状を并わ

せて往かしむ。卿等宜しく共に看詳せん。内蕃部の告げる所の劫去人口は縦《たと》え未だ給還する能わずといえども、亦須らく盟誓の時、重ねて要約を立てよ。卿等各々智謀を蘊《たくわ》え、共に憂寄を分かて。今、徳明の事、必ず深く利害を窮め、尽く始終を究めよ。若し信《まこと》に邀求を縦《ほしいまま》にすれば、朝廷は進奉を接続するを任《たも》てず。彼に於いては故《もとより》虧損無く、漸久（次第にの意）機宜を失うを恐る。賀守文等已に促して朝辞せしむ。彼の到るを候《ま》ち、足得（満足の意）させるに明かに事状を指し、これと商議せん。或は付するに文字を以てし、或は人を遣わし同に往かしめん。

爾の忠尽に頼る。朕の倚毗（依頼の意）に副え。

と述べている。タングート政権が和戦両様の動きを活発化させている情報は、秦翰、曹瑋の報告だけではなく西涼府や縁路蕃部からも寄せられていたことがわかる。李仁義についてはまったく不明であるが、「件析の事状」とはタングート側の動員に絡む動きを逐一まとめた報告だったのであろう。真宗はこれらの報告を向敏中のもとに送り参考に供させるとともに、今後の条約交渉においては、特に劫掠された縁辺熟戸の返還を強く求めさせ、安易な妥協を戒めたのである。その上で真宗はタングート政権に対して条約交渉に集中させるために、賀守文の帰国に説得の使者を同道させることも認め、李徳明に対しては詔を下して条約締結を慫慂したのである。

こうしたところに再び縁辺蕃部の宋内附が相次ぐことになったのである。まず、五月の末と考えられるが涇原路の複数の大族が大挙して宋に救いを求めてきたのである。『宋史』（巻二五八）曹瑋伝に、

既にして西延家、妙娥、熟魏の数大族帳を抜《ひきい》て自ら帰せんことを請う。諸将猶予して敢て応ぜず。瑋曰く「徳明の野心、急に其の翮（羽のもと）を折らざれば、後必ず颺去（鳥が飛び去る）す」と。即日、騎士を将いて天都山に薄り、降者を受け内徙せしむ。徳明敢て拒まず。西上閤門使に遷る……。

とある。[6]『続資治通鑑長編』は註（6）記事に「三千余帳万七千余人及牛馬数万」（『宋史』吐蕃伝略同）と、さらに「先是、数大族者遣使詣鎮戎求援、将抜其部人来帰、諸将皆猶予……」を付け加えている。西延家とは第二部（第五

章第五節四七二頁）で紹介した「隴山西延家首領図卜」の西延家のことであるが、『宋史』吐蕃伝景徳元年の条に「涇原路言隴山県王、狸、延三族帰順（『宋会要輯稿』方域二一略同）とあるから、隴山の西方、あるいは隴山県に居住する延家族が正しい。おそらく長い隴山山脈の南部西側に居住していたのであろう。チベット系の部族で咸平六年、景徳元年と帰順を繰り返し、さらにまたここで宋に内附を求めていることから考えると、その都度タングート政権の奪還工作に屈していたことがわかる。熟魏族については第一節（五〇四頁）でも触れたように大虫巉諸族の代表格で六盤山の北東地域に居住していたのであろう。(7) 先に述べたように景徳元年の九月に「熟魏族酋長茄羅」が烏蔵（兀臓）、策旺（成王）等二族とともに宋に帰順している。その際「先叛去蕃官」と記されており、延家族同様叛服を繰り返し、元年の九月以降、再びタングート政権側に帰属していたことがわかる。妙娥族については『宋史』（巻七）真宗紀二に「渭州妙娥族三千余帳内附」とあり、ちょうど延家族と熟魏族の中間あたりに居住していたことがわかる。これら諸族が何ゆえに天都山付近でまとまって曹瑋に帰順したのであろうか。その理由を解き明かす重要なヒントが右『続資治通鑑長編』の記載である。これら「数大族」は事前に鎮戎軍に使者を派遣し助けを求めているのである。通常、蕃部の宋への帰順は二通りある。宋の武力に屈してか、あるいはタングート政権の支配を嫌って自発的に内附するものである。ところが今回は天都山付近で曹瑋の救援を待っているのである。さらに曹瑋伝の史料に、内徙に対して「徳明不敢拒」とあることである。諸族は何らかの理由で天都山付近に集結していたことが窺われる。考えられる理由はタングート政権によって大規模な人畜の動員徴発を受け、その実態はまさに霊州方面への強制移住に繋がるものだったのではなかろうか。この時期のタングート政権は軍事力の再建、すなわち動員兵力の増強こそが至上命題であった。宋との外交交渉を有利に進めるためにも、また、実際に西涼府、甘州攻撃等の兵力を編成する上でも接壌地帯の蕃部、熟戸の動員徴発は急がれたはずである。これらの諸族は接壌地帯の部族の常として目前の利益によって憑依する勢力を時々に選択するものである。大量の動員徴発は自らの体力消耗に繋がり何の利益にもならない。また宋としてもタングート政権の軍事力強化に繋がるこうした動員徴発は極力阻止したいところである。諸族はそうした宋側の本音を逆手にとって曹瑋に対して救出を求めたものと考えられる。「徳明不敢拒」とは宋軍との戦闘を避け諸部族の動員徴発を断念したことを意味するが、結局は条約交渉が足枷になっていたといえよう。

タングート政権の和戦両様のジレンマは今しばらく続いたようである。『続資治通鑑長編』（巻六三）の記事にしたがってその状況をまとめておこう（以下、同書の引用に関しては巻数のみを表記する）。李徳明は六月丁丑（七日）に左都押衙賀永正等を宋に遣わして来賀している。賀守文の来貢からほぼ一月後のことで遣使の間隔が狭まったことから条約にかける熱意の表れともとれる。ところが六月の条の最後に「趙徳明屢修貢、即戒辺臣各守地分。是月、有伊実、潘、保、薛等四族来投鎮戎軍、秦翰出兵援之。徳明訴其事於朝、願挙刑章。翰言四族本皆熟戸、茲還旧居、非新有所招納也。乃詔翰与張崇貴移牒報徳明、自今勿復侵擾境外。」とある。おそらく五月の熟魏族等の内徙に誘発されたのであろう、熟戸の伊実、潘、保、薛等四族も鎮戎軍に来投し、秦翰の言によれば旧居に還ったとある。熟魏族等と同様にタングート政権によって動員徴発され居住地から引き離されていたことがわかる。今回は李徳明が秦翰の行動を宋に抗議し処分を求めていることから考えると、タングート政権の動員徴発が涇原路方面においてはことごとく失敗している証拠だろう。宋政府としてはタングート側を刺激する行動はこれ以上避けたく、徳明に対しては宋側熟戸の徴発を禁じるとともに、冒頭の辺臣に対する指示も出されたのである。宋は秋七月の辛丑朔には「趙徳明既欸、西辺稍安故也」をもって鄜州の就糧兵を本営に戻しているが、それに呼応するかのように丁未（七日）に李徳明は再び遣使して馬一五〇匹を貢いでいる。あたかも条約締結が間近に迫ったかの印象を与えるが、辛酉（二一日）の条には一転して、

諜言う「趙徳明、諸族の兵馬を集め麟、府の内属戎人を略せんと欲す。」と。向敏中その事を奏す。上、涇原の地最要害にして屯兵且つ衆く、旧は止《た》だ鈐轄、都監二員を有するのみなるを以て、壬戌（二二日）、駐泊鈐轄一員

を増置し、六宅使、封州刺史李重誨を命じてこれに為す。敏中、また鄜延路部署石普と皆言う[8]「蕃落の将、徳明信約未定に為《し》て、蕃部を点集し、器械を科率せしむと称う。」と。敏中、帥臣を選び辺郡に鎮せんことを請い、普は入りて機事を奏せんことを求む。李重誨、曹瑋、秦翰に詔して同に便宜を商度し、以て侵軼を防がしめ、応に軍須儲峙は転運使一員に委ねて彼に往き供億せしむ。又、翰に令して西涼府斯多特に諭意して諸蕃部を戒め斥候を厳にして以てこれに備えしむ。

と記している。向敏中のもとに寄せられた情報によると李徳明は諸部族の兵馬を結集して麟州、府州に内属した蕃部の奪取を企図していると。麟、府内属戎人とは第二部（第四章第三節四〇九頁以降）で触れた来一族を中心とする唐竜鎮付近のタングート諸部族の可能性が高い。これらの部族の帰属は澶淵の盟約によって宋に帰したと考えられるが、来氏は交易の拠点である唐竜鎮を掌握し依然として宋、遼の両端を持し軍馬貿易等によって富を蓄えていた。一族間の紛争は景徳四年になっても発生しており、李徳明政権が経済力の強化を考えて紛争を利用して唐竜鎮諸部族の獲得を狙ったものと考えることもできる。麟府路に対して厳戒命令が出された記録は見あたらないが当然出されたはずである。右史料は向敏中とのやり取りを中心にしているために省略されたのであろう。地理的に考えてタングート側の攻撃を最も被りやすいのが涇原路であることは宋政府も夙に認識していたが、向敏中の上奏を得て改めて壬戌（二二日）に封州刺史李重誨を駐泊鈐轄に任じ涇原路の即応態勢の強化を図ったのである。おそらく向敏中はそれ以前に再度、鄜延路副都部署石普とともに上奏し、蕃部の情報として、李徳明は和平条約を喧伝しているが未だ締結には至らず、かえって蕃部に動員をかけ武器の割りあてを指示していると報じ、帥臣の派遣を要請したのであろう。そこで真宗は涇原路に派遣する李重誨と現地駐在の曹瑋、秦翰に詔を下し、防御態勢の強化を命じるとともに新たに転運使を任じ軍須儲峙の補給を保障したのである。さらにそれだけには止まらず、秦翰に命じ西涼府政権の断鐸督に対しても厳戒を指示させているのである。宋政府は条約の締結に期待しながらもタングート政権の真意を測りかね和戦両様の態勢を怠りなく取っていたことがわかる。

四　講和条約の締結

こうした緊張状態を孕みながらも、八月に入ると条約交渉の具体的な動きがわかるようになってくる。『続資治通鑑長編』（巻六三）、八月戊子の条に続けて、

> 向敏中等、趙徳明と朝廷の降す所の要約事を議す。徳明累ねて人を遣わし敏中等に告げて云く「親弟を遣わし宿衛するは、上世未だ此例有らず、その他は則ち遵承を願う。仍りて良馬橐駝千計を以て入貢せんと欲す。」と。辞意懇切なり。己丑（一九日）、敏中等その事を具《つぶさ》に以聞し、且つ言う「要約未だ備わらず、故に敢て封爵を行うを請わず」と。上曰く「遠方の俗、本より羈縻を貴ぶのみ」と。乃ち敏中等に詔諭し「如し徳明再び人を遣わして至り、果して親弟をして宿衛せしむるを欲せざれば、則ち乞う所の回図往来、及び青塩の禁を放行するは朝廷並びに許さず、然にその帰順の志は阻まざるなり。」と。陳堯叟言う「青塩は如し権場に置くも、官またこれを買う可からず。蓋し平夏は青塩甚だ多く、若し官買すれば官売を必須とし、既に禁法を乱し、且つ解州両地（池の誤り）の塩は復た行われず。」と。上曰く「徳明如し子弟を遣わし宿衛すれば、則ち青塩を放行するを許す。豈に是れ禁法を乱さざらんや。今、権場既に買を為さず、当に先に文を以てこれを告諭し、若し異時、徳明復た懇請有れば、則ち当に権場に令し定分数を量り市に収めしめん。」と。

とある。前段は八月一九日以前に向敏中が上奏した李徳明側の要求内容である。タングート政権の不穏な動きが進行する一方で条約交渉も途切れていなかったようである。徳明側が強く撤回を求めた条項が子弟の入質で、未だかつてその例がなく、これが撤回されればその他の条項はすべて遵守し、対価として「良馬橐駝千計」を貢献すると述べて

いる。また、向敏中は徳明側の遵守事項が定まっていないことから封爵に関しては先行実施を必要としないといっている。ところが腑に落ちないのは、五二五頁で述べたように真宗は三、四月の交に向敏中に対して最終的には「子弟の入質」の撤回も指示していたことである。つまり四月の頃から八月にかけてのある時点で、真宗は再び「子弟の入質」を条件の中に入れるように向敏中に指示しなおしていたことがわかる。それは同じ頁で述べた五月四日に向敏中等に「令熟計復奏」を命じた詔であろう。タングート側の和戦両様の姿勢が明らかになるにつれ、人質の確保は和平の絶対条件として現実味を帯びてきていた証拠である。「辞意懇切」の言辞から推測すると向敏中は条約の締結を急ぎ、「回図往来及放行青塩之禁」に関しても認めるよう上奏したのではなかろうか。というのは、後段の八月一九日、陳堯叟と真宗との間で論じられた青塩に関する議論は、当然、向敏中の上奏を踏まえておこなわれたと考えられるからである。陳堯叟の主張は権場を設置して「回図往来」を認めても、生産量の多い青塩を官が売買すれば禁法に違反しまた解塩が売れなくなるから、青塩の放行は認めるべきではないというものであった。これに対して真宗は「子弟の入質」と引き換えに青塩の放行を認めるということは禁法に違反することは当然である。今回、仮に条約が締結され権場を認めることになっても青塩の取引は認めず、先にその旨を徳明側に通告する。条約締結後、しかるべき時期に徳明が再度、青塩の放行を懇請してきたならば、権場に命じ一定の量に制限して官が買い入れるようにすればよい、というものである。条約の締結の段階までは青塩に関しては一歩も引くなという厳しい考えであったことがわかる。その結果、中段の同じ八月一九日に真宗が向敏中に下した詔は、徳明側が再度使者を派遣して「子弟の入質」を拒否したならば、相手側要求の最大の眼目である「回図往来」と「放行青塩之禁」は一切認めるなというものになったのである。それからわずか半月足らず、同書（巻六四）九月も初旬に、

癸卯（四日）、向敏中、張崇貴等言う「趙徳明表を累ねて帰順す。詞意精確、望むらくは詔を降し慰諭せんことを。」と。これに従う。鄜延副都部署石普言う「夏州盟を請う、朝廷加うるに恩制を以てす。押蕃落使を授けざ

らんことを望む。」と。上曰く「これは蕃部の旧職、去る可からざるなり。然に普の意も亦た採る可き有り。宜しく管内押蕃落使を兼ねるに止めしめん。」と。

とある。八月一九日の詔にしたがって、向敏中等は保安軍北方の「台」においてタングート政権の代表との間で遵守事項の詰めの作業をおこなったものと考えられる。「子弟の入質」と「放行青塩之禁」が相殺され、「回図往来」を認めることで妥協が図られたのであろう。そして真宗もこの条約をめぐる基本合意を承認したのである。この半月足らずの間に条約交渉は大きく動いたことがわかる。タングート側の代表が逐一李徳明の承認を得て折衝したとすると半月では足りず、代表が全権を委任されていたことを裏付ける。そうした役割を果たせる人物は、やはり最初から衝にあたっていた張浦を措いて他に覓めることはできないであろう。張浦はこの間、一貫して「台」に滞在し続けて、向敏中、張崇貴と樽俎折衝を繰り返し、少しでも有利な条約案の実現に尽瘁したものと思われる。おそらく石普も交渉の場に列する機会が多かったと考えられるが、条約締結が現実のものになり、李徳明に与える恩制に「押蕃落使」を授けることに反対したのである。その理由は「使之総制属羌、則強横不可制矣（『宋史』巻三二四同人伝）」というものであった。真宗もその言を諒として、この後すぐに掲載する詔にあるように支配領域の夏銀綏宥静に限定することを意味する「管内」をつけることで応じたのである。

九月初旬の段階で条約交渉は最終局面を迎え、後は締結を残すだけになっていたことを示す史料が同巻に二つ記されている。

庚戌（一一日）、……知鎮戎軍曹瑋言う「伊、普、才迭三族首領その属を率いて来帰し、兵を発し応接せんことを欲す。」と。上、徳明貢を輸し效款するを以て、議して朝命を加え、乃ち瑋等に詔し「如し旧より熟戸に係れば、則ち例に依り安置し、自余は兵を発するを為す勿かれ。」と。

癸丑（一四日）、鄜延路部署言う「趙徳明の牒を得るに、蕃部指揮使色木結皆以等を本道に還すを請う。今、色木結皆以は見に府州に属し、其の帰投を許ると徳明の誓表前に在り。請う府州に詔して具に事状を証験し、以て徳明を諭さん。」と。これに従う。

庚戌の条は、五月末と考えられる西延家、妙娥、熟魏族（五二九頁）、六月の伊実、潘、保、薛等四族（五三一頁）に引き続いて、今度は伊、普、才迭三族もその属を挙げて鎮戎軍に内徙を求めてきたことに対する真宗の指示である。真宗は明確に徳明が貢を輸《いた》し效款（降服）したのでそれを認めた（朝命）ところである。よってこの三族が古くからの熟戸であるならば前例にしたがって収容してもよいが、そうでないならば救援の出兵は控えよというものである。癸丑の条は、向敏中か石普からの報告である。李徳明が訴状をよこし、現在、府州に身を寄せている蕃部指揮使色木結皆以等の送還を要求している。彼の内徙の時期を調べると、徳明との交渉妥結以前である。府州に連絡しつぶさに事状を証験させ徳明を納得させることを願う、というものである。前者の「輸貢效款、議加朝命」、後者の「徳明誓表」の文言から条約交渉は妥結していたことがわかる。そして九月も残り三日目となる丁卯（二八日）に、双方ともにいくつかの懸案事項を積み残したままに「講和条約」は締結されたのである。同巻に、

丁卯、鄜延鈐轄張崇貴入奏し、趙徳明、牙校劉仁勖を遣わし来りて誓表を進め、盟府（誓約の書を入れておく庫）に蔵せんことを請う、と。且つ言う「保吉臨終にこれ（徳明）に謂いて曰く『爾当に心を内属に傾け、如し一両表未だ聴納を蒙らざれば、但だ表を連ね上祈し、請を得るのみ。』」と。又言う「乞う所の回図及び青塩の禁の放は、宣命未だ許さずと雖も、然るに誓いて功效を立て、異日の賞典に為るを冀うなり。」と。上、詔を賜い嘉奨すと。

とある。徳明側は重ねて青塩之禁の解除に期待しつつも宋側の条件にしたがって誓表の提出に踏み切ったのである。これを受けて同日、「答趙徳明誓表詔（『宋大詔令集』巻二三三）」が降され、さらに日を追って一〇月庚午朔に「趙徳明拝官封西平王制景徳三年十月庚午朔（『宋大詔令集』巻二三三）」が降された。その後半に

特進検校太師、兼侍中、夏州刺史を可《ゆる》し、定難軍節度使、夏銀綏宥静等州管内観察処置押蕃落等使、上柱国に充て、西平王、食邑六千戸、食実封二千戸に封ず。推忠保順亮節翊戴功臣を賜い、仍りて内地節度使の例に依り俸を給す。

とある。五二三頁で述べた宋側の基本的条件である①と③以上の待遇を保障したのである。第二部（第四章第一節三七七頁）で触れたように、「西平王」の称号は旧定難軍節度使中興の祖である李彝興が顕徳初年、五代後周の太祖郭威より封じられ、宋の太祖にも保障されたものである。李彝興以降、李継遷を含めこの称号を宋政府から与えられた者はいない。講和条約の締結によっておよそ五〇年ぶりに李徳明に授与されたことを注意すべきである。

それはさておき、条約交渉最大の功労者張崇貴は翌辛未（二日）、その功によって皇城使、誠州団練使、内侍省左右班都知（『続資治通鑑長編』巻六四）に任じられ、さらに同巻に、

丁丑（八日）、内侍左右班都知張崇貴を以て趙徳明旌節官告使に為し、太常博士趙湘これに副う。徳明に襲衣金帯金鞍勒馬、銀万両、絹万匹、銭二万貫、茶二万斤を賜う。

とあるように、「趙徳明旌節官告使」に叙せられ親しく李徳明のもとに派遣され、庚午朔の詔を伝える役割を果たしたのである。右史料中の「銀万両、絹万匹、銭二万貫、茶二万斤」の賜与は五二三頁の宋側の給付条件の②にほぼ対応するものである。なお、付け加えておくべきは、同巻一〇月庚午朔の条に右『宋大詔令集』と同様の記事を載せ、それに続けて「……令渭州遣人齎至西涼府、暁諭諸蕃、転告甘、沙首領」とあることである。講和条約の締結は速やかに西方諸勢力にも伝えられていたことがわかる。真宗がその締結によっていかに大きな効果を期待していたかがわかる。

そこで締結された条約内容を改めて確認しておきたい。五二三頁記載の宋側が要求した七条件のうち、①の霊州返還は早々に宋が諦めていたことは前述の通りである。そして右に述べたように③の子弟の入質はタングート政権側の

必死の抵抗によって遂に実現しなかったのである。それでも宋側がこの時点で条約の締結に踏み切った最大の理由は②の李徳明の夏州移住が条約交渉の過程で自発的におこなわれていたことを評価したためであると考えられる。いずれの史料を閲しても李徳明の夏州移住を物語る記事は存在しない。しかしながら如上の経緯から見ても、交渉の最終局面でタングート政権の中枢が霊州から保安軍に近い夏州に移っていたことは間違いない。タングート政権としては条約交渉を円滑に進めるためにも、遠隔地の霊州を離れて父祖の地である夏州に戻ることに利益を見出したのであろうが、同時に夏州移住が宋側の心証を好転させるとの思惑も多分に持っていたと考えるべきであろう。④の略去官吏の送還、⑤の蕃漢常備兵の解散については何ら関連を窺わせるような史料は存在しない。④の略去に関しては軍士や熟戸にいくつか関連した記事を見ることはできるが[9]、官吏に関してはまったく記録に残されていない。しかしながら宋がこれを最初に条件に入れたということは確実に略去された官吏が多数いたからであろう。そこで、今回の条約交渉に関わってタングート政権から派遣されて来た使者を順に列挙すると、孔目官何憲、牙将王旻、都知兵馬使白文寿、兵馬使賀永珍、兵馬使賀守文、左都押衙賀永正、牙校劉仁勖の七人である。いずれも姓名を見る限り漢人の可能性が著大であるが、賀姓に関しては第一部（第三章第四節一〇八頁）で述べたように唐末以来のタングート熟戸の一族と断定してよかろう。残りの四人に関しては全員が熟戸系とは考えにくい。かといって彼らがすべて略去官吏の系列に属するとも考えられない。常識的に考えて宋復帰を願う官吏を使者に立てるわけはないからである。そこで思い出すのが五代以来、不平漢人が多くタングート社会に逃入して活躍していた事実である（第二部第一章第三節二八〇頁）。四人の中には略去され、その後タングート社会に溶け込み活躍の場を見出した者もいたかも知れないが、基本的には自発的にタングート側に転出した者たちであったろう。宋がこの項目を立てた理由は彼らとは別に、略去された官吏がタングート政権の行政官としてその発展に利用されることを懸念したからに相違ない。しかるに条約の成案からはこの条件は消えているのである。考えられる理由は、張浦をはじめとして上記漢人系官吏等の活躍を目のあたりにして、真宗以下、宋政府の首脳部も考え方を改めたのではなかろうか。すなわち遼と同様にタングート政権においても多数の漢人官吏が加担することによって、むしろ中国的な常識の通じる、対話のできる相手国になることに期待したからではなかろうか。⑤に関しては極めて非現実的な要求であり、宋がこの条件に固執する限り条約の決裂は不可避である。それ故真宗もこの条項に関しては強く要求することはなかったのであろう。⑥の蕃部質子の解放については片務的な内容ではなく、宋側にも課せられた双務的条件として合意したものと考えられる。その根拠は『宋会要輯稿』（一七〇冊刑法六之五二）禁囚に掲載する次の史料である。

（景徳三年）九月二十六日、陝西諸州の納質院に詔して戎人並にこれを放遣せしむ。これより先、蕃落毎に寇盗を為し、既に和解を経るも、所在はその復た叛するを慮り、因りて此を院に置き、その子弟を収む。壮年にして禁錮され白首に至る者有り。帝聞きてこれを憐み、特にこの命有り。

この記事は『宋史』真宗紀二、同吐蕃伝にも省略した内容が収録されている。史料中に「既経和解」とあるが、これは条約の合意のことではなく、「寇盗後、宋に帰順しても」の意であり、信用が置けないため質を取るということである。注目すべきは日付で、条約締結に先立つ二日というタイミングに出されたことを考えれば、この命令が条約のタングート側の遵守事項である⑥の蕃部質子の解放と連動していることは明白である。接壌地帯のタングート系部族の納質は宋、タングート政権ともにこれを解放することで一応の決着がついたのであろう。宋はいち早くそれを実行することによってタングート政権に対して条約遵守を迫ったものと考えられる。タングート政権側でもこの約束を実行したことを推測させる材料が『続資治通鑑長編』（巻六四）に二つ掲載されている。一〇月の、

甲戌（五日）、趙徳明上言し「臣管する所の蕃部、近日住せず鎮戎軍に帰す。蓋し曹瑋等の招納未だ已まず。縁臣（徳明のこと）已に朝命を受く、暁諭を賜らんことを乞う。」と。詔して徳明の誓表を以て、偏く辺臣に諭す。

と、一一月の、

癸卯（四日）、知鎮戎軍曹瑋言う「環州の先に叛去せる蕃官蘇爾薩（蘇尚娘）復た帰附を求む。」と。詔して瑋に報じて曰く「蘇爾薩は反覆定め無し、納れる可からざるなり。若し本軍招誘して至れば、徳明必ず以て詞と為し、又、狙詐し以て辺を誤るを恐る。可《よ》く諭すに徳明既に款を納め、皆王土なるを以てするなり。但だ旧居に復し、須らく更に内地に遷らざらしむるべし。」と。

である。前者は九月二六日の詔から一〇日未満のことを考えると、宋側の質子の解放に先立ってタングート政権側がそれを実行したことを実証しているのであろう。この間、九月二六日の詔が出されたことを知らない曹瑋は相変わらず縁辺蕃部の招納を進めていたものと考えられるが、質子を解放された蕃部がそれに応じて鎮戎軍に投じたため李徳明側から招納の禁止を要求してきたものである。後者はそれから一箇月後のことで、曹瑋も九月二六日の詔を確実に承知している時期である。蘇尚娘は咸平六年の八月に死亡しているので子の蘇孽娘の誤りであるが(10)、曹瑋はその内附要求を連絡してきたものと思われる。この史料からわかることは、双方が縁辺蕃部の質子を解放する条件として、宋側は招納をやめ、蕃部の原住地からの移動にも応じないことが付帯されていたことがわかる。

最後に、⑦の国境線を越えて宋側に侵擾する者に関しては宋側と協議するという条項は、当然タングート政権も了承したものと考えられる。これに関連していると思われる史料が癸卯の記事に続けて記載されている。

邠寧環慶都部署孫全照請う「張崇貴をして徳明を厳戒せしめ、自今、蕃部の諸州に帰投する者は、境に入るを得る無く追逐せん。」と。上曰く「徳明の族帳継いで帰投する者有り、徳明（騎が脱？）を遣わし追逐すると雖も、未だ嘗て敢て入境せざるなり。若し全照の奏する所に従えば、危疑を致すを恐る。」と。乃ち全照に諭し「如し徳明果して騎を遣わし入境すれば、則ち具に以聞せよ。」と。

である。この記事には続きがあり、庚戌の条に、

……周瑩、邠寧環慶都部署に為る……、孫全照は四方館使知永興軍府に為る。是より先、詔して西鄙の戍兵を減

らし近地に屯せしむ。全照は辺防備え無く可からざるを以て、未だ即に詔を奉ぜず。上曰く「全照これ勇を好み多言する者なり、徳明の使、已に闕に至る、復た何ぞ慮らんや。」と。故に瑩をしてこれに代えしむ。

とある。⑦の「侵擾者（史料五二三頁）」と右史料中の「帰投者」は言葉を言い換えただけで同じことである。宋は今後、タングート政権との間で縁辺蕃部の帰属をめぐって紛争を引き起こすことを懸念して⑦の条項を加えたものと考えられる。ところが孫全照は西辺の減兵をおこなうとタングート側の侵擾を招くとして、張崇貴をして厳戒態勢を取らせ、今後は宋側に流入する蕃部を、有無を言わせず追い返すべきとしたのである。これに対して真宗は過去に帰投者があっても李徳明側は越境して出兵しておらず、全照の言にしたがうとタングート政権との関係が悪化するとして孫全照の更迭に踏み切ったのである。これは⑦の越境蕃部に関する相互協議が双方で確認されていたことを示していると考えてよかろう。

一方、宋側の給付条件については、①、②、③については上述のようにほぼ満額で保証したのである。④の回図（貿易）往来の許可については、丁卯の記事に⑤の青塩之禁とともに宋が応じなかったように記されているが、後日実行されたことは第六節で触れる。

五　李徳明の対宋・対遼外交

条約が締結され、張崇貴が旌節官告使として直接李徳明のもとに派遣されたことはすでに述べたが、李徳明の側からもそれに応えるかのように頻繁に使節が宋に派遣されている。『続資治通鑑長編』（巻六四）にしたがってそれを確認すると、一〇月癸未（一四日）の条に、延州の向敏中の報告として「趙徳明遣人致書、以駞馬土物送遺。」とあり、あたかも張崇貴と入れ違いのかたちで使節が延州に派遣されていることがわかる。そして一一月丙午（七日）には

「趙徳明遣使、貢御馬二十五匹、散馬七百匹、駝三百頭、以謝朝命。」[11]とあるから、李徳明はちょうど一月前に旌節官告使に任じられた張崇貴がもたらした宋側の処遇を謝する答礼使を派遣してきたのである。さらに庚申（二一日）にも「趙徳明又遣使来貢」とあり、宋とタングート政権の関係は条約の締結によって一つの節目を迎えたのである。

しかしながら現実には条約の締結によって宋の西北縁辺の危惧が解消したわけでもなく、また逆にタングート政権の側からしてもこれによって李継遷以来の国家建設の宿願が放擲されたものでもなかったのである。李徳明政権はこの後も硬軟織り交ぜて事あるごとに宋からの利益獲得を追求し、併せて領域の拡大を執拗に求め続けたのである。そうしたタングート政権の姿勢を示す好個の史料が、早くも『続資治通鑑長編』（巻六五）、景徳四年三月癸丑（一六日）の条に載せられている。

趙徳明、牙吏を遣わし馬五百、橐駝二百を貢ぎ俸稟を給するを謝す。詔して徳明に襲衣金帯器幣を賜う。……上、徳明の進奉頻仍（重厚の意）なるを以て、特に賜を加うと。徳明、又、進奉使の京に赴くに因り、須《もとめ》る所の物を市せんことを請う。これに従う。

上、王欽若等に謂いて曰く「徳明屢々言う『西涼府は元部内に属す。見に各々質を納め、人使の往来に及ぶ。』と。且つ継遷西涼を攻めて因り、その斃れる所と為る。今、徳明の意は将に六谷を阻絶し、縁辺属戸をして預るを得ざらしめんと。朝廷若し綏撫せざれば、則ち徳明は足るに復讎を以てす。近ごろ秦翰、六谷の蕃書を訳して来上するに、但だ徳明の侵す所と為り、略ぼ寧日無く、見に兵を蒐めて警備すと言う、と。六谷の書を以て張崇貴に付し、徳明を諭せしむ可し。」と。

一方では条約を最大限に利用して宋との友好に努め、榷場貿易の事前準備とも取れる進奉使交易を首都開封でおこなうことを宋に認めさせている。ところがもう一方では父李継遷が失敗した西涼府の攻略を誰憚ることもなく公然と推進しているのである。

（一）　対宋関係

そこで李徳明政権がおこなった対宋外交の二面性を『続資治通鑑長編』の記事を中心に論じてみよう。五月丁酉（二日）の条（巻六五）に「趙徳明母罔氏卒。辺臣請遣使弔問。……」で始まる記事が載せられている。李徳明の生母は野利氏であるから実母ではない。罔氏とは李継遷の正室で、なおかつ李継遷の母族衛慕（啄母）氏の女のことである。夫李継遷の横死からまる三年後に他界したことがわかる。記事の内容を撮要すると、真宗は徳明からの奏上を俟って「遣使弔祭」等を指示する。ところが王欽若は「徳明諸母甚多、異時安可一一推恩。」と主張して異を唱えるも、「徳明今自称草土臣、若朝廷不降制起復、則徳明於礼難安。」とする王旦の意見を諒とした真宗は徳明に「起復鎮軍大将軍左金吾衛上将軍員外置同正員」を授け、殿中丞の趙禛を弔贈官告等使に命じて徳明のもとに派遣したのである。これに対して徳明は「以楽迎告至其母柩前。明日、衣禫衣受賜。泣曰『蕃夷母喪、蒙天子弔贈起復之命、寵栄極矣。』」の喜びを示したのである。丁酉の日付は辺臣の奏上が届いた日を指すことは、九月丙戌（二三日）の条（巻六六）に張崇貴の言として「趙徳明将葬其母、詔遣殿直閤門祇候袁瑀致祭。瑀至夏州、遺忘撫問辞、且発言軽易……」の記事が掲載されていることからもわかる。朝廷内のやり取りは丁酉以降のことで、趙禛の派遣はおそらく六月頃のことだったのではなかろうか。李徳明は葬儀に関しても宋側に連絡し、それを受けて真宗は殿直閤門祇候の袁瑀を致祭使として派遣したのである。ところがその袁瑀が失態を演じ、それを張崇貴が朝廷に通報したということは、当然タングート政権側から張崇貴のもとに抗議が寄せられていたことを意味しているのであろう。そうしたことに要する時間等を考えると、罔氏の葬儀は八月におこなわれたものと考えてよかろう。それはともかく、タングート政権は宋の弔問を手放しで歓迎したわけではなく、非礼に対しては的確に抗議している点は注目に値する。タングート政権は条約の締結によって実質的に遼に次ぐ主権国家の成立を宋側にも認めさせようとしていたことは間違いなかろう。そうしたタングート政権の思惑をさらに実証する材料が六月己酉（一五日）の条に載せる「趙徳明遣使貢馬百五十匹、助修皇后園陵。」の記事である。夏四月辛巳（一五日）に崩じた真宗の二代目の皇后郭氏荘穆皇后の園陵助修を名目に馬一五〇匹を献じているのである。このような時宜を利用した抜け目のない実績作りは李徳明の判断というよりも、李継遷時代から引き続いて政権の中枢に位置している張浦をはじめとする優れた漢人幕僚の手腕に負うところが大きかったのであろう。

そして秋七月になると待望の権場貿易が開始されるのであるが、これについては改めて後に触れるとして、条約締結後の李徳明政権と宋の外交関係をまとめておこう。『続資治通鑑長編』（巻六七）冬一〇月庚申（二七日）の条に、

張崇貴言う「詔に準じ、趙徳明に冬服及び儀天歴を賜うに延州に令し牙校を遣わし齎し往かしむ、と。比ごろ聞くに、徳明は道路館舎を葺《つくろ》い、以て使命を俟つと。若し牙校を遣わせば、所望を失するに似る。」と。上曰く「向に遣使を欲せず。蓋しその労を慮るなり。崇貴、今この奏有り、これに従う可きなり。」と。

徳明、又、五台寺に詣で修設しその母を追薦（追善に同じ）せんことを請う。陳堯叟、張崇貴に令し、諭に路は河東に由れば多く軍塁を渉り不便なるを以て、鎮州路に由り往くを聴さんと欲す、と。上曰く「宜しく崇貴に令し、答るに敢て聞奏せざるを以て、若し誠に願えば、則ち聴すに施物を鄜延に致し、崇貴に委ね人を差し五台に送るなり。」と。

とある。前段は「冬服及び儀天歴」の下賜に絡んで、李徳明が宋使を迎えるために「葺道路館舎」していることに配慮して、真宗が張崇貴の意見にしたがってそれなりの使者の派遣を認めた記事である。後段は李継遷の正室だった罔（衛慕）氏の追善供養のために山西省五台山の寺院に施物をしたいという李徳明の要求に対する宋側の対応である。宋側は李徳明の使者が直接五台山に詣でることを極力避けさせたかったことがわかる。真宗は張崇貴の意見にしたがって李徳明の立場に配慮しながらも、その使節が国都開封以外に往来することは認めず、一線を画す方針を堅守して

いたのである。真宗が建前上、李徳明政権をあくまでも外藩としての位置づけに拘っていたことを示す史料を示しておきたい。『続資治通鑑長編』(巻七二) 大中祥符二年九月に載せる「乙丑(一四日)、詔し、夏州に奉使し私覿の物、前後名品等等しからず。自今、数を定めしめ、官その直を給せん。」である。要するにタングート政権に派遣される宋使の手土産を規定し、政府がその費用を支給するというもので、宋使節を事務的な派遣として印象づけたかったのであろう。

そこで翌大中祥符元(一〇〇八)年から李徳明の没年である明道元(一〇三二)年までの二四年間のタングート政権と宋の主だった外交事例を以下、年次にしたがって列挙してみよう。

大中祥符元(一〇〇八)年一二月「詔崇徳殿宴夏州進奉人使、於西廊南赴座」(『宋会要輯稿』三五冊礼四五之六)

同二(一〇〇九)年六月「趙徳明落起復」(『続資治通鑑長編』巻七一)

　一一月「夏州進奉使白守貴等請市弓矢及弩。上以弩在禁科、不許、余従之」(同右巻七二)

同四(一〇一一)年正月「詔、甘州、交州進奉使副、夏州進奉教練使並令赴崇徳殿宴。甘州、交州使升朶殿座、夏州押衙於東廊南頭歇空座」(『宋会要輯稿』三五冊礼四五之七、『宋史』礼一六略同)

　二月「趙徳明遣使来貢」(『続資治通鑑長編』巻七五)

　四月「趙徳明遣使貢馬、賀汾陰礼畢。賜徳明衣帯、鞍勒馬、器幣、賓佐将士銀帛茶荈。時貢馬子弟或与京城民相殴、有折歯者。開封府言当杖脊、詔以事付鄜延路、令移文徳明、就彼決遣之」(同右)

　「定難節度使趙徳明守中書令」(同右)

　「是歳、西涼府、夏、豊、交州、甘州……来貢」(『宋史』真宗紀三)

同五(一〇一二)年一一月「遣西京左蔵庫使王応昌使夏州、以加恩官誥賜趙徳明」、「禁夏州進奉使造軍器帰本道」

（『続資治通鑑長編』巻七九）

同七（一〇一四）年二月　「夏州趙徳明遣使詣行闕朝貢」（『宋史』真宗紀三）

同八（一〇一五）年一一月　「是歳、夏州、西涼府……来貢」（同右）

「帝曰『臣寮言趙徳明進奉人使中売甘草、蓯蓉甚多人数比常年亦倍。乞行止約及告示不買』。王旦等曰……」（『宋会要輯稿』食貨三八之二八）

同九（一〇一六）年四月　「七日、以京城西旧染院為夏州蕃駅」（『宋会要輯稿』方域一〇之一四）

「是歳、西蕃宗哥族、……夏州、甘州来貢」（『宋史』真宗紀三）

天禧元（一〇一七）年二月　「趙徳明加太傅」（『宋史』真宗紀三）

同三（一〇一九）年三月　「趙徳明来告其継立母卒。遣使弔祭、起復、悉如景徳之制」（『続資治通鑑長編』巻九三）

同五（一〇二一）年五月　「是月、趙徳明落起復。遣入内都知藍継宗為官告使往賜之。徳明与継宗射、継宗毎発必中。徳明遺以所乗名馬」（同右巻九七）

乾興元（一〇二二）年二月　「趙徳明進尚書令加恩制……可特授依前検校太師守太傅尚書令兼中書令使持節都督夏州諸軍事行夏州刺史充定難軍節度夏銀綏宥静等州管内観察処置押蕃落等使西平王、加食邑一千戸、食実封四百戸、功臣散官勲如故」（『宋大詔令集』巻二三三）

天聖五（一〇二七）年二月　「趙徳明使都知兵馬使白文美来告、東南蕃部多逃入漢界者、詔鄜延部署司拠数遣還夏州、其先落蕃戸口亦詔徳明護送境上」（『続資治通鑑長編』巻一〇五）

同八（一〇三〇）年一二月　「西平王趙徳明加恩制……仍賜推忠宣徳崇仁保順純誠亮節協恭守正佐運翊戴功臣散官勲如故」（『宋大詔令集』巻二三三）

「定難節度使西平王趙徳明遣使来献馬七十匹、乞賜仏経一蔵、従之」（『続資治通鑑長編』

巻一〇九）
明道元（一〇三二）年一一月「癸未……定難節度使太傅尚書令兼中書令西平王趙徳明封夏王」（『続資治通鑑長編』巻一一一）

こうして拾い出してみると二四年間に二三の事例が確認される。年数に比較してその数は多いとはいえない。起復関係の三件、叙任関係の六件、その他を除くと、来貢、進奉関係の記事は一二件であるが、それも前半年に集中していることに気づかされる。さらに大中祥符元年から四年に至る前半初期に六件が集中している。後半年になるとわずか一件にすぎない。タングート政権の来貢は著しく制限されていたかのようにも考えられるが、一方、『宋史』夏国伝上李徳明には「乾興元年、加純誠功臣。徳明自帰順以来、毎歳旦、聖節、冬至皆遣牙校来献不絶。而毎加恩賜官告……」とある。景徳三年の条約締結以降、宋に対するタングート政権の来献はむしろ年中行事として定着していたことがわかる。大中祥符九年の「夏州蕃駅」設置の記事はそれを裏付けているといってよかろう。当然、起居注等の記録にはそのすべてが記載されていたはずである。そして右に列挙した記事のいくつかは「毎歳旦、聖節、冬至皆遣牙校」と重複するものもあると思われるが、何らかの理由で記録に残す必要性のあるものだけが諸史料に記載され、圧倒的多数の通常の来貢は別段記録する必要もないので省略されたものと解釈してよかろう。右諸史料と『宋史』夏国伝の記載を勘案すると、二四年間の李徳明政権と宋の外交関係は双方の関係悪化を招くような決定的な衝突や特段の懸案事項は顕在化しなかったようである。

ところがこうした事実も別の角度から見ると、宋の側でタングート政権との関係悪化を極力回避しようとする意志が強力に働いていた結果であることが浮かび上がってくる。条約締結の翌年から早くもそうした配慮を窺わせる史料が存在するのである。これも『続資治通鑑長編』の記事を中心に順を追って確認しておこう。（巻六五）景徳四年三月庚申（二三日）の条に、鄜延鈐轄張崇貴言う「趙徳明款を輸し吏を請う。貢奉の使は道路相属す。望むらくは北面の例に依り、官の吏幹有り辺事を知る者を択び縁辺安撫使に為し、疆場の事務は聴に便宜を以てせん。」と。上曰く「西鄙寧静、別に経営無し。苟も徳明能く富貴を守り、朝廷は恩信を失うを慮ること無きなり。官属を増置するは徒に張皇を為し、卿に委ねこれを静制するに若かず。」と。

とある。鄜延路鈐轄として条約締結の衝にあたり、李徳明政権の動向を誰よりも知悉していた張崇貴はその先を見据えていたのである。張崇貴は条約締結によって入国者が激増し、それに便乗して宋側熟戸に対するタングート政権の工作も活発化することに不安を感じていたのである。そこで縁辺蕃部の支配を徹底するために事情に精通した有能な縁辺安撫使の設置を求めたのである。これに対して真宗の判断は「西鄙寧静」を理由に張崇貴の経営で事足りるとしたのである。また、閏五月の条には「丙戌（二一日）、延州部署司言『得趙徳明牒、称保安軍修葺駅舎、辺民疑懼不安。願罷其事』従之。」とある。保安軍とは五一六頁で詳述したように張崇貴が張浦と樽俎折衝の場として設けた「台」の南方一〇里に位置し、古くから夏州に通ずる交通の要衝である。そして後に述べる榷場貿易の場になったところである。その保安軍の駅舎修葺はさしたる問題とは考えられないが、軍事拠点の増強を疑う李徳明側の中止要請に対して刺激を避けて早々にしたがっているのである。そして七月丁丑（一三日）の条には「張崇貴又言『縁辺州軍与夏州蕃部移牒、往来不絶。望増置安撫使、以莅其事』。詔止令転運使往提振之。」とある。縁辺各州軍の熟戸がタングート政権側の蕃部と頻繁に通信往来をおこなっていることを重視した張崇貴は重ねて安撫使の設置を要求し蕃部支配の徹底を要請したのである。ところがこれに関してもタングート政権を刺激することを虞れた真宗政府は転運使の派遣に止めているのである。

それはさておき、この年から大中祥符二、三年にかけて、無定河流域は非常な旱歉に襲われたようである。ところが（巻六八）元年春正月の条に「壬申、辺臣言『……今歳夏州飢饉、此衰敗之勢也』。上曰『朕知其旱歉、已令榷場勿禁西蕃市粒食者。蓋撫禦戎夷、当務含容。不然須至殺伐、害及生霊矣。』。」とあるように、真宗はタングート政権の弱みに付け込むような施策は避け、ひたすら縁辺部の静謐を心がけていたことがわかる。真宗のこうした消極的とも取られかねない姿勢はタングート側の動向を熟知している最前線の将帥の意向を時として圧殺することも厭わなかった。（巻七一）大中祥符二年三月己卯の条に続けて「環慶都鈐轄曹瑋発兵開浚慶州界壕塹。趙徳明移牒鄜延路鈐轄李継昌言其事。蓋徳明多遣人齎違禁物窃市於辺。間道而至、懼壕塹之沮也。朝廷方務綏納。庚辰（二五日）、詔瑋罷其役。」とある。保安軍で権場貿易が開始されたにも拘らず環慶路縁辺部における密貿易も盛行していたことがわかる。違禁物とは端的に国禁の青白塩等を指すことは間違いなかろう。壕塹を設置して密貿易ルートを遮断することは、西北辺防衛に一身を捧げた名将曹瑋としては当然の方策であったはずである。それを禁じたということは密貿易には目をつむるということに他ならない。真宗の所為はタングート政権の暴発を虞れるあまり、粒粒辛苦の末に締結した条約の内容を自らが破るという二律背反を敢て犯してしまったといって過言ではなかろう。さらに同巻六月辛卯の条には「環慶路鈐轄司言、捕得蕃部諜者盧蒐、法当処死。詔械送夏州、令趙徳明裁遣。」とある。捕らえた諜者を放還しその処分を相手側に委ねたのである。そして冬一〇月には「丁未（二六日）、詔河西諸蕃部、以夏州納款、其素与為隙者、自今無相侵略、仍令縁辺吏召集首領暁諭之。」とある。夏州納款をもって西涼府政権をはじめとするチベット系諸部族に対して従来の行きがかりを棄てタングート政権との相侵略を禁じたのである。この間、タングート政権は甘州を攻撃し、西涼府を窺っていたことは後に触れるところであるが、真宗の判断は宋にとって将来に禍根を残す結果になったのではなかろうか。真宗の消極的な対応は確実にタングート政権の不羈を増長させたことは後に述べるとして、接壌地帯に駐在し日々タングート側の動向を目のあたりにしている辺臣にとって、それは座視できるものではなかった。（巻七三）大中祥符三年五月癸卯の条に、

環州高継忠言う「国家の西陲の軍塁、宜しく常に科《わりあて》て完葺すべし。趙徳明蕃（藩の誤り）を称すると雖も、然る

に頗る誓約に遵わず。近ごろ所部蕃族の酒を醸し、内属戸を召しこれを飲ます有り。其の背畔を誘わんと欲す。飲ませられる者、皆その事を以て来告す。」と。上、宰相に謂いて曰く「方今四海虞れ無し、而して事を言う者は和を戎の利と謂い、克定の武に若からざるなりと。」。王旦曰く「戈を止めて武と為す、兵を佳《この》む者は不祥の器。……今、異域を柔服し、守りて四夷を在らしむ、帝王の盛徳なり。……」と。上深くこれに然とす。

とある。タングート政権の蕃部工作の活発化に対する現地と中央の認識の乖離は甚しかったことがわかる。宋政府がタングート政権に対してひたすら穏便を旨とした理由は、肥大化した軍事費の削減にあり、そのためには多少のことには目をつむることもやむなしと考えたからである。前年の七月に真宗は詔を下し鄜延路駐泊兵九指揮を帰営させた（巻七二）。鄜延路都鈐轄李継昌はその直後と、さらに三年の七月にも重ねて復旧を上奏しているが、真宗の答えは「趙徳明方稟朝化、必無事端、致生侵軼。辺臣殊不以飛輓労民為意。可即依前詔。（巻七四）」というものであった。

数年来のタングート側境内の荒歉は深刻な状況にあり、甘州、西涼府への攻撃もこれが原因と考えられていたことは後に述べるとして、李徳明政権はこうした宋側の消極姿勢に乗じ大理河方面への侵攻をおこなうようになっていた。八月に「戊午、徙鎮定路鈐轄曹瑋於涇原路、代楊懐忠。時、趙徳明率所部出大理河、築柵蒼耳平、興（與の誤り）永平界蕃部相劫殺、故令瑋制禦之。（巻七四）」とある。永平寨は綏州と延州のちょうど中間に位置している。蒼耳平の位置はわからないが、永平寨周辺の熟戸と相劫殺したのだから李徳明の所部は確実に大理河を越えてその南方に蒼耳平を築柵したことは間違いあるまい。大理河南方を侵略するタングート政権の攻勢はこれに止まらなかった。さらに同じ八月の条に、

癸亥（一七日）、鄜延都鈐轄張崇貴言う「趙徳明の書を得るに、牙校を遣わし馬を貢ぐと称し、兼て言う『延州熟戸明愛、その統ぶる所の綏州を侵す。』と。臣その詐有るを疑い、遂に戍兵小校を遣わし境上を防守す。徳明果して三千の兵を以て来寇す。兵未だ至らずに又所部を遣わし辺郡に貿易す。兵の至るに及び、臣の遣わす所の戍

兵その不意に出で逆にこれを撃つ。徳明尋で遁去す。徳明納款より累ねて屯軍を省く。今復たこれを益し以て防遏に備えんことを請う。」と。遂に鄜延、環慶、涇原路に詔して各々兵馬を増さしむ。既にして徳明上表し、自ら明愛の侵界の事を訴う。詔してこれに答う。

とあり、さらに翌四年正月の条にはこれに関連して「甲申、趙徳明奉表訴、明愛等侵耕其綏州界、乞遣使按視。詔張崇貴詳度、令明愛等還内地。」とある。明愛は延州熟戸とあるが、延州近傍から無断で綏州付近に移動できるはずもなく、おそらく綏州南方に土着していた延州支配下の熟戸だったのであろう。タングート政権はその明愛が綏州の境界を侵耕したとして軍勢を派遣したのである。張崇貴は李徳明側の主張が単なる口実で、実際は密貿易の拡大と領土の獲得にあったことを見抜き、その原因が縁辺部の防衛力の低下にあるとして復旧を上奏し、鄜延、環慶、涇原三路の兵馬増強が認められたのである。ここで注意すべきは、収まらない李徳明側の抗議に対して宋政府は明愛等を「内地に還した」ことである。先に一覧で表示したように大中祥符四年は李徳明側の入貢が繰り返された年である。真宗がタングート政権の増長に苦慮しながらも関係悪化の防止に細心の注意を払っていたことがよくわかる。李徳明政権は大理河南方の獲得を諦めきれず、翌大中祥符五年にかけて公然と綏州近郊の土田、人口の割譲を求めるようになっていた。（巻七七）夏四月に、

壬戌（二五日）、趙徳明、綏州の土田、人口を割き当道に隷せんことを請う。陝西転運使に詔し、元の進誓書を取り辺臣と詳定しこれに報ぜしむ。初め徳明はこれを以て請を為す。辺臣当に延州に隷するを言う。徳明、復た使を遣わし闕に詣り上訴す。故にこの命有り。徳明、又嘗て言う「延州蕃落その地黒林平を侵す。」と。詔を下し按験せしむ。転運使薛奎郡籍を閲し、徳明常に道を黒林平に仮りるを得、文を移してこれを録示す。徳明遂に伏す。

とある。景徳三年の条約により綏州はタングート政権に帰属している。李徳明政権が要求した綏州の土田、人口とは

具体的にはその南方の地域を指すのであろう。すなわち、李徳明は点としての綏州だけではなく、この際、面としての綏州南方一円の支配を目論んでいたものと考えられる。当初、李徳明の訴えに対して辺臣は延州に帰属するものとして拒絶する。そこで李徳明は直接宋都に遣使して上訴したのである。宋政府は陝西転運使薛奎に詔を下し、李徳明が条約締結時に取り決めた誓書を辺臣と詳定させ、その結果が李徳明側の要求が不当であることを壬戌に通告したのである。史料後半の「延州蕃落」とは癸亥の史料に登場する延州熟戸明愛に相違ない。明愛の部落は黒林平に土着していたのであろう。黒林平はタングート政権が大理河南方に築柵した蒼耳平のさらに南方に位置していたのであろう。転運使薛奎は郡の記録を閲してタングート側が黒林平を交通路として使用している実態を把握したのである。薛奎はタングート政権が黒林平の領有を主張する理由が延州方面への手近な侵入路の確保にあることを看破し、関係書類を示すことにより李徳明の要求を斥けたのである。壬戌の史料からタングート政権は宋の消極姿勢に付け込む一方で、一応は条約の骨幹は遵守して決定的な関係悪化を引き起こしかねない領土拡大は望んでいなかったことが見て取れる。この後も、真宗は相変わらずタングート政権に過剰とも思われるほどに気を遣っていた。その事例をもう一つ紹介しておこう。それは大中祥符七年の七月に発生した保安軍方面の熟戸とタングート政権側の蕃部との紛争に関して真宗は「上曰、此無益於国、徒生事爾。宜令謹守疆場、無或軽挙。上又曰、如聞趙徳明牙校所過州軍犒設、而官吏頗軽待之。国家比念遠人、豊給廚傳、苟不接以礼、必生其慢心。可徧戒諭之。」と述べているのである。真宗は遼に引き続き、タングート政権との間にも締結された講和条約の維持に並々ならぬ熱意を持っていたことがわかる。

（二）　対遼関係

次に李徳明政権と遼の関係をまとめておこう。第二節の前の方で触れたように、統和二二（景徳元・一〇〇四）年秋七月、遼は李徳明を西平王に封じ、早々に李継遷の後継者としての地位を保障した。南伐酣の聖宗政権としては、タングートの後継政権を安定させ、引き続き宋を側面から牽制させるためにも至極当然の処遇であった。『遼史』（巻一四）聖宗紀の翌二三（景徳二）年三月丁巳（九日）に「夏国遣使告下宋青城」の記事がある。青城に関しては不明であるが、「澶淵の盟約」が締結されたのは前年の一二月のことで、タングート政権にもその情報は速やかに伝えられていたはずであるから、この記事は信憑性に疑念がある。しかしながら、それぞれの伝達に要した時間等を考慮に入れるとあながち否定すべき記事でもなく、李徳明政権が遼の期待に応えて宋を攻撃している「実績」をアピールする狙いがあったものと考えてよかろう。後継政権は当初から遼との関係の親密性を希求し、それをもって宋に対する外交政策の圧力にする狙いがあったことはすでに述べたとおりである。『遼史』同統和二五（景徳四）年に「秋七月壬申（八日）、西平王李徳昭母薨、遣使弔祭。甲戌（一〇日）、遣使起復」とある。李徳昭母とは本節冒頭部で述べた李継遷の正室衛慕氏のことである。当然のことながら衛慕氏の死亡は遼にも伝えられたのである。壬申は弔祭の使者が派遣された日を指し、遼も李徳明政権に対して宋とほぼ同様の対応を取ったことがわかる。『遼史』は分量も少なく相対的に李徳明政権の記事も限られているが、おそらく宋に対する以上に遼に対しては使節を派遣していたものと考えてよかろう。遼と李徳明政権が親密な関係を維持していたことは同聖宗紀六統和二八（大中祥符三、一〇一〇）年の条に載せる「九月乙酉、遣使冊西平王李徳昭為夏国王。」の記事からもわかる。右に述べたように李徳明が遼から西平王に封じられたのは統和二二（景徳元）年のことである。そして宋が同じ西平王を与えたのはその二年後の景徳三年のことであった。そしてそれからさらに四年後の統和二八年九月に遼は李徳明に夏国王の地位を与えたのである。ここで想起すべきは父李継遷のことである。第二部で述べたように李継遷が遼から夏国王を与えられたのは統和八（九九〇）年一二月のことであり（三〇七頁）、西平王に封じられたのは同一五（九九七）年三月のことであった（三七六頁）。そして西平王の地位は李継遷に先立って統和九年一〇月に李継捧に与えられていたのである（三一〇頁）。詳細は繰り返さないが、定難軍節度使の正統権力の象徴は最初李継捧に与えられ、李継捧の失脚後六年を経過して李継遷に与えられたことがわかる。李継遷はその後、死亡する景徳元年までの足掛け八年間、二つの王号を保持していたのである。李徳明の場合は授与の順序が逆であるが、その間隔はほぼ同じである。李徳明の側からすると二つの王号を得ることによって始めて遼から李継遷の後継者として正式に認知されるという思いがあったはずである。史料上には何の痕跡もないが、おそらく李徳明は西平王を授与された直後から再三にわたって夏国王の称号も遼に求めたことは間違いあるまい。遼が一方的に授与するわけがなく、六年間の李徳明の対応を見極めた上で李継遷の例に倣って夏国王の称号を与え、名実ともにタングート族の唯一の独立政権としての認証を与えたものと思われる。当然のことながら李継遷は宋からは西平王も夏国王の称号も与えられず、李徳明にしたところで独立政権を意味する夏国王には封じていない。明道元年、その死去に前後して夏王に封じられているが、これについては第二章で触れることにする。『遼史』には夏国王授封に対する返礼使の記載はないが、当然おこなわれていたはずである。『遼史』に残されている李徳明政権との関係を物語る史料はその一部にすぎないといって大過なかろう。

そうしたなかで、開泰元（一〇一二）年には二つの記事が収録されている。夏四月に「遣使進良馬」し、一一月には「己亥（六日）、賜夏国使東頭供奉官曹文斌、呂文貴、賨珪祐、守栄、武元正等爵有差（聖宗紀六）。」とある。この記事は『遼史』の二国外記には記載がなく、文意を測りかねる内容であるが、名前からこの五名は漢人とみてまず間違いなかろう。聖宗が統和（三〇年）を開泰に改元したのは一一月の甲午朔のことで、五名の授爵が六日であるから、当然、この授爵は遼の改元に絡んでおこなわれたものであろう。五名が四月の使者であるのかは不明であるが、この記事からもタングート政権は宋に倣った官制を整備し、実務官僚として漢人を積極的に登用していたことがわかる。さらに翌開泰二年になると珍しく境界領域に居住していたと考えられるタングート部族をめぐる具体的な記事が収録されている。聖宗紀六同年秋七月の条に、

乙未（五日）、西南招討使政事令斜軫奏し「党項諸部の叛者皆黄河北模赧山に遁げ、その叛かざる者の曷党、烏

迷の両部は因りてその地に拠り、今復た西遷す。これを詰れば則ち曰う、水草を逐うと。早にこれを図らざれば、後に患を為すを恐る。又聞く、前後叛者多く西夏に投ずるも、西夏は納れず。と。詔して使を遣わして再び西遷の意を問い、若し故地に帰れば、則ち就いては撫諭を加う可し、と。使、報ぜず、上怒り、これを伐たんと欲し、遂に李徳昭に詔し「今党項叛す、我西伐を欲す、爾当に東撃し、掎角の勢を失する毋れ。」と。仍りて諸軍に命じて各々肥馬を市《もとめ》しむ。

とある。西南（面）招討使の斜軫が奏上し、叛去したタングート諸部族が黄河を北に越えて模赧山方面に遁げ、そのあおりを食って本来その地に居住していた曷党、烏迷の両部族が西遷してしまった。詰問すると水草を逐っているだけだと抗弁《ママ》する。早急に対応しなければ後患になると。また聞くところによると背反した諸部族の多くが李徳明政権に逃入しようとしたが李徳明はこれを拒絶したということである。遣使して西遷の意を質し、もし原住地に復帰すれば撫諭を加えるべきであると。ところが使者は説得できなかったため、聖宗は怒って討伐に決し、李徳明に詔を下し東西よりの挟撃を伝え掎角の勢を命じたのである。さらに諸軍には肥馬の購入を命じたというのである。そもそも対象になっているタングート諸部族とはいかなる集団であろうか。思いあたるのが李継遷時代に遼との間に取り決められた境界である。第二部（第四章第三節の末）で、黄河北東角大屈曲部内側に居住するタングート部族の中で、黄河により近い黄浦川や清水川以北の諸部族に関しては遼に支配権が委ねられていたと述べた。このたび叛去部族が黄河を北に越えていることから彼らの原住地が南側にあったことは確かである。さらに西遷した部族を李徳明が受け入れを拒否したことを併せて考えると李継遷時代に境界部居住の部族の帰属について協定が結ばれていたことは間違いなかろう。さて、遼の聖宗が命じた挟撃作戦の顚末は全く不明であるが、八月壬戌（三日）の条に「遣引進使李延弘賜夏国王李徳昭及義成公主車馬」の記事がある。乙未（五日）は斜軫の奏上の日付で、聖宗が李徳明に出撃を命じたのは当然その後であろう。斜軫の奏上からほぼ一月後に李徳明と李継遷に降嫁した義成公主に車馬を賜わる引進使を派遣している。挟撃が実施されたとしても、その褒賞としては早すぎる。おそらくそれを促し、なおかつタングート政権を羈縻するための賜与だったのであろう。

この後、『遼史』には七年間に渡ってタングート政権の記録は見出せない。八年目の太平元（一〇二一）年になって聖宗紀七に「十一月癸未（一二日）、上御昭慶殿、文武百僚奉冊上尊号曰睿文英武遵道至徳崇仁広考功成治定昭聖神賛天輔皇帝、大赦、改元太平、中外官進級有差。宋遣使来聘。夏、高麗遣使来貢。」とある。聖宗の尊号奉呈と太平改元を祝して宋、高麗に伍して李徳明政権も遣使したのである。その翌二年一〇月に「壬寅（六日）、遣堂後官張克恭充賀夏国王李徳昭生日使、耶律掃古、韓王（玉の誤りか）充賀宋太后生日使副、……」とあり、さらにその六年後の太平八（一〇二八）年六月には「以韓寧、劉湘充賀宋太后生辰副使、呉克荷充賀夏国王李徳昭生辰使（聖宗紀八）。」とある。いずれも宋太后とともに李徳明の生辰を賀す使者の任命の記事である。そして、三年後の太平一一（景福元）年、興宗紀一に、聖宗の崩御に関して九月に「庚申（一五日）、夏国遣使来慰」、一〇月に「丁酉（二三日）、夏国遣使来賻」とあり、この年の条の最後に、後継者李元昊に興平公主の降嫁等の記事をもって、李徳明時代の記録は終わるのである。『遼史』にタングート政権との関わりを示す記録が少ないからといって決して両者の関係が疎遠であったわけではない。聖宗紀七、興宗紀一に記載されている李徳明関係の記事は、通常の来貢等とは異なり特記すべき事例だったのであろう。李徳明政権が定期的に遼に使節を派遣しないはずはなく、『宋史』以上に『遼史』においてはその記載が省略されただけであると考えて大過なかろう。いずれにせよ李徳明政権と遼の関係は一貫して良好な状態を保っていたことは間違いない。

六　交易の実態と宋の対応

条約の締結以降、李徳明政権と宋の間にさしたる紛争が惹起しなかった最大の理由は、まずもって条約で認められた榷場貿易の実施にあったことは論を俟たない。さらに榷場貿易を突破口にして、宋側の公認、非公認を問わず各種形態の貿易を積極的に推進したことによる。本節では榷場貿易、進奉使貿易、タングート政権側と宋の縁辺部でおこなわれた密貿易の三者に分類して交易全般についてまとめておこう。

（一）　榷場貿易

『宋会要輯稿』（一四〇冊食貨三八之二八）に、

四年七月、鄜延鈐轄張崇貴言う「趙得（徳の誤り）明の牒を得るに、詔に準じ保安軍に榷場を置き、望むらくは蕃民咸《みな》貿易に赴き市せんことを許せよ。」と。これに従う。

とある。『続資治通鑑長編』（巻六六）はこれを同月己巳（五日）の条に掲載している。李徳明からの申し出を受けた鄜延鈐轄張崇貴の要請にしたがって宋政府は約束通り景徳四年七月、延州北方の要衝保安軍に榷場を設置することに同意したのである。ところがそれからわずか三箇月後の一〇月になると李徳明政権はさらに新たな要求を持ち出してきた。『続資治通鑑長編』（巻六七）冬一〇月の条に、

乙未（二日）、麟州言う「趙徳明、州の西に榷場を置き互市を行うことを請う。」と。上、延州已に置くを以て許さず。

とある。前者の延州保安軍は夏州の南方に位置するのに対して、後者の麟州は北東に位置し府州折氏の勢力圏の要衝である。おそらく条約交渉の過程でタングート政権は複数の榷場を要求したはずであるが、宋側が認めず延州方面の一箇所だけが榷場として合意されたのであろう。保安軍の榷場設置からわずか三箇月後に麟州西方を指定して榷場の増設を要求していることから考えると、タングート政権としては条約交渉時の要求を蒸し返したのであろう。こうし

たところにもタングート政権のしたたかな対応が見て取れるが、裏を返せばいかにタングート側が宋との交易を渇望していたかの表れでもある。この榷場要求についてはまた後に触れる。

そこで保安軍でおこなわれた榷場貿易でどのような産品が交易されていたのであろうか。これについては『宋史』（巻一八六志一三九食貨下八）互市舶法に格好の史料が載せられている。

西夏、景徳四年より保安軍に榷場を置き、繒帛・羅綺を以て駝・馬・牛・羊・玉・氈毯・甘草に易え、香薬・瓷漆器・薑桂等の物を以て蜜蠟・麝臍・毛褐・羱羚角・硇砂・柴胡・蓯蓉・紅花・翎毛に易う。官市に非る者は民と交易を聴す。入貢して京に至る者はそれを縦《ゆる》し市を為さしむ。

岡崎精郎氏もこの史料に注目され、(13) 輸出品の多くが本来河西ウイグルの入貢品であることに着目し、保安軍の榷場貿易が開始された当初から、タングート政権と河西ウイグルは政治的対立を止揚して貿易関係を結んでいたと述べるが、全くの謬説である。ここに列挙されている交易品は榷場貿易の実施全期間を通覧して、主要物産や特色のある品目が記されているにすぎず、当初からウイグル関係の物産が宋に輸出されていたわけではない。後に述べるように、タングート政権が執拗に甘州ウイグルを攻略しようとした大きな理由の一つがこれらの西域由来の産物の独占にあったことは論を俟たない。

それはさておき、このようにして開始されたタングート李徳明政権と宋の交易は、この後どのような展開を辿ったのであろうか。主に『続資治通鑑長編』を材料にまとめておこう。五四八頁でも触れたが、翌大中祥符元（一〇〇八）年春正月、辺臣は「今歳夏州飢饉、此衰敗之勢也」を上言するが、真宗は「朕知其旱歉、已令榷場勿禁西蕃市粒食者。蓋撫禦戎夷当務含容。不然、須至殺伐、害及生霊矣。（巻六八）」と言って榷場において穀物の輸出を禁じることのないように指示している。当然、ここでいう榷場とは保安軍を指すが、真宗の発言から推測すると、対価は二の次にして飢饉対策として穀物の緊急援助に類することがおこなわれたと考えてよかろう。榷場が単に交易の場としてだけではなく、緊急物資の受け渡しの窓口になっていたことを想像させる。こうした推測の裏付けとして利用したい材料が同巻夏四月に載せる「甲寅（二四日）、増給保安軍公用銭。是軍最極辺、以趙徳明納款、置権場、使人継至、而所費不充故也。」である。公用銭とは役所の機密費のことであるが[14]、権場貿易が開始されると保安軍の運営資金が早々に底をつき始めたのである。タングート側人員の滞在費等必要経費は当然宋側の負担であったはずであるが、それは最初から想定内のことである。おそらく飢饉対策として真宗の命を受けた保安軍が穀物を買い集め無償に近い対価で緊急輸出したため公用銭が枯渇し、その補充をおこなったのが真相ではなかろうか。

ところで、タングート政権の輸出品として右「互市舶法」には最初に「駝・馬・牛・羊」が掲載されている。おそらくこれらの畜産資源は当初から輸出品の中心を占めていたと考えられるが、タングート側が輸出品の最大の眼目に考えていたのは無尽蔵に産出される青白塩であったことはいうまでもない。公式ルートを通じて青白塩が輸出されればその利益もまた無尽蔵の可能性が高いのである。李徳明政権は条約締結に際して、宋側の拒絶にあって青白塩の輸出を禁じられたが、大量に不足する穀物を輸入するためにも青白塩の禁輸解除を何としても実現したかったのであろう。同じ大中祥符元年四月の後条に「己未（二九日）、張崇貴言、得趙徳明書、請許市青塩。詔、以徳明所納誓書付崇貴諭之、蓋素不載青塩事也。」とあるように、青白塩を輸出品目に加えることの許可を求めてきたのである。当然のことながら真宗は条約締結時に李徳明が提出した誓書を盾に青白塩の禁輸解除を峻拒し、あくまでも国内塩法の遵守を貫く姿勢を示したのである。この後、李徳明一代を通じて青白塩の禁輸解除に関わる史料はなく、要求が繰り返されることはなかったようである。そして保安軍権場の交易を物語る具体的な史料はこれ以降見出すことはできないのである。だからといって、この後、保安軍における交易が停滞していたわけではない。保安軍における正規の権場貿易はタングート側に多大の恩恵をもたらしたはずであるから、むしろ粛々とおこなわれたに違いなく、それ故にこそ史料上に特記されることはなかったのであろう。李徳明政権はその不足分を他の方法に活路を覓めたのである。

（二）　進奉使貿易

権場貿易の欠を補い、なおかつ宋に対しても「合法」として李徳明政権が取り組んだもう一つの貿易形態が互市舶法の記事の最後に記されている進奉使貿易、いわゆる朝貢貿易である。『続資治通鑑長編』に掲載されているいくつかの史料を見ると、当然のことながら朝貢の主目的が貿易にあったことが改めて確認できる。（巻七二）大中祥符二年一〇月に、

庚戌（二九日）、詔し、夏州進奉の外、私物を以て貿易し久しくして售らざる者有れば、自今、官が収市を為す。

とある。この史料は李徳明政権の進奉使が朝貢貿易をおこなう一方で、別枠の交易品を市場で高く売ろうとして長逗留することを禁じるために出された詔で、一定期間内に官が強制的に買い上げるというものである。条約が締結されてわずか三年後にこの規則が定められたということは、条約にもとづき朝貢貿易が開始された直後から同様の問題が繰り返しおこり、放置できない状況になっていたことを示しているといえよう。また、進奉使は宋都開封だけではなく、その道中においても積極的に交易をおこなっていた。（巻七七）大中祥符五年二月に、

丙辰（一八日）、詔し、「聞くが如くんば夏州貢奉人、道に在りて物を市《あきない》し、頗る民を或擾《わくじょう》す。宜しく所在の有司をして厳しく約束を示さん。」と。

とある。これは交易の禁令ではない。進奉使一行の強引な手法で沿道の民が迷惑を被っているので、取引に一定の取り決めを定めよというものである。つまり宋側も道中での交易を認めていたのである。そのことをよく示す史料が（巻八三）同七年一一月の記事である。

乙未（一三日）、鄜延路鈐轄張継能言う「趙徳明の進奉人私物を挟帯し、規《さだめ》もて市征（税の徴収）を免ず、望むらくは条約を行わん」と。上曰く「戎人遠く来り獲利は幾《いくばく》も無し、第《つい》で旧制の如きを可とするなり。」と。

鄜延路鈐轄の張継能は道中での進奉使の交易に関し課税を要求したのであるが、真宗は従来通り無税でよいと応えている。道中で交易すること自体は全く問題にされておらず、課税云々が取り交わされているのである。こうしたことから進奉使貿易は仕組みとして道中と開封との二本立てでおこなわれていたことがわかる。そして道中における交易は宋の優遇策に乗じて拡大の一途を辿り、さすがにそれが度を超すと特定品目を対象に禁令を出すことになったのであろう。（巻八四）同八年五月壬午（二日）の条に、

縁辺人の夏州貢奉使の乗る所の馬を収市《かう》ことを禁ず。

とある。進奉使個人が乗る一、二頭の馬の偶発的な売買にこのような禁令が出されるわけはなく、これは進奉使一行が交易を目的に大量の馬を引き連れて道中していることを示しているのであろう。

ところで、時代を問わず中国に入貢する外国使節のかなりの部分が権利を購入した商人等によって構成されていたことはよく知られている。[15] 右に掲載した四つの史料を勘案しても進奉使とその属僚が主になって交易をおこなっていたとは到底考えられない。第五節（一）で『宋史』李徳明の記事を示したように少なくとも李徳明政権は毎年三回以上の朝貢をおこなっている。定期、不定期を問わず、繰り返される朝貢に交易商人が随行したことは容易に想像がつく。李徳明政権も進奉使派遣のたびに参加権利の売与や、利潤の上納を条件に交易者を募っていたのであろう。進奉使に多くの交易商人が随行していたことは左に掲載する『宋会要輯稿』（一四〇冊食貨三八之二八）、大中祥符八年の記事からも明瞭である。

十一月、帝曰く「臣寮言う、趙徳明進奉人使の中に甘草、蓯蓉を売る（もの）甚多し。人数は常年に比べ亦倍す。乞う、止約を行い、及び不買を告示せん。」と。王旦等曰く「斯《これ》皆無用の物、陛下、その遠来利を嗜むを以て、早年（前年の意）有司をして多く収買に与る。若《も》し此れ全て無限量の似《ごと》くなれば、その無厭（あくことがない）を縦《ほしいまま》にし、またその止約を為し難きを恐れ、牽馬及び諸色随行人の如きは辺臣より多きに至る。初め従《よ》りまた合《まさ》

> に暁諭し、大段放過《おおむねききながし》にせしむること勿かるべし。」と。帝、王欽若に謂いて曰く「鄜延路鈐轄をして体量（斟酌の意）しこれを裁損（減らす）せしむ可し。」と。また旦等に謂いて曰く「此時（今回の意）は且に須らく与買せん。随行人已に到れば喧隘を恐る。即ち分擘してこれを安処し、所を失わしむ勿れ。」と。

甘草、蓯蓉は保安軍の権場貿易の取引品目として『宋史』（食貨下八）互市舶法にも載せられているように、タングート側の重要輸出品目である。ともにタングート政権領域内の産物で漢方薬の材料として今日においても極めて需要の高いものである。保安軍権場での取引量ではとても宋国内の需要を満たすことはできず、進奉使貿易の有力な輸出品であったことがわかる。内容を要約すると、特に大中祥符八年は進奉使に随行して甘草、蓯蓉を売る者が例年に比べて倍増しており、関係有司から持ち込みの禁止と不買の告示要請がなされたのである。王旦等は、これというのも真宗が前年にほぼ全量の購入を有司におこなわせたことから、これに味を占めて運ぶ馬も諸色随行人も膨大になってしまった。これを放置せずに制限を加えるべきと主張したのである。真宗は鄜延路鈐轄に命じ、今後の減量を指示するが、王旦等に対しては、今回は随行人が到着しているので騒擾を避け全量を買い取れ、というものである。諸色随行人とはまさに種々の産物を荷馬の背に載せ、進奉使一行にしたがう随行商人団であったことがわかる。また、史料中に真宗は鄜延路鈐轄に指示を出していることからもわかるように、彼らは開封のみならず、道中のしかるべき市において宋側商人と活発に取引をおこなっていたことが証明される。

最後に進奉使自身がおこなった朝貢貿易に関して興味ある記事がある。前節（一）の外交事例に掲載した大中祥符二年一一月の記事である。煩を厭わず再掲しておく。

> 丙子（二五日）、夏州進奉使白守貴等請いて弓矢及び弩を市《か》わんと。上、弩は禁科に在るを以て許さず。余はこれに従う。

進奉使白守貴は朝貢品の見返りに弓矢と弩を購入しようとするが、弩は輸出禁止品を理由に真宗が許可せず、弓矢等他のものは要求通りに売り与えたというのである。これをもってしても朝貢使節自体の真の目的が貿易にあり、宋側もそれをもとより当然のことと受け止めていた実態がよくわかる。

（三）　密貿易

保安軍の榷場貿易と進奉使貿易でタングート政権を構成する多くの部族、部落の旺盛な需要を満たすことは到底できなかったと考えられる。必然的にその不足部分を密貿易に依存することは理の当然であった。そしてこの密貿易こそ貿易の主流であり、最大の取引量を誇ったことは間違いあるまい。前節（一）五四九頁ですでに紹介したが、『続資治通鑑長編』（巻七一）翌大中祥符二年三月己卯の条に続く次の史料を再度掲載しておく。

環慶都鈐轄曹瑋兵を発し慶州界に壕塹を開浚す。趙徳明、牒を鄜延路鈐轄李継昌に移してその事を言う。蓋し徳明多く人を遣わし違禁物を齎し、窃に辺に市し、間道して至り、壕塹の沮を懼るなり。朝廷方に綏納に務め、庚辰（二五日）、瑋に詔してその役を罷めしむ。

李徳明政権が青白塩の禁輸解除を拒絶されてから一年たたずして、環慶路縁辺でさかんに密貿易がおこなわれているのである。タングート側から宋に輸出を禁じられている「違禁物」の代表格はいうまでもなく青白塩である。青白塩の産地や、古くからその交易に深く関わっていた野利氏の本来の勢力圏であることを考えると、涇水の環慶路縁辺部で青白塩の密貿易がおこなわれたのは理にかなっている。また、一貫してタングート政権に厳しい目を向けていた曹瑋としては密貿易ルートの遮断は至極当然の方策であった。それ故李徳明政権はその中止要求を、保安軍榷場を管轄する洛水の鄜延路鈐轄に訴えたのである。本来ならばこのような要求自体、何の名分も立たず非常識というべきものであるが、真宗は「方務綏納」を理由に曹瑋に壕塹の開浚を中止させたのである。ということは環慶路縁辺部における青白塩の密貿易は黙認されたことに他ならないのである。李徳明政権はやみ雲にこのような要求を持ち出したのではない。長い条約交渉の過程を通して宋政府、特に真宗の腹蔵を正確に読み取るようになっていたのであろう。タングート政権以上に真宗が条約の永続を希求していることを逆手にとって、宋がどこまで譲歩するかを忖度し、条約で認められなかった部分を搦め手から攻略しようとしていたのである。そうした密貿易に関わる両者の腹の探り合いを示す史料がある。『続資治通鑑長編』（巻七三）同三年春正月に、

己巳（一九日）、内侍副都知閻承翰、夏州に使いし還りて言う「趙徳明は綏、夏州に各々館舎を建て以て王人を待す。望むらくは浦洛峡に駅を置かん。」と。上、その地荒敻にして、役守に労するを以て許さず。(16)

とある。前節五四四頁の史料（同書巻六七）で張崇貴が「葺道路館舎」と言っているが、李徳明政権は夏州と綏州に宋の使節を迎える館舎を作っていたことが証明される。閻承翰はその見返りとして、タングート側の進奉使を迎えるために浦洛峡に同様館舎の設置を真宗に上奏したのである。官告使として夏州に派遣された閻承翰が場所を指定して館舎の設置を上奏するのは明らかに使命を逸脱しており、また許されるものではない。閻承翰は李徳明政権から託された要望を真宗に伝えただけのことなのである。浦洛河とは霊州川のことである。かつて宋が建置するも咸平四年、李継遷の猛攻に陥落した清遠軍辺りを濫觴として北流して霊州あたりで黄河に注ぐ川である。浦洛峡は浦洛河の源頭部を指すと考えられ、分水嶺を越えて南下すれば洪徳寨に至る重要な関門である。宋と交戦時代はまさに環慶路侵攻の拠点であり、それ故にこそ清遠軍は攻略されたのである。浦洛峡から北に道を辿れば塩州や塩池に通じており、講和後は重要な貿易路の拠点になっていたのであろう。夏州から李徳明政権の進奉使が宋都開封に向かうには綏州から南下するか、保安軍から鄜延路経由で南下するかのいずれかで、ことさら西に大きく迂回して環慶路を下る必要性はない。前節（一）の外交事例表の大中祥符九年の史料にあるように、宋は開封にタングート進奉使専用の館舎を設置していることから考えると、保安軍等には早くから館舎が設置されていたことは間違いあるまい。浦洛峡に進奉使のための館舎を新設する必要はないのである。李徳明政権がここに館舎の設置を打診した理由は、禁制品の青白塩の売

買に絡んでいたのであろう。本来進奉使に随行するはずの商人が別に浦洛峡を経由して環慶路を下ることが常態化していたのではなかろうか。西域原産の輸出品はもとより、青白塩の持ち込みにはこのルートが最も捷径である。そして古くから続く青白塩の密貿易ルートでもあった。李徳明政権はこのような環慶路経由の貿易に対する真宗の取り締まりの度合いを瀬踏みする意味合いがあったのである。もちろんこうした知恵も張浦等漢人幕僚や野利氏から出ていたと断じてよかろう。仮に館舎の設置が認められると、こうした貿易も宋は放任する意思表示をしたことになるからである。それに対して真宗は荒敻を理由に設置を拒否しているが、その真意は禁制品の密貿易の拡大には応じられないという姿勢を表明したものと見てよかろう。もっとも、浦洛峡に駅の設置を求めた背景にはもう一つ別の理由があったと考えられるが、それは最終節で触れることにする。

宋の密貿易対策を瀬踏みする一方で、タングート政権は他の方面にも密貿易場を増設していったようである。（巻七二）二年一一月に、

乙卯（四日）、河東縁辺安撫司言う「麟、府州の民、多く軽貨を齎らし夏州の界に擅に榷場を立てて貿易す。望むらくは人の捕捉を許し賞罰を立て以てこれを懲勧せんことを。」と。上曰く「聞くに彼の岐路は艱嶮にして、私に相に貿易するもその数は多からず。宜しく令して但だ前詔に準じ、量りて覚察を加えしむ可きなり。」と。

とある。本節冒頭部で述べたように、李徳明政権は景徳四年一〇月に麟州西方に榷場の設置を要求して真宗に拒絶されている。それからわずか二年後には麟、府州民が私榷場でタングート側と多くの軽貨を交易している実態が報告されているのである。「夏州界」とはタングート政権との境界付近の謂であり、夏州の附近を意味するものではない。まさに景徳四年の記事にある麟州の「州の西」にあたる場所であることは明白である。縁辺安撫司の厳しい取り締まり要求に対して、真宗はまたしても実質上の黙認を命じているのである。こうした宋側の対応を見極めたタングート政権は、宋と接する支配領域の縁辺部の各地に宋に無断で私榷場を設置して、なし崩しに交易を拡大していったので

ある。そうした事実を物語る史料が『宋会要輯稿』（一八四冊兵二四之一二）馬政七、大中祥符六年の条に載せられている。

十一月、代州鈐轄韓守英等言う「勾当豊州蕃漢公事王文玉状に、『当州、鞍馬を進奏（貢の誤りか）する蔵才蕃部は元《もと》黄河の北、異山（黒山の誤りか）前後に在り住座す。州を去ること約五百里、皆趙徳明の北界に従い過往するに並びに人烟無し。兼て徳明の摧《ママ》場内に於いて、毎匹、買路絹一疋、大茶十斤を納む。此の艱難を以て近ごろ至る者有ること少なし。窃かに蔵才（族）の一路を縁《めぐ》ると地は子河汊に接す。産する所の鞍馬の格式は不大なるも骨体は甚だ良し。若し官（宮の誤りか）中、天武馬を以て格と為し揀選入券すれば、即ち多くは等様に及ばず。況んや勅書を降致し、人を差し深蕃に入り勾招せしめれば、その蔵才は最も遠地に居す。今若し府州に於いて揀選入券せしむれば、則ち又所属の州府は同じからず。慮るに蕃部を阻隔し進奉来らずを恐る。乞う獣医一人を差わし、当州に至らしめ鞍馬を看験せんことを欲す。旧例に依り当州に於いて入券を抄劄（没収の意）し、委《ゆだね》て用心を得さしめ、当面、本産の鞍馬を揀選せん。』と。請う所に依り施行せんと欲す。有る所の獣医人、仍りて麟州飛騎指揮内より、一人を輪（輸の誤りか）差して彼に往かしめ、逐年替換せんことを乞う。」と。これに従う。

この史料は馬政に関する記事であるが、李徳明政権の北辺を知る上でも重要な内容を含んでおり全文を掲載した。豊州蔵才族については第一部（第五章第二節）で詳述したように、本来は黄河の北西角内側の豊州を拠点に、黄河の北側黒山（陰山山脈）一帯に幾多の部族をしたがえて蟠踞するタングートの大部族であった。遼の支配を脱し宋に帰順し、府州折氏に属して李継遷政権を背後から牽制する重要な役割を担当していた。また、古くから優良な軍馬を供給する部族としても知られていた。真宗は折氏と蔵才族の連携を強化する目的から、咸平六年に府州の北方に新豊州を設置し、蔵才族首領の王承美もそこに移ったと考えられる。王承美は大中祥符五年の末に死亡し、王文玉がその後継者になる。[17] 文玉が言う「当州」とはこの新豊州のことで、蔵才族のほとんどは本来の居住地に留まっていたことがわかる。その蔵才族が馬匹を移送する際に、どうしてもタングート政権が設置した榷場を経由せざるを得ず、通行税として一匹につき絹一疋か大茶十斤を徴収されるというものである。これを嫌がって、最近は蔵才族の軍馬供給が減少しているというのである。それはさておき、黄河東流部を東行し人烟無きところを通過して李徳明政権の北界に位置する榷場に至るのである。さらにそこから南下すると第二部（第三章の註（13））で説明した「子河汊」に至るというのである。すなわちこの史料からタングート政権の北辺は黄河東流部の南岸にまで達していたことがわかり、おそらく交通の要衝であった勝州附近に私榷場を設置して蕃漢諸部族と有無を交易するだけでなく、同時に通過する蕃部の産品には独自の通行税を課していたことがわかる。条約の締結により、李徳明政権と蔵才族の敵対関係も一応は棚上げされた結果、このような問題も発生してきたのである。宋政府は李徳明政権が勝手に設けた通行税については問題にせず、蔵才族の離反を防ぐ手立てとして王文玉の要請にしたがって現地に獣医を派遣して軍馬の選定を特別におこなわせることにしたのである。

支配領域の縁辺部に私榷場を置き通行税を徴集していたことを示唆する史料をもう一つ示しておきたい。『続資治通鑑長編』（巻七四）、大中祥符三年八月丁巳（一一日）の条に、

渭州吐蕃部署綽克宗来りて馬を貢ぐ。綽克宗自ら言う「本西涼府に属す。李継遷の破る所と為るに及んで、遂に居を康古（龕谷）に徙す。初め馬二百余を以て入貢し、天都山に至り万資太保と相に値し、劫してこれを奪い、但だ三十匹を余す。……

とある。綽克宗は以前西涼府に居住しており、李継遷が西涼府を攻略した際に逃れ蘭州東南の龕谷に移動したとある。龕谷には西涼府潘羅支政権にしたがっていた懶家族が居住し、蘭州の諸路族とともに西涼府からの軍馬の輸送ルートを担任していたことは別に述べるところである。さらに後のことであるが、唃廝囉の長子瞎氈が拠ったところでもあり、まさに渭州吐蕃の本拠地であった(18)。綽克宗と懶家族の関係を示す史料は見出せないが、懶家族の居住する龕谷に

部外者の綽克宗が入り込み、渭州吐蕃部署になるのは不自然である。おそらく綽克宗は懶家族の首領で西涼府政権に関与するために西涼府に駐在していたものと考えてよかろう。懶家族の史料も軍馬の輸送に関するものであり、潘羅支死亡後も西涼府方面の馬匹は蘭州、龕谷のルートを通って宋に運ばれていたのであろう。万資太保については第一節で詳述したように、天都山から鎮戎軍西北武延鹹泊川、石門川一帯、すなわち六盤山一円に勢力を張る章埋族万子軍主自身かその同族であろう。万子軍主は李継遷以来、一貫してタングート政権の有力な戦闘部族として位置づけられていた。後に触れるように二年前の大中祥符元年には西涼府攻撃を企て、未遂に終わると甘州ウイグルを攻撃し敗退している。さて、綽克宗は天都山に至って万資太保と「相値」したとある。天都山の主峰は鎮戎軍よりさらに北方、北緯三六・五度附近に位置し[19]、龕谷から宋の勢力圏に馬匹を輸送するために通過する場所ではない。章埋族の勢力圏は鎮戎軍の西方、六盤山一円におよんでいたことを考慮すると、「天都山」をことさら主峰の位置と考える必要もない。綽克宗はおそらく鎮戎軍経由で馬匹を輸送しようとしていたのであろう。万資太保は鎮戎軍の西方、自身の勢力圏の南部に権場を置き、交易とそれ以上に通行税の徴収をおこなっていたと考えられる。綽克宗が西涼府厮鐸督政権の支配下にあったならば、馬匹はすべて略奪されたはずである。それ以上に綽克宗がこのルートを選ぶはずはないのである。買路銭として九割近くの現物を徴収し、「相値」して三十匹を残したということは、西涼府攻略に失敗し、タングート政権と西涼府厮鐸督政権の対立が小康状態を保っていたことの反映であろう。いずれにせよ交渉の場すなわち私権場が置かれていたからこそ、このような取引がおこなわれたのであろう。

李徳明政権は、宋側の手ぬるい対応を利用して私権場はもとより縁辺部の至るところで青白塩を中心とする密貿易を繰り返していた。断定的に言う根拠は青白塩の密貿易に関連する史料がいくつも存在するからである。綽克宗が馬匹のほとんどを万資太保に奪われた同じ大中祥符三年のことであるが、『続資治通鑑長編』（巻七三）、五月壬午の条に、上、輔臣に謂いて曰く「西鄙の塩犯者甚だ衆し、当に更めてこれを寛《ゆる》むべし。」と。馬知節曰く「これを寛めれば則ち犯者愈々多し。解池の塩価を減ずるにしかず。」と。陳堯叟曰く「解池の塩已に行商し、官がその価を減ずるを容《ゆる》さず。誠に能くこれを減ずれば、則ち青塩の禁は必ずしも寛めるを（要）せざるなり。」と。

とある。真宗は激増する青白塩の密貿易対策として、こともあろうに取り締まりの緩和を言い出したのである。真宗がこのように突飛な発言をした真意は、現実問題として広く縁辺部で盛行する青白塩の密貿易取り締まりは不可能との思いがあったのであろう。取り締まりを緩めることによって縁辺部における騒擾を少しでも回避しようとしたのである。これに対して馬知節、陳堯叟は青白塩の禁輸策を固守するために解塩の値下げを主張しているが、この後、解塩の値下げを示す史料は存在しない。結局、真宗が主張した青白塩の取り締まり緩和策がなし崩し的におこなわれていったようである。その傍証となる史料が、『続資治通鑑長編』（巻八一）、大中祥符六年九月の条に載せる「壬辰（三日）、詔、慶州、延州熟戸蕃部有親族在趙徳明界者、不得潜致音問。」である。一瞥しただけではこの詔の真意を図りかねるが、青白塩の密貿易に関連させるとその目的が鮮明に浮かび上がってくる。慶州は環慶路の、延州は鄜延路のそれぞれ要に位置し、その周辺はともに横山山脈の南側に居住するタングート熟戸の最も稠密な地域である。事の成り行きからタングート政権側と宋側に分裂を余儀なくされた熟戸蕃部は多数におよんでいたと考えられる。もとより敵対して分裂したものでなければ、日常的に通信連絡は至極当然におこなわれていたと考えるのが自然である（五四八頁参照）。それを敢て潜かに連絡を取り合ってはいけないと命じたからには、宋側にとってその連絡が不利益に繋がることを意味している。宋側の軍事情報の収集は別に情報網を用意していたはずであるから、ここで禁じた「音問」は経済活動に関するものと断定して間違いなかろう。そうすると答えはひとつで、潜かにおこなわれた「音問」は青白塩をはじめとする密貿易に関するやり取り以外には考えられないのである。それも慶州から延州にかけての極めて広い範囲の熟戸蕃部を対象に詔が発せられたということは、宋側の手ぬるい取り締まり対策を利用して西北縁辺における青白塩等の密貿易が盛行していた事実を裏付けているといって過言ではあるまい。しかしこのような詔で「音問」が止むわけはない。その後も延州では依然として密貿易が盛行していたことを物語る史料がある。『宋会要輯稿』（一四〇冊食貨三八之二九）互市に、

　天禧元年三月、延州の民が夏州牙将と違禁物を互市する者《こと》を禁ず。これより先、事を言う者言う「夏州、馬を延州に鬻ぎ、得る所の価直もて悉く物を市《かい》帰る。蕃商の多くは違禁者（なり）。」と。条制に載行することを請う故なり。

とある。この禁令は音問を禁じてから四年後の天禧元（一〇一七）年三月に出されている。この間、密貿易は一向に衰えず、あたかも公然と延州近郊で互市場すなわち私榷場が開設されていた実態を示している。タングート側が馬をもたらし、その代価をすべて費やして宋側の物産を購入しているのである。史料中の「違禁物」はタングート側の輸出品だけではなく、宋側の輸出品も指していると考えるべきであろう。密貿易品と区別してことさら「違禁物」と表記していることから考えると、延州の私榷場では馬以外に青白塩や西域由来の産物[20]の違禁物がタングート側からもたらされ、宋側からは武器等の禁制品が引き渡されていたと考えるべきであろう[21]。そして全額を投じて宋側の産品を購入しているということは、事前に取引品目を双方の密貿易商人が了解していたことを示しており、まさに「音問」とはそのための通信連絡であったことを証明しているのではなかろうか。おそらく環慶路に対しても同様の禁令が発せられたのであろうが、罰則規定が何ら記されておらず相変わらず密貿易の盛行に歯止めはかからなかったと考えてよかろう。そうした状況をよく示す決定的な証拠が『宋会要輯稿』（一八五冊兵二七之二二）、天禧五年の条に掲載されている。

　五年十二月、鄜延路鈐轄司に詔し「自今、蕃部の塩及び違禁物を販《ひさ》ぎ、巡検兵士と闘敵し人員兵士を殺傷する者は、その元《はじめ》に器械（武器の意）を行《もちい》し蕃部は並びに斬に処す。自余の徒党は漢法に依り区断す。」と。これより先、

鄜延路の巡塩兵士にして販塩人の殺傷する所と為る者は、族衆をして羊馬を均納せしむるに止め、その寇を為す蕃部は全て罪を科せざれば、則ち巡塩兵士、頗る虚設（仮説）に類《に》ればなり。故にこの命有り。

延州に出された禁令からさらに四年後の天禧五（一〇二一）年になって、ようやく鄜延路を対象に密貿易者に対する罰則規定が制定されたのである。密貿易者が取り締まりの巡検兵士と争闘し、武器をもって巡検兵士を殺傷した蕃部族人は斬に処し、その他の徒党は漢法によって処断するというものである。それというのも、これ以前は巡塩（巡検）兵士が殺傷されても当該犯行者に賠償として羊馬を均納させるだけで、密貿易に関与していた蕃部には一切罪がおよばなかった。そのため、巡塩（巡検）兵士が取り締まりに努力しても、たいした効果を上げることができず、結果的に密貿易の横行を防止することができなかったというのである。この詔は密貿易を取り締まる現場からの突き上げによって出されたものと考えてよかろう。環慶路に対しても同様の対応がおこなわれたと考えられるが、この処罰規定で陝西諸路の青白塩の密貿易が終息したとは到底考えられない。その根拠は少し後で述べる。

ところで、青白塩の横行は河西だけの問題ではなかった。黄河の東側、河東路においても密貿易は同じようにおこなわれていたのである。『宋史』（巻一八二）食貨志下に「青白塩出烏、白両池、西羌擅其利。自李継遷叛禁毋入塞。未幾罷、已而復禁。乾興初、嘗詔河東辺人犯青白塩禁者如陝西法。」とある。乾興は一〇二二年だけの年号であるから、鄜延路に対して出された罰則規定が早くも翌年に河東方面にも適用されるようになったのである。こうして見るといかに広い範囲で青白塩等の密貿易が盛行していたかがわかり、裏を返せばそれだけ需要が高かったことを示しており、またタングート政権側としても宋の物資をいかに希求していたかがわかる。ところが河東方面の密貿易の需要はこの程度の禁令では焼け石に水であったようである。わずか二年後の天聖二（一〇二四）年に河東転運司に改めて取り締まりの強化を命じている。『宋会要輯稿』右条の一つ後に、

八月、詔して「私に河西に過渡《わたり》、違禁物貨及び鞍馬等を興販せる人を断絶せん。河東転運司をして前後の条貫《すじみち》を

検詳し定奪（決定）し聞奏せしむ。」と。

とあるからである。密貿易はタングート系の熟戸蕃部が独擅していたものではなく、河東路においては、タングート系蕃部に加えて漢人密貿易者も積極的にこれに関与していたのであろう。彼らは黄河を渡り河西のいずれかの私貿易場においてタングート側の密貿易者と接触し、青白塩を中心とする違禁物貨や鞍馬を密輸入していたのである。仁宗のこの詔は河東路における密貿易が一向に減衰しないことに業を煮やし、今までの取り締まりの実態を検証し新しい対策の奏聞を迫ったものである。この後、河東路方面の密貿易関係の史料は見つからないが、河東転運司が有効な取り締まりの手立てを編み出したとも思えない。実態は従来通りで推移したのではなかろうか。というのは、陝西の涇原、環慶、鄜延各路においてもその後も青白塩の密貿易は一向に収まっていなかったことを証明する史料が『宋会要輯稿』（一六八冊刑法四之一六）に掲載されているからである。

（天聖）八年四月法寺言う「請う、今後、陝西の青塩の罪を犯し加役流に至る者の決訖（判決）し、内少壮にして披帯に堪える者は蕃落指揮に配し給与請受せしめん。」と。自来、青塩を販ぎ徒罪を経て軍に充てるを願う者、自ら長吏の少壮にして披帯に堪える者を選ぶに委ねる者は亦蕃落（指揮）に配す。事、涇原、環慶、鄜延路に下し相に度《はか》らしむ。既にして諸路言う「蕃（落）指揮は禁軍の招塡に係り皆、人材、弓力、勇猛有る者を選ぶ。今犯塩の百姓は皆游惰の輩にして既に徒罪を加う、豈行止を惜まざらんや。惟《ただ》に軍法を紊濆するのみならず兼ねて蕃情を間変することを慮る。乞うらくは自今、罪加役流の決訖に至れば少壮にして披帯に堪るを取り近裏の州軍牢城に配し、犯塩経徒の人の軍に投ずるを願う者も、亦蕃落（指揮）に収充せざらんことを欲す。」と。奏して可す。

この史料は涇原、環慶、鄜延路の境内に居住する青白塩密輸入者に対する取り扱いを述べたものである。撮要すると、天聖八年に、刑獄を司る大理寺が青白塩を密輸入し加役流の判決を受け、軍役に耐えられそうな者を蕃落指揮の支配下に入れることを要求し、実際におこなわれた。これに対して涇原、環慶、鄜延各路は、蕃落指揮は禁軍の補充を担当し、不良者を蕃落指揮の配下に入れることは軍法を紊瀆するだけである。せいぜい近くの州軍の牢城の警備に充てる程度がよいと言い、奏可された。犯罪者の処遇もさることながら、問題は李徳明の晩年に近い天聖八（一〇三〇）年の段階に至っても、陝西諸路における青白塩の密貿易は一向に減少していない事実をみごとに見せつけているということである。青白塩の密貿易は畢竟するに恒常的に高い需要があったからで、それは宋国内の塩法の無理が解消されない以上、必然的にいつまでも継続される性質のものである。李徳明時代を通じて青白塩の密貿易は宋側の取り締まりの網をすり抜けて継続し、次の李元昊時代に受け継がれていったものと考えてよかろう。

七　李徳明の西方経営

さて、李徳明政権に課せられていた最終的な目的は、父李継遷政権で成し遂げられなかった無定河流域から河西回廊に至る広い領域の獲得であった。宋との間で講和条約の締結を進める一方で、いわゆる西方経営に関してはどのように取り組んでいったのか、その道筋を追ってみたい。『宋会要輯稿』西涼府景徳三年の条に、

七月、秦翰に令し、便に因り西涼府厮鐸督に諭意せしめ、諸蕃部に令し斥堠を厳にして、以て趙徳明に備えせしむ。鄜延路総管石普入奏し、徳明の信約未だ定まらず、蕃部を点集するを以てなり。

とある。条約締結の直前に至っても李徳明政権は西涼府攻略の態勢を示し宋側に揺さぶりをかけていたことがわかる。そして同年一〇月に李徳明政権は待望の講和条約を宋と締結し、長く続いた交戦状態に区切りをつけたのである。宋の側からすれば、これによってタングート政権の領域拡大の策動を多少なりとも掣肘できると考えたのであり、それ故にこそ条約締結の情報はいち早く西涼府政権に伝えられ、さらに甘州ウイグル等にも伝達されたのである（五三七

頁参照）。ところがこうした宋側の期待は早々に裏切られた。李徳明政権は条約締結後、懸案であった西涼府と甘州の攻略を本格的に開始したのである。五四二頁にも掲載したが、『続資治通鑑長編』（巻六五）、景徳四年三月癸丑（一六日）の条を再掲する。

上、王欽若等に謂いて曰く「徳明屢々言う『西涼府は元部内に属す。見（現）に各々質を納め人使の往来に及ぶ。』と。且、継遷西涼を攻めて因り、その斃れる所と為る。今徳明の意は将に六谷を阻絶し、縁辺属戸をして預《かかわ》るを得ざらしめんと。朝廷若《も》し綏撫せざれば、則ち徳明足るに復讎を以てす。近ごろ秦翰、六谷の蕃書を訳して来上するに、但だ徳明の侵す所と為り、略ぼ寧日無く、見に兵を蒐めて警備すと言う、と。六谷の書を以て張崇貴に付し、徳明を諭せしむ可し。」と。

条約が締結されてからわずか五箇月後のことである。李徳明は西涼府を構成する部族の内附を喧伝している。その信憑性を裏付けるかのように、秦翰は六谷蕃部からの救援要請の蕃書を訳して来上したのである。文面にはすでにタングート政権軍が六谷蕃部の一部を攻撃し、その警戒に追われている様子が記されている。ところが、真宗の対応はしばしば触れたようにこれに関してもまことに消極的なものであったことがわかる。さらにその六箇月後の九月には、

丁亥（二四日）、辺臣言う「趙徳明、西涼を劫し回鶻を襲うを謀る。」と。上、六谷、甘州久しく忠順を推《おしきわめる》を以てこれを撫寧せんと思う。乃ち使を遣わし斯多特を諭し令して回鶻と結び援を為さしむ。并びに斯多特に茶薬襲衣金帯を賜い、及び部落（賜）物は差有り。斯多特表を奉じて謝す。（巻六六同年九月）

とあるように[22]、タングート政権の西涼府、甘州攻略作戦の情報が辺臣から発せられるが、真宗は西涼府、甘州の連携を諭し、賜物するだけで救援軍の派遣などは毛頭考えていなかったことがわかる。すでに真宗の方寸にはタングート政権との和平の引き換えに西涼府、甘州の喪失もやむなしとする考えが生じていたことは間違いあるまい。そして何よりも李徳明政権がこうした作戦を発起した背景には、条約交渉の過程で得られた宋側の和平への希求が強く、タン

グート政権の西方発展に関しても強い掣肘をおこなう意思を喪失していることを精確に読み解いていたからであろう。事実、宋は西涼府、甘州の要請に応じて救援軍隊を派遣することは遂になかったのである。

そこで西涼府と甘州に対する李徳明政権の作戦を、順を追って論じてみよう。（巻六八）大中祥符元年春正月に、

壬申（一〇日）、辺臣言う「趙徳明、輝和爾の貢物を邀留す。又、張浦に令して騎数千を率いて輝和爾を侵擾せしむ。今歳、夏州饑饉、此れ衰敗の勢なり。」と。上曰く「朕その旱歎を知る。已に権場に令して西蕃の粒食を市《か》う者を禁ずることを勿からしむ。蓋し戎夷を撫禦するは当に含容に務むべし。然らずば、須らく殺伐に至り、害は生霊に及ぶ。」と。（後半五四八頁既出）

とある。タングート政権は甘州ウイグルから宋に運ばれる朝貢貿易品を押収し、その一方で張浦に騎数千をつけてウイグルを侵擾させたという情報である。辺臣の上奏が壬申（一〇日）に届いたことからするとこの二つの事件は前年の景徳四年の末に発生したと考えてよかろう。宋は講和条約の締結で西域諸国の朝貢貿易使節団の安全も担保されることを期待したはずである。ところが貿易品の押収と甘州攻撃はその希望的観測をみごとに打ち砕き、九月丁亥の辺臣の情報を裏書する結果になってしまったのである。辺臣はタングート政権のこうした甘州ウイグルに対する攻勢を無定河流域の旱歎に起因するものとして見当違いの「衰敗之勢」を上言しているが、古来、豊穣の地として知られているとはいえ、その甘州を攻撃しても大量の食料獲得にはならないのである。真宗も保安軍権場における食糧援助を指示していることは前節五五八頁で述べた通りで、問題の核心を敢て避けているとしか考えられない。李徳明政権は領内の旱歎が原因で遠く河西回廊の甘州を攻撃したのではない。予定の工程表にしたがって行動しただけなのである。朝貢貿易品の押収はまさしく李徳明政権の甘州ウイグルに対する宣戦布告に他ならないのである。もっとも張浦が自ら騎数千を率いてウイグルを攻撃したとなるとにわかには首肯しがたい。繰り返していうように、張浦はタングート政権の総参謀長である。その張浦が軽々に夏州を離れ軍隊を率いて攻撃の先頭に立つはずはないのである。記事は

「侵擾輝和爾」とあるだけで、次の史料に比較して具体的な内容が欠けていることからすると、張浦の主導によって甘州ウイグルに対する遠征が計画されていた情報が訛伝されたものであろう。

甘州ウイグルに対する最初の攻撃は年が明けた大中祥符元年の三月におこなわれたと考えるべきであろう。（巻六八）三月戊辰（七日）の条に、

趙徳明、万觜等四軍主を遣わし族兵を領して西涼府を攻めしむ。既に至り六谷蕃部の強盛を見、懼て和輝爾に趨く。和輝爾伏を要路に設け、弱を示し闘に与らず、その過ぎるを俟ち奮起してこれを撃ち、勦戮すること殆ど尽く。その生擒者は、和輝爾駆して野に坐させ悉く獲る所の資糧をこれに示して曰く「而輩は狐鼠にして、小利を規求す。我は則ち然らず。」と。遂に尽く焚きてこれを殺す。唯だ万觜軍主身を挺して遁走す。鎮戎軍以て聞す。上曰く「和輝爾嘗て継遷を殺し、世々仇敵に為る。甘州の使到り亦た徳明侵軼の状を言う。意頗るこれを軽ず。その兵勢を量るに、徳明未だ勝つこと易からざる也。」と。（『宋史』巻四九〇外国六回鶻伝略同）

とある。万觜軍主とは第一節で詳述した鎮戎軍の西方に蟠踞する章埋族万子軍主のことである。夏州に鎮座するタングート政権の南西方面を守禦し、高い戦闘能力を持った集団で、宋もそれ故にこそ招懐の対象にしたほどの有力部族であった。その万子軍主を筆頭に四軍主の部族軍を西涼府と甘州の攻略に派遣したのである。かつて李継遷は自ら遠征軍を率いて西涼府攻略に出陣したが、潘羅支軍の逆襲にあってあえなく敗死している。西涼府の攻略だけを例にとっても極めて困難な作戦である。それをさらに甘州まで遠征してウイグル軍も撃破するとなると尋常一様な兵力では手に負えないはずである。まさに全部族兵を挙げての総力戦になり、とても四軍主の部族兵で太刀打ちできる代物ではない。しかしながらまったく勝算の無い作戦を発起するはずもないのである。そこでこのたびの作戦発動の前提として重要な意味を持っているのが、本節冒頭に掲載した景徳四年三月癸丑の史料の情報である。すでに西涼府厮鐸督政権を構成していた者竜族や六谷蕃部のかなりの部分がタングート政権に内通していたのである。作戦は西涼府を構

成する河西チベット族の兵力も併せて甘州ウイグルを攻略するというものであったのであろう。ところが作戦は第一弾で早くも失敗してしまったのである。史料には「攻西涼府」とあるが、これは攻略に趣いたという意味で実際に戦闘がおこなわれたのではなかろう。厮鐸督与党軍は背水の陣を敷いて徹底抗戦の構えを取り、降服勧告には断固応じなかったのであろう。おそらくこうした予想外の展開を受けて、万子軍主等タングート遠征軍は戦闘による損耗を避け、内通勢力の族兵も動員して作戦第二弾の甘州攻略に向かわざるを得なくなってしまったのではなかろうか。作戦に二つの目的を付与すると失敗する可能性が高いと言われている。作戦命令に背いて撤退することもできず、さらに西涼府で補充する予定であった兵員、輜重も充分に手に入らず、タングート遠征軍は極めて不本意な態勢で甘州攻略に転進したのであろう。一方、甘州ウイグルは厮鐸督政権からの速報で満を持してタングート遠征軍を邀撃する態勢を準備できたのである。おそらくタングート遠征軍は長途の遠征で疲労も加わり士気も低下していたと考えられる。史料に記載されているようなウイグル軍の策略もおこなわれたのであろう。しかしながら「勦戮殆尽」「唯万貲軍主挺身遁走」とあるのは例によってタングート側に対する曲筆といってよかろう。ウイグル軍の罠にはまって初戦で損害を蒙ったタングート遠征軍は早々に戦闘意欲を失って旗幟を巻いて退却してしまったのが実情であろう。ただタングート軍の敗北は紛れもない事実であったことは（巻六九）五月壬午の条に「甘州和輝爾可汗王伊嚕格勒遣使来告捷。使還、賜伊嚕格勒香薬、金帯、弓剣。……」とあることから確かめられる。いずれにせよこの一連の作戦の失敗はタングート政権にとっては容認しがたいものであり、特に甘州の敗北に関しては万子軍主等の責任が厳しく問われたことは間違いあるまい。同じ巻の八月辛卯（三日）の条に「和輝爾伊嚕格勒又言趙徳明来侵。率衆拒戦。徳明屢敗、乗勝追之越黄河。」とあるが、これは万子軍主等に再度甘州攻撃をおこなわせたことを示しているのであろう。万子軍主に関しては前節五六七頁で触れたように、二年後の大中祥符三年に渭州吐蕃部署綽克宗と宋に輸送する馬の買路銭で争っている。そして『宋史』党項伝同七年に「七月、瑋又言北界万子族謀鈔略、発兵逆之、大敗于天麻川。」とある。これ以降は万子軍主関連の消息はいずれの史料にも記載がなく、（巻一〇〇）天聖元年（一〇二三）二月の条に載せる「庚申、補西界内附万資蘇爾格威三班奉職、仍賜姓名李文順、令居陳州。」の記事に逢着するのである。大中祥符三年から数えて一三年目にあたる。万資は万貲と同様に万子のことであるが、大中祥符元年に甘州を攻撃した万子軍主と万資蘇爾格威の関係についてはわからない。一五年の隔たりをどう見るかである。後継者か同族の人物と考えるのが妥当かも知れないが、同一人物の可能性も捨てきれない。万資蘇爾格威が宋に内附し三班奉職に補せられ、李文順の姓名を賜わり開封の南に位置する陳州に移されたことが、宋の公式記録に加えられたこと自体にその答えが秘められているのではなかろうか。繰り返しになるが章埋族万子軍主は第一節の中ほどに掲載した史料Aの招懐の対象になっていた部族である。六盤山一円を勢力圏にして直接鎮戎軍と対峙する強力な戦闘部族であった。それ故、章埋族万子軍主が帰順すれば宋にとって六盤山方面の脅威は大幅に軽減されるのである。おそらく万子軍主は甘州攻撃の失敗後はタングート政権における政治的地位を著しく落としていたはずである。そうした状況を見極めて宋側の帰順工作は執拗に繰り返されたことであろう。それに応じて万子軍主の立場はいよいよ不安定なものになっていったはずである。こうした経緯を踏まえて天聖元年、遂に章埋族万子軍主は宋の軍門に降らざるを得なくなってしまったのであろう。宋にとっては懸案であった鎮戎軍方面の脅威が解消されたことから、特段、万資蘇爾格威の帰順が記録に残されたのではなかろうか。

論述を本題に戻そう。大中祥符元年の三月に万子軍主等が内通勢力とともに西涼府廝鐸督政権を戦わずに降服させようとしたことが筆者の単なる思いつきでない証拠を示しておこう。『宋史』（巻二六五）張斉賢伝に景徳初の記事に続けて「二年、改吏部尚書。上疏言曰、臣在先朝、常憂霊、夏両鎮終為継遷并吞……」で始まる長い上奏文が掲載されている。内容は李継遷の猖獗を述べ、それを抑えるためには「以蛮夷攻蛮夷」が「古今之上策」であるとし、自身が廟堂の反対を押し切って西涼府潘羅支政権を対抗勢力に育成した。その結果、李継遷は潘羅支に射殺され、「辺患

謂可少息。」とした後に、

今、その子徳明依前に攻刼し、析（折の誤り）逋遊竜鉢等尽く部下に在り、その志又小ならざる似《ごと》し。臣、徳明大駕東幸の際に乗じ、六谷を去（刼の誤りか）攻すれば則ち瓜、沙、甘、粛、于闐の諸処は漸く控制（抑えとりしまるの意）を為すを慮る、と。向使《もし》潘羅支尚在れば、則ち徳明も未だ虞れと為すに足らず。今、潘羅支已に亡く、厮《ママ》鐸督はその敵に非ざるを恐る。望むらくは大臣に委ねその事を経制せん。

と締め括っている。最初の西涼府六谷大首領であり、さらに潘羅支政権のもとで左廂副使として同政権を支えていた折逋遊竜鉢等多くが李徳明政権にしたがっていると述べているのである。この上奏文は『続資治通鑑長編』（巻六八）大中祥符元年四月己未（二九日）の条にも収録されており、両者を比較すると『宋史』のこの部分は著しく省略された形になっていることに気付く。そこで多少長くなるが『続資治通鑑長編』の対応する後半部分を掲載すると、

近ごろ知る、趙徳明、依前に六谷を攻劫《せめおびやか》す。兼ねて聞く、曽て西涼府を破却し、所有《すべて》の節度使并びに副使結布伊朗布（折逋遊竜鉢）および府に在る戸民並びに録して部下に在りと。万一謬らざれば、すなわち徳明の心また小ならざる似《ごと》し。況やその人悉くこれ唐末の蕃に陥りし華人。兼ねて結布伊朗布等、西南面の遠蕃に入る道路、六谷田牧の遠近、川沢の険易を諳熟し尽くこれを知ると。若し脅制して六谷を却《しりぞ》かしむるの後、即ち瓜、沙、甘、粛、于闐諸処漸く控制を為すを慮る。縁《ちなみ》に此は四（西の誤りか）蕃中の州郡を以て旧《もと》霊州総統（朔方節度使の意）に属す。即ち今夏州に在りて画説する者は必ず此を以て計を為す。所以《ゆえ》に継遷在りし日、方に六谷を呑滅せんと欲す。今来徳明又父の讐を以て名と為し、志は甘、伊、瓜、沙道路に通ずるに在り。必ず西夏を統制するを要す。唐朝は嘉木布破滅の後、便《すなわち》相統一せず。所以に五代以来、西蕃は安静す。今儀、渭、秦、隴山後、大段部族と雖も苟或《あるい》は漸く侵擾を被《こうむ》れば、則ち他時辺患軽からず。将来聖駕東幸す。臣必ず徳明便に乗じ六谷を去（刼の誤りか）攻するを慮る。向使《もし》博囉斉尚在れば則ち徳明末だ虞れと為すに足らず。今博囉斉已に亡く、斯多特その敵

に非ざるを恐る。伏して望むらく両府大臣に委ね謀議せしめ早に経制を為さんことを。

とある(24)。これによると、節度使と折逋遊竜鉢、さらに西涼府の全住民が李徳明政権の支配下にあるとする情報が張斉賢の耳に達していたことがわかる。節度使とはいうまでもなく潘羅支の後を継いで景徳元年一〇月に朔方軍節度使になった厮鐸督を指している。そうすると万子等四軍主のタングート遠征軍は厮鐸督政権を攻略する目的で西涼府に向かったのではなく、すでに支配下に組み込まれていたはずの西涼府の全兵力を動員して甘州攻撃をおこなうことが作戦の主目的であったことになる。張斉賢がことさら折逋遊竜鉢を取り上げて危惧の念を示していることは注目に値する。おそらく折逋遊竜鉢が内通勢力の中心人物であることはすでに宋側でも事実として認識していたのであろう。一方、タングート政権は折逋遊竜鉢の勧誘によって厮鐸督が西涼府の全戸民とともに帰順したと思い込んでいたのではなかろうか。そのように考えるとこの無謀とも思われた作戦も納得がいくのである。タングート軍の作戦の概要は、西涼府において輜重を補給し、厮鐸督政権の全兵力を動員しタングート・チベット連合軍を編成して甘州ウイグルの攻略に向かうというものであったのであろう。厮鐸督やその兄の潘羅支は生粋の涼州人ではない。その出自に関しては別に詳述するところであるが、本来の勢力圏は湟水流域、宗哥地方である。西涼府における直衛勢力は決して十分なものではなかったはずである。西涼府における厮鐸督とタングート政権側についていた折逋遊竜鉢の勢力は拮抗していたと考えられる。タングート政権の意向を受けた折逋遊竜鉢は厮鐸督に対して帰順工作を執拗におこなったことであろう。厮鐸督は折逋遊竜鉢との戦闘を避けるために表面上はそれを受け入れたふりを装い、決戦に備えて密かに与党軍の結集を進めていたのであろう。こうした状況下の西涼府にタングート遠征軍が到来したのである。万子等四軍主は事前の約束に反し、徹底抗戦の態勢を取る厮鐸督軍との戦闘を避け、予定を変更して不十分な軍事力で甘州に向かわざるを得なかったのが真相ではなかろうか。

ところが、大中祥符元年三月の甘州攻撃は、李徳明政権にとってさらに重大な問題を惹起してしまった。タングー

ト遠征軍の後を追うようにして遼が甘州攻撃を敢行したのである。『遼史』（巻一四）聖宗本紀五統和二六年の条に、

十二月、蕭図玉奏し「甘州回鶻を討ち、その王耶剌里（夜落紇）を降し、撫慰して還る。」と。

とある。(25) 攻撃は上奏までの期間を考慮に入れても統和二六年（大中祥符元年）の下半期とみてよかろう。文面から判断すると、ウイグル可汗夜落紇は強敵遼との戦闘は避け、恭順の意を表して撫慰に応じるふりを装ったのであろう。遼はタングート政権の河西回廊進出の計画に危機感を抱き、その野望を阻止するために、急遽、蕭図玉軍を甘州に派遣してタングート政権の動きを牽制したのである。(26) しかしこの程度の警告で引き下がるタングート政権ではなかった。翌二年にも甘州攻撃が計画されたのである。『続資治通鑑長編』（巻七二）、大中祥符二年の最末尾に、

趙徳明、所部を帥いて出て和輝爾を侵す。常星昼見え、徳明懼て還る。

とあり、李燾は割注で「此拠仁宗実録徳明附伝。他書有不知何時也、書之歳末、俟考。」を補っている。また『宋史』李徳明伝は大中祥符元年の条に続けて「明年、出侵回鶻、恒星昼見、徳明懼而還。」とあるので、『仁宗実録』の徳明附伝には二年中の記載ではあるが、月日が不明だったことがわかる。李徳明自らが所部を率いてウイグル攻撃に出向くも日中に恒星を見たことから懼れて引き返したというが、この記事にも不審な点が多い。全軍の総帥である李徳明が本拠地の夏州を離れて遠征軍を総指揮したとなると、咸平六年末の李継遷の西涼府遠征に匹敵する大作戦である。動員兵力、輜重も並みの量ではなかったはずである。それならば「恒星昼見」程度に懼れて引き返すであろうか。さらにそうした不名誉な情報がなぜ宋側に伝わったのであろうか。例えば「鎮戎軍言」等の情報の出所が記されていないことも気になる。おそらくこの情報はタングート領内から漏れてきた噂に尾鰭がついて宋政府に達したのであろう。それ故に月日の特定もできなかったものと考えられる。また『宋会要輯稿』（一九七冊蕃夷四、以下省略）回鶻の二年の条にはタングート軍の遠征については何も記されていない。こうしたことを勘案すると、李徳明の陣頭指揮は措くとして、それなりの遠征軍が派遣されたのであろう。ところがある理由で途中から引き返し、タングート軍は甘州には

到達しなかったのであろう。その理由こそ遼からもたらされた極めて厳重な中止要求だったと考えられる。李徳明政権は遼の本気度を見定めて遠征軍派遣を急遽中止したのであろう。(27) 筆者がこのように推測する根拠は、翌大中祥符三（一〇一〇）年に、再び遼が甘州と、さらに粛州に攻撃を加えているからである。『遼史』（巻一五）聖宗本紀統和二八年五月の条に、

乙巳、西北路招討使蕭図玉奏し「甘州回鶻を伐ち、粛州を破り尽くその民を俘《いけど》る。」と。詔して土隗口故城を修し、以てこれに実《あ》つ。

とあり、右註の蕭図玉伝に続けて「既而牙懶復叛、命討之、克粛州、尽遷其民于土隗口故城。」とある。「牙懶復叛」とは大中祥符元年に遼にしたがっていながら、甘州ウイグルが相変わらず宋と関係を持っていたことを指す。今回の蕭図玉の出兵は甘州に対して遼の強い姿勢を示すことにあり、そのために蕭図玉は甘州と利益共同体であった粛州の全住民を土隗口故城に遷し、おそらく兵の一部を粛州に残し甘州の監視をおこなわせたのではなかろうか。夜落紇は蕭図玉軍と戦う愚は避け、前回同様に恭順の意を示してその場を凌いだのである。甘州ウイグルはこの後も宋と朝貢貿易を活発におこない、すぐ後に掲載する大中祥符八年の史料では遼との訣別を主張しており、その発展を考えれば独立性は侵されていなかったとみてよかろう。いずれにせよ蕭図玉軍の甘州、粛州派遣は河西回廊に対して遼が支配権を掌握していることをタングート政権に確実に認識させる強烈なメッセージであったことがわかる。そして李徳明政権も遼の甘州以西の支配権に対してはこれを認める態度を表明したのであろう。それというのも、李徳明政権にとって大中祥符三年は特別な意味のある年次だったからである。『続資治通鑑長編』（巻七三）、同年六月の条に、

癸亥（一六日）、保安軍言う、趙徳明所部を率いて鏊子山に営《すまいをつく》り、大いに居第を起こす（『宋史』李徳明伝は「大起宮室于鏊子山」）。

とある。鏊子山については第二部第四章の註（15）で詳述したように、横山山脈の中心部を構成する白于山の一峰を

指し、その山麓がタングート政権にとって一種の聖地であったと考えられる。おそらく李徳明政権は数年の歳月を費やして鏊子山山麓に大宮殿を造営し三年の中頃に完成したのであろう。ちょうどこの頃は無定河流域が連年の旱歉で食糧難に陥っている時期に重なる。しかしながら、それを押して宮殿を造営したのにはそれなりの理由があったのである。第一に考えられることは景徳三年の講和条約である。条約の締結はタングートのすべての部族、部落に対して李徳明のタングート政権が宋に対応する独立国家であることを見せつける絶好の材料であった。李継遷の後を嗣いで日の浅い李徳明の権威は未だ十分には確立されていなかったのではなかろうか。李徳明の居所である夏州は条約交渉の過程で宋の条件にしたがって不本意に移住した場所である。その上、夏州定難軍の象徴であった難攻不落を誇った夏州城はすでに瓦礫になっているのである。李徳明にとって夏州はすでに仮住まいの地になっていたのではなかろうか。鏊子山はおそらく野利氏等南山部タングートの領域内に位置していたと考えられる。李徳明政権の片足が南山部タングートに置いていることからすれば、鏊子山に宮殿を造営するということは、李徳明の権威の確立とともに野利氏等南山部タングートの一層の支持を期待したからであろう。そして第四節で述べたように、この年の九月、李徳明は遼から夏国王に冊封されたのである。遼の使節はおそらく完成直後の鏊子山の宮殿を訪れた最初の賓客だったのではなかろうか。

　如上の経緯から李徳明政権は西方政策の練り直しを計ることになった。遼との関係を考慮してこの後、正面切っての甘州遠征軍の派遣はおこなわず、搦め手からの工作に切り替えたのである。そして未だ遼の食指の伸びていない西涼府の完全支配に全力を傾注することに作戦を変更したのである。そのためには内通勢力の工作に依存するだけではなく、軍事力をもって西涼府の実効支配を実現することであった。『宋会要輯稿』西涼府大中祥符四年の条に、

　九月、涇原鈐轄曹瑋上言し「趙徳明の軍校蘓《ママ》守信、故無くして兵を領し西蕃乞当族を攻む。その首領厮鐸督諸族を会してこれを禦ぎ、大いにその衆を敗る。」と。

とある。『続資治通鑑長編』（巻七六）ではこの記事を甲申（一四日）に載せ、西蕃を西涼と記している。李徳明政権の軍校蘇守信とは何者であろうか。蘇姓ですぐに思いあたるのが五四〇頁に記載した環州の蘇尚娘と子の蘇孽娘のことである。さらに遡ると第二部で再三触れた（四二四、四五九頁等）環州の残存野利氏集団を構成する蘇家族に逢着する。蘇家族は原住地に復帰した野利氏の大首領兀泥黄羅に属していたと思われるが（同四二四頁以降）、咸平六年の正月までに李継遷側に帰属したようである。しかしその後も叛復を繰り返していたことは五四〇頁の景徳三年の史料に「蘇尚娘（蘇孽娘の誤り）反覆無定」とあることからもわかる。蘇孽娘と蘇守信は同時代の人物である。両者の関係は調べようもないが、おそらく蘇家族の中でも蘇守信の一族は早い段階から李継遷政権に合流し、野利氏系豪族として政権内で一定の地歩を築いていたのではなかろうか。蘇孽娘が「反覆無定」とあることから考えれば両者の関係は決して悪くなく、李徳明政権下の蘇守信の軍事力の供給源は環州残留の蘇孽娘一族などにあったと考えてよかろう。蘇守信が章埋族万子軍主に代わって西涼府攻略の任務を担当させられたということは、万子軍主に勝るとも劣らない軍事力を動員できる能力を備えていた証拠である。蘇守信は野利氏の重要メンバーの一人で、手持ちの兵力の他に環州方面の蘇家族やその他の部族にも影響力を持つ実力者だったのであろう。李元昊政権を論ずるところで触れるが、李元昊の妃の一人に蘇氏の女がいる。このことはタングート政権を支える野利氏集団の一員である蘇氏の実力を証明しているといってやぶさかでない。大中祥符元年の作戦が失敗したからといって、折逋遊竜鉢を巨擘とする親タングート勢力がそう易々と西涼府から一掃されるはずはなく、厮鐸督勢力との対峙関係は継続していたと考えてよかろう。つまり李徳明政権からすると、西涼府征圧の橋頭堡はしっかりと確保されていたのであろう。この間、厮鐸督の側から危険な状況を報せる使者が宋に派遣されたことは十分に考えられる。五四九頁に掲載した二年一〇月の詔で、宋政府は河西諸蕃部を対象にタングート政権と「相侵略」を戒めているが、これは当然、現地からの救援要請があったからこそ出されたもので、極めて消極的な回答であることを示している。西涼府厮鐸督政権は自力でタングート勢力の攻勢を凌がざるを得なかったのである。今回の西涼府攻略戦で、蘇守信軍が乞当族を攻撃したことはその作戦を知る上で実に興味深い。戦いの本丸攻略ともいうべき厮鐸督軍との直接対決は大きなリスクがともなうから最初から想定していないのである。蘇守信は厮鐸督側の六谷蕃部を個別に蚕食し、地道に西涼府の地勢図を塗り替える作戦を取ったのである。おそらく乞当族攻撃は厮鐸督軍の反攻で成功しなかったのであろう。しかしながら、次に紹介する史料からも蘇守信が親タングート勢力とともに西涼府のかなりの地域を実効支配し、厮鐸督政権を徐々に追い詰める作戦を取り、四年を要してほぼ西涼府全域の支配者に成長していたことは明白である。『宋会要輯稿』回鶻大中祥符八年九月の条を便宜上A～Fに区切って掲載すると、

A　八年九月、礼賓院訳語官郭敏甘州より回り、可汗王の表を以て来上す。

B　これより先、夜落紇累《しきり》に夏州と接戦す。遣使入貢する毎にすなわち徳明の掠する所と為る。四年より後、宗哥諸族皆朝恩を感じ、多く人を遣わし防援し以て至る。

C　既にして宗哥族喃厮囉、また夜落紇と婚を求めるにより遂に仇敵に為る。

D　ここに至り表文して曰く「忠順保徳甘州回鶻外生（甥の誤りか）可汗王臣夜落紇言う、臣は（甘）州に在り。九宰相の諸部落と住せず。西涼府人蘇守信と鬥殺せんとす。見今《いま》人戸は平安なり。宝物公主は大中祥符六年二月に疾亡す。蘇守信の攪乱の為、奏報遅違す。貢ぐ所の遺物は続次附進せん。去年十一月中、蒙るに通事梁謙を差わし、臣に宝鈿銀匣、歴日及び安撫詔書を賜う。臣並びに捧受し訖ぬ。

E　蓋し西蕃贊普と立遵、方に兵馬を用いる為に道路未だ開けず、臣、所有の朝貢の礼物前に去《うしな》い未だ得ず。伏して乞う、皇帝阿舅罪を恕し、今郭敏の回京に因り、望むらくは贊普立遵に物色を賜わり、安撫して路を開かしめ、却《また》郭敏をして臣本部の人を接引せしめん。それ蘇守信、臣また日逐相殺に与《あずか》るを欲せず。敢て皇帝阿舅に負背せず。伏して乞う、聖恩の所有ものに照燭せんことを。契丹は即目（目に触れ次第）臣本部と断絶し、並びに消息無

し。」と。

F　これより先、咸平末夏州は西涼《ママ》府を破り、知府丁惟清これに没す。夏州令蘇守信、兵七十馬五十を領し彼に巡覘す。故に此奏これに及ぶ。

とある。多少推測を交えて解説すると、Aは本文にあたる記事で、B～Fはその補足記事である。Bは数年来の甘州ウイグルとタングート政権の対立抗争を述べ、大中祥符四年以降は潘羅支、厮鐸督の本来の勢力圏である宗哥地方の諸部族の応援で入貢が可能になったとし、Cでは、ところが成立間もない唃厮囉政権がウイグル公主との婚姻をめぐって対立するようになり、このルートも使えなくなってしまったことを述べている。そこでD、Eでは郭敏に託したウイグル可汗の上表文の内容を示し、Dで「臣（ウイグル可汗夜落紇）は甘州に居住しており、九宰相の諸部落が西涼府人蘇守信と鬥殺していたが、現在は諸部落の人戸も平穏である。宝物公主は大中祥符六年二月に病没したが、蘇守信が西涼府に陣取っているため西涼府ルートが使えず、死亡連絡が遅れてしまった。」（後略）。Eは「郭敏を派遣して宋の力で唃厮囉政権を安撫し、宗哥ルートを再開してもらいたい。臣も腹心を蘇守信のもとに派遣し抗争を避けたい。約束に背くようなことは決してしない。また契丹とは交渉していない。」と。Fは過去と現在の西涼府の状況を総括し、咸平六年の李継遷の西涼府攻撃で知府丁惟清が死亡したことに触れ、大中祥符八年九月現在、夏州令蘇守信は兵七十馬五十をもって西涼府一円を巡覘している。そこでこの上表がおこなわれたのである、と。

Bは大中祥符四年以降、甘州ウイグルの朝貢は宗哥路経由でおこなわれていたことを述べている。つまり甘州ウイグルの使節が従来通りに西涼府を経由しようとしても、厮鐸督の勢力ではそれを警護することができなくなっていたことを示している。ということは、大中祥符四年九月以前におこなわれたと考えられる蘇守信軍の西涼府攻略戦の実態もおのずと明らかになってくる。厮鐸督政権に限らず宋に依存する勢力は勝利に関しては大袈裟に報告するものである。蘇守信軍の乞当族攻撃は厮鐸督軍の必死の抵抗でおそらく成功しなかったのであろう。しかしながら、蘇守信軍はそれで敗退したわけではなく、引き続き六谷蕃部の蚕食を進め、同年末までには西涼府の主勢力に成長し、逆に厮鐸督勢力はその一角を死守する少数派に転落していたのであろう。そしてDからわかるように、大中祥符六年頃には西涼府の大半は蘇守信によって支配されるようになっていたのではなかろうか。因みにD～Fに関して『続資治通鑑長編』（巻八五）大中祥符八年九月丙子（二九日）の条には、

ここにおいて敏先に帰るを得る。可汗王伊嚕格勒上表して言う「巴烏公主病死す。西涼人蘇守信劫乱し日に与に交闘し……。蘇守信は夏州の遣わす所にして、兵七千馬五千を領し、西涼を戍る者なり。

と記している。蘇守信の兵力はFの「兵七十馬五十」ではあまりにも少なすぎ、右史料の「兵七千馬五千」の書き誤りと断じてよかろう。大中祥符八年九月の時点で、蘇守信は兵七千馬五千を擁して西涼府の大方を実効支配しているのである。この間に蘇守信の肩書名称も「軍校」、「西涼府人」、「夏州令」と変遷していることは、みごとに蘇守信の西涼府支配の道筋に呼応しているといってよかろう。すなわち大中祥符八年の中頃には、李継遷以来のタングート政権の長年の宿願であった涼州支配がほぼ達成されたのである。

これに対して、この間、厮鐸督勢力はただ手を拱いていたのであろうか。『宋会要輯稿』西涼府の記事で厮鐸督側の消息を追ってみると、乞当族を救援した四年の一〇月、五年一一月、七年四月、一一月（この時は六谷蕃部）、八年五月、さらに七月の合計六回の入貢が記録されている。繰り返される入貢は健在のアピールであり、宋に対する援助要請でもある。すなわち、劣勢にあったとはいえ確実に厮鐸督の勢力も西涼府の一角を死守していたのである。そして『宋会要輯稿』（一九九冊蕃夷六、以下、省略）嗢厮囉の大中祥符八年の条に、乞当族をめぐる戦闘以来、四年ぶりに厮鐸督勢力の戦闘記事が記されているのである。

八月二十九日、曹瑋上言し、「嗢厮囉の所部劉王叔、帳下の青波を遣わし来りて告げるに『近ごろ西涼厮鐸督の部兵十万を遣わし、北界部落を掩殺す』と。勝捷し、続いて人を遣わし首級を献ず。」と。

西涼府廝鐸督の部兵十万が唃廝囉政権の指示にしたがって「北界部落」を攻撃したとある。詳細は別に触れるが、大中祥符八年頃は河西チベット族の中心は宗哥地方に新たに興隆した唃廝囉政権に完全に移行していた。この史料からは西涼府の廝鐸督勢力は唃廝囉政権の指揮下に置かれていることが読み取れる。これが事実であることは同書西涼府同年条に、

十月、西涼府（宗が脱）哥蕃部廝鐸督来りて馬十二疋を貢ぎ、その姪もまた馬三疋を献ず。

とあるように、宗哥蕃部と明記されていることからも確認できる。それはさておき、曹瑋の上奏の日付から逆算すると、この戦闘は七月末から八月にかけておこなわれたのであろう。部兵十万は論外であるが、この時期に廝鐸督の部兵が部族名も特定できない「北界部落」を攻撃している点は大いに不審である。本来、廝鐸督が全力を傾注すべきは蘇守信軍を撃破して西涼府の主権を奪還することであった。「廝鐸督の部兵」とはタングート政権に走らなかった者竜族と六谷蕃部の残存勢力を指すが、辛うじて西涼府の一角を死守している状況で、その部兵が西涼府を後にして「北界部落」攻撃に遠征するなどということは絶対にありえない話なのである。この情報が「唃廝囉の所部劉王叔」からもたらされていることがすべてを物語っているといえよう。「北界部落」とはどこに居住する部族・部落を指すのであろうか。そこですぐに思いあたるのが大中祥符元年に甘州ウイグルを攻撃して敗退した章埋族万子軍主である。五七七頁にも掲載したが、『宋史』党項伝の大中祥符七年の条に「七月、瑋又言北界万子族謀鈔略、発兵逆之、大敗于天麻川。」とある。そこで詳述したように章埋族は極めて強力な戦闘部族で曹瑋もその招懐に手を焼いていた。唃廝囉政権は西涼府の廝鐸督勢力を支配下に入れたことを宋に知らせ、その結果として西涼府の正統な支配権も唃廝囉政権にあることを認知させるために、さらに曹瑋の評価を得るために北界万子族の攻撃を実態不詳の「西涼廝鐸督の部兵十万」を動員して攻撃したと報じたのであろう。実際は五六七頁で触れた龕谷懶家族等東方の諸部族が章埋族と紛争を引き起こした程度のことだったのではなかろうか。この間、廝鐸督は西涼府の一角に逼塞し密かに頽勢挽回策

を講じていたのが実情だったのではなかろうか。

将来的に河西回廊全域の経営を目論むタングート政権にとって、西涼府支配は今後を左右する極めて重要な意味を持っていた。ところが、ようやく手に入れた西涼府の支配もそう長くは続かなかったようである。前掲『宋会要輯稿』回鶻の九年の条末に、

　十二月、甘州回鶻夜落隔帰化及び宝物公主、宰相索温守貴等、使都督翟福等を遣わし来りて馬及び玉、香薬を貢ぐ。衣冠器幣緡銭を賜うに差有り。夜落隔帰化表して云う「父夜落紇、今年三月淪謝す。九宰相諸部落首領、臣を奉じて廻紇王子勾当に為す。昨に事務に臨んで惟だ朝廷の照燭を望む。乍《にわか》に宗哥李遵、馬百匹を送り、賛普王子に与えるに公主を定問す。已に許して没孤宰相家の公主を与え、親と為り所有に訖《およ》ぶ。西涼府蘇守信已に卒し、見に義男羅理（埋の誤り）有り本州を勾当す。臣の父の即世より、凡そ東西四姓部落頭首領を差わし西涼府に兵《たたか》い、相殺してその帳舎百余を践《そこな》い、賊二百余人を殺し、奪いて鞍馬牛羊少なからざるに到る。契丹、すなわち日に多く兵馬を沙州に益し、往来し未だ何れの計かを知らず、即目（目に触れ次第）断絶せしめん。」と。

とある。ウイグル可汗夜落紇は大中祥符九年三月に没したが、それ以前に東西四姓部落頭首領を西涼府に派遣して多大な戦果を挙げていたとし、前掲『続資治通鑑長編』八年九月丙子の条の「日与交闘」を裏付けている。そして、肝心の蘇守信はウイグル可汗夜落紇よりも早く死亡し、現在は義男の羅埋が支配していると述べている。この史料からは大中祥符九年の段階では西涼府は蘇守信の後継者の羅埋が支配しているように読み取れる。ところが、『続資治通鑑長編』（巻八八）同年一二月辛卯の条には、

　甘州回紇可汗王伊嚕格勒圭呼遣使来貢し、言う「その父伊嚕格勒この年三月九日に卒す。宰相、諸部落は伊嚕格勒圭呼を奉じ国事を主らしむ。」と。又言う「蘇守信死し、その子羅莾西涼府事を領す。回紇兵を遣わし攻めてその族帳百余を破り、級三百を斬り、その馬牛羊を奪うこと甚だ衆し。」と。

とある。(30)『続資治通鑑長編』では明確に蘇守信の後を継いだ羅埋に対して甘州ウイグルが攻撃を加えたと読める。いずれにせよこの二つの記事には大中祥符九年の一二月以前に西涼府の主勢力に交代があったとは記されておらず、当然、『真宗実録』にも記載されていなかったことがわかる。ところが、『西夏書事』（巻一〇）で呉広成はこの攻撃で羅埋は逃走し涼州はウイグルに属したとし、さらに翌天禧元（一〇一七）年秋八月に西涼府の奪還を策した羅理が六谷蕃部と結ぶ甘州ウイグルによって撃退されたと記している。例によって依拠史料の明示はなく、上記二史料をもとにして呉広成が潤色を加えたものとみてよかろう。しかしながら、呉広成の記述も一概に否定できない面も残されているのである。『宋会要輯稿』回鶻の天禧元年三月に夜落隔帰化を懐寧順化可汗王に任じた記事に続けて、「四月、秦州曹瑋請自今甘州進奉人回止於秦州、選牙校同共齎送国信物、往彼不煩朝廷遣使伴送。従之。」とある。甘州ウイグルの進奉使節は今後秦州を経由させるというものであるが、この記事だけでは秦州から甘州までのルートが宗哥経由か西涼府経由のどちらかは特定できない。ところが、『続資治通鑑長編』（巻九五）天禧四年三月の条には、

　壬申（二一日）、西涼府、回鶻に令して自今貢奉は並びに秦州路に由り出入せしむ。

とあり、西涼府と甘州ウイグルがみごとに連動して捉えられていることがわかる。つまり甘州ウイグルは西涼府からおそらく蘭州（諸路族）に出て、龕谷（懶家族）、古渭寨を経て秦州に至るルートを取るように指示されていたのである。これはタングート政権の劫掠を回避させるための措置であるが、西涼府と甘州ウイグルが一つの勢力圏として宋側に認識されていた証拠である。とはいえこの記事からも甘州ウイグルが西涼府を支配していたとは断定できない。そして注目すべきが『宋会要輯稿』西涼府の最後の記事である。

　仁宗天聖四年正月、者竜族首領厮鐸督、捨欽波、蕃部厮鐸完を遣わし馬を貢ぐにより衣服銀帯を賜いこれに遣わす。

捨欽波については第二節で述べたように、潘羅支が暗殺された後、残存者竜七族を率いて都首領として厮鐸督政権を

支えた中心人物で、なおかつ厮鐸督の外戚でもあった。厮鐸督、捨欽波の両名が、天禧四年から数えて六年後の天聖四（一〇二六）年に至っても西涼府に居住していたことが確かめられ、さらに注目すべきは大中祥符八年の条に付いていた「宗哥蕃部」が消え、代わりに「者竜族」と明記されていることである。この変化は看過できず天聖年間における厮鐸督の立場を雄弁に物語っているといってよかろう。後日、別に触れる予定であるが、宗哥城唃厮囉政権は立遵の傀儡政権であり、政権確立直後より曹瑋の経略と内部分裂によって河西チベット族に対する影響力を急速に失っていた。西涼府の厮鐸督は宗哥城政権のそうした状況を的確に判断し、早くも大中祥符九年になると甘州ウイグルと連携し蘇羅埋の勢力を駆逐して、西涼府の支配権の奪還を試みるようになっていたのであろう。甘州ウイグルと西涼府厮鐸督勢力は共通の敵であるタングート政権を防遏し、同時に朝貢貿易路を確保する観点から利害が完全に一致し同盟関係を深めていたのである。そして『真宗実録』にもとづいて編纂された『宋会要輯稿』、『続資治通鑑長編』に甘州ウイグルによる西涼府支配を推測させる記述が全くないことから、『西夏書事』の記述にはしたがい難い。そこでこの間の西涼府をめぐる動きをまとめると、蘇守信が死亡し、蘇羅埋の権力基盤が未確立の状況を衝き、甘州ウイグルの助勢を得た厮鐸督が残存六谷蕃部と者竜族を率いて蘇羅埋勢力を一掃し、タングート政権にしたがう勢力に打撃を与え、西涼府における主勢力の立場を回復したのであろう。そしてその後もおそらく甘州ウイグルの援助を得て、その被保護政権として辛うじて命脈を保ち天聖年間に至ったのではなかろうか。そして確認しておくべきことは大中祥符九年の記事をもって李徳明政権の西涼府経営の記事も途絶えるということである。これ以降、李徳明の晩年、天聖六（一〇二八）年に子の李元昊が甘州を攻略するまで、甘州はもとより、西涼府に対してもタングート政権は何らの行動も起こしていないのである。

八　李徳明の選択

明らかに李徳明政権の西方経営は中途で頓挫し、その後は終局に至るまで停滞していたことがわかる。李徳明政権の消極姿勢の背景にはどのような問題が潜んでいたのであろうか。遼との関係から甘州以遠の河西回廊諸州への進出は措くとして、西涼府の獲得は李継遷以来の悲願であった。また李徳明の政治権力の絶対化の上からもゆるがせにできない問題であったはずである。それを承知の上で西涼府支配を放擲したということは、政権内部に重大な政治方針の転換があったことを意味している。すなわち多大な人的、物的負担を冒しても西涼府を獲得することに必然性を認めなくなっていたことを示している。換言するならば、領土の拡大に邁進することができない内部事情が生じていたということである。

そこで気づくことは、大中祥符五（一〇一二）年頃から基本史料にタングート諸部族の記事が再び目立つようになってくることである。本章の締め括りをその辺りの解明から進めてみたい。『続資治通鑑長編』（巻七七）、大中祥符五年二月の条に興味を惹く史料が掲載されている。

二月庚子（二日）、環州言う「故霊州蕃部指揮使令狐謙の男、霊州より来帰す。」と。上、謙往きて霊州に在り、嘗て西戎と力戦し功有るを以て、因て軍職に署す。今、その子復た能く化に向う。詔して本州は資糧を優給し、遣わして闕に赴かしめよと。

令狐氏は本来敦煌の豪族で、北周時代の令狐整（周書巻三六）に始まり、唐代には令狐楚、綯が宰相になったことで知られている。もとより令狐謙の素性はわからないが、おそらく太宗時代に霊州に派遣され、タングート諸部族の経略をおこない蕃部指揮使に任じられた漢人であろう。霊州が李継遷軍に陥落した際に取り残され、そのまま現地に抑留されタングート軍に編入された者であろう。その息子が霊州から環州に来帰して来たのである。「逃帰」と記していない点が重要で自由意思によって公然と宋に帰した印象を与える。第四節の条約内容の④略去官吏の送還が実際におこなわれた例とも考えられるが、それにしては条約締結から六年も経過しており、「今其子復能向化」とあることから判断しても条約の④とは無関係であろう。霊州は李継遷が攻略して以来、李徳明が条約交渉の過程で夏州に移住するまでまさに「国都」の役割を担っていた最重要拠点である。李徳明が夏州に去ったからといって、西方経営の観点からもその軍事的重要性は減少するどころか、さらに増していたはずである。霊州一円に居住する部族や軍人に対する統制は他地域に比べて厳しかったと思われる。ところが令狐謙の息子は道中拘束されることもなく恙なく環州に帰投することができたのである。この間、タングート政権が宋に倣った官制等を整備し、国家的秩序を作りつつあったことは折に触れて論じたところである。しかしながら、政権中枢の意向が各部族、部落に徹底していたならばこうした事件も未然に防げたのではなかろうか。そう考えてこれ以後の縁辺蕃部の動向を見ると、政権中枢の政策や方針とは無関係に独自の判断で行動を起こしていると思われる事例が目立つのである。翌大中祥符六年になると一見相反する二つの動きが『宋史』党項伝に載せられている。便宜上A、Bに分ける。

A　六年、北界尅山軍主衆を率い大理河を過ぎ熟戸を侵し、為《ゆえ》に羅勒族都囉撃ちてこれを走らす。詔し都囉を以て本族指揮使に為し、且、辺臣に諭し族帳と約飭し疆界を謹守し、境を出て追襲すること勿らしむ。(『続資治通鑑長編』は（巻八一）秋七月乙未に載せる)

B　九月、夏州が略去せる熟戸旺家族首領都子等来帰し、随いて至る者、又三族。使を遣わしこれを存労す。

Aの尅山軍主は大理河を越えて熟戸を襲っていることから綏州西北に居住していた部族であろう。後半部分の「謹守疆界、勿出境追襲」の文言からも第四節の最後で触れたように、越境蕃部に関する取り決めが存在していたことがわかる。真宗は紛争の拡大を懸念して追い返すだけで、追襲は認めなかったのである。ところで、尅山軍主はなぜ同族であるタングート熟戸を攻撃したのであろうか。条約の締結により敵対関係が解消され、軍事行動にともなう徴用、徴発の必要性はなくなっている。また保安軍権場の他にいわば私権場も各地に設置され、さらに各地で頻繁に繰り返される密貿易も大目に見られる状況下でことさら熟戸を攻撃したとなると、考えられる理由は経済上の問題以外にはない。当然、宋側領内に暮らす熟戸の方が豊かな環境に置かれていたことは間違いあるまい。尅山軍主は窮乏を改善する手段としてか、密貿易の利害の調整が不調に終わったためかのどちらかの理由で越境して延州管下の熟戸を襲ったものと考えられる。Aと同様の事例を列挙しておく。

①環州路承受王従徳言う「北界蕃賊数十騎来りて熟戸を剽め、辺兵撃ちてこれを走らす。巡検忠佐周興賊の害する所と為る。望むらくは戍兵を益さんことを。」と。向敏中曰く「戎人互に相剽掠するは、蓋しそれ常なり。但だ巡検使臣率ね遠略無く、戦を好み敵を軽じ、国に生事を為す。望むらくは令して速に漸《すす》め抽退せしめれば、封鄙を靖ずるに庶からん。」と。上、深くこれを然りとす。（『続資治通鑑長編』巻八九、天禧元年三月辛丑の条）

②辛未、鄜延部署言う「宥州蕃族拉爾衆を率いて熟戸密威族を劫す。延州金明県監押西頭供奉官李士彬部兵を（率い）これを撃ち、拉爾を斬り、七十余級を梟し、馬三百匹を奪う。余衆は悉く擒う。」と。部署司に詔して、その事を以て趙徳明に報ず。……（『続資治通鑑長編』巻九五、天禧四年春正月の条）

③辛丑、鄜延路鈐轄周文質言う「趙徳明継いで人騎を遣わし熟戸を寇略す。望むらくは多く軍馬を慶州界に発し族帳を破蕩し、以て侵擾を遏がんことを。」と。上、辺候兵を興せば或は事を生ずるに致すを以て、止めて文質に令して偵邏し密にこれが備と為さしむ。（同②天禧四年六月の条）

④これより先、北界蕃族隆和等来りて熟戸を劫す。環慶部署田敏等兵を率い与《とも》に戦い、斬首数十級、勝に乗じてこれを逐い、俘獲甚だ衆し。都部署曹瑋以聞す。……（『続資治通鑑長編』巻九七、天禧五年夏四月の条）

⑤鄜延路部署司言う「賊、保安軍を寇す。蕃族軍主旺律等撃ちてこれを走らす。詔し旺律を以て三班借職に為し、

仍りて姓名を賜い劉漢忠と曰う。（『続資治通鑑長編』巻一〇二、天聖二年夏四月己卯の条）

①～④はすべてタングート政権側の部族民が熟戸を抄掠したものである。③はあたかも李徳明が派兵したように書かれているが、後述するように李徳明の条約遵守の方針から入寇を命ずるはずはなく、単なる文章上の綾で実際は蕃部独自の動きと断じて問題ない。①～③で真宗が縁辺部の騒擾の鎮静化に大いに配慮していたことがわかる。特に②は事態を李徳明に報じてその了承を得ようとしている。これは条約の⑦の取り決め（五四〇頁参照）が生かされた事例であろう。⑤は榷場が設置されている保安軍を攻撃した珍しい事例で、当然、交易をめぐる紛争か、直截に宋の貿易品を略奪しようとしたものであろう。いずれにしろAと同様に窮乏化したタングート政権側の部族がより生活環境の優る縁辺部の熟戸や榷場を略奪した記録と考えてよかろう。

次に、Bの旺家族についても同じく党項伝の八年前、景徳二年の条に「二年、熟戸旺家族撃夏兵、擒軍主一人以献。環州言『戎人入寇、撃走之、擒酋将慶都送闕下、請斬于藁街』。上特貰死、配淮南。」とある。旺家族は環州洪徳塞北方、横山南麓の野利氏系の熟戸だったのであろう。条約締結以前にタングート軍の襲撃を受けるもこれを撃退し酋将慶都を擒獲している[31]。旺家族はその直後、条約締結以前に結局タングート政権側に「略去」されていたことがわかる。おそらく野利氏系の熟戸として徴兵、徴発の対象にされていたのであろう。ところが条約締結から七年も経過し、重い負担と不自由な生活を嫌い再び宋に帰順したのである。後に三部族が続いたことを考慮すると、タングート政権のこれら熟戸に対する統制には徹底を欠く事態が発生していたことを推測させる。真宗はこれらの部族が本来熟戸であったことから逃帰を認めたのである。そこで、これ以後に発生した熟戸蕃部の帰順記事を順に掲載してみよう。

①涇原都鈐轄曹瑋言う「伊実族大首領延本（葉市族大首領艶奴）その族を率いて北境より帰順す。詔して侍禁殿直に第補し、月ごとに俸料を給す。（『続資治通鑑長編』巻八一、大中祥符七年五月辛亥の条）

②邠寧副都部署王守斌言う「西界蕃部指揮使朗密嚢（北界酋長指揮使浪梅娘）、瑪魁孟雙の二人、環州に投じ帰順す。

詔して、先に熟戸蕃部の逃亡有り、西界の納れる所と為る者は、牒を移し追取す可し。その遣わし還るを俟ち、乃ち朗密嚢等を以てこれに付す。（『続資治通鑑長編』巻八四、大中祥符八年夏四月戊午の条）

③乙卯、環慶路承受公事王従徳等言う「北界穆什族軍主朗密（毛戸族浪埋）、郭咩族蕃官伽強（骨咩族乩唱）、楚密克族蕃官馮伊特満（巣迷族馮移埋）その属千一百九十人、牛馬雑畜千八百三十、器械百一十四事を率いて来帰し降る。」と。詔してこれを撫ず。この数族は已に嘗て内附し、後、夏州の脅制の為め背去す。ここに至りその力役に苦しむ。故に復款塞すと云う。王従徳未見。（『続資治通鑑長編』巻八七、大中祥符九年五月の条）

④権涇原路都鈐轄郝栄言う「樊家族九門都首領開斯多卜（客廝鐸）并びにその族来帰す。」と。（『続資治通鑑長編』巻九一、天禧二年二月丙戌の条）

⑤三年、鄜延路言う「亡去熟戸委骨等六百九十五人、及び骨咩、大門等の族来帰す。」と。（『宋史』党項伝天禧三年の条）

⑥甲子、環州界熟戸密覚族軍主錦尼（七臼族近膩）質を納め帰化す。錦尼を以て順州刺史を領し、首領日木多（惹都）等十五人は蕃官に補し差有り。（『続資治通鑑長編』巻九五、天禧四年五月の条）

⑦辛未、鄜延路鈐轄言う「普密族馬鄂克（撲咩族馬訛）等先に北界の略する所と為り、今、衆を帥い来帰す。」と。（『続資治通鑑長編』巻九六、天禧四年秋七月の条）

［＊（　）内は『宋史』党項伝の表記］

①の葉市族に関しては第二部四六八頁で史料を掲載したように、咸平六年に羅埋が李継遷の偽署牒を持ち百余帳を率いて来帰し、本族指揮使に任じられている。葉市族もおそらく縁辺部の熟戸と考えられるが、咸平六年以前にタングート軍に編入され動員の対象になっていたのであろう。それを嫌って羅埋が帰順したにも拘わらず、一一年後に再び艶奴が帰順したということは、咸平六年以後、おそらく景徳一、二年に再度タングート側に略去され動員対象にされ

ていたことを窺わせる。葉市族艶奴等もBの旺家族と同様の理由で宋側に逃帰したと考えて大過なかろう。②は浪梅娘等わずかに二名の指揮使の帰順記事であるが、詔をもって、以前にタングート側に逃亡（実際は略去か）した熟戸蕃部に牒を送り帰還を促し、一足早く環州に来投した浪梅娘等の配下に入れるというのである。浪梅娘等も本来熟戸であったからこそこのような詔が出されたのであろう。ところが、翌九年になると一転して③の大規模な来降が記録されている。骨咩族は⑤にも登場し「亡去熟戸」の委骨と名を連ねているところから、毛戸族、骨咩族、巣迷族の三族も熟戸であったことがわかる。「夏州脅制背去」とあるからやはり景徳一、二年頃にタングート側に強引に編入され徴兵、徴用に苦しんでいたのであろう。④の樊家族も熟戸と考えて問題なかろう。⑥の七臼族は明確に熟戸とあり、⑦の撲咩族も「北界所略」とあるから、①、③同様に景徳一、二年頃にタングート側に強制的に徴兵、徴用されていたのであろう。旺家族を含めて①から⑦を通覧して勘案すると、李徳明政権になって軍事目的で徴兵、徴用されていた縁辺部の熟戸部族が、条約の締結後、その負担に耐えかねて再び宋側に帰順した記録と判断してよかろう。ただ、これらの部族が「帰順」、「来帰」、「帰化」等の用語から、本来の居住地を離れてタングート政権領内に挙族移住を強いられていたと考えると正鵠を逸することになる。③や⑤は多人数が帰順し、特に③は牛馬雑畜、器械までもが記載されていることから、あたかもタングート政権領内から全部族民が家畜を引き連れて宋領内に逃帰したと想像し、その前提としてタングート政権の脅制によって挙族移住がおこなわれたと想像しやすいが、実際にはそうした事態は起こっていなかったと考えるべきであろう。仮にタングート政権の脅迫によって原住地を捨てて挙族移住を強いられたとなると、すぐには生産手段を持たない寄留部族を抱え込むだけで、タングート政権にとっても何ら得るところはないのである。それよりも原住地での生業を維持させながら徴兵、徴用等をおこなう方が、はるかにメリットがある。それ故、これら部族の「背去」、「亡去」、「北界所略」の意味するところは、タングート政権が脅迫によって当該熟戸蕃部を服従させ、首領層を人質として連れ去ったことを指し、生産要員は原住地に留まり徴用、徴発に対応させられたのであろう。そして一定数のいわゆる丁男がタングート政権に徴兵され、軍務に服していたと考えるべきであろう。そしてこれらの熟戸が踵を接して宋に帰順した背景には、もとより宋支配下に身を置くことで得られる多少とも豊かな生活や、タングート政権の課す苛酷な負担に辟易していたことが考えられる。そして「背去」、「北界所略」等の熟戸の宋帰順を促した要因として、大中祥符七年に真宗がおこなった熟戸対策が大きく影響していたと考えられる。

『宋会要輯稿』（八九冊職官四八之一二四）巡検の同年に、

十月、侍禁閤門祇候龔徳を以て慶州沿辺都巡検使に為し、慶州の華池県、平戎、鳳川、柔遠、淮安、鄜延州の子午、狗道嶺、義位、達磨、洛河川（より）保安軍小胡族に至る地分を管勾させ、廨（米蔵の意）を華池県に置き、歳ごとに緡銭五十万を給し、牢酒を備え以て蕃族を犒う。帝、慶州の管する熟戸が尤も衆く、その間に質を夏州に納める者有るを以て、故に特にこの職を置く。

とある。まさにタングート政権の脅迫にさらされ、「納質」すなわち徴兵、徴用に応じざるを得ない立場にあった縁辺部の熟戸を対象に優遇策を示してその繋ぎ止めに尽力していたのである。②から⑦までの帰順がこの優遇策以後に発生していることはその関連を如実に示していると言って大過なかろう。そして、優遇策から七年後、『続資治通鑑長編』（巻九七）、天禧五年三月戊戌の条に、

陳堯咨等言う「涇、原、環、慶等州蕃部族帳並びに各々安居す。」と。

という興味を惹く記事が掲載されている。この間、宋側に身を置く縁辺部熟戸の騒擾を示す史料が見あたらないことからすると、この陳堯咨等の報告は真宗の熟戸優遇策の成果を強調する狙いがあったものと考えられるが、同時にこの間に再度帰順した熟戸等も念頭に置いたものであったと考えてよかろう。

熟戸の宋帰順が宋側の努力に負うところがある一方で、条約の締結以後、支配下全構成員に対する李徳明政権の統制力に弛緩が生じ始めていたことも見過ごせない事実である。それを端的に証拠づける事件が天聖元年に発生してい

る。『続資治通鑑長編』（巻一〇二）同年一二月に、

辛巳（二三日）、涇原路副都部署王謙言う「密克默特下の沓家族都指揮使沓友信、都監吹済鄂羅克等三百九十八人質子を納め内附す。」と。詔して沓友信を補して軍主に為し、吹済鄂羅克は副軍主に為す。

とある。密克默特は『宋史』李徳明伝にその夫人の紹介記事で「徳明娶三姓。衛慕氏生元昊、咩迷氏生成遇、訛蔵屈懐氏生成嵬。」とある中の咩迷氏に他ならない。咩迷氏については次章で触れるが、李元昊とも婚姻関係を結んでいるが、後に李元昊暗殺事件に加担し族滅されている。李徳明、李元昊二代と婚姻関係を結べるということは、咩迷氏がタングート政権を構成する多くの部族の中でもかなりの勢力を誇っていた部族と断じて大過なかろう。ただ、残念ながら天聖元年のこの記事が初出で、李継遷時代の動向や部族の由来、経歴、本来の居住地など肝心なことはまったく不明である。とはいえ涇原路副都部署が上奏しているところから判断すると原州北方、鎮戎軍方面に原住していた部族と考えてよかろう。咩迷は野利、破丑同様にタングート語の部族名であるが、今回、宋に走った支配下沓家族部酋の名は二様に分かれている。沓友信は漢名を名乗り、吹済鄂羅克はタングート語の名前のままである。沓家族という名称から、この一族は咩迷氏の中でも本来的に熟戸で、その首領は宋に対する時は漢名を名乗る伝統があったのであろう。そして沓家族もタングート領内から逃帰してきたのではなく、本来の居住地に止まっていた咩迷氏の一部族だったと考えるべきであろう。その根拠は、宋が何のためらいもなく沓家族の内附を認め二人を軍主、副軍主に任じたことと、これに対して李徳明政権からの抗議等の反応が史料上に見あたらないことである。いずれにせよ、タングート政権を支える有力部族の中にも宋内附を実行する勢力が存在したことは、政権の統制力が弛緩し、その権威が隅々におよんでいなかったことを如実に証明しているといっても過言ではなかろう。

そうした折に、結果的にタングート熟戸に対する李徳明政権の消極姿勢を決定づける縁辺部熟戸の大事件が発生したのである。当時の縁辺部熟戸の置かれていた状況や、宋側の経営の実態を知る上でも興味深い事件なので多少長く

なるが『続資治通鑑長編』（巻一〇三）、天聖三年の関連記事を全文掲載する。

（六月丙寅）……涇原路に令し堡寨を五井川に置き、以て西寇を捍ぐ。仍りて自今、内附する者有れば、先に蕃に陥る軍民に非ざれば、辺吏受を得る毋れ。と。

環、原州属羌内寇す。癸酉（二三日）、工部郎中竜図閣待制范雍に命じ陝西縁辺体量安撫使に為し、客省副使曹儀これに副う。これより先、知環州翟継恩擅に州界熟戸に配し糧草を和買し、因りて人を縦ち諸族帳に入り催督せしむ。羌人愚鄙、初め糧草の数目を知らず。催督者は恣に奸欺を為し、数倍を誅求し、小しく意に如かざれば、則ち鞭撻してこれを随わす。これに由り、諸族帳皆な怨み乱を思うも、久しくして未だ発する能わざるなり。会《たまたま》、涇州蕃部首領斯多倫に過有り、逃去し復た帰す。涇原都鈐轄周文質、部署王謙、鈐轄史崇信と共に議して斯多倫を斬り、且つ凌遅を加う。諸族帳皆な驚疑し、遂に箭を伝え相結び、堡柵を鈔掠す。文質等、知渭州史洵美と議し、質子を放還してこれを招撫す。更に擅に兵器を治め攻討の計を為し、賊益々恐る。別部首領実布格、又その族数千帳を率いて以て叛し、環州諸族咸《みな》起ちてこれに応じ、大いに辺患を為す。

（秋七月）辛卯（一一日）、環州洪徳寨主左侍禁閤門祇候趙振を以て内殿崇班に為す。羌乱始めて作《おこ》り、鈐轄王懐信、兵数千を分かち、振の游奕に属せしむ。振屢々捷つ。数十騎を従え懐信に詣るに、賊十倍に遇い、射ちて数十を殪し、余は悉く退走せしむ。而して懐信は涇原都鈐轄周文質と重兵を擁し大板寨に逗遛し、即に掩捕せず。既に月を逾え、賊数万衆復た平遠及び定辺、合道、石昌等の寨を囲む。都監内殿崇班閤門祇候開封府趙士隆、竜衛右第三軍都指揮使梧州刺史杜澄これに死すと。振、兵を引き別道由り力戦し、平遠寨に抵り、井泉を奪取す。七日夜、敢死の士を率いて囲を破り、数千級を斬首す。而して諸将は他寨を救いまた尽力す。賊勢敵せず、兵を趙徳明に乞う。徳明境を守り応ぜず。乃ち和を請い、西辺以て平ぐ。振、帰信の人なり。

（乙未）西辺の属羌寇乱し、既に兵を発し撫遏す。上、趙徳明の以て疑を為すを慮り、庚子（二〇日）詔して徳明を諭す。

辛丑（二二日）、詔して、環州蕃部内附する者、前後万を以て計う、宜しく土田を給しこれに処らしむべし。仍りて辺吏を戒め、自今、妄に降者を納れる毋れ、と。

この事件は涇原路と環慶路に跨る極めて広い範囲に居住する多数の熟戸を巻き込んだ一大騒擾事件であったことがわかる。この史料には涇州蕃部首領斯多倫と別部首領実布格の名を載せるだけで、「環、原州属羌」の具体名が一つも記載されていない。これらの部族名の解明は次章李元昊政権を論ずる中で明らかになるであろう。

さて、この事件はひたすらタングート政権との紛争を避け、縁辺部の静謐を心がけていた真宗が上仙し、仁宗が皇位を継承して四年目に発生した出来事であった。辺将の無遠慮な行動は真宗の努力を台無しにしてしまったのである。注目すべきは六月の史料中の「遂伝箭相結」、「環州諸族咸起応之」の表現である。第二部でも触れたように（第二章第三節三一〇頁）、宋側領域に居住するタングート系熟戸は独自のネットワークを維持して常日頃互いに連絡を取り合っていたことがわかり、危機に直面すると一つの勢力にまとまる関係を保持していたのであろう。縁辺部の騒擾は本来タングート政権にとっては領土拡大の絶好の機会である。ところが「乞兵於趙徳明。徳明守境不応。」とあるように李徳明政権は救援要請に応じず、みすみすその機会を逃しているのである。李徳明政権は条約遵守の方針を貫き、宋との境界の変更には意欲を示さず、縁辺部熟戸の騒擾をあくまでも宋の内政問題として対応してしまったのである。宋にとっては僥倖という他はなく、仁宗は李徳明に対して感謝の詔を発し「……想卿在遠、或未周知、惟卿護塞有方、愛民在念、遠聆朝旨、諒体予衷、巻矚所深、不忘鑒寐。[32]」と述べている。仁宗政府は感謝の詔だけではなく、この際、李徳明政権に対して多少の見返りを与えたらしい。『宋史』（巻一八六食貨志下八）に「天聖中、陝西権場二。并代路亦請置場和市。許之。[33]」の記事がある。并代路の和市に関して『続資治通鑑長編』は（巻一〇四）、天聖四年二月庚午に載せていることから、「陝西権場二」も天聖四年の状況と考えてよかろう。宋はこのたびの騒擾を受けて保安軍の他にもう一箇所私権場を公式のものに格上げしたのではなかろうか。

ところが宋と李徳明政権が協調態勢を維持しているまさにこの前後にも蕃部の流出は止まなかったのである。『続資治通鑑長編』(巻一〇三)、天聖三年冬一〇月に、

乙卯、涇原路鈐轄司言う「生戸六族首領潘征等二千余帳内附す。」と。詔して征を本族軍主(34)に補す。

とあり、(巻一〇四)天聖四年三月に、

己亥、鄜延路総管司言う「蕃部首領曹守貴等一千八百余戸内附す。」と。

とある。三年の記事は明確に「生戸」と記されており、これまで一貫してタングート領内に生活していた部族であったことがわかる。生戸ですらタングート政権を見限る状況だったのである。

前節で述べたように李徳明政権は大中祥符九年頃に西涼府から撤退している。それに加えて今回の縁辺部熟戸の救援要請に対する拒絶である。李徳明政権は領土を拡大して宋、遼に次ぐ主権国家の樹立を明らかに放擲したように見える。こうした退嬰的な姿勢はどのようにして生じたのであろうか。李徳明政権は西涼府撤退後、直ちに河西回廊進出の宿願を放棄したわけではなかった。その証拠に李徳明はその後、霊州北方の懐遠鎮に築城し興州と名付けて移住しているからである。『宋史』李徳明伝は乾興元年の条に続けて「明年……徳明城懐遠鎮為興州以居。仁宗即位、……」とあり、これを天聖元年の条に掲載している。これに対して『続資治通鑑長編』は同様の内容をそれよりも三年前の天禧四年の末尾(巻九六)に掲載し、李燾は割注で「徳明正伝載城興在李士彬斬拉爾後、不得其時。按士彬斬拉爾見今年正月、因附年末。」を補っている。李燾は李士彬が、熟戸密威族を劫掠した宥州蕃族拉爾を斬った記事を(巻九五)同年正月辛未に掲載している(既出)。『宋史』李徳明伝には李士彬の記事はなく、李燾が依拠した『徳明正伝』との関係は不明である。『宋史』李徳明伝も真宗時代の出来事として、仁宗即位直前にこの記事を挿入した作為が感じられ、必ずしも天聖元年に拘る必要もなさそうである。もとより霊州に代わる政権所在地を意図した築城には

多大な労力と時間がかかったはずである。情報は逐一宋側にもたらされていたと思われるが、鏊子山に宮殿を造営した記録同様に、途中経過は公的な情報でなかったため記録に残らなかったのであろう。おそらく真宗時代の晩年、天禧二、三年から築城が開始され、五年から乾興元年の交に完成したのではなかろうか。ここで思いあたるのが五六四頁で触れた閻承翰の上奏である。大中祥符三年、官告使として夏州に派遣された閻承翰は李徳明政権の要請を受けて浦洛峡に駅を設置することを上言したのである。浦洛峡は浦洛川（霊州川）を下れば霊州に通ずる交通の要衝である。この要請は李徳明政権が条約締結後、数年を経たずして霊州方面への復帰を抱懐していたことを意味しているのであろう。もちろん河西回廊掌握を見据えた張浦の知恵だったと思われる。李徳明政権はそうした既定方針にしたがって、再度、西涼府奪還を円滑に遂行するために霊州方面への移住を決意したものと考えられる。ところで、李徳明が夏州を退去して興州に定住したとすると明らかに条約違反であるが、真宗がこれを咎めた記録は存在しない。李徳明は築城当初、興州に本拠を移したのかも知れないが、宋との関係を慮ってその後夏州に復帰していたのではなかろうか。そうしたことを推測させる史料が『続資治通鑑長編』（巻一〇五）、天聖五年の記事である。

（二月乙亥）趙徳明の使都知兵馬使白文美来りて告ぐ「東南蕃部、漢界に逃入する者多し。」と。鄜延部署司に詔して数に抛り遣わして夏州に還し、その先に蕃に落ちる戸口は亦た徳明に詔して境上に護送せしむ。

（三月戊申）鄜延路部署張遵等言う「詔に準じ、縁辺の内附する人は尽く遣わして夏州に還さしむ。然るに蕃戸頗る衆く、忽に驚疑を生じ反って辺患を致すを恐る。欲すらくは諭して漸帰せしめ、如し願わざる者はまた聴さんことを。」と。詔して可す。

二月の記事は、李徳明が夏州から見て東南部、すなわち綏州方面に居住する蕃部で宋側に流入した者の返還を要求したことに対し、宋はこれに応じるとともにタングート側に拉致された熟戸の解放を要求したものである。三月の記事は二月の詔にしたがって内附した部族民を返還するが、騒擾の惹起を避けるため帰還を願わない者はこれを許すというものである。この二つの記事からも宋と李徳明政権は天聖五年に至っても互いに条約を遵守する姿勢に変わりはなかったことがわかる。そしてこの記事は宋側も李徳明政権が夏州に所在していることを前提として対応していることがわかる。この史料から李徳明政権は条約を遵守して縁辺部の領土拡大の意欲を明らかに喪失していることが改めて確認できるのである。

河西回廊進出の拠点ともなる興州城を建設したにも拘わらず、その後、西涼府に対しても再占領の動きを示さず、また縁辺部の領土拡大の意欲も放棄した理由は奈辺にあるのであろうか。その解決の鍵となるのが張浦の消息かも知れない。『西夏書事』（巻九）は大中祥符七年秋七月に「張浦卒」を載せている。何らかの史料に依拠した可能性も捨てきれないが、筆者は呉広成の創作と考えたい。張浦のこれまでの活躍や特に宋との関係を考えれば、仮に李徳明側から死亡が伝えられたとすると記録に残す価値はあったと考えられる。しかしながら、総参謀長である張浦の死亡は李徳明政権にとっては大きな痛手であり、秘匿すべき事柄で、むしろ公式に宋に伝えるものではなかったのであろう。死亡はおそらく情報網を通じて宋側にも知らされたであろうが、そうした経緯から記録には残らなかったと考えてよかろう。興州築城は張浦の政策の一環を実行したものと考えられるが、その頃にはすでに張浦は死亡していたのではなかろうか。死亡年を大中祥符七（一〇一四）年に特定することには躊躇するが、その後数年のうちに死亡したと推測しておきたい。そして張浦の死亡がその後の李徳明政権の進路を大幅に変更することになったことは間違いあるまい。李継遷と二人三脚で国家建設に邁進してきた張浦は、李徳明政権においても実質上の司令塔としての役割を果たしていたと思われる。河西回廊の獲得、その前提としての興州築城は張浦の強いリーダーシップによっておこなわれたことであろう。そして張浦の存命中は誰一人その方針に異を唱えることはできなかったと考えられる。おそらく張浦には李継遷の分身としてのカリスマ性が宿っていたと考えてよかろう。天聖三年の縁辺部の熟戸の騒擾に対して、張浦が存命であったならばあのような消極的な対応は絶対にとらず、宋に対して青白塩の解禁等大幅な譲歩を要求したはずである。興州築城とは明らかに方針が異なっているのである。張浦の指導力によって維持されていた李徳明の権威と、その政権の政策決定の方式は、彼の死によって大きく変化したはずである。相対的に政権を支えている有力部族の影響力が強まり、李徳明といえどもその意向を無視しては政権運営がおこなえない状況に変わっていったのではなかろうか。有力部族層の意向とは、それぞれの部族が抱える内政問題の解決と政治的地位の維持だったのである。河西回廊の掌握は莫大な富と恩恵をもたらし国家としての発展に繋がるが、その過程において負担の増加と、結果的に主権者の権威を高めることになるのである。そのように考えて縁辺部熟戸の宋内附の動きや、タングート部族の縁辺部抄掠の記事を検討すると、おのずから各部族が抱えていた問題が浮かび上がってくるのではなかろうか。

おわりに

各部族、部落が抱えていた問題とは経済的窮乏以外の何ものでもなかろう。李継遷時代の相次ぐ戦闘によって各部族が疲弊の極に達していたことは本章冒頭に総括した通りである。後継李徳明政権はまさに政権存続をかけて緊急避難措置として宋との和睦を計る必然性があったのである。外征を控え、窮乏化した支配下各部族の基礎体力を向上させ、再び求心力を回復することこそが李継遷以来の宿願である国家建設の大前提だったからである。そのために採用すべき手段こそ宋との貿易であった。無尽蔵に産出する青白塩と西域各国からもたらされる産品を独占して宋に輸出し、その見返りに多種多様の物資を宋から輸入して各部族に行きわたらせることであった。ところが現実はその思惑通りには進まなかったのである。最大の見込み違いこそ青白塩の輸出が実現しなかったことである。いかに密輸出が盛行したとはいえ、真宗が鷹揚に構えることができたように、その量は宋の塩法を覆すほどの量ではなかったのである。加えて西域由来の物資の独占輸出も実現することはなかった。河西回廊の全面掌握以外に西域物資の独占はありえず、西涼府すら確保できない状況ではその量もまた限定的であった。これに対して輸入はどうか。宋からもたらされる品目は生活用品、武器、贅沢品を問わず各部族、部落民にとってはすべてが垂涎の品々であったろう。人間の常としてひとたび便利な生活、贅沢な生活に馴染むと、元には容易に戻れないものである。上は政権に関与する有力部族から、下は名もない部落に至るまで宋の物資に囲まれた生活を求めるようになっていくのにそれほど時間はかからなかったことであろう。輸入品の量も種類もおそらく年を追うごとに増加していったことは疑いない。そしてそれを潤沢に享受することができるのは有力部族層であったことも論を俟たない。その結果、タングートの上層社会は急速に「宋化」していったのではなかろうか。政治的には現状維持を是とする気持ちが芽生えたとしても不思議ではない。一方、政権運営に関わる諸々の負担、加えて鏊子山の宮殿造営や興州の建設に要する徴用、徴発等、諸部族、諸部落に課せられた負担はむしろ増大していったことは想像に難くない。そして、そのしわ寄せは下層になるほど厳しくなるのも世の常である。慢性的な輸入超過も加わって全体的なジリ貧状態が進行すると、その影響はタングート政権に服従を余儀なくされていた熟戸や下層の部族に顕著に現われ、熟戸は宋に内附し、窮乏部族は縁辺部の熟戸を襲撃するようになったのではなかろうか。いつしか有力部族層の中に、国家建設という高次元の目標を二の次に追いやる空気が生じていったと考えても大過なかろう。張浦という後ろ盾を失った李徳明は、現状維持、西方発展の見直しを主張する有力部族層の声を無視しては政権運営をおこなえない状況に追い込まれていたのであろう。これを宋の側から俯瞰すると、条約の締結と、それにともなう交易の活発化によってタングート政権の牙を抜くことに成功し、結果的に宋、遼に次ぐ第三の国家の出現をみごとに阻止できたのである。その意味においては真宗が採用した過剰とも思われるタングート政権に対する気遣いも決して無駄ではなかったことがわかる。

（1）『宋史』李継遷伝の咸平元年の条に「子徳明を定難軍節度行軍司馬に為す。」とあるが、これは『宋史』を編纂する過程で加えられた表現で、当時、「徳明」と呼ばれていたわけではない。宋側には一貫して幼名の「阿移」で知られていたのである。その証拠は、それより三年後の咸平四年九月に李継遷が清遠軍を攻略した際に、『続資治通鑑長編』（巻四九）に「その子阿伊克は北門を攻め……」と記載されている（第二部四二七頁参照）ことや、本史料中にも何度も「阿伊克（阿移）」と記載されていることから証明される。

（2）『元憲集』（巻三三）曹公行状には「継遷兵討西涼諸姓、還次石門川……」とある。「継遷兵」とは万子軍主の部隊で、攻撃対象が「六谷蕃部」ではなく「西涼諸姓」とあるところから勘案すると、西涼府潘羅支政権に属するチベット部族を襲撃したというものであろう。

（3）『宋大詔令集』（巻二四〇）の「賜潘羅支詔　景徳元年六月己卯」には「……即差心腹人走馬齎文字、報涇原、鎮戎軍部署司。已令至時不候朝旨、率兵前進、直至鹹泊、蕭関、天都山已来牽制賊徒……」とある。

（4）『稽古録』（巻一八）に「五月、命向敏中安撫西辺。受趙徳明降、与之議立条約。」とあり、あたかも五月に条約が成立したかのように記されているが、向敏中の就任に絡めて記載したにすぎず、後の経緯から見ても明確な誤りである。

（5）梅原郁『宋代官僚制度研究』（東洋史研究叢刊之三七）、同朋舎、一九八五年、「第六章宋代胥吏制の概観」五一一頁参照。

（6）『宋史』（巻七）真宗紀二は同記事を簡単に五月の条末に記載し、『続資治通鑑長編』（巻六三）は五月戊辰（二七日）と庚午（二九日）の条の間に記載している。

（7）慶暦三年春正月に涇原安撫使王堯臣の上奏中に「其五、涇州雖為次辺、然縁涇河大川、道路平易、当賊騎之衝。西北八九十里、是大虫前後巉。其東北接原州彭陽県及本州長武寨。倶有径路与敏珠爾、密桑等族相通。（『続資治通鑑長編』巻一三九）」とある。

（8）五二三頁で述べたように向敏中が鄜延都部署である。五三四頁の九月癸卯の記事には石普を鄜延副都部署と明記してある。

（9）第二部第五章第四節で述べた環州虎翼軍士魏瓊等四人の例。

（10）『宋史』党項伝も同様であるが、『続資治通鑑長編』（巻五五）咸平六年八月甲戌の条に続けて「環州言、蕃官蘇爾薩南

（蘇尚娘）死。乙亥、詔其子聶甯（孽娘）襲臨州刺史。」とある。

(11)『宋会要輯稿』（一九九冊蕃夷七之一六）には同様記事が一三日に記載されている。

(12) この記事は二月の記事に続けて記載されているが、二月には丁巳はない。三月丁巳の書き誤りであろう。

(13) 岡崎精郎前掲書、第三章「李徳明時代の研究」第一節「榷場貿易の成立をめぐって」二四三頁。

(14) 佐伯富『中国史研究第二』（東洋史研究会　一九七一年）、「八　宋代の公使銭について」等参照。

(15) 榎一雄「東西文明の交流」（『榎一雄著作集第四巻』汲古書院、一九九三年）、1アジアとヨーロッパ、一一七頁等参照。

(16)『宋史』（巻四六六）宦者一閻承翰伝にはこの要請を「大中祥符初、改西京左蔵庫使、充夏州趙徳明加恩官告使。還請於浦洛河置館、以待夏台進奉使。上以荒夐（遠い荒地）労《つかれる》レ役、不許。」と記載している。

(17) 蔵才族については『宋会要輯稿』（一九五冊方域二一）に「辺州」として府州、西涼とともに豊州が掲載されている。李徳明時代初期の豊州蔵才族の動きを摘録すると、景徳元年八月に王承美は本州防御使に任じられ、大中祥符二年正月には月別に銭五万を特に支給されている。四年正月には豊州北蔵才西族、中族が馬を貢いでいる。そして五年には「十一月麟府路上言、承美被疾。詔遣中使押翰林医官往視之、日具増減之状、附駅以聞。十二月、詔以承美子文玉為防禦代知州事。又贈承美恩州観察使、録其子文宝為奉職、孫徳鈞為借職、仍諭其妻折氏入謁禁中。」とある。李継遷時代に引き続き、真宗は豊州蔵才族をタングート政権を包囲牽制する勢力として重視していたことがわかる。

(18) 渭州吐蕃については後日、別に詳述する。

(19) 譚其驤の『中国歴史地図集』第六冊、「宋・遼・金時期」の「秦鳳路」参照。

(20)『続資治通鑑長編』（巻八四）大中祥符八年五月壬午（二日）の条に「詔、西来回紇齎硇砂、係禁物、並釈其罪、以蕃部未知条約故也」とある。

(21)『続資治通鑑長編』（巻七九）大中祥符五年一一月丙午の条に「禁夏州進奉使造軍器帰本道。」とある。大中祥符五（一〇一二）年に至ってこの禁令が出されたということは、それまでなかば公然と進奉使が宋で禁制品の武器を調達していたことを物語っている。禁令によって武器等は必然的に密輸に頼らざるを得なくなったことであろう。

(22)『宋会要輯稿』西涼府景徳四年の条には、「九月、渭州指揮使借職李仁義を遣わし詔を齎し厮鐸督に茶薬を賜う……よりて約して回鶻と援を為さしめ、もって趙徳明に備えしむ。時に辺臣の上言するもの有り、『徳明謀りて西涼および回鶻を襲わん』と。」とある。

(23)『続資治通鑑長編』新定本ではウイグルを「輝和爾」、「和輝爾」の両様に記しているが、ウイグルの音訳だから和輝爾が正しい。

(24)李燾は割注でこの上奏について「斉賢上疏不得其的日月附見徳明請市塩後更族考詳」を補っている。『宋史』張斉賢伝では年月がわからず、李燾が入手した史料にも年月が記されていなかったのであろう。年月を知る手掛かりは史料中にある「将来聖駕東幸」の六文字である。これは大中祥符元年の三月から始まる泰山封禅の騒ぎを指している。そうするとこの上奏文は李燾が便宜的に挿入した四月己未より早く、三月以前おそらく二月におこなわれたものと考えられる。

(25)同じく(巻九三)蕭図玉伝には「十九年、総領西北路軍事。後以本路兵伐甘州、降其酋長牙懶。」とある。牙懶は耶剌里の同音異字訳であろう。

(26)長沢和俊氏は「西夏の河西進出と東西交通」(『東方学』第二六輯、一九六三年)で、大中祥符元年以降のタングート政権と遼の甘州攻撃について「恐らく両国は、相呼応して河西進出を企図したのではないかと推測される。」と述べられるが、まったくの謬説である。河西回廊は経済的観点からタングート政権にとっても、遼にとってもその重要性は計り知れない。遼が属国視しているタングート政権と協調して河西回廊の掌握を計る必然性は何もないのである。

(27)『西夏書事』(巻九)には同年四月と一二月に甘州を攻撃したとしている。四月の攻撃では張浦の遠征軍が敗北し、夜落紇が秦州を経由して捷表を献じたとしているが、どの基本史料にも一切記載がない。また、先にも触れたように張浦が遠征軍を指揮するのも疑わしい。一二月の攻撃に関しては上掲『続資治通鑑長編』(巻七二)の最末尾の記事を、李燾の疑問を無視して一二月のこととして掲載しているに過ぎない。そうしたことを考慮すると、四月の攻撃記事に関しても全幅の信頼を置きがたく、採用は控える。

(28)『続資治通鑑長編』(巻八五)同年冬一〇月には「乙酉、秦州総噶爾蕃部斯多特遣使来貢。」とある。割注で李燾は「斯多特本西涼首領、今此忽繫之秦州総噶爾、未曉其故、当考。」と述べているが、李燾が依拠した原史料には本来「秦州言総噶爾蕃部……」とあったが、転写の際に「言」が脱落したものと断定して間違いない。

(29) 基本史料を閲すると咸平の末頃から「北界」、ないしは「西界」を頭に冠する部族名が頻出するようになってくる。『宋史』、『続資治通鑑長編』、『宋会要輯稿』等を調べると、北界や西界は陝西省あたりからみた方角を指すものかとも思われるが、二、三、部族を調べただけでも、この両者の違いにはあまり一貫性がないことがわかる。たとえば宥州兵馬を管していた埋移香は西界偽侍中であり、はなはだしくは府州東北一五〇里にあった唐竜鎮の蕃部も西界努瑪族として出てくる。これに対し、北界については『続資治通鑑長編』(巻八三)に「鄜延界与北界相接望」とあり、また同書(巻八一)に鄜延北境の克実克軍主とあるのを、『宋史』党項伝では北界尅山と記している。その一方で同書は環慶路方面の毛尸族等にも北界を冠している。因みに『宋史』党項伝は北界の表記だけで西界は使われていない。そして特に注目すべきは、本文で述べる天都山附近にいた大族の章埋族万子軍主などは北界、西界の両方が使われるというありさまである。『宋史』党項伝大中祥符七年七月の条に「瑋又言北界万子族謀鈔略」とあり、『続資治通鑑長編』(巻一〇〇)天聖元年二月の条には「庚申、補西界内附万資蘇爾格威」とある。このように、北界と西界には厳密な区別がなく、広く宋の西北辺一帯を漠然と西界、北界と称したもののようである。

(30) 李燾は割注で「実録云巴烏公主宰相索温守貴並遣使来貢。今削去、但書伊嚕格勒圭呼名。前年郭敏帰、称巴烏公主已死。不知今所謂巴烏公主者復何人也、当考。」を補っている。李燾の説明から『宋会要輯稿』、『続資治通鑑長編』の記事はともに『真宗実録』に依拠していることがわかる。その『真宗実録』に死んだはずの宝物公主が遣使来貢に加わっているので、李燾はそれを疑い削去したと述べている。『宋会要輯稿』回鶻の大中祥符元年に「十一月、以東封夜落紇、宝物公主及没孤公主、婆温宰相……」とある。その直前に「帝曰宝物公主即夜落紇之母……」とあるところからすると「没孤公主」は夜落紇の妻ではなかろうか。九年の条の宝物公主は没孤公主の書き誤りであろう。なお、本文中の賛普王子(唃厮囉)に与えた没孤宰相家の公主は同族の別人と考えられる。

(31) 慶都については第二部四二四頁で触れた野利氏集団の一員で咸平四年に安化郎将に任じられた鼻家族都慶のことではなか

ろうか。党項伝の咸平六年四月の条には環州野利族慶香と乩都慶が李継遷軍を撃退した記事を載せている。慶都は都慶の倒置と考えてよかろう。都慶が永らく宋側の熟戸として李継遷軍と対峙していた過去に鑑み、また条約交渉の継続の観点からも死を免じて淮南に隔離する策を取ったのではなかろうか。

（32）『宋大詔令集』（巻二三三）「益屯備内属諸部諭趙徳明詔　天聖三年七月庚子。」

（33）『宋史』（巻九）仁宗紀一には「庚午、置西界和市場」とあり、タングート関係の和市場と誤解しやすいが、并代路の要請であることを勘案すれば遼に関する記録であろう。

（34）『宋史』仁宗紀一には「是年……環慶蕃部嵬逋等内附。補涇原降羌首領潘征為本族軍主。」とある。

第二章　李元昊の西夏建国

はじめに

本書もいよいよ大詰めを迎えてきた。タングート拓抜氏の総帥李継遷の悲願であった国家建設は、孫の李元昊の代に成し遂げられたことは中国史を学ぶ誰もが承知していることである。試みに『アジア歴史事典』の「西夏」の項を繙くと、確かにこれから本章で解明していく李元昊の建国の歩みが記載されている。しかしながら、それは結果を述べたものである。字数の限られた事典としては当然のことであるが、李元昊に対する大方の認識もそれを超えるものではなかろう。李継遷はもとより、李元昊に関しても知名度の割にその実像は知られていないのが実態である。李元昊がどのようにして政権を獲得し、どのようにして多くの問題を克服し、祖父李継遷の悲願であった国家建設を実現させたのか、言い換えれば国家建設の工程はどのように進行して行ったのであろうか、このように考えるとその詳細はほとんど知られていないのではなかろうか。本章では李元昊の建国の歩みを、その生涯、為人を交えて考究してみたい。

一　李徳明の死亡と李元昊の政権獲得の謎

李徳明の死亡の経緯については、いずれの史料も沈黙して語るところがない。潘羅支の逆襲に遭い横死を遂げた李継遷や、慶暦八（一〇四八）年、息子の寧凌噶から受けた傷がもとで死亡した李元昊（後述）については、それなりの記録が残されているのとは対蹠的である。それ故、李徳明の死亡は一見何の疑惑も感じられないようにも思えるが、息子李元昊のその前後の動きを突き合わせて考えてみると、おのずから別の様相も見え隠れするようである。そこで最初に李徳明の死亡等に関わる基本史料を掲載しておく。

『宋史』（巻一〇）仁宗紀二の明道元年一一月に、

A　壬辰（二四日）、延州言う「夏王趙徳明卒す」と。癸巳（二五日）、徳明の子元昊を以て定難軍節度使、西平王に為す。

とあり、『宋史』李徳明伝天聖九年には、

B　九年十月、徳明卒す、時に年五十一。追謚して光聖皇帝と曰う。廟号は太宗、墓号は嘉陵。宋は太師、尚書令兼中書令を贈る。尚書度支員外郎朱昌符を以て祭奠使に為す。六宅副使、内侍省内侍押班馮仁俊これに副う。絹七百匹、布三百匹を賻《おく》り、副えるに上醞、羊、米、麪を以てす。将《すなわ》ち葬るに賜物これを称う。皇太后の賜わる所もまたかくの如し。帝、皇太后とともに苑中に成服（喪服を着る）す。子曩霄立つ。

とある。『宋会要輯稿』（三三冊礼四一之一二）には、

C　明道元年十一月十九日、延州上言し「夏州の報を得るに、夏王趙徳明卒す」と。二十四日、帝、皇太后とともに後苑に成服す。群臣奉慰す。

とある。そして『続資治通鑑長編』（巻一一一）明道元年一一月癸未（一五日）の条に、

D　定南（難の誤り）節度使、守太傅尚書令兼中書令西平王趙徳明を夏王に封ず。

とあり、同壬辰（二四日）の条に、『宋史』（巻四八五夏国上李元昊の条、以下、李元昊伝と略記）の冒頭部の記事とほぼ同文（後掲）を載せた後に、

Ｅ　既に甘州を陥し、復た兵を挙げ攻めて西涼府を抜く。未だ時を踰えず徳明死す。元昊継いで立つ。延州以聞す。詔し視朝三日を輟《や》め、太師、尚書令兼中書令を贈る。開封府判官度支員外郎朱昌符を命じて祭奠使に為す。六宅副使、内侍押班馮仁俊これに副う。絹七百匹、布三百匹を賜賻し、副えるに羊、麪、上尊酒を以てす。将ち葬るに賜物これを称う。皇太后の賜わる所またかくの如し。帝、皇太后とともに徳明の為に苑中に成服す。百官奉慰す。

とある。さらに『遼史』（巻一八興宗紀一、以下巻数省略）重熙元（宋の明道元）年一一月には、

Ｆ　丙戌（一八日）、夏国遣使来賀す。辛卯（二三日）、五国酋長来貢す。夏国王李徳昭薨じ、その子夏国公元昊を冊し夏国王に為す。

とある。李徳明の死亡年月に関してA、C、E、Fからは明道元（一〇三二）年一一月以前のことがわかり、Bはその前年の天聖九年一〇月と明記している。A、C、Eはともにタングート政権側が李徳明の死亡を延州に連絡し、延州がそれを宋政府に報告したのが明道元年一一月の下旬頃だったということである。Fもほぼ同じ頃にタングート政権が遼に李徳明の死亡を報じていることがわかる。明らかにタングート政権は李徳明の死亡を同時に宋と遼に通告しているのである。A、Fはそれにともなって李元昊が後継者として宋からは定難軍節度使、西平王に、遼からは夏国王に任じられたことを記している。そしてCが「夏州報」といっていることから考えれば、この通告は政権の後継者李元昊から伝えられた正式の通告だったことがわかる。しかしながら、この通告があったからといって、その直前に李徳明が死亡したと考える必要はない。必ずや李元昊は自己の政権運営に確固たる自信と見通しがついた段階で、主権者としての立場を宋、遼二国に知らしめることを目的に満を持して父李徳明の死亡を通告したものに違いない。もとよりA、C、E、Fには李徳明の死亡年月は記されていないのである。特にEは、甘州、西涼府の攻陥後、間を置かずに李徳明が死亡したとし、敢て年月には触れていない。その理由は李燾も死亡年月の特定ができていないからで

ある。同条の割注で李燾は、

実録、正史並びに称《い》う「徳明既に甘州を攻陥し、西涼府を抜き、未だ時を踰えず、すなわち死す。」と。甘州及び西涼府の陥没は、実録、正史並びにその年月日を記さず。称う所の「未踰時」とは、あるいはすなわち徳明死の年か。然るに徳明毎に元昊の用兵を聴《ききい》れず。その甘州及び西涼府を攻陥するは、想に徳明の意に非ず。伝また称う「元昊忽ち兵を引き甘州を襲う。」と。徳明のその間に在らざるを見る可し。西涼府もまた必ず元昊自らこれを抜き、徳明与らざるなり。実録、正史、此の事を載せるも不詳。因りて徳明死する時、乃ちこれを附著す、蓋し誤りと。今、皆刪修し、相牴牾せざらしむ。他書を検尋するを要す。あるいは甘州及び西涼府陥没の時を載せるは、すなわち別に修附すべきか。

を補っている。平易な文章にすると、

『仁宗実録』、『正史』には「徳明が甘州を攻陥し西涼府を抜き、未だ時を踰えず死亡した。」とあるが、甘州と西涼府の陥没年月日には触れていない。「未踰時」の表現から甘州、西涼府の陥没は徳明の死亡年の出来事とも考えられる。ところが李徳明は一貫して元昊の用兵には反対しており、甘州、西涼府の攻陥は李徳明の意思ではなかったと考えられる。『伝』に「元昊が忽ち兵を率いて甘州を襲った。」とあるから、徳明が関与していなかったことは確かである。西涼府の攻略も元昊独自の作戦で徳明は関与していなかったのであろう。『仁宗実録』、『正史』は時期が特定できなかったので、甘州と西涼府の攻陥を便宜的に徳明の死亡に絡めて記載したのであろう。これは誤りで、ここでは字句を整理して矛盾しないようにした。別に史料があれば確認する必要がある。あるいは甘州および西涼府の陥没は別の条に記載すべきかもしれない。

というものである。『仁宗実録』と李燾が見た現行『宋史』の元となった『正史』は亡失し確認のしようもないが、「未踰時」に死亡した、とあったのであろう。李燾は李徳明の死亡年月に関しては何ら答えを出していないのである。

一方、Bは一見するとA、C、E、Fとの兼ね合いから単純に年次を一年間違えて前年に記載したと考えられなくもない。筆者も当初はそのように考えていた。しかしながら、同じ年号内の年次の書き誤りは往々にして起こり得るが、年号の異なる明道元年を天聖九年と誤記する可能性はかなり低いのではなかろうか。さらに虚心にBとそれ以外の史料を見比べると大きな違いに気づかされる。Bだけが李元昊を改名後の曩霄と表記しているのである。その理由は、Bに続く李元昊伝の冒頭部が、「曩霄本名元昊。……」とあることに整合性を持たせる編集上の配慮からである。つまりAやEが李元昊と表記している理由は、史料として概ね原初の形態を留めている証拠である。それに対してBは二つの史料を編集した記事と考えられる。「九年十月」から「墓号嘉陵」までの前半部と、「宋贈太師」から最後の「子曩霄立」の後半部を併せたものであろう。Eには李徳明の諡号、廟号は記載されておらず、Bの前半部が別系統の史料であることを証明しているのではなかろうか。そして前半部の原史料が作成される頃には李徳明が天聖九年に死亡していたという新情報も記録されていたのではなかろうか。そして後半部は李徳明の死亡を通告された明道元年一一月の宋の対応を記したEと同じ記録から抜粋して現行の『宋史』に採録されたと考えるべきではなかろうか。一概に一年誤って記載したと簡単に処理することはできないのである。このように考えるとBは唯一、李徳明の死亡年月を明記した史料として光彩を放ってくるのである。つまり李徳明は李元昊がその死亡を宋、遼二国に通報するちょうど一年前にすでに死亡していたことになるのである。それではBの内容に全幅の信頼を置いてよいのであろうか。その評価を含め李徳明の死亡年月を見定める鍵こそが、この前後の李元昊の行動に他ならないのである。

そこで最初に李元昊の為人を紹介し、さらに政権内部の実情と李元昊の行動を確認することによって、李徳明の死亡の実相にも迫っていきたいと思う。Bに先立って『宋史』李徳明伝に、

仁宗即位し尚書令を加う。徳明三姓を娶る。衛慕氏は元昊を生み、咩迷氏は成遇を生み、訛蔵屈懐氏は成嵬を生む。

とあり、また同李元昊伝の冒頭部にも、

> 曩霄、本名は元昊。小字は嵬理（埋の誤り）、国語惜を謂いて嵬と為し、富貴を理（埋）と為す。母は恵慈敦愛皇后衛慕氏と曰う。

とある。元昊の母は祖父李継遷の母と同様に衛慕氏である。衛慕（啄母）氏についてはすでに詳述している（第二部二五三頁）ので繰り返しは避けるが、野利氏とともに李継遷政権を支えた二大勢力の一つである。李徳明の後継者としてその出自は申し分がない。そして李元昊が少時より極めて慧敏であったことは同伝に続けて、

> 性は雄毅、大略多く、絵画を善くし、能く物始を創製す。円面高準《せつ》にして、身長は五尺余。少時は好んで長袖緋衣を衣、黒冠を冠り、弓矢を佩す。歩卒を従衛とし、青蓋を張り、出るには馬に乗り、二旗を以て引き、百余騎自ら従う。浮図学に暁く、蕃漢文字に通じ、案上に法律を置き、常に野戦歌、太乙金鑑訣を携う。

とあることからもわかる。平明にすると、気宇壮大な性格で絵画に巧みで、発明の才に長けていた。容姿は丸顔で鼻が高く、身長は五尺余であった。若いころは長袖緋衣を好み黒い冠をかぶり、弓矢を携えていた。出かけるときは歩卒を従衛《ともまわり》とし、あたかも皇太子を意味する青蓋を差し掛けさせた。馬に乗って出るときは身分を表す二旗をたなびかせ（『続資治通鑑長編』巻一一一は騎とあり、二騎が先導したとなる）百余騎がこれにしたがった。また仏教に精通し、漢文のみならず蕃語（契丹語、ウイグル語、チベット語の何れか）にも通じていた。居室の机上には法律書を置いていた。そして常に野戦歌や太乙金鑑訣（太乙金鏡式のことか　占いの書）を携えていた、ということである。この記録は李元昊が幼い頃から李徳明の後継者として注目され、その動静が常に人々の関心を惹いていたことを示している。一人の間諜が密かに収集した情報の類ではなく、自然とタングート側から漏れ伝わってくる李元昊の為人に関する情報の集積を整理してまとめたものであろう。同様の内容が『続資治通鑑長編』ではEに先立って記載されているが、そこには「性雄毅、多大略」の代わりに「性凶鷙猜忍」が載せられていることからも推測がつく。いずれにせよ、この史料

からも中国的教養に満ち溢れた貴公子然とした姿が彷彿される。おそらく李元昊の周りには幼少の頃から漢人の教育係が付きしたがい、徹底した中国式の英才教育がほどこされていたのであろう。しかしながら、このわずか八〇字の月旦からも、李元昊が白面長袖の貴公子から、成長にしたがって内に不屈の闘志を秘め、文武両道に通じた骨太の人格が形成されていった片鱗を見ることができるのではなかろうか。

　李元昊のそうした為人は夙に宋側にも知られていたことを示す好個の材料が沈括の『夢溪筆談』に記載されている。沈括は巻第九で、

　瑋、陝西に在る日、河西の趙徳明嘗て人をして馬を以て中国に博易し、その息の微なるを怒り、これを殺さんと欲し、諫止す可きもの莫し。徳明に一子有り、方に十余歳、極諫して巳（已の誤り）まず。曰く、「戦馬を以て隣国を資《たすけ》るは、巳（已の誤り）にこれ計を失う、今、更に貨を以て辺人を殺さば、すなわち誰ぞ肯じて我用を為す者あらんや。」と。瑋、その言を聞き、私にこれを念じて曰く、「この子その人を用いんと欲す、これ必ず異志有らん。」と。その常に牙市中を往来するを聞き、瑋、一たびこれを識らんと欲し、屢々人をしてこれを誘致せしむるも、得る可からず。すなわち善く画く者をして形容を図かしむ。既にして至りこれを観るに、真の英物なり。「この子必ずや須らく辺患と為らん。」と……。

と記している。西北辺経営の中心人物曹瑋が早くから李元昊の警敏を看破し、その危険性を予言していたのである。李元昊は咸平六（一〇〇三）年五月五日の生まれである。「十余歳」はちょうど大中祥符年間の後半にあたる時期である。曹瑋は大中祥符八年、英州団練使、知秦州を領し、縁辺都巡検使、涇原儀渭州鎮戎軍縁辺安撫使を兼ねタングート政権ならびに河西チベット族に対して睨みを利かせていた頃に一致する。景徳三年の講和条約の締結にともない、翌四年から保安軍の榷場で馬を含む交易がおこなわれたことは前章で述べた通りである。なかなか利益が上がらないことに業を煮やした李徳明が交易従事者を殺そうとしたところ、十余歳の元昊だけが敢然とこれを極諫したというの

である。その際に元昊が吐いた言辞がどのようにして曹瑋の耳に達したのであろうか。これもその場にいた人物から間諜が話の内容を聞き曹瑋に急報したというものではなく、日頃から父子の意見の相違は政権周辺にはよく知られていた事実で、同様の話が種々取りざたされ、それが広く民間に流布されていたのであろう。そうした噂話が人づてにいくつも曹瑋の耳に入って来ていたのであろう。李元昊がしばしば牙市に来ていたという事実は興味を惹く。牙市とは互市のことで、正式に認められた保安軍権場を指すと考えてよかろう。密貿易の場に比較して質量ともに他を圧倒していたことはいうまでもあるまい。保安軍には李元昊を見知っている宋側の間諜や商人が多数おり、逐一役人に報告していたのであろう。そうした情報が曹瑋の耳にも達するようになっていたのであろう。おそらく、最初の頃は宋の文物に対する憧憬から、貿易品を通じて誰よりも早く宋の文化に触れたいという欲求が李元昊にあったと思われる。李元昊が覓める漢籍なども権場貿易を通じてもたらされたはずである。ところが、互市の観察を重ねるうちに貿易の実態がタングート政権にとって看過できない問題を孕んでいることに慧敏な元昊は気づくようになっていったのではなかろうか。前章の第六節（一）権場貿易で触れたように宋からタングート側に入ってくるものは基本的に贅沢品、消耗品である。武器の輸入は禁じられており、国家の建設に役立つものはほとんど入ってこない。反対に宋の軍事力を助ける「駝・馬・牛・羊」等を輸出している。その上、無尽蔵に産出される青白塩の輸出は公式には認められず、交易が深化すればするほどタングート側はじり貧に追い込まれていくことを覚ったはずである。そうした経験が李元昊の言辞、すなわち思想となったのであろう。さらに想像を逞しくすると、李元昊は保安軍権場に止まらず、極秘裏に宋の内地を訪れていたと考えるべきであろう。そして宋の都開封にも姿を現わしていたのではなかろうか。進奉使の随員として、あるいは進奉使貿易の商人に紛れて開封の空気を存分に味わっていたと考えても、さして大きな誤りは犯していないのではなかろうか。宋の国家機構と巨大な経済力を実地に検分したことが李元昊の思想形成に力を与え、拱手すると早晩タングート民族は宋の文化文物に飲み込まれ、民族の独自性を失い国家建設はおろか、宋の寄生民族として無力化していく、との思いを強めたのではなかろうか。それはさておき、曹瑋が李元昊との面晤を望んだものの、李元昊は遂にそれに応じなかった。曹瑋は李元昊を知る絵の名手にその肖像を描かせ、それを見て「真の英物」であることを確認し、今後、必ず宋と干戈を交えることを予言したことなどは、さながら歴史小説の一節を読む感覚に襲われるのは筆者一人の思いではあるまい。

父子の路線をめぐる対立はその後ますます深刻化し、ややともするとタングート政権を崩壊させかねない二大潮流の衝突の様相を呈するようになったことは間違いない。前掲『宋史』李元昊伝に続けて、

弱冠にして、独り兵を引き襲いて回鶻夜落隔可汗王を破り、甘州を奪う。遂に立てて皇太子に為す。数《しばしば》その父を諫め宋に臣すること毋れと。父輒ちこれを戒めて曰く「吾久しく兵を用い、（終無益、徒自）疲れると。吾が族三十年、錦綺を衣る、此れ宋の恩なり。負く可からず。」と。元昊曰く「皮毛を衣て畜牧を事とするは蕃性の便とする所。英雄の生は当に王霸のみ、何ぞ錦綺を（もって）為さん。」と。［＊（　）は『続資治通鑑長編』で補った。］

とある。甘州攻略の年次に関してはこの後詳述するとして、その前後、すなわち李元昊が二十代の半ば頃に、父子の間でタングート政権の基本方針をめぐって依然として激しい対立が続いていたことがわかる。二人の間でこの通りのやり取りがあったのか否かはこの際大した問題ではない。宋政府にもたらされる情報が一様に父子の激しい路線対立を伝えるものであったという意味に解釈しておけばよかろう。『夢溪筆談』の内容と併せ考えると、父李徳明はすでに国家建設を至上命題とする意思を喪失していたのであろう。これは李徳明個人の思いというよりは、政権に関与するかなりの数の有力部族の実力者たちの意向が反映されていたと考えるべきであろう。戦いに疲れるのは軍事力を提供する各部族に他ならない。貿易活動の隆盛にともない宋の文物に満たされた生活を享受することができるようになったのである。宋、遼から李徳明が定難軍節度使、西平王、夏国王などを拝しているとはいえ、実質的には部族連合地方政権的な性格を帯びるようになっていたと考えても大過なかろう。李徳明とその支持者たちは多大な負担をとも

なう国家建設という冒険は避け、現状維持を是とするようになっていたと考えてよかろう。

それに対して李元昊は祖父李継遷の大望を忠実に継承したのである。李元昊が生まれたのは祖父李継遷死亡の前年のことである。李継遷が死亡した時は、未だ襁褓に包まれる八箇月前後の嬰児であった。それ故、生前の祖父の記憶は皆無のはずである。しかしながら、時には父や張浦から、そして囲繞する多くの人々から祖父李継遷の為人とその建国運動は日常的に聞かされて育ったことは想像に難くない。李元昊にとって祖父李継遷の姿は最も尊敬すべき先駆者として印象づけられていったことであろう。成長につれ李元昊は祖父の遺業の継承者は己を措いて他にはいないとの自負を強く持つようになっていったと思われる。李継遷の遺伝子は確実に李元昊に隔世遺伝されていたといってよかろう。端的にいって李元昊が目指したのは主権国家である。宋、遼から冊封を受け定期的に朝貢使節を派遣する周辺民族政権からの脱却であり、まさに宋、遼とともに中国大陸に鼎立する独立国家の樹立に他ならなかったのである。建国運動の遂行は様々な困難をともなう。中絶している西方領土の獲得は武力の発動であり、軍事力の母体である有力部族の協力を必要とする。さらに建国運動の再開は宋、遼と従来の関係を清算することを意味する。宋との貿易は禁止され、経済封鎖によって多くの部族、部落は多大の悪影響を被ることは目に見えている。さらに、そうした状況を打開しようとすれば宋との武力衝突は必然であり、遼との間でもその懸念が生ずることは充分に考えられるのである。様々なリスクを承知の上で、敢て李元昊が建国運動を再興する真意は奈辺にあったのであろうか。

先にも触れたように、おそらく李元昊は榷場貿易の現場に止まらず親しく宋内地へも往来していたことであろう。宋の国家制度、経済力、文化文物を知れば知るほどに李元昊の胸中には複雑な感情が畳積されていったのではなかろうか。それは恐れと憧憬以外の何物でもなかったと考えて間違いなかろう。宋との貿易はタングート側にとって何ら富の蓄積に繋がるものではなかった。密貿易を含めて交易が盛んになればなるほど、タングート民族は宋の文化に泥み、精神的宋化は加速度的に進行し、民族の独自性は早晩失われることは目に見えている。現状を肯定し傍観していると祖父李継遷の目指した国家建設は昔話になってしまう。そして拓抜李氏の権威は時の経過にしたがって過去の遺物になりかねないのである。こうした危惧の念を深める一方で、李元昊は宋の国家制度に瞠目したことであろう。皇帝独裁のもとに整備された官僚制度と忠誠な軍事力はまさに目標とする国家の有り様そのものである。李元昊は宋の国家制度に倣い、拓抜李氏の血統をもって独裁君主とするタングート民族国家を自らの手で樹立することを決意したのである。

李元昊が建国運動を成功に導く捷径は行動あるのみであった。父李徳明と路線をめぐって荏苒日を送れば、現状肯定派との対立は深まり、建国運動も妨害されることは必至である。それを避け建国を達成する方法は反対派の機先を制して行動を起こし実績を挙げることであった。その最も説得力のある行動こそ父李徳明政権が失敗した甘州ウイグルの攻略だったのである。『宋史』李徳明伝には、

　天聖六年、徳明、子の元昊を遣わし甘州を攻め、これを抜く。

とある。天聖六（一〇二八）年、李徳明は二五歳になる李元昊を派遣して甘州を攻略したことになっている。ところが少し前に掲載した李元昊伝には「弱冠、独引兵襲破回鶻夜落隔可汗王、奪甘州。」とあり、甘州攻撃は李元昊の独断専行であったとしている。李徳明伝があたかも徳明の命令によって元昊が甘州を攻撃したように記載しているが、これは攻撃が李徳明政権時代におこなわれたことから李徳明を主役に据える潤色が加わった結果であろう。縷述したように父子の路線対立を踏まえて考えれば、李徳明が危険を冒し率先して冒険に踏み切るわけはなく、李元昊が父親の反対を尻目に独断でおこなった作戦であったことは論を俟たない。しかしながらこの作戦が「独引兵」の文言を文字通りに解釈して、李元昊が単独で密かに手持ちの兵力を引き連れて甘州ウイグルを襲撃したように想像すると正鵠を逸することになる。祖父李継遷の西涼府攻略の失敗、父李徳明の甘州攻略の失敗を教材として考えると、このたびの李元昊の甘州攻撃は少数兵力による奇襲攻撃といった簡単なものではない。強力な軍事力を擁する甘州ウイグルを

攻略するためには、周到な準備と大規模な遠征軍の編成を要したはずである。遠征軍の主体が各部族からの徴兵であることを考えると、天聖六年、李元昊が二五歳になる頃には、彼の主張はすでに異端児の咆哮の域とはかけ離れ、政権に関与する有力部族層の中で支持勢力が拡大していたのであろう。タングート政権の来し方行く末を考えると李元昊の主張は正論である。父李徳明の姑息な反論に代表される現状肯定派にとって、李元昊の主張は眉を顰めるものではあっても、公然と反対できる論拠は何もないのである。おそらくそれぞれの有力部族の中でも李元昊の主張を積極的に支持する勢力と消極姿勢を示す一団が混在していたのではなかろうか。李元昊は支持勢力の組織化を積極的に進めるとともに、その一方で、大中祥符元年の万子等四軍主の甘州攻撃の失敗などを研究し、甘州攻略の綿密な作戦計画を極秘裏に準備していったものと考えられる。しかしながら、甘州攻略を実行するためには軍事権の掌握が前提となる。それなくしてはただの絵に描いた餅になってしまう。天聖六年のある時期に、李元昊が甘州攻略を実行できたということは、確実に李元昊が父李徳明の手から軍事動員権を奪取していたことを意味する。すなわち、天聖六年、二五歳の李元昊はクーデターに成功していたのである。このクーデターは何ら武力をともなうものではなかったはずである。仮に激しい内訌があったとすれば、その情報は必ず宋側の知るところとなったはずである。さらに、その後遺症から直後の甘州攻略などは不可能であろう。李元昊は遠征軍編成に先立って、政権内の輿論形成に成功し、現状肯定派の動きを封殺し、父親からタングート政権の主導権を横奪していたことは間違いあるまい。クーデター成功の鍵は、政権に深く関わる拓抜氏の有力者や超有力豪族の動向にあったに違いない。後に詳述する李徳明の兄弟、つまり李元昊の叔父にあたると考えられる趙善約特などが一族の中では重要な後援者だったと考えてよかろう。そして、有力部族としては、後の李元昊政権における活躍から推測して野利氏の中心勢力の加担が大きな力になったことは間違いあるまい。そして、理由は後に述べるが、弟成嵬の母族訛蔵屈懐氏なども積極的に応援したのであろう。それに引き換え、李元昊の母族衛慕氏はむしろ消極的な対応を取ったのではなかろうか。その根拠も後に触れることにする。

いずれにせよ、このクーデターは政権中枢部において父から子へ、強引にかつ秘密裏に主権が継承されたのであり、外面的には李徳明政権の継続の形を取ったのである。それ故、宋はもとよりタングート領内の末端部落においても権力の移動はほとんど知られていなかったのであろう。李元昊は遠征軍の編成が整うと、情報の漏洩を防ぐために間髪を入れず自ら総司令官として甘州攻略に向かったのであろう。今次の甘州攻略が仮に失敗に終わると李元昊の政治生命は完全に絶たれる。そのことを誰よりも強く認識していたのはいうまでもなく李元昊本人に他ならない。甘州の攻略に関しては右の記事以外に史料がなく、詳細はまったく不明であるが、李元昊は不退転の決意をもって背水の陣に臨む覚悟で作戦を指揮したことであろう。その後、西夏時代に編纂されたであろう『実録』が残されていたとすると、この攻略戦は重要な作戦として特筆されていたはずである。攻略の詳細が不明なことが惜しまれる。しかしながら、次に述べる西涼府の攻略とともに、戦闘を物語る宋側史料がまったく残されていないことは逆に重要な事実を示唆している。遠征軍の行動が隠密裏に、なおかつ迅速におこなわれ、さらに短期決戦に完全勝利し、占領地の初期支配が徹底した何よりの証拠である。甘州ウイグルをして宋に状況を通報させる遑を与えなかったことを意味している。宋側の史料に具体的な記述が残されなかった所以である。李元昊はその為人から推測して、おそらく古今の兵学に通暁し、極めて優れた軍略家、軍政家に成長していたのであろう。

甘州攻略が建国運動の再興と、併せて李元昊の政権確立の象徴的事業になることは明白である。ところで、父李徳明に連なる現状肯定派の動きを封殺し、天聖六年という年に甘州攻略作戦を決行した背景には何があったのであろうか。この間の河西回廊の諸州が置かれていた状況を確認することからその答えを探っていこう。前章の第七節で詳述したことを整理すると、大中祥符元年の万子等四軍主の甘州攻撃の失敗後、同年、遼は蕭図玉軍を甘州に派遣してウイグル可汗夜落紇をしたがえ撫慰している。これはタングート政権の河西回廊進出の野望を牽制したのである。翌二年、李徳明は再度、甘州遠征軍を派遣するも途中で引き返している。これは遼の強い警告によるものであったと考えられる。そこで遼はタングート政権の動きを完全に封じるために、さらに翌統和二八（大中祥符三、一〇一〇）年に、再び西北路招討使蕭図玉を派遣して甘州に従属の確認をおこない、さらに粛州を攻撃しその民を土隗口故城[1]に徙している。こうした遼の示威行動に対して、李徳明政権も甘州以遠の河西回廊に対する進出を諦めざるを得なくなったのである。おそらく李徳明が甘州から手を引いたことと、この年の九月、遼から夏国王に冊封されたことは関連しているのであろう。遼は開泰八（一〇一九）年には沙州節度使曹順を燉煌郡王に封じ（『遼史』聖宗紀七）河西回廊の支配力をさらに強めていったのである。こうした遼の河西回廊経営に対して、李徳明政権は遼の触手の伸びていない西涼府の攻略に注力し、大中祥符八（一〇一五）年頃には蘇守信軍によって西涼府の大方が支配されるようになったのである。ところが、タングート政権の西涼府支配は長く続かなかった。蘇守信が間もなく死亡すると、甘州ウイグルの助勢を得た斯鐸督勢力が失地を回復し、その後は天聖年間に至るまで、西涼府はあたかも甘州ウイグルの保護領の観を呈していたのである。明らかにタングート政権の河西回廊経営は頓挫していた。こうした状況に強い危惧の念を抱いていたのは独り李元昊だけではなかったはずで、現状肯定派に対する改革派の輿論が李元昊の行動を下支えしていたことは間違いあるまい。

　天聖六年、李元昊が懸案の甘州攻略戦を発起するきっかけを与えてくれたのは、図らずもその二年前におこなわれた遼の甘州攻撃であった。そこで李元昊の攻撃を論ずる前に、遼の攻撃を先に解明しておこう。遼が太平六（天聖四）年に甘州ウイグルを攻撃した理由は容易に想像がつく。右に述べたように、甘州ウイグルが遼に屈していた間は西域の貿易品も安い値で遼にかすめ取られていたことであろう。ところが、甘州ウイグルは西涼府を実質上保護領化し、宋への入貢路を確保することに成功したのである。大中祥符九年には遼との断交を宋にアピールし、天禧元（一〇一七）年三月、二年二月、四年三月、一二月と入貢を繰り返し、仁宗が即位して年号が天聖に改まると、夜落隔通順はさっそく五月に朝貢し、六月には帰忠保順可汗王に封じられている。さらに二年五月、三年二月、三月、四月と立て続けに入貢をおこなっている（以上、『宋会要輯稿』回鶻に拠る）。つまり甘州ウイグルは宋との朝貢貿易を活発におこない、多大な利潤を上げていたのである。遼は河西回廊を経営する上でこうした状況の甘州ウイグルを放置するはずはなかった。『遼史』聖宗紀八太平六（天聖四）年に、

五月……癸卯（二八日）、西北路招討使蕭恵を遣わし兵を将い甘州回鶻を伐つ。……八月、蕭恵、甘州を攻めるも克てず師還る。これより阻卜諸部皆叛く。遼軍戦に与り、皆敗する所と為る。監軍涅里姑、国舅帳太保曷不呂これに死す。詔し惕隠耶律洪古、林牙化哥等を遣わし兵を将いこれを討たしむ。……

十一月……戊辰（二六日）、西北路招討司の小校掃姑、招討蕭恵の三悪を訴う。詔し都監奥骨禎これを按ず。

とある。蕭恵の甘州攻撃はみごとに失敗し(2)、あまつさえ阻卜諸部の離叛を招き、加えて部下に三悪を告発されてしまったのである。この間の事情を『遼史』（巻九三）蕭恵伝には詳しく、

太平六年、回鶻阿薩蘭部を討つ。兵を諸路に徴すも独り阻卜酋長直剌は期に後れ、立どころに斬り以て徇《しめ》す。進んで甘州に至り、攻囲三日、克たずして還る。時に直剌の子兵を聚め来襲す。阻卜酋長烏八密、以て告げるも恵未だこれを信ぜず。会々西阻卜叛し三剋軍を襲う。都監涅魯古、突挙部節度使諧理、阿不呂等、兵三千を将い来り救う。敵に可敦城西南に遇い、諧理、阿不呂戦没し士卒潰散す。……

とある。蕭恵は先にターリム盆地を支配する阿薩蘭回鶻（西州ウイグル）を攻撃している。『遼史』（巻三六）属国軍には冒頭に「遼属国可紀者五十有九、朝貢無常。有事則遣使徴兵、或下詔専征、不従者討之。助軍衆寡、各従其便、無常額。」とあり、阻卜、甘州回鶻の他に阿薩蘭回鶻、沙州回鶻、和州回鶻など(3)が記載されている。遼が属国と見做していた甘州ウイグルのみならず西州ウイグルもこの頃遼の羈縻にしたがわなくなっていたことがわかる。遼の影響力は中継貿易路の各地で減退していたのである。そして蕭恵の武力を構成した主体は阻卜諸部であったことがわかる。阻卜はこの前後、遼の支配を嫌って叛服を繰り返していた。（巻九三）蕭図玉伝に甘州、粛州攻撃の後に、「上言曰

『阻卜今已服化、宜各分部、治以節度使。』。上従之。自後、節度使往往非材。部民怨而思叛。開泰元年十一月、石烈太師阿里底殺其節度使、西奔窩魯朶城、蓋古所謂竜庭単于城也。已而、阻卜復叛、囲図玉于可敦城、勢甚張。……明年、北院枢密使耶律化哥引兵来救、図玉遣人誘諸部皆降。……」とあり、阻卜諸部の遼の圧政に対する不満は非常に根深いものがあったのである。蕭恵軍の「討回鶻阿薩蘭部」の実態は、戦闘はなく外交交渉で従来の関係の再確認をおこなったものであろう。激しい戦闘があったならば甘州に転戦できるものではない。蕭恵は阻卜諸部に動員令を発し、期に後れた直剌を斬に処したことから、この軍隊は最初から不穏な空気を孕んだ集団だったことがわかる。三日の攻囲で撤退したということは、甘州ウイグルが交渉に応じなかったことを意味しており、果敢な防戦に遭い敗退したものではなかったのであろう。撤退の理由は直剌の子の襲来情報であったことは間違いなかろう。直剌の処刑が引き金になり、この後、阻卜諸部の大叛乱に発展してしまったのである。小校掃姑が訴えた三悪は直剌処刑などを指すのであろう。西北路招討使の蕭恵は先任の蕭図玉に比較すると、いささか慎重さに欠けていたようである。この後、左遷されている。

澶淵の盟約から二〇年を経過し、中央集権的専制体制も確立され、遼は黄金期を迎えていたが、その反面、被支配民族に対する圧政と離叛に悩まされるようにもなっていたのである。蕭恵軍の甘州攻撃の失敗、さらに引き続き発生した阻卜諸部の大騒擾は遼の河西回廊経営を益々衰退させてしまった。遼は阻卜諸部の離叛の防止、騒擾の鎮圧に傾注せざるを得なくなってしまったのである。遼の状況を伝える情報は逐一タングート政権にもたらされていたことであろう。李元昊と彼の支持勢力は河西回廊進出の絶好の機会と捉えたことは想像に難くない。李元昊の甘州攻略は上述したように天聖六年とあるだけで月日については不明である。遼の攻撃が二年前の八月とあるから、李元昊の攻撃はおおよそ一年半から二年後と考えてよかろう。すなわち、この間に李元昊は支持基盤を確立し、事実上父李徳明から政治の主導権を奪取し、併せて甘州攻略の綿密な作戦と動員態勢を極秘裏に準備していったのであろう。前述したように、この作戦を物語る情報は一切史料上に残されていない。通常、大規模な作戦であればタングート側から情報は必ず洩れ伝わるはずで、また、甘州ウイグルが動きを察知したならば、必ず宋に救援要請を発し史料上に痕跡を残してもよいはずである。試みに『宋会要輯稿』回鶻を繙くと「(天聖) 五年八月、甘州可汗王宝国夜落隔使安万東等一十四人来貢方物。」とあり、続けて割注の形式で「宋史六年二月遣人貢方物」をつけ加え、事実、『宋史』回鶻伝でそれが確認できる。すなわち甘州ウイグルは李元昊が甘州を攻撃する前年の天聖五年八月に朝貢貿易を実施し、さらに攻略がおこなわれた六年の二月にも朝貢貿易を繰り返しおこなっていたのである。タングート政権の不穏な動きにはまったく気づいていないことがわかる。甘州ウイグル可汗王は蕭恵軍の撤退、西涼府の保護領化に慢心し、さらには李徳明政権の河西回廊消極策の継続を誤信し警戒を怠っていたことは間違いあるまい。それにしてもこれほどみごとに情報が秘匿されていたということは、よほど厳しい箝口令が布かれ、タングート政権はすでに李元昊を中心に極めて緊張した政権運営がなされていた証拠ではなかろうか。甘州攻略戦は李元昊政権の成否を決する極めて重要な作戦だったことがわかる。

それでは乾坤一擲の大作戦はどの様におこなわれたのであろうか。何を言っても推測の域を出ないことを憾みとするが、少しく論じてみたい。宋との講和条約に関わって李徳明政権が夏州に復帰し、その後、霊州北方懐遠鎮に興州城を築城した後も依然として夏州に留まっていたことは前章第八節等で述べた通りである。父子の路線をめぐる対立や、李元昊の支持基盤の確立の作業も夏州を舞台におこなわれたものと考えてよかろう。そして、その前提として政権に関与する有力部族層の代表者も夏州に集住させられていたことはいうまでもなかろう。甘州遠征軍の派遣も、当然、夏州において決定したことであろう。しかしながら遠征軍が夏州に集結し、夏州から出発したわけではない。仮に夏州に集結したならば、必ずや情報は宋側に伝わったはずである。おそらく動員令は夏州以西に族帳を展開する諸部族に下され、期日を定めて集結させられたのであろう。集結地は興州であったと考えられる。遠征軍の編成は極めて大規模なものに達したはずである。総数を推測する一つの手がかりがある。後に述べるように、李元昊は西夏建国にあたり十八監軍司を設置したとされるが、その際「賀蘭駐兵五万人、霊州五万人、興慶府七万人」とともに「右廂甘州路三万人」の数字が示されている。多少は割り引くとして、抵抗勢力を一掃し河西回廊を制圧した後の警備兵力、いわゆる進駐軍の兵数を指すのであろう。今回、李元昊は不退転の決意のもと、敵の本拠を衝くのであるから圧倒的な兵力で完全勝利を期したはずである。遠征軍の総兵力数は、五万以上に達したと考えてよかろう。遠征軍の進路について、長沢和俊氏は註（1）論文において興州（興慶府）からハラホトを経由してエチナ河沿いに遡上して甘州に迫ったとされるが、承服しがたい。遼が阻卜諸部と戦闘を繰り広げている遼の勢力圏に接するハラホトまで、なに故に大きく迂回して北西上する必要があるだろうか。行程が長くなればなるほど補給線は冗長し、兵糧も欠乏して万事負担は増すばかりである。兵は神速を貴ぶものである。兵学に通暁している李元昊のことであるから、必ずや最短ルートを選択したはずである。興州から霊州を経由して黄河沿いに南下し、応理付近から西進し西涼府を左手に見て甘州に直進したのであろう。当時、西涼府には衰残の厮鐸督、ないしはその後継者が甘州ウイグルの保護のもとに辛うじて命脈を保っていたと考えられる。すでに涼州の広いオアシス群全域に支配力はおよばず、タングート政権にしたがう部族、部落も徐々に回復していたことであろう。そうした勢力と遠征軍の一部が西涼府に留まり、厮鐸督側の動きを完全に掣肘し、そのために宋へ急報することは事実上不可能な状況だったのではなかろうか。李元昊率いる遠征軍は怒濤の勢いで道を急いだことであろう。遠征軍急迫の情報がウイグル可汗夜落紇の耳に達してから、甘州主城が包囲されるまではほとんど間を置かなかったのではなかろうか。ウイグル可汗夜落紇は九宰相の諸部族の兵を動員結集する遑もなくタングート軍の電光石火の猛攻に蹂躙され、さしたる抵抗もできずに可汗夜落紇はじめ王族その他支配層はことごとく虜獲されたことであろう。ウイグル可汗夜落紇を俘虜にする一方で、李元昊は甘州周辺に散居する九宰相諸部族に軍勢を向かわせ、可汗夜落紇の虜獲を伝え降服を強要し、拒否した宰相部族は容赦なく殲滅したことであろう。可汗夜落紇をはじめウイグル支配層に対する李元昊の処置は峻烈、残虐を極めたことが充分に首肯できる。その理由は前章第七節で詳述した万子等四軍主の大敗北の報復にあったからである。万子等四軍主軍の甘州攻撃はちょうど二〇年前の大中祥符元年のことであった。李元昊がいまだ五歳の幼い時代の出来事であったが、折に触れ敗戦の様子は語り聞かされたことであろう。前章の記事を再掲すると、

和輝爾伏を要路に設け、弱を示し闘に与らず、その過ぎるを俟ち奮起してこれを撃ち、勦戮すること殆ど尽く。その生擒者は、和輝爾駆して野に坐させ悉く獲る所の資糧をこれに示して曰く「而輩《なんじ》は狐鼠にして、小利を規求す。我は則ち然らず。」と。遂に尽く焚きてこれを殺す。唯だ万貲軍主身を挺して遁走す。

とある。これはウイグル可汗が鎮戎軍に報せた戦勝報告に記されていた内容にもとづいている。勝利は過大に報告するものであるが、おそらくこうした俘虜の殺害は実際におこなわれたことであろう。李元昊はその復讐を最も効果的な方法でおこなったはずである。可汗夜落紇は処刑され、王族、九宰相の係累も鏖殺に近い処分を受け、ほとんどが根絶やしにされたことであろう。そうすることによってウイグル遺民にタングート軍に対する恐怖心を植え付け、支配を容易にすることを狙ったのである。甘州陥落の実情がまったく宋側史料に残されていない理由は、その状況を宋に報せる立場にある支配層がことごとく俘虜、殺害されたことと、徹底したウイグル遺民支配がおこなわれていたからであろう。甘州の陥落は天聖六年の中頃と推測しておく。(4)

次に西涼府の攻略時期を考えてみよう。『西夏書事』は(巻一一)明道元年に「九月、取涼州」とし、岡崎精郎氏もおおむねこれを支持し(二七一頁)、筆者もかつては同じ様に考えていた。ところが、このたび旧稿には一切捉われずに改めて李元昊政権の成り立ちを考究していくと、随所で旧論とは異なる見解に達するようになった。西涼府の攻略時期に関してもまったく別の結論が導き出されたのである。呉広成が明道元年に置いた理由は『続資治通鑑長編』(巻一一一)明道元年九月の条に、

丁酉（二九日）、環慶走馬承受李徳言う「西賊辺を寇す」と。都署司に詔して兵備を厳飭し、また鄜延路に令し文を夏州に移し戒めてこれを約せしむ。

とあり、その割注で李燾が「この事、当にこれ元昊の甘州および西涼府を襲う時なり。」と述べていることと、前掲、同一一月壬辰の条「E　既陥甘州、復挙兵攻抜西涼府。未踰時徳明死。」の二つの記事から推測した結果に過ぎないのである。ところで、Eの文面では甘州攻略と西涼府の攻略が時を隔てたようにも読み取れるが、本節冒頭部のEの割注で李燾は「実録、正史並びに称《い》う『徳明既に甘州を攻陥し、西涼府を抜き、未だ時を踰えず、すなわち死す。』と。」と述べており、『仁宗実録』、『正史』には別段甘州と西涼府の攻略が数年を隔てているようには取れないのである。李燾も甘州と西涼府の攻略が連続しておこなわれたと内心は考えていたことがわかる。そこで李燾は右丁酉の記事を利用して、その割注で甘州と西涼府の攻略がともに明道元年のことであったかのように述べたのである。しかしながら丁酉の記事にいう「西賊」とは、第五節で触れる同甲戌の記事にある明珠（敏爾珠）族のことである。この記事は明珠族が宋の西北辺を侵擾した事件の対策を述べたものであることは明瞭で、甘州、西涼府の攻略とはまったく無関係である。李燾は李徳明の死亡とその通告を一体化して記載することを考えてしまったため、延いては甘州、西涼府の攻略と李徳明の死亡もすべて明道元年の条に掲載してしまったのである。李燾も混乱していることは明白である。呉広成は甘州攻略に関しては天聖六年説を採用していながら、西涼府の攻略と李徳明の死亡については李燾の誤解を無批判に踏襲してしまったのである。『西夏書事』にしたがえば、甘州と西涼府の攻略に四年の間隔を置いたことになるが、呉広成はその理由には触れておらず、「九月、取涼州」の注釈で李燾同様丁酉の記事を利用して辻褄を合わせており、何の論拠もないことがわかる。仮に四年の歳月を隔てたとすると、その間に必ずや西涼府から宋に救援要請の使者が頻繁に発せられたはずで、史料上に何らかの痕跡が残るはずである。『仁宗実録』、『正史』には甘州攻略に引き続いて西涼府の攻陥がおこなわれたと記している以上、天聖六年中の出来事と考えるのが至極当然のことである。史料上に甘州、西涼府の攻略の実態がまったく記されていないということは、二州の攻略が一連の流れで速やかにおこなわれたことを雄弁に物語っている。甘州同様、西涼府からも宋に危急を報せる遑もなかった証拠である。李元昊は甘州攻略に圧倒的勝利を収めた余勢を駆って帰路、廝鐸督ないしはその後継者とウイグル駐屯軍が死守する西涼府の一角に殺到し、これを一気に屠ったのが実相であろう。甘州と西涼府の陥落の時期や状況が宋側史料に残らなかった理由は、二州の政権が完全に崩壊し、それを伝える使者の派遣など論外だったからである。とはいえ、甘州と西涼府の陥落の情報が時の宋政府に伝わらないわけはない。西域由来の物資を大量にもたらす甘州ウイグルの滅亡は宋にとっても大問題である。間諜、貿易商人、その他諸々のルートを通して二州の陥没の時期や様子は詳しく伝えられ、仁宗をはじめ廟堂の構成員の誰しもがその事実を深刻に受け止めていたことであろう。ただ、公式情報ではなかったが故に『起居注』等にも記載されず、宋の公式記録に残る機会を逸してしまったのであろう。ただ、司馬光の『涑水記聞』、沈括の『夢溪筆談』等、官僚の文集類にまったく記録されなかったことも不思議である。そして『仁宗実録』を編纂する頃には上掲李燾の割注程度の記録しか残されていなかったのであろう。しかしながらこの僅々の史料は、同時に李徳明の死亡時期の特定に重要な示唆を与えているのである。本節冒頭に掲載した史料Bの「九年十月、徳明卒」の情報の他に、宋政府内には二州の攻略後、間もなく李徳明が死亡したという記録も残されていたことがわかる。それはさておき、甘州、西涼府を獲得したことにより李元昊の政権主導が盤石になったことはいうまでもない。前掲『宋史』李元昊伝に甘州攻略後「遂立為皇太子」とあるように、李元昊の立場が政権後継者という但し書き付きではあるが宋にまで知られるようになったのである。これを踏まえて李元昊主導のタングート政権が河西回廊全域に対する攻勢をさらに強めたことは当然である。『宋史』李徳明伝には、天聖六年の甘州攻略に続けて「八年、瓜州王以千騎降于夏。火星入南斗。」とある。甘州ウイグルに比べてはるかに勢力の劣る瓜州ウイグルがタングート政権の圧力に屈するのは時間の問題だったといえよう。

李徳明の死亡時期を特定する前に、李元昊の一連の河西回廊攻略に対して、同地方に重大な利害を持っていた遼はいかなる対応を取っていたのか、その点を確認しておこう。遼の側から見れば阻卜諸部の叛乱鎮圧に手間取る間に、タングート政権に河西回廊を横取りされる形になってしまったとの思いがあって当然である。それ故、本来ならばタングート政権に厳しい対応を取ってしかるべきであるが、『遼史』にはそうした記載は皆無である。太平八（天聖六）年六月に遼は呉克荷を「賀夏国王李徳昭生辰使」に充てている（聖宗紀八）。ちょうど李元昊が甘州を攻略した頃である。その後二年間はタングート政権に関わる記事はなく、太平一一（景福元）年六月、聖宗が崩御すると、「甲申、遣使告哀于宋及夏、高麗（興宗一）。」の記事と、それに対する九月「庚申、夏国遣使来慰（興宗一）。」の記事を見出すだけである。聖宗の最晩年、遼とタングート政権は通常の関係を維持していたように見られる。そして、注目すべきはその同じ年のことであるが、『遼史』（巻一八）興宗紀一景福元（一〇三一）年の末尾に載せる、

この歳、興平公主を以て夏国王李徳昭の子元昊に下し嫁せしむ。元昊を以て夏国公、駙馬都尉に為す。

の記事である。聖宗崩御と同じ歳に興平公主が李元昊に降嫁し、元昊は夏国公、駙馬都尉に任じられているのである。公主の降嫁は新皇帝の興宗が即位して俄かに計画、実行されるようなものではなく、聖宗政権の末期には承認されていたものと考えるのが妥当であろう。そうすると、タングート政権と遼政府との間には河西回廊の帰属をめぐってすでに合意がなされていたと考えるべきであろう。聖宗政府は阻卜諸部の叛乱鎮圧を優先するために、タングート政権との間に新たな紛争が惹起することを極力避けたかったのであろう。河西回廊の支配権をタングート政権に譲る代わりに、充分な代償を求めた外交交渉がおこなわれたと考えるべきである。それは遼に対する忠誠と、西域由来の品々や青白塩を含む諸物資の大量上納が条件だったと考えて大過なかろう。そしてそれが実行された暁には公主の降嫁も約束されていたのではなかろうか。おそらく太平八年から一一年にかけての李元昊主導のタングート政権はその約束を忠実に実行したのであろう。その結果、聖宗の崩御にも拘わらず景福元年中に興平公主の降嫁と李元昊の授爵等が

実現されたのである。そして、図らずも遼のこの対応は景福元（天聖九）年におけるタングート政権の主権者が李元昊であることを如実に証明しているといって過言ではないのである。

そこで、いよいよ李徳明の死亡時期の特定に論を進めていこう。右に述べたように、李元昊に興平公主が降嫁したのは宋の天聖九年中のことであるが、その前年、瓜州ウイグルがタングート政権に降った同八年に、李徳明の消息が『続資治通鑑長編』に残されている。（巻一〇九）同年一二月丁未の条に、

定難節度使西平王趙徳明、使を遣わして来りて馬七十匹を献じ、仏経一蔵を賜らんことを乞う。これに従う。

とある。平易に解釈すれば、李徳明は宋に対し仏典の賜与を口実に友好関係の継続を求め、宋もこれに応えたのである。本節冒頭の史料Bの「九年十月、徳明卒。」の約一年前のことである。天聖八年の一二月、李徳明は健在で宋との友好に積極的な姿勢を見せていたことになる。この史料は当時のタングート政権の内情を解明する上で重要な示唆を与えてくれる。つまり天聖八年の年末に至ってもタングート政権には二つの潮流が未だ存続していたことになる。国家建設を志向する李元昊に連なる主勢力に対して、宋との関係を重視する李徳明と現状維持派が未だ余喘を保っていたのである。この頃には河西回廊の攻略が李元昊の主導でおこなわれ、また李元昊が宋に対して敵対姿勢を強めていることは宋側も正確に掌握していたと思われる。それ故、李徳明の遺使は条約締結以来の関係を維持したい宋にとっては渡りに船だったと思われる。宋としては李徳明側に梃入れしてタングート政権の暴発を少しでも抑えたかったのが本音であろう。この記事が事実とすると、李徳明は天聖八年の末までは確実に生存していたことになる。

これに対して、さらに数年前に死亡していたことを示唆する材料もある。それは前述のEとその割注に記載されている甘州、西涼府の攻略後、「未踰時」に李徳明が死亡した、とする史料である。先に述べたように李燾は李徳明の死亡を便宜的に李元昊から通告のあった明道元年一一月の条に掲載したために、甘州、西涼府の攻略も同年中のことのように考えられやすいが、二州の攻略が天聖六年中頃と証明された以上、『仁宗実録』、『正史』の「未踰時」も天

聖六年中のことと考えるのが妥当な解釈であろう。そうすると二州の攻略後、それほどの間を置かずに李徳明は死亡して、以後、その死は厳秘に付せられていたことになる。そして天聖八年の宋に「仏経一蔵」を要求した遣使も李元昊の偽装工作だったことになる。建国運動が大詰めになり、李徳明の死亡を一つの外交カードとして使うために、その死を秘匿することは大いに考えられるが、このように手の込んだ偽装工作をおこなって生存を装う必然性はまったくない。そしていかに死亡を秘匿したところで、せいぜい一年ぐらいが限度で、三、四年も情報が漏洩しないわけはない。こうしたことを考慮すると、『仁宗実録』、『正史』の記述のもとになった原史料の段階で何らかの混乱があって、二州の攻略と李徳明の死亡を連続させてしまったと考えるべきであろう。Eの割注の最後で李燾が「あるいは甘州および西涼府陥没の時を載せるは、すなわち別に修附すべきか。」と疑問を呈していることは宜なるかなである。李徳明が天聖八年中は健在だったと断定してよかろう。李徳明派の懸念は二州の攻略が宋はもとより遼との関係を悪化させ、場合によっては武力衝突に発展することであった。タングート政権が条約締結によって宋との間で安定した経済外交を続けられる背景には、遼との友好関係が強く影響していたことは歴然たる事実である。遼は高麗とタングート政権を左右両翼の属国と見做して宋に圧力をかけていたのであり、そうした関係性が有効に働き宋との経済関係に影響していたことは論を俟たない。ところが、遼との対立が顕在化し武力衝突に突き進めば、必然的に宋に足元を見られて貿易もじり貧に追い込まれ、これまで築き上げた安定した生活は一気に覆されてしまうのである。李徳明とその支持派は、この間に李元昊が努力している対遼交渉を凝視していたはずで、その失敗に備えての予防策として独断で宋に遣使したものと考えてよかろう。それ故、この遣使は父子の関係を著しく悪化させたことは想像に難くない。李元昊の胸中にある国家建設を実現するためには宋との衝突は不可避である。河西回廊の獲得だけではなく、北は黄河東流部に勢力を張る蔵才族や南方に蟠踞し唃厮囉を擁するチベット族を討滅して新たな領域を確定する作業は、宋の利益線を後退させることに他ならない。さらに国家を運営するためには宋からの膨大な経済支援を引き出さなくてはならない。要は今までの条約とは桁違いの有利な条約を締結しなくてはならないのである。宋に追従するのではなく、宋に対決することによってのみ建国は達成されるのである。

翌天聖九（景福元）年になると、李元昊が推し進めていたと考えられる対遼交渉が実を結び、興平公主の降嫁と夏国公、駙馬都尉が元昊に与えられたのである。父李徳明が画策していた宋との協調外交に対する強烈なアンチテーゼになったことであろう。そして、その同じ年の一〇月に、本節冒頭に掲載したBの李徳明の死亡記事が『宋史』李徳明伝に載せられているのである。父子の路線をめぐる相克を考えると、この二つの記事の背後には大いに想像力を掻き立てられる何らかの重大な事情が隠されている感を深くする。さらに、翌明道元（一〇三二）年一一月癸未（一五日）にはDの西平王趙徳明を夏王に封じる記事が『続資治通鑑長編』に掲載され、それからわずかに九日後のこととしてAの「壬辰（二四日）、延州言夏王趙徳明卒」の記事が『宋史』仁宗紀二に掲載されているのである。どう考えてもこちらの二つの記事に関しても、背後に政治的配慮を疑わせるに足る重大な思惑が隠されているように感じるのは筆者一人の勝手な思いではなかろう。そこで、多少の推測もまじえてこの二年間の李元昊を取り巻く状況の推移を筆者なりにまとめて本節の締め括りとしたい。

冒頭部で触れたように明道元年の一一月に李徳明の死亡報告が宋、遼二国に発せられたからといって、その直前に李徳明が死亡したと考える必要はまったくない。李元昊は必ずや独裁権力の確立に最も効果的な時期を見計らって父親の死亡を通告したに違いない。おそらく明道元年になると、政権の主導権が李元昊に奪われていることは宋政府も掌握していたと考えられるが、秋も深まる頃には、李徳明の安否に関して幾つもの情報が宋の廟堂に寄せられるようになっていたのではなかろうか。李徳明が完全に権力を喪失し幽閉されていると報じるもの、あるいはすでに死亡していると伝えるもの、さらには、李徳明は暗殺されたらしい、など情報が錯綜していたのではなかろうか。宋にとって李徳明の存在はタングート政権の暴発を防ぐ安全装置であった。李徳明が健在であるか否か、とでは宋の対応は根本的に異なってくるのである。一五日に宋が「夏王」の称号を李徳明に与えた真意は、李徳明に対する梃入れというよりも、死亡確認が最大の目的だったのではなかろうか。実は宋側も李徳明がすでに死亡しているとの確証を掌握していたのである。その証拠が「夏王」に他ならない。過去「夏王」を与えられた人物は定難軍節度使中興の祖李彝興ただ一人である。これについては第一部第五章第一節（一九六頁）で論じたように、乾徳五年九月、李彝興の死亡を受け太祖が「廃朝三日、贈太師、追封夏王」をおこなっている。死亡した李彝興を追封した「夏王」号を生きている李徳明に与えるとは考えられない。すなわち、宋政府は李徳明の確かな死亡情報を得て、タングート政権側からの正式連絡を待たずに李徳明を「夏王」に追封し、李元昊に対して宋側も李徳明の死亡を知っていることを伝え、これに対する李元昊の出方を見極める意味が込められていたのである。ところが、九日後の二四日に延州から、「夏王」に封じた李徳明が死亡した旨タングート政権から通告があったと報じてきたのである。一一月一五日に「夏王」に封じ、その使者が夏州に達するまでの日数と、延州から開封までの連絡に要する日数を勘案すると、夏王に封じる詔を受けた李元昊が父の死亡を延州に通告したのではなく、詔の到着とは入れ違いに通告を発していたことがわかる。偶然に時期が重なったのである。このタイミングは何を意味しているのであろうか。李徳明の安否をめぐる情報が宋側に流れ出していることは李元昊の側でももとより承知していたことであろう。李元昊が父李徳明の死亡を秘匿した理由は、その間に自己の権力基盤を確立する時間を必要としたことにある。すなわち反対勢力を抑圧し、宋と新たな対立関係を構築する準備期間だったのである。それでは、肝心の李徳明の死亡は何時のことなのであろうか。後に触れるように李元昊はこの後も反対勢力の粛清を執拗におこなっていることから判断すると、李元昊の政権確立が異常な状況でおこなわれたことを推測するにやぶさかでない。李徳明が平穏な死を迎えたならば、甘州、西涼府の攻略で実質的に主導権を獲得していた李元昊に対して表面的に反発する理由はなくなるはずである。批判をおそれず多少大胆な推測を加えると、李徳明は幽閉が原因で死亡したか、殺害されたかの何れかであろう。筆者は李元昊による暗殺と考えている。李元昊と遼の結合は父李徳明との関係悪化を決定づけたことであろう。おそらく李徳明派の巻き返し工作も活発化したのではなかろうか。そうした動きを封じる最も効果的な手段は反対派の中心人物の除去だったのである。さらにその事後処置として反対派の有力層に対する弾圧が付随したはずである。そして権力機構の整備作業が進められたはずである。かれこれを勘案すると通告の一、二箇月前に死亡したとは考えられない。『宋史』李徳明伝に載せる天聖九年の一〇月説も一概に否定できなくなる。李元昊はちょうど一年の歳月をかけて独裁政権の確立を成し遂げたのではなかろうか。筆者は李徳明の死亡を天聖九年の一〇月か、それを過ぎる数箇月以内のことと考える。そして明道元年の一一月は、李元昊にとって上述した準備が整い、李徳明の死亡を秘匿する必要性がなくなった時期なのではなかろうか。李元昊は宋側が李徳明の死亡を確認したこの時期に、父の死を通告し従来の条約を破棄して、宋に対して新たな対応を迫る効果を狙ったものと考えられる。同じ時期に宋、遼二国に父李徳明の死亡を通告したということは、換言するならば宋に対しては宣戦布告を、遼に対しては忠誠の継続を表明したことに他ならないのである。

二　対宗哥族大戦争の決行

父李徳明の死亡を宋に通告したことがすなわち宣戦布告を意味した証拠は、前節冒頭部に掲載した史料Eに続けて『続資治通鑑長編』（巻一一一）明道元年一一月癸巳（二五日）の条に、

癸巳、制して元昊に特進検校太師兼侍中定難軍節度夏銀綏宥静等州観察処置押蕃落使西平王を授く。司封員外郎判開拆司楊告を以て旌節官告使に為し、礼賓副使朱允中を之に副とす。元昊既に襲封し、すなわち陰に叛計を為す。時に明道に改元す。而して元昊父名を避け、輒ち顕道を中国に称す。また貢奉すると雖ども、然るに僭已に萌すと。初め使者に対し席を設けるも、自らは尊大にして、告が坐を徙し賓位に即くも屈を為さず。また屋後に

数百人の鍛声有るを聞き、その必ず叛するを知る。独り畏懦して敢て言わず。告は允恭の子なり。

とあることからもわかる。李徳明の死亡報告を受けた仁宗は「輟視朝三日」をおこない、皇太后と李徳明のために苑中で喪服を着し、彼に太師、尚書令兼中書令を贈り、朱昌符を祭奠使として派遣したのである（以上前節のE）。さらに翌日、仁宗は李元昊を何とか繋ぎ止めるために「特進検校太師兼侍中定難軍節度夏銀綏宥静等州観察処置押蕃落使西平王」を授与し、楊告、朱允中を李元昊のもとに派遣したのである。右史料の中ほどに記載されている「元昊既襲封……然僭已萌矣。」は李元昊が西平王を授与された後の彼の対応記事を挿入したもので、本来ならば史料の最後に掲載すべき内容である。それはさておき、楊告から西平王の位を受ける李元昊の態度は甚だ不遜なものであった。屈礼をせず、儀式がおこなわれている館の外ではまさに軍事演習と思われる数百人の鍛声が響いていたのである。楊告は近い将来、必ずや李元昊が宋に敵対することを覚ったものの、それを報告することもなかったというのである。楊告の態度は不審だが、彼の予想は的中し、李元昊はその後、貢奉はおこなうも、亡父の名を避けることを理由に中国の正朔「明道」を否定し、「顕道」を称したのである。これは明らかに宋に対する独立宣言と宣戦布告を意味しているといってよかろう。政治路線をめぐり対立関係にあった父親の死亡報告を効果的に利用して、一挙に宿案の政治的プログラムを断行しようとしたのである。このことからも父李徳明の死亡は李元昊にとっては想定内の出来事として織り込みずみであったことがわかる。

さて、李元昊がこれから宋に対して武闘路線を展開していく過程で、その足枷ともなる二つの障害があった。その一つは河西回廊の諸勢力をめぐり、常にタングート政権に対抗していた河西チベット族の総帥唃廝囉の存在であった。そしてもう一つが李徳明時代には皆無であったタングート政権を構成する実力者による反李元昊的行動であった。本節では第一の問題、すなわち唃廝囉政権との抗争を取り上げたい。

唃厮囉政権の詳細についてはすべて旧稿[5]に譲るとして、ここでは彼の擁立から李元昊との抗争に至る経緯を概略紹介しておこう。当初、唃厮囉政権を演出した勢力は湟水流域に族帳を展開する宗哥族であった。その宗哥族が史料上で注目されたのは、者竜六族がタングート政権に与して潘羅支を暗殺した直後、率先して六族の叛乱を鎮圧したことによる。これ以後、宗哥族は厮鐸督政権のもとで存在感を増し、独自に宋に朝貢するまでになる。そして、景徳三（一〇〇六）年頃から西域諸国と結合し、独自の朝貢ルートを経営するようになった。特に蘇守信が西涼府に進出した大中祥符四（一〇一一）年以降、甘州ウイグルは西涼府を避け、湟水上流域に出る宗哥ルートを採用するようになると、宗哥族の政治力は大躍進を遂げたのである。一方、大中祥符二年頃、河州の酋帥が吐蕃王家の血を引く一二歳の唃厮囉をマルユルから連れてくる。潘羅支、厮鐸督をはるかに上回る権威に着目した李遵、温逋奇等は大中祥符八年になると文法を立て唃厮囉政権を樹立し、河西チベット諸族に大号令をかけるまでになる。西涼府の厮鐸督も後にこれにしたがうようになる。宗哥ルートを握る強みを利用して、甘州ウイグル可汗に対して、唃厮囉とウイグル公主の結婚を求めたことから、一時、両勢力の関係は悪化してしまう。ところが唃厮囉を擁する李遵と温逋奇はじきに対立し、同年九月には李遵が唃厮囉を独占して傀儡政権を建てる。兵数十万を号し、積極的に秦州、渭州方面の蕃部工作をおこない宋と対立するが、曹瑋の経略にあってことごとく失敗に終わってしまう。大中祥符九年になると甘州ウイグルとの関係も改善されるが、蘇守信の死後、西涼府は事実上甘州ウイグルの保護領化してしまい、宗哥ルートの重要性は失われてしまう。李遵は唃厮囉を派遣して西涼府の獲得を狙うも実を結ばない。頽勢を挽回しようと焦った李遵、唃厮囉は天禧二（一〇一八）年に遼に朝貢し、こともあろうにタングート領内の通過を求め李徳明政権に断られているのである。唃厮囉は李遵の娘を娶り瞎氈（轄戩）、磨氈角（黙戩覚）の二人の子を儲けるも、ようやく李遵の頤使に甘んじることを潔しとせず、天聖三（一〇二五）年頃に李遵と袂を分かち温逋奇を頼って邈川城に移る。折りしもタングート政権においては李元昊の積極政策が主流となり、天聖六年には甘州と西涼府が相次いでその領有に帰したのである。河西回廊の地殻変動とタングート政権の不穏な動きを察知した宋政府は、古来からの伝統政策である「以夷制夷」の採用に踏み切り、明道元年九月に唃厮囉を寧遠大将軍愛州団練使に任じタングート政権に対する牽制勢力に仕立てていったのである。ところが、この直前、唃厮囉と温逋奇の関係も破綻し、唃厮囉は恩逋奇を敗死させるも、邈川城には留まれず湟水上流に位置する青唐城に本拠を移したのである。その後、唃厮囉父子の関係も悪化し、長男の瞎氈は河州から洮河を隔てて龕谷にかけてを勢力圏とし、次男磨氈角は祖父李遵の旧支配下を勢力基盤として宗哥城において兄同様独立政権を樹立し父唃厮囉に対抗したのである。唃厮囉父子が対立し河西チベット族の勢力が分裂したことは、李元昊にとっては極めて好都合であったが、それにも増して彼に危機感を募らせる大きな問題が発生したのである。それは旧西涼府政権の構成部族や、甘州ウイグルの遺民が大挙して唃厮囉のもとに流入しているということであった。『宋史』（巻四九二外国八吐蕃唃厮囉の条、以下唃厮囉伝と略記）の景祐中の条に、

元昊が西涼府を取るに及び、潘羅支の旧部は往往厮囉に帰す。また回紇の種人数万を得る。

とある。この史料は景祐中に記載されているが、上述したように、甘州、西涼府の攻陥が天聖六年中の出来事であったことを考慮すれば、湟水流域に移動を始めたのは陥落からそれほど間を措いてのことではなかったであろう。陥落後から景祐初年にかけての五、六年の間にこうした動きが陸続したのではなかろうか。そして遺民が新たに唃厮囉政権の軍事力に利用されることは当然のことである。宋、遼に次ぐ第三の国家の建設を急ぐ李元昊にとっては唃厮囉父子が分裂し、未だ大勢力に統合されていないうちに何としても宗哥族政権を殲滅し、牽制勢力に仕立てようとする宋の思惑を粉砕する必要があったのである。

西夏建国の阻害要因である河西チベット族に対する攻撃はこのような唃厮囉一族の分裂抗争を充分に利用し、その罅隙をついて敢行されたものであった。李元昊と唃厮囉の戦いは、中国史料によると唃厮囉側の善戦の記事が目につ

き、李元昊は河西チベット族にさしたる打撃を与えることができなかったかのように記されている。しかしそれはタングート政権に対する曲筆であり、事実はこれにより河西チベット族がタングート政権の対抗勢力としての地位を喪失したことは、夙に榎一雄氏の所説(6)にある通りである。なお、後述するように李元昊が新国家西夏を建国したのが景祐元年のことであるから、これを機会に本書においても「タングート政権」改め「西夏」として論を進めていきたい。

さて、西夏・宗哥族大戦争がいつどのように展開されたのかについては、諸史料間で錯綜しており、未だ充分には跡づけられてはいないのである。宋代史研究の最高の拠り所である『続資治通鑑長編』においても、李燾は各戦闘の時期と前後関係に苦慮し、充分な検討をおこなわずに処理している。これはひとえに戦争そのものが長く激しく混乱し、宋との連絡も途絶し情報が逐一正確に宋に伝わらなかった何よりの証左である。そこで、以下この戦争の実態を解明してみたい。結論から言うと西夏・宗哥戦争はおおむね五次にわたっておこなわれている。『続資治通鑑長編』はそれを（巻一一七）景祐二年の一二月壬子の条と、（巻一一九）同三年の一二月の条末尾に一括して記載している。そこでまず、この記載順序にしたがって戦闘の記事を左に順次掲載し、便宜上記号を附しておく。

A　時に元昊、索諾爾（蘇奴児）を遣わし、兵二万五千を将いて嘉勒斯賚を攻めしむ。敗死略尽し、索諾爾は執えらる。

B　元昊自ら衆を率いて氂牛城を攻む。一月下らず。既にして詐りて和を約し、城開きすなわち大いに殺戮を縦にす。

C　また、青唐、阿爾、総噶爾、帯星嶺の諸城を攻む。嘉勒斯賚の部将阿薩爾（安子羅）は兵十万を以て帰路を絶つ。元昊、昼夜戦うこと二百余日（『宋史』李元昊伝は二百余日）、薩爾敗す。然るに部兵総噶爾河に溺れ、饑死に及ぶもの過半。

D　元昊、また嘗て嘉勒斯賚を侵す。兵を并べ河湟に臨む。嘉勒斯賚衆寡敵せざるを知り、鄯州に壁して出でず。

陰かに元昊を間《うかが》い、頗る虚実を得る。元昊已に河を渡り、旗幟を挿してその浅を識る。嘉勒斯賚潜に人をして移して深処に植え、以て元昊を誤つ。大戦に及び元昊潰て帰る。士幟を視て渡り、溺死するもの十に八九、虜獲する所甚衆し。（以上巻一一七景祐二年一二月壬子）

E　再び兵を挙げ回紇を攻め、瓜沙粛三州を陥し、尽く河西の旧地を有す。将に謀りて入寇せんとし、嘉勒斯賚のその後を制するを恐れ、また兵を挙げて蘭州諸羌を攻む。南に侵して馬銜山に至り、瓦躡、凡川会に築城し、兵を留め鎮守し、吐蕃が中国と相通ずる路を絶つ。（巻一一九景祐三年一二月辛未）

西夏・宗哥族戦争の開始について、李燾は氂牛城攻略に関連して（巻一一七）景祐二年一二月壬子の条の割注で、「氂牛城を屠る、趙珣は以て明道中に在りと為すが、誤なり。当にこの年に在り。」といい、『聚米図経』の明道年間説を斥け、開戦を景祐二年と断じ、同巻一二月辛亥の条の末尾に「秦州走馬承受言う『趙元昊兵を挙げて嘉勒斯賚を攻む。請う陝西に下し預め辺備を修めん』と。これに従う。」を挿入し、辻褄を合わせている。しかしこれは明らかに李燾の間違いである。ほとんど同時代的史料で極めて信憑性の高い『聚米図経』がこうした年次を間違えるとは考えられず、さらに『宋会要輯稿』（一八五冊兵二七）備辺には、辛亥末尾の記事と同じ内容を、

景祐元年十二月一日、陝西走馬承受公事言う「趙元昊兵を挙げて唃廝囉を攻む。請う陝西に下し、預《あらかじ》め辺修を為さんことを。」と。これに従う。

と記しているのである。開戦連絡は明らかに景祐元年末のことであり、実際の開戦も明道中と考えてよいのである。唃廝囉の青唐城移住が明道元年の末から二年にかけてのことと考えられるから、Aの蘇奴児による唃廝囉攻撃は明道二（一〇三三）年の下半期ごろと断じておく。(7) 蘇奴児（索諾爾）はかつて西涼府に駐屯していた西夏の軍校蘇守信の一族と考えられる。『宋史』李元昊伝の景祐二年の条には「遣其令公蘇奴児将兵二万五千攻唃廝囉……」とある。令公とは一般に中書令の尊称である。李元昊伝に特段「令公」をつけ加えたということは、当時、宋側に李元昊政権の権

力機構のあらましが伝わっており、李元昊伝の原史料に蘇奴児の地位も記されていたのではなかろうか（六五七頁史料Bの令公参照）。第一章（五八四頁）でも触れたように、蘇氏は環州北方を本貫とする野利氏集団の有力部族と考えられるので、蘇奴児が枢要な地位に就いていたと考えても無理はない。そして、すぐ後で触れるように蘇氏の女は李元昊に嫁しており、蘇奴児が有力な武将として宗哥族攻略を担任させられたと考えてよかろう。そして、蘇守信以来の関係で蘇氏の軍隊が西涼府に駐屯していたと思われる。西夏の軍勢が宗哥地方を攻略するためには、蘭州を抑えて湟水流域を遡っていくのが作戦上最も尋常なルートである。ところが蘭州からその南方にかけては、当時、唃廝囉の長子瞎氈の勢力圏であった。それ故、もし西夏軍がこのルートを採ったとしたならば、瞎氈軍との戦闘が第一に記載されるはずである。瞎氈が李元昊にしたがっていない証拠は史料Eに「復挙兵攻蘭州諸羌」とあることからもわかる（後述）。つまり、西夏軍は蘭州から湟水を遡るルートをとって宗哥地方の攻撃をおこなったのではないのである。蘇奴児の攻撃が史料Aには氂牛城とは明記されてはいない。しかし、引き続く李元昊本人の攻撃が氂牛城である以上、作戦的に考えて、蘇奴児の攻撃も氂牛城であったと考えて大過なかろう。そうすると、この侵攻路は少し前で述べた甘州から宗哥に入る宗哥ルートを採ったと考えられ、先鋒として西涼府に駐屯していたと考えられる蘇氏軍が選ばれたのではなかろうか。蘇奴児は二万五千の大軍を率い大通河を渡り、青唐城の北に位置する氂牛城攻略を目指したのであろう。ところが唃廝囉側の邀撃にあって蘇奴児軍は敗績しあまつさえ主将の蘇奴児は捕らえられてしまう。そこでBにあるように李元昊自らが出撃して氂牛城を包囲攻撃したのである。氂牛城攻防戦は西夏側にもかなり多くの損害を与えたらしく、『続資治通鑑長編』（巻一六二）慶歴八年正月辛未の条、李元昊死亡記事後の妃の紹介で、

二は索氏と曰う。始め曩霄（元昊）氂牛城を攻む。伝者戦没と為すを以てす。索氏喜び、日々に音楽を調《しらべ》る。曩霄還るに及び、懼れて自殺す。

とあるように、一時は李元昊死亡の誤報が本国に伝わったほどであった。蘇氏（索氏）の女とはおそらく蘇奴児の娘

であろう。彼女が元昊の死亡の誤報を喜んだ理由は、父蘇奴児の大敗北によって蘇氏一族が政権内で立場を失い族滅の危機に晒されていたからではなかろうか。それはさておき、李元昊が陣頭指揮した氂牛城攻略戦も難行し一箇月たっても陥ちず、結局、詐って和約し城門が開いたところで大殺戮をおこない奪取したのである。李元昊がこのように氂牛城攻略に固執した理由は、今後の対宗哥戦を有利に展開するために、その心臓部に拠点を確保しておくことと、それ以上に宗哥勢力が河西回廊に通じるその入口を閉塞することにより、西域諸国との連絡を絶つという狙いがあったのである。氂牛城の陥落は明道二年の末から景祐元（一〇三四）年の初にかけてのことであろう。

宋は開戦とそれに続く西夏の氂牛城攻陥の報に接し、事態の急迫を改めて認識し、唃厮囉を権威づけることにより、宗哥族政権の分裂を修復し河西チベット族全体の求心力を高めさせようとしたのである。『宋会要輯稿』唃厮囉に、

景祐二年十二月二十一日、唃厮囉を保順軍節度観察留後に除す。依りて邈川首領を兼ねしむ。

とあるように、唃厮囉は「保順軍節度観察留後」の地位を得、邈川首領も兼ね湟水流域全体の支配権も認められたのである。

ところが、景祐三年から四年にかけて、いよいよCに記されている李元昊の大攻勢が展開されるのである。西夏軍は青唐、阿爾、総噶爾（宗哥）、帯星嶺諸城を攻め、唃厮囉側も部将安子羅の奮戦により西夏の帰路を断ち西夏軍を苦しめたが、このために湟水流域一帯はおよそ一年間、西夏の軍馬にことごとく蹂躙される。流域一帯は満目荊榛の荒野に化したことであろう。宋の唃厮囉政権に対する梃入れに対抗し、かつ前回の苦戦に懲りた李元昊はこの大戦から積極的に唃厮囉の二子や温逋奇の息子温郢成兪竜等に対する懐柔工作をおこなったのである。『続資治通鑑長編』（巻一一九）の前掲同条に、

元昊聞く、斯賚の二子その父を怨むと。因りて重賂を以てこれを間《はな》す。かつ陰に諸酋豪を誘う。而して温布且の子伊実済嚕（温郢成兪竜）は衆万余を擁して、陰に元昊に附す。

とある。唃厮囉に復讐心を持つ温逋成兪竜がいち早く万余をもって李元昊に呼応しているのである。Ｃに青唐、阿爾（安児城）、宗哥、帯星嶺諸城が攻撃され、温逋成兪竜の居城邈川城が抜けているのはそのためであろう。さらに張方平の『楽全集』（巻二二）奏第二状に、「其磨氈角、与夏国及邈川首領温逋成兪竜通和」とあるので、唃厮囉の次男磨氈角もついで李元昊の懐柔策にしたがい参戦した模様である。このように一族や有力酋豪の西夏側参戦により浮足だった「諸酋豪」を鎮めるために唃厮囉はさらに高次の権威を宋に求めたようである。『東都事略』（巻第一二九）西蕃に、

景祐中、両使留後を授く。唃厮囉、元昊と兵を交え、人をして来りて捷を献ず。仁宗召見してこれを労う。大臣議して唃厮囉に節度使を加えんと。韓億以て不可と為す。語億伝に在り。

とあるように、景祐四年一一月と思われるが使者を派遣し、暗に節度使の称号を要求したのである。しかしながらこの時は李元昊を刺激することを懸念する韓億の慎重策から授与は見送られている。そして、この間に唃厮囉側は大きな打撃を受け、ほぼ勝敗は決してしまったのである。しかし戦闘の長期化にともない西夏側に与えた損害も非常に激しかったようで、Ｃの「然部兵溺総噶爾河、及饑死過半」とあるのもあながち西夏に対する曲筆とも思えない。

こうして唃厮囉政権の軍事的脅威を除去し、本来の目的を一応達成した李元昊は、唃厮囉との最終決着を一時延期し帰国したのである。その理由は軍勢の立て直しもあるが、かねての計画にしたがって河西回廊の完全征圧に向かうためであった。李燾がＥの冒頭に掲載した「再挙兵攻回紇、陥瓜沙粛三州、尽有河西旧地」はこのように唃厮囉政権の河西回廊に伸びようとする触手を完全に断ち切った後でおこなわれたものである。史料は第四節に示すが、景祐四年末までには瓜、沙、粛三州も完全に西夏の領有に帰し、併せて元昊は国家機構の整備をおこない、また防衛体制の整備にも尽力したのである。なお、宗哥族政権に対する右廂甘州路の兵力が後に史料を掲載する防衛体制には三万とあり、他路に比較して最も少ない。このことは、すでに唃厮囉政権の危険性が激減されていることを物語っているの

であろう。

西夏の存立を強固ならしめるためには宋との対決が必然であった。それが目前に迫っている李元昊にとっては、衰勢著しいとはいえ青唐城に籠もる唃厮囉は相変らず気の抜けない存在であったようである。というのは、すでに述べたように河州から龕谷に及ぶ地域を支配していた長子瞎氈は、李元昊の離間懐柔工作にもこの時点ではしたがっていなかったようで、さらに第三次までの戦争にも地理的に見て参戦していなかったと思われる。それ故、瞎氈政権は無傷のまま宗哥地方と宋を結ぶ交通路を掌握していたのである。李元昊にしてみれば唃厮囉がこれと連携し、Eの「恐嘉勒斯賚制其後」と考えたのも無理はない。そこで李元昊はこの際、宋との戦争に先立ち後顧の憂いを断つべくEにあるように宋と宗哥地方を結ぶ交通路に楔を打ち込み、唃厮囉と宋との連絡を一切遮断し、唃厮囉を湟水の奥地に封じ込めようとしたのである。李元昊は瞎氈の軍勢である蘭州諸羌を破り、瞎氈の二大拠点の河州と龕谷の間に位置する馬銜山一帯に侵略し瓦躑、凡川会の二城を築城し、完全に交通路の遮断に成功したのである。第四次戦は宝元元（一〇三八）年の一〇月以前に終了したとみられる。ここに至って、自信を深めた李元昊は後述するように従父趙善約特の内徙未遂事件を強引に処理し、後述するように宝元元年一〇月に、正式に「大夏」建国を宣言し、宋に対しても皇帝を自称したのである。李元昊は翌二年一月、再度宋に使者を派遣し国書をもたらし、その中で「吐蕃、塔坦、張掖、交河莫不服（『続資治通鑑長編』巻一二三）」と述べ、この段階で甘州ウイグルと宗哥族政権を完全に征圧したことを誇示しているのである。

李元昊の「大夏」建国に慌てた宋は、前掲『東都事略』に続けて、

> これ久しく、朝廷、元昊の臣せざるを以て、使を遣わして唃厮囉を諭し、元昊を攻めしむ。会《たまたま》元昊が兵を挙げ唃厮囉を襲うに、堅く壁して戦に与らず。……

とあり、これを『宋史』唃厮囉伝では、

宝元元年、保順軍節度使を加え、よりて邈川大首領を兼ねしむ。時に、元昊叛するを以て、左侍禁魯経を遣わし詔を持し厮囉を諭し、元昊を背撃せしめ、以てその勢を披《わか》たしむ。帛二万匹を賜う。

とあるように、宝元元年の末におよんで、ようやく事の重大性と緊迫性に気づき、急遽、魯経を青唐城に派遣し、遅ればせながら一二月、唃厮囉を念願の「保順軍節度使」に任じ、西夏牽制勢力の再度の立て直しを目指したのである。ここに李遵以来およそ二〇年ぶりに保順軍節度使が復活したのだが、宋の唃厮囉政権に対する淡い期待は、次いで『宋会要輯稿』唃厮囉の宝元二年二月唃厮囉に賜った詔で、

詔して曰く、「朕、昊賊僭狂にして辺境を侵擾するも、卿の資忠にして勇を済《な》し、順を効《いた》して誠を輸《つく》すを以て任を授く。……宜しき所は早に師旅を興し、往きて空虚を襲い、彼の未だ還らざるに乗じてその根本を抜かん。父子力を竭して族を殄《つく》して渠《かれ》を抗《ふせ》ぐは、今正にその時にして、機失う可からず。今、昊賊来りて辺を犯す。卿、詔の到る日を俟ちて、手下の軍を連領して、径《すみやか》に賊界に往き、同に共に剪除殺戮せん。如し能く有心し、蕩滅して昊賊を得れば、すなわち当に卿に銀夏等州の節制を授けん。」と。……

とあることからもわかる。宋はこの時点に至っても唃厮囉勢力を過大に評価し、銀夏等節度使を香餌に強力な出兵要請をおこなっているのである。『宋史』唃厮囉伝の「賜帛二万匹」や、『続資治通鑑長編』（巻一二三）宝元二年六月の条に、

壬午（二三日）、詔して「趙元昊の官爵を削り属籍を除き、牓を辺に掲げて、人を募り元昊を擒えて、若し斬首して献ずればすなわち以て定難節度使に為さん。」と。……

とあるように李元昊の擒獲ないしは斬首した者に定難軍節度使を与えるとしたことも、唃厮囉に対する要請であったことに変わりはないのである。ところが魯経の滞在中にD の第五次攻防戦が勃発してしまうのである。これはおそらく宋が唃厮囉に保順軍節度使を授官したことを知った元昊が、窮鼠同然の唃厮囉に最後の止めを刺すべくおこなわ

れたものと思われる。すでに長期におよぶ戦争に疲弊し、元昊を邀撃するだけの余力すら残されていなかった唃厮囉は、宋の期待に背き本拠青唐城（鄯州）に壁し戦わず、その間もっぱら西夏側の虚を衝く作戦に出たのである。李元昊が帰路確保のため渡河点に旗幟を立て目標にしたのは事実であろう。これは前回の戦いで宗哥河において部兵が溺死したことを教訓にした対策であったと思われる。また唃厮囉がそれを知り深所に移しかえ、決戦を挑み相当程度の損害を与えたことも事実であろう。ただDに「溺死十八九、所虜獲甚衆」となると信用できず、同条の割注で李燾が、

　嘉勒斯賚伝は、幟を挿して元昊を誤つの後に云う「これより数《しばしば》奇計を以て元昊を破る。元昊、敢てその境を窺わず。」と。蓋し飾説なり。今取らず。

と断じているのが正しかろう。『続資治通鑑長編』（巻一一九）景祐三年の条の末尾に続けて、

　斯賚の勢蹙り、更に喬氏と総噶爾より、西して哩沁城に徙る。元昊ますます自肆を得る。

とある。この記事は編纂の都合上景祐三年末に記載しただけであり、実際は第五次攻防戦の後、青唐城を守ることができなくなり、同城の西に位置する林金城（哩沁城）に移らざるを得なくなった情況を示しているのであろう。

　このように西夏・宗哥族大戦争はA、B、C、E、Dの順序で明道二（一〇三三）年より宝元二（一〇三九）年にかけて、足かけ七年間にわたっておこなわれ、ツォンカ地方は西夏軍の馬蹄にすっかり蹂躙されてしまったのである。戦争は西夏の勝利に終り、以後、唃厮囉政権はついに西夏を脅かす勢力を回復することができなくなったのである。『続資治通鑑長編』（巻一二三）宝元二年六月丙寅の条、魯経の閤門祇候抜擢の記事中に、魯経の督促に対して、

　嘉勒斯賚、詔を奉じて、兵四万五千を出して西涼に嚮《むか》う。西涼に備有り、嘉勒斯賚攻める可からざるを知り、遊邏数十人を捕殺し、亟に還り、再挙を図ると声言するも、然るに卒に能わざるなり。

とあるが、これは宝元元年末ごろの唃厮囉政権の窘窮した実態を語っているのであろう。唃厮囉は李博木喇斡等を宋に派遣し方物を貢いでいる（『続資治通鑑長編』同巻宝元二年三月甲寅）。湟水の奥地に逼塞を余儀なくされてしまった唃

厮囉にとって、この状況下でおこなえる精一杯の応答だったのであろう。それでも宋は相変わらず西夏の抑止力としての宗哥族政権に過大な期待を抱いていたようである。同じく『続資治通鑑長編』同巻四月の条に、

癸亥（三日）、保順軍節度使邈川大首領嘉勒斯賚の妻安康郡君李氏を以て尼に為す。よりて紫衣を賜う。妻の太原郡君喬氏を永嘉郡夫人に為す。子の轄戩は澄州団練使に為し、黙戩覚は順州団練使に為し、各々襲衣金帯器幣及び茶を賜わる。よりて毎月別に綵絹各十五匹を給す。時に、嘉勒斯賚父子は猜阻して居を異にして、相に統属せず。朝廷これを兼撫せんと欲す、故にこの命有り。

とある。宋政府は対西夏牽制勢力としての宗哥族政権再建の捷径は唃厮囉一族の和解、統一政権の復興にあることを痛感したのであった。しかしながら、続けて同条に、

然るに、轄戩は黙戩覚とともに各々一城を治め別に文法を立てると雖も、終に諸蕃を総摂することは能わず、但自ら保つのみ。

とあるように、宋の思惑に反して統一政権の復興は画餅に帰する結果に終わったのである。

三　粛清事件の続発

（その一）

唃厮囉を擁する宗哥族政権との激闘が酣を迎える頃、李元昊の新政権を根底から覆さんとする大事件が勃発している。それは、驚くことに李元昊の生母一族による李元昊謀殺未遂事件の発生である。『続資治通鑑長編』（巻一一五）景祐元年冬一〇月丁卯（一一日）の条後半に、

母米氏の族人尚実、謀りて元昊を殺さんとして、事覚《あらわれ》る。元昊その母に酖してこれを殺す。尚実の族を河に沈

め、使を遣わし来りて哀を告ぐ。詔して鎮軍大将軍左金吾衛上将軍員外置同正員に起復し、内殿崇班閤門祇候王中庸を以て致祭使に為す。兵部員外郎兼起居舎人郭勧を弔贈兼起復官告使に為す。元昊賂して勧等に百万を遺る。勧悉く拒んで受けず。既にして元昊また額蔵渠懐氏を立て烏尼に為す。烏尼は太后なり。

とある。(8)衛慕氏の族人尚実が李元昊を謀殺しようとして発覚し逆に一族が族滅させられたというのである。李元昊は母親に毒を飲ませて殺害し、尚実一族を河に沈めて鏖殺する。その上で宋に対して母親の死亡を報せている。仁宗は李元昊に鎮軍大将軍左金吾衛上将軍員外置同正員を授け、致祭使王中庸と弔贈兼起復官告使郭勧を派遣する。李元昊は郭勧等に賄賂百万を遺るが拒絶される。その後、李元昊は弟沁威の生母額蔵渠懐氏を烏尼（太后）にしている、というものである。この史料は衝撃的事件の発生もさることながら、紙背に目を凝らすといくつかの疑問が浮かび上がってくる。李元昊は母親の死亡を何故早々に宋に連絡したのか。対決色を鮮明にする李元昊に対して、宋は何故に鎮軍大将軍左金吾衛上将軍員外置同正員を与え、致祭使と弔贈兼起復官告使を派遣したのか。さらに李元昊は郭勧等になぜ賂を遺ろうとしたのか、など。

この疑問を解く鍵は一に尚実の出自にあると考えてよかろう。再々述べてきたように衛慕氏とは綏州を本貫とする大豪族啅母族のことである。野利氏が李徳明の母族であるのに対して、衛慕氏は李継遷と李元昊の母族である。拓抜氏、野利氏とともにタングート政権を構成する三大勢力の一つである。そして今般、李元昊政権が樹立されたことによりその立場はますます重きを増したはずである。タングート族に限らず主権者の母親の一族というものは、洋の東西を問わず、身内として主権者に最も信頼され重用もされ、またその勢力基盤として一体化したものであるといって少しも過言ではないのである。そこで確認しておくべきことは、李元昊と衛慕尚実の関係である。拓抜李氏を例にとると、李継捧に至る本宗の夏州拓抜氏の家系の他に、銀州を本貫とした李継遷に至る家系、その他多くの傍流から成り立っていた。野利氏などは、横山南麓に多くの同族集団を擁していたが、蘇氏などは環州北方を本貫とした本宗の一傍流と考えられる。綏州を本貫とした衛慕（啘母）氏も同様に、本宗と幾つもの傍流から構成されていたことは当然であろう。そして李継遷の母親はもとより、李元昊の母親も衛慕氏の本宗から嫁したと考えるのが順当である。あるいは傍流の女を選んで李徳明に入れたとしても、本宗が養女分にしたと考えてよかろう。そして今回、その母親が毒を飲まされて殺害されたということは、尚実が本宗の中心人物であったことを示している。さらに、『続資治通鑑長編』（巻一六二）慶暦八年春正月辛未の条、李元昊の妻の紹介記事の冒頭に、

　曩霄凡そ七たび娶る。一は黙穆（衛慕）氏と曰う。舅女なり。一子を生むも貌他人に類《に》るを以てこれを殺す。

とあり、衛慕氏の女は李元昊に嫁している。「舅女」とはおじの娘を指すことを考えれば李元昊の母は尚実の姉妹にあたる存在であったと考えてよかろう。李元昊は母と妻の二重で衛慕氏に囲われていたのである。この事件の後、弟沁威の生母額蔵渠懐氏を烏尼（太后）にしていることから判断すると、当然李元昊の生母の衛慕氏がそれまでの烏尼（太后）、ないしはそれにあたる地位に就いていたことは間違いあるまい。烏尼（太后）の地位にあることの前提は実子が主権を掌握していることによっていることはいうまでもない。すなわち、衛慕尚実は太后の兄弟として、つまり李元昊の伯叔父として李元昊政権の二番目に位していたと考えてよかろう。その身内によって李元昊は謀殺されかけたのである。烏尼（太后）である生母が息子の謀殺に一役買っていたとは常識的に考えてもまずありえないことである。生母はこの事件とは無関係であったろう。それでは、衛慕尚実が李元昊の母族という極めて有利な立場にありながら、李元昊の謀殺を決意せざるを得なかった理由とは何だったのであろうか。

　李元昊が目指した政体は宋を真似た皇帝専制独裁体制で、それは祖父李継遷が志向したところでもあった。ところが父李徳明時代は明らかにその政治プログラムは停滞し、それは対外政策の消極性という形で顕われた。そしてその要因になったのが有力豪族層の現状維持、すなわち戦争行為の忌避にあった。李継遷、李徳明、李元昊と連なる拓抜氏はまさしく拓抜王朝の樹立を目標にしていたのに対して、野利氏、衛慕氏、そして多くの豪族の本心は実質部族連

合を望んでいたと考えて大過あるまい。李徳明時代は野利氏本宗が外戚としてそうした勢力の中心として第二の位置にいたものと思われる。そして李元昊時代になると当然、その地位は衛慕氏本宗に取って代わられたことであろう。衛慕氏は李徳明政権においてはその対宋協調政策を支持、後援し、その見返りとしての貿易による恩恵を潤沢に得ていたと考えてよかろう。李元昊が政権を掌握すると、衛慕尚実は外戚として李元昊の対宋強硬路線の軌道修正を求める勢力の中心人物になっていたのではなかろうか。そして宋政府も李元昊政権内の衛慕尚実の立場を承知しており、その働きに期待し、保安軍あたりの役人を通して独自の接触をおこなっていたのではなかろうか。そして衛慕尚実が親宋勢力の中心であることは李元昊も当然のことながら熟知しており、両者の政治方針をめぐる乖離は当初から顕在していたのであろう。ところが、ここまで考えて来て一つの疑問が生じた。いかに政体をめぐる対立があったからといって、衛慕尚実にとって李元昊は自己の権勢維持の源泉である。それを絶ってしまえば己の勢力も消滅してしまうのである。この後で述べるように当時、西夏の軍隊を掌握していたのは李元昊の従父趙善約特で、野利氏その他の豪族も健在である。本来、こうした陰謀は李元昊とライバル関係にある拓抜氏本宗の人物を担いだ上で始めておこなわれるものである。これについてはすぐ後で実証される。ただやみ雲に李元昊を殺害して政権獲得のクーデターを起こせるような政治的環境でないことは明白である。筆者も以前は右景祐元年の史料を無批判に信じ、謀殺未遂事件が実際にあったと思い込んでいたが、今回考えを改める。衛慕尚実は老練な政治家だったと考えてよかろう。政体をめぐって意見の相違があったからといって、衛慕尚実が虎の子の李元昊を暗殺するような短絡的な行動を取るはずはないのである。仮に尚実一族だけで李元昊を謀殺したとしても、拓抜氏、野利氏、そしてその他すべての豪族を敵に回すことになり、尚実一族のみならず全衛慕氏の族滅に繋がることは必至で、自暴自棄の自殺行為になってしまう。このように考えると衛慕尚実による李元昊謀殺未遂事件の実相が闡明になってくる。事件はすべて李元昊の意を受けた腹心による密告をもとにしたフレームアップだったと断定する。その根拠は次に述べる趙善約特の宋内徙事件A史料に重要な示唆があるからである。李元昊は趙善約特を除くために、従弟惟序に対して趙善約特の謀反の捏造を呼びかけているのである。おそらく衛慕氏傍流の誰かを狂言回しにして衛慕尚実の陰謀が虚構されたのであろう。衛慕尚実は親宋勢力の代表であるとともに、部族兵の動員に関しても消極的対応を取る勢力の中心だったのではなかろうか。宗哥族政権との戦争、引き続き想定されている宋との決戦を控え、政権内部の不協和音は断然これを打ち消し、一丸となって戦争政策に邁進するために李元昊は非情の手段を執ったのである。このような恐怖の手段は一歩誤ると自らも大火傷を負いかねない極めて危険な行為である。しかしながら冷徹な李元昊は成算の無い行動は取らない。その実行には有力豪族間に潜在する対立関係と衛慕尚実の失脚を希う豪族層の思惑を巧みに利用し、拓抜氏一族、衛慕氏傍流、野利氏勢力、額蔵渠懐氏等を手なずけて万全の態勢を固めた上で衛慕尚実一族の鏖殺を決行したのであろう。野利氏に関しては、その後の李元昊政権における活躍から、むしろ衛慕氏追討に積極的に関与したことが考えられる。そして額蔵渠懐氏に関しては弟沁威の生母額蔵渠懐氏を新たに烏尼（太后）にしていることからそれが証明される。李元昊は自己の行動の足枷になる母族を処分するという象徴的行為によって異論の完全封殺を実行したのである。母親や妻と子はその犠牲になったと考えてよかろう。李元昊が速やかに母親の死亡を宋に報せたことは、実は衛慕尚実一族の鏖殺を報せることが本意だったのではなかろうか。衛慕尚実一派を後援し李元昊の暴発を抑えようとする宋の一縷の望みを断ち、国家建設の妨害因子は断固としてすべて除去する姿勢を宋に示したのである。これに対して宋は直ちに弔意を示し、李元昊を鎮軍大将軍左金吾衛上将軍員外置同正員に起復して、あくまでも李元昊との関係の維持に腐心している。しかしながら宋の対応を掘り下げて考えてみると、むしろ王中庸と郭勧二名を派遣するための口実だったと考えてよいかも知れない。致祭使を拝命した王中庸は閤門祗候で、弔贈兼起復官告使に任じられた郭勧は起居舎人であった。これらはいずれも宮中の官職で皇帝に近侍するものである。仁宗政府は敢て彼らを派遣することによって李元昊政権の内情をつぶさに観察させ、直接に生の情報を入手しようとしたのであろう。しかし宋側の思惑はみごとに李元昊に看破されてしまったのである。李元昊は宋の対応を見透かしたかのように、郭勧等に高額の賄賂を遣ろうとしている。彼らの亡命か宋側の情報の提供を求めたのであろう。背景には高待遇に釣られて西夏に身を投ずる漢人が多数存在していたことを窺わせる。使節に対する殊勝な態度など微塵も感じられないことがわかる。弔問外交は改めて李元昊の対決姿勢を再確認することになってしまったのである。

この事件を総括しておこう。有力部族の独立性を重視し、部族連合政権の夢を捨てきれない豪族層と、君主専制独裁国家を目指す李元昊の政体をめぐる相克にその原因があったと断じてよかろう。母族といえども反対派に対しては寸毫の容赦も与えないことを政権に関与する有力豪族層に強く示すことにより、守旧勢力を慴伏させ、独裁体制の完成を内外に印象づける狙いがあったのである。次節で詳述するが李元昊が自らを嵬名吾祖と名乗り民族国家の主を宣言したのは、まさにこの事件を踏まえてのことであった。この事件は同条の前後関係から判断して景祐元（一〇三四）年の一〇月よりは数箇月以前に起こった事件と思われるが、李元昊はこの頃、宗哥氂牛城攻撃や、初めての府州攻撃を敢行しており、急激な武闘路線と専制独裁化に対する不満を力づくで抑え込もうとしたのである。

（その二、その三）

ところがこの後も、本来ならばタングート政権を支える枢要な地位にある有力者の反李元昊事件が続くのである。宝元元（一〇三八）年、李元昊が宗哥族政権との戦争に目途をつけ、宋に対し「大夏」建国を宣言する矢先に、李元昊の従父で弟とともに西夏軍を分掌していた趙善約特一族の宋内徙事件が勃発している。『続資治通鑑長編』（巻一二二）宝元元年九月の条にその詳細が記されている。便宜上Aとする。

A　己酉（一六日）、鄜延路鈐轄司言う、「趙善約特人を遣わして金明県に至らしめ、都監李士彬と降を約す。已に令してこれを却く」と。鈐轄司及び環慶、涇原、麟府等路に詔して、「各々斥候を謹《きびし》くし、もし善約特がまた人を遣わして至れば、但に士彬をして己の意約を以て回さしめ、務めて辺防の安静を令せん」と。初め趙元昊悉く諸族の酋豪を会し、臂を刺し血を酒に和え、髑髏中に置き共にこれを飲む。約して先に鄜延を寇し、徳靖、塞門、赤城路の三道より並んで入らんと欲す。酋豪の諫める者有り、輒ちこれを殺す。善約特は元昊の従父なり。数《しばしば》元昊を止めるも聴かず。善約特誅を畏れ、先に人を遣わし偽誥を持ちて士彬に詣り、自ら兵を将いて黄河の南渡を扼し部落を発し内属せんことを欲す。而してその妻伊克什羅羅、子阿裕爾及び親属三十二人を挈え、珍宝名馬を以て来降す。この月庚子（七日）、保安軍に至る。知保安軍朱若吉以て知延州郭勧に告ぐ。勧、鈐轄李渭と狐疑して敢て受けず。これより先、善約特等珍宝を士彬に預寄するに万を以て数う。勧、士彬を詰《ただ》す。士彬その物を利し、答えて有無きを云い、且つ言う「いまだ嘗てこれを招誘せず」と。勧、渭またおもえらく徳明納貢より四十年、内附する者有るも未だ嘗て留めずと。共に議して遣わし還す。仍りて縁辺に約束し降者を受けるを勿らしむ。ここにおいて奏入し、因りてこの詔を降す。勧、渭尋いで善約特を遣わして還す。善約特可《よし》とせず。すなわち監押韓周に命じて善約特等を執え、元昊に送る。鼐博坡に至り、元昊、騎射兵を集め射ちてこれを殺す。善約特名は惟亮、弟惟永と左右の廂兵を分掌す。その従弟惟序もまた親近して用事す。善約特は勇略有り国人これに向う。元昊その己に従わざるを悪む。嘗て惟序に語りて曰く、「汝、善約特の反を告げん、吾、善約特の官爵を以て汝に与えん、然らざれば倶に族滅せん。」と。惟序忍ばず更めて以て善約特に告げる。善約特、来降を欲し、惟永と謀る。惟永曰く、「南朝に人無し、烏珠の所為を知らず、将に兄を信ぜず、兄必ず交《こもごも》困しまん」と。善約特曰く、「事已にここに至る、奈何ともす可き無し。若し南朝に福有れば、則ち我を納ん。」と。遂にその母に告ぐ。母曰く、「汝自ら計を為せ。我は年八十余、汝に従いて去り、汝の累《わずら》いと為る能わず、当に我を室中に置き火を縦ちてこれを焚くべし。」と。善約特等涕泣し、母の言の如くす。韓周の執える所と為るに及んで号哭して冤を称う。周、元昊と宥州に見えるに、元昊は錦袍、黄緜胡帽を衣、善約特等を受けるを肯ぜずして曰く、

「延州、我が叛臣を誘う、我れ当に兵を引き延州に赴き、知州庁前においてこれを受けん。」と。周、説きて良久を諭す。すなわち受を肯ず。時に元昊自ら烏珠を称して已に数年。烏珠とは華言の青天子なり。中国を謂いて黄天子と為す。元昊、既に善約特を殺し、遂に僣号を謀る。

この事件は、宋政府の官僚にとってもよほど衝撃的な出来事として印象づけられたのであろう。ほぼ同時代史料として貴重な存在である『涑水記聞』にも多少異なった角度から採録されている。『続資治通鑑長編』を編纂した李燾は司馬光の著述を大いに参考にしているが、『涑水記聞』も司馬光の著書の一つである。唐宋史料筆記叢刊（武英殿聚珍本依拠）所収の『涑水記聞』（巻一二）の一節を掲載する。便宜上Bとする。

B　宝元元年九月十六日、鄜延路都鈐轄司奏し、今月五日、六宅副使金明県都監新寨解家河芦関路巡検李士彬、申す。四日戊の時、男殿直懐宝及び七羅寨指揮使唆妹、宥州末蔵屈己団練の侍者末蔵〈密蔵〉福羅を引到し、趙元昊の給する所の宥州山遇（趙善約特）令公及び姪屈訛相公、従弟吃也相公の告身三通を以て来りて云う、「山遇先に元昊の処に在りて枢密に為る。兄弟室家皆細項に居し、屈己と婚姻を為す。屈己は宥州の南、没姑川に居す。元昊、数《しばしば》諸部大人を誅し且に尽きんとし、また山禺を誅せんと欲す。八月二十五日、山遇の妹の夫易里遇乞令公、山遇に告げるを以て、山遇は河外より侍者二人と逃帰して既に河を済り縁河の兵を集め河津三処を断つ。二十八日、山遇還りて細項に至り、その弟の三太尉なる者をして、宥州の兵を将い河津諸屯を監せしむ。二十九日、山遇は侍者をして乞いて屈己を召して細項に至らしむ。九月一日、山遇は屈己と帳中に坐り福羅を召し、告げるに事の状を以てす。山遇は哭き且つ言いて曰く、『去年大王の弟侍中謀反し、大王を殺さんと欲して我を頼る。これを聞き以て大王に告げる。大王存《いきながらえ》て今日に至るは我の力なり。今すなわち我を殺さんと欲す。汝、我が為にこの告身三通を齎し、金明に赴き、導引して延州大人に告げよ、我れ当に悉く黄河以南の戸口を以て朝廷に帰命す。今すでに兵を発し細項に在り、朝廷質者を得んと欲すれば、我が子若くは我が弟を以てするも皆可なり。

大王来り追う、我れ自ら所部の兵を以てこれを拒む、と。汝、南に至り何れかの語を得れば、当に亟に来れ。我れ別に馬七八百匹を以て朝廷に献ぜん。更に使者をして保安軍より駅路して延州に告げん。我れこの月三日、宥州監の州兵を集め河上に之き、悉く戸口を発して朝廷に帰するなり。』と。福羅、既に告身を得、屈己は送りて長城嶺の南に至りて還る。福羅は金明に至り、状を以て本司に言う。」と。契勘（調査）するに、これより前、元昊の所部に叛する者有りて、元昊の誅する所と為る。已に具に奏聞す、今、山遇は帰明〈命〉を欲すると云う。本司商量（協議）し、已に録《うつ》し白《あきらか》にして告身を下し、士彬をしてまた告身を以て福羅に付し、自らそれに従わしむ。福羅に告諭する所は、元昊の職貢無虧を以て、その降を受けるを議し難しとし、款（文書）もて已に遣わし還す。臣等仍りて虜の姦詐を為すを恐れ、已に縁辺に戒め刺候して備を厳にし去り訖りぬ、と。また奏すらく、六日、保安軍北蕃官巡検殿直劉懐中状申し、「詗いて山遇相公、屈己相公、二太尉、三太尉、吃也相公等、二日に兵を起こし衆二千余人を有ち、村社族の帳を劫掠する只《のみ》にして宥州境内に在るを知る。」と。尋いで保安軍の状を得て云う、「五日寅の時、山遇及び弟の二防禦、三防禦、姪屈訛相公、従父（父は衍）弟吃也相公は麾下一十五騎を将い、皆甲を被り兵を執り、帰娘族指揮使嚷羅家に抵り朝廷に帰命せんことを欲す。」と云うと。臣等已に保安軍をして山遇等の来る事の所以を詰問せしめ、故に勒して北帰せしむ、と。仍りて縁辺部族首領をして兵を厳にして巡邏せしむ。あるいは更に北来の戸口有れば、皆約して遣わし還さしめ、承受して別に引惹（引き招く）を致す者を得るを毋からしむ。鄜延路都鈐轄司に詔して縁辺諸寨及び蕃官等に厳勅せしめ、晨夜備を設け人を遣わして詗候せしむ。もし虜人の自らその境に在りて互に相攻戦すれば、すなわち界首において密に托備（托落、処置?）を行い、張皇（拡大する）を得るを毋からしむ。あるいは更に山遇所部の来投し告げる者有れば、李士彬等をして只彼がため婉順を意として回を約さしめ、務めて安静にせしめん。詗知する所の事宜は、節次駅置して以聞す、と。［＊〈　〉内は増訂中國学術名著第一輯（世界書局印行）に拠る。なお、以後の引用も同書に拠る。］

この二つの記事は、珍しく西夏内部の政治路線をめぐる対立や趙善約特の内徙にいたる経過などが臨場感をもって生き生きと描かれている。そこでA、B二つの記事を勘案してこの事件の実相を解説しておこう。

まず注意しておくべきは、（その一）衛慕尚実の事件と、この事件の間にも多くの粛清事件が発生していたことである。西夏が戦闘を始めるにあたって酋豪を集めてその作戦の長短を評議することは後掲『続資治通鑑長編』（巻一一五）景祐元年冬一〇月丁卯の条からも明らかである。しかしながらAにある鄜延を寇し、徳靖、塞門、赤城路三道より入寇しようとする作戦については諸酋豪の対応は根底から異なっていたのである。作戦の手順をめぐる対立ではなく、作戦そのものに対する反発があったのであろう。Bに「元昊、しばしば諸部大人を誅し且に尽きんとす。」とあるように殺害された酋豪が多数あったことはその証左である。衛慕尚実の事件を間近に見ていた諸酋豪が何ゆえに李元昊に異を唱えることを敢てしたのであろうか。実はそうせざるを得ない抜き差しならない逼迫した事情が各豪族には存在していたのである。李元昊が中国的な独裁専制国家を作り、官制や軍制を定めたとはいっても、それは未だ緒に就いたにすぎない。軍の実態にしたところで、尽きるところは従来の各タングート部酋が支配する各部落の壮丁がその構成員であったことはいうまでもあるまい。この直前、西夏は河西チベット族と未曾有の大戦争を経験している。辛くも勝利をものにしたとはいえ、西夏側にも深甚の損害があった事はすでに述べたところである。そうすると、その犠牲はひとえに各部族に反映したことはいうまでもない。部族の疲弊はその部酋の疲弊であることも理の当然である。李元昊の止まることを知らない武闘路線に対して、タングート各部族長が抵抗した真の理由は自己の存在基盤を守る必死の抵抗でもあったのである。ところが、李元昊にしてみれば、まさしくそうした部族連合的な旧来の支配秩序を破壊することなくして宋に対抗する中国的な国家建設はありえない、との強い決意が漲っていたはずである。李元昊の立場から論ずれば、一時の激情にかられての誅殺ではなく、西夏国の基礎を確立する上で避けて通れぬ既定の政治的作業であったということができるのである。衛慕尚実やその他の部酋の悲劇はこのような政治環境のもとで起こるべくして起きた事件ということができるのである。

さて、Ａに趙善約特は李元昊の従父とある。従父とは一般に父の兄弟を指す用語である。そうすると李徳明の兄弟で、李継遷の息子ということになる。史料上に現われる李継遷の子は李徳明ただ一人であるが、異腹の兄弟が一人もいなかったとは常識的に考えてもありえない。第二部で触れたように、李継遷の婚姻相手として知られているのは、母族衛慕氏の女と野利氏の女、それに遼の義成公主である。李徳明は野利氏の子であるが、仮に同腹の弟がいたならば史料上に存在が記されていたはずで、同胞ではなかろう。同様に義成公主に子が生まれていたとしたら、これも史料上に残りそうなものである。そして衛慕氏は尚実の存在からこれも否定してよかろう。一方、李継遷は「継遷復連娶豪族……（『宋史』李継遷伝）」とあるように、多くの豪族と政略結婚をおこなっていたことが確かめられる。趙善約特はそうした「豪族」の女の生むところであることは間違いないとして、筆者は彼に「趙」姓が付与され、西夏軍を総師していることに注目する。趙姓を勝手に使えるわけはなく、おそらく李徳明時代に宋側から与えられたものに違いない。漢名は惟亮とあるから、趙惟亮として宋側にも知られていたのであろう。拓抜李氏の伝統として、李徳明の同輩行ならば「徳」の字がつくことも考えられるが、幼少期から李徳明がタングート政権の後継者として決定していたために、敢て同字は避けられたのではなかろうか。それはともかく、弟の惟永とともに左右の廂兵を分掌して西夏軍の総師であったということは、この兄弟が特別の血統を誇っていたからであろう。李元昊が趙善約特兄弟の兵権掌握を嫌ったことから考えれば、趙善約特は李徳明時代から弟とともに全軍を総師していたことは間違いない。拓抜氏集団が、衛慕氏や野利氏など本来的に他の部族の血を引く者が軍事権を掌握することを許容するであろうか。李徳明は野利氏を母に持ち、李元昊は衛慕氏を母に持っている。それだけでも母族の政治力は非常に強かったはずである。その上さらに、軍事権を拓抜氏以外の血を引く者に与えては正に政権の死命は制せられてしまう。趙善約特兄弟が全軍を総師したということは、母方においても拓抜氏の血脈に連なっている証拠であろう。李継遷が建国運動を進める上で最初に取り組むべき課題は無定河流域に残存する拓抜一族の糾合だったはずである。野利氏、衛慕氏の陰に隠れてこれまで拓抜傍流の存在は等閑に附してきたが、李継遷、李徳明政権を支えた核心は拓抜一族であったことは紛れもない事実であろう。趙善約特はまさに拓抜一族をまとめる要として、李元昊政権においても軍事権を掌握し隠然たる力を持っていたのではなかろうか。

史料A中頃に「善約特は勇略有り国人これに向う。」とあるが、それをまさに証明するような事件（その二）が一年前、すなわち景祐四（一〇三七）年に発生していたことがBの前半に記されているのである。趙善約特が哭きながら密蔵福羅に言い含めた「去年大王の弟侍中謀反し、大王を殺さんと欲して我を頼る。これを聞き以て大王に告げる。」の一節である。大王とはいうまでもなく李元昊のことである。李元昊の兄弟に関しては、第一節で「……徳明娶三姓。衛慕氏生元昊、咩迷氏生成遇、訛蔵屈懐氏生成嵬。（『宋史』夏国上李徳明伝）」の記事を示したように、二人が確認できる。咩迷（密克黙特）氏が生んだ成遇（沁裕勒）と、訛蔵屈懐（額蔵渠懐）氏が生んだ成嵬（沁威）である。「弟侍中」とはそのどちらかであろう。衛慕尚実の事件後、李元昊は弟沁威の母親の額蔵渠懐氏を烏尼（太后）にしているところから考えると、沁威との関係は悪くはなかったはずである。ところが、もう一人の弟である成遇（沁裕勒）の母親の出身部族咩迷（密克黙特）氏に関しては、先の李元昊の妻を紹介した記事の中で、

四に曰う、密克黙特氏。子阿哩を生む。謀りて曩霄を殺さんとして、鄂桑格の告げる所と為る。河に沈めて密克黙特氏を王亭鎮に殺す。

と記している。咩迷（密克黙特）氏の女は李元昊にも嫁しているのである。咩迷氏は李徳明、李元昊二代と婚姻関係を結んでいるのである。咩迷氏がタングート諸部族の中でも極めて有力な一族であったことがわかる。そして注目すべきは、咩迷氏が「謀殺曩霄」つまり夫李元昊を殺害しようとして、鄂桑格の密告によって王亭鎮で殺されているのである。王亭鎮は夏州付近に位置している（第二部三〇六頁参照）。殺害方法も衛慕尚実一族同様に河に沈めるという

ものであった。咩迷氏を母に持つ「弟侍中」の謀反発覚後も李元昊の室である咩迷氏の女が生を長らえ得たとはとても考えられない。李元昊の性格からして族滅は免れなかったはずである。この記事が慶暦八年の条に記載されているからといって、「謀殺曩霄」が直近に起こったと考える必要はない。「謀殺曩霄」は「去年大王弟侍中謀反」と同じ事件を指していると判断して間違いなかろう。「弟侍中」とは成遇（沁裕勒）であることはすでに明白であろう。ともかく有力部酋に止まらず李元昊の政治路線に対しては拓抜氏の同族間にも不満が溢れていたことは事実であろう。この事件は成遇が単独で兄李元昊の命を狙ったなどという単純なものではない。「謀反」の二文字が示すように、成遇が王位を簒奪することを目的として計画されたクーデター未遂事件である。当然、この陰謀には成遇に親近する勢力が関わっていたことはいうまでもあるまい。そしてその勢力とは成遇の母親の出身部族を措いて他には考えられない。部族連合的政権を固守したい成遇の母族咩迷（密克黙特）氏の有力部酋がこの陰謀の黒幕であったと考えてよかろう。李元昊が独裁権力を獲得し、母族衛慕氏主流を族滅し、もう一人の弟成嵬の母族額蔵渠懐（訛蔵屈懐）氏との連携を深めたことは、咩迷氏にとっては脅威以外の何ものでもなかったはずである。咩迷氏は政権中枢から排除される形になったのである。右史料の密告者鄂桑格とは額蔵渠懐の同音異字訳と考えられる。すなわち、成嵬の母族額蔵渠懐氏もクーデター情報を摑み李元昊に注進したのであろう。(9)

古今東西、クーデターの成否の鍵は軍隊の掌握如何に懸かっている。それは西夏においても少しも変わるところはない。そして、この時期、西夏の軍隊を統轄していたのが趙善約特兄弟であった。Aに「善約特名惟亮与弟惟永分掌左右廂兵」とあり、Bには「山遇令公（趙善約特）、先に元昊の処に在りて枢密に為る」とある。趙善約特は西夏軍の総司令官であった。年齢的にも拓抜氏の最長老であったはずである。一族に対する重石であるだけでなく、当時の有力部酋を束ねる最高実力者として李元昊を措いて右に並ぶものはいなかったはずである。ということは、李元昊にとっては左右廂軍を支配し枢密の地位にいるおじ趙善約特は最大のライバルでもあり、最も危険な存在として常に意識されていたはずである。趙善約特は絶大な権勢を有するが故に逆に極めて微妙な立場に立たされていたともいえよう。Aに「しばしば元昊を止めるも聴かず」とある。李元昊の強権政治に趙善約特はことあるごとに諫止していることが窺われるが、それが両者の関係を悪化させていったことは多くの豪族が目のあたりに見ていたのであろう。クーデターの片棒を担いでくれるとの成算が咩迷（密克默特）氏一族や成遇（沁裕勒）にはあったのではなかろうか。そこでBに「頼我」とあるように、陰謀は趙善約特に打ち明けられたのである。ところがクーデター勢力の目論見は完全にはずれてしまう。趙善約特は急を李元昊に報せ、クーデターは失敗に終ってしまう。李元昊の過激な武闘路線と狷急な国家建設には趙善約特も不満を強めていたはずである。しかし趙善約特は枢密として国政の要職にあるという理性を強く持っていたのであろう。クーデターによる混乱は建国して日の浅い西夏にとっては、取り返しのつかないダメージになるとの判断が働いたのである。Bの「大王存《いきながらえ》て今日に至るは我の力なり。」は趙善約特の偽らざる自負の吐露であったろう。

しかるに李元昊の胸のうちは趙善約特に感謝するどころではなく、今まで以上に趙善約特の存在に脅威を感じるようになっていったことであろう。クーデターを未遂に防いでくれたおじが軍の総司令官として政権内に留まり続けるということは、尽きるところ国王としての李元昊の地位を軽薄なものにしかねないのである。西夏に二人の権力者は必要ないのである。李元昊にとって、「大夏」の建国を宣言する前に趙善約特を除くことはすでに以前からの懸案だったのではなかろうか。おそらく李元昊は弟成遇を擁するクーデター事件を利用して一挙両得の策に出たのであろう。趙善約特の包囲網を狭めることはさほどむずかしいことではなかったと思われる。Aにあるように従弟惟序を唆して趙善約特の謀反を捏造しようとしたように、李元昊の側から趙善約特のクーデターへの関与を取りざたする世論形成がなされたはずである。多くの豪族が殺され、李元昊の恐怖政治にすっかり牙を抜かれた残存有力部酋の多くは趙善約特と距離を置くようになっていったことであろう。ということは、実質上部族軍からなる西夏軍と趙善約特の関係にも変化が生じたことであろう。よしんば西夏軍の総司令官の地位を解任されなかったとしても、実質的には趙善約特の持っていた軍隊の支配権は骨抜きにされていたはずである。新たに趙善約特がクーデターを起こしたくても、成遇のような利用すべき駒はすでに存在しない。いつしか完全に四面楚歌の情況に追い込まれていたのである。

A、B二つの史料に語られている話は民間の伝聞などといったものではない。直接最前線で衝にあたる関係官吏の公式の報告にもとづいており、極めて信憑性が高い。そこで、二つの史料を総合し趙善約特の内附劇（その三）の経緯を追ってみよう。

趙善約特一族の結束は固かった。Aの従弟惟序はBの吃也相公のことであろう。彼は李元昊の脅迫にも屈せず、事の真相を包み隠さず趙善約特に伝えたのである。その一方で、Bにあるように趙善約特の妹の夫、易里遇乞令公も八月二五日に、李元昊が趙善約特の襲殺を計画している情報をもたらす。李元昊の襲撃が目前に迫っていることを知った趙善約特はわずかに侍者二人をともなって居住する細項を脱出し、河を済って縁河の兵を集めて河津（渡し場）三箇所を破壊し李元昊軍の追蹤を防ごうとしたのである。ところが二十八日、趙善約特は細項に戻り、弟の三太尉に宥州の兵を動員して河津諸屯の守備を命じている。翌二九日になると侍者を遣わして宥州の南、没姑川に居住する宥州団練使の末蔵（以下、密蔵に表記）屈己を細項に呼びつけ対策を協議した。九月一日、趙善約特は密蔵屈己が同道した侍者の密蔵福羅に李元昊の非情な仕打ちを泣きながら述べ、李元昊が趙善約特と婭屈訛相公、従弟吃也（惟序）相公に与えた告身（辞令書）三通を委ね、金明寨に赴き延州大人李士彬に三名の亡命受け入れの段取りを取らせたのである。趙善約特は受け入れ交渉が円滑に進むことを期待して、万を数える珍宝を密蔵福羅に委ね李士彬に賂したのである。趙善約特が内附にあたって密蔵福羅に言い含めた内容は、「黄河以南の戸口をもって朝廷に帰命す。」というものであった。塩州から無定河流域の夏州、銀州はもとよりオルドス一円の西夏領を挙げて宋の領土に帰属させるというもので、あまりにも非現実的な申し入れである。宋の疑いを解くために子でも弟でも人質に出すことを厭わないとつけ加えている。その上で、密蔵福羅に対して、「李元昊軍が迫っているので自分は兵を率いて防戦に向かう、汝は金明でよい回答を得たならば速やかに立ち返り報告してくれ。別に朝廷に馬七八百匹を献じるから。」と話している。さらに、趙善約特は口を継いで、「更に使者をして保安軍より駅路して延州に告げん。我れこの月三日、宥州監の州兵を集め河上に之き、悉く戸口を発して朝廷に帰するなり。」と言わせる。」と語っている。密蔵屈己は延州に趣く密蔵福羅を送って長城嶺まで同行したとある。緊迫した状況が行間からひしひしと伝わってくる。一方、Aには宋に降ることを主張する趙善約特に対して、弟の惟永は宋を信用せず、結末を予見して内附に反対したとある。惟永は止まって決戦を主張したのであろう。しかし、趙善約特は勝算が無く族滅に至る決戦は避け、宋に降る道を選んだのであろう。こうした兄弟間のやり取りは八月の二八日以降におこなわれたのであろう。そして追討軍派遣の情報がしきりに寄せられたのであろう。翌二日、趙善約特は密蔵屈己相公、弟の二太尉、三太尉、従弟の吃也相公等と兵二千余をもって村社族の帳を劫掠し、宥州境内の防備を固めたのである。ところで、趙善約特一族が居住する細項とはどこにあったのであろうか。Aに「自ら兵を将いて黄河の南渡を扼し」とあり、Bに「黄河以南の戸口を以て」や「河を済り」の表現から、宝元元（一〇三八）年には趙善約特一族も興慶府に住まいしていたようにも考えられる。つまり細項は興慶府の地名かとも考えられる。ところがBの冒頭部には「宥州山遇」とあり、宥州南の没姑川に居住する密蔵屈己が呼び出しを含めて二、三日で細項に来ている。興慶府と宥州の間は直線距離でちょうど二〇〇キロある。どう考えても細項は宥州の近辺に位置していたとしなければなるまい。Aの「黄河」やBの「河」は無定河と置き換えて読むのが正しかろう。次節で紹介する西夏の軍配備に「左廂宥州路五万人は、以て鄜、延、麟、府に備う」とある。宥州は対宋戦略上の最重要軍事拠点であった。枢密の趙善約特が宥州付近に一族とともに館を構えていたことは至極当然のことである。そして宥州団練使には腹心を充てたはずである。Bに宥州団練使の密蔵屈己は趙善約特一族と婚姻関係で結ばれていたとある。

さて、猫を嚙み殺すことのできない窮鼠となった趙善約特に残された唯一の方策は敵国であった宋に自らを高く売り込むことである。宋側に趙善約特一族を受け入れる態勢を速やかに準備させせようとしたのである。その橋渡しとして目を付けた人物が延州金明寨の李士彬だったのである。李士彬については『涑水記聞』（巻一二）に、

李士彬、世々属国の胡酋と為る。金明都巡検使を領し部する所十有八寨、胡兵十万人に近し。延州人これを鉄壁相公と謂う。夏虜素りこれを畏る。元昊叛し、使を遣わして士彬を誘う。士彬これを殺す。

とある。李士彬は金明寨に蟠踞して西夏の侵入に対して最前線の守りについていた。李士彬は第二部第四章（三九六頁）で触れた李継周の子である。李継周の家系は祖父の代から五代諸王朝に仕え、一貫して宋側に身を置きタングート拓抜氏政権と対峙していた東山部系統の熟戸である。李士彬は一八寨と一〇万近い兵力を擁し、延州一円で「鉄壁相公」と称され、李元昊もその存在を恐れていたほどである。『宋史』（巻二五三）李継周伝に「大中祥符二年、卒、年六十七。詔辺臣択其子可襲職者以名聞。辺臣言其子殿直士彬遜愞、従子士用朴忠練辺事、且為部落所伏。乃詔士彬管勾部族事、士用為巡検都監以左右之。士彬後至供備庫副使、金明県都監、新砦解家河盧関路巡検。」とある。当初は従兄弟の士用の後塵を拝していたようだが、景祐、宝元の間には大酋長として延州一円に君臨していたことがわかる。また、李元昊が派遣した内属を呼びかける使者を殺していることから、敵対感情はお互いに非常に強いものがあったことであろう。趙善約特が頼ろうとしたのも尤もである。

九月四日戊の時、すなわち夜の八時頃に李士彬の男殿直懐宝や七羅寨指揮唛妹に伴われて、密蔵福羅は延州金明寨に到着し告身三通を示し趙善約特等の内附要請を伝え、同時に万を超す珍宝を差し出したのである。珍宝に眩惑した李士彬は趙善約特一族を挙げての内附を応諾したのである。李士彬は珍宝の授受と内附の応諾は伏せて、翌五日速やかに趙善約特の内附要請の経緯を鄜延路都鈐轄司に報じたのである。鄜延路鈐轄李渭は知延州郭勧と協議して告身三通を記録すると李士彬に命じてそれを密蔵福羅に戻し追い返してしまったのである。密蔵福羅のその後は史料上から

は確認することはできない。趙善約特は実際にできるだけ多くの戸口を率いて内徙し、宋に自らを高く売りつけようと努力したようである。趙善約特は密蔵福羅に対しては、三日に宥州の兵を動員して黄河以南の戸口を発すると言っているが、実際にはその前日、二日に村社族を襲い戸口を発し宥州に移動させたのが精一杯だったのであろう。おそらく村社族はもとから宥州近郊に居住していた部族であろう。そして趙善約特の努力もこれまでであった。李元昊軍の追撃は予想をはるかに上回り、指呼の間に迫っていたのである。すべての目算を放棄して趙善約特等は宋領内に逃げ込んだのである。おそらく密蔵福羅の工作が失敗したことは知らなかったと思われるが、亡命に際し、Aにあるように足手まといになることを嫌った老母の言にしたがい、母もろともに細項の館に火を放って趙善約特は一族を挙げて脱出したのである。緊迫した状況が目に浮かぶようである。この話は監押韓周に趙善約特本人が慟哭し語ったことで、事実であろう。Bの保安軍の情報によると、五日寅の時、すなわち朝の四時頃に趙善約特は弟の二防禦、三防禦、姪の屈訛相公、従弟吃也相公とともに麾下一五騎を将い帰娘族指揮使嘜羅の家に抵り亡命を愬えたのである。「皆甲を被り兵を執り」とあるから完全武装で夜を日に継いで、渡りをつけておいた延州ではなく、宥州から直近の保安軍を目指したというのが実態であろう。弟の三防禦の表現は同じBの鄜延路都鈐轄司の上奏文に見える三太尉のことであろう。情報の出所が違うため表現が異なったものであり、ともに後から手を加えていない証拠で信憑性が増す。ところが、Aでは妻子親属三二人と珍宝名馬を携え庚子（七日）に保安軍に至るとある。人数、到着日がBの記載と異なっている。どちらかが誤伝の可能性もあるが、内容的に見ていずれも捨てがたい真実性がある。これを要するに、趙善約特等二〇騎は延州金明寨に向かう余裕がなく、保安軍で改めて一族郎党の受け入れ交渉をおこなうために五日早朝に帰娘族指揮使嘜羅のもとに逃げ込み、保安軍への執り成しを依頼したのであろう。妻子親属三二人は護衛の兵に護られて珍宝名馬を携え二日後の七日に到着したのではなかろうか。

宋側の対応をAにもとづいて確認しておこう。趙善約特一行の来降を受けた知保安軍朱若吉は、直ちに趙善約特を訊問し李士彬の内応等を聞きただした。朱若吉は詳細を知延州郭勧に伝え判断を仰ぐとともに、趙善約特一行を保安軍に勾留したのである。郭勧は本節冒頭に記載した、四年前の景祐元年に勃発した衛慕尚実の李元昊謀殺未遂事件の史料に登場する。事件後、弔贈兼起復官告使として李元昊のもとに遣いし、百万の賄賂を贈られるも峻拒し帰国している。その後、手腕を買われて知延州に充てられたのであろう。報告を受けた郭勧は鄜延路鈐轄李渭と直ちに対応を協議した。[10] 金明県都監李士彬を延州に招喚して趙善約特との約束を厳しく問いただしたのである。趙善約特が密蔵福羅を通して申し入れた黄河以南の全戸口をともなっての内附が全くの絵空事に終わり、保安軍に一族のみで逃げ込んだ事実を知った李士彬が手のひらを返したのは当然のことであった。李士彬は取り調べに対して、趙善約特から受け取った万を超す贓賂はひた隠し、さらに自分から招誘した覚えはないとして保身を図ったのである。とはいえ、こうした経緯がAに記されているということは、李士彬の言動がすべて露見していたことを表しており、その後、一定の処分を蒙ったことは間違いあるまい。ところがA、B二つの史料がともに触れていない事実がある。趙善約特は李元昊が対宋大攻撃を計画していることを切言していたのである。その証拠は『宋史』(巻三二六) 李渭伝に「元昊将山遇率其族来帰、且言元昊反状」とあり、(巻二九七) 郭勧伝に「……且言元昊将反」とあることから確かめられる。知保安軍朱若吉の報告書にはそのことが特筆されていたことは間違いあるまい。ところが郭勧と李渭はその情報を重視しなかった。否、そうした情報には目を向けたくなかったのであろう。郭勧と李渭は何としても西夏との紛争を避けたかったのである。二人が拠り所にしたのは景徳三 (一〇〇六) 年九月に李徳明との間に締結された講和条約であった。条約の締結以降、宋とタングート政権との間には大きな紛争もなく、熟戸等の内附も認めていなかった。二人は李元昊の大計画には目を向けず、趙善約特の内附事件を口実に李元昊が縁辺で騒擾を起こすことをひたすら虞れたのである。目先の問題に惑わされ事なかれに徹してしまったのである。ことは急を要する。保安軍に対し趙善約特一族を急ぎ李元昊に引き渡すことを文書で命じたのである。この対応を報せる上奏文はBの記述にしたがえば九月一六日に宋政府に届いた第一報ではなく、保安軍の状を得て発した第三報に記されていたことがわかる。いずれにせよ、第一報から第三報までは日を接して発せられたはずであるから、保安軍に鄜延路都鈐轄司の命令書が達したのは一六日よりは数日早かったであろう。知保安軍朱若吉より送還を通告された趙善約特が、死に直結する引き渡しに激しく抵抗したことは当然である。監押韓周に向かって号哭して冤を主張するも認められず、趙善約特一族は拘束され宥州に護送される。鼐博坡はおそらく宥州の関門にあたる坂の名称だったのであろう。李元昊は錦の陣羽織に君王を表す黄色の胡帽という装束で韓周に相対したのである。李元昊は延州金明寨の李士彬が趙善約特を誘ったとし、兵を率い延州に乗り込み、庁前において引き渡しを受けると韓周を恫喝したのである。宋側の消極姿勢を見抜いた李元昊の大芝居である。韓周の必死の説得を受け入れ、趙善約特一族の身柄の引き渡しを受け、李元昊が取った趙善約特殺害方法こそ鼐博坡における射殺という残忍なものであった。丸腰で恐怖に戦く趙善約特一族と部下、都合五二人を騎射兵に包囲させ馬上から矢を放ち鏖殺するというものであった。九月中旬から下旬にかけての出来事であろう。この処刑は国内向けというよりも、宋側官吏に目撃させることに狙いがあったものと考えてよかろう。今後、必然である宋との戦争を控え一歩も引かない姿勢を強く示そうとしたのである。郭勧と李渭は政府の命令を俟つまでもなく、縁辺諸部に命じてタングート側からの来降を厳しく取り締まらせたのである。上奏を得た宋政府は詔を降して縁辺部の静謐を第一とし、今後とも趙善約特の所部の来投があったならば、李士彬に命じて追い返すよう訓令しているのである。郭勧、李渭のみならず、仁宗政府は挙げて西夏との紛争惹起をひたすら恐れていたことがわかる。なお、宥州団練使密蔵屈己とその侍者密蔵福羅の消息は知れないが、これについては後に触れるであろう。

宋側のこの対応は、これ以降の西夏に対する長くて困難な関係を考えるとまさしく千載一遇の好機を逸した感がある。仮に趙善約特一族の内附を受け入れ、直ちに現地軍を結集動員していたとすると、李元昊軍に先立って西夏国内の最も重要な軍事拠点である宥州に進駐することも可能だったかも知れない。そうすると西夏の咽喉を扼することになり、李元昊の恐怖政治に不満を募らせていた他の有力部酋にも測り知れない影響を与え、西夏は一転して混乱状態に陥り李元昊政権も持ち堪えることができなくなったかも知れない。そのことを最もよく知っていたのは他ならない李元昊自身であった。宥州が宋の手中に陥れば西夏の死命は制せられることから、いち早く宥州に進駐して備えを固めていたのである。そして、ひたすら強硬な態度に終始することによって、ひとつには宋側の消極的な対応を引き出し、併せて部酋に対しては二心を起こさせないための、不退転の決意を示していたのである。李元昊によっておこなわれた西夏の建国は、結果的にこのような宋側の姑息な政策が影響をおよぼしている面も否定できないのである。

四　建国の達成

〈国家体制の整備〉第二節の冒頭部で触れたように、明道元（一〇三二）年一一月に李元昊が父李徳明の死亡を宋に通告したことは、明らかに宋に対する建国宣言と宣戦布告を意味していた。その端的な表れが父の諱を避けることを口実に、宋の年号「明道」を否定し「顕道」を称したことである。そしてその年から宗哥族嘝厮囉政権との死闘が繰り広げられたのである。タングート政権は李継遷時代から宋に倣った官制を採用していたが、総合的な官僚制度を作り上げたのは李元昊の努力によるものであったと考えられる。およそ七年におよぶ宗哥族との戦争期間中に国家制度の大体が形作られていったことを示す史料が『続資治通鑑長編』（巻一一五）景祐元年冬一〇月丁卯（一一日）の条である。

趙元昊襲封より、すなわち反計を為すこと多し。亡命を招納し、誅殺を峻《きび》しくし、兵法を以て諸羌を部勒す。始めて白窄衫氈を衣、紅裏頂冠を冠り、後に紅結綬を垂す。自ら威明吾祖と号す。凡そ六日九日すなわち官属に見《まみ》ゆ。その偽官を文武に分つ。或ものは靴笏幞頭し、或ものは金帖鏤冠を冠り、緋衣に金塗銀の黒束帯に、蹀躞穿靴を佩す。或ものは金帖紙冠の間に起雲や銀帖紙冠なり。余は皆禿髪にして重環に紫旋襴、六垂の束帯、解結錐に短刀弓矢の韣を佩す。鮑皮の鞍に乗り、紅纓を垂らし跨鈸を打ちて払う。民庶は青緑を衣、これを用いるに貴賤を別つを以てす。元昊初めて禿髪令を制す。先に自ら禿髪し、令して国人に及ばしむ。皆禿髪するに三日、従わざれば令して衆のこれを殺すを許す。毎々兵を挙げんと欲すれば、必ず酋豪を率いて猟をともにし獲有ればすなわち馬を下り環坐して飲み鮮を割きて食し、各々所見を問い択びてその長を取る。この歳春始めて西辺を寇し、居人を殺掠す。詔を下しこれと約束す。国中に居り僭窃を益す。私に改元し開運と曰う。既に月を逾え人告げるに石晋敗亡の年号を以てするなり。すなわち広運に更む。

古くからタングート社会に亡入する漢人は多く、李継遷に仕えた張浦などはその代表といってよかろう。しかしここに記す「亡命を招納し」とはまさしく中国的国家の運営に欠かせない膨大な数の官僚要員のことである。タングート政権が手本にした遼の政治は多数の漢人官僚が支えていた。李元昊も積極的に人材の確保を漢人社会に求めたのであろう。宋政府の方針などとは裏腹に、食い詰めた多くの漢人が青山を求めて国境を越えていったのではなかろうか。

「其僞官分文武」とあるが、『宋史』李元昊伝には、

曰中書、曰枢密、曰三司、曰御史台、曰開封府、曰翊衛司、曰官計司、曰受納司、曰農田司、曰群牧司、曰飛竜院、曰磨勘司、曰文思院、曰蕃学、曰漢学。自中書令、宰相、枢使、大夫、侍中、太尉已下、皆分命蕃漢人為之。

を補っており、宋に倣った官制を支える官僚に多くの漢人を必要としたことがよくわかる。また李元昊は衣冠の制や身分制度を整え、さらに有名な禿髪令[11]を下し、みずからを威明吾祖と称し、独裁専制の民族国家の完成を急いだのである。李元昊は中国的国家の建設を志向する反面、国民統治の基本を民族主義に置き、上は有力豪族層から下は辺陬の部落民に至るまで、無批判に宋文化に泥むことを忌避したのである。要は一切の異論の封殺を意味する思想統制をおこなったのである。そこで全国民に対して民族国家の一員としての自覚を押し付け、その民族国家の専制君主であ

る李元昊に対して絶対忠誠の強要の道具立てとして禿髪令を施行したのである。禿髪令は金、元、特に清の薙髪令の先駆として重要な意義を持っている。チベット系のタングート民族が本来的に髪を剃る風習を持っていたとは考えられない。鮮卑拓跋の後裔を自称する李元昊は北方の習俗を強制することによって、自らの権力を不動のものにしていったのである。威明吾祖（『宋史』、『西夏書事』は嵬名吾祖に作る）については、『西夏書事』（巻一一）明道元年一一月の条に、

自ら嵬名氏を号し、吾祖と称う。吾祖とは華言の可汗なり。ここにおいて属族悉く嵬名に改む。蕃部これを尊栄し、疎族は与らずと。

とあるが、これについては西田龍雄氏が「西夏王国の性格とその文化」の中で「西夏の王族もまたミ mih（平）と称した。西夏人がこの文字に与えた注に『ミとはギウ-ミ也、□□帝系の部姓也』とある。ギウ-ミ *gǐuh*（上）-mih（平）（二字略）とは、宋明道元（一〇三二）年、李元昊が嵬名吾祖を名乗ったと記録される嵬名に対応し、吾祖は（二字略）*ŋγɯr*（平）-^{n}*dźiu*（上）にあたり、皇帝を意味する。（後略）」と述べられている。[12] 李元昊は帝王の衣冠を着し、自らを西夏語の姓と皇帝号を採用することにより、民族国家の独裁君主としての性格を明示したのである。そして皇帝専制政治を支える車の両輪こそ有能な官僚群と忠誠な国軍の存在である。「兵法を以て諸羌を部勒す」とはまさしく国軍制度の創設に他ならない。そうたやすく部酋と部族兵を切り離すことはできなかったと思われるが、これこそが多くの有力豪族の粛清事件の原因であったことは間違いあるまい。李燾は右史料に続けて第三節の（その一）衛慕尚実の粛清事件を掲載している。李燾が相関関係を理解していたかは不明であるが、明道元年から景祐元年に至るわずか三年の間に国軍創設作業を含め、右に述べた諸々の国家制度の創設作業を一瀉千里の勢いで推し進めていったのであろう。この間、宗哥族政権との間で死闘を展開し、加えて宋に対しても明道元年から実質的に攻勢を開始している（後述）のである。急激な変化に多くの豪族が悲鳴を上げたことは想像に難くない。それを象徴する出来事こそ衛

慕尚実の粛清事件だったのである。李燾が粛清事件の前段に国家機構の創設に関わる記事を挿入したことは極めて的を射た編集だったといえよう。

第二節で述べたように、宗哥族唃厮囉政権との死闘にほぼ決着をつけたのは景祐四年のことであった。元年からすでに三年を経過している。李燾は『続資治通鑑長編』（巻一二〇）景祐四年一二月の条末尾に国家体制の整備に関わるもう一つの重要な史料を掲載している。

趙元昊、既に悉く夏、銀、綏、静、宥、霊、塩、会、勝、甘、涼、瓜、沙、粛を有す。しかして洪、定、威、懐、竜は、皆すなわち旧堡鎮にして、偽りて州と号す。よりて興州に居し、河を阻《へだ》て賀蘭山に依り固めと為す。始めて大いに偽官を補す。威明碩統、張陟、楊廓、徐敏宗、張文顕の輩を以て謀議を主らし、鍾鼎臣を以て文書を典《つかさど》らせ、沁布開、沁尚対、烏扎如定、多特瑪賚、惟吉を以て兵馬を主らしむ。葉勒仁栄は蕃学を主る。十八監軍司を置き、酋豪に委ねてその衆を分統せしむ。河北より鄂爾寧山に至る七万人は、以て契丹に備う。河南洪州、白豹、安、塩州、羅洛、天都、威経山等五万人は、以て環慶、鎮戎、原州に備う。左廂宥州路五万人は、以て鄜、延、麟、府に備う。右廂甘州路三万人は、以て西蕃、回紇に備う。賀蘭駐兵五万人、霊州五万人、興慶府七万人を、鎮守と為す。総《すべ》て三十余万。而して戦に苦しむと、善鄂（山訛）を倚《たよ》る。善鄂（山訛）は横山の羌。夏兵柔脆にして及ばざるなり。豪族の弓馬に善《すぐれ》る五千人を選び、迭いに直《とのい》し、偽りて六班直と号す。月ごとに米二石を給す。鉄騎三千、十部に分く。兵を発するに、銀牌を以て酋長を召し、而して約束を受く。十六司を興州に創り、以て衆務を総ぶ。［＊（）は『宋史』の表記］

以下、この史料を中心に検討してみよう。ほぼ同様の記事は『宋史』李元昊伝の宝元元年の条の前にも記載されているが、李元昊伝は続けて、

元昊自ら蕃書を製し、野利仁栄に命じてこれを演繹せしめ、十二巻を成し、字形体方、八分に整類し、而して画

は頗る重複す。国人に教え事を紀すに蕃書を用う。而して孝経、爾雅、四言雑字を訳し蕃語に為す。復た大慶に
改元す。

をつけ加えている。

〈領域と軍制〉『宋史』李元昊伝は「置十二監軍司」、「総五十余万」とあり、監軍司の数を一二とし、総兵力を五〇余万とする点が大きな違いである。他の基本史料に記載がないため、いずれの数字が正しいのか、判断に迷うが、[13] 各路の総兵力は単純に合計しても『続資治通鑑長編』の三〇余万が正しいことはいうまでもなく、結局、『宋史』李元昊伝の数字は、外国二夏国下の巻末に記載された軍制の数字に捉われ、それと整合させるために『宋史』編纂者が書き換えたものと考えられる。夏国伝下巻末に記す「有左右廂十二監軍司」や、その総計と思われる「諸軍兵総計五十余万」の数字は、西夏の国家建設が完了し諸制度が充分に機能を果たすようになった李諒祚以降の軍制を概述したものと考えてよかろう。夏国伝下に続けて記されている「別有擒生十万。興霊之兵、精練者又二万五千。別副以兵七万為資贍、号御囲内六班、分三番以宿衛」の約二〇万を『続資治通鑑長編』記載の三〇余万に合計すると五〇余万になる。「総計五十余万」はこの合計とも考えられるが、「別……又……別」と明記しているところから判断すると「五十余万」以外の数字と判断した方がよいかも知れない。西夏の最盛時には、十二監軍司五〇余万と、さらにこれとは別に約二〇万の兵力、合計七〇余万を誇ったと解釈するのがよさそうである。つまり、景祐四年段階の李元昊の定めた軍制では、基本的には『続資治通鑑長編』の記述が正しいのではなかろうか。景祐四年前後、李元昊が掌握していた兵力は総数三〇余万で、それを一八箇所の軍事拠点と興慶府などに配置したのであろう。首都興慶府とその周辺にほぼ半数に達する一七万の兵力を集中させ、さらに親衛軍五千と鉄騎三千を直衛軍として手元に控えさせている。このことは外敵重視の布陣というよりも国内の叛乱防止を念頭に置いており、李元昊が有力豪族層の謀叛を虞れていた証拠であろう。いずれにせよこれらの情報は西夏側からもたらされたもので、特に兵力数については額面通りに受け

取れるものではない。数割は差し引く必要があると思われる。ただ「右廂甘州路三万人」はすでに唃廝囉政権の脅威が除去された後であることを考えれば、他に比較して最小数であることは理に適っている。配分比率は信用してよかろう。『続資治通鑑長編』の翌宝元元年から慶暦二年の各巻にかけて、「偽環州刺史」、「偽団練使」、「偽観察使」、「偽侍中」などの職名を帯びた蕃酋がしばしば登場してくるので、李元昊が早くから軍制の整備をおこなっていたことは事実と思われる。中国文化に精通し、一貫して西夏版の中華帝国を目指した李元昊のことであるから、当初から中国式の名称を採用していたと考えてよかろう。筆者は以前、「監軍司」の名称は西夏の支配領域が不動のものとなり、西夏全域をカバーする目的で建設された一二箇所の軍事拠点が定まった段階で与えられたものと考えていたが、今回、考えを改める。「十六司」を設置したことから考えれば、軍事拠点を「監軍司」と名づけたと考えて違和感はない。第三節の趙善約特の内徙に関する史料Bに「宥州監州兵」の表記があるが、これは「宥州監軍司州兵」の省略であろう。それはともかくとして、筆者が『続資治通鑑長編』の記事を是とし、当初は一八の軍事拠点を李元昊が設置したと考える理由は、冒頭の李元昊の支配地名の総数が一九箇所であるからである。この両者の数字の近似は、あながち偶然とも思えず、『宋史』李元昊伝の対応記事では懐州を省いてみごとに一八箇所である。あるいは「西域三六国」の表現などと同様に概数を表す数字として使用された可能性もあるが、それにしても一八の三分の二にすぎない一二を一八と表現することは考えにくい。当初の軍事拠点が一八前後設置されたが故に一八という数字で表現されたと考えるのが妥当であろう。また当初から十二監軍司が設置されていたとすると、李元昊のいう支配領域とは大きく矛盾するところが生ずるのである。すなわち、北方守備の要として設置された有名なハラホト故城の黒水鎮燕軍司や、黄河の東流部の河北兀剌海城附近に設置されたと思われる黒山威福軍司はもとより、興州の北方に位置する白馬強鎮軍司や右廂朝順軍司の設置された地域などは、いずれも当該一八箇所には含まれていないのである。特にこの方面で注意すべきは黒山威福軍司の地である。ここには蔵才族や荘浪族など、宋にしたがう大部族が居住しており、もしこの地方が李元昊の支配下に入っていたならば、必ずや旧豊州の名が明記されるはずであるし、また、どの史料を閲してもこの時点でこれら大族が李元昊に攻略された記録もないのである。黒山威福軍司は、後に遼やこれら大族に対する備えとして設置されたものと考えるべきであろう。ともかく、支配地名の中にこれらの地域がまったく触れられていないということは、畢竟、この時点ではまだ北辺は西夏の領域に完全に組み込まれていなかった証拠であろう。景祐四年前後の一八箇所の軍事拠点は、まだ西夏の建国途上の、特に対宋作戦を遂行するために建設されていったものである。両者はその性格に基本的な違いがあったことに注意すべきであろう。このように考えると、『続資治通鑑長編』のいうところの「置十八監軍司」とは東から西に順次記すと、勝州、銀州、静州、綏州、夏州、竜州、洪州、宥州、塩州、定州、懐州、霊州、威州、会州[16]、涼州、甘州、粛州、瓜州、沙州の一九箇所を意味すると考えてよいのではなかろうか。第二節の後半で述べたように瓜、沙、粛三州は同じ年に西夏の領有に帰しており、この史料の信憑性を保障する。李燾が景祐四年の最後に掲載した判断は、元年の史料の掲載位置とともに正鵠を射ているといってよかろう。これら諸州がほぼ一本の弧を描き、宋や逼塞を余儀なくされた唃厮囉政権に対する前線を形成していることは一目瞭然である。しかしながら、国土の大半が磽角沙磧で占められ、膏腴の地に乏しい西夏の領域内では、農耕や牧畜、青白塩の産出などを生業とする蕃部の居住地域はおのずから限られてくる。『続資治通鑑長編』、『宋史』等を検索してみると、上記の河南諸州とその周辺、賀蘭山東側の黄河流域こそ、タングート諸部族の人口稠密地であったことがわかる。そして、景祐四年の段階の李元昊の支配領域は、まさしく上記地域がその主要部分を構成していたと考えてよいのではなかろうか。

〈行政制度の充実〉　この史料には具体的人名が一〇数名記載され、官制が単なる青写真ではなく実際に動き出していたことを証明している。興慶府に十六司を擁する政庁があり、官吏が多数採用され、威明碩統、張陟、楊廓、徐敏宗、張文顕が「謀議を主る」、つまり行政府を主管していたのである。威明（嵬名）碩統は李元昊と同じ姓を許された拓抜氏の有力者であろう。他の四人はすべて漢人と考えてよかろう。いかに漢人官僚の手腕に頼らざるを得なかったかがわかる。(17) それに引き換え軍事を任された「沁布開、沁尚対、烏扎如定、多特瑪賨、惟吉」の五人はタングート人と考えられる。軍事権を漢人に委ねるわけはなく、いずれも有力豪族の出身であろう。特に最後の惟吉とは趙善約特の漢名趙惟亮の訛伝ではなかろうか。

〈西夏文字の創造〉『宋史』李元昊伝によると、李元昊の創作、野利仁栄の演繹とある。これについては中嶋敏氏の研究(18)に譲るが、「孝経、爾雅、四言雑字」を翻訳させるなど、民族主義を標榜する反面、中国文化の吸収に意を注いでいる。要は「蕃魂漢才」を追求していたのが実態だったのである。

このような急激な国家体制の構築は、部族連合的要素を捨てきれない豪族層の不満をさらに増幅させたはずである。第三節で触れた名の伝わらぬ多くの豪族の誅殺事件はまさにこの間に惹起したのであろう。そしてその極めつけとして引き起こされた事件こそ趙善約特の悲劇だった。この事件の処理は李元昊にとっても極めて危険な賭けであったが、宋側の怯懦な姿勢に助けられ上首尾に解決することができた。その直後に李元昊は高らかに大夏建国を宣言したのである。『続資治通鑑長編』（巻一二二）宝元元年一〇月甲戌（一一日）の条に、

> 趙元昊、壇を築き册を受け、僭《おかし》て大夏始文英武興法建礼仁孝皇帝と号す。大慶二年を改めて天授礼法延祚元年と曰う。攀密布、伊里馬奇（『宋史』李元昊伝は潘七布、昌里馬乞に作る）を遣わし、兵を点《かぞえ》て蓬子山に集む。自ら西涼府に詣り神を祠る。よりて使を遣わして僭号を以て来り告す。(19)

とある。かつて父李徳明に対して「衣皮毛、事畜牧、蕃性所便。英雄之生、当王覇耳、何錦綺為（第一節既掲載）。」と豪語し民族国家の建設を強く主張した李元昊も、帰着するところは中華帝国の皇帝の姿だったのである。蓬子山とは李継遷、李徳明を論じたところで再三触れた鏊子山(20)に間違いあるまい。鏊子山はタングート政権にとって一種の聖地であったと考えられ、李徳明が大中祥符三年に壮大な宮殿を造営したことはすでに触れたところである。また、李

継遷時代から宋に入寇する際の軍隊の集結地でもあった。タングート武将と考えられる潘七布、昌里馬乞を遣わして鏊子山に兵を集めたということは、宋に対する軍事示威行動以外の何ものでもなく、近い将来の侵攻を予告したのである。また、自ら西涼府に赴き神を祠っている。これは河西回廊の完全領有を涼州、甘州、粛州、瓜州、沙州の全住民はもとより、宋、遼、唃厮囉政権に印象づける効果を狙ったのであろう。

　明道元年以降の李元昊の国家体制構築の動きは宋側も充分に掌握していたはずである。とはいえ劣弱な軍事力を充分に自覚していた仁宗政府は、膺懲の派兵などは論外で、ひたすら辺縁部の静謐を冀うだけであった。唯一、打てる手段は詔を降し李元昊の翻意を促すことぐらいであった。「賜西平王趙元昊詔（『元憲集』巻二七）」はこうした状況下で出されたものと考えられる。詔の最後に「……洗心嚮善、改往懐昔。則朕之待卿、曠然如旧、永紹世禄、長為国藩。変通之機、不竢終日、去就大分。其審処之。所進鞍馬駱駝、並却付来人牽回。爾其戒已往之愆、復将来之善、則永世無窮矣。故茲詔示、想宜知悉。」とあるのが精一杯の働きかけだったのである。

　李元昊はこうした宋側の対応を嘲笑するかのように、年が明けた翌宝元二年正月に再度国書をもたらし重ねて建国と皇帝即位を通告したのである。『続資治通鑑長編』（巻一二三）、正月辛亥（二〇日）の条に、

初め元昊使を遣わす。偽官を称え延州に抵る。郭勧、李渭その使を留め具に奏す「元昊中国の名号を僭《おか》すと雖も、然るにその表函を閲するになお臣を称す。漸く礼を以て屈《つく》す可し。願わくば大臣と熟議せんことを。」と。詔し使者の京師に赴くを許す。勧等、韓周をして与に倶《つれだち》せしむ。使者、東華門に及び始めて本国の服を去る。朝廷、函を発しその表を読みて曰く「臣の祖宗はもと後魏帝赫連の旧国、拓跋の遺業なり。遠祖思恭は唐季に当り兵を率いて難を拯《すく》い封を受け姓を賜る。臣の祖継遷は大いに義旗を挙げ悉く諸部を降し、臨河五鎮を収め縁境七州を下す。父徳明は世基を嗣奉し勉めて朝命に従う。而して臣偶々狂斐なるを以て小蕃文字を製し、大漢の衣冠を改め、楽の五音を革め一音と為し、礼の九拝を裁《へら》し三拝と為す。衣冠既に就《な》り、文字既に行われ、礼楽既に張り、

器用既に備わる。吐蕃、塔坦、張掖、交河服従せざる莫し。軍民屢々請い邦家を建てんことを願う。ここを以て冊を受け、皇帝の位に即く。伏して望むらくは陛下、許すに西郊の地を以てし、南面の君と為さんことを。謹んで、弩金額済、尼斯們、鄂普凌済、威伽崖密を遣わし表を奉じ闕に詣らしめ以聞せん。」と。

とある。郭勧、李渭は趙善約特一族を李元昊に引き渡し事なかれを貫いた張本人である。西夏に対する最重要拠点を担当する役人としてはいささか明察に欠けていたようである。国書を奉じて延州に赴いた使者四人はいずれもタングート人である。漢人を避けた理由はまさに民族国家を印象づけるためであろう。郭勧らは国書を入れた函書きになお「臣」と称していることを理由に取次ぎをおこない、使者の入京が許されたのである。弩金額済らは東華門に至るまで民族衣装を身にまとっていたことがわかる。これもタングート民族の独立国家の使者を強調する演出だったのであろう。国書の内容は宋の面目を著しく損なうものであった。李元昊は国を興す正統性を挙げ、自らを狂斐（進取の気に富み文に優れている）と自賛している。特に注目すべきは「小蕃文字」とその使用である。これは遼同様の扱いを宋に要求する伏線と考えてよかろう。さらにもう一つは、吐蕃、塔坦、張掖、交河を支配していると述べていることである。塔坦（韃靼）、交河（高昌）はさておき、吐蕃とは紛れもなく宗哥族唃厮囉政権をはじめとする河西チベット族のことであり、張掖（甘州）とは河西回廊全域を指し、その征圧を改めて宣言したのであろう。面目を潰された宋政府はみごとに一杯食わされた格好になり、安易に取次ぎをおこなった郭勧、李渭を左遷しているが後の祭りであった。

宋は前年末にすでに陝西、河東縁辺部の互市処を禁絶していたが[21]、右李元昊の国書を受け、二月戊子（二七日）、唯一の正規の保安軍榷場も廃止し（同右巻一二三）、すべての経済活動を禁止したのである。宋としては経済封鎖以外に有功な対抗手段は残されていなかったのである。

五　対宋戦争の展開と目的

〈戦争の準備〉　明道元年一一月、父李徳明の死亡通告を契機に、宋に対して敵対姿勢を鮮明にした李元昊も、直ちに戦いを挑んだわけではなかった。第二節で述べたように、李元昊は対宋戦争に先立って、後顧の憂いを取り除くために河西チベット族に対する戦争を優先したのである。明道二年以降、前後七年、五次におよぶこの大戦争は湟水流域を主な戦場にして、河西チベット族に深甚な打撃を与えた。しかし、第三次戦からも明らかなように、この戦争は西夏側にも極めて厳しい消耗を強いた総力戦になった。それ故、この時期の李元昊はこの戦争に最大限の精力を傾注していたことは疑いない。そのためか、この間は宋との間には一瞥するだけでは顕著な抗争は発生していないことも事実である。しかしながら、史料を詳細に検討すると、宝元二（一〇三九）年以後の大戦争の周到な準備は、すでに対河西チベット族戦争と同時進行のかたちでおこなわれていたことに気づく。以下、順を追って確認しておこう。

『続資治通鑑長編』（巻一一二）明道元年九月甲戌（六日）の条に、

これより先、（高）化等盛夏を以て兵を出し、径《ただ》ちに賊帳に抵る。一日幾百里を行き、兵素り整わず、険を渉り皆困乏す。既に賊と遇うも、首尾相救うこと能わず。遂に自ら奔潰し、騎士の渇死する者また三の一なり。これより、敏爾珠を指して強族と為し、敢てまた攻取を言わずと云う。

とあり、同じ九月の後条に、

丁酉（二九日）、環慶走馬承受李徳言う「西賊辺を寇す」と。都署司に詔して兵備を厳飭し、また鄜延路に令し文を夏州に移し戒めてこれを約せしむ。

とある。明道元年夏、宋軍が明珠（敏爾珠）族を攻撃し惨敗を喫したのである。続いて「西賊」が入寇したので宋政府はタングート政権に抗議文を送っている。この二つの史料の皮相を見ると、あたかも抗争の発端は宋の側から仕掛けられたかのように取れるが、別の角度から眺めると実際は逆であったことに気づく。そこで肝心の明珠族について調べてみよう。明珠族はどこを本貫とし、どのような部族だったのであろうか。唐、五代はもちろん、李継遷、李徳明時代の研究を進める過程でも、明珠族について触れる史料は管見のおよぶ限りまったく存在しなかった。このことは明珠族がいわゆる「大姓」ではなく、宋代になっても特別注意を惹く部族ではなかったことの証明である。ところが、李元昊時代になると明珠族の情報は『続資治通鑑長編』や『宋史』列伝のみならず、同時代の有力政治家范仲淹の『范文正公集』などに常に近隣の密蔵族と対になってしばしば登場するようになるのである。『続資治通鑑長編』（巻一三四）慶暦元年一一月の条末尾に、

　環州の西、鎮戎の東、また葫芦泉一帯に蕃部有り、敏珠爾、密桑と相接し、環州、鎮戎の経過せる道路を阻む。敏珠爾、密桑の居、北は賊疆に接し、多く観望を懐く。

とあり、『永楽大典』所収の『続資治通鑑長編』慶暦二年正月壬戌の范仲淹の上書に、

　また環州定辺寨、鎮戎軍乾興寨は相望むこと八十余里、二寨の間に胡盧泉有り、今賊界に属す。義渠、朝那二郡の交と為り、その南に明珠、滅蔵の族有り。

とあり、さらに同書同慶暦二年一〇月の条には、

　原州の属羌明珠、滅蔵の二族は、兵数万にして、元昊と首尾隣道を隔絶す。

とある。環州定辺寨と鎮戎軍乾興寨はおよそ八〇里の距離で、その間一帯は葫芦泉と呼ばれ慶暦初年の段階では西夏側に陥没している。その南方に兵力数万を誇る明珠族と密蔵族が蟠踞し、常に李元昊と連絡を取り合って環州と鎮戎軍を結ぶ宋側の道路を壅蔽している、というものである。慶暦一、二年の段階で、明珠、密蔵族は明確に李元昊政権の構成部族として前線を担当しているのである。それでは明珠、密蔵族はいつ頃からタングート政権と関わりを持つ

ようになったのであろうか。それを知る手掛かりがある。慶暦四年、すでに李元昊との間に新条約が締結された後のことだが、范仲淹は依然として明珠、密蔵二族の危険性を指摘し、その牽制策として細腰城の建置を主導した。その際の記事として『続資治通鑑長編』(巻一五三)同年一二月乙卯の条に、

環、原の間、属羌に敏珠爾、密桑、康努卜三族有り最大、素り強梗を号し、これを撫ずれば則ち驕にして制す可からず。これを伐てば則ち険にして入る可からず。その北に二川有り、西界に交通す。宣撫使范仲淹議して古細腰城を築き、その路を断つ。……

とある。慶暦四年を去ること約半世紀前、至道二(九九六)年に太宗が霊州の防衛強化を策して芻粟四〇万を送るが、これがことごとく李継遷側に横奪されてしまう(第二部三五八頁)事件が勃発している。その作戦を担任したのが康努(卜)族であった(22)。康努族のその後の動向については第一章第一節(五〇四頁)で触れたが、康努族は李継遷が台頭すると間もなくタングート政権に加担するようになったのであろう。ただ、接壌地帯の蕃部の特性として、宋の圧力が強まると表面上は宋にしたがい保身を図ることを常としていたのである。そして慶暦年間になると明珠、密蔵二族はこの康努族とともに環州から原州にかけての獷悍な強族として一連に認識されていたことがわかる。明珠族にしたところで明道元年になって急に強族になったわけでもあるまい。明珠、密蔵二族も康努族同様に早い段階からタングート政権と関係を持っていたことは間違いなかろう。従来、明珠、密蔵二族の情報が宋側に蓄積されていなかった理由は、康努族の活動が目立ったことと、李徳明政権時代は条約を守り両国間にさしたる紛争がなかったことに関係しているのであろう。むしろ明珠、密蔵二族は地の利を生かして密貿易等に専心し、両属の関係を維持していたのではなかろうか。その明珠、密蔵二族が宋に対して激しい敵意を抱くようになったのは、第一章最終節(五九九頁)で論じた天聖三年に発生した涇原、環慶路の属羌一大騒擾事件だったと思われる。この事件は宋側官吏の苛斂誅求に原因があり、史料には明珠、密蔵の固有名は記されていないが、その一節に「環、原州属羌内寇す」とあることからこの二

族が中心的な役割を演じていたことは間違いあるまい。宋軍に追い込まれた属羌軍はタングート政権に援軍を要請する。常日頃、誼を通じていたことの証明である。ところが李徳明政権は宋との条約を重視してこれに応じず属羌軍を見殺しにしてしまったのである。李元昊は咸平六年に生まれ、天聖三年には二二歳になっている。同胞の窮地を救わない父李徳明の所為をどう思ったであろうか。父子の政治的対立の背景にはこの事件が大きな影を落としていたことは大いに考えられる。おそらく李元昊はこの事件をきっかけに李徳明政権の方針を無視して、積極的に環、原州一帯の生、熟戸部族の組織化を進めていったのであろう。宋に対してはもとより、李徳明政権に対しても不満を持つこれらの熟戸部族は急速に李元昊との結びつきを強めていったのではなかろうか。ところで、振り返って考えると環、原州一円は野利氏の勢力圏であったことは随所で触れた。そうすると野利氏の頭越しにこれら部族と李元昊が直接に結びついていたと考えるよりも、野利氏を通してこれらの部族が李元昊と結合していたと考える方が合理的である。その証拠はこれから本節で追々明らかになっていくであろう。かつて康努族が芻粟四〇万を強奪した事件も李継遷の命であることは事実としてその間に野利氏の意向も反映していたと考えるべきであろう。それはさておき、伝統的な豪族層で構成される李徳明政権に対して、李元昊は外郭に位置する多くの辺縁部のタングート部族を自己に結び付く兵力として確保し李徳明政権に圧力を強めていったのであろう。そして李元昊が政権を掌握し宋に対して敵対行動を取るようになると、その中心勢力の明珠、密蔵二族はその先鋒部隊として活発に行動するようになったのである。そのために明道元年を契機に明珠、密蔵二族の情報が宋側に集積されていったものと考えられる。丁酉の記事にある「西賊辺を寇す」の実態が明珠、密蔵などの強族を指すことはもはや疑いのないところである。そして明道元年の段階でこれらの大族が李元昊の指令下にあることを宋側も認識するようになっていたのであろう。

そこで論を本筋に戻そう。明道元年の盛夏に高化の軍勢は何ゆえに明珠族を攻撃したのであろうか。仁宗政府は辺縁部の騒擾発生を極端に虞れていた。よほどのことがない限り宋軍の側から攻撃を仕掛けることはないのである。高化が涇原路に徙り、権知渭州になった（『宋史』巻三二三同人伝）後の攻撃であることから、史料上に記載はないが、これに先立って明珠族が原州管下の堡寨を攻撃したことは間違いなかろう。そして高化軍に大打撃を与えた後も明珠族が主力と考えられる西賊が辺を寇しているのである。明道元年九月といえば李徳明の死亡が宋に伝わる二箇月前のことである。このような近接した間隔を考えれば明珠族の擾乱がタングート政権の内部事情と連動していると考えるのは至極当然のことである。すべては李元昊の指示によって起こされた攻撃であったことは間違いあるまい。この時期に明珠族等に宋領内を攻撃させた理由は、タングート政権を構成する多くの豪族に、今後の対宋戦争の必然を示すことに狙いがあったのであろう。

この後、本格攻勢が始まる宝元二年までの六年間に記録されている宋との抗争は、わずか二、三件に過ぎない。しかしこの間に大攻勢の基礎作業が対宗哥族戦争と同時進行でおこなわれていたのである。『続資治通鑑長編』（巻一一四）春正月に「是月、趙元昊始寇府州」とあるように、景祐元（一〇三四）年になると、李元昊は突如、府州を攻撃した。ちょうどこの頃は氂牛城攻撃の真最中であった。春早々、黄河南流部の要衝府州を始めて攻撃の対象に選んだのであった。府州攻撃はこの年、数次にわたっておこなわれた模様で、同じく閏六月の条には、

乙丑（八日）、府州言う、「趙元昊、正月より後しばしば入寇す。」と。并代部署司に詔して、兵を厳にしてこれに備えしむ。

とある。李元昊の府州攻撃は一見すると唐突の感を与えるが、敢てこの時期を選んで行動を起こした背景には、それなりの切迫した事情が生じていたことは疑いない。府州については第一部、二部の随所で触れたので繰り返しは避けるが、府州は唐末、五代の頃からタングート系の折氏によって支配されていた。五代、宋を通じて折氏は一貫して中原王朝にしたがい、知府州事を許され、遼やタングート政権に対する西北辺防禦の役割を担わされていた。府州折氏は遼と西夏の二大勢力が接触するオルドスの東方、黄河南流沿辺部に、麟州と新豊州を合わせて三角形の防衛拠点を

形成し、ちょうど楔を打ちこむかたちで両勢力に割って入り、黄河が北流から東に向きを変える位置にあった旧豊州一帯を支配していた蔵才（蔵察勒）族[23]とともに、北宋の勢力圏を守る障壁としての重要な役割を果たしていたのである。すなわち、府州は一一世紀前半、東アジアの三大勢力が激しく角逐する場所に位置し、軍事上極めて枢要な地点であったことがわかる。それ故、今後、西夏が宋に対し攻勢に転ずる過程で、早晩両者の間に府州をめぐる攻防が起こることは充分に予想された。しかしながら、当面は目前に迫った宗哥族を中心とする河西チベット族との大戦争に全精力を傾注しなければならないはずである。李元昊は何ゆえに、この時点で府州を攻撃したのであろうか。そこで注目を惹くのが、『続資治通鑑長編』（巻一一三）明道二年一一月癸亥朔の条に載せる、

　府州言う、「簡州団練使折惟忠卒す」と。惟忠は世々将家にして兵事を知《つかさど》る。天聖中、契丹、夏人と兵を境上に会し、嫁娶を声言す。惟忠、覘いてその実を得、麾下を率いて往きてこれに備う。嘗て士卒を戒めて「軽動する毋れ」と。一夕、風霾（風が吹き土を降らす）、騎の営中に走る有り、以て寇の至ると為す。惟忠堅く臥して動かず、徐に命じてこれを擒え、数誕馬を得る。蓋し敵の縦つ所なり。府州事を領すること凡そ二十年、既に卒す。詔して、その弟子姪孫七人を録す。長子右班殿直閤門祇候継宣、府州を知せしむ。これを久しくして特に惟忠に耀州観察使を贈る。継宣の請に従うなり。

の記事である。これは天聖九（一〇三一）年に、遼の興平公主が李元昊に降嫁した時に発生した事件に関するものである。興平公主降嫁の経緯については第一節の終りの方（六三三頁）で述べたが、李元昊は公主の親迎を口実に、府州攻略の動きを見せていたのである[24]。李元昊に府州攻撃の決意がないことを見抜いた知府州折惟忠は防禦を厳重に固め、李元昊の撹乱戦術にも動じなかった。李元昊は折惟忠の堅守する府州の攻略が容易なことではないことを確認したのである。折惟忠の存命中、府州攻撃は実行されなかった所以である。ところが、その折惟忠が死亡し、ここに府州攻略の好機が訪れたのである。折惟忠は大中祥符七（一〇一四）年に知府州になり[25]、「凡二十年」で卒したとあるか

ら、おそらく明道二年に死亡したと考えて大過なかろう。府州折氏の後継態勢が整わず、不安定なこの時期を狙って李元昊は敢て府州を攻撃したのである。その理由はいくつか考えられる。当面は対宗哥族作戦の虚を突かれることを防ぐ牽制であり、続いては宋を攻撃する際に側面の安全を計ることにあったが、さらに重要な問題は遼との関係であった。遼が李元昊に公主を与え夏国公に封じたのは、西夏を遼に繋ぎ止めるための羈縻政策で、同時に西夏の発展を抑えこむ目的があったからに他ならない。ここで西夏と遼の関係を論ずる上で無視できないのが、遼にしたがっているタングート系部族の存在である。ちょうど府州折氏や豊州蔵才（蔵察勒）族が宋の障壁であったのと同じように、黄河東流部両岸には古くから遼にしたがっている部族がかなりの数存在していた。タングート民族の統一国家の建設を目指す李元昊にとっては、府州折氏らと同様、これらの部族も帰順、ないしは殲滅しなくてはならない存在であったはずである。府州攻撃は当然これら遼にしたがうタングート部族への脅威になったことは間違いあるまい。これらの部族を慴伏させるためにも府州の攻略は重要なインパクトになるはずである。後、これら部族をめぐり西夏が遼と干戈を交えていることは次節で説明する。李元昊は遼の羈縻政策に正直にしたがう気持など毫もなかったはずである。ところが、遼にしてみればその政策を逆手にとられて要衝の府州を西夏に奪われてしまっては、まったく羈縻政策の意味をなさなくなってしまうのである。西夏の発展のために府州が重要であるとすると、遼にとっては宋、西夏に圧力を加えるためにも、府州はより重要な地点であることになる。天聖九年の李元昊の府州出兵は、遼から見れば極めて好ましからざる動きであり、かえって西夏に対する警戒心を強める結果を招いたことであろう。おそらく折惟忠の死亡は、遼の側からみても宋、西夏を抑える上での好機であったはずである。機敏な李元昊がそれに気づかないわけはない。つまり府州攻撃を繰り返した理由は、三勢力の角逐するこの地域において、宋に対しては目を西北辺に向けさせる陽動作戦であり、遼に対しては府州獲得の先行権を示すことが真の狙いだったのであろう。対宗哥族戦線に大兵力を投入している状況下、府州攻撃に割く兵力は限られていたはずで、その実態は銀州、夏州の守備隊が中心で、もとよりこの時点での府州攻略を狙ったものではなかったことは当然である。

この時期、対宋大攻勢を念頭に李元昊が最も力を入れたのは国境線を越え宋側領域に堡砦を建設する作業であった。『続資治通鑑長編』（巻一三二）慶暦元年五月甲戌（二六日）の条、田況の兵策十四事に、

一に曰う「昊賊兵を弄び西蕃を侵噬し、封境を開拓す。僭叛の迹、固り朝夕に非ず。始めて漢界縁辺山険の地三百余処に堡寨を修築し、以て老幼を収集せんと欲す。」と。

とある。この上奏は景祐元年から七年後のものであるが、李元昊が広く宋側国境線一帯に堡砦の建設を始めたのは景祐元年の頃からと考えてよかろう。今後、宋の西北辺を侵略する場合、その主な対象となる鄜延路や環慶路の入口にあたる地域には、積極的に宋領内に侵入して堡砦が設置されたようである。それというのも『続資治通鑑長編』（巻一一五）景祐元年七月の条の末尾に、

これより先、慶州柔遠蕃部巡検威布兵を領し夏州界に入り、攻めて後橋新修諸堡を破る。

とあるからである。「夏州界」とは夏州の境界の謂いではなく、西夏の境界を意味する。慶州柔遠蕃部巡検威布が攻撃したことを考えれば後橋新修諸堡は柔遠寨の北方に位置していたのであろう。李元昊は景祐元年の早い段階に鄜延、環慶両路に通じる横山南麓に侵入し、後橋堡等幾つもの攻撃拠点の建設を進めていたことは間違いなかろう。『続資治通鑑長編』には続けて、

この月、趙元昊、万余衆を率いて来寇し、報讎と称す。縁辺都巡検楊遵、柔遠寨監押盧訓、騎七百を以て竜馬嶺に戦うも敗績す。環慶路都監斉宗矩、走馬承受趙徳宣、寧州都監王文これを援け、節義烽に次る。通事蕃官言う「敵伏兵多く、壕を過ぎる可からず」と。宗矩聴かず。伏兵発し、宗矩執えらる。これを久しくして、宗矩を以て還す。

とある。竜馬嶺とは名称から判断すると環江西方の馬嶺山のことと考えられる。節義烽については『読史方輿紀要』

（巻五七陝西六）慶陽府に「在府西北」とあるところから、馬嶺山の周辺に位置していたことが確認できる。この程度の報讎に李元昊が自ら万余衆を率いて来襲するわけはない。馬嶺山の北方に葫芦泉が位置し明珠族等の居住地であることを考えれば、この報讎戦は明珠族等李元昊にしたがうタングート部族が実行したものと考えてよかろう。それはともかく、明道元年の高化の敗戦と同様に宋側将帥の無能が際立っている。翌二年にも堡砦の建設を推測させる史料がある。同右（巻一一七）景祐二年七月丙戌の条に、

環慶路部署司言う「西界首領遇訛等数々辺に入寇す。請う鄜延路に移文（回状）を下し約束せしめん。」と。これに従う。

とある。西界首領遇訛とは趙善約特の後を襲って、兄弟で西夏軍を統率した野利遇乞のことではなかろうか。この記事は野利遇乞が本貫の地に侵入し、積極的に蕃部を取り込み各地に堡砦を建設することから生じた抗争を述べていると考えてよかろう。いずれにせよ、田況の言う三百余処の漢界縁辺山険の堡砦は景祐元年から宝元一、二年にかけて設置されていったものであろう。(26) 李元昊が対宋戦争に先立って宋の西北辺に三百を超える堡砦を建設した理由は、侵攻のための拠点確保だけでは説明がつかない。李元昊の胸中には、戦後に予定されている新講和条約の重要課題として、国境線の南進交渉を有利に進めようとする思惑があったのであろう。そしてより現実的な問題として、戦争を引き続き継続させる上で西夏領内の徴兵、徴用、徴発が限界に近づきつつあったことである。それを補うに足る豊かな供給源こそ宋側領域に属する横山南麓の同胞生、熟戸蕃部だったのである。李元昊は一挙両得を目論んだのである。

このような対宋戦争に備えた布石を打ちながら、李元昊は景祐三、四年の交は対宗哥族大攻勢に専念したのである。三、四年ともに宋の西北辺における西夏側の動きを示す史料は見出すことができない。西北辺で事を構える余裕がなかった証拠であろう。ところが大攻勢に勝利し、加えて瓜、沙、粛三州も獲得した李元昊は前節で述べたように国家体制を整備していったのである。そして、年が改まり宝元元年の正月になると、李元昊はいよいよ対宋大作戦の準備

を開始したのである。『続資治通鑑長編』（巻一二二）の巻頭に、

　宝元元年春正月癸卯（六日）、元昊人を遣わし仏を五台山に供ることを請い、使臣をして引護し、并びに館券を給せんことを乞う。これに従う。元昊実は河東道路を窺わんと欲する故なり。

とあり、五台山に仏を供《まつ》ることを口実に、まさに白昼堂々、今後の侵入経路を念頭に使臣に河東道路の調査をおこなわせているのである。さらに翌二月になると、『宋会要輯稿』（一八五冊備辺兵二七之二五）に、

　景祐五年（宝元元年）二月七日、環慶路総管司言う「訪聞するに北界金湯等兵を閲し衆を誓《いまし》め、計りて侵疆を欲す。」と。詔、本路に下しその不虞に備えしむ。

とある。鄜延路攻略の軍事拠点として建設していた金湯寨等の要塞で「兵を閲し衆を誓《いまし》める」、すなわち軍事演習をおこなっているのである。そして、趙善約特の内徙事件の勃発はこの年の九月のことであり、「大夏」建国を宣言したのは一〇月のことであった。

〈戦争の経過〉　唃厮囉政権との死闘が西夏軍にも深甚な損害を与えたことはすでに述べた。常識的に考えてしばらくは兵を休ませることが優先されるはずである。趙善約特をはじめ多くの有力豪族の共通の願いであったろう。第三節の趙善約特の内徙事件のところで論じたように李元昊と多くの豪族層の対立は抜き差しならぬ状況に達していたと考えられる。李元昊としては国家建設の命運をかけ不退転の決意で対宋作戦に臨んだのであろう。第三節の（その二）史料Aに載せる「……約して先に鄜延を寇し、徳靖、塞門、赤城路の三道より並んで入らんと欲す。酋豪の諫める者有り、輒ちこれを殺す。」は趙善約特が保安軍で監押韓周に語った情報と思われるが、この話から宝元元年の二月以降に、李元昊は鄜延路攻略の作戦会議を開き、そこで異論を厳しく封じていたことがわかる。ところが軍隊の疲弊は現実にあり、また趙善約特の作戦暴露も考えられ、李元昊は大攻勢をしばらく延期し、その地ならしとして宋側領域

に呼応勢力を増やす方策をとったのである。李元昊が鄜延路を攻略する上で気になる存在が、第三節（六五五頁〜）で触れた金明寨の李士彬であった。『涑水記聞』（巻一二）には李士彬は一八寨一〇万の兵力を擁して鉄壁相公と称され、李元昊も一目置いていたとある。そこで李元昊は李士彬を誘うが、使者は殺される。次に李士彬が元昊と挙兵を約したことを示す偽書を境上に投じ、宋側との離間を計った策略も鄜延路副都部署の夏元亨に見破られ失敗する。これは宝元二年の三月頃と考えられる（『続資治通鑑長編』巻一二三）。また、『涑水記聞』（巻一二）の別の条には「宝元二年九月、金明都監李士彬捕得元昊偽署環州刺史劉乞都、送京師、斬于都市。以元昊令入延州界誘保塞番官故也。」とあるように李元昊は宋側の堡砦を守る熟戸蕃官の抱き込み工作を進めていたことがわかる。劉乞都は捕らえられ京師で殺される。李元昊はさらに新たな策略を考える。第三節に載せた『涑水記聞』に続けて、

元昊乃ちその民をして詐りて士彬に降らしむ。……士彬に隷せしむ。ここにおいて降者日ごとに至り、分ち十八寨に隷するも甚だ衆し。元昊その諸将をして毎に士彬と遇えば輒ち戦わずして走らしめ、曰く「吾が士卒、鉄壁相公の名を聞けば、胆を地に墜さざるはなし、狼狽逃走し、禁止する可からざるなり。」と。士彬益々驕る。又厳酷を以て下を御し、或は侵暴する所有り。故にその下怨憤を有する者多し。元昊乃ち陰に金爵を以てその所部を誘う。往往これを受けるも、しかして士彬は知らず。

とある。一〇月には環州の生戸で西夏の防禦使だった囉埋がその族を率いて来帰し右班殿直に任じられている（『続資治通鑑長編』巻一二四）。これも額面通りに受け取れず、李元昊の内命を受けた偽降の可能性が高い。このように李元昊が徹底した地下工作をおこなった理由は、怒濤の進軍で宋の西北辺を一気に占領支配するほどの圧倒的な兵力を動員できない事情があった証拠である。二年後の慶暦元年春正月のことであるが、知延州范仲淹は「昨賊界投来善約特嘗在西界掌兵、言其精兵才及八万、余皆老弱、不任戦闘。（『続資治通鑑長編』巻一三〇）」と言っている。この情報も趙善約特が保安軍で監押韓周に語ったのであろう。趙善約特は自らを宋に高く売り込み、宋軍の動員を引き出すため

に西夏の極秘軍事情報を精確に語ったと考えられ、李元昊の一連の工作の裏付けになるだろう。

西夏軍の攻撃は宝元二年の一一月に開始された。最初の攻撃目標に選んだのは榷場を閉鎖された保安軍だったが、鄜延鈐轄盧守懃等の反撃で退いている。さらに三万騎で承平寨を包囲するが、鄜延部署許懐徳の活躍でこれも退去している(27)。一方、環慶鈐轄高継隆等は西夏が建設した後橋寨を襲撃し、周辺の西夏側勢力を破っている（『続資治通鑑長編』巻一二五）。保安軍、承平寨の攻撃は宋軍の防御態勢を探る程度の前哨戦だったと考えてよかろう。

そして閏一二月になると李元昊は賀九言を遣わし宋に対して「嫚書」を突きつける。その数節を紹介すると「持命之使未還、南界之兵譟動、於鄜延、麟府、環慶、涇原路九処入界。」、「蕃漢各異、国土迥殊、幸非僭逆、嫉妬何深。況元昊為衆所推、蓋循拓跋之遠裔、為帝図皇、又何不可。」、「元昊与契丹聯親通使、積有歳年、炎宋亦与契丹玉帛交馳。儻契丹聞中国違信示賞、妄乱蕃族、諒爲不可。」、「伏冀再覧菲言、深詳微懇、回賜通和之礼、洊行結好之恩。」（『続資治通鑑長編』巻一二五）とある。要するに建国の正統性を主張し、遼との連携を示唆し、宋に講和を迫ったのである。しかしこの程度のことで宋が講和に応じないことは百も承知で、実際には大攻勢の予告の意を込めていたのである。以下、三次におよぶ西夏軍と宋軍の戦闘を述べるが、史料の臚列はなるべく控え、筆者なりに諸史料（『宋史』、『続資治通鑑長編』、『宋会要輯稿』、『涑水記聞』、等）を総合的にまとめた概略を示したい。

三川口の戦い　西夏軍は承平寨攻撃の折り、次に延州攻撃を声言し延州を守る范雍に脅しをかけていた。范雍は延州が風前の灯であるとし中央に援軍の派遣を要請している。ところが、李元昊の作戦は心憎いほどに巧妙であった。恐怖に戦く范雍のもとに衙校賀真を遣わし「改過自新、帰命朝廷」を述べ、すっかり范雍を安心させてしまったのである。感激した范雍は梟首にしていた俘虜の遺体を懇ろに弔っている。同じ頃、元昊は偽供備庫使美英多吉等を境上に派遣して、講和を持ちかけているところから宋側の油断を引き出す算段だったのであろう。年が明け康定元（一〇四〇）年正月、あたかも衙校の賀真が国境を越えた頃を見計らうかのように西夏軍の大攻勢は開始されたのである。西夏軍が大軍で土門路から侵入し保安軍を目指しているとの情報に接した范雍は慶州を守る鄜延環慶副都部署劉平に檄を飛ばし保安軍に趨かせ、鄜延副都部署石元孫と合軍し土門に西夏軍を邀撃させようとする。これは延州攻略の前提として李士彬の守る金明寨を攻撃するために、宋軍の主力を保安軍に向かわせる西夏側の陽動作戦だった。西夏軍の目標が金明寨にあることはじきに知れた。范雍は土門附近に到達していた劉平、石元孫に延州防衛に戻るよう再び檄を飛ばす。劉平、石元孫は踵を返して「昼夜倍道兼行」して延州を目指すも、この間に金明寨は陥落し、李士彬は西夏軍に捕らえられた後であった。これに関しては『涑水記聞』の記事を紹介しておこう。「虜騎大入、諸降虜皆為内応。士彬時在黄帷寨、聞虜至索馬、左右以弱馬進、虜遂鞚馬以詣元昊。士彬使其腹心赤豆軍主以珠帯示母妻使逃、母妻策馬奔延州、范雍猶疑、使人詗虜、皆為所擒。明日、騎至城下。元昊割士彬耳而不殺。後十余年、卒于虜中。」とある。金明寨管下一八寨はもとより李士彬の近習までもが西夏側に通じていたのである。劉平、石元孫軍は二二日には延州西方の万安鎮に達し、騎兵を延州救援に向かわせた。延州で戦闘があったように史料には記載されているが定かではない。一方、この間に范雍は保安軍北砕金谷に駐屯していた鄜延路駐泊都監黄徳和や巡検万俟政、郭遵にも外援を命じ、二三日の夕刻には五将歩騎万余が合流し、陣を結び東行五里、延州と万安鎮のちょうど中間にあたる三川口に至って西夏の大軍に遭遇したのである。雪が数寸降り積もるなか、両軍ともに流れを挟んで偃月の陣を為し、満を持したのである。攻撃は西夏軍から仕かけられ、数合の激戦で西夏軍に千名前後の戦死者を出し、宋軍が優勢のうちに日没を迎えた。総大将の劉平はこの戦闘で左耳、右脛に流矢を受けており陣頭指揮にあたっていたことがわかる。戦勝に気をよくした兵卒は競って首級等を持ち論功行賞を求めたのである。劉平は自記による戦後の行賞を約束し、その語の終わらぬうちに西夏軍の軽兵が夜襲をかけてきたのである。初戦に弱兵をあて、相手を油断させるのがこの後も一貫した西夏軍の戦法である。奇襲に驚き前線部隊が後退すると、陣後に位置していた黄徳和は制止を振り切り部隊を率いて敵前逃亡してしまう。宋軍は総崩れになり、劉平、石元孫はわずかに千余人の残兵と三日間「力戦拒賊」して西南山下に七柵を設け、籠城する。西夏側の降伏勧告に対して、劉平は援軍接近をもって応じる。二四日黎明、再度のやり取りの後、西夏軍指揮官は「挙鞭麾騎士」して四たび出撃し宋軍を分断し、難なく総大将劉平と石元孫を擒獲してしまう。延州を包囲して七日である。宋軍の惨敗と劉平等の擒獲は延州城に伝えられた。「城中憂沮、不知所為」は当然で、陥落は目前に迫っていたが、「会是夕大雪、賊解去」り、辛くも失陥を免れたのである。劉平は興慶府に送られるも道中食せず、興慶府で死亡したとある。石元孫のその後は不明である。敵前逃亡の罪を犯した上に、劉平、石元孫が賊に降伏したと誣告した黄徳和はその後腰斬の刑に処せられる。ここで注目すべきは西夏軍の冷静な行動である。あと一押しで延州城は陥落できたはずであるが、それをしなかった。自軍の損害疲弊、糧秣の不足、宋の援軍派遣の懸念、天候の悪化などを総合的に判断して撤兵したのだろう。こうした判断を下せるのは李元昊本人か、さもなくば絶大な信頼を得、作戦すべてを一任されている人物かのどちらかである。当時、野利氏兄弟が対宋左廂、右廂を担任していたことは後に触れるが、この大攻勢は左廂を担任し夏州付近に駐屯していた野利旺栄が指揮を執っていたことは間違いない。そして李元昊自身も夏州に控え後方から命令を発していたのではなかろうか。李士彬の耳を割いたのも憎むべき仇敵を陣中で辱め、自軍の統制と戦意高揚に役立てたのであろう。

西夏軍と宋軍の戦闘能力の違いは明白であった。李徳明との講和以来、宋軍は、遼はもとよりタングート政権ともさしたる戦闘を経験しておらず、指揮官に実戦経験者が乏しかった。その上、兵法の鉄則である「敵を知る」努力を怠り、西夏軍をいたずらに夷狄の軍と蔑視していたのである。反対に西夏軍はこの間に甘州のウイグル勢力、西涼府のチベット族勢力、そして湟水流域の宗哥族唃厮囉政権と幾多の死闘を繰り返し百戦錬磨の経験を積んでいたのである。三川口の大敗は宋政府に衝撃をもたらしたことはいうまでもない。仁宗は同月二〇日に「求敢勇智謀之士（『宋大詔令集』）」の詔を発しており、宋軍に有能な将帥が払底していることを痛感したのである。二月二日、参知政事の宋庠は潼関の厳守を請い認められている。西夏軍が長駆洛水を南下して首都開封を襲うことを恐れたのである。五日には唃厮囉に詔を発し、銀夏節度使を餌に「乗元昊空国入寇、径往抜去根本」を督促する。元昊が大攻勢の指揮を執り、興慶府を留守にしている隙を突かそうとしたのである。しかし衰残の唃厮囉はそれに応じる余力はもはやなかった。西夏軍の侵入路を扼する金明秦直北の塞門、安遠の二秦は包囲されたままで救援もできない。こうなると趙善約特を李元昊に引き渡したことが蒸し返され、郭勧、李渭は再度降職させられてしまう。枢密使四人は対策を答えられず仁宗の怒りを買い解任される。范雍が延州の嘉嶺山神に祈ったところ、城上に鬼が現われ西夏軍が恐れて撤兵したとし、山神を威顕公に封じている。ところが神頼みも通ぜず、五月、塞門、安遠の二秦は西夏軍の手に落ちてしまう。六月になると新たな情報が届く。西夏軍が河東路で林木を伐り、筏を作って辺郡を衝こうとしていると。思い余った宋政府は七月、郭稹等を遼に派遣している。『遼史』(巻八六)杜防伝に「重熙九年、夏人侵宋。宋遣郭稹来告、請与夏和、上命防使夏解之。如約罷兵、各帰侵地。拝参知政事。」とあり、遼に講和の仲介を打診したことは確実である。これは遼に対していたずらに弱みをさらけ出したことになる。宋と遼の関係を考えれば今後、遼が弱みに付け込んで無理難題をいって来ることは明白で、あまりにも不用意な遣使といわざるを得ない。この時期の宋政府は冷静な判断力を失い、藁にも縋る思いが強かったのであろう。いまだに唃厮囉政権の軍事力を過大に評価し、攻撃を期待したこともその表われである。仁宗は唃厮囉のもとに遣いした魯経を召し、再使を命じるが魯経に断られてしまう。皇帝の命を断るとは尋常ではないが、魯経は左班殿直に貶されただけである。八月、詔に応じて劉渙が唃厮囉のもとに遣いするが、結局何の役にも立たなかった。同じ八月には宋の官僚人事で首を傾げるようなことが発生している。誰もが西夏に対する反攻策を論じる中で、陝西都転運使張存の持論は、生民の多大な犠牲被害を考えれば、李元昊の名号などは不問に付し速やかに講和すべきというものであった。大局を見据えた極めて現実的な見識であるが、その張存を知延州に任命したのである。張存は赴任を渋り、いざ着任すると陝西経略安撫副使の范仲淹に、自分は兵事に疎いし母親も八〇歳なので内地に帰りたい、と愬える。范仲淹は張存に代わって自分が知延州になることを上奏し、あっさり認められているのである。中央政府の鼎の軽重を問う話である。

好水川の戦い　知延州になった范仲淹は西夏軍に蹂躙された鄜延路の復興を急いだ。狄青、种世衡、周美等の有能な将帥の育成抜擢もおこなった。西夏軍の再攻勢に備え鄜延路の要衝金明寨の修復を求める延州都監周美の意見にしたがい、八月、周美にそれをおこなわせている。九月には殿直狄青等に命じて西界芦子平（位置不明）を攻略させている。また、塞門、安遠二寨を喪失したため、新たに西夏軍の侵入を控制する軍事拠点が必要で、延州北東二百里吐延水の中流域、故寛州に要塞の設置を説く种世衡の意見にしたがい、世衡に青澗城を建設させている。その九月、西夏軍は再び作戦を発起する。諸史料には「寇保安軍、鎮戎軍」とあり、鄜延路、涇原路の両路から入寇したとある。しかし子細に検討すると西夏軍の主目的は涇原路の攻略にあり、保安軍攻撃はそのための陽動作戦だった感が強い。環慶路部署知慶州任福は大規模な動員をかけ巡辺を声言し、柔遠寨で作戦会議を開き、二〇日、難なく西夏の領有に帰していた白豹城を攻陥し、城を破却して還っている。ほとんど抵抗にあっていないのである。さらに鄜延鈐轄朱観等は保安軍の北方、横山北麓に位置する西夏領内の洪州付近の郭壁等一〇余寨を破却している。西夏軍は鄜延、環慶路方面に充分な兵力を配置していなかった証拠である。一方の涇原路入寇に関しては、西夏軍の進撃を報せる情報などは一切史料には見あたらず、九月一四日に突然、鎮戎軍の前衛三川寨が襲撃された感を与える。おそらく電光石火の進撃だったのであろう。瓦亭寨から駆けつけた涇州駐泊都監王珪の奮戦は別として、涇原路都監劉継宗等の本軍は戦闘集団の体を成しておらず、西夏軍にまったく歯が立たず五千余名の戦没者を出す惨敗で、一帯は三日間に渡って抄掠され、四箇所の堡砦が陥落してしまう。西夏側は鄜延路の宋軍を北方に向かわせ、鎮戎軍救援の遑を与えさせなかったのである。

范仲淹はこの後も鄜延路等の復興を精力的に推し進める。一〇月二五日には西夏側に陥没した蕃、漢職員、首領に破格の待遇を餌に帰順を促す詔が出されるが、二八日には青塩の流通を認めるよう上奏している。これは安くて質の良い青塩を欲する蕃、漢戸の期待に応え西夏側に流れた住民を取り戻そうとしたのであろう。ところが、年末になると夏竦、韓琦等から突然、主戦論が沸き起こり、廟堂を巻き込んでしまう。韓琦の主張は西夏軍の精兵は四、五万に過ぎない。対する宋軍は各堡砦に兵を分散しているため、常に衆寡敵せぬ状況になっている。そこで大軍を編成し敵の驕惰に乗ずれば必ず勝てる、というものであった。太宗、真宗の失敗をすっかり忘れているのである。枢密副使杜衍は「儌倖成功、非万全計」と言い、夏竦に軍事で仕えた田京は「今欲駆不習之師、深入敵境、与之角勝負、此兵家所忌、師出必敗。」と言っているが、肝心の仁宗が主戦論を採用してしまったのである。仁宗は明くる正月上旬をもって鄜延、涇原両路から同時に征討軍の派遣を決定し、準備を命じたのである。一二月二六日には河東路等に驢五万の徴発を命じ、また軍事費の不足を補うために「当十銭」の鋳造を命じたのである。驚いたのは范仲淹であった。彼の計画は流亡した蕃漢戸を呼び戻し生業に復させるために、破壊された堡砦を修復して防衛網を再構築し、即応態勢を強化することであった。すでに承平寨等一二寨の復興を進めている最中で、蕃漢戸の復帰も続いていた。そこで鄜延路の復興が軌道に乗ったところで、遠征軍を組織して綏、宥州を攻略し、西夏側の嚮導になりやすい剽悍な横山一帯の生、熟戸を取り込み、有利な態勢を作った上で李元昊と交渉する、というものであった。范仲淹は六回におよぶ上奏を繰り返し、正月の作戦が「雨雪大寒、暴露僵仆、使賊乗之、必有所傷。」と口を極めてその延期を求めた。冷静になった仁宗はあっけなく征討軍派遣を延期してしまう。仁宗政府の迷走ぶりも極まった感がある。

さて、年が明けた慶暦元（一〇四一）年正月、李元昊は突如として講和の使節を派遣する。年末の征討軍派遣の情報は李元昊の耳に達していたのである。[28] そこで李元昊は征討軍派遣を中止させるために、急遽、和平を持ちかける使者を鄜延、涇原の二路に送り込んだのである。鄜延路に来た使者は、前年、塞門寨が陥落した折に西夏軍の俘虜になった寨主高延徳であった。高延徳は二九日に保安軍に至り、范仲淹の待つ延州に送られた。高延徳が保安軍に趣いた情報は二月七日に政府に届いている。仁宗は直ちに高延徳を京師に赴かせる詔を発する。ところが、直前に西夏軍が麟、府州を攻撃していることや、高延徳の直話と書簡に表章もないことから、范仲淹は李元昊が未だ帰順の意思がないものと判断してしまう。范仲淹は一切政府に報せず、利害得失を説いた千七百字におよぶ「答趙元昊書」を作り、監押韓周に持たせ高延徳ともども李元昊のもとに遣わしてしまったのである。監押韓周はかつて趙善約特を李元昊に引き渡した人物である。「天下を以て己が任と為す」范仲淹の面目躍如の行為であるが、この後も独断専行を重ね更迭されることは後に触れる。李元昊は涇原路には蕃官郭拝等四人を派遣した。正月二五日、辺上で都監桑懌と会談し、二八日を目途に帰順交渉を持ちかけている。この情報は二月六日に中央に達している。仁宗は宋を油断させる賊の詭計と断じ、各路に守備の徹底を命じている。

　李元昊は前年、和平交渉の使者を派遣した直後に延州に大攻勢をかけた。今回も両路に遣わした使者の帰国を見計らって涇原路に大攻勢をかけてきた。明らかに宋の征討軍派遣の機先を制したのである。征討軍派遣問題は決着がつかぬままその準備は進められていった。経略安撫使の韓琦が涇州に至ったところで諜者が重大な情報をもたらす。李元昊が兵を閲し渭州攻略に向かっているというものであった。韓琦は二月一〇日、鎮戎軍に急行し駐屯兵と敢勇八千人を集め、軍務で同地に滞在中の環慶副部署任福を総大将に任じ、都監桑懌、鈐轄朱観、都監武英、都監王珪、参軍事耿傅等をしたがわせた。この間に、西夏軍は鎮戎軍を左に見て堡砦を抄掠し六盤山の西麓を南下し、すでに好水川方面に達していたのである。韓琦は糧秣の補給を考え、鎮戎軍に近い羊牧隆城等で敵の背後に出、持重して険を固め伏を設けて西夏軍の戻るところを邀撃せよと任福等に方略を授ける。宋領内に深入する際の西夏軍の戦法(29)は、足の遅い輜重をともなわず有利な位置を占め、敵を誘導して短期決戦の後は反撃を避け速やかに引き揚げるものであった。韓琦は、西夏軍の編成が宋軍をはるかに上回ることを知り、決戦は控えさせたのである。ところが任福は翌一一日、命令を守らず軽騎数千を分けて出撃し、懐遠城付近で西夏軍と一戦を交え、敵を圧倒する。西夏軍は馬羊槖駝を棄て佯北する。誘いとも知らず宋軍は後を追い、「人馬乏食三日」の状態もいとわずに敵を猛追し、一四日、籠竿城の北で敵の大軍に遭遇し、六盤山下好水川河畔におびき寄せられ西夏軍の包囲網に取り込まれてしまう。韓琦の作戦の裏を掻かれてしまったのである。任福、桑懌、王珪等をはじめ将校の戦死数百人、軍士の戦死六千余人。わずかに鈐轄朱観が余衆千余人と民垣を守って九死に一生を得た。三川寨の戦死者と合わせると軽く一万人を越す大被害である。任福は前年九月の白豹城攻略の成功で西夏軍を侮っており、涇原路でも戦功を挙げようとして敵の術中にはまってしまったのである。『続資治通鑑長編』（巻一三二）に「元昊傾国入寇、而福所統皆非素撫循之師、臨敵受命、法制不立。既又分出趨利。故至甚敗。奏至、上深悼焉。」とある。二回におよぶ涇原路の攻略は対宋天都右廂軍を担任していた野利遇乞の作戦指揮によっておこなわれたものである。

話は遡るが、范仲淹の書簡を持って高延徳とともに夏州に向かった韓周は、西夏領に入ると鄭重な出迎えを受ける。ところが、二日ほど行を進めたところで好水川の情報が伝えられた。韓周は四〇余日、夏州に留められ（『続資治通鑑長編』巻一三一）、李元昊の命を受けた野利旺栄が作成した范仲淹に報ずる書信を持って西夏の使者とともに延州に戻ったのである。政府が范仲淹を更迭したのは四月五日のことで、韓周の往復の日数と政府への連絡日数を加えると七〇日前後になる。韓周は二月初旬に延州を出発し、三月下旬に戻ったのであろう。韓周が四〇余日も夏州に留め置かれたことは興味を惹く。好水川で宋軍に大勝した情報は、いち早く李元昊のもとにも届いたはずである。韓周が李元昊に面会した情報はなく、また返書を野利旺栄に作らせたということは、李元昊が夏州には居なかったことを意味しているのだろう。野利旺栄は西夏軍の対宋左廂を担当し、その軍事力は最強を誇り夏州の東方明堂（弥陀洞）に常駐していた。李元昊は好水川の戦闘を総攬するために天都山方面に移動していたと考えられる。慶暦三年二月の韓琦、范仲淹の上奏の一節に「今、元昊於天都山営造所居、已逼漢界。（『続資治通鑑長編』巻一三九）」とあるように、当時、李元昊は天都山に宮殿を造営し、妃の一人摩移克結星の女と居住していた（後述）と考えられる。夏州と天都山の連絡往復に一〇数日は要したはずで、その間、韓周は夏州に逗留させられていたのであろう。李元昊が直接范仲淹に返書を送らなかった理由は、好水川の勝利で優位な立場を誇示したかったからであろう。野利旺栄が代書した返書は范仲淹宛のものであり、宋政府への転送を禁じていた。当初、范仲淹は開封せずに政府に送ろうとしたが、鈐轄張亢の忠告と自分宛の返書であることから開封に踏み切る。好水川の戦勝を踏まえ、内容は宝元二年閏一二月に賀九言がもたらした「嫚書」と変わるところがなく、ただ最後に通好を求める言葉があった。范仲淹は一部を筆写して政府に送る一方、使者の面前で返書をことごとく焼き捨て、妥協に応じない姿勢を示したのである。ところが、韓周は別に数事を邀求する箚（申し文）を授けられており、おそらく具体的な講和条件が記されていたものと推測してよかろう。李元昊が范仲淹を交渉相手に選んだ理由は、范仲淹が対西夏戦略を主導する位置にいることを熟知していたからで、彼の意向を確認することで今後の方策を立てやすかったからであろう。それはともかく、仁宗政府は范仲淹が勝手に李元昊と通書し、また書を焼いたことを重視し彼を知耀州に左遷する。また、盟友韓琦は好水川の大敗の責を問われ知秦州に左遷されてしまう。

定川寨の戦い　西夏軍はわずか一年少々の間に、鄜延路に続き涇原路を襲い宋軍に深刻な打撃を与えた。ところが范仲淹の対応などから、李元昊は未だ講和の時期に達していないと判断し、さらに攻勢を強める。李元昊は軍隊の損耗回復を考え天都右廂軍と明堂左廂軍を交互に動員していたことが窺える。今度は明堂左廂軍を動員したのであろう。攻撃目標は夏州の北方に控える府州と麟州、豊州に定められた。府州の折氏については六八四頁で述べたので繰り返しは避ける。景祐元年の攻撃は宗哥族唃厮囉政権との戦争中のことであり、牽制が主目的の小規模な戦闘であった。それに比べ、今回の攻撃は宋のみならず遼に対しても三州の領有を明確に示すことを目的にした本格的な大作戦だったのである。西夏軍の作戦は当初から三州の個別攻略だったと考えられる。麟州は七月二一日に、府州は二三日に西夏軍に包囲されている。ところが二州ともに「皆在河外、因山為城、最為険固（『続資治通鑑長編』巻一三二）」の要害の地を占め、兵民の必死の籠城死守で西夏軍の猛攻に耐え抜いたのである。麟州は水に乏しく渇きに耐えながら一箇月前後の包囲攻撃を凌ぎきったのである。府州包囲戦では「城険且堅、東南各有水門、崖壁峭絶、下臨大河、賊縁崖腹微径、魚貫而前、城上矢石乱下、賊死傷殆尽。（同右）」とあるように西夏軍にも相当な損害を与えたのである。これに対して府州の救援を得られなかった麟、豊間に位置する寧遠寨は八月一〇日に、そして蔵才族出身の王余慶が守る豊州は一九日に陥落している。三州攻防戦で宋が被った被害は「聞其死傷者三万余人（同右）」ともいう。この被害に驚いた宋政府の中では河外（麟、府州）放棄論まで起きてしまう。こうした状況を挽回したのが并代都鈐轄、管勾麟府軍馬事の張亢であった。張亢は単騎府州城に乗り込み、士気を鼓舞し周辺に堡砦を増設し敵の再来に備えたのである。一一月になると河東経略司に詔し、脅迫によって西夏側に転じた麟、府州界熟戸蕃官馬崖、西界首領拉吐、唐竜鎮首領来守順、府州界巡検密拉等に節度、観察、刺史を餌に帰順を促している。この後も張亢が中心になって積極的に堡砦の修復新設がおこなわれ、宋の麟、府州強化策が継続したこともあり、遂に西夏は麟、府州を手に入れることはできなかったのである。

繰り返される戦乱は宋の西北辺蕃漢住民に塗炭の苦しみを与えただけではなく、攻撃する側の西夏にとっても厳しい消耗をもたらしたことはいうまでもない。戦死傷者も深刻な数字に達していたことは想像に難くない。徴兵、徴用の対象は政権にしたがう部族、部落の壮丁である。戦争が長引くにつれ各部族、部落の体力は急速に蝕まれていったことであろう。その上、宝元二（一〇三九）年二月に保安軍榷場が閉鎖され、さらに翌康定元年の八月には「陝西縁辺主兵官与属羌交易」が禁止され（『続資治通鑑長編』巻一二八）、宋からの物資の供給はほとんど途絶していたのである。西夏側住民の生活も危機的状況に達していたことは間違いあるまい。翌慶暦二年正月、蕃部巡検趙明の招諭に応じて、偽署団練使訛乞が配下蕃官等二三戸を率いて帰順している。五月には西界偽団練使納幹が、九月には同じく西界偽団練使馬都克が来降している。さらに驚くべきは宋に情報を流していた部酋がいたことである。西界偽侍中密香は宥州兵馬を管し、西夏軍の要職にありながら宋に通じ順徳軍節度使を与えられ、白守忠の名まで賜っている。彼の流した情報についてはすぐ後で触れる。いずれにせよ部酋層にも無理な動員に耐え切れなくなっているものが続出していた証拠であろう。

さて、慶暦一、二年の交になると宋と西夏の対立は新しい局面に移っていく。遼が介入してきたのである。宋は康定元年七月に、郭稹等を遼に派遣し不用意にも講和の仲介を依頼していた（六九四頁）。これはいたずらに宋の軍事力が低下した現実を遼にさらけ出す以外の何ものでもなかった。遼は虎視眈々と軍事介入の機会を覗っていたのである。慶暦元年の冬一〇月、早くも遼軍の不穏な動きが伝わってくる。年が明け、二年正月になると遼の興宗は大軍を幽、薊の間に展開し、宣徽南院使蕭英と翰林学士劉六符を境上に遣わし、書をもって関南十県の地の引き渡しを要求してきたのである。仁宗政府が最も恐れていた事態が発生したのである。度重なる西夏の攻撃で青息吐息の宋は、新たに遼と干戈を交える体力も気力もなく、外交決着に一縷の望みを託する以外に道はなかった。誰もが任を避ける中で、宰相呂夷簡の推挙で富弼が選ばれた。彼は二月二日、京師を出発して雄州に趣き、蕭英、劉六符と胸襟を開いて双方の主張を尽くし、信頼関係を築いていったのである。三月、蕭英、劉六符は京師に至り、改めて興宗から託された国書を仁宗に呈上する。その一節に「兼李元昊於北朝、久已称藩、累曾尚主、克保君臣之道。実為甥舅之親、設罪合加誅、亦宜垂報。（『続資治通鑑長編』巻一三五）」とあり、仲介どころか西夏とともに入寇をほのめかし、関南十県の地の引き渡しを要求したのである。事実、遼は西夏に使者を派遣して二方面からの入寇を持ちかけている[30]。そして李元昊もそれに応じていたことが、次に記す密香の情報から裏付けられる。五月に龐籍が珪年族（帰娘族）軍主阿克阿に命じ西界で情報を探らせたところ、密香が「元昊以所掠縁辺人馬送契丹、請助兵入漢界。宜預為之備。（『続資治通鑑長編』巻一三六）」と伝えたのである。李元昊もこの頃は遼との共闘を考えていたことがわかる。遼の介入を認めるということは、畢竟、遼のペースで宋との間で手打ちがおこなわれることを意味する。対応を誤れば、今までの苦労が台無しになることも考えられる。この時点で李元昊が遼の誘いに乗ってしまったということは、それだけ国内の諸事情が逼迫していたことを示しているのであろう。

さて、宋の遼との交渉は富弼の双肩に懸かっていたといって少しも過言ではない。詳細はすべて省略するが、当初、仁宗政府は割地拒否の見返りに公主降嫁と歳幣の増額を交渉条件と考えていた。ところが交渉役の富弼は歳幣の増額だけで決着させることを肝に銘じていた。富弼は再三にわたって遼に趣き、興宗とも親しく会見し、肝脳をふり絞った説得をおこなったのである。呂夷簡の妨害を押し切って最終的に西夏の納款を条件に、歳幣銀一〇万両、絹一〇万疋の増額で決着をつけたのである。新条約批准の使節の往来は八月から九月にかけてのことであった。遼は澶淵の盟約の三〇万に加え、ここで濡れ手に粟で二〇万の漁夫の利を得、合計五〇万の歳幣を受けることになったのである。富弼は宋の亡国の危機を、まさに身を挺して救ったのである。因みに富弼は澶淵の盟約が結ばれた景徳元（一〇〇四）年の生まれで、この年は李継遷の没年でもある。

この間、宋・遼間の新条約をめぐる情報は逐一李元昊のもとに達していたことはいうまでもなかろう。遼の介入が、当初の西夏との共闘作戦から逸脱し、にわかに歳幣の増額を得て西夏に納款を約させるものに変わったことに、李元昊が唯々としてしたがうはずはない。李元昊は共闘に応じたことを後悔したに違いない。遼の仲介を受ければ宋との条約交渉にも重大な制約がかかることは目に見えており、李元昊は改めて自力本願の大切さを覚ったことであろう。李元昊はあくまでも差しの交渉に拘ったのである。宋と遼の思惑を全否定し、それを両国に思い知らせる唯一の手段は、再度宋に大打撃を与えることに尽きる。

今回も大攻勢に先立って使者李文貴を青澗城に派遣して講和を打診し、宋の油断を誘っている。宋・遼間の新条約が成立したその直後、九月末に西夏の大軍が涇原路に侵入した情報が届く。涇州観察使王沿は閏九月一日、涇原副都部署葛懐敏に命じ瓦亭寨を固めるよう指示する。葛懐敏は九日、瓦亭寨に到着し、追々諸軍も集まり王沿の命を無視して鎮戎軍に進んでしまう。そこで西夏軍が新壕外に移動した情報に接し、進んで西夏軍を襲うことに決し、夜明けを期して四路に分かれて定川寨に趣くことにした。定川寨は二年前に襲われた三川寨の北東約一〇キロに位置している。『聚米図経』の著者として知られる涇原路都監趙珣は西夏軍の「敵遠来、衆倍鋒鋭」から、鎮戎軍を守り敵の衰を俟ちこれを撃つ以外に勝ち目はないと忠告する。ところが総大将の葛懐敏は耳を貸さず、全軍を定川寨に進めすっかり西夏軍の重囲に陥ちてしまう。戦えば敗れ、兵は戦意を喪失し、二三日、鎮戎軍帰還を試みるも失敗し、西夏軍の猛攻に遭い葛懐敏をはじめ主だった部将一七名が戦死し（趙珣は俘虜になり後賊中に卒す）、兵九千四百余人が没するという惨敗を喫してしまう。勝に乗じた西夏軍は、潘原まで深入し大掠して引き揚げた。敗報に接した仁宗について「奏至、帝嗟悼久之（『宋史』巻二八九葛懐敏伝）」と伝えている。

今回の西夏軍の侵入は単に宋、遼を牽制する程度の倉卒の出兵ではなく、西夏の有利な状況のもとで宋に新条約の締結を迫ることを目的にした、まさに国運を賭した一大決戦だったのである。動員兵力は八万（范文正公集年譜補遺）とも、一〇万（『続資治通鑑長編』巻一三八）ともあり、二道に分かれて劉璠堡（定川寨附近）、彭陽城から渭州に殺到したのである（同上）。現地の宋部将にも「賊挙国而来（『宋史』巻四四二尹源伝）」の認識があったのである。当然、今回の西夏軍は野利遇乞が指揮する天都右厢軍が主体を構成していたことは間違いないが、李元昊が涇原路を襲った理由は単に左右厢軍の出撃順番に拘ったからではなく、必勝を期したことに尽きる。この間、鄜延、環慶路方面では復帰した范仲淹のもと狄青、种世衡等名将の活躍で堡砦の整備が進んでいた。特に慶州北方に大順城、細腰城等の建設を進め、明珠、密蔵族と西夏の関係を遮断して、二族の帰順を進めていたのである。さらに三年正月、涇原安撫使王堯臣の報告書に「至陝西、見鄜延、環慶路、其地皆険固而易以守。惟涇原則不然。……蓋自鎮戎軍至渭州、沿涇河大川、直抵涇、邠、略無険阻、雖有城寨、多居平地、賊径交属、難以扞防。（『続資治通鑑長編』巻一三九）」とあるように、鄜延、環慶路に比べて涇原路がはるかに入寇しやすかったことがわかる。そして今回の入寇には別の目的もあったのである。定川寨で宋軍を撃破した後、「於是賊長駆直抵渭州。幅員六七百里、焚蕩廬舎、屠掠居民而去。（『続資治通鑑長編』巻一三七）」とあるように渭州方面を席捲し広範囲に抄掠をほしいままにして引き揚げている。これは西夏側の物資の窮乏が極限に達しており、それを補うための緊急調達の意味合いも兼ねていたのであろう。後に史料を示すが、戦争直前に青澗城に講和を打診に来た李文貴が「開戦以来、牛羊はすべて遼に売り、絹一匹の値が二千五百銭もするようになり、誰もが講和を望んでいる。」と言っているのは正直に実態を吐露したのであろう。

それはさておき、定川寨の大敗は仁宗に再び衝撃を与えたが、それどころか現地の住民にとってはまさに生きるか死ぬかの大問題で、深刻な恐怖心を植え付けられた。「関中震恐、居民多竄山谷間（同右）」とか、「関西響震、自邠、涇已東、皆閉壁自守（『公是集』巻五二）」の恐慌状態に陥ったのである。西夏軍入寇の報に接した范仲淹は、一〇月、自ら慶州の兵六千を率い救援に趣く。邠、涇を経て敵の帰路を衝こうとするも時すでに遅く西夏軍は去った後だった。范仲淹が出陣したことは「親至涇州、関輔人心頓然帖息。（『河南先生文集』巻七）」とあるように、人心を安定させる上で充分の効果を発揮したのである。そして彼の出陣は仁宗をいたく感激させ、再び范仲淹、韓琦を重用し、一一月、龐籍を加えた三名を陝西四路経略安撫招討使に任じた。范仲淹、韓琦はともに涇州に駐在し、范仲淹は環慶路を、韓琦は秦鳳路を兼任し、三路の即応態勢の強化を目指したのである。

長くなった本節を締め括ろう。范仲淹等の叙任を受けて、集賢校理余靖は一二日に上書して「……臣聞兵之勇怯在乎将、勝敗在乎気。窃見賊昊侵軼辺鄙已来、大戦者三矣。延安之役、人猶勇闘、好水之師、陥虜伏中。定川之敗、不戦而走。此皆賊乗屢勝之気、而吾将勇怯之分也。臣観賊昊、雖曰小羌、其実黠虜。其所挙動、咸有次序、必先剪我枝附、壊我藩籬、先攻易取之処、以成常勝之勢。金明之族最近賊庭、故先取之。豊州之地援兵難集、故次取之。涇原将

帥軟懦、故又次取之。此乃賊知先後之計也。（『続資治通鑑長編』巻一三八）」と述べ、李元昊の作戦を総括しているが、余靖のみならず宋政府の高官ならばこの程度の認識は誰でも持っていたことであろう。わかっていながらどうにもならないほどに宋の軍事力の質が低下していた証拠である。残された史料はすべて宋側の立場で記されているにも拘わらず、三次に及ぶ戦闘を通覧して二、三の部将の個人的善戦の記事を除いて、西夏軍の圧倒的な強さばかりが目につく。范仲淹は西夏軍の精兵は八万足らずと言い、韓琦は四、五万と言っている。これらの数字は二人が西夏軍を侮っていったものではなく、西夏側からもたらされた情報にもとづいており、かなり正確な数字と考えてよかろう。要はその少ない精兵を最大限に活用したところに西夏軍の強みがあったのである。すでに触れたように、対宋戦争の作戦指揮は野利兄弟が担任していた。彼らと精兵の関係がわかる格好の材料が魏泰の『東軒筆録』に残されている。その巻八に、

　元昊、山界の戦士を分かち二廂に為し、両将に命じこれを統べしむ。剛浪崚は明堂左廂を統べ、野利遇乞は天都右廂を統べ、二将能く兵を用い、山界の人戸善戦す。中間《なかごろ》劉平、石元孫、任福、葛懐敏の敗は皆な二将の謀なり。

とある。『涑水記聞』（巻九）には「……元昊使其妻之兄弟旺栄及剛朗凌分将左右廂兵、用事。」とあり、（巻一一）には「以野利氏兄弟為謨寧令、旺栄号野利王、剛朗凌号天都王……」とあり、遇乞の名が見えず旺栄と剛朗凌を別人に扱っている。李燾は「元昊之貴臣野利剛朗凌、遇乞兄弟皆有材謀、偽号大王、親信用事。辺臣多以謀間之。剛朗凌即旺栄也。（『続資治通鑑長編』巻一三八）」と記しているように、旺栄と剛朗凌は同一人物で、旺栄は漢名である[31]。旺栄が兄で遇乞が弟であろう。謨寧令は枢密を意味するタングート語であろう[32]。野利兄弟がこの時期の対宋西夏軍の左右廂を二分して統率していることは、かつて趙善約特兄弟が枢密として西夏軍の左右廂を分掌していたことに対応する。李元昊が趙善約特一族を排除する際には、野利兄弟が腹心として深く関わっていたことは想像に余りある。その功によって野利兄弟が枢密の地位を獲得できたと考えられる。むしろ、野利兄弟が趙善約特兄弟から枢密の地位を横奪す

るために主導的に動いたのかも知れない。第三節の（その三）A、B史料、その他関連の史料を見ても趙善約特兄弟に王号はついていない。Bには趙善約特が李元昊のことを大王と称している。ところが『続資治通鑑長編』の記事や『宋史』（巻三三五）种世衡伝によると野利兄弟は大王を号したとある。その信憑性は措くとして、旺栄が野利王といわれ、遇乞が天都王と称されていたことは事実であろう。ただ兄弟が勝手に王を名乗れるわけはなく、当然、李元昊が王号を授与したことはいうまでもない。李元昊が野利兄弟に趙善約特兄弟以上に高い地位を与えた理由は、対宋決戦を控えて、戦争に消極的な趙善約特兄弟から兵権を取り上げ、最強軍団を隷下に持つ野利兄弟にその任を託すための好餌だったのであろう。その最強軍団の山界戦士とは第四節の西夏の軍事力を述べた史料中に「しかして戦に苦しむや、善鄂（山訛）を倚《たよ》る。善鄂（山訛）は横山の羌。夏兵柔脆にして及ばざるなり。」とある山訛のことに他ならない。横山の羌とは文字通り、長く連なる横山山脈南麓の山谷皺襞に散居し、宋に対しては叛服を繰り返し、時々に憑依する勢力を代えるタングート生、熟戸の総称である。慶暦四年五月に范仲淹と韓琦が崇政殿で仁宗に奉った御戎四策の其三に「元昊巣穴実在河外、河外之兵、懦而罕戦、惟横山一帯蕃部、東至麟、府、西至原、渭、二千余里、人馬精勁、慣習戦闘之事。与漢界相附、毎大挙入寇、必為前鋒。故西戎以山界蕃部為強兵、漢家以山界属戸及弓箭手為善闘。以此観之、各以辺人為強。……（『続資治通鑑長編』巻一四九）」と山訛横山羌の実態を明確に述べている。本来この地域が拓抜李氏の勢力圏ではなく、歴史的に大姓野利氏集団や破丑氏集団が横山南麓に布満していたことを考えれば、まさしく横山羌は野利氏とは切っても切れない関係にある部族、部落集団だったと考えてよかろう。横山羌から供給される山界戦士は李元昊の動員命令の埒外にあり、野利氏や破丑氏の命令には服する軍事力だったのであろう。范仲淹は早くから横山羌の危険性を指摘し、「臣又聞得、横山蕃部散入岩谷、多設堡寨、控扼険処、入界之時、兵少則難近、多則難行、仮使主将智勇、能奪其険、彼則遠遁、我無所獲。（奏議）」と言い、「……取綏、宥二州、択其要害而拠之、屯兵営田作持久之計。如此、則茶山、横山一帯番漢人戸、去昊賊相遠、懼漢兵威逼、可以招降。或即奔竄、則是去西賊之一臂、拓疆制寇、無軽挙之失也。（『続資治通鑑長編』巻一三〇）」と述べ、横山蕃部の獷悍に手を焼き、西夏との隔絶か掃蕩を主張していたのである。横山蕃部は山谷険阻の地に拠って平時は宋に対する障壁として、戦時においては野利氏の動員令に応じて強兵を供給する軍団の役割を果たしていたのであろう。特に好水川、定川寨の戦いで天都右廂軍を構成した強兵は、古くから叛服を繰り返していた天都山周辺に蟠踞する妙娥、熟魏族等大虫巉諸族（前章五二九頁参照）や明珠族、密蔵族、康努族の兵が主力を構成していたのではなかろうか。いずれにせよ三次の戦争は野利兄弟指揮のもと、地理を知り尽くした地元部族出身の将校と兵が自らの生活圏で戦ったところに強さの秘密が隠されていたといってよかろう。

父李徳明が景徳三年九月に締結した講和条約を放擲し、李元昊が一方的に宋の西北辺を執拗に攻撃した理由は極めて明解なものであった。すなわち契丹民族によって建国された遼に次ぎ、タングート民族自前の独裁専制国家の成立を宋に認めさせることと、その新国家を運営する諸経費を宋に仰ぎ、対等の貿易関係を築くこと以外の何ものでもなかったのである。

六　新条約の締結

戦争状態の長期化は、西夏国内に深刻な事態を引き起こした。いかに精強を誇ったとはいえ山界の兵にも限りがあり、兵の損耗と民の疲弊は極限状態に達していたことは多くの史料に残されている。後にも触れるが『涑水記聞』（巻一一）に「元昊雖屢入寇、常以勝帰、然人畜死傷亦多、部落甚苦之。又歳失賜遺及縁辺交市、頗貧乏。思帰朝廷、而恥先発。」とあるが、これは宋側の推測ではなく、西夏側から寄せられる情報にもとづいていたのであろう。戦争目的が宋に対して国家の承認と歳幣の獲得、貿易の拡大にあったことから考えれば、李元昊にしたところで戦争の長期化は本来望むところではなかった。国内事情を注視しながら講和のタイミングを計っていたことはいうまでもないが、遼が介入してきたことにより二国間の問題に絞ることができなくなり、条約交渉に重大な影響をおよぼすことになったことは否めないであろう。定川寨の戦いはまさに遼の介入を牽制する目的もあって決行したものであった。李元昊は戦勝によって遼の面目を潰し、戦後の条約交渉においても遼に左右されることなく宋に向き合う立場を確保したといってよかろう。

そこで、西夏と宋がどのような交渉を経て新条約の締結に漕ぎつけたのか、その経緯をまとめておこう。前節で触れたように、定川寨の戦いの前に西夏は李文貴を派遣してきた。知延州の龐籍は彼を青澗城に抑留しているうちに戦いが勃発し宋は惨敗したのである。多少遡って、李文貴がどのような事情で宋に派遣されたのか、その辺から明らかにしていこう。

趙善約特亡き後、野利旺栄、遇乞兄弟が李元昊の親信として左右廂軍を掌握し、対宋戦争を指揮していることは宋側も熟知していた。趙善約特が李元昊と対立し滅ぼされたように、野利兄弟も滅ぼされれば宋の西北辺の脅威は除去される、と宋人が考えたとしても無理はない。極めて単純な図式だが、宋は李元昊と野利兄弟の離間策を実際に採用したのである。これについては中嶋敏氏も註（18）論文で述べているが、諸史料によって内容に出入りがあり、虚実も定かでない話が多く詳細を述べる必要もなかろう。李文貴が青澗城に派遣された事情に繋がる史料を二つほど紹介しておく。『宋史』（巻三三五）种世衡伝に、

初め、世衡青澗城に在り、元昊未だ臣せず。その貴人野利剛浪唛、遇乞兄弟は材謀有り、皆大王を号し、親信用事す。辺臣、謀を以てこれを間《はな》さんと欲し、慶暦二年、鄜延経略使龐籍は両《かさね》て保安軍守劉拯の書を為り、蕃部破丑に賂し以て野利兄弟に達せしむ。而して涇原路王沿、葛懐敏はまた人を遣わし書及び金宝を持ち以て遇乞に遺る。会々剛浪唛は浪埋、賞乞、媚娘等三人をして世衡に詣り降を請わしむ。世衡その詐を知り、曰く「それ、こ

れを殺すより因りて以て間を為すに若かず」と。留めて商税を監《み》せしめ、出入には騎従し甚だ寵す。僧王光信なる者有り、趫勇にして騎射を善くし、蕃部の山川道路を習知す。世衡兵を出すに、常に郷導を為さしめ、屢々族帳を盪《たいら》ぐ。奏して以て三班借職に為し、名を嵩に改む。世衡、蠟書を為り、嵩を遣わし剛浪唛に遺り、言う「浪埋等已に至る。朝廷は王に向漢の心有るを知り、命じて夏州節度使に為し、奉銭（移動の経費）は月に万緡、旌節已に至れば、その帰附に趣かん。」と。棗を以て綴り亀を画き、その早帰の意に喩う。剛浪唛書を得て大いに懼れ、治する所より嵩を執え元昊に帰す。元昊は剛浪唛が己に貳するを疑い、治する所に還るを得ざらしめ、且つ嵩を穽中に錮《つな》ぐ。その臣李文貴をして剛浪唛の旨を以て世衡に報じ、且つ言う「遺るところの書意を達せず、或は通和を許すか、願わくば一言を賜らん。」と。

とある。これによると野利兄弟の離間策は慶暦二年になって、鄜延路の龐籍が保安軍守劉拯に内附を促す書を作らせ、蕃部破丑氏を通じて野利兄弟に送ったことから始まったようにとれる。因みに破丑氏の消息は李継遷崛起の際の破丑重遇貴以来、実に半世紀ぶりのことで、横山南麓に健在であったことがわかる。一方、涇原路の王沿はこの後定川寨の戦いで戦死する葛懐敏と組んで天都王遇乞に金宝を贈り内附を誘っていたことがわかる。ところが、こうした動きとは別に野利旺栄は部下の浪埋、賞乞、媚娘等三人を青澗城の种世衡のもとに降らせていたのである。このことは龐籍の工作以前に、种世衡が青澗城を建設した後、康定、慶暦元年の交から野利王旺栄に何らかの工作を仕掛けていたことの対応を示しているのではなかろうか。いずれにせよ龐籍や王沿の工作の結果は不明で相手にされず、そのしっぺ返しが定川寨の戦いだったのであろう。种世衡は三人が偽降であることを承知の上で優遇し、離間策の道具に使う機会を狙っていたのである。そして王嵩と名を改めた僧王光信に蠟書を授け旺栄のもとに遣わしたのである。蠟書の内容は、浪埋等の話から旺栄の内附の意向を受け、夏州節度使を与え月ごとに万緡を支給することになったので速やかに亡命せよというものであった。旺栄は疑われることを懼れ直ちに王嵩を李元昊に引き渡す。ところが李元昊は旺栄を疑い手元に抑留し、王嵩を穽に監禁してしまう。李元昊は旺栄の名で返書を作り、臣下の李文貴にそれを持たせて青澗城に遣わしたのである。内容は种世衡の蠟書の意味が解らず、講和を欲しているのか返答を求めるというものであった。右史料は続けて、种世衡がそれを龐籍に連絡し、李文貴が延州に趣いたとしているが、この史料は旺栄が蠟書を見て懼れたあたりから信憑性が薄らいでくる。その理由はすぐ後で掲載する『続資治通鑑長編』の記事のもとになった『涑水記聞』（巻一一）には、

知青澗城事种世衡その君臣を離間せんと欲し、僧王嵩を遣わし銀亀及び書を齎し旺栄に遺りて曰く「汝鼐に帰附を欲す、何ぞ速に決せざらん」と。旺栄これを見て、笑って曰く「种使君年また長にして乃ちこの児戯を為すや」。嵩を窖中に囚う。凡そ歳余、元昊屢々入寇し常に勝を以て帰すと雖も、然に人畜の死傷また衆く、部落甚だこれに苦しむ。また歳に賜遺及び縁辺交市を失い、頗る貧乏し、朝廷に帰を思うも、而して先に発するを恥ず。慶暦三年、旺栄をして嵩を出してこれに問いて曰く「我、种使君の意を暁にせず。我と通和を欲せんや」と。即ちこれに衣服を贈り、教練使李文貴を遣わしこれと偕に世衡に詣らしむ。時に、龍図閣直学士龐籍は鄜延経略招討使に為る。元昊が新たに涇原を寇するを以て、これを辺に止め前ましめず。

と記しているからである。旺栄は蠟書を見て懼れたどころか、いい年をした种世衡の児戯に類する謀略に失笑し、王嵩を一年ほど窖すなわち土牢に閉じ込めて置いたのである。ところがこの間に西夏国内の窮乏は急速に進行し、李元昊は旺栄に講和の打診を命じたのである。旺栄が慶暦三年に土牢から王嵩を出したとあるが、『唐宋史料筆記叢刊本』（巻第一一）には二年とある。文意を案ずれば二年が正しいことはいうまでもない。旺栄は一年も経って、种世衡が蠟書を送った本意は講和の要求にあるのだろうと勝手に理屈をつけ、王嵩に衣服を与え、教練使の李文貴ともども青澗城に送り帰したのである。二つの史料を見比べると後者の内容に説得力があることは明らかである。李文貴については諸史料によって李元昊の教練使、親信とするものと、旺栄の牙校、教練使とするものの二通りに分かれるが、そも

そも定川寨の戦いの前に、旺栄から王嵩を返しがてら青澗城に派遣されたことを考えれば、李元昊ではなく旺栄の部下だったと考えるべきであろう。

以上を要するに、慶暦元年の早い時期に、旺栄は浪埋等三人を种世衡のもとに偽降させ、宋側の情報の蒐集にあたらせていたのである。种世衡はしばらくして王嵩に蠟書を持たせ旺栄のもとに送り込む。もちろん内容が李元昊のもとにも伝わり、疑いを持たせることを狙ったのである。当然、旺栄は李元昊に蠟書の内容を伝えたであろう。しかし旺栄同様、李元昊も児戯に類する謀略は相手にしなかったはずである。慶暦二年の秋に入った頃に李文貴は王嵩をともなって青澗城にやって来たのである。ただ、『涑水記聞』にも「詣世衡」とあるのは誤りである。种世衡は范仲淹の奏請によって三月に知環州に転じていたからである。李文貴は仕方なく、龐籍の命により青澗城に抑留されているうちに、遼と宋の密約を知った李元昊が急遽、定川寨の戦いを発起したのである。李文貴はそれを青澗城で知ることになった。なお、多くの史料は种世衡の謀略によって李元昊主従の間に隙が生じたとし、尾鰭のついた話がいくつも残されているが憶測であろう。もっとも当時から种世衡の離間策が成功したと思い込んでいる人物もいた。种世衡の息子の种古（詁）で、後に父の功が龐籍に横取りされたとして朝廷に訴えているのである（种世衡伝）。わずか一年後の慶暦三年に野利旺栄が殺されているタイミングを考えれば無理もない話である。

さて、龐籍は定川寨の敗戦後、間もなくして李文貴を青澗城から延州に呼び寄せたのである。その理由は三度の敗績にすっかり厭戦気分に陥った仁宗が和平交渉を急がせる密詔を龐籍に降したからである。李燾[33]は主に『涑水記聞』の（巻九、一〇、一一）に載せる三記事を編集し『続資治通鑑長編』（巻一三八）の慶暦二年の最後尾に龐籍の交渉を掲載している。

> 文貴自ら言う「用兵来、牛羊は悉く已に契丹に売り、一絹の直は銭二千五百に為り、人情和を便とす。」と。時に世衡は已に青澗城を去る。籍その言を信ぜず、意に虜は吾軍を款せんと欲すと。文貴を青澗城に止めること数

月、賊果して大いに入り、葛懐敏を定川に敗る。朝廷益々兵を厭う(34)。ここにおいて、密に籍に詔して元昊を招納せしむ。「元昊苟くも臣を称せば、その僭号によると雖も、また害なく、若し改めて単于、可汗を称せば、則ち固り大いに善し。」と。籍以為《おもえらく》元昊勝を驟め方に驕、若し中国自ら人を遣わしこれを説けば、彼益々驕蹇す。言を与う可からず、と。乃ち青澗城より文貴を召し、これに謂いて曰く「汝の先主及び今主の初、本朝に奉事し、皆臣節を失わず。汝曹、故無く妄りにこれに名を加え、汝の主をして臣と為るを得ざらしむ忽れ。紛紛今に至る。彼此の民肝脳地に塗えるは、皆汝群下の過なり。汝辺を犯すの初、国家久しく平を承け、民は戦を習わず、故に屢々汝の勝と為る。今、辺民益々戦を習う。汝の屢々勝つも豈に常とす可けんや。我国家の富は天下に有り、偏師の小衄すると雖も未だ大損に至らず。汝一敗すれば則ち社稷は憂う可し。天の天子を立てるは、将に四海の民を博愛しこれを安定せしめ、必ず彼を残《そこな》い快を取るを欲するに非ざるなり。汝帰りて汝の主に語れ、若し誠に能く過を悔い善に従い、臣を称し款に帰し、以て彼此の民を息せば、朝廷、所以に汝の主を待するに、礼数必ず前より優る。」と。文貴頓首して曰く「これ固より西人日夜の願なり。竜図能く為にこれを言わん。朝廷、彼此をして休兵せしむれば、それ誰ぞ賜を受けざらんや。」と。籍乃ち厚く贐しこれを遣わす(35)。月余、文貴復た綱朗凌及びその弟旺凌、威明懐、沃裕正等(36)の書を持ち、籍に抵り和を議す。且つ云う「日の方中に如き、天に順い西行す可きを止め、安んぞ天に逆い東下す可けんや。」と。籍、その不遜を嫌い、未だ敢て復書せず、朝に請う。詔し籍に復書せしめその和を許す。而して書は旺栄等を称して太尉と為す。籍言う「太尉は天子の上公、陪臣の得る所の称に非ず、旺栄をしてこれに当《あて》れば、則ち元昊復た臣となす可からずと。今その書自ら謂う『寧凌』或は『黙寧』と、皆な虜の官、中国その義を知る能わず、これを称すれば嫌無きなり。」と。詔し籍の言を聴す。既にして旺栄等、また書を以てその僭号に仍りて称臣納款を欲す。籍曰く「これ辺臣の敢て知する所に非ざるなり、爾の主必ず自ら表章を奉ずれば、乃ち敢てこれを朝廷に達し、名号正ければ則ち議合《かな》い易し。」と。この時、方に議して涇原城寨を修復し、籍、敵猝にこれを犯し、その功を敗るを恐る。故に数々その使と往返計議し、その僭を抑止し、また決然として絶たざるなり。

龐籍が李文貴をすぐに延州に呼び寄せなかった理由は、講和の打診ではなく、宋軍を油断させるためと考えたからである。仁宗の密詔は李元昊がただ一つ「称臣」を納得すれば僭号には目をつむり、単于、可汗とでも名乗れば尚更よく、何が何でも交渉を急げというものであった。僭号とは第四節の最後に掲載した宝元二年正月の李元昊の国書に自らを「皇帝」と称していることを指している。仁宗政府が名分に拘らないところまで追いつめられていた状況が伝わってくる。ところが、交渉の衝にあたる龐籍は慎重であった。宋の側から先に使節を派遣すれば、弱みを見せたと勘繰られ要求も増大する。そこで青澗城に抑留しておいた李文貴を送還しがてら講和の糸口を摑もうとしたのである。韓琦、范仲淹とともに西北辺の軍備強化を急いでいた龐籍は西夏側の国内事情を冷静に分析し、強気の姿勢で交渉に臨んだのである。龐籍は戦争以来の彼此の悲惨な状況を説き、宋軍の敗北は小衄に過ぎないが、西夏側は一敗すれば国が持たないだろう。真摯に講和に応じれば歳賜等も増大すると硬軟織り交ぜて李文貴に諄々と言い含めたのである。講和を熱望していた李文貴が大喜びで延州を後にしたことはいうまでもない。

李文貴は一箇月ほどで野利旺栄の返書を持って再び龐籍のもとにやって来た。往復の日数を考えれば極めて素早い対応である。その上、今回は旺栄の弟の旺凌の他に威明懐、沃裕正の書信までもたらしたのである。威明は嵬名のことで、威明（嵬名）懐は拓抜氏の一員であることを証明している。そして註（36）の『涑水記聞』（巻一一）には「曹偶（仲間）」とあるから、いずれも野利旺栄のもとで左廂軍の司令部を構成する実力者で、特に拓抜氏の威明懐は監軍として李元昊から直々に派遣された人物だったのではなかろうか。おそらく彼らの名前は以前から龐籍の耳にも入っていたのであろう。いずれにせよ都合四人の書信を龐籍に送ったことは旺栄なりの思惑があったからであろう。龐籍の伝言を聞いた旺栄は宋側も本気で講和を望んでいると確信し、自らの手によって講和条約の道筋を定めようと考えたに相違ない。旺淩、威明懐、沃裕正にまで書信を書かせた理由も龐籍の心証をよくする狙いがあったからであろう。二人を比べると、交渉の技量において旺栄は龐籍に一籌を輸《しゅ》したようである。龐籍は旺栄の対応から西夏側の焦りを嗅ぎ取り、交渉の主導権を握っていったのである。龐籍の報告を得て、仁宗政府が「其和を許して」いることから、おそらく旺栄の書簡にも「称臣」に応じる旨が記されていたのであろう。仁宗政府は旺栄の交渉内容に満足し、彼に「太尉」の称号までつけて龐籍に詔を降して交渉の進捗を命じているのである。龐籍は「太尉」号が「天子上公」を指し、陪臣に与えるのは論外で仮に許したら元昊の「称臣」も成り立たなくなる。旺栄が名乗っているタングート語の意味不明の官名「寧凌」、「黙寧」で充分だと政府に噛みついたのである。政府は龐籍の意見にしたがっている。呂夷簡を首班とする仁宗政府に比べ龐籍の冷静さが際立っている。龐籍と政府のやり取りの間、李文貴は延州に逗留されていたのであろうが、龐籍は独断で書簡の文面が不遜を理由に、難癖をつけ改めて礼にかなった書簡の再提出を求めたのである。完全に龐籍のペースである。李文貴の報告を聞いた旺栄は、龐籍の意向にしたがって再度書を作り、僭号はそのままに「称臣」に応じ、講和を要求してきたのである。ところが龐籍は、今度は講和の交渉は辺臣の関与するところではなく、李元昊直々に表章を奉じて来るならば政府にも取り次ぐし、名号が正しければ交渉も円滑に進むとして門前払いをしてしまったのである。龐籍はこの間に范仲淹、韓琦がおこなっている涇原路の軍備強化策を横目に見、これの進捗を図るために西夏側に気を持たせ、李元昊に涇原路攻撃をさせないぎりぎりの駆け引きを演じていたのである。それにしても龐籍の対応に激発しないどころか、この後すぐに李元昊のもとから使節を派遣してきたことを見ると、宋以上に西夏側が講和を希求していたことがわかる。龐籍と旺栄の交渉は慶暦二年の一〇月から一二月にかけておこなわれたと結論する。

慶暦三年に入ると条約交渉は次の段階を迎えた。西夏の説得を条件に歳幣二〇万の増額を獲得した遼は、宋に対してその責任を果たさなければならない。年が明け早々の一月二日、興宗は同知析津府事耶律敵烈、枢密院都承旨王惟吉を西夏に遣わし宋との講和を諭している（『遼史』巻一九興宗二、重熙一二年春正月辛未）。すでに宋、西夏ともに講和に向けて詰めの段階に入っていることは遼も承知していたはずである。遼としては引き続き嘴を入れ続けることによって両国を牽制し、存在感を示す必要があったのである。そして宋、西夏ともに交渉を有利に進める道具立てとして遼の介入をまったく無視することもできなかったのである。

嵩にかかった龐籍の指示に対して、従来の李元昊であったならば入寇をもって回答としたはずである。ところが李元昊は即座に使者を派遣してきたのである。西夏側が早期の講和を熱望していたことがよくわかる。李燾は諸書を取捨選択し今回の交渉をまとめている。『続資治通鑑長編』（巻一三九）慶暦三年春正月に、

癸巳（二四日）、延州言う「元昊、偽六宅使、伊州刺史賀従勖を遣わし来りて款を納む。」と。これより先、龐籍は李文貴の還るに因り、再び旺栄等の書に答え、約するに元昊自ら表を奉じ僭号を削るを以て、始めて敢て朝に聞すと。ここにおいて文貴、従勖とともに元昊の書を持ち保安軍に至る。籍は保安軍簽書判官事邵良佐をしてその書を視せしむに、元昊自ら「男邦泥鼎国烏珠（邦泥定国兀卒）郎霄（曩霄）、書を父大宋皇帝に上る。」と称う。従勖また言う「契丹使人本国に至り称う『南朝は梁適侍郎を遣わし来りて言う、南北修好已に旧の如し、惟だ西界未だ寧ぜず。北朝彼と婚姻を為すを知る、請う諭して早に通和を議せんことを。』と。故に本国従勖を遣わし上書す。縁《ちなみ》に本国自ら国号有るも、奉表体式無し。その烏珠と称うは、蓋し古の単于、可汗の類の如し。若し南朝の使人本国に至れば、蕃宰相の上に坐し、烏珠使人に見えし時、雲牀を離れ、聖躬万福を問う。」と。而して従勖もまた自ら闕に詣るを請う。籍これに謂わしめて曰く「天子至尊、荊王は叔父なり、猶お表を奉じ臣を称す。今名体未だ正しからず、終に敢て以聞せず。」と。従勖曰く「子の父に事えるは、猶お臣の君に事えるがごとし。従勖をして京師に至るを得せしめ、而して天子許さざれば、帰を請い更にこれを議さん。」と。籍乃ち具に以聞し、且つ言う「敵、背叛より以来、屢々勝を得ると雖も、然るに和市の利を喪い、民甚だ愁困す。今その辞稍々

順、必ず誠に改めて中国に事えるの心有らん。願わくば従勖の闕に詣るを聴し、更に使者を選びその国に往きこれを申諭せしめれば、彼必ず臣を称す。凡そ名称礼数及び求匄の物、当に力めて裁損を加え、必ず已むを得ざれば、則ち少しこれを許し、若し求めるところ違わざれば、豺狼の心未だ易すく盈厭（満足）せざるを恐るなり。」と。［＊（ ）は『宋史』李元昊伝の表記。以下、これにしたがう。］

とある。龐籍の要求にしたがって西夏側も野利王旺栄を窓口とする交渉形態を改め、李元昊が直接指示を下すようになった。六宅使伊州刺史賀従勖を派遣してきたのである。賀氏については第一部（第三章第四節）で触れた五代に大同軍節度使になった賀徳倫が思い浮かぶ。おそらく従勖等はその係累で、拓抜李氏政権に加わったタングート族ではなかろうか。賀従勖は李文貴にともなわれ、かつての権場の地保安軍に至った。龐籍は保安軍の邵良佐に命じ李元昊の国書の内容を確認させた。その書き出しには「男の邦泥定国兀卒曩霄が書を父の大宋皇帝に上《たてまつ》る。」とあったのである。さらに賀従勖が言うには、宋が梁適を遼に派遣し、西夏との講和を依頼したので遼の使者が西夏にそれを伝えに来、それを受けて自分が派遣されたのだと述べたのである。(37) 西夏も遼の介入をうまく利用して、あくまでも宋の側が先に講和を求めたとし、交渉を有利に進めようとしたのである。従勖は西夏には邦泥定国というタングート語の国名はあるが、宋に出す奉表の体裁もまだ整っていないとし、暗に宋側の斟酌を求めたのである。僣号の問題も皇帝を避け、単于、可汗に類する兀卒（第四節の吾祖に同じ）を使うので認めてもらいたい。もし宋の使節が来たら、西夏の宰相よりも上位に座らせるし、兀卒も雲牀を離れて宋皇帝の万福を問う、と交渉の結実を強く望んだのである。そして従勖は直接京師に趣くことを要求したのである。龐籍が問題にしたのは李元昊が自らを「男」として「臣」と称さなかったことである。これは前年の旺栄との交渉で「称臣」で解決したはずのことである。今回、李元昊が「男」と称し、宋の皇帝を「父」と称してきたことに目を疑ったに違いない。龐籍は仁宗皇帝の叔父である荊王ですら奉表には臣を称しているとして政府への取次ぎを拒否したのである。従勖も必死であった。子が父に事えるのは臣が君主に事えるのと同じではないかと抗弁し、重ねて宋政府に趣くことを要求し、仁宗が「男」を許してくれなければ帰国して検討すると食い下がったのである。こうしたやり取りは保安軍に留め置かれた賀従勖と延州の龐籍が書信でおこない、親しく面晤しての会話ではなかったと考えられる。龐籍は賀従勖との交渉をまとめ政府に報告書を送った。西夏国内の窮乏と、文書の内容も誠意が感じられるようになったから、今回は西夏側も本気で講和を求めている。従勖を入京させ、宋からも使者を派遣して説得すれば必ず「称臣」に応じるであろう。名称礼数や歳賜等もできる限り減らすように交渉すべきである、と説いたのである。

龐籍が問題にした「臣」と「男」は李元昊政権の内部で深刻な問題が発生していたことを推測させる。旺栄が「称臣」で龐籍を納得させたことが、李元昊の意向によるものかを考えてみたい。李元昊が今回、仁宗に対して自らを「男」と称したことは遼を強く意識したからである。遼の皇帝興宗と西夏の李元昊は「舅甥」の関係である（七二九頁参照）。一般に「おじ」と「おい」を指すが、「しゅうと」と「むこ」の意もある。李元昊は興平公主の降嫁を得ている。第一節（六三三頁）で触れたように、興平公主の降嫁は興宗の初年、つまり聖宗の末年、景福元年のことで、降嫁の決定は聖宗朝において決められていたと考えられ、その際に両者の「称」も定められていたと考えるべきであろう。そうすると興宗時代の両者の関係も「しゅうと」と「むこ」だったと考えてよかろう。[38] それに対して「男」と「父」は文字通りの親子の関係である。李元昊は遼を上回る親密な関係を宋との間に結ぶことによって、遼の介入を牽制しようと考えていたのである。慶暦一、二年の交には遼の介入は明らかになっていた。まる一年の間、李元昊が「称臣」で納得していながら、突然「男」を思いついたとは考えにくい。李元昊が旺栄に条約交渉を委ねていたことは間違いないが、宋との関係においては二人の間に齟齬があったのであろう。旺栄は条約交渉の決着をあせり、逐一李元昊の意向を確認することなく「称臣」を勝手に判断してしまったのではなかろうか。旺栄は対宋戦争の功績に加え、条約交渉で実績を積み重ねることによって、李元昊政権における自己の立場をさらに高みに置くことを密かに狙っていたのであろう。その辺の事情は最終節で明らかにする。李元昊は遼との関係を考慮せず、西夏を安売りするような旺栄の交渉に不信感を抱き、これ以降は自らがその衝にあたり、「称臣」を反故にして「称男」を主張しだしたのであろう。これ以降、旺栄が交渉に関与した記事を史料上に探し出すことはできない。おそらくこの間に旺栄が失脚していたことを示しているのであろう。

賀従勖は一箇月前後、保安軍に留め置かれていたが、政府は二月一二日に入京を許すことになり[39]、三月に待望の入京を果たしたのである[40]。賀従勖の粘り勝ちであった。ここにおいて仁宗政府はようやく講和の条件を示すことになったのである。それについて『続資治通鑑長編』（巻一四〇）、四月に、

癸卯（六日）、著作佐郎、簽書保安軍判官事邵良佐を著作郎に仮し夏州に使す。これより先、良佐は賀従勖と闕に詣り、都亭西駅を館とす。承受使臣、元昊の書を取り中書、枢密院に至る。従勖を諭すに「齎し来る所の文字名体未だ正しからず、名の上の一字はまた聖祖の諱を犯す。敢て進めず。却けて齎し回さしむ。その「称男」は情意恭順を見わすと雖も、然に父子もまた臣を称さざるの礼はなし。自今、上表は只だ旧名を称せ。朝廷当に封冊を行い夏国主に為し、詔を賜るに名せず。自ら官属を置くを許す。その使人を燕するには、朶殿の上に坐せしめ、或は遣使彼に往くに、一に契丹使人に接見する礼の如くせん。如し人を差わし界上において賜る所を承領せんと欲すれば、またこれを聴す。榷場を保安軍に置き、歳ごとに絹十万匹、茶三万斤を賜う。生日と十月一日にこれを賜賚す。乾元節及び賀正に進奉を許す。その縁辺に寨柵を興復することは並に旧の如し。」を以てす。仍りて良佐に命じ従勖等と同に往きて議定せしむ。以て聞す。

とある。邵良佐にともなわれ入京した賀従勖は都亭の西駅に入った。そこで註（40）の史料にあるように、田況から待ったがかかるのである。政府は入見を許そうとしているが、従勖が自分を何と称して元昊の書を持参したのかを確認しろと。これがあってか、従勖は入見を許されなかったようである。西駅に趣いた走馬承受が元昊の書を預かり二

府に届けたのである。李元昊の国書には具体的な要求項目が記されていたことはいうまでもない。それに対して政府が従勖に与えた回答は、国書の文字名体が未だ正しくないので上覧は控え、返却する。「称男」は一見恭順の感を与えるが、父子であろうが「臣」を称さないという理屈はない。今後の上表を旧名によれば夏国主に封じ、詔には名を記さないことにする。また官属を置くことは許す。宋使の対応は遼使と同じにすること。また歳賜を国境で授受を希望すればこれも許し、従来通り保安軍に榷場を設置する。歳賜は絹一〇万匹、茶三万斤を保障する。乾元節と賀正の進奉を許可する。縁辺部の寨柵設置は戦争以前の位置に戻すこと、であった。政府は四月六日、邵良佐を著作郎使夏州に任じ、西夏に派遣して条約内容の協議を命じたのである。

仁宗政府が講和の実現に大きく傾斜したことに対して、当然、反論あるいは慎重論が沸き起こった。その急先鋒は西北辺の軍備強化に身を賭している范仲淹、韓琦であったことはいうまでもない。長文の上奏をおこない防衛態勢の強化を進めれば三、五年の間には形勢も逆転し、なおかつ遼も懼れるようになるから講和はそれからでもよいとしたのである（『続資治通鑑長編』巻一三九）。余靖、富弼、欧陽脩なども慎重論を唱え、政府の方針に対立した。思い余った仁宗政府は四月、范仲淹、韓琦の引き上げを強行し、ともに枢密副使に任じて西北辺から切り離してしまった。そしてその後釜には鄭戩を四路招討使に任じたのである。四月、長く宰相の地位に君臨していた呂夷簡は退任が認められるが、この頃から西夏対応をめぐってにわかに党争の様相が色濃くなってくる。

李元昊は邵良佐の帰国に呂尼如定興舍と僚礼旺約特和爾(41)を同道させ、交渉を急いだ。一行は七月二〇日に京師に入り、紫宸殿において朝見を許されている。李元昊は相変わらず「称男」、「不臣」に拘りながら一一項目を要求してきた。その内容は詳らかにできないが、『宋史』（巻三三〇）任顓伝に「又再遣使来欲自買売、且通青塩、増歳賜。詔許置榷場、其議多顓所発。」とあり、余靖の言に「風聞西駅勾当使臣与如定等下行鋪収買物色太多、此非国家之意。……今者如定之来、乃形割地之詞。……」とあり、さらに余靖の別の上奏に「賊又言『九州十三県是其故土』、況霊、塩、綏、宥皆朝廷旧地。」とある（以上、『続資治通鑑長編』巻一四二）。榷場はもとより京師その他の市場での交易や、特に青塩の輸出と占領地域の領有を強く求めていたことがわかる。また、如定が役人をともなって物色を買いあさっていることは単に交渉目的だけでなく宋の物品の購入も命じられていたことがわかり、李元昊周辺においても物資の窮乏は限界に達していたことがわかる。宰相晏殊は是が非でも早期の講和を希求し、韓琦、范仲淹らとの対立も先鋭化した。七月二八日、西夏側の条件を丸呑みしようとする宰相晏殊に対して韓琦、范仲淹は帝前で激しく反対し、晏殊を立腹させた韓琦は即日上奏した。長文におよぶが全文を記載する。

今西界人を遣わし和を議するも、その患三有り。昨《さき》に朝廷曽て意を契丹に達し、元昊をして納款せしめんと欲す。その答書に云く「梁適、夏台の事を口陳するも已に右金吾衛上将軍耶律祥、彰武軍節度使王惟吉を差わし、詔を齎し元昊を諭し、息兵せしむ。況やその先臣徳昭は北朝曽て夏国主（王の誤り）に封ず。仍りて自ら官属を置くを許す。元昊に至りまた襲爵を容れ、自来人を遣わし進奉し、辞見の燕会毎に並に矮殿に陞坐す。今両朝の事一家に同じ、若し元昊罪を請わば、その封冊礼待はまた宜しく一に北朝の如くすべし。」と。臣、邵良佐の『賊中語録』を観るに、乃ち云う「賊の言う、朝廷和を議するに必ず往きて契丹に問う。昨に昊賊先に人を遣わし保安軍に至らしめ言う、朝廷梁諌議適を差わし北朝に往き本国をして議和を為し、北朝もまた耶律祥等を差わし本国に至らしむ。故に賀従勖等を遣わし、書を持して来盟す。これ昊賊は契丹の意を達するに因りて来る。」と。良佐と語るに及び、反て承納せず。また求める所の称号は即ち契丹書中の事体と相違す。この事固より疑うべき有り。若し朝廷、且に休兵に務めその不臣を許せば、契丹これを聞き、必然別に名分を索め、既に屈す可からざれば則ちこれに因り名と為し、再び誓約を隳《やぶ》るを恐る。これ一患なり。若し只だ冊を許し国主と為し、略ぼ良佐に許す所の歳遺の数を増し、朝廷更に人を差わさず、只だ来人に詔を齎し回さしむれば、恐らく賊未だ所望に副わず、則ち朝廷已にこれと絶つを謂い、必ず忿りて兵を興さん。契丹またその来意を阻するを謂い、これに縁り事を生ず。これ二患なり。若し再び人をして詔を齎し諭すに封冊の礼を以てするは、北朝に異る可からず。更に良佐許す所の数を優増し、賊既に命に従えば、則ち契丹以て己の功と為す。遣使来賀或は自ら尊大に過ぎ、或は頻に邀求すること有り。久しければ則ち従い難し。これ三患なり。朝廷始めは契丹に仮し以て元昊を制せんと欲し、事未だ知る可からずして三患已に形す。勢いやむを得ざれば、則ちその軽き者を択びこれを行うに若くは莫し。その呼びて吾祖と為さんと欲し、及び自ら年号を称す。また使を遣わし彼に到り、殿上に参じ、陪臣と列を為す。これ豈に終に便と為すや。望むらく且に中書、枢密院に令し再三論難し、朝廷をして大体を得れば、契丹も争端無く、これを以て和を議すれば、得策と為すに庶からん。

撮要すると、早期の講和には三つの患がある。その一は、遼に仲介を依頼したことから生じた問題である。遼は西夏の休戦を己の功として、宋・西夏の関係を遼と西夏の関係に倣えと釘を刺している。邵良佐の『賊中語録』を見ると「宋が遼に講和の仲介を依頼し、遼の耶律祥等が西夏に来て講和を慫慂したので、やむなく賀従勖等を派遣して遼の顔を立てているだけだ。」と西夏側は主張していると。そこで邵良佐に聞いてみると西夏は納得していないと。「称男」を許せば遼の要求した同じ対応に背くことになり、必ずひと悶着起こし、富弼の努力で結ばれた盟約も反故にされる惧れがある。二つは、称号は棚上げにして、「国主」号だけを与え歳賜の量も邵良佐を派遣した時に示した額に少し上乗せし、使者も派遣せず詔も西夏使節に預けるような冷遇策を採ったら、西夏は納得せず、必ず兵を挙げるであろうし、遼も横槍を入れてくるであろう。三つには使者に詔を持たせ封冊するには遼と同じようにしなければならない。歳賜の額を大幅に増やし西夏がそれに応じれば、遼が仲介の成果と言い、さらにその後にどんな要求を突き付けてくるかわからない。遼に仲介を依頼したためにすでに三患が現われてしまった。こうなった以上は被害の少ない方策を考えるべきで、「吾祖」や年号、宋使節の席次の問題などを認めることが得策か。ここは中書、枢密院でじっくり協議してこれ以上遼の介入を防ぐ手立てを考え、講和を急ぐべきではない、と。講和を急ぐ政府首脳に対して反対論も根強かったのである。特に李元昊の称号兀卒の意味をめぐって騒ぎは大きくなる。兀卒を訳すと吾祖で、あたかも宋の皇帝が李元昊を「我翁」と呼ぶのに等しいとして、余靖、蔡襄、欧陽脩等も慎重論を唱える。さらに李元昊の国書の内容から入寇を懸念し、范仲淹を西北辺に戻すことを要求し、代わりに韓琦が八月に陝西宣撫使に任じられた（『宋史』巻一一仁宗紀三）。

同じ八月の一九日、欧陽脩等の反対をよそに、政府は真宗朝の名臣張斉賢の孫大理寺丞張子奭と右侍禁王正倫に夏州派遣を命じたのである（『続資治通鑑長編』巻一四二）。如定等の帰国に同道させたのであろう。おそらく交渉は夏州でおこなわれ、李元昊は相変わらず天都山に滞在していたのであろう。ところがこの後、宋の西北辺をめぐる党争が激化してくる。范仲淹等の息のかかった武臣狄青、种世衡、張亢、滕宗諒等の公使銭の使途が糾弾され、反対に鄭戩が劉滬等に命じて修築を進めていた水洛城の建設を巡って韓琦、狄青等が不要中止を主張し、したがわなかった劉滬等を捕らえる事態になり、西北辺防備に重大な支障が生じるようになる。一方、西夏の側でも新たな事態が惹起する。一〇月、西夏は遼支配下のタングートを誘い、にわかに遼との間でも風雲急を告げる事態になったのである（『遼史』巻一九興宗紀二）。

ところが一一月になると陝西宣撫副使田況から驚くべき情報が寄せられる。野利王旺栄一族の誅殺である。(42) 詳細は次節に譲るが、張子奭等も夏州においてこの情報を知ったことであろう。張子奭の帰国日時は不明だが、一〇月の末か一一月の初に帰国して李元昊の回答を政府に提出したのであろう。宋の提示内容と西夏の回答の詳細は不明であるが、いくつかの史料からこれもおおよそは推測することができる。李燾は一一月辛卯（二七日）の条に諫官孫甫の上奏を載せている。孫甫は「又言、窃見張子奭使夏州回、雖聞元昊欲称臣、然歳乞売青塩十万石、兼遣人回易京師、及乞増歳給之数。始聞大臣議、於縁辺置榷場計売塩五七万石、及互市諸物。臣以謂青塩五七万石、其直不下銭十余万貫。況朝廷已許歳給之物二十万。今又許売塩、則与遺北敵物数相当。……（巻一四五）」と言い、欧陽脩は「……昨如定等回但聞許与之数不過十万。今子奭所許乃二十万。……（同上）」と言っている。また上京中の韓琦は「子奭嘗諭西界、令尽還前所侵延州地、終未聴従。此於朝廷所繋者（著か）大。且栲栳、塞門、安遠、黒水等寨自為賊所破、直至延州、更無障蔽。其承平、長寧、南安等寨、亦当時倉卒棄之、今若遂不修復、則斥候至迫、而辺民不敢耕殖、豈得為延州之利乎。又聞賊更欲毎年入中青塩十万斛……今来所許歳幣已厚。須是尽還延州侵地、方与約和。其欲入中青塩、決不可許。……（『安陽集家伝』巻四）」と述べている。宋政府はすでに賀従勖が帰国する際に「称臣」と引き換えに「歳賜絹十万匹、茶三万斤」を示唆していたが、李元昊は納得せず如定等を派遣して「称男」のまま歳賜の増額、京師における交易と青塩の輸出を強硬に要求していたのである。宋政府は張子奭を派遣するにあたって、歳賜を二〇万に増額する代わりに「称臣」を確約させるよう指示していたのであろう。そして歳賜二〇万の内訳は銀と絹合計で一五万、茶五万斤であろう（後述）。李元昊は歳賜二〇万を引き出したことに「称臣」を受け入れる姿勢を示しながら、占領地の返還拒否と青塩一〇万石の輸出を強く要求していたことがわかる。これに対して孫甫の上奏から、晏殊を首班とする宋政府は榷場で青塩五、七万石の輸入を認めようとしていたことがわかる。李元昊も必死であった。張子奭の帰国の後を追うように、張延寿を派遣して宋政府に要求項目の承諾を求めている。張延寿の入京は一一月三日である（『続資治通鑑長編』巻一四五）。ところが孫甫、韓琦等の猛反対が功を奏したのか、宋政府は検討していた青塩の輸入等を撤回したようである。一七日の孫甫の上奏に「……前以金帛二十万与之議和、而彼和無厭、猶有所求。……今使人回、其請通青塩及歳遣人回易京師。聞皆不許、於体頗為得之。近聞、元昊殺用事之人約噶等、且方議和未決之際、彼殺用事者、正揚虚声、欲辺防之弛備爾。……（巻一四五）」とあるから、青塩の輸入と京師における交易はすべて禁止の方針に立ち返ったことがわかる。講和交渉は条件をめぐりまる一年を経過しても決着せず、長期化の様相を呈するようになってきた。

膠着した交渉を打開する切り札は大規模な攻撃を仕掛けることである。まして水洛城の修築をめぐり宋政府の方針が分裂対立している状況は李元昊の耳にも達していたと考えてよかろう。しかし、李元昊は第四次戦を敢行しなかった。より正確に言えば作戦発起ができない状況にあったというべきであろう。その原因は対宋戦争の総帥である野利氏兄弟を殺害したことに尽きる。野利旺栄、遇乞兄弟の喪失は同時に横山蕃部の動員網を失ったことを意味している。横山羌は歴史的に拓抜氏とは繋がりがなく、大姓野利氏、破丑氏等と関係を持っていたからである。事実、条約締結に至るまでの西夏側の攻撃はほとんどなく、三月と五月に西賊が青澗城方面を攻撃し撃退された記事（『続資治通鑑長編』巻一四七、一四九）だけである。三、四年の交から明らかに西夏の作戦対象は宋から遼に移っていた。第五節で触れたように、慶暦二年の前半は李元昊も遼との共闘を考えていたようである（七〇一頁）。ところが遼は関南十県の地の要求を引っ込め、歳賜二〇万の増額で宋と手打ちし、以後は西夏と宋の仲介役に変じてしまったのである。遼は宋に恩を売り、西夏を適当なところで抑え込み、二国に対して優位な立場を確立しようとしたのである。李元昊が定川寨の戦いを発起したのも、遼の思惑通りにならない姿勢を顕示する目的が込められていた。

そこで、定川寨の戦い以降の両国の関係を『遼史』興宗紀二をもとにまとめておこう。慶暦三年一月に、遼は講和を促す使者を西夏に派遣した（七一四頁）。一方、西夏は四月の庚子（三日）に使者を派遣し、遼に馬、駝を進めている。これはその返礼であろう。そして七月庚寅（二五日）には「夏国遣使上表、請伐宋、不従。」とある。邵良佐とともに如定等が京師に入ったのは七月二〇日のことである。李元昊が交渉を有利に進めるために、遼の側面支援を期待したことは明らかである。ところが遼はそれを断ったのである。李元昊は遼の本心を再確認したに違いない。一〇月になると「壬子（十八日）、以夏人侵党項、遣延昌宮使高家奴讓之。」とある。李元昊が「称臣」の条件に青塩の輸出を強く求める返書を張子奭に授け、彼が帰途についている頃の事件である。李元昊は遼に対して明確に敵対姿勢を示すことによって、宋との条約交渉に遼が介入する道を封じてしまったのである。両国の接壌地帯のタングート族をめぐってはすでに前年から騒擾が発生していた。月日の特定はできないが（巻九二）耶律侯哂伝に「重熙十一年、党項部人多叛（入が脱か）西夏。侯哂受詔、巡西辺沿河要地、多建城堡以鎮之。」とある。おそらく遼の苛斂誅求を嫌った遼所属のタングート族が西夏側に転じる動きが発生していたのであろう。李元昊はそうした動きを利用して、敢て遼と事を構えようとしたのである。三年一〇月の事件を受けてであろう、遼も西夏の反攻に驚き防備態勢の強化を計り、西夏が宋から奪った豊州の北方に金粛州を設置している（巻四一地理志五西京道条）。翌四年四月の条で『続資治通鑑長編』は「乙未（四日）、監察御史裏行李京言『近聞契丹築二城於西北、南接代郡、西交元昊、広袤数百里、尽徙縁辺生戸及豊州、麟州被虜人口居之、使絶帰漢之路。……』（巻一四八）」と記しているが、対応記事と判断してよかろう。その四月から五月にかけて興宗紀には西夏との抗争がいくつか記載されている。四月二三日に耶律高十が「党項等部叛附夏国」を奏し、二五日には羅漢奴等が「山西部族節度使屈烈以五部叛入西夏」を奏している。五月一日の羅漢奴の上奏では、遼軍は西夏軍に援けられたタングート軍に敗れ、招討使蕭普達、詳穏張仏奴が戦死している。西夏側の攻勢に驚いた興宗は、七日に詔を降し諸道の兵を西南辺に会し李元昊討伐を命じた。この間に李元昊は阻卜を誘うが失敗し、六月四日になると興宗は延昌宮使耶律高家奴を宋に派遣して西夏征討を告げてくる。(43) 遼は反抗する西夏の膺懲を口実に、宋・西夏の交渉を中止させるために、宋を遼・西夏の対立に引きずり込もうという魂胆であった。遼が本腰を入れて西夏軍と対決する姿勢を示すようになると、李元昊は一転して七月、八月と続けて遼に使節を派遣して衝突を避けるようになる。決戦になったらまさに元も子もなくしてしまう虞れがあったからである。この間に西夏と宋の条約交渉は大詰めを迎えていたわけで、李元昊は遼の動きを制御しながら条件を詰めるという薄氷の交渉をおこなっていたのである。

慶暦三年の末に宋が青塩の輸入と京師における交易を拒否したにも拘らず、野利兄弟の殺害と遼との関係悪化から、西夏は宋に対して強硬手段を取ることができなくなっていた。遼の意図とは裏腹に宋・西夏関係は状況的に宋が優位に立つようになったのである。張延寿の帰国後、しばらくは使節の往来は史料に見出せない。四年になっての西夏の

遣使は五月が最初と考えてよかろう。『続資治通鑑長編』（巻一四九）の五月に、

丙戌（二五日）、元昊始めて臣を称し、自ら夏国主を号す。復た楊守素を遣わし来りて事を議す。欧陽修言う「臣窃に聞く、元昊近ごろ延州界上に城塁を修築し、強いて侵地を占め、先に地を得て然る後に和を議せんと欲す。故に楊守素未だ来らずして占地の謀先に発す。……今若し賊の地を侵し立てて堡寨を起こすを縦《ゆる》せば、則ち延州四面更に捍蔽なく、便ち孤塁と為り、而して賊尽く要害の地に拠れば、他時、事有れば延州保守する可からず。若し延州を失えば、則ち関中は遂に賊の有と爲る。これを以てして言えば則ち所侵の地争わざる可からず。……臣謂く、今急ぎ和を欲して利害を顧ざる者は辺臣の外は禦賊を憚りて内は議和の功を邀えんことを欲し、以て進用を希うのみに過ぎず。……伏して望むらくは一介を遣わし延州に往かしめ、龐籍をして力めて昊賊先争の地を争取し、堡寨を築城せしめざらんことを。若しこの一事に縁り議和を絶を得れば、則ち社稷の福なり。臣よりて慮るに西賊の来人、尚お青塩の説有り。この事人人皆な許す可からざるを知る。また慮るに小人の識無く就和に急の者は、尚お塩利を陳べ以て聖聡を惑わす。伏して望むらく聖慈浮議を納れざらんことを。」と。

とある。(44) 李元昊はここに来てようやく自らを臣と称し夏国主を名乗り条約条件の早期妥結を目指したのである。例によって今回の講和条件についても詳細は分からないが、上奏文から多少は窺い知ることができる。欧陽脩は、李元昊が講和を見据えて延州界上にさかんに堡寨を修築していることを指摘し、延州を失えば関中は西夏の領有になってしまうと警告している。そこで欧陽脩は龐籍に命じ西夏が奪った土地の奪還をおこなわせ、これによって講和が中止になれば社稷の福であると言っている。『続資治通鑑長編』六月朔の条に「先是、鄜延都監周美破賊於無定河、乗勝至綏州、殺其酋豪、焚廬帳、獲牛羊馬駝器械三百計、因城竜口平寨。賊以精騎数千来襲、美従百余騎撃破之。加本路鈐轄。」の記事が載せられている。(45) 龐籍は西夏との講和を見据え、言われるまでもなく延州北方の西夏占領地の奪還を目指し、周美に綏州攻撃を敢行させていたのである。五月己丑（二八日）に鄜延経略使が「西賊寇青澗城（巻一四九）」

を報じてきたのは周美の攻撃に対する反撃だったのであろう。条約条件を詰める過程で宋、西夏ともに国境線の線引きで鍔迫り合いをおこなっていたのである。それはさておき、注目すべきはこの段階に至っても李元昊は青塩の輸出交渉を完全に諦めていなかったことと、政府首脳に講和を急ぐあまり青塩の輸入に前向きな勢力がいたことがわかる。丙戌の記事の二日前、甲申（二三日）の条(46)にも田況と欧陽脩の上奏が載せられている。田況は「近聞、西界再遣人赴闕、必是重有邀求。朝廷前許茶五万斤。如聞朝論欲与大斤。臣計之乃是二十万余斤。兼聞下三司取往年賜元昊大斤茶色号、欲為則例。臣窃惑之、蓋往年賜与至少、又出於非時。今歳与之、万数已多、豈得執之為例。若遂与之、則其悔有三……三則北敵興辞。……所謂北敵興辞者、今北敵嫚視中国、自欲主盟辺功、苟聞元昊歳得茶二十余万斤、豈不動心……」と述べ、欧陽脩は、大斤五万は小斤三〇万にあたり、通和後に大斤で要求されると金帛二〇万と合わせると五〇万を与えることになる。遼に与えた数量と同じになってしまい、必ずや遼が新たな要求を突き付けてくるから、この際は講和を中止すべきと上奏したのである。廟堂の議論は西夏に約束した茶五万斤の解釈をめぐって紛糾していたことが窺われる。いずれにしろ田況、欧陽脩は膨大な量の茶が国外に歳賜の形で流失すると国内の茶の流通に重大な支障が生じることを理由に条件の見直しを強く迫ったのである。楊守素がもたらした李元昊の要求は「称臣」と引き換えに占領地の割譲、青塩の輸出、そして銀、絹、茶からなる歳賜の増額等が主な項目だったのであろう。六月戊戌（八日）の諫官余靖の上奏には「元昊遣人求和、皆出契丹之意。我之言議動息彼必皆知。……与物遂至二十六万、彼若不允、豈可更添。……又況契丹之力、能制元昊、聞其得物之数、寧不生心、無厭之求、終難応副。（『続資治通鑑長編』巻一五〇）」とあるから、茶に関しては減額され（後述）、総額二六万前後を楊守素に提示したのであろう。余靖はさらにこの後の上奏で「風聞楊守素等進状乞早回本国、未聞朝廷之指揮者。臣窃以和好之謀、可否之報在於元昊、不在行人。守素等雖有商量之名、必然未肯与奪。今若不早発遣、切恐別起怨詞。計元昊、外則貌従契丹、内則貪我金帛。……其尹洙与楊守素等、伏乞早賜発遣。（同上）」と述べている。楊守素が宋側の条件提示を受けて帰国を急いでいるから、不測の事態が発生する前に李元昊の応諾を得るべきで、尹洙を使節に任じ派遣することを主張している。注意すべきは六月の中頃までは依然として遼と西夏の連携に廷臣等は疑いを抱いていなかったことである。

西夏と遼の関係悪化は宋にとっても予期せぬ出来事であった。耶律高家奴が京師に到着したのは六月の中旬以降であろう。政府部内でも情勢判断に混乱が生じたことはいうまでもない。特に三国の勢力が角逐する河東路西北辺での衝突は、宋の領域である麟、府州を巻き込む形で進行したため宋政府内でも緊張が高まった。西北辺経営を任ずる范仲淹、韓琦は「陝西、河北画一利害事陝西八事」を上奏し、縁辺城寨の修築強化、弓箭手の活用、邀撃拠点の準備、各路歩兵二万、騎兵三千の配置、横山羌の降納などを主張し、河東路死守の観点から、麟州放棄論を抑え、故寨を修築し流亡三千余戸を招還し河外を安定させようとした（『続資治通鑑長編』巻一五〇）。范仲淹は参知政事を罷めて知辺郡を願い、六月壬子（二二日）に陝西河東路宣撫使に任じられた。彼は辺縁から寄せられる探報から遼、西夏が大軍を動員して小族を争っていることを疑い、宋領内侵入の陽動と考え自ら大軍を率いて北上することを求めている。これに対して富弼、杜衍等は遼・西夏の交闘は事実で、入寇の恐れはないとして范仲淹の主張に異を唱えている（同巻一五〇）。

こうした議論がおこなわれているところに再度、遼の使節がやって来たのである。『続資治通鑑長編』七月に「癸未（二四日）、契丹遣延慶宮使耶律元衡、来告将伐元昊。其書略曰『元昊負中国当誅、故遣林牙耶律祥等問罪、而元昊頑獷不悛。載念前約、深以為媿。今議将兵臨賊。或元昊乞称臣、幸無亟許。』。其実納契丹降人、契丹討之、託中国為名也。（巻一五一）」とある。遼が宋に求めた要求が西夏との講和中止にあったことが明らかになってきたのである。この間に楊守素は帰国し、宋側も交渉妥結に手応えを感じていたのであろう。『宋会要輯稿』（一八五冊兵一七之三四）に「七月、詔陝西四路依近降夏国誓詔、毋得招納西界番戸。先是、環慶路経略司招誘西界先虜過蕃官浪尾等七百六十二人、朝廷恐因而生事、故約束之。」とある。西界蕃部の招納を禁止したのである。おそらく楊守素の帰国に合わせて西夏との紛争の勃発を避けるために七月の初めに出された命令であろう。宋政府が講和を切望していたことはこれによって明らかであるが、図らずも遼の横槍を受け、二国間の交渉ではすまなくなってきたのである。こうした状況の打開を目指して宋の廷臣も知恵を絞った。それをよく表している史料が『続資治通鑑長編』（巻一五一）、八月に収録されている。多少長いが全文を掲載しよう。

乙未（六日）、翰林学士承旨丁度、学士王堯臣、呉育、宋祁、知制誥孫抃、張方平、欧陽修、権御史中丞王拱辰、侍御史知雑事沈邈等言う「中書、枢密院庁に聚めて臣等を召し、契丹来書并びに朝廷の答書を宣示す。臣等窃に謂く、契丹、元昊相攻めるは虚実未だ知る可からず。今、来書の大意は且に言う、元昊朝廷に順わざるの故を以て、遂に釁を成し兵を興すと。恐らくは深く入りて討伐の後、元昊却て朝廷に帰せんとす、拒みて納れざるを乞う。今、答書便ち云う、元昊理において拒絶し難しと。則ちこれ北鄙の請に従わず、堅く西人の盟を納めれば、新附の小羌を得て、久和の強敵に違う。聞が如くんば、契丹は見に兵甲を近在辺陲に屯すと。万一書を得て、情に違い忿を生み、戈を我境に回し、以て名と為さんこと有り。夫れ患は遅速に有り、事は重軽に有り。これ朝廷の審に度らざる可からざるなり。若し契丹を阻みて元昊を納めれば、則ち未だ素備の策有らず。元昊を絶ちて契丹に従えば、また綏懐の信を失う。大義を以てしてこれを両存するにしくはなし。臣等謂に宜しく詔を降し元昊に与え、言う「昨に再盟を許す、蓋し契丹因り書来有り、言う、『彼これ甥舅の親』と。朝廷久しく契丹と和を結び、鄰国の意を傷つけんことを欲せず、遂に議して開き納めんとするに、今却て知る、国中に契丹の辺戸を招誘せば、甥舅事大の礼に虧《か》け、朝廷納款の本意に違う。当に須く復た契丹に順い、早に嫌隙を除けば、則ち誓書封冊便ち施行す可しと。」と。仍りて乞う、「契丹回書中の言は已に詔を降し元昊に与え、若しそれ過を悔い貴国に帰順すれば、則ち本朝はその款附を許し、若し迷を執り復さざれば、則ち議して絶つも未だ晩からず。」と。かくの如くすれば、則ち西人において陡絶の曲無く、北鄙において結怨の端無し、従容中を得て、大義を失わず。

惟に陛下に裁択せられんことを。

歴史に名を残す北宋の名臣がこぞって苦肉の策を考案したのである。中書、枢密の二府は耶律元衡がもたらした遼の国書と返答書の腹案を示し廷臣の意見を徴したのである。廷臣の大意を述べると、国書の内容は、西夏が遼の説得を無視して宋を攻撃したため兵を起こすことになった。遼が討伐し、西夏が宋に帰順しては困るので、受け入れるなと。返答書の腹案を見ると、今までの経緯を踏まえ西夏との講和は中止できず、遼の要望に沿えないと。これでは新たに小羌を得て久しく友好関係にある強国を敵にしてしまう。聞くところによると遼は辺縁部に兵を展開していると。返答書を得て宋の対応に怒り攻撃してくるかもしれないが、防衛態勢もできていない。ここは慎重に対処し、大義を説いて二国を納得させなくてはならない。そこで李元昊に詔を降し、遼の抗議を伝え、宋は遼との関係悪化を望まない。西夏は遼との抗争を止め甥舅の関係に立ち戻れば条約を締結する、と通告すべきである。そして遼に対しても、西夏に詔を降したことを連絡し、西夏がしたがわない場合は講和を延期すると伝えればよい。こうすれば二国ともに無下に断ることもできなくなり、遼の言いがかりも防げ、宋の大義も守られる、というものであった。同様の上奏は呉育（『宋史』巻二九一同人伝）、張方平（『楽全集巻一九』）が単独でもおこなっており、右上奏も彼らの主張が反映していたのであろう。これに対して西夏との早期講和派に転じた余靖は重ねて上奏し、遼の要求が「借辺兵、借辺粟、仮数年之物、絶元昊之和」にあると分析し、「惟与元昊絶和、最難処置。臣窃計之、遜詞以謝北敵、緩詞以款西戎、苟紓《とく》二歳月之禍一、誠当今可施之策也。然臣愚慮兵禍自此起、不宜処置更有失錯。今若徇《したがう》二北敵一而絶西戎、亦有兵禍、納西戎而違北敵亦有兵禍、二敵連謀、共為矛楯之勢、北人才去、西人必来。拒納之間、動皆有礙、択禍就軽、守之以信、使曲不在我、即其要矣。必若棄元昊以為外虞、堅絶其約、使北人不能反覆而邀功、此最久安之策、恐謀者不能終之。……（巻一五一）」と述べ、政府首脳はこれを是として、八月戊戌（九日）、諫官余靖が国信使に任じられ、急遽、遼主説得に派遣されたのである。余靖は一〇余騎をしたがえ居庸関を出て西北に道をとり九十九泉（涿鹿）で興宗に謁見し（欧陽文忠公全集巻一一三）、返答書を奉呈した。(47)『宋大詔令集』（巻二二八）に載せる「回契丹書」の後半には「……且言恐北軍深入、元昊却於本朝称臣作貢、約以勿従者。蓋是北朝未知元昊今夏有奏来、名体已順、遂及此議。若以其於北朝失事大之礼、則自宜問罪、若以其於本朝稽効順之故、則不煩出師。況今月五日延州奏、元昊已遣楊守素齎誓文入界、若不依自初約束、則猶可沮還、如尽已遵承、則南朝何以却之。緬冀英聡、深垂体照。」とある。西夏との講和交渉は後戻りできず、西夏との紛争は遼自らが解決せよ。今月五日の延州の通報ではすでに楊守素が誓文を持って越境している。宋が提示した条件をすべて遵守していたら拒絶する理由はない、と。余靖はこれに沿って「弁言往復数十（欧陽文忠公全集同）」し宋の主張を尽くした。歳幣二〇万の増額を得ていながら西夏納款の約束も果たせず、挙句に講和の中止を求める遼に名分はまったくなく、横車以外の何ものでもない。余靖の説得に興宗もしたがわざるを得ず、西夏との講和を座視する破目になったのである。

楊守素の再入京は一六日（范文正公集年譜補遺）とも、一九日（『続資治通鑑長編』巻一五二）ともあるが、九月甲申（一六日）の諫官蔡襄の上奏に「元昊使人至已数日（同上）」とあるから、中旬以降だったことは間違いあるまい。蔡襄は続けて「如聞誓書大体頗如朝廷約束、兼余靖使北已有回奏、別無齟齬之意。臣窃謂宜速行封冊。今契丹挙兵西郷、在未勝負以前、使使報之、度其勢必不暇它議。……」と述べている。楊守素がもたらした李元昊の誓書はほぼ宋の要求を丸呑みする内容に後退していたのである。経済状況の逼迫と対遼関係の悪化から講和交渉にこれ以上の時間をかける余裕がなくなっていたことを示している。遼と西夏の対立が決着すれば、遼、西夏ともに必ず新しい要求を突き付けてくることは明白で、二国の開戦前に封冊をおこなうことによって後顧の憂いをなくすよう主張したのである。また、帰国した余靖も同様の上奏をおこない条約の早期締結を促した。その結果「詔従靖言、仍令延州先移文夏人。（同上）」とあるように、仁宗政府は講和条約締結を決定し、急ぎ延州に命じその旨を西夏に通告したのである。一〇月の二日、仁宗は正式に詔を降し、西夏との新条約締結を許したのである。『宋大詔令集』（巻二三三政事八六、四裔六）西夏一に収録する詔を全文掲載する。

西夏に賜わる詔　慶暦四年十月庚寅

勅して進める所の誓表を省るに、称う、「両国和好を通ぜざること、已に七年を歴し、辺陲屢々久しく敵を経る。今、誓を立てるの後、その前に掠奪や過《こえ》た将校及び蕃漢人戸は各々更に取索せず。自今、縁辺蕃漢人の逃背過境は遞《たがい》に相襲逐し酬賽を得ず、並に逐時、宥州、保安軍に送還し或は隠避すること無からん。臣近者《ちかごろ》本国の城寨を以て朝廷に進納し、それ栲栳、鎌刀、南安、承平四処の地分、及び他処辺境に係る。見今番漢人戸住坐の処は並びに蕃漢を以て界と為さんことを乞い、仍て本界に城堡を修築するは各々その便に従わん。朝廷毎年賜わる所の絹一十三万疋、銀五万両、茶二万斤、進奉せる乾元節の回賜は銀一万両、絹一万疋、茶五万（千の誤り）斤、進奉せる賀正の回賜は銀五千両、絹五千疋、茶五千斤、毎年賜わる中冬時服銀五千両、絹五千疋、並に臣の生日に賜わる礼物銀器二千両、細衣著一千疋、衣着一千疋、伏して乞う改更を致すことの無きを。臣更に他事を以て輒ち朝廷を干せず。只だ本国をして独り誓文を進め、合《かな》わざればまた誓詔を頒賜されんことを乞う。蓋し世世遵承し永く以て好と為さんと欲す。儻君親の義存《たも》てず、臣子の心渝変せば、宗祀をして永からざらしめ、子孫誅を受く。それ誓表伏して請う盟府に蔵せんことを。」

事具に悉くす。朕臨んで四海を制し、廓地万里、西夏の土、世々以て胙と為す。今乃ち忠を納れ咎を悔い、信誓を表わす。これを日月に質し、これを鬼神に要《もと》めること、諸子孫に及び永く渝変すること無かれ。申覆懇至、朕甚だこれを嘉し、来誓を俯閲するに一に皆な約の如し、宜しき所は、国人に明諭し、書を祖廟に蔵《おさ》め、自今以往、永く安和を保て。

「　」内が今回、楊守素がもたらした李元昊の誓表の内容である。李元昊は栲栳、鎌刀、南安、承平四寨の返還を承諾している。歳賜の額は七月の始めに楊守素が帰国する時に示した数字そのものであろう。茶に関しては合計三万斤である。小斤計算では極端に少なすぎ、田況や欧陽脩の反対を踏まえ当初予定の大斤五万から大斤三万に減額したのだろう。絹一五万疋、銀七万両、銀器二千、衣着二千を加えると二五万四千になり、余靖が言った数字とほぼ一致する。遼が四〇年前、澶淵の盟約で得た歳賜は絹二〇万疋、銀一〇万両で合計三〇万であった。今回、西夏説得を条件に各一〇万増額し、絹三〇万疋、銀二〇万両の合計五〇万になった。絹、銀だけを見ると澶淵の支給をやや下回る感を与えるが、問題は茶である。遼の歳賜には茶が含まれていない。大斤一は小斤の四、六倍というから、大斤三万は中間で見積もって小斤一五万になる。そうすると「歳賜銀、絹、茶、綵凡二十五万五千（『宋史』仁宗紀三）」も小斤計算に置き換えると三七万五千ということになる。田況や欧陽脩が反対したのも尤もである。西夏は遼の牽制を排除して、実質的に澶淵の額を上回る歳賜を獲得することに成功したのである。宋は一二月辛亥（二四日）に「冊夏国主文」を発し曩霄の改名を認め正式に「大夏国主」を許したのである（右同『宋大詔令集』）。省略した冊文を記載した『続資治通鑑長編』の乙未（八日）の条には「……約称臣、奉正朔、改所賜敕書為詔而不名、許自置官属、使至京、就駅貿売、燕坐朶殿。朝廷遣使至其国、相見以賓客礼。置榷場於保安軍、及高平寨。第不通青塩。（巻一五二）」とあり、榷場が保安軍と新たに鎮戎軍北方の高平寨に設置されるが、遂に青塩の輸出は適えられなかったのである。繰り返しになるが、今回の講和条約の内容をまとめておく。西夏は占領中の鄜延路の四寨の返還、李元昊は宋皇帝に対して臣を称す、宋使の待遇は賓客の礼をもってし、遣使の際には正朔を奉じ、宋の勅書は詔として受ける。宋は李元昊を夏国主に冊し、曩霄の改名を認め、歳賜およそ二五万五千を給付し、官属の設置を認め、入京使節の交易を認め、二箇所に榷場を設置する。両国は講和前に納めた軍人、蕃漢人戸は返還しない、今後、越境した者は宋の保安軍、西夏の宥州に送還する。国境線は蕃部部落と漢人部落を境とする。

　李元昊は七年の歳月を費やし、新たな条約を締結することによって、独立国家の地位を宋に認めさせ、その国家運営の諸経費を宋から賄うことにみごとに成功したのである。しかしながら、その後始末が残っていた。遼との関係修復である。李元昊は七、八月と遼に使者を派遣するが遼側の怒りは収まらなかった。振り上げた拳は簡単に下せなくなったのである。九月一四日、興宗は九十九泉に大軍を会し、皇太弟重元と韓国王蕭恵を先鋒に西征を決定した（『遼史』興宗紀二）。これは「元昊忘奕世恩、萌奸計、車駕親臨、不尽帰所掠。……（『遼史』巻九三同人伝）」を叫ぶ蕭恵の主張に興宗がしたがったのである。ところが蕭恵軍は西夏軍に大敗を喫してしまう。一〇月になると李元昊は立て続けに遣使をおこない、帰順を得たタングート三部を返還し終結を急いだのである。元昊は罪に伏し、遼もこれを認めて一旦は関係改善に向かうと思われたが、一敗地に塗れた遼は収まりがつかなかった。再度数路の兵を督して攻撃を仕掛けるが、駙馬都尉蕭胡覩は西夏軍に捕らえられてしまう(48)。太平に慣れた遼の将兵は宋軍同様に百戦錬磨の西夏軍の敵ではなかったのである。遼軍の完敗であった。李元昊は間髪を入れず、二九日、捕虜を送還し遼に手打ちを要求したのである。遼も抑留中の西夏使節を送還しこれに応じざるを得ず、一一月七日、軍隊の撤退を命じたのである（『遼史』興宗紀二）。まさに李元昊は力づくで、遼との関係修復を勝ち取ってしまったのである。

七　最後の粛清事件と李元昊専制政治の結末

このようにして講和条約は締結され、李元昊の国家建設は名実ともに完成を迎えたのである。条約締結の最大の要因は、いうまでもなく康定元（一〇四〇）年から慶暦二（一〇四二）年の三年間に三次に及ぶ大攻勢に勝利し、宋の仁宗をして講和を希求させたことにある。そしてこの大攻勢の勝利が野利旺栄、遇乞兄弟の功績であることはすでに触れたところである。すなわち野利兄弟は西夏建国の最大の功労者であったといってよかろう。その野利兄弟が最後の粛清対象になったのである。

野利氏については繰り返すまでもなく、拓抜氏同様、古くからタングートの大姓として知られ、横山山脈南側の最大の勢力であった。行きがかりを棄て野利氏の総帥兀泥佶移が李継遷と連合し、ともにタングート国家の樹立を目指したのである。連合の象徴こそが李徳明の誕生であった。野利氏は李徳明の母族である。野利旺栄、遇乞兄弟は必ずや兀泥佶移の直系の子孫であり後継者であったと考えられる。そして建国の英主李元昊との関係も他の追随を許さぬ重厚なものであった。『続資治通鑑長編』（巻一六二）、慶暦八年春正月の李元昊の死亡記事に続けて李燾は七人の夫人を紹介しているが、その五人目に野利氏を掲載している。

五は葉勒（野利）氏と曰う。約噶の従女なり。頎長（背が高い）にして智謀有り、曩霄これを畏る。金の起雲冠を戴き、他人をして冠を得ざらしむ。三子を生む。寧明と曰うは、方術を喜《この》み道士の路に従い篁学（笛の稽古？）を修め辟穀し、気に忤《さからい》て死す。次は寧凌噶。曩霄は貌己に類するを以て特にこれを愛し、以て太子に為す。次は錫哩、蚤死す。

夫人は約噶（遇乞）の従女とある。つまり旺栄、遇乞兄弟の姪にあたる女性となるが、李燾は出典を示していない。一方、李燾もよく利用していた『涑水記聞』（巻九）には「時、元昊使其妻之兄弟旺栄、及剛朗凌（遇乞の誤り）分将左右廂兵、用事。」とあり、（巻一〇）には「野利王旺栄、天都王剛朗凌（遇乞の誤り）者、皆元昊妻之昆弟也。」とある。野利夫人は智謀にすぐれ、李元昊も一目を置く存在で、黄金の起雲冠をかぶり、他の夫人は同じ冠を用いられなかったとある。さらに記事後文（後述）に「吾女嫁二十年」とあるから、姪としては整合性を欠き、兄弟の姉妹、おそらく姉と考えるのがよかろう。そして第二子の寧凌噶が太子、すなわち世嗣の地位に就いていたことから、事実上の皇后の地位にあったことは間違いない。『宋史』李元昊伝には「三曰、憲成皇后野力氏」とあり、後に憲成皇后の名が与えられている。野利兄弟は皇后、世嗣の外戚として、拓抜氏を含め他の如何なる豪族よりも王権に密邇していたことは疑いない。その上、野利兄弟は枢密の地位に就き軍事権も掌握していたのである。おそらく野利兄弟は趙善約特の失脚事件にも李元昊にしたがって策動したはずである。趙善約特亡き後、兄弟が枢密の地位を襲っていることが何よりの証拠である。すなわち野利兄弟は李元昊政権の最高実力者であったことは紛れもない事実である。野利旺栄が野利王を、遇乞が天都王の称号を許されていたことがそれを如実に物語っている。それにしても虚心に考えると野利兄弟に王号を与えたことは大いに疑問である。当初から独裁専制国家の樹立を至上命題とする李元昊にとって、功臣といえども王号の授与は本来避けるべきものである。それにも拘わらず王号を与えた真意は対宋戦争の必勝を期したこと以外に理由はなかろう。すでに触れたように西夏軍の最強軍団は山訛すなわち横山羌であった。その横山羌を動員し頤使できる権威は拓抜李氏ではなく野利氏であった。野利兄弟に対宋戦争を委ね、左右厢軍を率い自由に作戦を遂行させるためには、独断専行権を与えることで、そのための権威づけとしての王号は必備品だったのであろう。李元昊と野利兄弟は、定川寨の戦勝を経て旺栄が龐籍と条約交渉をおこなっていた慶暦二年の末までは従来の関係が持続していたのであろう。ところが、翌慶暦三年に入って李元昊が直接、条約交渉をおこなうようになった頃から両者の関係は極めて不安定なものになったと考えられる。その表面上の理由は、前節で述べたように交渉の目玉である「称臣」と「称男」の問題に起因していたと考えられる。李元昊が「称臣」を了承していたならば、直接交渉の段階で「称男」を持ち出すわけはなく、旺栄が「称臣」を条件に交渉を進めたことは李元昊の承諾を得ていなかった証拠であろう。旺栄は功を焦ったのである。対宋戦争の実績に加え条約交渉でも主導的役割を果たすことによって、李元昊政権における自己の立場を盤石にしようとしたのである。将来、寧凌噶が即位すれば外戚として政治の実権を掌握することも夢ではない。野利兄弟は兀泥信移以来の宿願である拓抜・野利連合政権の実現を企図していたことは間違いあるまい。

李元昊がこうした野利兄弟の思惑に気がつかないわけはない。李元昊の性格からして政権に関与する者はすべて権力維持の駒であり、全幅の信頼を置く人物などは一人もいなかったであろう。李元昊の独裁体制維持強化の方程式からいえば趙善約特同様に、野利兄弟も目的達成の暁には粛清の対象になることは腹蔵していたであろう。种世衡が李元昊と野利兄弟の離間策を実行したことは諸書に面白く語られている。[49] その真偽の詮索は避けるが、離間策が実際におこなわれたことは事実である。しかしながら李元昊はそうした策に引っかかるほど単純な人間ではない。种世衡がお膳立てをしなくとも野利兄弟の粛清は早い段階から考えていたのである。李元昊は条約交渉を自らが進める一方で、野利兄弟の兵権を徐々に奪っていったのではなかろうか。右に記載した『涑水記聞』（巻一〇）の「皆元昊妻之昆弟也。」に続けて「与元昊族人嵬名山等四人為謨寧令、共掌軍国之政。而剛朗凌勇健有智謀、尤用事。」と、興味を惹く記事がある。野利兄弟が軍事権を掌握していた記事はいくつかあるが、拓抜氏の嵬名山等二人も謨寧令（枢密使）に就いていたことを示す史料はこれだけである。この史料は条約交渉の流れ全体を述べたもので年月は一切記されていない。嵬名山等が謨寧令に任じられたのは慶暦三年以降のことで、それは野利兄弟から兵権を奪う布石だったのではなかろうか。李元昊と野利一族の破局は程なく訪れる。『続資治通鑑長編』に続けて、

　後、また摩移克結星の女を納め、天都山に営（すまいを作）り以てこれに居す。葉勒の族宣言し、「吾女嫁して二十年、故居に止る。しかして摩移克の女を得、すなわち為《もって》内に修む。」と。曩霄怒る。会《たまたま》告有り、約噶兄弟謀りて寧凌噶が婦を娶るの夕を以て乱を作すと。曩霄遂に約噶、綱朗凌、沁布等三家を族す。既にして葉勒氏訴え、「我が兄弟罪無くして殺さる。」と。

とある。対宋戦争のさなか、李元昊は興州を離れ天都山に居住し戦争の総指揮にあたっていたと考えられる。李元昊は摩移克結星の女を寵愛し、天都山に造営した住居に同棲していたのであろう。野利氏憲成皇后は嫁して二〇年、李元昊に疎んじられ、おそらく興州に留め置かれていたのであろう。こうした状況のもとで三次におよぶ対宋戦争が遂行されたとなると、野利兄弟の心中も穏やかならざるものがあったことであろう。野利旺栄が条約交渉を先走った背景には野利一族の功績を積み重ねることによって、李元昊の恣意を掣肘しようとする意図が働いたからであろう。一方、李元昊は野利兄弟をどう見ていたのであろうか。趙善約特同様に、自己の権力を脅かす勢力に成長していた野利

兄弟の粛清は、李元昊の胸中にある政治予定表の中には記入済みだったと考えられる。ただその時期に関しては未定として留保されていたのであろう。李元昊としては宋、遼との関係がすべて決着を見た後を目途していたのではなかろうか。李元昊としては野利兄弟を十二分に使い切ったところでの処分を考えていたのであろう。条約交渉の成り行きによっては第四次の攻撃も考慮されたからである。ところが野利兄弟は「称臣」問題で足を掬われる。その実は赫々たる武勲によって野利兄弟の存在感がさらに増したことに対する脅威と、姉憲成皇后の処遇をめぐる対立が根底にあったことは間違いあるまい。李元昊は予定を早めて野利兄弟の粛清を実行することに決したのである。しかしこれは大きな付けをともなった。李元昊が講和の条件として拘っていた「称男」を引っ込め、野利旺栄が当初宋と約束した「称臣」を受け入れざるを得なかったのは、畢竟、宋を攻撃する横山羌の動員をおこなうことができなかったからである。さらに粛清の結果として起こった国内の混乱を収拾するためには、交渉妥結を急がねばならなくなったのである。

粛清劇の台本はお定まりのものであった。世嗣寧淩噶の婚姻の夕に野利兄弟が乱をなすという密告があり、李元昊が機先を制して野利兄弟三家を滅ぼしたというものである。それを裏づけるような材料もある。『涑水記聞』（巻一〇）の最後に「拓跋諒祚之母密臧氏。本野利旺栄之妻。曩霄通焉。有娠矣。曩霄初娶野利氏生子寧令。将納剛朗凌女為婦。旺栄与剛朗凌、謀因成婚之夕、邀曩霄至其帳、伏兵殺之。事泄族誅、……邢佐臣云」とある。この記事は邢佐臣の話の採録であるが、もとより噂話で、その上事件から三〇年も経っており、旺栄と剛朗凌を別人とするなど、うろ覚えの話になっている。文意は寧淩噶が旺栄の女と結婚することになり、婚姻の席に李元昊を招待し、その場で暗殺しようとしたが、事前に発覚し、逆に誅されたというものである。世嗣の婚姻ならば李元昊が主催するのが当然で、事件後に李元昊側から流された偽情報が広く宋側にも伝わっていたことを証明する話である。『続資治通鑑長編』に「三家を族す。」とありながら、その後、野利氏憲成皇后から兄弟の無実の訴えがあり、また約噶（遇乞）の妻が健在

（後述）であることから考えれば、野利一族を根こそぎにする族滅ではなく、三兄弟を狙った暗殺劇であったことがわかる。野利氏謀反は李元昊の捏造であることは明白である。有力豪族を暗殺する最善の方法は、拒否できない場に護衛なしで引き出すことに限る。それも直ちに復讐できない環境を選ぶ必要がある。寧淩噶の婚姻の夕に事件が発生したことは多分事実であろう。そして世嗣の婚姻は首都興州でおこなわれたことは間違いない。興州興慶府には七万人の兵力が駐屯していることになっている。数字の正否は措くとして、首都興慶府を守る兵は李元昊の直衛軍であることはいうまでもない。また『儒林公議』（巻上）に李元昊の親衛隊として「元昊既志在恢拓、数侵諸藩境土、隣国数怨之。常選部下驍勇自衛。分為十隊、隊各有長。一妹勤、二浪訛遇移、三細賞者埋、……七細母屈勿、八李訛移岩名、九細毋嵬名、十没羅埋布。毎出入前後環擁、設備甚厳。」とある。第四節に記載した兵力の「鉄騎三千、十部に分ける」にあたる。李元昊の周囲は十重二十重に親衛軍によって警護されていたのである。政権を構成するすべての蕃漢豪族官吏は興州にいる限りは一様に李元昊の人質に等しい環境に置かれていたのである。李元昊は野利兄弟の兵権を解いた段階で興慶府に出府を命じていたはずである。おそらく三年の中頃のことであろう。すでにこの段階で野利兄弟は直率の軍事力から切り離されていたのである。趙善約特の宋内徙事件に鑑み、李元昊は同じ轍を踏まないように周到な準備をめぐらし野利兄弟殺害の機会を演出したのである。野利兄弟が李元昊の陰謀を警戒していなかったとは考えられない。幾多の冷酷な粛清事件を目撃している野利兄弟は、自分たちに同じ禍が降りかかることを強く怖れていたはずである。野利氏憲成皇后の地位が凋落した今、野利兄弟の頼みの綱は次期国王寧淩噶の存在だけである。その寧淩噶の婚姻の席に野利兄弟が出席を拒否することは不可能である。欠席したらそれを理由に簡単に追討されてしまう。野利兄弟は一抹の不安と一縷の望みを懐いて婚姻の席に参じたのであろう。李元昊は暗殺に絶好の場を用意したのである。抵抗する術もなく野利兄弟三人は捕らえられその場で暗殺されたのであろう。右記事には「約噶、綱朗淩、沁布等三家」とある。この名称はタングート語の名前で、約噶は遇乞、綱朗淩が旺栄であることはすでに触れた通りである。三人目の沁布とは第四節の国家体制に関わる史料（六七三頁）に掲載されている兵馬を主った中の沁布開に一致すると考えて間違いなく、前節に旺栄とともに龐籍に書簡を送った弟の旺凌のことであろう。野利三兄弟はともに軍事で西夏を支える役割を果たしていたことがわかる。その功労者野利三兄弟はまさに「狡兎死して良狗煮らる」悲劇の主人公になってしまったのである。さて、この粛清事件は何時起きたのか。幸いに田況が格好の情報を提供してくれている。『続資治通鑑長編』（巻一四五）慶暦三年一一月に、

乙酉（二一日）、陝西宣撫副使田況言う「冬初より諸路諜者を得るに、皆声言す。西界迤邏約臘（野利約噶）、綱朗威（剛朗淩）等諸腹心賊に謀叛し、事覚れ誅せられ、国中大いに乱る。」と。

とある。冬初つまり一〇月になると野利兄弟が殺害されたとする情報が陝西各路からしきりに寄せられていたことがわかる。すなわち晩秋九月中に野利兄弟は粛清されたのであろう。「国中大いに乱る」とはこれによって西夏国内が無政府状態に陥ったという意味ではなく、豪族層に大恐慌が起き、疑心暗鬼になり総じて浮足立っている状況を伝えているのであろう。それ故にこそ李元昊は条約の締結を急ぎ、国内に宋の物資を潤沢に供給し不満を解消することに傾注せざるを得なくなったのである。第三節に続けるならば（その四）となる野利氏の粛清事件は李元昊がおこなった有力部族、ないしは有力政治家に対する粛清の掉尾を飾る事件で、まさに李元昊の独裁専制国家の完成を象徴する記念碑的事件といってよかろう。

政権内部の危険因子を除去し、不本意な部分を残しながらも宋との講和によって再び潤沢な物資の供給が得られるようになった。李元昊は父李徳明の死以来、一四年の歳月をかけて自らが思い描いた独裁専制国家の樹立に成功したのである。しかしながらその治世は、わが世の春を謳歌する暇もないほどに短期間、わずか四年で終焉を迎えてしまう。『続資治通鑑長編』（巻一六二）の続きを、冒頭部を重複して掲載しよう。便宜的にA、Bに分ける。

A　既にして葉勒氏訴え、「我が兄弟罪無くして殺さる。」と。曩霄悔恨し令を下し遺口を訪ね、約噶の妻閻（閻妻の倒置か＝美しい妻）を得て三香（地名？）に家（住まわ）す。後これと私通す。葉勒氏これを覚るも、誅するに忍ばず。約噶の妻すなわち出て尼と為り、密蔵大師と号す。六は耶律氏と曰う。七は摩移克氏と曰う。初め納れて寧淩噶の妻と為さんと欲するも、曩霄その美を見、自らこれを取り号して新皇后に為す。

B　寧淩噶憤りて曩霄を殺さんとするも死せず。その鼻を劓《はなき》りて去る、黄（衍字？）羅滂の家に匿《にげ》るも、羅滂の殺すところと為る。曩霄遂に鼻瘡に因り死す。年四十六。密蔵氏初め尼と為り、偽興州の戒壇院に寓し、既に娠《みごも》る。しこうして曩霄死す。曩霄、従弟の威噶爾寧を立てるを遺言す。その大酋威尚対、密香碩克、威浪布葉、木朗羅、密蔵羅滂と立てる所を議す。密蔵大族なり。羅滂これが長と為る。衆、遺言の如く威噶爾寧を立てんと欲す。羅滂独り許さず、曰く「威噶爾寧は子に非ず、且つ功無し、安んぞ国を有するを得んや。」と。威尚対曰く、「国に今主無し、然ればすなわち立つ所はいかん。然らざれば爾これを欲するや、爾能く夏土を保有すればすなわちまた衆の願う所なり。」と。羅滂曰く、「予何ぞ敢ておや。夏、祖考より以来父死すれば子継ぎ、国人すなわち服す。今、密蔵尼娠《みごも》る、先王の遺腹なり。幸にして子生まれればすなわち以て先王を嗣ぐ可しと。誰ぞ敢て服さざらんや。」と。衆曰く「然り」と。遂に密蔵尼を立てて偽《かり》に太后と号す。曩霄既に死して三月、諒祚生まる。毛惟昌、高懐正の妻をもって更《こもごも》これに乳《ちちをのま》す。しかして政は密蔵氏に在り。惟昌、懐正は皆漢人。本約噶の帳下、故にこれを親待す。已にして懐正は銀を夏人に貸し、惟昌は窃に曩霄の与える所の盤竜の服を衣、皆羅滂の族する所と為る。

野利兄弟の粛清後も野利氏憲成皇后が健在であったことはすでに触れた。仮に野利兄弟の謀反が真実ならば、憲成皇后も同罪として殺されるか廃され、世嗣寧淩噶にも累はおよんでいたことであろう。ところが事件後も母子が健在であることは、憲成皇后の訴えが正しく野利兄弟が冤死を遂げたことを証明している。李元昊が悔恨したとは思えないが、この事件をきっかけに豪族層の離反が相次げば政権は崩壊しかねない。野利遺族はもとより政権に関与するすべての豪族を安心させ落ち着かせなくてはならない。李元昊は事件を野利三兄弟の陰謀に限定し、早急に事件の幕引きを図ったのであろう。野利一族も族滅を免れ、一応は従来の立場を保障されたのである。憲成皇后はこれを知るが誅するに忍びず、出家させ尼にして興州の戒壇院に入れ密蔵大師といわれたとある。この話はおそらく事実であろう。憲成皇后の立場は依然として保障されていたのである。尼にして戒壇院に入れることは李元昊の承認なしにおこなえることではないが、後ろめたさのある李元昊はこれにしたがったのではなかろうか。そして先に触れた天都山で同棲し新皇后にした摩移克氏は当初、世嗣寧凌噶の妻にするところを美貌に迷い横取りしたことがわかる。李元昊も御多分に漏れず英雄色を好む一人だったのである。

AとBは一連で記載され、摩移克氏の横取りに怒った寧凌噶が父親を殺そうとしたように読み取れるがそうではない。AとBの間には四年の歳月が流れている。この四年間の寧凌噶の心中は如何ばかりであったか。妻になるべき女性を父親に横取りされ、新たに旺栄の女との婚姻の場で後ろ盾である叔父兄弟が惨殺されたのである。世嗣の立場に留まっているとはいえ、それは対抗馬がいないだけのことで、極めて不安定なものだったであろう。父子の関係は決して良いものではなかったはずである。そこに悪魔のささやきがあったとしたらどうであろう。父李元昊を仆せば王位は寧凌噶のものになると。寧凌噶はそれを実行し、父李元昊を死に至らしめてしまったのである。悪魔の名は密蔵羅滂という。

そこで先に密蔵羅滂という人物を調べておこう。密蔵氏については第五節で論じたように環州から原州にかけて、葫芦泉といわれた一帯に明珠族、康努族とともに蟠踞していた大族である(50)。早くからタングート政権と連絡し、しばしば西北辺の騒擾の主体になった勢力で、特に李元昊政権とは深い関わりがあり、対宋戦争の先鋒的役割を果たしていたと考えられる。野利兄弟がおこなった三次の攻勢にも横山羌として兵力を分担していたことは間違いなかろう。密蔵氏についてはすでに第三節の趙善約特の内徙事件でその二人が史料上に名を残しているのである。宥州団練使の密蔵屈已と彼の侍者密蔵福羅である。『涑水記聞』の記事には密蔵屈已は趙善約特一族と婚姻関係にあったと記されている。西夏軍の総司令官であった拓抜氏趙善約特一族と深く結びつき、その腹心として対宋戦略上の最重要拠点である左廂宥州路、あるいはその前身である宥州監軍司の司令官として宥州団練使に任じられていたのである。そして密蔵福羅は屈已の侍者とある。趙善約特の密命を受けて亡命の証である告身三通と万を超す珍宝を委ねられ延州李士彬のもとに趣いていることから勘案すると、密蔵福羅は単に同族というに止まらず屈已の実子の可能性が高いといってよかろう。密蔵屈已は保安軍に亡命した中に名は記されていない。ということは宥州に留まっていたのであろう。一方の福羅は告身を突き返され延州を逐われている。両人の消息は不明であるが、趙善約特一族の亡命直後に宥州は李元昊に征圧されていることから考えて、密蔵屈已と福羅の二人は捕らえられ厳しい取り調べを受けた後に殺害されたものと考えてよかろう。両人が未曾有の大亡命事件に加担したことを考えれば、従来の李元昊の手法をもってすれば密蔵一族の族滅は避けられなかったはずである。ところが事実は案に相違して、その後も密蔵氏は健在だったのである。まったく同時代の同族、密蔵羅滂は野利氏の中心人物である天都王遇乞に妹（後の密蔵大師）を嫁がせ、野利氏主流と強固な姻戚関係を結び、その政治的立場は微動だにしていないのである。史料から浮かび上がる密蔵氏の輪郭は李元昊政権を支える超有力豪族と積極的に結びつきを求め、着々と地歩を固めていく後進豪族の姿である。史料Bには「密蔵大族なり。羅滂これが長と為る。」とある。密蔵屈已と密蔵羅滂はともに一族中の巨擘だったが、密蔵氏もいくつかの家系に分かれており、同族有力者の反逆程度では族滅させられないほどに、李元昊政権を構成するすぐれて政治的な大豪族に成長していたのであろう。

本論に立ち返り、李元昊の死亡の経緯とその後の政局を述べ、長くなった本書の筆を擱くことにしよう。事件は宋の都開封からは遠く隔たり、宋の使節といえども容易に入京を許さなかった興州興慶府で起きたのである。Bにしたがえば寧凌噶は父を殺しそこね、密蔵羅滂の家に逃げこみ、かえって羅滂に殺されてしまう。李元昊は従弟の威噶爾寧を後継に指名し死亡する。政権に与る多くの酋豪はそれを諒とするが羅滂だけは反対する。その理由は威噶爾寧が李元昊の子でないこと、密蔵大師が懐妊中で遺腹を後継にすべきとし皆もこれにしたがう。李元昊の死後三箇月後に男子が誕生し次の西夏王になる。李諒祚である。密蔵羅滂は外戚として西夏の国政を壟断する、というものである。この記事は酋豪の固有名と会議の様子が記されており、思わず引き込まれるが、それだけに疑問もすぐに沸いてくる。こうした政権内部の極秘のやり取りがなぜ宋側に詳しく伝わったのか。瀕死の李元昊が後継を指名する余裕があるか。生まれてくる子供が男子と決め込んで話が出来上がっている等々である。李燾は出典を明示していないが、李諒祚の生年が『宋史』夏国伝上李諒祚と食い違っていることを指摘し、この記事に全幅の信用を置いていないことがわかる。そこで李諒祚伝を見ると冒頭に「諒祚、景宗長子也。小字寧令哥。国語謂歓嘉為寧令。両岔、河名也、母宣穆恵文皇后没蔵氏、従元昊出猟、至此而生諒祚、遂名焉。以慶暦七年丁亥二月六日生。八年戊子正月、方期歳即位。」とあり、誕生に関してBとはまったく異なった、それも詳細な情報が掲載されている。諒祚は母親が李元昊にしたがって「出猟」、おそらく軍事演習に訪れた両岔という河の畔で七年の二月六日に生まれたとある。李元昊が死亡した時、李諒祚は一一箇月の嬰児であったことがわかる。さらに別に二つの史料を紹介しよう。これをCとDとする。『夢溪筆談』（巻二五）に、

C　これより先、元昊後房一子を産む、曰く寧令受、寧令は華言の大王なり。その後、また没臧訛哤の妹を納れ、諒祚を生みてこれを愛す。寧令受の母恚忌し、没臧氏を除かんと欲し、戈を寧令受に授け、これを図らしむ。寧令受間《ひそか》に元昊の室に入り、卒に元昊と遇い、遂にこれを刺し、殊《ころ》せずして走る。諸大佐没臧訛哤輩、寧令を仆しこれを梟す。明日、元昊死し、諒祚立ち、而して舅訛哤これを相く。

とあり、『欧陽文忠公全集』（巻一一七）帰田録に、

D　趙元昊二子、長は曰く佞令受、次は曰く諒祚。諒祚の母尼なり。色有りて寵す。佞令受母子怨望し、而して諒祚母の兄、没蔵訛哤と曰う者また黠虜なり。因りて佞令受に教えるに弑逆の謀を以てす。元昊已に殺され、訛哤遂に弑逆の罪を以て佞令受子母を誅し、而して諒祚乃ち立を得る。而して年甚だ幼、訛哤遂に夏国の政を専にす。

とある。C、Dともに李元昊の死亡以前に諒祚が生まれていることを示しており、『宋史』の記事を補強する。さらに両記事ともに憲成皇后が密蔵氏母子の存在を憎んでいることで共通している。Cは憲成皇后が寧凌噶に密蔵氏殺害を命じ、寧凌噶が密かに元昊の居室に入ったところで父親と遭遇し、これを刺すも殺せず逃走する。密蔵羅滂等が寧凌噶を捕らえ直ちに殺害し梟首にする。その翌日元昊は死亡したとある。Dは密蔵羅滂が寧凌噶を指嗾し元昊を殺させ、死後、弑逆の罪を憲成皇后と寧凌噶に着せ、二人を誅したとある。Dだけが明確に密蔵羅滂の指嗾を記している。

一方、Bは寧凌噶が羅滂の家で殺されたとし、Cも密蔵羅滂等が寧凌噶を殺したとあるから、両者は事前に連絡を取っていたことは明らかで、密蔵羅滂が寧凌噶を指嗾して父殺しをおこなわせ、その直後に寧凌噶を殺害したことは間違いなかろう。李元昊殺害の時点で、諒祚が生まれていないとすると、密蔵羅滂が寧凌噶に父殺しを指嗾する理由は薄弱になる。暗殺が成功し寧凌噶が新国王になったとすると、密蔵羅滂はただの功労者に過ぎず外戚の地位は得られない。それどころか憎い密蔵大師の兄ということで新たな粛清の対象者にされてしまう可能性が残る。逆に諒祚が生まれていたとすると、密蔵羅滂の陰謀は露骨になる。諒祚の外戚として西夏の政権を掌握するために、寧凌噶に父李元昊を殺させ、さらに寧凌噶を始末して一挙両得の策に出るというものである。しかしこの策は寧凌噶が正常な判断力を持つ人物だったら引っかからない。三史料を総合して勘案すると、寧凌噶は密蔵羅滂の陰謀に引っかかってしまったのである。諒祚が前年の慶暦七年二月六日に生まれたことは事実であろう。そして李元昊が諒祚母子を寵愛したことも事実であろう。寧凌噶母子の立場が極めて不安定なものになったことは想像に難くない。焦りを募らせた寧凌

噶は藁にも縋る思いで深く考えもせず密蔵羅滂の甘言に載せられてしまったのであろう。父殺しはどのようにおこなわれたのか。『続資治通鑑長編』（巻一六二）の冒頭部に「慶暦八年春正月辛未（二日）、夏国主曩霄卒。」とある。李元昊は慶暦八（一〇四八）年正月の二日に死亡している。[51] Cの「明日、元昊死」を信じると正月一日に息子に襲われたことになる。いつであっても寧凌噶が密かに国王である父親の居室に侵入することは不可能であろう。おそらく寧凌噶は年始の挨拶に趣き、その場で凶行におよび父親の顔面を切り重傷を与え、狼狽する左右を尻目に密蔵羅滂のもとに逃げ込んだのであろう。そして羅滂に口を封じられたのである。翌二日、李元昊が死亡したことにより密蔵羅滂の陰謀は大成功し、襁褓に包まれる甥諒祚の外戚として実権を掌握していったのである。それではBに「曩霄既に死して三月、諒祚生まれる」の誤情報はどこから発生したのか。右に触れたように西夏側は二月に李元昊の死亡を宋に報じているが、後継問題に関しては口を濁していたようである。[52]『宋史』（巻一一）仁宗紀三に「夏四月己巳朔、封曩霄子諒祚為夏国主。」とあり、李諒祚の後継は三月末に連絡してきたのであろう。『続資治通鑑長編』（巻一六四）、夏四月己巳朔の条に「諒祚生甫三月、諸将未和議者……」とあり、西夏側から諒祚が三月に生まれたとする情報が流されたことを窺わせる。Bの情報は密蔵羅滂が自己の権力奪取を正当化するためにことさらに潤色し宋側に流したものであろう。すなわち、正月から三箇月をかけて密蔵羅滂の独裁外戚政治体制が構築されていったのである。李継遷の崛起以来の名族拓抜氏、衛慕氏、野利氏を差し置いて環、原州の間を本貫とする後進豪族密蔵氏が西夏の最高権力を掌握する事態が出現したのである。別の角度から眺めれば、すでに西夏の国家機構とそれを支える官僚制度は完成し、独裁者李元昊の生死に関わらず国家は運営されるまでに成熟していたのである。

　李元昊は外戚政治に陥る危険性を察知し、野利兄弟の粛清を断行したのであるが、皮肉にもその結果として死後における外戚政治の道筋を切り開いてしまったのである。

おわりに

宋、遼に次ぐ東アジアの独立国家西夏の建国は李元昊の強烈な個性の賜物であったことは論を俟たない。歴史に仮定は禁物だが、敢て言う、李徳明の後継者が凡庸な人物であったならば西夏の建国は可能であったか疑わしい。李元昊は周到で実に粘り強い工程表にもとづいて国家建設を成し遂げたのである。李元昊の目指す国家建設には二つの大きな障碍があった。一つは父徳明を代表とする宋の西北部寄生政権に甘んじようとするタングート政権内部の守旧性であった。甘州、西涼府の攻略は、領土の拡大意欲を放棄した守旧勢力を粉砕し、タングート政権の主権掌握を目指した李元昊の果敢な行動であった。父李徳明を死に追いやった後も、李元昊は政権内部に残る隠然とした保守勢力の存在に苦慮している。景祐元年、嵬名吾祖を名乗りタングート族に民族国家の皇帝を宣言した時も、さらに宝元元年、宋に対し大夏建国を宣言した時も、ともに親近の有力者を粛清している。李元昊は敢て彼らを弾圧した機会を捉えて不退転の決意を示すべく、国家建設のプログラムを断行したのである。

二つには宿敵宗哥族の打倒であった。宗哥族は西夏にとって東西交易路の対面に位置しており、西夏建国の成否を決定する河西回廊の帰属をめぐる最大のライバルであった。李元昊は都合五次、前後七年におよぶ対宗哥族戦争を挑み、宗哥族の内紛をも利用し、宗哥族唃厮囉政権に深甚な打撃を与えることに成功したのである。李元昊は二つの障碍を取り除くことによって、始めて西夏建国の基礎作業を終えたといえよう。こうした基礎作業を踏まえて李元昊は精力的に国家機構の構築に努め、宋に見紛う国家体制を作り上げたのである。しかしながら新しい国家に血が通っていなければただの設計図に過ぎない。李元昊は都合三次におよぶ大攻勢を宋に仕かけ、仁宗をして講和の場に引きずり出したのである。宋から莫大な歳賜を獲得することによって、国家を有機的に運営する仕組みを完成させたのである。とはいえ、李元昊の真意は寄生国家の立場に甘んじることを潔しとする姑息なものではなかった。畜産資源と西域由来の物資の輸出に加え、無尽蔵に産出される良質の青白塩を宋に輸出して、対等な貿易関係を築くことにあったのである。国内事情や遼との軋轢、宋の国策に阻まれ、遂に青白塩の公式輸出は実現できず、李元昊にしてみれば画竜点睛を欠く国家建設になったことは否めないだろう。

しかしながらこうして出来上がった西夏は遼とともにすぐれて中国の擬似国家であったことは紛れもない事実である。富弼をして慶暦四年六月の上奏で「自契丹侵取燕薊以北、拓跋自得霊夏以西、其間所生豪英皆為其用。得中国土地、役中国人力、称中国位号、仿中国官属、任中国賢才、読中国書籍、用中国車服、行中国法令。是二敵所為皆与中国等。而又勁兵驍将長於中国、中国所有彼尽得之、彼之所長中国不及……（『続資治通鑑長編』巻一五〇）」と言わしめている所以である。

それにしても建国三代は安穏な死を迎えることが許されない宿命を負っていたとしかいいようがない。李継遷は宿敵潘羅支の逆襲に遭って横死を遂げ、二代李徳明は息子李元昊に権力を奪われて、詳細は不明ながらも不本意な死を遂げたと考えられる。そして建国の英主李元昊は宋、遼に次ぐ第三の国家をみごとに建設することに成功したのであるが、その全盛はわずか四年で幕を閉じなければならなかった。乱倫の結末は血を分けた息子による殺害という形で慶暦八（一〇四八）年正月二日に四六年の生涯を終えたのである。そして李元昊が敬愛してやまなかったであろう祖父李継遷も、偶然の一致とはいえ奇しくも四四年前の同じ正月二日に死亡していたのである。李元昊は国家の骨組みを構築し、それに肉づけをおこない血を通わせるところまで推し進め、これから成長を見守ろうとするところで仆れたのである。その無念は察するに余りあるが、彼の死をもって国家が崩壊することはなく、宋に倣った国家体制は借り物の域を脱し、すでにしっかりと地に足をつけていたのである。

註

（1）『読史方輿紀要』（巻六三）粛州衛に「土隗口　在衛北塞外、宋大中祥符二年契丹伐回鶻……」とある。長沢和俊氏は「西夏の河西進出と東西交通」（『東方学』第二六輯、一九六三年）の六二頁においてハラホトに比定している。平凡社の『アジア歴史地図』も同じ。これも長沢氏が編集に参加。

（2）長沢和俊氏は註（1）論文で太平六年の遼の甘州攻撃には『西夏書事』（巻一〇）天聖四年の条に、「夏六月、遣兵助契丹攻甘州。……」の記事をもって、李徳明も遼にしたがって出兵したらしいとしているが、氏も指摘しているようにこの記事は典拠不明である上、また大中祥符元（一〇〇八）年の甘州の争奪をめぐる対立等、本質的に甘州の帰属いかんは遼、タングート政権双方の利害が真正面から対立する問題であるからしたがいがたい。

（3）和州は高昌の訛音で和州回鶻は阿薩蘭回鶻のことで二重記載である。『遼史』の杜撰な編集を物語る一例であろう。

（4）『西夏書事』は五月にかける。筆者はかつて七年下半期から八年にかけて攻略したと論じたが、訂正する。

（5）拙稿「宗哥城唃廝囉政権の性格と企図」参照。

（6）榎一雄「王韶の熙河経略に就いて」（『蒙古学報』第一号、一九四〇年）参照。

（7）呉広成は『西夏書事』（巻一一）でこれを明道二年七月に掲載しており、参考になる。

（8）この記事の謀殺未遂事件の部分は『東都事略』（巻第一二七）西夏一、『隆平集』（第二〇巻）夏国、『西夏書事』（巻一一）にも掲載されている。『宋史』李元昊伝には、「元年、母衛慕氏死、遣使来告哀。起復鎮軍大将軍左金吾衛上将軍員外置同正員、以内殿崇班閤門祗候王中庸為致祭使。起居舎人郭勧為弔贈兼起復官告使。」とあり、母族の陰謀には一切触れていない。また、現存の『宋会要輯稿』はもとより夏国伝を欠いており内容を知るすべもない。『東都事略』は尚実を山喜に作り、『隆平集』は母米氏を米母氏に、尚実を『東都事略』と同様に山喜に作るなど、わずかな違いはあるものの文脈は『続資治通鑑長編』とまったく変わるところがない。母族に関して、『宋史』李元昊伝に「母衛慕氏」と明記してあることから、これら三記事のもとになった史料には「米母」と記載されていたと考えられ、『隆平集』の記述が原史料に最も忠実であることは、すでに第二部（第一章第一節）で論証した通りである。

（9）この史料にはもう一つ別の解釈も成り立つ。成遇の謀反事件後も咩迷氏の女は殺害されずにいたが、その後、咩迷氏の遺存を嫌う訛蔵屈懐（額蔵渠懐）氏の讒言により河に沈められ殺害された、とするものである。しかし、本文でも述べたように、実母の殺害をも厭わない李元昊の激しい性格からして、謀反事件後も咩迷氏の女が生きながらえたとは考えられない。さらにそれを否定する決定的な証拠が、王亭鎮で河に沈められて殺されたことである。諸々の状況を勘案すると、趙善約特の亡命事件が起きる前年の景祐四年のある時期までは、李元昊はもとより政権中枢の有力豪族は夏州に居住していたことは確実で、弟成遇（沁裕勒）の謀反事件を踏まえて本拠を興慶府に移したのであろう。興慶府移住後に咩迷氏の女が殺害されたとすると、王亭鎮で河に沈められたことの説明がつかない。

（10）『宋史』（巻三二六）に李渭の伝があり、「宝元元年、元昊将山遇率其族来帰、且言元昊反状。渭与知州郭勧謀、却之。既而元昊果反。又与勧奏、以為元昊表至猶称臣、可漸屈以礼。朝廷初以渭兼知鄜州、坐是貶為尚食使知汝州、徙磁州。元昊犯辺、言者益帰罪于渭、復降右監門衛将軍、白波兵馬都監、卒。」とある。

（11）岡崎精郎「西夏の李元昊と禿髪令」（『東方学』第一九輯、一九五九年）、七七頁以降参照。

（12）西田龍雄「西夏王国の性格とその文化」（『岩波講座世界歴史』9中世3、一九七〇年）六六頁等参照。

（13）『西夏書事』は景祐三年九月の条に兵制の制定と軍司名の設立を載せ、四年五月の条に支配領域や各路の兵力数を載せ、監軍司、総兵力数は『宋史』にしたがっている。『西夏書事』のこの記事は、『宋史』李元昊伝と同外国二夏国下の巻末の軍制に関する記事を作者の呉広成が適当に編集しなおしたものと思われ、無批判に利用できないことがわかる。

（14）ここにいう懐州は、中国歴史地図集第六冊（地図出版社、一九八二年）「西夏」に記す懐州ではない。『読史方輿紀要』（巻五七）陝西六慶陽府の条、安化県洛源城の項に載せる懐安城のことである。同条には「懐安城在府東北百八十里。通典本隋柳谷城、武徳六年置県。唐志開元十年、括逃戸連党項蕃落置。又有芳池州都督府、寄理懐安県界。管小州十、曰静、獯、王、濮、林、尹、位、長、宝、寧。並党項野利氏種落。至徳以後、芳池州廃。宋并廃県為懐安鎮。」とあり、慶州の東北に位置しており、本文で後述する野利氏の直轄支配下の地域であったことがわかる。

（15）前田正名氏は『河西の歴史地理学的研究』（吉川弘文館、一九六四年）所収の「西夏の軍配備より見た河西」において、この両者の位置をとり違えて説明している（五八八頁）。その他、他の監軍司の位置についても誤りが多い。中国の研究者についても誤解が多く、李范文氏の『西夏簡史』（寧夏人民出版社、一九七九年）の附図や、呉天墀氏の『西夏史稿』（四川人民出版社、一九八〇年）の附図や白濱氏の『元昊伝』（吉林教育出版社、一九八八年）附図は、黒山威福軍司を黒水鎮燕軍司と同様、エチナ河流域に覓めているが、したがいがたい。

(16) ここでいう会州は塩州付近の会州ではなく黄河沿いの靖遠のことである。

(17) 『容斎三筆』（巻一一）に、

西夏曩霄之叛、其謀皆出於華州士人張元与呉昊、而其事本末、国史不書、此得田画承君集、実記其事云、張元、呉昊、姚嗣宗皆関中人、負気倜儻、有縦横才、相与友善。嘗薄游塞上、観覘山川風俗、有経略西鄙意。姚題詩崆峒山寺壁、在両界間云「南粤干戈未息肩、五原金鼓又轟天、崆峒山叟笑無語、飽聴松声春昼眠。」。范文正公巡辺、見之大驚。又有「踏破賀蘭石、掃清西海塵」之句。張為鸚鵡詩、卒章曰……、呉亦有詩。将謁韓、范二帥、恥自屈、不肯往、乃礱大石、刻詩其上、使壮夫拽之於通衢、三人従後哭之、欲以動二帥。既而果召与相見、躊躇未用間、張、呉径走西夏、范公以急騎追之、不及、乃表姚入幕府。張、呉既至夏国、夏人倚為謀主、以抗朝廷、連兵十余年、西方至為疲弊、職此二人為之。

とある。張元、呉昊は李元昊の名を割ったものでもとより本名ではない。科挙に通らず官僚になりそこねた知識人が就職活動をし、出先の将帥の幕下に採用される者もいれば、活躍の場を求めて西夏側に転じる者が多数いたことを示している。張元は張陟か張文顕のどちらかの可能性もある。

(18) 中嶋敏「李元昊と野利兄弟――西夏の君主権について――」（『池田末利博士古稀記念東洋学論集』一九八五年、後自著『東洋史学論集』汲古書院、一九八八年、収録）、参照。

(19) 『涑水記聞』（巻九）に鄜延路を介して仁宗に送った国書が掲載されている。そこには「遂以十月十一日郊壇備礼為世祖諡始文本武興法建礼仁孝皇帝……」とある。

(20) 第二部第四章註（15）、第五章第三節四五五頁、第三部第一章第七節五八二頁参照。

(21) 『続資治通鑑長編』同巻一二月甲戌の条による。ここでいう互市処とは暗黙裏に取り締まりを避けていた私貿易場を指すのであろう。

(22)『宋史』(巻二七九)陳興伝に「継遷所部康奴族、往歳鈔劫霊州援糧。恃険与衆、尤桀黠難制。」とある。

(23) 蔵才族については第一部第五章第二節で詳述したが、『続資治通鑑長編』(巻一二四)宝元二年八月の条で、「三八族」、「十余万」の数字が記されている。

(24)『西夏書事』(巻一一)には「元昊以数万騎、托言親迎留屯府州境。」とある。数字に関しては根拠不明である。

(25)『宋会要輯稿』(一九五冊方域二一)府州参照。

(26)『西夏書事』(巻一一)景祐元年七月の条に「白豹、東は金湯に接し、北は葉市に鄰し、後橋諸砦とともに漢界に侵入すること百余里。延慶二州を経過する道路を阻絶す。元昊、先に白豹を修し、已にまた後橋小堡を増築す。慶州柔遠砦蕃部巡検嵬逋、兵を発し攻めてこれを破る。」とある。呉広成は白豹城に続けて後橋堡を設置したとするが、典拠不明である。白豹や金湯寨はこの間に設置されたのであろう。

(27) 承平寨の位置は不詳。おそらく延州の北方、保安軍の西方にあったのではなかろうか。位置も不詳の承平寨攻撃に、三万騎の大軍で包囲し簡単に引き下がるなど、兵力数は到底事実として認められない。それでも、戦後に論功行賞の記事があり、散直狄青の活躍が評価されているところから(『続資治通鑑長編』巻一一五)戦闘自体は実際にあったのであろう。

(28)『続資治通鑑長編』(巻一三一)二月辛巳の条、夏竦の上奏に「近投来人杜文広称、『賊界聞諸路入討。只聚兵一路、以敵王師。』」とある。

(29) 大室智人「西夏軍の特徴と北宋軍の対策」(『明清史論集』国書刊行会、二〇〇四年)に、中国人研究者の研究を踏まえ西夏軍の戦法などが紹介されている。

(30)『遼史』(巻八五)蕭塔列葛伝に「重熙十一年、使西夏、諭伐宋事、約元昊出別道以会。」とある。

(31) 野利兄弟の関係や名前の異同に関しては、中嶋敏氏の註(18)論文参照。

(32)『番漢合時掌中珠』の枢密の音は「令□落」とある。

(33) この記事を三年の最後尾に掲載した理由は、李燾も密詔とそれ以降の交渉の月日が確認できなかったことによる。

(34)　李燾は（巻一〇）の記事にしたがって「朝廷益厭兵。」に続けて「会契丹使者来、亦言元昊欲帰款南朝而未敢、若南朝以優礼懐来之、彼宜洗心自新。」の記事を挿入し、西夏が条約を欲していることを遼が仲介し、これに応じて仁宗が密詔を降したように繋いでいる。ところが李燾は割注で詳細な検討をおこない、この件に関する遼の介入に疑問を呈している。李燾も迷いながらも本文に掲載してしまったことがわかる。前後の西夏と遼の関係を考えれば、この段階で李元昊が遼に講和の仲介を頼むような弱腰の対応は取るはずはなく、この一条は不要と考え本文からは削除した。

(35)　「籍乃厚贐遣之」に続けて本文には「元昊固欲和、而恥先言之、及文貴還、聞籍語、大喜、亟出嵩於阱中、厚礼之、使与文貴偕来。」を載せている。この一条は（巻一〇、一一）にはなく、（巻九）の記事を利用しているが、すでに述べたように王嵩は李文貴とともに青澗城に還されているので、取り上げるまでもなく省略した。

(36)　『涑水記聞』（巻一一）には「文貴尋以旺栄、曹偶（仲間）四人書来。」と簡単にしている。

(37)　梁適が遼派遣の命を受けたのは『続資治通鑑長編』（巻一三八）の記事の割注によると前年の一〇月一七日のことで、辻褄は合う。なお、「邦泥定国」については中嶋敏「邦泥定国考」（『東方学報』東京、第一一冊之一、一九四〇年、後、註(18)論集に収録）に詳しい。

(38)　李元昊と興平公主の関係がよくなかったことはいくつかの史料に記されている。『儒林公議』巻下に「夏国元昊娶契丹女、偽号興平公主、乃宗真之姉也。元昊待之甚薄、因病被脱、元昊亦不視之、以至於歿。宗真雖忿恨、然亦無如之何。但遣使慰問之而已。朝廷不知其故、以為元昊畏耶律之強、諷宗真促使元昊帰款、失之甚矣。」とある。李元昊は遼の「甥」という地位に不満を持っていたのであろう。

(39)　『続資治通鑑長編』（巻一三九）二月庚戌（一二日）の条に「右正言知制誥梁適仮竜図閣直学士右諫議大夫、使延州、与龐籍議所以招懐元昊之礼也。於是許賀従勖赴闕。」とある。

(40)　『続資治通鑑長編』（巻一四〇）三月乙酉（一八日）の条に「……田況言『西界遣賀従勖等持書至闕、将許入見。自昊賊叛命以来、屢通書。今名分未定、若止称元昊使人、則従勖未必従、若以偽官進名、則是朝廷自開不臣之礼。宜且令従勖在館、而就問之。』」とあることから三月の中旬には開封に入っていたことがわかる。

(41)『諸臣奏議』(巻一三四)の「上仁宗論西鄙議和先防北虜」の注に僚礼旺約特和爾を「寮黎罔聿壊」とあり、旺約特和爾は李元昊の母族衛慕氏の一員だったと考えられる。

(42)『続資治通鑑長編』は一〇月甲子(三〇日)に続けて諫官欧陽脩の長い上奏文を掲載して、その冒頭に「臣昨風聞、張子奭未有帰期、賊昊又別遣人来。必恐子奭被賊拘留。西人之来、其意未測。辺鄙之事、不可不憂。……(巻一四四)」とある。李燾は欧陽脩の上奏の日時を確認できなかったため、前後関係から判断して月末に記載したのだが妥当な解釈である。張子奭はおよそ二箇月夏州に逗留させられ、その間に西夏の使者が入京したとし、欧陽脩も来意がわからないとしている。真偽はまったく不明だが、唯一、考えられるのは講和条件の上積みを求める使者を李元昊が派遣したのかも知れない。

(43)本文で後述するが、『続資治通鑑長編』には七月癸未の条に延慶宮使耶律元衡の派遣が記されている。一見すると対応記事と考えられるが、六月中の范仲淹の上奏に「契丹遣使来言、欲西征」とあり、すでに遼が西夏を攻撃する情報は届いている。官名、名前が違うことを考慮すると、遼の遣使は二回あったと考えてよかろう。

(44)司馬光の『稽古録』(巻二〇)の慶暦四年には「五月丙戌、元昊始遣使称臣、自号夏国王。」とある。また、後半の欧陽脩の上奏は、李燾の割注によると、日時が不明のため便宜的に同じ条に掲載したとある。

(45)これは六月以前の出来事で、日時不詳のために李燾が便宜的に六月朔に挿入したのである。

(46)丙戌(二五日)は楊守素が交渉を許された日を指し、楊守素はそれ以前に京師に到着していたと考えるべきであろう。

(47)『遼史』には「九月戊辰(一〇日)、宋以親征夏国、遣余靖致贐礼(巻一九興宗紀二)。」とあり、余靖が一箇月後に到着したようにとれる。余靖は九月二六日に条約締結を急ぐ上奏をおこなっていることから考えると、九十九泉に到着したのは八月下旬であろう。

(48)『宋史』李元昊伝の慶暦四年の条末に「是歳、遼夾山部落呆児族八百戸帰元昊、興宗責還、元昊不遣。遂親将騎兵十万出金粛城、弟天斉王馬歩軍大元帥将騎七千出南路、韓国王将兵六万出北廬、三路済河長駆。興宗入夏境四百里、不見敵、拠得勝寺南壁以待。八月五日、韓国王自賀蘭北与元昊接戦、数勝之、遼兵至者日益、夏乃請和、退十里、韓国王不従。如是退者三、凡百余里矣、毎退必赭其地、遼馬無所食、因許和。夏乃遷延、以老其師、而遼之馬益病、因急攻之、遂敗。復攻南壁、

興宗大敗。入南枢王蕭孝友砦、擒其鶻突姑駙馬。興宗従数騎走、元昊縦其去。」とある。なお『続資治通鑑長編』（巻一五〇、一五二）にも関連記事がある。

(49)『続資治通鑑長編』（巻一三五）、『涑水記聞』（巻九、一一）、『夢溪筆談』（巻一三）、『東軒筆録』（巻八）等参照。

(50) 第一部第一章註（18）でも述べたが、「別叢」と密蔵（没蔵）が同じ部族を指すとすると、密蔵氏も七世紀に遡ることのできる有力部族ということになる。

(51) 死亡日に関しては『宋会要輯稿』（三三冊、礼四一之一二）にも「慶暦八年二月九日、夏国遣人来告、国主曩霄正月二日卒。」とあり、間違いない。

(52)『遼史』（巻二〇）興宗紀三重熙一七（慶暦八）年二月の条に「是月……夏国王李元昊薨、其子諒祚遣使来告……」とあり、三月に「丙午（八日）、夏国李諒祚遣使上其父元昊遺物。」とあり、遼に対しては李諒祚の出生を隠していないことがわかる。

総　括

屋上屋を重ねる愚は避けたいが、論述が余りにも冗長多岐に流れたことに鑑み、以下、本書で述べた西夏建国の歩みをごく簡単に振り返り、筆を擱くことにしたい。

「第一部　建国前史の研究」は、李継遷が登場する直前までのタングート諸部族のおよそ五世紀におよぶ長い歴史変遷を辿ったものである。

「第一章　隋唐時代のタングートについて」では、タングートの前身が黄河や長江の源流部に近い洮州、岷州方面にいた宕昌と関連付けた。史料に現われるタングートの最初の人物は五八五年に登場する拓抜寧叢で、六世紀の後半に「拓抜」を名乗る部族がいたことがわかる。唐代に入ると有力部族は「大姓」として知られるようになり、拓抜氏の他に野利氏、破丑氏なども早くから有力部族だったことが確認できる。八世紀に入る頃からタングート部族は唐の羈縻政策にしたがって北上し、渭水を越えるようになる。そして八世紀後半になるとほとんどの部族は渭水を越えて黄河大彎曲部の内側に移住させられ、多くの羈縻州に分置させられる。なかでも拓抜氏は唐に対する忠誠心が強かった。李姓を与えられ、夏州一円の支配も認められて、本宗の拓抜朝光は「大首領」に任じられて野利氏、破丑氏等多くのタングート諸部族も統率する存在に成長する。唐は吐蕃の圧力を防ぐ前衛の役割をタングートに求め、横山山脈の北側のタングート部族を平夏部、南側を東山部に分けてともに拓抜氏に統率させる。ところが東山部の実態を構成していた野利氏等は拓抜氏の支配に反発し、吐蕃にしたがうようになり急速に東山部は崩壊してしまう。九世紀に入ると唐の羈縻政策もうまくいかず、また拓抜氏の権威も低下して各地のタングート部族の独自な行動が目につくようになる。そして拓抜氏自体、九世紀の中頃五〇年間はまったく史料上に姿を現わさない。吐蕃、ウイグルの勢いが衰えると、唐は再度、タングート諸部族の羈縻策を採り、居住地域を三地域に分ける。一つ目は涇水流域から洛水上流域。野利氏などがその中心勢力を構成し、東山部に代わって南山部と呼ばれるようになる。河西党項の南半分である。二つ目は平夏部を構成していた無定河流域一帯の拓抜氏系等の諸部族を指す。三つ目が黄河の北流部と東流部の沿岸部、南流部の北半分河沿い西側に居住する諸部族を指す。九世紀の中頃にはタングート諸部族の集住地域もほぼ定まっていたことがわかる。また、原住地に近い湟水流域から特に河西回廊の東端涼州あたりに留まった部族もおり、吐蕃末期の抗争に巻き込まれている。唐のタングート対策は成果がなかった。九世紀半ば、吐蕃の圧力が解消し、河湟一帯、河西回廊も復帰すると、宣宗はタングート諸部族の鎮撫を白敏中に任す。霊、塩、夏州に勢力を張る拓抜氏は招撫に応じるが、南山部タングートはしたがわなかった。南山部はその後、唐に帰順するが、長続きせず唐末にかけて騒擾は繰り返される。

「第二章　夏州定難軍節度使の建置と前後の政情」では平夏部拓抜氏の本宗、拓抜思恭の足跡と河西タングート諸部族の動向を追った。蕃部系藩鎮の跳梁跋扈はタングート拓抜氏に大きな刺激を与えた。特に突厥沙陀部李国昌、李克用父子、ウイグル系李茂勲、李可挙父子などの憑陵が甚だしかった。加えて巨寇王仙之、黄巣の大乱が勃発する。五〇年の空白を経て、八七三年頃、拓抜思恭が宥州刺史を自称して表舞台に登場してくる。八八〇年、拓抜思恭は勤王軍に加わり京師奪還の一翼を担う。八八一年、拓抜思恭は待望の定難軍節度使を拝命し、藩鎮の仲間入りを果たす。ところが拓抜思恭のタングート諸部族糾合は進捗せず、南山部等河西タングートは別の集団として唐にしたがって李克用と朱全忠の抗争に出兵している。

「第三章　唐最晩期のタングートの動向」では、混乱の坩堝と化した唐の末期、夏州定難軍節度使を拝命した拓抜李氏や、河西タングートなどの生き残りを懸けた動向を追った。八八四年、黄巣の乱戡定後、拓抜思恭は夏国公に封じられ国姓を賜る。そして李思恭は勢力を拡大し、いかなる経緯を辿ったかは不明であるが、おそらく同年中に横山山脈の南側、洛水流域を支配する保大軍（鄜坊）節度使も手に入れ、蕃部系の大藩鎮に成長する。河西タングートの支配を可能にする条件が整ったのも束の間、河西タングート諸部族は急成長した岐の李茂貞の支配下に組み込まれてしまう。益々混迷の度合いを深める政局に翻弄され、八九六年、拓抜李氏は夏州定難軍節度使から李茂貞対策として邠寧節度使に移動させられ、父祖の地から切り離されてしまう。さらにその後、延州保塞軍に追いやられてしまう。さらに不幸は続く。保大軍節度使の李思敬はいつの間にかに更迭され、九〇二年には蜀の王建に降り消息が途絶える。拓抜李氏は唐の滅亡直前、夏州に舞い戻り、朱全忠にしたがうが態勢の立て直しに苦慮する。

「第四章　五代のタングートについて」では、激動の五代を夏州定難軍節度使拓抜李氏や河西タングート諸部族などはどのように切り抜けたかを論じた。後梁にしたがい再び定難軍節度使を安堵された拓抜李氏は晋、岐連合軍の攻撃に曝される。後梁の救援で辛くも夏州の陥落は免れるも、その後梁も滅亡し後唐が建国されると、素早くそれにしたがい生き残りを図る。後唐明宗は大規模な藩鎮異動策を採り、拓抜李氏を延州に移そうとする。九三三年、明宗は五万の大軍を派遣して、異動を拒む拓抜李氏の牙城夏州城を攻撃するが失敗に終わり、拓抜李氏は父祖の地を守り抜く。この一戦は沙陀勢力に対するタングートの民族自衛戦争の側面があった。五代には拓抜李氏以外にも何人ものタングート系節度使が輩出している。賀徳倫、高万興、高万金兄弟、万金の子の高允権、劉景巖等、そして特筆されるのが府州折氏である。府州折氏は一貫して沙陀王朝にしたがい拓抜李氏の牽制勢力になった。拓抜李氏に比べて野利氏などの河西タングートの主力は歴史的に吐蕃と関係が深く、その一部は西涼府（涼州）に居り、チベット族と提携し貿易路を掌握していた。河西回廊の領有を目指す明宗は、交易路を妨害する野利氏等を攻撃するが成果は上がらなかった。西涼府には拓抜氏も居住し、霊州方面の拓抜氏を経由して夏州に至る交易路も存在し、貿易の面で拓抜李氏と野利氏等は対立関係にあった。拓抜李氏は繰り返される一族の内紛で勢力を消耗し、加えて府州折氏の抬頭で河西タングート諸部族などの糾合は不可能だった。それでも節度使の地位を持ち堪えられた要因は地の利と、五代各王朝の短命による。

「第五章　夏州定難軍節度使の終焉と豊州蔵才族の抬頭」では、新王朝宋が成立しモラトリアム期間を過ごしていた拓抜李氏や、河西タングートなどはそれに対してどのように対応したのか。さらに従来、中原の視野から外れていた黄河東流部の大族蔵才族の発展等を論じた。宋の太祖は北漢征討を控え定難軍節度使の廃止を猶予するが、一族の内紛は再発し綏州刺史の叛乱が起きる。綏州は常に騒擾の策源地で、同地域の唳母族との関連がその後に重要な意味を持つ。一方、河西タングートに対して、太祖は朝貢貿易路確保の意味もあり董遵誨等に経営を委ね反抗を抑え込むことに成功する。ところが、河西タングートは宋の圧力が弱まると再び騒擾を繰り返すようになる。黄河南流部の北部に位置する府州折氏は、宋の北漢攻撃に積極的に参加し忠精を尽くすが、折御卿が永安軍節度使に任じられたのは九九四年のことである。宋の安定化にともない新たに黄河東流部から南流部付近のタングート諸部族の情報が増えてくる。その代表的な部族が豊州蔵才族である。蔵才族は配下に多数の部族を抱え、従来は遼の支配下にあったが、馬貿易をめぐりその支配を嫌い宋にしたがうようになる。蔵才族は東流部沿岸の他の部族を糾合し、府州折氏の統率下に組み込まれる。この間、拓抜李氏中興の祖李彝興の死後、子の李光叡は定難軍節度使を拝命するが、その後継者は留後に留め置かれる。定難軍節度使の廃止の布石であった。李継捧が留後の地位を継承した頃から、拓抜李氏一族は急速に内部崩壊を始める。宋の廃止を待たず、拓抜李氏一族は李克文の主導で九八二年、四州八県をもって百年続いた定難軍節度使の軍額を返上し、内地移住の道を選んでしまう。

「第二部　李継遷の建国運動始末」は李継遷が歴史の舞台に登場してから、その死に至るまでの二二年間の建国運動の実相を追究した。

「第一章　李継遷の登場」では、李継遷の挙兵と野利氏との歴史的結合を論じた。銀州防禦使を父に持つ李継遷は九八二年、一族の内徙に逆らい銀州に戻り母族衛慕氏の助けを借り定難軍節度使の再建を図る。ところがわずか二年後の九八四年になると李継遷の構想はタングート国家の建設に向かうようになる。李継遷の傍らには当初から張浦に代表される優れた漢人幕僚が控え、政策決定に与っていた。母族衛慕氏とは綏州の豪族で南山部の一員と考えられる啴母族のことである。国家建設にはタングート諸部族の大同団結が必要である。長らく拓抜李氏とは対立関係にあった横山山脈南側の野利氏との結合は、同じ南山部に属し古くから協調関係にあった母族衛慕（啴母）氏の仲介があったと考えられる。宋は李継遷追討に曹光実を派遣する。奇襲を受けた李継遷は辛くも脱出するが母妻は擒獲されてしまう。翌九八五年、早々に曹光実を謀殺し借りを返した李継遷は、その勢いを駆って衛慕氏の故地綏州の獲得に乗り出し、三族寨等を攻撃するが宋軍の反撃に遭い失敗に終わり、逆に宋軍の北上を許してしまう。

「第二章　李継遷の外交戦略」では、宋と遼の対立を巧みに利用して李継遷が自らの立ち位置を定めた過程を論じた。九八六年、李継遷は遼から定難軍節度使に任じられ、遼との関係を構築する。同時に野利氏の主帥兀泥信移は保大軍節度使を拝命し、李継遷は遼から横山山脈の南北両側の支配権を認められ、宋に対する右翼牽制勢力に位置づけられる。朝貢交易路を全面的に掌握したことにより、この後、西域諸国の朝貢は遼に向かわされてしまう。危機感を持った宋の太宗はかつての定難軍留後李継捧を定難軍節度使に任じて夏州に派遣して巻き返しを図る。九八八年、宋は李継遷の懐柔を目的に銀州刺史を授ける。すると李継遷は宋への内附をちらつかせ、翌年、遼が渋っていた義成公主の降嫁を得る。李継遷は遼の意向に沿うべく夏州城を攻撃し、九九〇年には待望の夏国王の称号を与えられ、オルドス南部の支配を遼に認めさせる。翌年、事態を重く見た太宗が五代以来の名将翟守素を派遣すると、李継遷は一転して和平交渉に切り替える。李継遷は国姓名趙保吉と銀州観察使を、弟の李継冲は綏州団練使を授けられ、兀泥信移は慎州節度使を与えられる。李継遷は夏州を除く無定河流域の旧定難軍支配下の領有を宋からも認めさせることに成功する。李継遷の両属関係に不信を強めた遼は李継捧の内附を命じる。李継遷は偽使節を立てて李継捧の内附を装う。

虚偽が発覚し遼が誚譲するも効果はなかった。この間に支配領域はさらに拡大し、九九二、三年頃には野利氏の本拠地である横山山脈の南麓深奥部におよぶようになっていた。宋は鄭文宝の意見にしたがい青白塩の流通を一切禁止する経済封鎖をおこなって蕃部の帰順を図ろうとする。ところがこの計画は蕃部の一大騒擾事件に発展し大失敗に終わり、いたずらに李継遷の勢力の拡大を許してしまう。

「第三章　李継遷の苦闘」では、拓抜李氏の本拠地夏州の攻略と西方発展を見据えた霊州攻略の苦闘を論じた。九九三年末、李継遷は二つの大きな作戦を発起した。夏州城の占領と霊州に至る領域の確定作戦である。李継捧を籠絡し夏州城を無血占領して、綏州の民を夏州に移住させようとする。計画は宋側に漏れ、李継隆軍の素早い攻撃に遭って李継遷は敗走し、李継捧は擒獲され失敗に終わる。夏州城は太宗の命により完全に破却されてしまう。さらに霊州に通じる交易の要衝槖駝会の争奪に失敗し撤退を余儀なくされる。李継遷は態勢立て直しの時間稼ぎに宋と初めての休戦協定を結ぶ。総参謀長の張浦は太宗のもとに抑留されてしまう。太宗はこの機会を捉えて李継遷の招懐を試み鄜州節度使を与えるが、李継遷はこれを拒絶する。太宗は鄭文宝に命じ霊州北方から慶州に至る李継遷防衛ラインの構築を進め、積石嶺に清遠軍を建設させる。鄭文宝は再び青塩の問題で失脚し、李継遷はこれを契機に休戦協定を反故にして反転攻勢に出る。一挙に霊州から西涼府におよぶ西方領土の画定を求めたのである。業を煮やした太宗は五路進攻作戦を立て、李継遷を烏白池方面で捕捉殲滅しようとする。余りにも空想的作戦のため、総司令官の李継隆は作戦実行を忌避してしまう。それでも予期せぬ王超等の奇襲に遭い、李継遷の霊州攻略は頓挫してしまう。

「第四章　李継遷の領域経営と北部河西タングート諸部族の帰趨」では、再び宋と遼の対立を巧みに利用して領域の拡大を成し遂げる李継遷の行動を追った。太宗は九九六年麟府路を開設し、黄河の流れに沿った李継遷包囲網の完成を急ぐ。たび重なる作戦の失敗により戦略の見直しを迫られた李継遷に、救いの手を差し伸べたのは遼であった。遼は九九七年、李継遷に西平王を与える。かつて中興の祖李彝興が宋から与えられた拓抜李氏の正統権力の象徴である。遼は南伐作戦を控え、李継遷を右翼軍に位置づけたのである。その直後、太宗が死去し真宗が即位する。真宗は講和を求め、李継遷はそれに乗じて第二次休戦協定を結ぶ。真宗は李継遷を定難軍節度使に、子の徳明を定難軍節度行軍司馬に任じる。あまつさえ総参謀長の張浦を帰還させている。定難軍節度使を得たことにより、李継遷は旧拓抜平夏部系の多くの部族に対して正統権力を得たことを顕示し求心力を高めることを可能にしたのである。さらに野利氏の血を引く徳明の授官は後継者の確定を示し、野利氏系の河西タングート諸部族の離反を防ぐことを可能にしたのである。宋が定難軍節度使を与えたことは、実質的に宋の西北部に巨大な軍事力を持つ独立藩鎮の成立を認めたことになる。九九九年、遼が南伐を開始すると、李継遷はあっさりと休戦協定を破り麟、府二州を再三にわたって攻撃する。遼との間には事前に細かい作戦協定が結ばれており、遼は黄河南流部の大方の部族の帰属を李継遷に認めていた。李継遷は積極的にそれら部族の攻略をおこない、西方作戦に際し後顧の憂いを無くしていったのである。さらに一〇〇〇年に、遼は李徳明に朔方軍節度使を与えている。このことは、遼も李継遷の霊州領有を認めたことを意味する。

「第五章　李継遷の憑陵と挫折」では、霊州攻略から李継遷の無念の死までを論じた。一〇〇一年、横山山脈北側に位置する宋の橋頭保清遠軍は難なく陥落し、宋軍の前線は大幅に後退させられる。李継遷は霊州攻略を見据えてその周辺の堡砦をすべて攻陥する。宋の廟堂では霊州放棄論と保守論が激しく対立する。張斉賢は西涼府潘羅支政権の蹶起に期待する。潘羅支は宋軍との共闘を言い一向に軍を動かさない。真宗は信頼する王超に六万の兵を与え追討軍の派遣を考えるが実現しない。事実上、霊州保守も救援軍派遣も不可能な状態になる。宋は防衛態勢の強化に方針を変更する。見捨てられた霊州は一〇〇二年三月あっけなく陥落してしまう。状況を報せる使者の派遣も出来なかったため、陥落の状況はまったく不明である。宋が遼との戦争に忙殺され、西北部に兵力を割けない状況を利用して李継遷の領域確定の作業は続く。三面大攻勢を仕掛け、東は麟州攻略に奮励するが難攻不落を誇る麟州城は遂に陥落を免れる。李継遷は麟州北方濁輪川方面のタングート諸部族を平定する。南は環慶、涇原路方面の河西タングート諸部族の取り込みを進め、宋の前線を後退させる。西は河西回廊制圧の前提となる西涼府の獲得工作を本格的に始める。李継遷は賀蘭山麓の大梁、小梁族をはじめ、西涼府近辺のタングート諸部族をこの間に降伏させ、西涼府の六谷蕃部や潘羅支直属の者竜族の工作をおこない、西涼府内に支持勢力を拡大していく。李継遷は作戦の上策である無血占領を目指したのである。一〇〇三年になると潘羅支は宋に救援要請を重ねて発するが、宋はそれに応える兵力は無かった。ところが連年の作戦遂行は支配下全蕃漢諸部族、諸部落の疲弊を極限の状態に追いやっていた。兵員の徴用、物資の徴発は諸部族、諸部落の体力を急速に弱めていた。宋に内附する動きが陸続と続く。李継遷は一旦足を止め、体力の回復を優先すべきであったかも知れない。しかしながら李継遷は河西回廊掌握に繋がる西涼府獲得を優先してしまったのである。国都霊州の建設と西涼府の獲得は建国の大前提だったのである。一〇〇三年も押し詰まる頃、おそらく大方の不満を圧殺して、自ら大遠征軍を率いて西涼府に向かったのである。事前工作が奏功し、潘羅支は迎撃することができず降伏する。李継遷はみごとに戦わずして西涼府を獲得し、潘羅支から涼州城の明け渡しを受けたのである。李継遷はこれをもって宋に建国を通告し、遼に倣って多額の歳賜を獲得する交渉を思い描いたことであろう。支配下全蕃漢諸部族、諸部落の体力も回復されるはずである。しかしそうはならなかった。手勢を集めた潘羅支の奇襲に遭って重傷を負った李継遷は、やむなく撤退し翌一〇〇四年正月、霊州近くに至り死亡してしまう。

「第三部　西夏の建国」は李徳明、張浦によるタングート政権の立て直しから、李元昊による西夏建国までを論じた。

「第一章　李徳明の選択」では李徳明の政権継承から対宋友好政策、建国運動の停滞の理由に迫った。

「第一節　条約交渉の開始と宋の蕃部切り崩し策」では、優位に立った宋の和平の呼びかけを論じた。李継遷を失い求心力の低下したタングート政権を離れ、蕃漢諸部族、諸部落の宋内附が続発した。タングート政権が和平を望んでいることを察知した真宗は、張崇貴に講和条件を示し交渉を委ね、併せて有力部族の帰順を促し、タングート政権に揺さぶりをかける。タングート政権は不利な状況での交渉を嫌いすぐには応じなかった。

「第二節　潘羅支の暗殺」では、対等の交渉環境を得るための前提になる李継遷の復讐を述べた。李徳明政権の権威を確立し求心力を回復する捷径は李継遷の復讐、すなわち潘羅支を殺害し西涼府を奪うことである。タングート政権は潘羅支直属の者竜六族を密かに味方につける。緻密な作戦計画にもとづき潘羅支を涼州城外におびき出し、拓抜李氏一族の刺客の手によって難なく殺害に成功する。李継遷の死亡から半年後のことである。ところが西涼府政権は潘羅支の弟の厮鐸督によって直ちに再建され西涼府の獲得は失敗する。

「第三節　条約交渉の曲折」では、条約締結に向けての双方の駆け引きや、条約をめぐる双方の反対勢力の存在などを論じた。張崇貴は保安軍北方に条約交渉の施設を設置し、意気込みを示した。真宗は後の宰相向敏中を派遣して交渉を総攬させる。交渉相手は張浦である。潘羅支を殺害し李徳明政権の権威も高まり、加えて遼の攻勢が激しさを増したことから力関係は逆転する。タングート政権は宋、遼の戦争の行方を眺め交渉を遷延させた。一〇〇四年の一二月、澶淵の盟が結ばれ宋と遼は講和する。その間に、宋国内では曹瑋らの講和反対の声が上がり、タングート側では和戦両様の動きが確認できる。澶淵の盟を踏まえ、タングート政権は密使何憲を派遣して以後、本格的に条約交渉にあたるが、条件をめぐり双方の対立は続く。

「第四節　講和条約の締結」では、紆余曲折を経て結ばれた講和条約の内容を確認した。当初、真宗がタングート政権に示した講和条件は①霊州返還、②李徳明の夏州移住、③子弟の入質、④略去官吏の送還、⑤蕃漢常備兵の解散、⑥蕃部質子の解放、⑦越境者の対応協議の七事で、反対給付は①李徳明に定難軍節度使西平王の授与、②金帛緡銭四万貫匹両茶二万斤の賜与、③内地節度使の俸支給、④回図（貿易）往来の許可、⑤青白塩の禁輸解除の五事を約束するというものであった。長い交渉の結果、一〇〇六年九月に締結された妥結内容は、タングート政権が①、③、④、⑤を拒絶したため、宋側の約束条件から⑤青白塩の禁輸解除が拒絶されたものであった。タングート側が⑤を拒絶されながらも条約締結に応じた背景には、窮乏化著しい支配下諸部族、諸部落の民生の安定を優先したからである。

「第五節　李徳明の対宋・対遼外交」では条約締結後の両国との外交をまとめた。真宗は西北辺の静謐を心がけ、一〇〇九、一〇年の無定河流域の旱歉には食糧援助をおこなっている。宋の努力もあり、大理河方面の紛争を除くとおおむね外交関係は良好であった。史料には二四年間に二三の外交記事が記されている。通常の歳旦、聖節等の来貢は当然定期的におこなわれていた。遼との関係も、河西回廊の問題を除くと入貢等の外交は従来通りおこなわれていた。

「第六節　交易の実態と宋の対応」では権場貿易、進奉使貿易、密貿易の三点から論じた。保安軍における権場貿易が許可されると、李徳明政権はもう一箇所の開設を要求するが宋は拒否する。権場貿易のタングート側からの輸出品は駝、馬、牛、羊の畜類と西域伝来の物資である。輸入品は穀類その他生活必需品、贅沢品全般におよぶ。宋側の監督下におこなわれるため取り扱い数量は一定の制限がある。その欠を補ったのが進奉使貿易で、これも宋の認めるところで毎回多数の商人団が随行し、京師に止まらず道中各所で盛んに交易がおこなわれた。旺盛なタングート諸部族、諸部落の需要を満たすには二者の供給量では絶対量が不足し、必然的に密貿易が盛行した。私権場が境界各所に設置され青白塩等の禁制品も盛んに取引され、漢人の密貿易商人も多数横行した。宋は騒擾を恐れ密貿易は黙認された。

「第七節　李徳明の西方経営」では、李徳明政権の河西回廊進出の動きを見た。河西回廊の獲得は国家建設の前提であった。李徳明政権は条約締結の五箇月後には早くも西涼府と甘州の獲得を目指す。すでに潘羅支政権を支えていた前六谷大首領の折逋遊竜鉢もタングート政権に降り、西涼府の大半はタングート側に属していた。西涼府廝鐸督政権は危急を宋に伝える。一〇〇八年三月、章埋族万子軍主等に率いられた大遠征軍が西涼府に向かう。ところが予期せぬ廝鐸督軍の抵抗に遭い、タングート軍は甘州攻略に向かい伏兵に遭い惨敗を喫してしまう。これを見た遼は同年末、甘州に兵を向けウイグル可汗を帰服させる。翌〇九年、タングート政権は再度甘州攻略軍を派遣するも、遼の中止勧告にしたがい中止する。遼は一〇年再び甘、粛州に軍隊を派遣して粛州の全住民を土隗口古城に移してしまう。遼はタングート政権が河西回廊を領有することは許さなかったのである。遼に逆らえないタングート政権は西涼府の獲得に絞り一〇一一年、野利氏系の蘇守信の軍勢を派遣し、徐々に西涼府の支配地域を拡大し、一五年にはほぼ全域を支配下に収める。ところが蘇守信の死後、タングート政権の支配力は急速に衰え、甘州ウイグルの支配下に入ってしまい、西方発展は事実上放棄してしまう。

「第八節　李徳明の選択」では、李徳明政権の停滞の理由を述べた。李徳明政権の後半になると、宋に内附する部族、部落や宋側熟戸を攻撃する部族の動きが目につくようになる。これはタングート社会が二極分化を起こしていた証拠である。徴兵、徴用に加え、貿易の隆盛は下層社会にも宋の物資を供給し、それを購うためにむしろ生活苦を惹き起こす。上層有力豪族層は宋の文物に囲まれた豊かな生活を享受する。体力の消耗に繋がる外征を嫌い、現状維持を求めてそれが政権に反映する。一〇二五年、宋の官吏の誅求に端を発した涇原、環慶両路に跨る河西タングート諸部族の一大騒擾事件に際し、李徳明政権は救援要請を断り、みすみす領土拡大の絶好の機会を逃しているのである。

「第二章　李元昊の西夏建国」では李元昊の政権獲得から、建国の達成、そして早すぎる死亡までを追った。

「第一節　李徳明の死亡と李元昊の政権獲得の謎」では、李元昊が軍事権を掌握し政権を確立する過程を論じた。河西タングート諸部族の救援もせず、宋の寄生政権に甘んじる父李徳明と現状肯定派に対して、李元昊は祖父李継遷の宿願であった建国運動を継承し、支持勢力を拡大していく。建国の前提は河西回廊の獲得である。一〇二六年、遼が甘州攻撃に失敗し阻卜諸部の叛乱に手を焼くと、李元昊は遼と取引し河西回廊の支配権を認めさせる。軍事権を掌握した李元昊は綿密な作戦計画にもとづき一〇二八年、自ら大遠征軍を率いて甘州と西涼府を襲い、みごと河西回廊を獲得する。政権基盤を確立した李元昊は権力機構の整備に努め、一〇三一年、現状肯定派の象徴である父李徳明を幽閉し死に追いやる。同じ年、遼が興平公主を李元昊に降したことは、河西回廊が李元昊に帰属することを認めた証である。李元昊は独裁政権を確立すると、三二年、宋と遼に父李徳明の死亡を報告する。遼に対しては忠誠の表明であり、宋に対しては宣戦布告を意味した。

「第二節　対宗哥族大戦争の決行」では、宋との決戦に先立ち、宋がタングート政権の牽制勢力として位置づけていた宗哥城唃廝囉政権との七年間の死闘を論じた。唃廝囉政権は西涼府や甘州ウイグルの遺民を収容し、軍事力を強化して侮りがたい勢力になっていた。李元昊は宋に対する軍事的圧力を最大限に発揮するために、河西チベット族の壊滅を期し、一〇三三年後半より七年間、湟水流域を主な戦場として唃廝囉政権に大打撃を与えた。第二次犛牛城攻略戦には李元昊自らが陣頭指揮にあたり、偽って和を約し同城を奪っている。勝敗は互いに出入りがあり、タングート側の被害も激しかったが、唃廝囉父子の対立等を利用して唃廝囉を孤立させ、遂に青唐城に逼塞させ、牽制勢力としての効力を失わせることに成功する。

「第三節　粛清事件の続発」では、李徳明の死後も政権内に隠然として残る対宋消極派に対する粛清事件を論じた。宋との安定した関係により豊かな生活を享受し、部族連合政権に近い李徳明時代を過ごした多くの有力豪族は多大な犠牲を強いられる李元昊の戦争政策には基本的に反対であった。河西チベット族との戦争と並行して、李元昊は反対勢力の粛清を繰り返す。一〇三四年、守旧勢力の中心で李元昊のおじでもある母族衛慕氏の中心人物尚実が、李元昊謀殺計画を理由に粛清されている。李元昊の典型的なでっち上げである。李元昊はこの事件を利用して自ら嵬名吾祖を名乗り、民族国家の皇帝を宣言した。一〇三七年には弟の謀反事件が発覚している。そして翌三八年にはその謀反事件を報せ李元昊を救った従父で西夏軍を掌握する趙善約特一族を滅ぼす。趙善約特は宋への内附を試みるも宋は受け入れず、一族もろとも李元昊によって鏖殺される。そして李元昊は宋に対して「大夏」建国を宣言する。

「第四節　建国の達成」では、対宗哥族大戦争と並行して国家制度が確立していったことを論じた。文武の官制、国軍の制、身分制度を定め、国字を創製し禿髪令を発して民族主義を標榜し、粛清事件を節目として民族国家、さらには「大夏」建国を宣言する。民族主義の標榜は独裁専制の隠れ蓑であり、実際には漢人を大量に官吏に採用し、宋に見紛う中国的国家を作り上げたのである。

「第五節　対宋戦争の展開と目的」では、こうした国家を宋に認めさせるためにことさらに軍事行動を選択したことを論じた。対宗哥族大戦争で正規軍の消耗は激しかった。李元昊は宋との戦争には最強を誇る山訛すなわち横山羌を動員することにした。横山羌とは河西タングートの生、熟戸集団で、一〇二五年、涇原、環慶両路で一大騒擾事件を引き起こした諸部族のことである。歴史的に野利氏等との関係が深く、趙善約特粛清後、野利旺栄を野利王に、野利遇乞を天都王に任じて優遇し、河西タングート諸部族の組織化を進めさせ、併せて国境線の南進策に着手した。一〇四〇年、年明けとともに鄜延路攻撃が開始される。内通勢力を養成し宿敵金明寨主李士彬を擒獲し、延州西方の三川口において宋軍と対峙する。宋将黄徳和の敵前逃亡により宋軍は総崩れとなり惨敗を喫する。理性を失った仁宗政府は講和の仲介を遼に依頼するという痛恨の過ちを犯してしまう。その一方で、反対を押し切り鄜延、涇原両路から征討軍の派遣を決める。それを察知した西夏は四一年正月、機先を制して今度は涇原路に侵攻する。六盤山西麓を南下して好水川一帯を抄掠する。韓琦の命令を無視した宋軍は西夏軍の誘いに乗り壊滅的打撃を受ける。秋になると一転して麟、府、豊州を攻撃し、八月、蔵才族の拠点新豊州を手に入れ、宋の麟府路経営に打撃を与える。四二年正月、遼は宋の弱みに付け込み関南十県の割譲を要求してくる。仁宗は富弼を派遣して銀一〇万、絹一〇万の増額で決着をつける。遼の介入を嫌った李元昊は遼を牽制し、仁宗政府との直接交渉に拘り、再度宋に打撃を与えることに決した。九月末、涇原路に侵攻した西夏軍は定川寨において宋軍を壊滅させる。たび重なる西夏の攻撃は、宋に対して独立国家の承認と、国家の運営費の提供と、対等の貿易関係を勝ち取ることを目的としていたのである。

「第六節　新条約の締結」では、一〇四四年一〇月に締結された講和条約までの経緯と内容をまとめた。長期間におよぶ戦争の継続は西夏国内に深甚な疲弊をもたらした。宋との戦争は宋の徹底した経済封鎖をともなった。李元昊も国内の窮乏状況を横目に見ながらの作戦遂行であった。交戦中もしばしば講和使節を派遣していることは、戦争の目的が新条約の締結にあることをよく表している。定川寨の戦後すぐに始まった交渉は知延州の龐籍と野利王旺栄との間でおこなわれた。宋以上に西夏側が講和を望んでいることを見抜いた龐籍は政府首脳以上に交渉にあたっては冷静で慎重であった。西夏側の文書に何度も難癖をつけ交渉をリードしていった。李元昊が「称臣」を呑むことで決着がつくかと思われたが、この間に、野利王旺栄は失脚し、以後、交渉は李元昊が直接指示するようになる。李元昊はあくまでも「称男」を主張し青白塩の輸出、占領地の領有を主張して交渉は難航する。宋政府では、宰相晏殊は李元昊の要求を丸呑みして早期の交渉妥結を主張するが、范仲淹、韓琦その他多くの官僚は防衛態勢の強化を主張して条約そのものに反対を唱え、加えて水洛城の建設をめぐって廟堂は二派に分かれ党争の感を呈してきた。交渉条件も二転三転し李元昊が「称男」を条件に青白塩の輸出、占領地の領有を要求するが、宋政府はそれを拒否する。李元昊が要求貫徹を期して第四次戦を敢行しなかった理由は野利氏兄弟をこの間に誅殺し、横山羌の動員が不可能になっていたからである。一〇四四年一〇月、遂に李元昊は「称臣」を受け入れ条約調印に踏み切る。国内の疲弊と不満が限界に達していたのである。条約条件は、宋が歳賜銀、絹、茶、綵凡二十五万五千の支給、「大夏国主」を許し、榷場二箇所の設置、青白塩の輸出禁止というもので、西夏は占領地の返還が主な内容であった。

「第七節　最後の粛清事件と李元昊専制政治の結末」では、野利氏兄弟の粛清から李元昊の短い独裁専制政治をまとめた。李元昊の目指した政治形態は宋を手本とした皇帝専制政治である。必然的に自己の権力を脅かす存在は芟除しなくてはならない。すでに李元昊は母族を代表する衛慕尚実を殺害し、続いて父族拓抜氏の最高実力者趙善約特を粛清していた。そして今度は李元昊政権の最高実力者野利氏三兄弟を一〇四三年の秋に粛清したのである。野利氏の祖兀泥佶移は、祖父李継遷が建国運動を起こすことを可能にした連携相手である。以後、タングート政権を支える三大勢力の一つであった。衛慕氏、拓抜氏に続き、最後の標的にされたのである。野利旺栄、遇乞の兄弟は対宋戦争の最大の功労者で王号を許された特別な存在であった。さらに李元昊の後継者寧凌噶の外戚であった。将来的には外戚政治に繋げ、祖兀泥佶移の宿志であった拓抜・野利連合政権の実現を構想していたことは間違いない。李元昊の政治工程表には野利兄弟の粛清も明記されていたはずである。対宋交渉の決着を待たずに、予定を早めて軍事力の要である野利兄弟を粛清したことは、その存在に強く脅威を感じたからに他ならない。外戚政治の芽を摘み、翌年一〇月宋との条約も結ばれ、いよいよ国家運営を軌道に乗せる段で、乱倫のつけを負い、一〇四八年正月二日、子の寧凌噶から受けた傷により死亡する。わずか四年の全盛であった。そして皮肉にもその後は李元昊が警戒した外戚政治の道が開かれてしまう。特筆すべきは、彼の死をもって西夏が崩壊することはなく、宋、遼に伍して一九〇年の命脈を保ったことである。李元昊が心血を注いだ国家制度は確立し、立派に機能していたのである。

あとがき――迂遠の道を辿って――

「古希過ぎて処女出版の羞ずかしさ」。あまり品のよい句ではないが、私の今の心境である。登山に行き少し上っては休憩し、また少し上っては景色を眺め、道草ばかりして気がついたら日が暮れかかっており、慌てて山小屋に駆け込んだようなものである。

何を間違えたか中央大学の東洋史学科に迷い込み、卒業後就職もせずに大学院に進学してしまった。これは当時の大学紛争が大きく影響している。毎年恒例のロックアウトにより、一学年を通して満足に授業を受けた記憶はない。特に最終学年の四年次は四月からまったく授業はおこなわれず、夏の炎天下、現在の多摩校舎の造成地にプレハブ小屋を何十棟も作り、エアコンも無く輻射熱で蒸し風呂状態のその中で教員も学生も汗みどろになって授業をおこなった。昼休みには直射日光に曝されながら、生涯の恩師である嶋崎昌先生を交えバレーボールに興じたことが思い出される。その嶋崎先生は授業の半ばを過ぎた頃、学長事務取扱に就任し、火中の栗を拾う役目を押し付けられプレハブから姿を消された。今から五〇年前の話である。短期集中授業でお茶を濁し、後は卒論だけで卒業させるというものであった。消化不良も甚だしい。大学院に進学した理由も東洋史学を追究したいという殊勝な考えからではなく、もう少し学生生活というモラトリアム期間を続けたかったからである。そして成り行きに任せ博士課程を満期退学まで居続けてしまった。気がつくと民間企業に就職などは及びもつかず、高等学校の教員になって糊口を凌ぐ以外に道はなかった。

生来の怠け者に加え気の散りやすい性格で、趣味の世界には没頭するものの肝心の勉強の方は一向に進まず、不惑を過ぎても論文の数は両手の指で充分足りるという体たらくであった。恒常的に研究成果を発表しなければ後ろ指をさされて当然の大学の教員とは違い、高校の教員などは論文を書こうが書くまいが教員としての評価にはまったく関係はない。厳しく自己を律し余ほど強い信念と研究心がない限り、日常に流されていつしか史料の上には埃が積もるようになってしまう。私も御多分に洩れず数年に渡って論文一つ書けない開店休業を繰り返した。言い訳になるが、優雅な時代の教員と違い、生活指導に明け暮れるような高校に赴任すると精魂尽き果てて研究どころではなくなるのが実態である。

それでも消えかかった火を守り、細々と営業を続けることができた原動力は私の拙い論文が相次いで英訳され、日本を代表する東洋史学の欧文雑誌に掲載されるという幸運に恵まれたからである。序文で述べたように私の第一の研究テーマは宋代の河西チベット族の歴史解明であった。先行研究者は中嶋敏、榎一雄の両先生であったことも触れたところである。榎一雄先生は当時、東洋文庫長の要職に就いておられたが、私の河西チベット族に関する論文数編をまとめて東洋文庫欧文紀要メモワース四四号に掲載して下さったのである。一九八六年のことである。二つ目は私が京都大学の『東洋史研究』に掲載を許された「宋代河西チベット族と仏教」を佐藤長先生の御推輓により、先生の責任編集になる東方学会の欧文紀要アクタアシアチカ六四号に加えていただけたことである。一九九三年のことである。因みにこの英訳論文は二〇〇三年にアレックス・マッケイ氏の編集で刊行された『THE HISTORY OF TIBET』Volume IIにも転載される栄に浴した。両先生とも私にとっては遥かに仰ぎ視る存在だったが、その東西を代表する碩学に提撕を得たことはその後の研究生活の励みになったことは偽りのないところである。一介の高校教師としては身に余る光栄であった。親しく榎一雄先生の謦咳に触れたのは、打ち合わせに東洋文庫の先生のお部屋を訪れたその一回限りである。まさに一期一会であった。佐藤長先生に至っては京都にお住いのこともあり、やり取りはすべて書状で済ませ遂に拝顔の機会すらなかった。両先生の学恩に深謝する所以である。

自慢めいたことを述べてしまい汗顔の至りだが、今振り返ってみると実に多くの先生方との出会いが私の研究の糧になっていることは疑いない。大学院に入り同時に研究室の有給室員になったことがきっかけで、ちょうど嶋崎先生が代表になっていた「内陸アジア史学会」と、鈴木俊先生を代表に発足した「唐代史研究会」の事務を池田雄一先生の下働きとして勤めさせてもらった。他大学の多くの先生方と接する機会を与えられ、何となく学問世界を垣間見ることができたと思っている。特に「唐代史研究会」は当初から夏の泊りがけの研究会が主で、錚々たる唐代史の大家と親しく接する機会を与えられた。夜の飲み会はまったくの無礼講で、茶碗酒を片手に蘊蓄を傾ける古賀登先生、「いこい」を燻らせながら談論風発される日野開三郎先生の英姿が目に焼き付いている。強羅公園を散策しながら「岩﨑君、歴史学の王道は政治史だよ」とおっしゃった西村元佑先生の言葉がなぜか耳底に残っている。

それはさておき、今回、拙著の出版に漕ぎつけることができたのは、やはり下世話に言う「同じ釜の飯を食った」同学の先生、先輩諸氏の恩顧の賜物であることを嚙みしめている。「宋代河西チベット族の基礎的研究」と題した修士論文は口頭試問の際に嶋崎昌、鈴木俊両先生から酷評された。内容もさることながら誤字、誤読も多く、江戸っ子の鈴木先生の如きは目を怒らせて「もう一回小学校に行ってこい」とまで言われたが、その後、何日かたち私を呼び出し、修論のどこでもよいからまとめて『東方学』に載せろとおっしゃって下さった。怖いばかりではなく、実に面倒見のよい情の深い先生であった。処女論文「西涼府潘羅支政権始末考」は私の研究の原点であるが、『東方学』に掲載を許されたのはひとえに鈴木俊先生のご配慮の賜物である。当時、指導教授の嶋崎先生は学長だったが、激務がたたり間もなく不治の病に侵されてしまった。死病の床に就いておられた先生に右拙稿の抜き刷りを献呈できたことがせめてもの御恩返しになった。嶋崎先生は還暦を迎えることもなく他界された。学者としては集大成に向かわれる年齢であり、先生の無念は察するに余りある。先生の亡骸を乗せた車に令夫人とともに添乗し病院からご自宅までお供したことが偲ばれる。自分が古希を過ぎた今日でも、両恩師の在りし日の姿を思い浮かべると懐かしさが胸にこみ上げてくる。

幾星霜。池田雄一先生はご自分の退職を控え私の怠惰を戒め鞭撻する意図があったのであろうが、私に学位の取得を慫慂された。西夏史研究は緒に就いたところで内容も至って不十分であったが、それまでの研究をまとめ中央大学に学位請求論文「河西タングート・チベット族の研究」を提出した。池田先生を主査に副査の川越泰博教授、妹尾達彦教授、そして早稲田大学の石見清裕教授のご高配により何とか博士（史学）を授与された。二〇〇八年、還暦を過ぎ無職になってからのことである。池田先生はその後も変わらずに気に懸けて下さり今日に至っている。上智大学の一三代学長の石沢良昭先生は池田先生同様に私の一〇歳年長の先輩だが、私の大学院時代から親身に接していただき研究を励まし続けて下さった。厚恩を蒙った多くの先生方がすでに道山に帰して久しいなか、両先生に本書を献呈できることが何よりもの喜びである。また、都立高校の教員の傍ら長く中央大学でインド史を講じられた関根秋雄先生の変わらぬ友情と励ましに感謝したい。そしてなんといっても本書の出版は一に懸かって中央大学名誉教授川越泰博先生のご尽力の賜物である。川越、関根両先生は私の一学年上であるが五〇年来の親友で三人仲よく古希を迎えられたことは奇跡といってもよかろう。卑近な喩だが、本書を出産に置き換えると生んだのは確かに私だが、名助産師はまぎれもなく川越先生である。川越先生は学位論文の審査後も私の研究の進捗状況を見守り、ご自分の雑誌『明清史研究』に拙稿の発表を許され、文字通り叱咤激励を加え続けて下さった。無名の一老学徒の原稿を引き受けてくれる出版社を自分で探すことは不可能である。川越先生は、今回、汲古書院との出版の交渉はいうまでもなく、原典にあたって一字一句の誤字、誤読を訂正する校正の仕事まで進んで引き受けてくださった。文字通り、何から何までお世話になった。本書は川越先生の肝いりがなかったならば世に出ることはなかったであろう。満腔の謝意を表したい。持つべきものはよき友で、それに勝るものはないことを身をもって感じている次第である。

そして厄介な出版を逡巡することもなくお引き受け下さった汲古書院社長の三井久人氏には有難すぎて感謝の言葉

も思い浮かばないほどである。また、懇切丁寧な編集の労にあたられた柴田聡子氏にも厚く感謝の意を捧げたい。

最後に本書と既発表論文との関係について一言触れておく。第一部第一章は中央大学人文科学研究所研究叢書23『アジア史における法と国家』（二〇〇〇年）に、第二章は中央大学『アジア史研究』第二六号（二〇〇二年）に、第三章は中央大学人文科学研究所『人文研紀要』第四八号（二〇〇三年）に、第四章は一、二節を『人文研紀要』第六四号（二〇〇八年）に、三、四節を『アジア史研究』第三三号（二〇〇九年）に、第五章は『明清史研究』第七輯（二〇一一年）に、それぞれ同じ題名で掲載したものに加除訂正した。第二部第一章は『アジア史研究』第三六号（二〇一二年）に、第二章は『アジア史研究』第三九号（二〇一五年）に、第三章一、二節は『アジア史研究』第四一号（二〇一七年）に同じ題名で掲載したものである。第三章の三節以降、第三部の最終節に至るまでは、部分的に旧稿を利用したところもあるが、ほとんどは未発表の書き下ろし原稿で、本書の半分以上を占める。贅言を加えさせて戴くと、本書の執筆におよそ二〇年を費やしたが、第一部第四章以降は教員を辞め還暦を過ぎてからの執筆で、全体の八五％におよぶ。一五％に前半の一〇年、八五％に後半の一〇年を費やしたわけで、いかに精神的ストレスが研究の妨げになっていたかを物語っている。

二〇一八年文月

鎌倉長谷木鐸庵にて著者識す

汲古叢書

1	秦漢財政収入の研究	山田　勝芳著	本体 16505円
2	宋代税政史研究	島居　一康著	12621円
3	中国近代製糸業史の研究	曾田　三郎著	12621円
4	明清華北定期市の研究	山根　幸夫著	7282円
5	明清史論集	中山　八郎著	12621円
6	明朝専制支配の史的構造	檀上　寛著	品切
7	唐代両税法研究	船越　泰次著	12621円
8	中国小説史研究－水滸伝を中心として－	中鉢　雅量著	品切
9	唐宋変革期農業社会史研究	大澤　正昭著	8500円
10	中国古代の家と集落	堀　敏一著	品切
11	元代江南政治社会史研究	植松　正著	13000円
12	明代建文朝史の研究	川越　泰博著	13000円
13	司馬遷の研究	佐藤　武敏著	12000円
14	唐の北方問題と国際秩序	石見　清裕著	品切
15	宋代兵制史の研究	小岩井弘光著	10000円
16	魏晋南北朝時代の民族問題	川本　芳昭著	品切
17	秦漢税役体系の研究	重近　啓樹著	8000円
18	清代農業商業化の研究	田尻　利著	9000円
19	明代異国情報の研究	川越　泰博著	5000円
20	明清江南市鎮社会史研究	川勝　守著	15000円
21	漢魏晋史の研究	多田　狷介著	品切
22	春秋戦国秦漢時代出土文字資料の研究	江村　治樹著	品切
23	明王朝中央統治機構の研究	阪倉　篤秀著	7000円
24	漢帝国の成立と劉邦集団	李　開元著	9000円
25	宋元仏教文化史研究	竺沙　雅章著	品切
26	アヘン貿易論争－イギリスと中国－	新村　容子著	品切
27	明末の流賊反乱と地域社会	吉尾　寛著	10000円
28	宋代の皇帝権力と士大夫政治	王　瑞来著	12000円
29	明代北辺防衛体制の研究	松本　隆晴著	6500円
30	中国工業合作運動史の研究	菊池　一隆著	15000円
31	漢代都市機構の研究	佐原　康夫著	13000円
32	中国近代江南の地主制研究	夏井　春喜著	20000円
33	中国古代の聚落と地方行政	池田　雄一著	15000円

34	周代国制の研究	松井　嘉徳著	9000円
35	清代財政史研究	山 本　　進著	7000円
36	明代郷村の紛争と秩序	中島　楽章著	10000円
37	明清時代華南地域史研究	松田　吉郎著	15000円
38	明清官僚制の研究	和田　正広著	22000円
39	唐末五代変革期の政治と経済	堀　敏 一著	12000円
40	唐史論攷－氏族制と均田制－	池 田　　温著	18000円
41	清末日中関係史の研究	菅 野　　正著	8000円
42	宋代中国の法制と社会	高橋　芳郎著	8000円
43	中華民国期農村土地行政史の研究	笹川　裕史著	8000円
44	五四運動在日本	小野　信爾著	8000円
45	清代徽州地域社会史研究	熊　遠 報著	8500円
46	明治前期日中学術交流の研究	陳　　捷著	品　切
47	明代軍政史研究	奥山　憲夫著	8000円
48	隋唐王言の研究	中村　裕一著	10000円
49	建国大学の研究	山根　幸夫著	品　切
50	魏晋南北朝官僚制研究	窪添　慶文著	14000円
51	「対支文化事業」の研究	阿 部　　洋著	22000円
52	華中農村経済と近代化	弁納　才一著	9000円
53	元代知識人と地域社会	森田　憲司著	9000円
54	王権の確立と授受	大原　良通著	品　切
55	北京遷都の研究	新 宮　　学著	品　切
56	唐令逸文の研究	中村　裕一著	17000円
57	近代中国の地方自治と明治日本	黄　東 蘭著	11000円
58	徽州商人の研究	臼井佐知子著	10000円
59	清代中日学術交流の研究	王　宝 平著	11000円
60	漢代儒教の史的研究	福井　重雅著	品　切
61	大業雑記の研究	中村　裕一著	14000円
62	中国古代国家と郡県社会	藤田　勝久著	12000円
63	近代中国の農村経済と地主制	小島　淑男著	7000円
64	東アジア世界の形成－中国と周辺国家	堀　敏 一著	7000円
65	蒙地奉上－「満州国」の土地政策－	広川　佐保著	8000円
66	西域出土文物の基礎的研究	張　娜 麗著	10000円

67	宋代官僚社会史研究	衣川　強著	品　切
68	六朝江南地域史研究	中村　圭爾著	15000円
69	中国古代国家形成史論	太田　幸男著	11000円
70	宋代開封の研究	久保田和男著	10000円
71	四川省と近代中国	今井　駿著	17000円
72	近代中国の革命と秘密結社	孫　江著	15000円
73	近代中国と西洋国際社会	鈴木　智夫著	7000円
74	中国古代国家の形成と青銅兵器	下田　誠著	7500円
75	漢代の地方官吏と地域社会	髙村　武幸著	13000円
76	齊地の思想文化の展開と古代中國の形成	谷中　信一著	13500円
77	近代中国の中央と地方	金子　肇著	11000円
78	中国古代の律令と社会	池田　雄一著	15000円
79	中華世界の国家と民衆　上巻	小林　一美著	12000円
80	中華世界の国家と民衆　下巻	小林　一美著	12000円
81	近代満洲の開発と移民	荒武　達朗著	10000円
82	清代中国南部の社会変容と太平天国	菊池　秀明著	9000円
83	宋代中國科擧社會の研究	近藤　一成著	12000円
84	漢代国家統治の構造と展開	小嶋　茂稔著	品　切
85	中国古代国家と社会システム	藤田　勝久著	13000円
86	清朝支配と貨幣政策	上田　裕之著	11000円
87	清初対モンゴル政策史の研究	楠木　賢道著	8000円
88	秦漢律令研究	廣瀬　薫雄著	11000円
89	宋元郷村社会史論	伊藤　正彦著	10000円
90	清末のキリスト教と国際関係	佐藤　公彦著	12000円
91	中國古代の財政と國家	渡辺信一郎著	14000円
92	中国古代貨幣経済史研究	柿沼　陽平著	品　切
93	戦争と華僑	菊池　一隆著	12000円
94	宋代の水利政策と地域社会	小野　泰著	9000円
95	清代経済政策史の研究	黨　武彦著	11000円
96	春秋戦国時代青銅貨幣の生成と展開	江村　治樹著	15000円
97	孫文・辛亥革命と日本人	久保田文次著	20000円
98	明清食糧騒擾研究	堀地　明著	11000円
99	明清中国の経済構造	足立　啓二著	13000円

100	隋唐長安城の都市社会誌	妹尾　達彦著	未　刊
101	宋代政治構造研究	平田　茂樹著	13000円
102	青春群像－辛亥革命から五四運動へ－	小野　信爾著	13000円
103	近代中国の宗教・結社と権力	孫　　江著	12000円
104	唐令の基礎的研究	中村　裕一著	15000円
105	清朝前期のチベット仏教政策	池尻　陽子著	8000円
106	金田から南京へ－太平天国初期史研究－	菊池　秀明著	10000円
107	六朝政治社會史研究	中村　圭爾著	12000円
108	秦帝國の形成と地域	鶴間　和幸著	13000円
109	唐宋変革期の国家と社会	栗原　益男著	12000円
110	西魏・北周政権史の研究	前島　佳孝著	12000円
111	中華民国期江南地主制研究	夏井　春喜著	16000円
112	「満洲国」博物館事業の研究	大出　尚子著	8000円
113	明代遼東と朝鮮	荷見　守義著	12000円
114	宋代中国の統治と文書	小林　隆道著	14000円
115	第一次世界大戦期の中国民族運動	笠原十九司著	18000円
116	明清史散論	安野　省三著	11000円
117	大唐六典の唐令研究	中村　裕一著	11000円
118	秦漢律と文帝の刑法改革の研究	若江　賢三著	12000円
119	南朝貴族制研究	川合　　安著	10000円
120	秦漢官文書の基礎的研究	鷹取　祐司著	16000円
121	春秋時代の軍事と外交	小林　伸二著	13000円
122	唐代勲官制度の研究	速水　　大著	12000円
123	周代史の研究	豊田　　久著	12000円
124	東アジア古代における諸民族と国家	川本　芳昭著	12000円
125	史記秦漢史の研究	藤田　勝久著	14000円
126	東晉南朝における傳統の創造	戸川　貴行著	6000円
127	中国古代の水利と地域開発	大川　裕子著	9000円
128	秦漢簡牘史料研究	髙村　武幸著	10000円
129	南宋地方官の主張	大澤　正昭著	7500円
130	近代中国における知識人・メディア・ナショナリズム	楊　　韜著	9000円
131	清代文書資料の研究	加藤　直人著	12000円
132	中国古代環境史の研究	村松　弘一著	12000円

133	中国古代国家と情報伝達	藤田　勝久著	15000円
134	中国の教育救国	小林　善文著	10000円
135	漢魏晋南北朝時代の都城と陵墓の研究	村元　健一著	14000円
136	永楽政権成立史の研究	川越　泰博著	7500円
137	北伐と西征―太平天国前期史研究―	菊池　秀明著	12000円
138	宋代南海貿易史の研究	土肥　祐子著	18000円
139	渤海と藩鎮―遼代地方統治の研究―	高井康典行著	13000円
140	東部ユーラシアのソグド人	福島　恵著	10000円
141	清代台湾移住民社会の研究	林　淑美著	9000円
142	明清都市商業史の研究	新宮　学著	11000円
143	睡虎地秦簡と墓葬からみた楚・秦・漢	松崎つね子著	8000円
144	清末政治史の再構成	宮古　文尋著	7000円
145	墓誌を用いた北魏史研究	窪添　慶文著	15000円
146	魏晋南北朝官人身分制研究	岡部　毅史著	10000円
147	漢代史研究	永田　英正著	13000円
148	中国古代貨幣経済の持続と転換	柿沼　陽平著	13000円
149	明代武臣の犯罪と処罰	奥山　憲夫著	15000円
150	唐代沙陀突厥史の研究	西村　陽子著	11000円
151	朝鮮王朝の対中貿易政策と明清交替	辻　大和著	8000円
152	戦争と華僑　続編	菊池　一隆著	13000円
153	西夏建国史研究	岩崎　力著	18000円

（表示価格は2018年12月現在の本体価格）

著者紹介

岩﨑　力（いわさき　つとむ）

1947 年　神奈川県横浜市に生まれる。
1977 年　中央大学大学院文学研究科東洋史学専攻博士課程単位取得退学。
2008 年　中央大学より学位博士（史学）を授与される。
元神奈川県立高校教諭

主要論文

「宋代河西チベット族と仏教」（『東洋史研究』第 46 巻第 1 号、1987 年）

「A Study of Ho-hsi 河西 Tibetans during the Northern Sung Dynasty」（MEMOIRS OF THE RESEARCH DEPARTMENT OF THE TOYO BUNKO No.44. 1986.）

「The Tibetan Tribes of Ho-hsi and Buddhism during the Northern Sung Period」（ACTA ASIATICA BULLETIN OF THE INSTITUTE OF EASTERN CULTURE 64. 1993.）

汲古叢書153

西夏建国史研究

二〇一八年一二月一九日　発行

著者　岩﨑　力
発行者　三井久人
整版
印刷　株式会社理想社

発行所　汲古書院
〒102-0072 東京都千代田区飯田橋二―五―四
電話〇三（三二六五）九七六四
FAX〇三（三二二二）一八四五

ISBN978-4-7629-6052-9　C3322

KYUKO-SHOIN, CO., LTD. TOKYO

索　引

凡　例

・本索引は論旨に関係する人名、民族名、部族名、地名、職名、文献名、事項をなるべく網羅的に採用した。
・以下の項目は採用を控えた。
　・研究書、研究論文は著者名で代表させた。
　・『続資治通鑑長編』は第二部、第三部で頻出するため不採用。
　・王朝名は不採用。「西夏」は史料掲載以外、不採用。
　・第二部の「李継遷」、第三部第一章の「李徳明、趙徳明」、第二章の「李元昊」は不採用。

あ行

さ行

な行

は行

や行

ら行

わ行